KARL KRAUS

WELTGERICHT

Karl Kraus

Weltgericht

Satiren und Polemiken

Herausgegeben von Bruno Kern

marixverlag

Bibliografische Information der Deutschen Nationalbibliothek
Die Deutsche Nationalbibliothek verzeichnet diese Publikation in der Deutschen
Nationalbibliografie; detaillierte bibliografische Daten sind im Internet über
http://dnb.d-nb.de abrufbar.

© by marixverlag GmbH, Wiesbaden 2014
Der Text folgt dem Originaltyposkript.
Lektorat: Dr. Bruno Kern
Covergestaltung: Groothuis. Gesellschaft der Ideen und Passionen mbH
Hamburg Berlin
Satz und Bearbeitung: Medienservice Feiß, Burgwitz
Der Titel wurde in der Minion Pro gesetzt.
Gesamtherstellung: CPI books GmbH, Ulm
Printed in Germany

ISBN: 978-3-86539-345-6

www.marixverlag.de

Inhalt

Weltgericht

SATIREN UND GLOSSEN ZUM KRIEG

Zum ewigen Gedächtnis

Einleitung von Bruno Kern

Karl Kraus und die Physiognomie des Kriegs

„Ich habe alles reiflich erwogen." Mit diesem Satz beginnt die Kriegserklärung Österreich-Ungarns an Serbien – jener Text, den Karl Kraus zu Beginn des Krieges als das einzige Gedicht bezeichnet hat, das „diese große Zeit" bislang hervorgebracht habe.[1] Vorausgegangen waren ihm das Attentat auf den österreichischen Thronfolger Franz Ferdinand und dessen Frau und ein Ultimatum an Serbien, das von vornherein unannehmbare Bedingungen formulierte. Das Ergebnis war jene „Urkatastrophe des 20. Jahrhunderts", die man sich weder in ihren bis dahin ungekannten Ausmaßen noch in ihren weitreichenden Folgen hatte vorstellen können. Der historische Streit über die Ursachen des Krieges dauert fort. Während für den Zweiten Weltkrieg die Schuldfrage eindeutig zu beantworten sei, seien die Völker in den Ersten Weltkrieg „hineingeschlittert"[2] – so lautet eine immer wieder zitierte These, die allerdings gerade nichts befriedigend beantwortet, sondern beunruhigende grundsätzliche Fragen erst aufwirft: Wie ist es um eine Menschheit bestellt, die in eine derartige Katastrophe nahezu unabsichtlich gerät? Ist der aufklärerische Anspruch des Menschen, die Geschichte „mit Willen und Bewusstsein" zu gestalten, eine naive Illusion? Wer sind die eigentlichen Akteure der Geschichte, oder welchen unkontrollierbaren Mechanismen sind wir ausgeliefert? Der Erste Weltkrieg mutet wie der blutige Beweis jener Geschichtsauffassung an, die Friedrich Engels folgendermaßen auf den Punkt brachte: „[Die Geschichte macht sich so], dass das Endresultat stets aus dem Konflikt vieler Einzelwillen hervorgeht [...]; es sind also unzählige einander durchkreuzende Kräfte, eine unendliche Gruppe von Kräfteparallelogrammen, daraus eine Resultante – das geschichtliche Ergebnis – hervorgeht, die selbst wieder als Produkt einer, als Ganzes, bewusstlos und willenlos wirkenden Kraft

---

1   Vgl. S. 32
2   Vgl. neuerdings das Buch von Christopher Clark mit seinem bezeichnenden Titel: Die Schlafwandler. Wie Europa in den Ersten Weltkrieg zog, München 2013.

9

angesehen werden kann. Denn was jeder Einzelne will, wird von jedem anderen verhindert, und was herauskommt, ist etwas, das keiner gewollt hat.["3] Dass er jedenfalls den Krieg nicht gewollt habe, bekannte Wilhelm II. im holländischen Exil, und Karl Kraus' großes Weltkriegsdrama *Die letzten Tage der Menschheit* endet just mit dem äußerst vieldeutigen, der „Stimme Gottes" zugewiesenen Satz: „Ich habe es nicht gewollt."

Gerade angesichts des Befundes, dass das bis dahin blutigste Ereignis, das über die Menschen hereinbrach und das doch nur, weil keine Naturkatastrophe, als menschengemachtes zu qualifizieren ist, liegt die Vermutung nahe, dass der Krieg letztlich die logische Konsequenz und der vollendete Ausdruck einer Ökonomie war, die sich eben durch ihren „Fetischcharakter" auszeichnet: Das aus den Händen und Köpfen der Menschen hervorgehende Produkt gewinnt selbst über diese Menschen unkontrollierbare Gewalt. Ohne das Werk Karl Marx' und dessen Fetischismusanalyse zu kennen, formuliert Kraus im selben Sinne: „Die Völker, die noch den Fetisch anbeten, werden nie so tief sinken, in der Ware eine Seele zu vermuten."[4]

Die große „Gründerzeitdepression" ab 1873, die erste tiefe Krise des Kapitalismus, scheint unbezweifelbar die ökonomische Basis für die Zuspitzung von Nationalismus, Rassismus und Militarismus zu bilden. Karl Kraus selbst hat diesen Zusammenhang zwischen den blinden Mechanismen der kapitalistischen Ökonomie und dem Krieg immer wieder zur Sprache gebracht. Mehrmals sprach er von der Notwendigkeit, „Absatzfelder in Schlachtfelder" zu verwandeln, damit daraus wieder Absatzfelder entstehen[5], und sowohl in seinem Aphorismenband *Nachts* als auch in den *Letzten Tagen der Menschheit* stößt man auf jene unnachahmliche Formulierung: „Es gibt eine Idee, die einst den wahren Weltkrieg in Bewegung setzen wird: Dass Gott den Menschen nicht als Konsumenten und Produzenten erschaffen hat. Dass das Lebensmittel nicht Lebenszweck sei. Dass der Magen dem Kopf nicht über den Kopf wachse. Dass das Leben nicht in der Ausschließlichkeit der Erwerbsinteressen begründet sei. Dass der Mensch in die Zeit gesetzt sei, um Zeit zu haben und nicht mit den Beinen irgendwo eher anzulangen als mit dem Herzen." So lässt sich eine Kontinuität aufweisen zwischen

---

3   MEW 37, 464.

4   Dieses und die folgenden Zitate finden sich auch in: Karl Kraus, Auch Zwerge werfen lange Schatten, Wiesbaden 2013, 180.165.

5   Vgl. in diesem Band S. 33

der Konkurrenz wirtschaftlicher Akteure, der Konkurrenz der europäischen Kolonialmächte um Einflusssphären weltweit und dem Konkur-
renzkampf mit militärischen Mitteln; zwischen der Unterwerfung des
Individuums unter die Maschine und der unerbittlichen technischen
Kriegsmaschinerie; zwischen der Disziplinierung der Arbeiter in den
Fabriken zu stumpfsinniger Tätigkeit und dem disziplinierten Menschenmaterial an den Fronten … Für Karl Kraus jedenfalls war das
Bestreben des deutschen Reiches, sich neben den anderen imperialis-
tischen Mächten England und Frankreich seinen „Platz an der Sonne"
zu erobern, ein klar auszumachender Kriegsgrund. In seiner satirischen
Pointierung hört sich das so an: „Der Anspruch auf einen Platz an der
Sonne ist bekannt. Weniger bekannt ist, dass sie untergeht, sobald er
errungen ist." Oder: „Ich begreife, dass einer Baumwolle für sein Leben
opfert. Aber umgekehrt?" Und schließlich: „‚Es handelt sich in diesem
Krieg' – Jawohl, es handelt sich in diesem Krieg!"[6]
Den Zusammenhang von die Sinne abtötender Disziplinierung der
Arbeitskraft im Dienst des Profits und der gefügigen Soldatenmasse im
Dienst der Kriegsmaschinerie artikuliert Kraus im Lied des Kommerzien-
rates Ottomar Wilhelm Wahnschaffe in den *Letzten Tagen der Menschheit*:

> Im Frieden schon war ich ein Knecht,
> Drum bin ich es im Krieg erst recht.
> Hab stets geschuftet, stets geschafft,
> vom Krieg alleine krieg' ich Kraft.
> Weil ich schon vor dem Krieg gefront,
> hat sich die Front ja auch gelohnt.
> Leicht lebt es sich als Arbeitsvieh
> im Dienst der schweren Industrie.
> Heil Krupp und Krieg! Ich bin ein Deutscher![7]

In welch scharfem Kontrast steht „Wahnschaffes Lied" zur selbstver-
leugnenden, sozialdarwinistischen und den Schweiß eines unerträglich
platten Patriotismus ausdünstenden Kriegslyrik der „Arbeiterdichter"
jener Tage![8]

---

6   Vgl. Anm. 4.
7   Karl Kraus, Die letzten Tage der Menschheit, Wien-Leipzig ²1922, 403.
8   Vgl. dazu etwa Robert Kurz, Schwarzbuch Kapitalismus. Ein Abgesang auf die Marktwirt-
     schaft, Frankfurt a.M. 1999, 342–345.

Das qualitativ Neue des Ersten Weltkrieges bestand ohne Zweifel darin, dass er der erste industrielle Krieg war, der allen früher beschworenen Tugenden von Mut, Tapferkeit etc. und den Vorstellungen von Kämpfen „Mann gegen Mann" Hohn sprach. Ein Kulturschock für viele – nicht zuletzt für Karl Kraus, der vor Ausbruch des Krieges durchaus den genannten militärischen Tugenden verbunden war. Ausgerechnet der unsägliche Ernst Jünger, der in seinem Machwerk *In Stahlgewittern* das Massenabschlachten in zynischer Weise ästhetisierte und an dessen Leichengeruch sich gerade heute wieder scharenweise Philologen und Verleger laben, beschreibt diese neue Qualität des Krieges eindringlich und äußerst präzise:

> Bei diesem Zusammenprall werden nicht mehr wie zur Zeit der blanken Waffe die Fähigkeiten des Einzelnen, sondern die der großen Organismen gegeneinander abgewogen. Produktion, Stand der Technik, Chemie, Schulwesen und Eisenbahnnetze: Das sind die Kräfte, die unsichtbar hinter den Rauchwolken der Materialschlacht sich gegenüberstehen […] Dieser Zwang, der das Leben des Individuums einem unwiderstehlichen Willen unterwarf, trat hier in furchtbarer Deutlichkeit hervor. Der Kampf spielte in riesenhaften Ausmaßen, vor denen das Einzelschicksal verschwand. Die Weite und tödliche Einsamkeit des Gefildes, Fernwirkung stählerner Maschinen und die Verlegung jeder Bewegung in die Nacht zogen eine starre Titanenmaske über das Geschehen […] Die Entscheidung lief auf ein Rechenexempel hinaus: Wer eine bestimmte Anzahl von Quadratmetern mit der größten Geschossmenge überschütten konnte, hielt den Sieg in der Faust. Eine brutale Bewegung von Massen war die Schlacht, ein blutiger Ringkampf der Produktion und des Materials. Daher kam auch den Kämpfern, diesem unterirdischen Bedienungspersonal mörderischer Maschinen, oft wochenlang nicht zu Bewusstsein, dass hier Mensch gegen Mensch stand […] Es war im Grunde wohl dasselbe Gefühl von Sinnlosigkeit, das aus den kahlen Häuserblöcken von Fabrikstädten zuweilen in traurige Hirne sprang …[9]

Gegen diese Mobilmachung der Maschine gegen den Menschen und das „Verschwinden des Einzelschicksals" wird Karl Kraus übrigens immer wieder das Antlitz der einzelnen, geschundenen, missbrauchten Krea-

---

9   Ernst Jünger, Sturm, in: Sämtliche Werke, Bd. 15, Stuttgart 1978, 16 f.

tur geltend machen: das Antlitz der serbischen Bauern, die gezwungen werden, ihr eigenes Grab auszuheben, das Antlitz des Flüchtlingskindes, das um Brot fleht, das angsterfüllte Stuttgarter Kind bei einem Bombenangriff, das Porträt seiner im Krieg gefallenen Freunde und nicht zuletzt in einer erschütternden Szene am Ende der *Letzen Tage der Menschheit* die außermenschliche Kreatur in Gestalt der ertrinkenden Pferde …

Geht man der Frage nach, wie die Kriegskatastrophe möglich wurde, dann kommen bald die einflussreichen gesellschaftlichen Kräfte und deren Verhaltensspielräume in den Blick – zu allererst die deutsche und französische Sozialdemokratie. „Die Arbeiter haben kein Vaterland." So heißt es noch lapidar im *Kommunistischen Manifest* von Marx und Engels. Doch längst schon hatte man sich in einem Gestus der Überanpassung den jeweiligen nationalen Regimen und deren imperialistischen Interessen dienstbar gemacht. Die Zustimmung der Mehrheit der deutschen Sozialdemokraten zu den Kriegskrediten – die rühmlichen Ausnahmen Karl Liebknecht, der seine Zustimmung zu den Kriegskrediten verweigerte, und Rosa Luxemburg, die wegen einer pazifistischen Rede bereits im Gefängnis saß und bis zum Kriegsende in sogenannter „Schutzhaft" blieb, seien hier wenigstens erwähnt – war keineswegs der „Sündenfall", als der er vielfach dargestellt wird. Längst schon übte man sich in Komplizenschaft mit Kapital und Regime im vermeintlichen Interesse der jeweiligen nationalen Arbeiterschaft. Die fatale, bei Karl Marx selbst grundgelegte Geschichtsauffassung, dass die Errichtung des Sozialismus einen voll entwickelten Kapitalismus zur Voraussetzung habe, führte zu dessen nahezu bedingungsloser Akzeptanz bis in die Konsequenz des Krieges hinein. Dies belegt etwa das Statement des Sozialdemokraten August Winnig:

> Nicht der Kapitalismus war die treibende Kraft unseres Drängens zu den Weltmärkten, sondern der deutsche Arbeiter. Nicht der deutsche Materialismus war der Urheber der politischen Spannung, die sich jetzt im Krieg entlud, sondern die 20 Millionen Deutsche, die von der Arbeit ihrer Hände leben mussten.[10]

Dass die Tatsache, dass deutsche Arbeiter ihre Existenzbedingungen nur durch Krieg und imperialistische Expansion sichern können, etwas

---

10   Zitiert nach Kurz, aaO., 359.

mit genau jenem Produktionsverhältnis zu tun haben könnte, das er als Kriegsursache explizit ausschließt, kommt diesem sozialdemokratischen Kleingeist offensichtlich nicht mehr in den Sinn.

Der Losung „Bebel marschiert" – August Bebel selbst war allerdings bereits 1913 verstorben – war längst schon der Boden bereitet. Bezeichnend dafür ist etwa eine Reichstagsrede des sozialdemokratischen Abgeordneten Karl von Einem aus dem Jahr 1904:

> Sie können künftig keinen siegreichen Krieg ohne uns schlagen [...] Wenn Sie siegen, siegen Sie mit uns und nicht gegen uns [...] Wenn der Krieg ein Angriffskrieg werden sollte, ein Krieg, in dem es sich dann um die Existenz Deutschlands handelte, dann – ich gebe Ihnen mein Wort – sind wir bis zum letzten Mann und selbst die Ältesten unter uns bereit, die Flinte auf die Schulter zu nehmen und unseren deutschen Boden zu verteidigen ...[11]

Und auch in Frankreich gibt die Sozialdemokratie ein ähnliches Bild ab. Die bereits äußerst ambivalente Haltung Jacques Jaurés' schlägt nach dessen Ermordung erst recht in eine Rechtfertigung des Krieges um.

Ausführlich einzugehen wäre an dieser Stelle natürlich auch auf die beiden großen Kirchen, die, abgesehen etwa von Papst Benedikt XV. (siehe auch in diesem Band S. 50), in ihrer großen Mehrheit ins jeweilige patriotische Geheul einstimmen. „Das Läuten der Kanonen und das Schießen der Glocken" war – so formulierte es Karl Kraus – ausgebrochen. Der gebürtige Jude Karl Kraus, der 1913 katholisch getauft worden war, zog nach dem Krieg mit seinem Austritt aus der Kirche die Konsequenz daraus.

Besonders bedrückend – und das steht im Mittelpunkt von Kraus' Auseinandersetzung mit dem Krieg – ist das fast komplette Versagen der Intelligenz, der Geisteswissenschaften, der Literatur angesichts des kollektiven Selbstmordkurses. Das Bild, das sich uns hier darbietet, ist wahrhaft niederschmetternd. Gerade einmal eine Handvoll Schriftsteller lässt sich ausfindig machen, die sich nicht vom Taumel der Kriegsbegeisterung hinreißen lassen, die wenigstens schweigen – was in diesem Kontext Aussage genug ist. Zu ihnen zählen Hermann Hesse, Ricarda Huch, Franz Werfel, Stefan Zweig und Arthur Schnitzler. In einem Epi-

---

11   Zitiert nach Kurz, aaO., 339.

gramm für Letzteren hat Karl Kraus die Haltung dieser wenigen Besonnenen stellvertretend gewürdigt:

> Sein Wort vom Frieden wog nicht schwer.
> Doch wo viel Feinde, ist viel Ehr:
> er hat in Schlachten und Siegen
> geschwiegen.[12]

Neben eher peinlichen Gestalten wie etwa dem katholischen Priester
Ottokar Kernstock (s. S. 482) oder Ludwig Ganghofer waren es Schrift-
steller von höchstem Ansehen, die in minderwertigen literarischen
Ergüssen oder auch in feinsinnigem Erhabenheitsgeschwafel den Krieg
feierten: Hugo von Hofmannsthal (s. S. 76–87), Hermann Bahr, Alfred
Kerr (s. S. 480–481) und – für Karl Kraus besonders enttäuschend –
Gerhard Hauptmann:

> Drei Engel redeten einst aus dir,
> ich liebte dich, verzeihe.
> Doch Hannele träumt, so träumte mir,
> von der sechsten Kriegsanleihe.
> Und Pippa tanzt im Hauptquartier
> und freut sich, dass jene gedeihe.[13]

Der Krieg wird von den willfährigen Literaten – von denen sich viele
selbst vor der Front drückten, indem sie sich dem Kriegspressequartier
als Schreiberlinge andienten – als das große reinigende „kathartische"
Ereignis mystifiziert. So etwa Hermann Bahr:

> Alle deutschen Wunden schließen sich. Wir sind genesen. Gelobt sei
> dieser Krieg, der uns am ersten Tag von allen deutschen Erbübeln erlöst
> hat! (vgl. in diesem Band S. 499)

Und man begab sich in die Gosse der primitivsten Mordinstinkte hinab,
die man – darin wenigstens konsequent – in die primitivste literarische
Form goss. Das berühmte Diktum von Karl Kraus, dass der kategorische

---

12   Karl-Kraus-Lesebuch. Herausgegeben von Hans Wollschläger, Frankfurt a.M. 1987, 252.
13   AaO., 251.

Imperativ bei den Deutschen nun „Immer feste druff" lautet (vgl. in diesem Band S. 500), bestätigt eindrucksvoll Ludwig Ganghofer:

> Herr Kronprinz Wilhelm, vermöble sie fest
> und mache sie springen wie vor der Pest!
> Hell leuchtet aus dieser fröhlichen Jugend
> Die Sonne des Mannes, die Siegestugend!
> Nur druff! Immer feste druff![14]

Die Beispiele ließen sich nahezu endlos fortsetzen. Lediglich in der satirischen Bearbeitung von Karl Kraus löst sich der Brechreiz angesichts dieser Ergüsse in befreiendes Lachen auf.

Nicht zuletzt diese Literaten sind es, anhand derer Karl Kraus die Mentalität bloßlegt, die den Krieg möglich machte, die „geistige Mobilmachung", die der tatsächlichen vorausging. Und danach wird die Haltung der jeweiligen Schriftsteller im und zum Krieg für Kraus der entscheidende Bewertungsmaßstab sein. Literarische Qualität erweist sich eben nicht zuletzt an der Sache, für die sie dienstbar gemacht wird.

Der Krieg trat keineswegs als überraschendes Ereignis ein. Die Kriegsgefahr lag – auch angesichts der außenpolitisch geschmiedeten Bündnisse, deren Automatismus dann durch das Attentat von Sarajewo ausgelöst wurde – gleichsam in der Luft. Der oben zitierte Karl von Einem ist ein Beleg dafür. Angesichts der drohenden Kriegsgefahr hatten sich pazifistische Bestrebungen formiert. Ein prominentes Beispiel ist die österreichische Friedensnobelpreisträgerin Bertha von Suttner mit ihrem Roman *Die Waffen nieder!* Auch Karl Kaus selbst hat in der *Fackel* die Kriegsgefahr und den fahrlässigen Umgang damit mehrmals thematisiert, vor allem während der Balkankrise des Jahres 1912.

Am 1. August schließlich brach der Krieg aus. Karl Kraus, der Redegewandte, verstummte. Nach dem Attentat auf den österreichischen Thronfolger war noch ein Heft der *Fackel* erschienen, mit einem bemerkenswerten Nachruf auf Franz Ferdinand. Dann stellte die *Fackel* ihr Erscheinen ein. Kein Wort vom in ganz Wien und weit darüber hinaus gefeierten, wortgewaltigen Satiriker, dessen rote Hefte seit der Jahrhundertwende das Geistesleben in Aufruhr versetzt hatten. Der finanziell unabhängige Kraus, dessen stilistische Kunstfertigkeit Aufmerksamkeit er-

---

14   Zitiert nach: Hans Weigel, Karl Kraus oder Die Macht der Ohnmacht, München 1972, 181.

regt hatte, hatte sich den Anwerbeversuchen der Presse entzogen und ließ in seiner eigenen satirischen Zeitschrift den Stoff der Zeit in seine Form eingehen. Die *Fackel* enthielt anfangs Gastbeiträge, etwa von Detlev von Liliencron, Wilhelm Liebknecht etc., wurde aber bald ausschließlich von Kraus selbst verfasst. Insgesamt sollten fast tausend Nummern erscheinen. Gegenstände seiner Kritik waren vor allem die Presse, ein verlogener, korrumpierbarer Literaturbetrieb, die Lüge der Zeit, die sich vor allem in einer doppelbödigen Moral ausdrückte. Der Kriegsausbruch stellte für Kraus einerseits eine tiefe Zäsur dar, andererseits war er die gewaltige Bestätigung seiner bisherigen Satiren. Dass in dieser „großen Zeit" nun „die Federn in Blut tauchen und Schwerter in Tinte", lag in der Konsequenz seiner Auffassung von der Presse. „Es ist alles so wahr geworden, womit ich die Zeit verleumdet hatte"[15], sagt er selbst. Doch hat ein Satiriker nicht genau dann seine Funktion verloren, wenn die Wirklichkeit die Satire einholt? Das Schweigen Karl Kraus' zu Kriegsbeginn nimmt jenes andere Schweigen angesichts der Ermächtigung Hitlers im Jahr 1933 vorweg.

Und doch ist der Kriegsausbruch für Kraus selber ein biografisch umwälzendes Ereignis. Der bis dahin politisch durchaus Konservative, der Parlamentarismusskeptiker, der sich in der Gesellschaft aristokratischer Kreise wohlfühlte und zum Teil deren überkommene Wertvorstellungen teilte, wandelt sich, als das Ungeheuerliche tatsächlich eintritt, zum unbedingten Pazifisten. Noch sein Nachruf auf den ermordeten Thronfolger ist durchwegs monarchistisch gestimmt. Einige Jahre später wird er von den Habsburgern als von einer „allerhöchst bedenklichen Familie" sprechen, Franz Joseph I. als den apostrophieren, der in eben dem Blutbad plantschte, das Wilhelm ihm gerüstet habe, und der auf einem „als Thron kaschierten Leibstuhl" gesessen sei.

Inmitten der lautstarken Kriegsbegeisterung – kein Wort von Karl Kraus. Erst am 19. November 1914 tritt er wieder auf, hält einen seiner insgesamt über siebenhundert Vortragsabende, die er selbst als „Theater der Dichtung" bezeichnete. Kraus liest Klassiker, er liest aus der Bibel, aus den Prophetenbüchern und der Apokalypse des Johannes, er trägt sein wunderbares Gedicht vom „sterbenden Menschen" vor – vor allem aber eröffnet er den Abend mit seiner großen programmatischen Anrede, deren Überschrift die Losung jener Tage aufgreift: *In dieser großen Zeit* (s. S. 31–44). In diesem einzigartigen literarischen Dokument, das

---

15   In diesem Band, S. 89.

später den Band *Weltgericht* eröffnen sollte, will Kraus nichts weiter als sein Schweigen begründen. „Wer etwas zu sagen hat, trete vor und schweige", heißt es denn auch an entscheidender Stelle darin. Nur so viel will er sagen, wie nötig ist, um selbst dieses Schweigen noch davor zu bewahren, missverstanden zu werden.

Kraus hat dann aber nicht geschwiegen. Der Krieg ließ seine sprachliche Gestaltungskraft zur Höchstform auflaufen. Dokumentiert ist dies in eben dem hier vorliegenden Band *Weltgericht*, der die großen Essais aus der Kriegszeit enthält, dokumentiert ist dies in den vielen Glossen der etwa hundert Nummern der „Kriegsfackel", von denen hier exemplarisch einige der besten wiedergegeben sind. Dokumentiert ist dies in seinem Aphorismenband *Nachts*, vor allem aber in seinem monumentalen Weltkriegsdrama *Die letzten Tage der Menschheit*.

Kraus findet sich nicht ab mit dem Ungeheuerlichen. Er nimmt den Kampf auf gegen das Morden, und zwar nicht nur als Satiriker, als öffentlich Vortragender, sondern auch als politisch Handelnder. Er nutzt seine Beziehungen zu Aristokratenkreisen, fährt nach Italien, in der Hoffnung, wenigstens der Kriegseintritt Italiens könne durch diplomatische Initiative verhindert werden.[16]

Die satirische Begabung des Karl Kraus bewährt ihre Treffsicherheit, ihre Pointierungskunst im Krieg in besonders eindrucksvoller Weise. Gerade unter den Bedingungen einer rigorosen Zensur beweist Kraus, wie man dieselbe unterläuft – und damit vorführt. Seine Satire kommt mit den sparsamsten Mitteln aus. Vielfach druckt er nur ab, was andernorts bereits erschienen und von der Zensur genehmigt ist. Seine Eigenleistung besteht in der Anordnung des Abgedruckten, in der Wahl einer entlarvenden Überschrift, in knappsten Kommentaren. In diesem Band finden sich exzellente Beispiele für dieses Verfahren, etwa: Zwei Stimmen: Benedikts Gebet – Benedikts Diktat (s. S. 50), wo er einem Text Papst Benedikts XV. einfach einen Leitartikel des Herausgebers der *Neuen Freien Presse*, Moriz Benedikt, gegenüberstellt. Er druckt eine scheinbar belanglose Lokalnachricht aus der Rubrik „Vermischtes" ab, die von der Arretierung einer Frau handelt, welche durch provozierendes Heben ihres Rocks öffentliches Ärgernis erregt habe. Der knappe Kommentar von Karl Kraus: „Hoch der Rock, die Waffen nieder!" (s. S. 478–479)

---

16   Über diese Initiative hat Kraus übrigens selbst nie gesprochen. Er war weit davon entfernt, sich selbst auf Kosten des Krieges zu profilieren.

Die Zensur war weitgehend machtlos gegen den Satiriker. Oft genügte es schon, dass etwas in der Fackel abgedruckt wurde, um zur Satire zu werden. Der Bericht über ein „Gesellschaftsereignis" wurde allein aufgrund der Tatsache, dass die *Fackel* ihn mitten im Krieg würdigte, zur von allen verstandenen Kritik. Und selbst die Überschriften vor den von der Zensur verfügten „weißen Flecken" schlugen als satirische Attacke auf diese selbst zurück. Genau in diesem Zusammenhang formulierte Kraus seinen schönen Aphorismus: „Satiren, die der Zensor versteht, werden mit Recht verboten."[17] Oder in Versen ausgedrückt:

> Nie wird bis auf den Grund meiner Erscheinung
> der kühnste Rotstift eines Zensors dringen.
> Verzichtend auf die Freiheit einer Meinung,
> will ich die Dinge nur zur Sprache bringen.[18]

Es bot sich seinerzeit allerdings auch ein Trick zur Umgehung der Zensur an, dessen sich Kraus – mithilfe der *Arbeiter-Zeitung*, der er attestierte, „dem durch Tat und Flucht grausamen Tag etwas Besinnung beizubringen"[19] – bediente: Wörtliche Protokolle aus dem Abgeordnetenhaus durften nicht der Zensur unterworfen werden. Und so konnte so mancher sozialdemokratischer Abgeordnete durch eine Anfrage an den zuständigen Minister einen bestimmten, der Zensur zum Opfer gefallenen Zeitungsbericht ins Protokoll bringen, das daraufhin publiziert werden konnte.

Gegen Ende des Krieges allerdings wurde es gefährlich für Karl Kraus, nachdem er nach einer Vorlesung, in der er von der „chlorreichen Offensive" gesprochen haben soll, denunziert worden war. Das Kriegsende kam seiner Verurteilung zuvor. (vgl. in diesem Band S. 453–470).

In seinem Drama *Die letzten Tage der Menschheit* lässt Karl Kraus Gedrucktes einfach auf der Bühne sprechen. Mit den einleitenden Worten „Melde gehorsamst, Herr Oberst" referiert der im Kriegsarchiv beschäftigte Feuilletonist Hans Müller (vgl. in diesem Band S. 173–177) seinen eigenen Artikel. Die mündliche Wiedergabe genügt, um die Blamage perfekt zu machen.

---

17   Zitiert nach Karl Kraus, Auch Zwerge werfen lange Schatten, aaO., 118.
18   Die Fackel 508–513, 81.
19   Die Fackel, 418–425, 45.

Karl Kraus findet nicht nur die Sprache wieder, sondern mit ihr auch seinen unnachahmlichen Witz. Die verlogene Phraseologie, mit der der Krieg gerechtfertigt wird, die erhabenen Menschheitsideen, die ihr eigenes Abschlachten legitimieren sollen, blamieren sich gründlich vor dem Kraus'schen Witz. So haben die Kriegsschreiberlinge in vielfachen Variationen den Gedanken propagiert, der Krieg trage zur „Hebung der Sittlichkeit" der Menschheit bei, er sei ein Segen für deren moralische Höherentwicklung und dergleichen mehr. Kraus führt genau das durch eine kleine Szene in den *Letzten Tagen der Menschheit* ad absurdum: Ein Fahrgast beschwert sich bei einem Droschkenkutscher („Fiaker" nennt man diese in Wien) über den ungewöhnlich hohen Fahrpreis. „In Kriag kriag i s'Doppelte", lautet die in Mentalität und Idiom unübertrefflich wienerische Antwort des Fiakers, der damit wahrlich ein eindrucksvolles Beispiel für die postulierte gesteigerte Sittlichkeit abgibt. Die viel beschworene unverbrüchliche Bündnistreue zwischen Deutschen und Österreichern, in Feiertagsreden immer wieder in abgestandenen Phrasen bekräftigt, gibt Kraus in seinem legendären Dialog zwischen dem deutschen „Wachtmeister Wagenknecht" und dem österreichischen „Feldwebel Sedlatschek" der Lächerlichkeit preis, die sich innerhalb der gemeinsamen deutschen Sprache[20] ständig missverstehen. „Herr Oberbombenwerfer, derf ich jetzt eine Bomben obawerfen?", lautet einer der Spitzensätze, der die „Bündnistreue" dem Hohngelächter ausliefert. Und während für den Österreicher die „Niederlage" eine Kaufhausfiliale meint, versteht der Deutsche darunter nur das militärische Desaster – was die Bündnistreue natürlich in erhebliche Gefahr bringt, wenn Sedlatschek von „einer unserer schönsten Niederlagen" spricht. Beim Lesen seines Weltkriegsdramas kann man sich manchmal auch des Eindrucks nicht erwehren, dass Kraus so manche Szene lediglich um der Pointe willen aufgenommen hat.

Allerdings bestätigt Kraus gerade im Krieg seine Auffassung, dass ein Witz nur dann Bestand habe, wenn er eine ethische Deckung aufweise. Das Leid der Opfer wird Kraus zum absoluten Maßstab. In ihrem Antlitz spiegelt sich die gesamte Pervertierung der Zivilisation im Krieg, sie – einschließlich der Tiere – sind die Helden seines Kriegsdramas.

---

20   „Was uns voneinander trennt, ist die gemeinsame Sprache", hat Kraus einmal zum Verhältnis zwischen Österreichern und Deutschen angemerkt.

Gegenstand der Satire sind nicht so sehr politische Konstellationen, Ergründung politischer Ursachen etc. Kraus entwirft vielmehr die geistige Anatomie, er konfrontiert die Menschen mit der eigenen inneren Disposition, ohne die diese Menschheitskatastrophe nicht möglich gewesen wäre. Und darin erweist er sich heute noch als aktueller denn je. *Die letzten Tage der Menschheit*, die Kraus selbst als Bühnendrama für unaufführbar hielt und die er „einem künftigen Marstheater zugedacht" habe, sind eine monumentale Collage von Einzelszenen, die sich als Sprech- oder Vorlesedrama zu einem Gesamtbild zusammenfügen und die geistige Jauche offenbaren, aus denen dieser Krieg emporstieg. Da sind die reichlich dekadenten Söhne aus höherem Haus, deren Zusammenkünfte an der „Sirkecke"[21] jeweils die einzelnen Akte einleiten und deren Oberflächlichkeit den ganzen Zynismus offenbart, der dem Krieg zugrunde lag. Da ist das „Ehepaar Schwarzgelber", das den Krieg dazu benutzen will, in die höheren Gesellschaftskreise aufzusteigen, indem es sich bei Wohltätigkeitsveranstaltungen hervortut („Geschleppt hast du mich in die Tees und Komitees, getrieben hast du mich …" beschwert sich der geplagte Ehemann bei seiner allzu ehrgeizigen Frau), da ist Wilhelm II. selbst, der dem Hof-und Kriegsdichter Ganghofer kumpelhaft aufmunternd aufs Hinterteil klopft, und da ist nicht zuletzt der im „Nachruf" (s. S. 362–452) gewürdigte österreichische Erzherzog Friedrich, dessen Ausruf bei der Filmvorführung der neuesten Kriegstechnologie die ganze abgestumpfte Primitivität der Kriegstreiber auf die knappeste Art zusammenfasst: „Bumsti!" Fiktive Figuren und Szenen stehen hier durchaus neben der satirischen Gestaltung von verbürgten Nachrichten (Die launischen Tätlichkeiten Kaiser Wilhelms sind bekannt, und das „Bumsti" des Erzherzogs Friedrich ist Realität, wie sie Kraus nicht besser hätte erfinden können). Kraus zeichnet mit spitzer Feder die Profiteure des Kriegs. Unnachahmlich schildert er den physischen Zusammenbruch eines Mannes, der in Skoda-Aktien investiert hatte, als die ersten Gerüchte von einem möglichen Waffenstillstand aufkommen. Und natürlich bildet die Presse einen Hauptgegenstand der Satire, die gerade im Krieg all das bestätigt, was ihr Kraus schon in Friedenszeiten attestiert hat. Der „alte Biach" verkörpert in den *Letzten Tagen der Menschheit* den zeitungsgläubigen Leser, der schließlich an

---

21   Für Wien-Kundige: Damit ist die Straßenecke Kärntnerstraße / Kärntnerring vor der Staatsoper gemeint.

einem nicht auflösbaren Widerspruch im Leitartikel zugrundegeht! Und geradezu die Verkörperung des sensationslüsternen, hyänenhaften und um Menschenleben unbekümmerten Gebarens der Presse ist die Kriegsberichterstatterin Alice Schalek (s. vor allem „Die wackre Schalek forcht sich nit!", S. 473–475). Auch sie ist keine Erfindung, und man wundert sich, wie sie, nachdem sie in Kraus' Satire Eingang fand, tatsächlich noch bis in die Siebzigerjahre des vorigen Jahrhunderts physisch existieren konnte. Wie bedrückend aktuell ist dies alles angesichts der Live-Fernsehbilder aus den Kriegen der letzten Jahre! Eine der wiederkehrenden Figuren im Kriegsdrama ist „der Nörgler", das *Alter Ego* von Karl Kraus. An dieser Gestalt kann man Kraus' eigenen Reflexions- und Wandlungsprozess nachvollziehen und den Weg hin zu seinem unbedingten Pazifismus ermessen.

Seit dem Jahr 1913 – und es dürfte kein Zufall sein, dass es dasselbe Jahr ist, in dem seine Liebe zu Sidonie von Nadhérny beginnt, die so tragisch zu Ende gehen sollte[22] – schreibt Kraus auch Gedichte. Wenige insgesamt, aber sie zählen zu den schönsten der deutschen Sprache überhaupt. Er orientiert sich dabei der Form nach an den Klassikern, Matthias Claudius etwa oder Goethe.[23] Eines seiner schönsten, bewegendsten Gedichte stammt aus dem Krieg und ist Kants Schrift *Zum ewigen Frieden* gewidmet (vgl. S. 487–488). Welchen Stellenwert dieser Text für Kraus selbst besaß, ist daran abzulesen, dass es der einzige Text war, den er in seinen Vorlesungen, um Kant die Ehre zu erweisen, stets im Stehen vortrug.

Das Gedicht ist nicht zuletzt ein eindrucksvolles Beispiel dafür, dass Kraus sich inmitten der Kriegsgräuel den Glauben an die Menschheit bewahren wollte. Die „Gegenwelten", die den Kontrast zum Krieg bilden und die viele als Eskapismus missverstanden haben, gewinnen für ihn an Bedeutung: das Erleben der unberührten Natur (die *Letzten Tage der Menschheit* entstehen hauptsächlich in den Schweizer Alpen), die Rückbesinnung auf die Kindheit, die Sprachästhetik (mitten im Krieg schreibt Kraus Gedichte über den „Tod eines Lautes" und den „Reim") und all das, was sich noch mitten in der Kriegshölle an aufrichtiger Menschlichkeit

---

22 Rainer Maria Rilke hat gegen diese Verbindung in antisemitischer Weise intrigiert, indem er Sidonie von Nadhérny eindringlich vor dem Juden Karl Kraus warnte! Karl Kraus hat von diesem der Nachwelt bekannten Hintergrund nie etwas erfahren. Beim Begräbnis von Karl Kraus hat Sidonie ihre Liebe zu ihm posthum besiegelt, indem sie einen Ring ins offene Grab warf.

23 Dass Kraus allerdings Zugang zu ganz anderer Lyrik hatte, beweist seine Wertschätzung für Else Lasker-Schüler, die er mit erheblichen Zuwendungen aus dem Erlös seiner Vorlesungen auch finanziell unterstützte.

ausmachen lässt. Kraus ist trotz allem berechtigten Pessimismus einer, der die Menschheit nicht aufgibt – um der Opfer willen, denen er in seinen Kriegsschriften ein Denkmal setzt. Man spürt die Erleichterung in seinem „Nachruf", den er kurz vor Ende des Krieges öffentlich vorträgt, man spürt die Hoffnung auf den Neubeginn und seinen Antrieb, gerade deshalb seinen Kampf auch nach dem Krieg nicht aufzugeben.[24] Kraus tut es mit aller Konsequenz. Überall, wo er die alten Kriegsgespenster weiterwirken sieht, erhebt er seine Stimme. Nichts lässt er den einstigen Sängern des Kriegs durchgehen, die gesellschaftlich wieder ihre Anerkennung genossen, und gibt sie wie einst dem Gelächter preis. Gern stimmt man in Kraus' befreiendes Lachen ein, wenn er nach dem Krieg Hermann Bahrs Büchlein *Kriegssegen* und den darin enthaltenen „Gruß an Hofmannsthal" zur Hand nimmt und vermerkt, dass noch heute „die Lachtauben und Spottdrosseln keinen anderen Text als Grundlage ihrer beruflichen Wirksamkeit" wissen. (s. S. 497)

Das Lachen allerdings wurde allzu rasch erstickt. Die fatalen politischen Folgen des Ersten Weltkriegs sind bekannt. Als einer der Ersten warnte der hellsichtige Kraus bereits im Jahr 1923 (!) vor den Nationalsozialisten, die damals noch niemand so recht ernst nehmen wollte. Und die Geschichte wiederholte sich – nicht als Farce, sondern durchaus als Steigerung der Tragödie. Als Hitler von den konservativen Kräften, allen voran der christlichen Zentrumspartei und ihrem Obergeistlichen, Prälat Kaas, an die Macht gehievt wurde, verstummte Karl Kraus wiederum wie 1914. In einer der letzten Nummern der Fackel findet sich das Gedicht:

Man frage nicht, was all die Zeit ich machte.
Ich bleibe stumm;
und sage nicht, warum.
Und Stille gibt es, da die Erde krachte.
Kein Wort, das traf;
man spricht nur aus dem Schlaf.
Und träumt von einer Sonne, welche lachte.
Es geht vorbei,
nachher war's einerlei.

---

24 Mit dem berühmten letzten Satz seines *Nachrufs* will Kraus vermutlich seine eigene Rolle nach dem Krieg definieren: „Phorkyas aber richtet sich riesenhaft auf, tritt von den Kothurnen herunter, lehnt Maske und Marschallstab zurück und zeigt sich als Mephistopheles, um, insofern es nötig wäre, im Epilog das Stück zu kommentieren." (s. S. 452).

Das Wort entschlief, als jene Welt erwachte.
Alles ist zu Ende.
Alles ist gesagt.[25]

Seine Anhänger waren irritiert, einzig Bert Brecht wusste das Schweigen des Satirikers zunächst recht zu deuten und widmete ihm folgende Zeilen:

Als der Beredte sich entschuldigte
dass seine Stimme versage
trat das Schweigen vor den Richtertisch
nahm das Tuch vom Antlitz und
gab sich zu erkennen als Zeuge.[26]

Was damals allerdings keiner wusste: Kraus hatte dem Geschehen einen dicken Band gewidmet: *Die dritte Walpurgisnacht*. Sie beginnt mit dem legendären Satz: „Mir fällt zu Hitler nichts ein", erörtert dann das Problem der Satire, deren sprachliche Gestalt von den blutigsten Metaphern der Realität selbst eingeholt wird, und legt dann an eben diese Realität das satirische Seziermesser an. Das Material, aus dem Kraus schöpft, sind allgemein zugängliche Quellen, in der Hauptsache Zeitungsberichte, aus denen er den wahren Charakter des Regimes ableitet: ein eindrucksvolles Zeugnis dafür, dass alle, die es wirklich wissen wollten, es spätestens 1933 auch wissen konnten! Es sind wiederum vor allem die geistigen Wegbereiter des Naziterrors, die Kraus satirisch bloßstellt – Leute übrigens, die unbeschadet ihrer Regimenähe nach dem Krieg hohe Reputation genossen, wie etwa Gottfried Benn oder Martin Heidegger. Und wiederum ist es die knappe, zielgenaue Formulierung, mit deren Hilfe Kraus den Gegenstand seiner Satire entlarvt, so etwa, wenn er nach dem ausführlichen Zitat eines jener dunklen, verquasten Sätze Heideggers bloß den Kommentar hinterherschickt, er habe es immer schon geahnt, dass ein böhmischer Schuster dem Sinn des Lebens näher stünde als ein neudeutscher Denker. Ohne Zweifel ist Kraus in dieser Zeit auch politischen Irrtümern unterlegen. So verteidigt er etwa den

---

25 Zitiert nach Weigel, aaO., 333. Kraus hat übrigens wegen eines Wiederabdrucks, der – sinnentstellend – ein Komma vermissen ließ („Kein Wort das traf"), einen unerbittlichen Prozess geführt.
26 Nach Weigel, aaO., 334.

Austrofaschismus unter Engelbert Dollfuß damit, dass dieser außenpolitisch alles darauf abstelle, den „Anschluss" zu verhindern.[27] Das Buch war schon im Druck. Kraus ließ den Druck stoppen – nicht aus persönlichen Rücksichten, sondern allein deshalb, weil er es nicht verantworten konnte, dass einer seiner Leser im „Reich" aufgrund dieses Buches in Schwierigkeiten käme. Erst nach dem Krieg, in den Fünfzigerjahren, erschien dieses letzte große Werk des Satirikers und Pazifisten.

Die Naziherrschaft blieb Kraus selbst erspart. Zwei Jahre vor dem „Anschluss" Österreichs an das Deutsche Reich verstarb er, gepflegt von der getreuen Helene Kann, wohl an den Spätfolgen eines Unfalls. Dem Arzt, einem „Illegalen", also einem österreichischen Anhänger des Nationalsozialismus, schleuderte der Totkranke noch ein beherztes „Pfui Teufel!" entgegen, als dieser ihm „bei Odin" geschworen hatte, dass er in der Lage sein werde, demnächst eine geplante Reise anzutreten.

Den hier endlich wieder neu vorgelegten Band *Weltgericht* hat Karl Kraus selbst im Jahr 1919 redigiert und – ursprünglich in zwei Bänden – herausgegeben. Sie sind also die authentische Stimme des Autors, der mit diesem Band jene größeren Essais aus dem Krieg publiziert hat, die für ihn selbst einen entsprechend wichtigen Stellenwert hatten.[28] Diese Neuauflage ergänzt den Band allerdings durch kleinere Glossen aus der Kriegsfackel und einige wichtige Glossen aus der Nachkriegszeit, um ein möglichst vollständiges Bild des satirischen Wirkens Karl Kraus' angesichts des Krieges zu bieten. Auch diese ergänzenden Glossen sind nach langer Zeit hier wieder zugänglich. Wer sich dem großen Weltkriegsdrama *Die letzten Tage der Menschheit* widmen will, der findet in diesem Band einen unentbehrlichen Schlüssel zum Verstehen. Viele der Glossen und Aufsätze liefern den nötigen Hintergrund für das Verständnis so mancher in das Drama eingeflochtener Episode.

Hundert Jahre sind nun seit Kriegsbeginn vergangen. Erst nach dem Zweiten Weltkrieg ließ sich einigermaßen ermessen, welch grundle-

---

27   Es stimmt zwar tatsächlich, dass der österreichische „Ständestaat" mit allen Mitteln versuchte, den Anschluss zu verhindern, allerdings außenpolitisch wohl mit den falschen, nämlich durch den versuchten Schulterschluss mit Italien, anstatt etwa mit der damals demokratischen Tschechoslowakei, und innenpolitisch um den Preis der Aushebelung der Demokratie. Karl Kraus betrachtete dies als das hinzunehmende „kleinere Übel" angesichts der drohenden Gefahr des Anschlusses. Hier darf man ihm wohl widersprechen.

28   Die Anmerkungen, die von Karl Kraus selbst stammen, sind in dieser Ausgabe mit * (Asteriskus) gekennzeichnet. Alle nicht in dieser Weise kenntlich gemachten Anmerkungen stammen vom Herausgeber.

gende Bedeutung dieser Krieg für das 20. Jahrhundert und darüber hinaus bis heute hat. Erschreckend ist die Kontinuität der Kräfte, die am Werk sind. Der in sprachlicher Ausdrucksstärke Karl Kraus durchaus verwandte und ebenbürtige Carl Amery hat in seinem Buch *Hitler als Vorläufer*[29] die Kontinuität heutiger imperialistischer Politik „demokratischer" Mächte zur damaligen Barbarei aufgezeigt. Und es ist paradox: Während sich im Ersten Weltkrieg das erste Mal die blutig-brutale Seite der Industrialisierung zeigte, droht die aktuelle Gefahr eines Weltbrands wohl am ehesten vom unweigerlich heraufziehenden Ende der Industrialisierung. Die Verknappung von essenziellen Rohstoffen weltweit, die als Basis für unsere Industriegesellschaft unentbehrlich sind, und die zunehmende Verschlechterung der Lebensbedingungen aufgrund der begrenzten Tragfähigkeit der Ökosysteme – die Knappheit von fossilen Energieträgern, wichtigen Erzen, immer knapper werdendem fruchtbaren Boden, Trinkwasser – stellen wohl die größte Kriegsgefahr dar. Es handelt sich hier keineswegs um apokalyptische Fantasien. Längst schon haben die Strategen entsprechende Szenarien entwickelt und halten sie in ihren Schubladen vor. Erwähnt sei hier nur das *European Defense Paper* der Europäischen Union aus dem Jahr 2004.[30]

---

29   Carl Amery, Hitler als Vorläufer. Auschwitz – der Beginn des 21. Jahrhunderts?, München 1998.

30   Vgl. hierzu vor allem Andreas Zumach, Die kommenden Kriege. Ressourcen, Menschenrechte, Machtgewinn – Präventivkrieg als Dauerzustand?, Köln ²2005. Die Relevanz der unvermeidlichen Deindustrialisierung für künftige Kriegsszenarien wird unter anderem belegt durch eine Studie des Zentrums für Information der Bundeswehr unter dem Titel: Peak Oil – Sicherheitspolitische Implikationen knapper Ressourcen, Hamburg 2010. Auf den Seiten 47–50 heißt es hier: „Der Peak Oil [d.h. das Ölfördermaximum, nach dem eine zunehmende Verknappung eintritt] kann dramatische Konsequenzen für die Weltwirtschaft haben. Das Ausmaß dieser Konsequenzen wird sich – nicht nur, aber eben auch – durch einen Rückgang des Wachstums der Weltwirtschaft messen lassen [...] Ein ökonomischer Tipping Point besteht dort, wo – zum Beispiel in Folge des Peaks – die Weltwirtschaft auf unbestimmte Zeit schrumpft. In diesem Fall wäre eine Kettenreaktion die Folge, die das Wirtschaftssystem destabilisiert [...] Mittelfristig bricht das globale Wirtschaftssystem und jede marktwirtschaftlich organisierte Volkswirtschaft zusammen [...] Eine auf unbestimmte Zeit schrumpfende Wirtschafsleistung stellt einen höchst instabilen Zustand dar, der unumgänglich in einem Systemkollaps endet. Die Sicherheitsrisiken einer solchen Entwicklung sind nicht abzuschätzen [...] Eine Umstellung der Ölversorgung wird bis zum Eintritt des Peak Oil nicht in allen Weltregionen gleichermaßen möglich sein. Es ist wahrscheinlich, dass eine hohe Anzahl von Staaten nicht in der Lage ist, die notwendigen Investitionen rechtzeitig und in ausreichender Höhe zu leisten. Ein hohes systemisches Risiko ist in Anbetracht des Globalisierungsgrades Deutschlands also auf jeden Fall und unabhängig von der eigenen Energiepolitik gegeben."

Karl Kraus ist somit aktueller denn je. Wer könnte besser jene geistigen Triebkräfte entlarven, die nach wie vor am Werk sind? Und: Wer wäre eher imstande, mit seiner scharfen Satire, die doch aus einer tiefen Menschlichkeit zehrt, mit dem befreienden Lachen, das die Akteure und Handlanger bloßstellt, uns aus der Ohnmacht zu lösen und jene seelischen Ressourcen in uns zu erschließen, die allein eine neuerliche Katastrophe verhindern können?

Bruno Kern

WELTGERICHT

In dieser grossen Zeit

Dezember 1914; gesprochen am 19. November 1914

die ich noch gekannt habe, wie sie so klein war; die wieder klein werden wird, wenn ihr dazu noch Zeit bleibt; und die wir, weil im Bereich organischen Wachstums derlei Verwandlung nicht möglich ist, lieber als eine dicke Zeit und wahrlich auch schwere Zeit ansprechen wollen; in dieser Zeit, in der eben das geschieht, was man sich nicht v o r s t e l l e n konnte, und in der g e s c h e h e n muss, was man sich nicht mehr vorstellen kann, und könnte man es, es geschähe nicht –; in dieser ernsten Zeit, die sich zu Tode gelacht hat vor der Möglichkeit, dass sie ernst werden könnte; von ihrer Tragik überrascht, nach Zerstreuung langt, und sich selbst auf frischer Tat ertappend, nach Worten sucht; in dieser lauten Zeit, die da dröhnt von der schauerlichen Symphonie der Taten, die Berichte hervorbringen, und der Berichte, welche Taten verschulden: in dieser da mögen Sie von mir kein eigenes Wort erwarten. Keines außer diesem, das eben noch Schweigen vor Missdeutung bewahrt. Zu tief sitzt mir die Ehrfurcht vor der Unabänderlichkeit, Subordination der Sprache vor dem Unglück. In den Reichen der Fantasiearmut, wo der Mensch an seelischer Hungersnot stirbt, ohne den seelischen Hunger zu spüren, wo Federn in Blut tauchen und Schwerter in Tinte, muss das, was nicht gedacht wird, getan werden, aber ist das, was nur gedacht wird, unaussprechlich. Erwarten Sie von mir kein eigenes Wort. Weder vermöchte ich ein neues zu sagen; denn im Zimmer, wo einer schreibt, ist der Lärm so groß, und ob er von Tieren kommt, von Kindern oder nur von Mörsern, man soll es jetzt nicht entscheiden. Wer Taten zuspricht, schändet Wort und Tat und ist zweimal verächtlich. Der Beruf dazu ist nicht ausgestorben. Die jetzt nichts zu sagen haben, weil die Tat das Wort hat, sprechen weiter. Wer etwas zu sagen hat, trete vor und schweige! Auch alte Worte darf ich nicht hervorholen, solange Taten geschehen, die uns neu sind und deren Zuschauer sagen, dass sie ihnen nicht zuzutrauen waren. Mein Wort konnte Rotationsmaschinen übertönen, und wenn es

sie nicht zum Stillstand gebracht hat, so beweist das nichts gegen mein
Wort. Selbst die größere Maschine hat es nicht vermocht und das Ohr,
das die Posaune des Weltgerichts vernimmt, verschließt sich noch lange
nicht den Trompeten des Tages. Nicht erstarrte vor Schreck der Dreck
des Lebens, nicht erbleichte Druckerschwärze vor so viel Blut. Sondern
das Maul schluckte die vielen Schwerter und wir sahen nur auf das Maul
und maßen das Große nur an dem Maul. Und Gold für Eisen fiel vom
Altar in die Operette, der Bombenwurf war ein Couplet, und 15 000
Gefangene gerieten in eine Extraausgabe, die eine Soubrette vorlas, damit ein Librettist gerufen werde. Mir Unersättlichem, der des Opfers
nicht genug hat, ist die vom Schicksal befohlene Linie nicht erreicht.
Krieg ist mir erst, wenn nur die, die nicht taugen, in ihn geschickt werden. Sonst hat mein Frieden keine Ruhe, ich richte mich heimlich auf
die große Zeit ein und denke mir etwas, was ich nur dem lieben Gott
sagen kann und nicht dem lieben Staat, der es mir jetzt nicht erlaubt,
ihm zu sagen, dass er zu tolerant ist. Denn wenn er j e t z t nicht auf die
Idee kommt, die sogenannte Pressfreiheit, die ein paar weiße Flecke
nicht spürt, zu erwürgen, so wird er nie mehr auf die Idee kommen, und
wollte ich ihn jetzt auf die Idee bringen, er vergriffe sich an der Idee und
mein Text wäre das einzige Opfer. Also muss ich warten, wiewohl ich
doch der einzige Österreicher bin, der nicht warten kann, sondern den
Weltuntergang durch ein schlichtes Autodafé ersetzt sehen möchte. Die
Idee, auf welche ich die tatsächlichen Inhaber der nominellen Gewalt
bringen will, ist nur eine fixe Idee von mir. Aber durch fixe Ideen wird
ein schwankender Besitzstand gerettet, wie eines Staates so einer Kul-
turwelt. Man glaubt einem Feldherrn die Wichtigkeit von Sümpfen so
lange nicht, bis man eines Tages Europa nur noch als Umgebung der
Sümpfe betrachtet. Ich sehe von einem Terrain nur die Sümpfe, von ihrer Tiefe nur die Oberfläche, von einem Zustand nur die Erscheinung,
von der nur einen Schein und selbst davon bloß den Kontur. Und zuweilen genügt mir ein Tonfall oder gar nur die Wahnvorstellung. Tue man
mir, spaßeshalber, einmal den Gefallen, mir auf die Oberfläche zu folgen
dieser problemtiefen Welt, die erst erschaffen wurde, als sie gebildet
wurde, die sich um ihre eigene Achse dreht und wünscht, die Sonne
drehte sich um sie. Über jenem erhabenen Anschlag, jenem Gedicht, das
die tatenvolle Zeit eingeleitet, dem einzigen Gedicht, das sie bis nun
hervorgebracht hat, über dem menschlichsten Anschlag, den die Straße
unserm Auge widerfahren lassen konnte, hängt der Kopf eines Varieté-

komikers, überlebensgroß. Daneben aber schändet ein Gummiabsatzerzeuger das Mysterium der Schöpfung, indem er von einem strampelnden Säugling aussagt, so, mit dem Erzeugnis seiner, ausgerechnet seiner Marke, sollte der Mensch auf die Welt kommen. Wenn ich nun der Meinung bin, dass der Mensch, da die Dinge so liegen, lieber gar nicht auf die Welt kommen sollte, so bin ich ein Sonderling. Wenn ich jedoch behaupte, dass der Mensch unter solchen Umständen künftig überhaupt nicht mehr auf die Welt kommen wird und dass späterhin vielleicht noch die Stiefelabsätze auf die Welt kommen werden, aber ohne den dazugehörigen Menschen, weil er mit der eigenen Entwicklung nicht Schritt halten konnte und als das letzte Hindernis seines Fortschritts zurückgeblieben ist – wenn ich so etwas behaupte, bin ich ein Narr, der von einem Symptom gleich auf den ganzen Zustand schließt, von der Beule auf die Pest. Wäre ich kein Narr, sondern ein Gebildeter, so würde ich vom Bazillus und nicht von der Beule so kühne Schlüsse ziehen und man würde mir glauben. Wie närrisch gar, zu sagen, dass man, um sich von der Pest zu befreien, die Beule konfiszieren soll. Ich bin aber wirklich der Meinung, dass in dieser Zeit, wie immer wir sie nennen und werten mögen, ob sie nun aus den Fugen ist oder schon in der Einrichtung, ob sie erst vor dem Auge eines Hamlet Blutschuld und Fäulnis häuft oder schon für den Arm eines Fortinbras reift – dass in ihrem Zustand die Wurzel an der Oberfläche liegt. Solches kann durch ein großes Wirrsal klar werden, und was ehedem paradox war, wird nun durch die große Zeit bestätigt. Da ich weder Politiker bin noch sein Halbbruder Ästhet, so fällt es mir nicht ein, die Notwendigkeit von irgendetwas, das geschieht, zu leugnen oder mich zu beklagen, dass die Menschheit nicht in Schönheit zu sterben verstehe. Ich weiß wohl, Kathedralen werden mit Recht von Menschen beschossen, wenn sie von Menschen mit Recht als militärische Posten verwendet werden. Kein Ärgernis in der Welt, sagt Hamlet. Nur dass ein Höllenschlund sich zu der Frage öffnet: Wann hebt die größere Zeit des Krieges an – der Kathedralen gegen Menschen! Ich weiß genau, dass es zuzeiten notwendig ist, Absatzgebiete in Schlachtfelder zu verwandeln, damit aus diesen wieder Absatzgebiete werden. Aber eines trüben Tages sieht man heller und fragt, ob es denn richtig ist, den Weg, der von Gott wegführt, so zielbewusst mit keinem Schritte zu verfehlen. Und ob denn das ewige Geheimnis, aus dem der Mensch wird, und jenes, in das er eingeht, wirklich nur ein Geschäftsgeheimnis umschließen, das dem Menschen Überlegenheit verschafft vor dem Menschen und gar vor des Menschen Erzeuger. Wer den Besitzstand erweitern will und wer ihn nur verteidigt – beide leben im Besitzstand, stets unter und nie über dem Besitzstand. Der eine fatiert ihn, der andere erklärt ihn. Wird uns nicht bange vor irgendetwas über dem Besitzstand, wenn Menschenopfer unerhört geschaut, gelitten wurden und hinter der Sprache des seelischen Aufschwungs, im Abklang der berauschenden Musik, zwischen irdischen und himmlischen Heerscharen, eines fahlen Morgens das Bekenntnis durchbricht: „Was jetzt zu geschehen hat, ist, dass der Reisende fortwährend die Fühlhörner ausstreckt und die Kundschaft unaufhörlich abgetastet wird!" Menschheit ist Kundschaft. Hinter Fahnen und Flammen, hinter Helden und Helfern, hinter allen Vaterländern ist ein Altar aufgerichtet, an dem die fromme Wissenschaft die Hände ringt: Gott schuf den Konsumenten! Aber Gott schuf den Konsumenten nicht, damit es ihm wohl ergehe auf Erden, sondern zu einem Höheren: damit es dem Händler wohl ergehe auf Erden, denn der Konsument ist nackt erschaffen und wird erst, wenn er Kleider verkauft, ein Händler. Die Notwendigkeit, zu essen, um zu leben, kann philosophisch nicht bestritten werden, wiewohl die Öffentlichkeit dieser Verrichtung von einem unablegbaren Mangel an Schamgefühl zeugt. Kultur ist die stillschweigende Verabredung, das Lebensmittel hinter den Lebenszweck abtreten zu lassen. Zivilisation ist die Unterwerfung des Lebenszwecks unter das Lebensmittel. Diesem Ideal dient der Fortschritt und diesem Ideal liefert er seine Waffen. Der Fortschritt lebt, um zu essen, und beweist zuzeiten, dass er sogar sterben kann, um zu essen. Er erträgt Mühsal, damit es ihm wohl ergehe.

Er wendet Pathos an die Prämissen. Die äußerste Bejahung des Fortschritts gebietet nun längst, dass das Bedürfnis sich nach dem Angebot richte, dass wir essen, damit der andere satt werde, und dass der Hausierer noch unsern Gedanken unterbreche, wenn er uns bietet, was wir gerade nicht brauchen. Der Fortschritt, unter dessen Füßen das Gras trauert und der Wald zu Papier wird, aus dem die Blätter wachsen, er hat den Lebenszweck den Lebensmitteln subordiniert und uns zu Hilfsschrauben unserer Werkzeuge gemacht. Der Zahn der Zeit ist hohl; denn als er gesund war, kam die Hand, die vom Plombieren lebt. Wo alle Kraft angewandt wurde, das Leben reibungslos zu machen, bleibt nichts übrig, was dieser Schonung noch bedarf. In solcher Gegend kann die Individualität leben, aber nicht mehr entstehen. Mit ihren Nerven-

wünschen mag sie dort gastieren, wo im Komfort und Fortkommen
rings Automaten ohne Gesicht und Gruß vorbei und vorwärtsschieben.
Als Schiedsrichter zwischen Naturwerten wird sie anders entscheiden. Gewiss nicht für die hiesige Halbheit, die ihr Geistesleben für die
Propaganda ihrer Ware gerettet, sich einer Romantik der Lebensmittel
ergeben und „die Kunst in den Dienst des Kaufmanns" gestellt hat. Die
Entscheidung fällt zwischen Seelenkräften und Pferdekräften. Vom Betrieb kommt keine Rasse ungeschwächt zu sich selbst, höchstens zum
Genuss. Die Tyrannei der Lebensnotwendigkeit gönnt ihren Sklaven
dreierlei Freiheit: vom Geist die Meinung, von der Kunst die Unterhaltung und von der Liebe die Ausschweifung. Es gibt, Gott sei gedankt,
noch Güter, die stecken bleiben, wenn Güter immer rollen sollen. Denn
Zivilisation lebt am Ende doch von Kultur. Wenn die entsetzliche Stimme, die in diesen Tagen das Kommando übergellen darf, in der Sprache
ihrer zudringlichen Fantastik den Reisenden auffordert, die Fühlhörner
auszustrecken und im Pulverdampf die Kundschaft abzutasten, wenn
sie vor dem Unerhörten sich den heroischen Entschluss abringt, die
Schlachtfelder für die Hyänen zu reklamieren, so hat sie etwas von jener
trostlosen Aufrichtigkeit, mit der der Zeitgeist seine Märtyrer begrinst.
Wohl, wir opfern uns auf für die Fertigware, wir konsumieren und leben
so, dass das Mittel den Zweck konsumiere. Wohl, wenn ein Torpedo uns
frommt, so sei es eher erlaubt, Gott zu lästern als ein Torpedo! Und Notwendigkeiten, die sich eine im Labyrinth der Ökonomie verirrte Welt
gesetzt hat, fordern ihre Blutzeugen und der grässliche Leitartikler der
Leidenschaften, der registrierende Großjud, der Mann, der an der Kassa
der Weltgeschichte sitzt, nimmt Siege ein und notiert täglich den Umsatz
in Blut und hat in Kopulierungen und Titeln, aus denen die Profitgier
gellt, einen Ton, der die Zahl von Toten und Verwundeten und Gefangenen als Aktivpost einheimst, wobei er zuweilen mein und dein und
Stein und Bein verwechselt, aber so frei ist, mit leiser Unterstreichung
seiner Bescheidenheit und vielleicht in Übereinstimmung mit den
Eindrücken aus eingeweihten Kreisen und ohne die Einbildungskraft
beiseite zu lassen, „Laienfragen und Laienantworten" strategisch zu unterscheiden. Und wenn er es dann wagt, über dem ihm so wohltuenden
Aufschwung heldischer Gefühle seinen Segen zu sprechen und Gruß
und Glückwunsch der Armee zu entbieten und seine „braven Soldaten"
im Jargon der Leistungsfähigkeit und wie am Abend eines zufriedenen
Börsentags zu ermuntern, so gibt es angeblich „nur eine Stimme", die

daran Ärgernis nimmt, wirklich nur eine, die es heute ausspricht – aber was hilft's, solange es die e i n e Stimme gibt, deren Echo nichts anderes sein müsste als ein Sturm der Elemente, die sich aufbäumen vor dem Schauspiel, dass eine Zeit den Mut hat, sich groß zu nennen, und solchem Vorkämpfer kein Ultimatum stellt!

Die Oberfläche sitzt und klebt an der Wurzel. Die Unterwerfung der Menschheit unter die Wirtschaft hat ihr nur die Freiheit zur Feindschaft gelassen, und schärfte ihr der Fortschritt die Waffen, so schuf er ihr die mörderischeste vor allen, eine, die ihr jenseits ihrer heiligen Notwendigkeit noch die letzte Sorge um ihr irdisches Seelenheil benahm: die Presse. Der Fortschritt, der auch über die Logik verfügt, entgegnet, die Presse sei auch nichts anderes als eine der Berufsgenossenschaften, die von einem vorhandenen Bedürfnis leben. Aber wenn es so wahr ist wie es richtig ist, und ist die Presse nichts weiter als ein Abdruck des Lebens, so weiß ich Bescheid, denn ich weiß dann, wie dieses Leben beschaffen ist. Und dann fällt mir zufällig bei, an einem trüben Tage wird es klar, dass das Leben nur ein Abdruck der Presse ist. Habe ich das Leben in den Tagen des Fortschritts unterschätzen gelernt, so musste ich die Presse überschätzen. Was ist sie? Ein Bote nur? Einer, der uns auch mit seiner Meinung belästigt? Durch seine Eindrücke peinigt? Uns mit der Tatsache gleich die Vorstellung mitbringt? Durch seine Details über Einzelheiten von Meldungen über Stimmungen oder durch seine Wahrnehmungen über Beobachtungen von Einzelheiten über Details und durch seine fortwährenden Wiederholungen von all dem uns bis aufs Blut quält? Der hinter sich einen Tross von informierten, unterrichteten, eingeweihten und hervorragenden Persönlichkeiten schleppt, die ihn beglaubigen, ihm Recht geben sollen, wichtige Schmarotzer am Überflüssigen? Ist die Presse ein Bote? Nein: das Ereignis. Eine Rede? Nein, das Leben. Sie erhebt nicht nur den Anspruch, dass die wahren Ereignisse ihre Nachrichten über die Ereignisse seien, sie bewirkt auch diese unheimliche Identität, durch welche immer der Schein entsteht, dass Taten zuerst berichtet werden, ehe sie verrichtet werden, oft auch die Möglichkeit davon, und jedenfalls der Zustand, dass zwar Kriegsberichterstatter nicht zuschauen dürfen, aber Krieger zu Berichterstattern werden. In diesem Sinne lasse ich mir gern nachsagen, dass ich mein Lebtag die Presse überschätzt habe. Sie ist kein Dienstmann – wie könnte ein Dienstmann auch so viel verlangen und bekommen –, sie ist das Ereignis. Wieder ist uns das Instrument über den Kopf gewachsen. Wir haben den Menschen, der die Feuersbrunst zu melden hat und der wohl die untergeordnetste Rolle im Staat spielen müsste, über die Welt gesetzt, über den Brand und über das Haus, über die Tatsache und über unsere Fantasie. Aber wie Kleopatra sollten wir dafür auch, neugierig und enttäuscht, den Boten schlagen für die Botschaft. Sie macht ihn, der ihr eine verhasste Heirat meldet und die Meldung ausschmückt, für die Heirat verantwortlich. „Lass reiche Zeitung strömen in mein Ohr, das lange brach gelegen … Die giftigste von allen Seuchen dir! Was sagst du? Fort, elender Wicht! Sonst schleudr' ich deine Augen wie Bälle vor mir her; raufe dein Haar, lasse mit Draht dich geißeln, brühn mit Salz, in Lauge scharf gesättigt." (Schlägt ihn.) „Gnäd'ge Fürstin, ich, der die Heirat melde, schloss sie nicht." Aber der Reporter schließt die Heirat, zündet das Haus an und macht die Gräuel, die er erlügt, zur Wahrheit. Er hat durch jahrzehntelange Übung die Menschheit auf eben jenen Stand der Fantasienot gebracht, der ihr einen Vernichtungskrieg gegen sich selbst ermöglicht. Er kann, da er ihr alle Fähigkeit des Erlebnisses und dessen geistiger Fortsetzung durch die maßlose Promptheit seiner Apparate erspart hat, ihr eben noch den erforderlichen Todesmut einpflanzen, mit dem sie hineinrennt. Er hat den Abglanz heroischer Eigenschaften zur Verfügung und seine missbrauchte Sprache verschönt ein missbrauchtes Leben, als ob die Ewigkeit sich ihren Höhepunkt erst für das Zeitalter aufgespart hätte, wo der Reporter lebt. Ahnen aber Menschen, welches Lebens Ausdruck die Zeitung ist? Eines, das längst ein Ausdruck ist von ihr! Ahnt man, was ein halbes Jahrhundert dieser freigelassenen Intelligenz an gemordetem Geist, geplündertem Adel und geschändeter Heiligkeit verdankt? Weiß man denn, was der Sonntagsbauch einer solchen Rotationsbestie an Lebensgütern verschlungen hat, ehe er 250 Seiten dick erscheinen konnte? Denkt man, wie viel Veräußerung systematisch, telegrafisch, telefonisch, fotografisch gezogen werden musste, um einer Gesellschaft, die zu inneren Möglichkeiten noch bereit stand, vor der winzigsten Tatsache jenes breite Staunen anzugewöhnen, das in der abscheulichen Sprache dieser Boten ihre Klischees findet, wenn sich irgendwo „Gruppen bildeten" oder gar das Publikum „sich zu massieren" anfing? Da das ganze neuzeitliche Leben unter den Begriff einer Quantität gestellt ist, die gar nicht mehr gemessen wird, sondern immer schon erreicht ist und der schließlich nichts übrig bleiben wird, als sich selbst zu verschlingen; da der selbstverständliche Rekord keine Zweifel mehr übrig lässt und die qualvolle Vollständigkeit jedes Weiterrechnen erspart, so ist die Folge, dass wir, erschöpft durch die Vielheit, für das Resultat nichts mehr übrig haben, und dass in einer Zeit, in der wir täglich zweimal in zwanzig Wiederholungen von allen Äußerlichkeiten noch die Eindrücke von den Eindrücken vorgesetzt bekommen, die große Quantität in Einzelschicksale zerfällt, die nur die einzelnen spüren, und plötzlich, selbst an der Spitze, der vergönnte Heldentod als grausames Geschick fatiert wird. Man könnte aber einmal dahinter kommen, welch kleine Angelegenheit so ein Weltkrieg war neben der geistigen Selbstverstümmelung der Menschheit durch ihre Presse, und wie er im Grund nur eine ihrer Ausstrahlungen bedeutet hat. Vor einigen Jahrzehnten mochte ein Bismarck, auch ein Überschätzer der Presse, noch erkennen: „Das, was das Schwert uns Deutschen gewonnen hat, wird durch die Presse wieder verdorben", und ihr die Schuld an drei Kriegen beimessen. Heute sind die Zusammenhänge zwischen Katastrophen und Redaktionen viel tiefere und darum weniger klare. Denn im Zeitalter derer, die es mitmachen, ist die Tat stärker als das Wort, aber stärker als die Tat ist der Schall. Wir leben vom Schall und in dieser umgeworfenen Welt weckt das Echo den Ruf. In der Organisation des Schalls ist die Schwäche wunderbarer Verwandlung fähig. Der Staat kann es brauchen, aber die Welt hat nichts davon. Bismarck hat zu einer Zeit, wo der Fortschritt in den Kinderschuhen steckte und noch nicht auf Gummiabsätzen durch die Kultur schlich, es geahnt. „Jedes Land", sagte er, „ist auf die Dauer doch für die Fenster, die seine Presse einschlägt, irgend einmal verantwortlich." Ferner: „Die Presse ist in Wien schlimmer, als ich mir vorgestellt hatte, und in der Tat noch übler und von böserer Wirkung als die preußische." Er sprach es aus, dass der Korrespondent, um sich nicht dem Vorwurf auszusetzen, er habe keine guten Verbindungen, entweder die eigenen Erfindungen oder die der Gesandtschaft lanciere. Gewiss, wir alle hängen vor allem von den Interessen dieser einen Branche ab. Wenn man die Zeitung nur zur Information liest, erfährt man nicht die Wahrheit, nicht einmal die Wahrheit über die Zeitung. Die Wahrheit ist, dass die Zeitung keine Inhaltsangabe ist, sondern ein Inhalt, mehr als das, ein Erreger. Bringt sie Lügen über Gräuel, so werden Gräuel daraus. Mehr Unrecht in der Welt, weil es eine Presse gibt, die es erlogen hat und die es beklagt! Nicht Nationen schlagen einander: sondern die internationale Schande, der Beruf, der nicht trotz seiner Unverantwortlichkeit, sondern vermöge seiner Unverantwortlichkeit die Welt regiert, teilt Wunden aus, quält Gefangene, hetzt Ausländer, macht Gentlemen zu

Rowdys. Nur durch die Vollmacht der Charakterlosigkeit, die in Verbindung mit einem schuftigen Willen Druckerschwärze unmittelbar in Blut verwandeln kann. Letztes, unheiliges Wunder der Zeit! Zuerst war alles Lüge, die immer auch log, dass nur anderwärts gelogen werde, und jetzt, in die Neurasthenie des Hasses geworfen, ist alles wahr. Es gibt verschiedene Nationen, aber es gibt nur eine Presse. Die Depesche ist ein Kriegsmittel wie die Granate, die auch auf keinen Sachverhalt Rücksicht nimmt. Ihr glaubt; aber jene wissen es besser, und ihr müsst daran glauben. Die Helden der Zudringlichkeit, Leute, mit denen sich kein Krieger in einen Schützengraben legen würde, wohl aber von ihnen dort interviewen lassen muss, brechen in eben verlassene Königsschlösser ein, um melden zu können: „Wir waren die Ersten!" Für Gräueltaten bezahlt zu werden wäre bei Weitem nicht so schimpflich wie für deren Erfindung. Bravos im übertragenen Wirkungskreis, die zu Haus sitzen, wenn sie nicht das Glück haben, in einem Pressequartier Anekdoten zu erzählen oder bis in die Front vordringlich zu sein, sie bringen den Völkern Tag für Tag und solange das Gruseln bei, bis diese es mit einiger Berechtigung wirklich empfinden. Von der Quantität, die der Inhalt dieser Zeit ist, fällt auf jeden von uns ein Teil, das er gefühlsmäßig verarbeitet, und das Gemeinsame wird uns durch Draht und Kino so anschaulich gemacht, dass wir zufrieden nach Hause gehen. Hat uns aber der Reporter durch seine Wahrheit die Fantasie umgebracht, so rückt er uns ans Leben durch seine Lüge. Seine Fantasie ist der grausamste Ersatz für die, welche wir einmal hatten. Denn haben die einen dort behauptet, dass die andern Frauen und Kinder töten, so glauben es beide und tun es. Fühlt man noch nicht, dass das Wort eines zuchtlosen Subjekts, brauchbar in den Tagen der Manneszucht, weiter trägt als ein Mörser, und dass die seelischen Festungen dieser Zeit eine Konstruktion sind, die im Ernstfall versagt? Hätten die Staaten die Einsicht, mit der allgemeinen Wehrpflicht vorlieb zu nehmen und auf die Telegramme zu verzichten – wahrlich, ein Weltkrieg wäre gelinder. Hätten sie gar den Mut, vor Ausbruch eines solchen die Vertreter des andern Handwerks auf einen international vereinbarten Schindanger zu treiben, wer weiß, jener bliebe den Nationen erspart! Aber ehe Journalisten und die von ihnen benützten Diplomaten abrüsten, müssen Menschen es büßen. „Manches, das in den Zeitungen steht, ist denn doch wahr", hat Bismarck gesagt. Es gibt ja auch noch etwas unter dem Strich, dort arbeiten unsere braven Feuilletonisten, verrichten Gebete in der Schlacht für Honorar, küssen

Bundesbrüder auf den Mund, preisen den herrlichen „Tumult" unserer Tage, bewundern die Ordnung, wie sie früher die Gemütlichkeit verehrt haben, vergleichen eine Festung mit einer schönen Frau oder umgekehrt, je nachdem, und benehmen sich überhaupt der großen Zeit würdig. Da schildert einer, ein Auswärtiger, unter dem Titel „Furchtbare Tage", serienweise seine Erlebnisse in einer Hauptstadt, die er verlassen musste. Die äußeren Schrecken bestanden darin, dass man ihm zugeredet hat, abzureisen, ihm für 1000 Mark nur 1200 Francs geben wollte und vor allem, dass kein Taxameter zu haben war, was in andern Verkehrszentren auch schon vor einer allgemeinen Mobilisierung vorkommen soll. Sonst kann er – man traut seinen Ohren nicht – nicht genug Rühmliches von der Ruhe, Rücksicht, ja Barmherzigkeit der einheimischen Bevölkerung aussagen, von der wir doch in Telegrammen erfahren hatten, sie hätte sich wie losgelassene Panther und Wölfe einer bei einem Eisenbahnunglück beschädigten Menagerie benommen, kurz, dass es dort vor dem Krieg annähernd so zugegangen sei, wie anderswo nach einem Konzert. Telegramme sind Kriegsmittel. Mit Feuilletons nimmt man es nicht so genau, da kann die Wahrheit durchrutschen. Aber wenn sie erscheint, ist sie vielleicht wieder unwahr, weil inzwischen Telegramme erschienen sind und das Ihrige getan haben, den Telegrammen recht zu geben und die Wirklichkeit zu berichtigen. Oder meint man, dieser Nordau habe schöngefärbt, weil er sich für den Frieden die Rückkehr auf den Platz schon jetzt sichern wollte? Dann disponiert eben der Journalismus über das Leben, je nachdem er nur seinen Vorteil oder auch den Nachteil der andern sucht. Im Allgemeinen lässt sich sagen, dass es in Kriegszeiten außer der Arbeit, welche die solide Waffe verrichtet, noch die Leistungen gibt, die Wort und Gelegenheit vollbringen. Gräuel, die die Bevölkerung feindlicher Staaten verübt, sind von gemeiner oder von ganz gemeiner, also gebildeter Herkunft. Pöbel und Presse stehen über den nationalen Interessen. Jener plündert und diese telegrafiert. Und wenn diese telegrafiert, so fühlt sich jener animiert, und was Redaktionen beschlossen haben, vergelten und büßen Nationen. „Repressalien" ist das, womit der Presse geantwortet wird. Sie übertreibt den Zustand der Welt, nachdem sie ihn erschaffen hat. Ist sie sein Ausdruck nur, so ist der Zustand furchtbar genug. Aber sie ist sein Erreger. Sie hat in Österreich den sterilen Zeitvertreib des „Nationalitätenhaders" erfunden und unterhalten, um unbemerkt das Geschäft ihres schändlichen Intellekts hochzubringen; hat sie es so weit gebracht wie sie wollte, so gibt sie für späteren Gewinn ihren Patriotismus in Kost; sie kauft Werte im Zusammensturz, sie ist ein Phönix, der aus fremder Asche farbenprächtig aufsteigt. Lasst mich die Presse überschätzen! Aber wenn ich zu Unrecht behaupte, dass in einer Epoche, die so leicht geneigt ist, die Extraausgabe für das Ereignis zu halten, und die mit entzündeten Nerven sich von Lügen zu Fakten verleiten lässt – wenn es nicht wahr ist, dass aus Telegrammen mehr Blut geflossen ist, als sie enthalten wollten, so komme dieses Blut über mich!

„Möge es das letzte Mal sein", rief Bismarck, „dass die Errungenschaften des preußischen Schwertes mit freigiebiger Hand weggegeben werden, um die nimmersatten Anforderungen eines Phantoms zu befriedigen, welches unter dem fingierten Namen von Zeitgeist oder öffentlicher Meinung die Vernunft der Fürsten und Völker mit seinem Geschrei betäubt, bis jeder sich vor dem Schatten des anderen fürchtet und alle vergessen, dass unter der Löwenhaut des Gespenstes ein Wesen steckt von zwar lärmender, aber wenig furchtbarer Natur." Er sagte es im Jahre 1849. Wie furchtbar ist diese Harmlosigkeit in den 65 Jahren erwachsen! Dass sie vor Taten, die sie angestiftet hat, nicht verstummt, zeigt, für wen sie sie getan hofft. Die Maschine hat Gott den Krieg erklärt und findet zwischen den Leistungen, die i c h ihr stets zugetraut habe, immer noch Worte, und die Zeit misst sich und staunt, wie groß sie über Nacht geworden sei. Aber sie war es wohl immer, und ich habe es nur nicht bemerkt. Also war es ein Fehler meiner Optik, sie klein zu sehen. Indes, „Übelstände" wegzuputzen, die an der Oberfläche wuchern, hinter der ein Großes lebt – die Aufgabe wäre mir zu klein, der fühle ich mich nicht gewachsen. Einer fragte neulich, wo ich denn bleibe, und bat, uns mit Rücksicht auf die neue Zeit von dem alten Schmutz zu befreien. Ich kann nicht. Großes, Elementares, muss die Kraft haben, von selber mit den Übelständen fertig zu werden, und bedarf dazu nicht der Anregung und Hilfe eines Schriftstellers. Aber dieses Große, Elementare, hat, da bereits sein Schein in alle Augen stach, es noch immer nicht vermocht. Was sehen wir? Das Große hat Begleiterscheinungen. Wenn die Folgen auf ihrer Höhe sein werden, dann Gnade uns! Das Große hat die Begleiterscheinungen nicht über Nacht kaputt gemacht. Dass Bomben mit Witzen abgesetzt werden und Animierkneipen ein 42-Mörser-Programm ankündigen, zeigt uns, wie konservativ und wie aktuell wir sind. Nicht das Vorkommnis, sondern die Anästhesie, die es ermöglicht und erträgt, gibt Aufschluss. Wie der uns eingefleischte

Humor mit dem Übermaß des Bluts sich abfindet, wissen wir. Aber der Geist? Wie bekommt es unsern Dichtern und Denkern? Und wenn sich die Welt auf den Kopf stellt, es fällt ihr nichts Besseres ein! Und wenn sich die Welt zerfleischt, es kommt kein Geist heraus! Er wird später nicht erscheinen; denn er hätte sich jetzt verbergen, durch verschwiegene Würde sich äußern müssen. Aber wir sehen rings im kulturellen Umkreis nichts als das Schauspiel, wie der Intellekt auf das Schlagwort einschnappt, wenn die Persönlichkeit nicht die Kraft hat, schweigend in sich selbst zu beruhen. Die freiwillige Kriegsdienstleistung der Dichter ist ihr Eintritt in den Journalismus. Hier steht ein Hauptmann, stehen die Herren Dehmel und Hofmannsthal, mit Anspruch auf eine Dekoration in der vordersten Front und hinter ihnen kämpft der losgelassene Dilettantismus. Noch nie vorher hat es einen so stürmischen Anschluss an die Banalität gegeben und die Aufopferung der führenden Geister ist so rapid, dass der Verdacht entsteht, sie hätten kein Selbst aufzuopfern gehabt, sondern handelten vielmehr aus der heroischen Überlegung, sich dorthin zu retten, wo es jetzt am sichersten ist: in die Phrase. Trostlos ist nur, wie die Literatur nicht ihre Zudringlichkeit fühlt und nicht die Überlegenheit des Bürgers, der in der Phrase das ihm zustehende Erlebnis findet. Zu einer fremden und vorhandenen Begeisterung Reime und noch dazu schlechte zu suchen, gegen eine Rotte eine Flotte zu stellen und von den Horden zu bestätigen, dass sie morden, ist wohl die dürftigste Leistung, die die Gesellschaft in drangvoller Zeit von ihren Geistern erwarten konnte. Das unartikulierte Geräusch, das von den feindlichen Dichtern zu uns herüberkam, bedeutet wenigstens einen Beweis für individuell gefühlte Erregung, die den Künstler auf den national begrenzten Privatmann reduziert. Es war wenigstens das Gedicht, das der Aufruhr der Tatsachen aus den Dichtern machte. Der Vorwurf des Barbarentums im Kriege war falsche Information. Aber das Barbarentum im Frieden, das in Reimbereitschaft steht, wenn's ernst wird, und das aus dem fremden Erlebnis einen Leitartikel macht, ist eine nicht wegzutilgende Schmach. Und schließlich kann sich ein Hodler, der unrecht hat, noch immer neben einem Dutzend Haeckels, die recht haben, sehen lassen. Und schließlich ist ein Wutausbruch noch immer kulturvoller als eine Enquete, die die Frage, ob man Shakespeare aufführen darf, zu dessen Gunsten zu entscheiden die Milde hat. Deutschlands größter neuzeitlicher Dichter, Detlev v. Liliencron, ein Dichter des Krieges, ein Opfer jener kulturellen Entwicklung, die vom Siege kam, hätte wohl nicht das Herz gehabt, sich an die noch rauchenden Tatsachen mit einer Meinung anzuklammern, und es bleibt abzuwarten, ob unter jenen, die das Erlebnis dieses Krieges hatten, und jenen, die als Dichter erleben können, einer erstehen wird, der Stoff und Wort zur künstlerischen Einheit bringt. Was sich zeigen wird, ist, ob aus der Quantität, zu der vom seelischen Leben keine Brücke mehr führt, weil sie gesprengt wurde, noch Organisches wachsen kann. Intelligenzen, die sich, wenn Gefahr droht, behend und bequem in den Riss ihres Wesens betten, wird's zum Schweinefüttern geben.

Vielleicht war der kleinste Krieg immer eine Handlung, die die Oberfläche gereinigt und ins Innere gewirkt hat. Wohin wirkt dieser große, der groß ist vermöge der Kräfte, gegen die der größte Krieg zu führen wäre? Ist er eine Erlösung oder nur das Ende? Oder gar nur eine Fortsetzung? – Mögen die Folgen dieser umfangreichen Angelegenheit nicht böser sein als ihre Begleitumstände, die sie nicht die Kraft hatte, von sich zu treten! Möge es nie geschehen, dass die Leere mit Berufung auf ausgestandene Strapazen sich noch breiter macht als bisher, die Faulheit eine Glorie gewinnt, die Kleinheit sich auf den welthistorischen Hintergrund beruft, und die Hand, die uns in die Tasche greift, vorher ihre Narben zeigt! Wie war es möglich, dass im Weltkrieg ein Weltblatt jubilierte? Dass ein Börseneinbrecher sich vor die Millionenschlacht stellte und in tosenden Titeln für das fünfzigjährige Bestehen seines ruchlosen Geschäfts Beachtung forderte und fand? Dass Banken im Moratorium zwar ihren Kunden nicht dienen konnten, aber jenem weit über 400 K für jede der hundert Annoncen seiner Festnummer bezahlten? Dass im Kanonendonner die Huldigung von Zeitungsausträgern gehört wurde und das Aufgebot der Gratulanten wie in einer Verlustliste der Kultur durch Wochen aufmarschierte? Wie war es möglich, dass in Tagen, wo die Phrase schon zu bluten begann, ihr letztes Leben an den Tod hingab, sie noch zum Fensterschmuck dienen konnte an einem Freudenhaus des Freisinns? Dass Fahnen von Schreibern hochgehalten wurden, wo sie schon auf dem Felde waren, und dass ein Bilanzknecht und Freibeuter der Kultur sich von einer hochgestellten Bedientenschar als „Generalstabschef des Geistes" feiern ließ? Möge die Zeit groß genug werden, dass sie nicht zur Beute werde eines Siegers, der seinen Fuß auf Geist und Wirtschaft setzt! Dass sie den Alpdruck der Gelegenheit überwinde, in der der Sieg zum Verdienst der Unbeteiligten wird, die verkehrte Ordensstreberei sich ihrer Ehren entäußert, die gerade Dummheit

Fremdwörter und Speisenamen ablegt und in der Sklaven, deren letztes Ziel ihr Lebtag war, Sprachen zu „beherrschen", fortan mit der Fähigkeit durch die Welt kommen wollen, Sprachen nicht zu beherrschen! – Was wisst ihr, die ihr im Kriege seid, vom Krieg?! Ihr kämpft ja! Ihr seid ja nicht hier geblieben! Auch denen, die für das Leben das Ideal geopfert haben, ist es einmal vergönnt, das Leben selbst zu opfern. Möge die Zeit so groß werden, dass sie an diese Opfer hinanreicht, und nie so groß, dass sie über ihr Andenken ins Leben wachse!

Der Ernst der Zeit und die Satire der Vorzeit

Februar 1915; gesprochen am 13. Februar 1915

Als dieses umfangreiche Ereignis über die Menschheit hereinbrach und es allgemein hieß, dass die Maschine von einer Seele bedient werde und letzten Endes auch der Seele dienen werde, da war mein Scherflein der Zweifel, meine Bereitschaft das Schweigen und mein Mut, diesem Schweigen Ausdruck zu geben, damit man wisse, wie es gemeint sei. Was sich in mir scheinbar einem Zwang der Zensur entzog, war in Wahrheit das Bewusstsein, dass unter allen mitgebotenen Tatsachen eine einzige das Recht hat, ihre Negierung auszuschließen: der Krieg, solange es ihn gibt. Es war das Gefühl, dass es selbst unerlaubt wäre, einer Gesellschaft, die den Krieg mehr als eine Abwechslung denn als eine Umwälzung erlebt, einer sozialen Spielart, die das Unglück als Konjunktur schätzt und das Heroentum als die Basis für Armeelieferungen annehmbar findet – dass es unerlaubt wäre, einer solchen Zeit- und Ortsgenossenschaft anders als mit dem stillen Wunsche nach einem Erdbeben nahezutreten. Und noch so weit ließ ich mich in der Selbstbeherrschung hinreißen, zu schweigen vor dem Sprachgesindel, dem der Anblick unnennbaren Grauens nicht die Zunge gelähmt, sondern flott gemacht hat; stumm zu sein vor der verächtlichsten Brut, die sich je in ein Hinterland verkrochen hat, den Dichtern und Denkern und aller wortbereiten Unzucht, die den Morgen und den Abend schändet und von der ich im Innersten überzeugt bin, dass ohne ihr Dasein, ohne ihre grausamste antikulturelle Wirkung, neben der keine Geistesmacht der Zeiten standhielt, dieser Krieg der berauschten Fantasiearmut nicht entbrannt und nicht ins Überunmenschliche entartet wäre. Denn welches Unmaß von Gräueln würde an diese Barbarei der Bildung hinanreichen und wäre durch sie nicht bedingt?

Mein strategischer Rückzug aus der Position der öffentlichen Meinung ließ sich optimistisch zurechtlegen als die Wartezeit eines, der zeitlebens verurteilt war, in der Hölle Gott zu vermissen, und dessen vielverkannter Sehnsucht vielleicht nun Erfüllung winke. Als die Atempause einer satirischen Qual, die sich vom Weltuntergang Erlösung erhofft hat und nun immerhin einen passablen Weltkrieg erlebt. Nun, glaubten manche, würde doch dem erdensicheren Verstand, dem meertiefen Behagen und der himmelhohen Moral, denen kein Messina, keine Titanic und kein chinesischer Lustmord etwas anhaben konnten, der Verstand, der Humor und der Hochmut vergehen! Es hat ja nie an Optimisten gefehlt, die meine Weltverneinung als eine Kritik reparabler Zustände auffassen wollten, und in einer Schrift über mich, die 1913 erschienen ist, findet sich die Stelle:

Wir wollen Gottes Ratschluss auch in Gedanken nicht vorgreifen; aber vielleicht tut, nach diesem Krieg, den Einer gegen die ganze Welt geführt hat, noch der Weltkrieg selber not. Fast scheint es, wenn es auch schauerlich ist, solche Not kommen zu sehen, als ob der Geist der Nächstenliebe darnach rufe: Denn wohin jetzt in aller Welt mit allen diesen Intellektuellen und allen schon intellektualisierten Christen dazu! Denn sie haben wirklich das Grausige verübt, wovor aller Herzschlag, wo noch ein Herz schlägt, stille steht, sie haben wirklich verübt, wofür sie Karl Kraus – mortis in nomine laesae majestatis! – zum Tode verurteilt hat: Sie haben mit dem Krieg Sechsundsechzig gespielt und aus sterbenden Soldaten haben sie Zeilenhonorar herausgeschlagen! Vielleicht also müssen die Soldaten und der Krieg muss über sie kommen.

Nun ist er da und ich sage: Nie hätte ein Herz lauter im Gefühl seiner Entbehrlichkeit geschlagen! Was tun sie nun mit den sterbenden Soldaten? Sinken, die nicht fallen, auf die Knie? Lasst uns warten. Abwarten, was sie uns hinterlassen wird, die große Zeit, wenn sie eines Tages dahingeht, wie sie eines Tages gekommen ist. Warten wir's ab, ob die

Schande, die ich in Form gebracht habe, versunken sein wird und mit ihr – wie gern! – ihr Künstler. Erledigt sein, ohne dass mir der Krieg meine Aufgabe erledigt – das möchte ich nicht. Dann möchte ich lieber, da er mir nicht geholfen hat, wieder ihm beispringen. Aber lasst uns nicht die Geduld verlieren und nicht von heute auf morgen schließen, von den miserablen Begleiterscheinungen einer großen Zeit auf ihre Folgen. Wenn es jetzt auch den Anschein hat, dass sie den Mächten des Ungeistes eher Vorschub leiste; dass der Krieg nicht so sehr den Kampf gegen das Übel fortsetze als das Übel selbst; dass das begeisterte Einstehen einer entgötterten Welt für den Besitzstand des Teufels nicht just ihre ideelle Bereicherung verbürge – warten wir zu. Es könnte am Ende das Wunder geschehen – Dichter und Denker rücken aus, es anzusagen –, dass die im Dienst der Fertigware geopferte Seele durch das Opfer des Leibes neu ersteht. Bis dahin binde sich, mit tausend Fesseln binde sich der sprungbereite Geist, sei wehrlos, wenn ihm Denken, Fühlen, Atmen gesperrt wird, schweige zu den tausend Insulten, die jeder Tag dem lesenden Auge und dem hörenden Ohr ersinnt. Das nie geträumte Erlebnis, dass dieser Kot nicht erstarrt ist, als Regimenter marschierten, halte den Schrei zurück. Die Vorstellung, dass hinter der blutenden Quantität alles Leben unverändert ist und hinter der neuen Maschine ein altes Pathos noch den Tod zur Lebenslüge macht, sie hämmere in den Schläfen. Wenn dieses Leben nach wie vor die Gemeinheit hat, „seine Rechte zu fordern", ich, der sie ihm zeitlebens bestritten habe, will schweigen!

Und ich muss. Denn ich bin nicht so feig, gegen die Zensur zu kämpfen. Ich habe den Mut, ihr zu weichen. Ja, sie zu beschwören, dass sie jetzt, endlich, statt meiner ihres Amtes walte und sich nicht bange machen lasse von den Knechten der Freiheit. Denn man wisse, hierzulande hat sich in dem, was im Status quo der torkelnden Individualitäten als gemeinsam fühlbar ist, nur ein einziges Novum begeben. Ich denke nicht an das Opfer der Kaisersemmel, zu dem sich eine wahrhaft große Zeit ohne viel Aufhebens, aber mit viel Stimmungsnotizen entschließt. Ich denke nicht daran, dass eine beliebte Annonce zwar nach wie vor drei lachende Wiener Typen zeigt, aber die von ihnen gestellte Frage: „Wer hat ausg'steckt? Wo gibts an guten Tropfen und a Hetz?" jetzt die Worte „und a Hetz" zum Opfer bringt, wiewohl es nach wie vor a Hetz gibt. Ich denke nicht an den seelischen Aufschwung der sich freiwillig meldenden Armeelieferanten. Ich denke nur an den alle Geister bewegenden Kampf gegen die Zensur, die bekanntlich über ein Gewerbe, dessen Ausüber von Rechts wegen den gelben Fleck zu tragen hätten, bloß den weißen verhängt hat. Diese über alle Maßen anspruchsvolle Profession lehnt sich nun gegen die Milde einer Obrigkeit auf, die ihr täglich ein paar Wahrheiten verbietet: anstatt für die ungezählten Lügen und Schlechtigkeiten dankbar zu sein, die sie ihr nach wie vor erlaubt. Die Presse ahnt nicht, wie gut es ihr geht. Ja glaubt sie denn, dass es m i r heute von der Zensur gestattet würde, n a c h z u d r u c k e n, was täglich in den Wiener Zeitungen steht? !

Bis wir so weit halten, dass ich es darf und mir selbst erlaube – denn Infames, das in großer Zeit geschieht, zu zitieren, wäre ja unwürdig – bis wir so weit sind, bleibt die Frage zu beantworten, wie ich mich zu meinem bereits getanen Werk, das ja eigentlich auch nur aus Nachdrucken besteht, verhalten soll. Ich hatte zu Beginn der großen Zeit die Empfindung, dass ich auch dieses – wie immer sich heute der Leser dazu stellen möge – dem Hörer entziehen müsse, weil eine lautere Stofflichkeit ihm jetzt in den Ohren liegt und weil jene größeren Anlässe, die ich noch nicht gestalten darf, dem Auge meine kleineren, deren Identität ich noch nicht beweisen darf, verdecken. Nun aber stellte sich eines Tages heraus, dass unser Publikum sich an die Größe der Zeit schon so sehr gewöhnt hat, dass sich nicht mehr „Gruppen bilden" und die Überraschung einen nicht mehr inkommodieren muss. Das in Taten und Leiden Ungewöhnliche wird dem gnadenlosen Blick der herrschenden Kulturmacht, für die es geschieht, als Lektüre unterbreitet, das Opfer ist ein Film, und das Leben sieht in der Todesbereitschaft nur seine Extraausgabe, auf die es auch nicht mehr hereinfällt. Und da sich nichts um mich verändert hat, sollte ich nicht sagen dürfen, wie es war? Nein, angesichts der erschütternden Stabilität jener Erscheinungen, aus deren Gebiet meine Rohstoffe in den letzten fünfzehn Jahren bezogen waren, sehe ich mich nicht veranlasst, nachträglich deren Verarbeitung zu bereuen, bin ich nicht gesonnen, das Erschienensein der Fackel einzustellen. Nein, ich bin nicht verpflichtet, den Hass zu arretieren, wenn die Schande am Tage bloß geht! Mögen jene, die anderer Ansicht sind und schon der Gegenwart, der hiesigen, den seelischen Aufschwung zuerkennen, den sich geduldigere Optimisten erst von der Zukunft erwarten, mögen solche Leute meine Gestaltungen mit ihren längst verwehten Anlässen als kulturhistorische Kuriosa hinnehmen. Warum soll man sich denn nicht dafür interessieren, wie es in alten Zeiten, vor dem 1. August, in Wien ausgesehen hat? Denn so gnädig wird kein Weltfreund sein, dass er vermöge einer Art geistiger Amnestie schon in der Vergangenheit, die ich meine, Spuren künftiger Heldengröße entdeckt. Nein, bleiben wir bei der Kulturgeschichte, und stellen wir uns – für einen Abend kann's ja gelingen – auch vor, dass sie die frischeste, aktuellste Wiener Wirklichkeit bedeutet. Stellen wir uns vor, dass wir den Fasching in uns, wenn er auch behördlich inhibiert ist, noch nicht überwunden haben und dass wir höchstens, wenn uns der Ruf: Extraausgabee! trifft, uns im Schrecken der Schlacht befinden, sonst aber im horror vacui, den die Entziehung eines Narrenabends des Männergesangvereins uns beigebracht hat. Besinnen wir uns doch, ob unser ganzes gutgelauntes Dabeisein nicht einfach als Liste der Anwesenden aus dem Ballbericht in die notgedrungene Wohltätigkeit transferiert ist und bloß der „Rahmen" verändert, aber das Bild noch immer und immer mehr zum Sprechen ähnlich. Werfen wir einen Blick auf unser Nachtleben, übersehen wir aber auch unser Tagleben nicht; bemerken wir, wie geschickt wir aus der Gefahr ins Couplet ausweichen, und beachten wir, wie wir schon jetzt an dem Wiederaufbau unserer Ideale, vor allem des Fremdenverkehrs, arbeiten; horchen wir auf die Gespräche der Zeitgenossen, blicken wir auf die Plakatwände und fragen wir uns dann, ob das nicht lebendigste Wirklichkeit ist und ob wir vom Weltkrieg nicht träumen.

Leben nicht solche, deren Kriegsdienstleistung der Wucher ist? Leben nicht solche, für die der Schützengraben in die Kärntnerstraße einbiegt? Werden sie nicht demnächst ihr Scherflein beitragen in Form eines Nagels, mit dem ein Ritter aus Holz zu wohltätigem Zweck benagelt werden soll, nachdem die Behörde gegen die beabsichtigte Benagelung auf dem einstweiligen Aufstellungsplatz zum Zwecke der Sammlung keine Einwände erhoben hat, sodass ein Wahrzeichen errichtet werden kann, das sich gewaschen hat, und fünfhunderttausend, sage fünfhunderttausend Namen, von denen sonst keine Krone, sage kein letztes Kranl für einen blinden Soldaten zu haben wäre, auf die Nachwelt kommen werden und Wien im Begriffe steht, eine Sage zu bilden – der Schmock im Eisen –, eine Sage sag ich Ihnen, die schon jetzt den Fremdenverkehr nach 700 Jahren ins Auge fasst und die dann beim Portier für 20 Heller zu haben sein wird, bei jenem Portier, von dem, wenn er dereinst seine goldene Hochzeit feiern wird, es in der Zeitung stehen wird, weil eben bei einer sagenumwobenen Bevölkerung alles beim Alten bleibt, höchstens dass es mehr Armeelieferanten gibt, als früher auf den ersten Blick zu erkennen waren, und dass so manche jetzt ein Scherflein beitragen, die später ein Vermögen davontragen werden. Halten wir uns dies und das und noch etwas gegenwärtig und alle die hunderte „und", mit denen jener grauenhafte Kassier der Weltgeschichte jeden Tag Blutbilanz macht, dann – o dann werden wir der qualgeborenen Heiterkeit meiner Gestalten mehr Aktualität, mehr vom Gefühl, im Krieg zu leben, zuerkennen, als diese ganze Wirklichkeit enthält! Nicht jene erbärmliche Lache, deren Geschäft es ist, von Ernst und Erbarmen abzulenken, wagt sich hier hervor. Sondern eine, die ihre Opfer der Prüfung aussetzt, ob sie tragfähig waren für den Ernst, für die große Trauer und für die über Nacht erwachsene Größe. Hier ist Humor kein Gegensatz zum Krieg. Diesem können die Opfer entrinnen, jenem nicht. Er befreit keinen Schlechten, er befreit die Guten, die da leiden. Er kann sich neben dem Grauen sehen lassen. Er trifft sie alle, die vom Tod unberührt bleiben. Bei diesem Spaß gibts nichts zu lachen. Aber weiß man das, so darf man es, und das Lachen über die unveränderten Marionetten ihrer Eitelkeit, ihrer Habsucht und ihres niederträchtigen Behagens schlage auf wie eine Blutlache!

Zwei Stimmen

Oktober 1915

Benedikts[31] Gebet

„… Im heiligen Namen Gottes, unseres himmlischen Vaters und Herrn, um des gesegneten Blutes Jesu willen, welches der Preis der menschlichen Erlösung gewesen, beschwören wir Euch, die Ihr von der göttlichen Vorsehung zur Regierung der kriegführenden Nationen bestellt seid, diesem fürchterlichen Morden, das nunmehr seit einem Jahre Europa entehrt, endlich ein Ziel zu setzen. Es ist Bruderblut, das zu Lande und zur See vergossen wird. Die schönsten Gegenden Europas, dieses Gartens der Welt, sind mit Leichen und Ruinen besät … Ihr tragt vor Gott und den Menschen die entsetzliche Verantwortung für Frieden und Krieg. Höret auf unsere Bitte, auf die väterliche Stimme des Vikars des ewigen und höchsten Richters, dem Ihr werdet Rechenschaft ablegen müssen sowohl für die öffentlichen Unternehmungen wie für Eure privaten Handlungen. Die Fülle der Reichtümer, mit denen Gott der Schöpfer die Euch unterstellten Länder ausgestattet hat, erlauben Euch gewiss die Fortsetzung des Kampfes. Aber um was für einen Preis? Darauf mögen die Tausende junger Menschenleben antworten, die alltäglich auf den Schlachtfeldern erlöschen "

Benedikts[32] Diktat

„… Und die Fische, Hummern und Seespinnen der Adria haben lange keine so guten Zeiten gehabt wie jetzt. In der südlichen Adria speisten sie fast die ganze Bemannung des ‚Leon Gambetta‘. Die Bewohner der mittleren Adria fanden Lebensunterhalt an jenen Italienern, die wir von dem Fahrzeug ‚Turbine‘ nicht mehr retten konnten, und in der nördlichen Adria wird den Meeresbewohnern der Tisch immer reichlicher gedeckt. Dem Unterseeboot ‚Medusa‘ und den zwei Torpedobooten hat sich jetzt der Panzerkreuzer ‚Amalfi‘ zugesellt. Die Musterkollektion der maritimen Ausbeute, die sich bisher auf das ‚maritime Kleinzeug‘ erstreckte, hat einen gewichtigen Zuwachs erhalten, und bitterer denn je muss die Adria sein, deren Grund sich immer mehr und mehr mit den geborstenen Leibern italienischer Schiffe bedeckt, und über deren blaue Fluten der Verwesungshauch der gefallenen Befreier vom Karstplateau streicht. "

---

31   Papst Benedikt XV.
32   Moriz Benedikt, Herausgeber der „Neuen Freien Presse".

Schweigen, Wort und Tat

Dezember 1915; gesprochen am 30. Oktober 1915

Das mit dem Schweigen und dem Bruch des Schweigens verhält sich so. Es ist wie so vieles, was das Gewissen begehen kann, kein Widerspruch. Denn das Schweigen war nicht Ehrfurcht vor solcher Tat, hinter der das Wort, wofern es nur eines ist, nie zurücksteht. Es war bloß die Sorge: den Abscheu gegen das andere Wort, gegen jenes, das die Tat begleitet, sie verursacht und ihr folgt, gegen den großen Wortmisthaufen der Welt, jetzt nicht zur Geltung bringen zu können und zu dürfen. Und das Schweigen war so laut, dass es fast schon Sprache war. Nun fielen die Fesseln, denn die Fesseln selbst spürten, dass das Wort stärker sei. Es geschah unwillkürlich, es war kein Akt der Entschließung, kein Plan hier und dort; gibt es doch Augenblicke, da auch die Maschine Respekt hat und eben dort, wo man nur Eingaben gewohnt ist, auch für Eingebungen Raum wird. Ich hatte zu lange mir mein Teil gedacht; dann, als ich einen Sommermonat mitten im Schweigen der unberührtesten Landschaft lebte, da litt ich sehr daran, dass es sonst nur Lärm gab. Es musste geschehen, dass nach fünfzehn Monaten, in denen bloß diese fürchterlichen Herolde des Siegs laut wurden von dem besessenen Kassier der Weltgeschichte bis hinunter zu den unentrinnbaren Hilferufern der Extraausgaben, dass nach all der Zeit doch auch der Herold der größten Kulturpleite, die dieser Planet erlebt hat, sich hörbar mache, und wäre es nur, um zu beweisen, dass die Sprache selbst noch nicht erstickt sei. Wohl war ich mir bewusst: Wer vor gewissen Dingen seinen Kopf nicht riskiert, der hat keinen zu riskieren. Was aber hätte der Tausch des Kopfes gegen den Ruhm, einen gehabt zu haben, genützt? Wenn mit dem Kopf auch das Wort konfisziert würde, das er zu geben hatte! Wenn dieselbe Maschinerie, gegen die er anrennt, ihn noch rückwirkend zum Verstummen bringen kann! Er will ihr zeigen, dass in ihm denn doch etwas mehr Platz hat als ein Scherflein; dass sein Durchhalten ein ganz anderes wäre; dass er den Zustand einer Weltkinderstube, in der Gewehre von selbst losgehen, nicht mit dem Plan eines Gottes in Übereinstimmung bringen kann, der Geist und Gras wachsen ließ und der eine Menschheit verwirft, die beides niedertrampelt. Gewiss, lieber den Kopf anders wagen als durch die schweigende Zeugenschaft solcher Dinge in den Verdacht der Nachwelt zu kommen, man hätte keinen gehabt, man sei nur so schlechtweg ein deutscher Schriftsteller von anno 1915 gewesen. Da aber das tonlose Opfer in dieser allergrößten Zeit noch weniger Wert und Wirkung hat als das Wort; da es auch nicht einmal so beispielgebend ist wie der Mord, wie das, was jetzt jeder tun kann, darf und muss – eben darum ist das Wort von selbst frei geworden. Auch das Wort durfte in dem Augenblick, als es musste; und ich bin bestechlich genug, einzuräumen: Möglicherweise habe dieser Staat durch die Anerkennung einer Ausnahme vom Ausnahmezustand bewiesen, dass in ihm wie in jedem Staat mit absolutistischen Neigungen noch ein Endchen Gefühl für seine kulturellen Trümmer lebt. Dass er selbst noch eine letzte Träne hat, von einer wehen Ahnung her, wir würden, wenn dieses Abenteuer durchgeträumt ist, auf einem blutigeren Schlachtfeld erwachen, auf jenem unbegrenzten Absatzgebiet der Zeithyänen, aus dessen unendlicher Ödigkeit die neue Macht aufsteigt, im Ghetto der Hölle niedergehalten durch Jahrhunderte, nun die Erde verwesend, die Luft erobernd und zum Himmel stinkend. Mögen die von Beruf oder Geburt Konservativen, Adel, Kirche und der Krieger selbst, den Mut verloren haben vor dem unerbittlichsten Feind, sodass sie sich mit ihm um angeblicher Notwendigkeiten willen verbünden. Mögen sie, wie aus einer rätselhaften Pflicht allgemeiner Wehrlosigkeit, tagtäglich das Falsche tun – irgendeinmal spüren sie doch den Wert des Wortes, das ihnen zwar nicht Mut machen kann, wohl aber Scham und jenes Gefühl, das an der allermaßgebendsten Stelle gar wohlgefällig ist: Reue. Darum Gnade den schwachen Mächtigen! Der Herr erleuchte sie im Schlafe! Wollten sie mir, wenn sie der Alpdruck dieser todgewissen Zukunft aufschreckt, in einem Augenblick instinktiver Einkehr, in solchem vom politischen Bewusstsein unbewachten Moment, wenn alle Klingklanggloria schweigt, wenn das Läuten der Kanonen und das Schießen der Kirchenglocken verstummt ist, wollten sie mir dann, einmal, leihweise, die Exekutive überlassen, die lange genug ein fauler Zauberlehrling in ihrer Vertretung innehatte – so verpflichte ich mich als alter Unmenschenfresser: den größten scheinbaren Widerspruch, den es jetzt gibt, aus der Welt zu schaffen, den zwischen der blutigen Mechanik der Taten und der flotten Mechanik der Seelen. Dann würde ich: damit das große Ereignis doch nicht so ganz unbeachtet vorüberrausche; damit es mehr sei als ein angebrochener Abend der Welt, den sie vor Kinokriegsbildern hinbringt; damit der Schrecken doch mehr Plastik habe

als die einer Extraausgabe und das Bombardement von Venedig mehr
sei als ein heiserer Bubenschrei; damit der leibhaftige Wahn zerstiebe,
die Armeelieferanten seien die wahren Schlachtenlieferer; damit Mord
wieder einen zureichenden Grund bekomme und Blut wieder dicker
sei als Tinte – ich würde für einen einzigen Tag ein Kommando übernehmen, das die Front in das Hinterland verlegt; die Brutstätten der
Weltverpestung, die Gifthütten des Menschenhasses, die Räuberhöhlen
des Blutwuchers, die man mit dem einzigen verabscheuungswürdigen
Fremdwort Redaktionen nennt, täglich zweimal erfolgreich mit Bomben belegen lassen; und mit Hilfe von ausgeliehenen Kosaken, die sich
aber, um die Grausamkeit voll zu machen, jeder Schändung zu enthalten
hätten, durch einen herzhaften Griff in einen Ringstraßenkorso oder in
alle jene Plätze, wo die am Krieg Verdienenden ihrer leiblichen Wohlfahrt opfern, der Fleisch- und Fettfülle ein Ende machen! Ich würde, um
nicht eigensüchtiger Beweggründe beschuldigt zu werden, nicht davon
essen! Aber aus reinster Menschenliebe und damit die täglichen hundert Hekatomben, die wahrlich kein gottgefälliges Opfer waren, endlich
gesühnt werden, bin ich bereit, ein Scherflein beizutragen, gegen das ein
Mörser ein Kinderspielzeug ist, und selbst Hand anzulegen, damit auch
meinem Wort die Tat folge. Damit man nicht mehr sagen könne, ich
sei nicht positiv. Und damit es dort am blutigsten sei, wo es auf dieser
behaglich hungernden Welt am fettesten zugegangen ist!

Zum ewigen Gedächtnis

April 1916

Zwei Züge

Das Leid und Elend, das die serbische Bevölkerung, vor dem Feinde fliehend, ertragen musste, ist schwer in Worten zu schildern. Schweren Herzens, ihre einzige Hoffnung auf Gott setzend, verließen die armen Flüchtlinge ihre Heimstätten. Greise, Frauen, Kinder – alle flohen! Unabsehbare Menschenmassen bewegten sich vorwärts – weiter und immer weiter … Mit wie viel Schmerz und Mitleid gedenke ich der Kinder, die diesem Zuge folgten. Halbnackt, mit zerrissenen Sohlen, beschmutzt, gingen sie an der Hand der Mutter, die oft noch einen wimmernden Säugling am Arme trug. Tränen der Rührung stiegen mir ins Auge beim Anblick eines zehnjährigen Kindes, das sein kleines Brüderchen auf die Arme hob und ihm sein letztes Stückchen Brot in das weinende Mäulchen steckte. In der Menge, die sich müde und schwerfällig gegen Mitrowitza und Ipek schob, fiel mir eine hohe, kräftige Bäuerin aus dem Morawatal auf. Sie trug die schöne und farbenfreudige Kleidung der Frauen jener Gegend, dazu einen kleinen Sack auf dem Rücken und ein Körbchen in der Hand. Ihr zur Seite trippelte ihr Söhnchen, ein gesundes, gutgepflegtes Bauernkind, wie man sie in den gebirgigen Gegenden Serbiens findet. „Wissen Sie, wo die Morawadivision ist?" Diese Frage richtete die Bäuerin fast an jeden Vorübergehenden. In jener Division diente ihr Mann; ihm brachte sie das Bündel Wäsche, das sie auf dem Rücken trug … Der Vater, der seit vier Jahren im Felde steht, sollte den Kleinen endlich wieder einmal sehen und herzen können. Mit schmeichelnder Stim-

Der Zug hatte die Halle des Wiener Nordbahnhofes verlassen. Die Lichter der Residenz verglühen in der Ferne; der Train donnert der ungarischen Grenze zu. Das Handgepäck ist untergebracht. Dann beginnt das Abendessen erster Serie in dem Speisewagen, der uns bis Budapest begleitet. Man bummelt durch die Waggons, man ist neugierig. Wer fährt mit dem Zuge. Die Übersicht ist rasch vorhanden. Vielleicht hat man sich's ein wenig anders vorgestellt, mehr würdenträgerartig, mehr repräsentativ; aber zu guter Letzt ist man zufrieden. Um die Bedeutung der Fahrt der großen Öffentlichkeit zu vermitteln, sind zwei Dutzend Männer von der Presse da. Wir vier Österreicher, zu denen sich in Budapest vier Ungarn gesellten, haben uns gleichfalls organisiert, und es war zu unserem Besten. Ein anderes Coupé hat ein Herr, der auch in diplomatischen

me, die großen Augen voll Kinderunschuld zu mir hebend, streckte das Kind sein Händchen aus und bat: „Tschitscha, daj mi hleba." (Onkel, gib mir Brot.) Und die Mitgehenden, statt des Brotes, das sie selbst nicht hatten, legten eine Geldmünze in das bittende Händchen Hie und da überrascht ein schönes Haus: große Kasernen, viele Moscheen fallen auf … In der Stadt Tausende von erschöpften, blassen Flüchtlingen So schlief man denn unter freiem Himmel, bei 15 Grad Kälte, ohne Feuer, denn es gab kein Holz. Die mitgeführten Nahrungsmittel waren fast ganz aufgezehrt. Das mitgeführte Vieh, von den furchtbaren Strapazen aufgerieben, blieb größtenteils am Wege liegen Angst und Verzweiflung erfüllte sie bei dem Gedanken an das Kommende. Wie sollten sie mit den zarten Kindern in grimmiger Kälte, ohne Brot, über den drohenden steinernen Wall, der sich vor ihren Augen emporreckte, hinüberkommen? Es war Sonntag. In der Kirche des Patriarchats feierte man den Gottesdienst. Der serbische und montenegrinische Metropolit zelebrierten die Messe Totenstille herrschte in dem großen Raum; dann tönte traurig das Gebet des alten Metropoliten von den hohen Wölbungen wieder … „Tschitscha, daj mi hleba", unterbrach meinen Gedankengang ein zartes Stimmlein. Vor mir stand wieder der kleine Knabe, der uns unterwegs schon mit den nämlichen Worten angefleht hatte Die Zeit zur Flucht drängte Alles Gepäck wurde zurückgelassen. Doch Brot – Brot musste man haben Die Kälte und das Schneegestöber nahmen zu … Müden Schrittes setzte sich der traurige Zug gegen das berüchtigte Zljeb in Bewegung Plötzlich stockte der Zug. Tausende von Karren, die auseinandergenommenen Batterien, Automobile, verwirrten sich ineinander. Es ging unmöglich weiter. Der Befehl wurde gegeben, die Wagen zu verbrennen, die Kanonen und die Munition zu vernichten. Alles, was man nicht mittragen konnte, sollte zerstört, einzig die Tiere gerettet werden Wieder musste die Nacht unter freiem

Diensten reist, begleitet von seiner liebenswürdigen Gemahlin und ihrem hübschen Hündchen; „Pucki" ist der erste Hund, der mit dem Balkanzug fuhr, und fühlt sich heute bereits wie ein Pfau … Ich teilte mein Coupé mit dem Schriftsteller Felix Salten. Nach dem Abendessen machte uns Ludwig Ganghofer, der von München gekommen war und nach Nisch reiste, den ersten Besuch. Es war eine Visite um Mitternacht, denn Budapest hatten wir einige Minuten vor 12 Uhr nachts verlassen. Man hatte uns dort mit magyarischer Glut empfangen. Die Zigeunermusik freilich fehlte; die fiedelt jetzt eins den Russen zum blutigen Tanz, und das ist wichtiger. Ganghofer war frisch, lustig und herzlich bewegt von der tiefen Bedeutung des Ereignisses, dessen Teilnehmer wir waren. Er erzählte wie der Jüngste und wir tauschten Kriegserinnerungen aus. Man mag noch so viel gesehen und erlebt haben, man hört ihm mit inniger Freude zu. Der Kehrreim aller seiner Worte aber ist das Lob der Schönheit des Krieges. Er plaudert von dem Humor, der selbst in

Himmel zugebracht werden, an der Stelle, auf der man sich eben befand, am Feuer, zu dem die Reste der zertrümmerten Wagen herhalten mussten man schleppte Räder und Holzteile herbei, um nicht auf den eisbedeckten Steinen rasten zu müssen. Leise, traurig floss das Gespräch dahin, bis die Müdigkeit das Ihre tat. Stärker wurde der Frost, immer kleiner das Feuer. Das erste Morgenlicht fiel auf eingefallene blasse Gesichter, in denen noch das Grauen der verbrachten Nacht stand. Die frierenden Kleinen äußerten wimmernd ihren einzigen, bescheidenen Wunsch. Ein Stückchen Brot nur, der schwarzen Erde gleich, eine kalte Kartoffel, müssten das Verlangen der bedauernswerten Kleinen stillen Kanonen, Karren, Ausrüstung – alles wurde in den Abgrund geschleudert. Dann ging es weiter, einer hinter dem andern; über vereiste Felsen und Geröll, mehr gebückt als aufrecht, rutschend und strauchelnd. Da, plötzlich ein Schrei – ein Pferd stürzte von dem schmalen Pfade in die Tiefe; und wieder ein Schrei, noch verzweifelter und gellender als der erste: Sein Führer war ihm nachgestürzt. Die Stunden verrannen unter mühseligem Wandern, von allen Seiten starrten Tod und Vernichtung den Flüchtenden entgegen. Da lag am Wegrand ein zu Tode erschöpftes Pferd, dort ein Ochse mit heraushängenden Eingeweiden, weiter unten ein Mensch mit zertrümmertem Schädel Dort blieb eine Menge entkräfteter, müder Tiere zurück. Sie standen unbeweglich, nur ihre todtraurigen Blicke begleiteten uns. Und wieder umgab uns tiefe Nacht. Mit Händen und Füßen scharrten wir den Schnee beiseite, um einen Herd zu errichten. Aber wie sollte die wärmende Flamme entstehen, da alles ringsum feucht oder gefroren war? … Ein Schluchzen drang an unser Ohr; ein leises, nicht endenwollendes Weinen. Wir gingen hin. Bei dem schwachen Lichtschein erkannten wir jene Bäuerin aus dem Morawatale wieder, die uns mit ihrem Knaben bis hierher begleitet hatte. Mit totenblassem Antlitz saß sie an einen

den tragischsten Momenten des Kampfes aufblitzt; der große Shakespeare des Welttheaters weiß eben Ernst und Scherz auch auf der Kriegsbühne richtig zusammenzuschütteln. Ein Straßenkampf tobt; Reserven dringen über die Leichen der Gefallenen vor – ein junger Unteroffizier springt um die Ecke – auf einen Toten. Ein rascher Blick zurück, ein Stammeln: „Pardon… Bitte um Entschuldigung…" und er ist verschwunden. So erzählt Ganghofer, und wir fahren durch die dunkle Einsamkeit der Puszta, in der arme Hirtenfrauen von ihren „roten Teufeln" träumen, die in Wolhynien kämpfen. Der Belgrader Wagen, der von München kam, wird abgekuppelt; dafür ist der Schrei nach einem Morgenkaffee oder einem Speisewagen vergeblich. Es ist noch keine Restauration im Betrieb, und der Speisewagen erwartet uns erst wieder um 2 Uhr nachmittags in Nisch. Das müssen Passagiere des Balkanzuges zur Notiz nehmen. An sanften Waldbergen vorbei führt der Schienenstrang nach Jagodina. Die zierliche Moschee mit dem maurischen Tore und dem schlanken

Tannenbaum gelehnt da, in den Armen einen leblosen kleinen Körper haltend, zu dessen Häupten, mit zitterndem Lichte, eine kleine Wachskerze brannte. „Mein Kind ist gestorben und ich weiß nicht, wie ich es begraben soll", sagte die arme Mutter mit bebenden Lippen. Der Atem stockte uns – wir erschauerten. Kälte, Hunger und Krankheit hatten dieses blühende Leben vernichtet, noch ehe ihn der geliebte Vater, den er suchen gegangen, in seine Arme geschlossen und geküsst hatte. Unter der Tanne, wo er verschieden, wurde ihm das Grab bereitet, und in den rauen Stamm schnitten wir seinen Namen:

„Slobodan Ljubinkovits, aus Morawa 1908–1915."

Entblößten Hauptes, den Blick voll Trauer auf das kleine Grab geheftet, bezeugten wir dem unglücklichen Kinde die letzte Ehre. Sein trauriges Schicksal wird für uns ewig verflochten sein mit der Erinnerung an den Leidenszug nach dem schrecklichen Zljeb. Uns Glücklichen aber, denen der Allmächtige Kraft gab, so viel Mühsal und Not zu ertragen und das Leben zu retten, tönt heute noch das traurige: „Tschischa, daj mi hleba" des armen Knaben nach.

Minarett interessiert heute alle weniger als die kleine Hütte im Bahnhof, in der ein deutscher Soldat heißen Tee schenkte. Ich hatte mich schon früher gestärkt; Ganghofer, der an Erfahrungen Reiche, hatte im Coupé Tee gebraut, ein Hühnchen aus dem Esskoffer ausgepackt, den ihm seine fürsorgliche Frau ans Herz gelegt hatte, und Salten und mich zum Frühstück geladen.

Ganghofers Frühstück war gewiss eine Spezialität des ersten Balkanzuges. Der Speisewagen, der heißersehnte, wird angekoppelt — ein Sturm auf ihn erfolgt.

Hirsch.

Wehe, wehe über die Tagespresse! Käme Christus jetzt zur Welt, so nähme er, so wahr ich lebe, nicht Hohepriester aufs Korn, sondern die Journalisten!

Gott im Himmel weiß: Blutdurst ist meiner Seele fremd, und eine Vorstellung von einer Verantwortung vor Gott glaube ich auch in furchtbarem Grade zu haben: aber dennoch, dennoch wollte ich im Namen Gottes die Verantwortung auf mich nehmen, Feuer zu kommandieren, wenn ich mich nur zuvor mit der ängstlichsten, gewissenhaftesten Sorgfalt vergewissert hätte, dass sich vor den Gewehrläufen kein einziger anderer Mensch, ja auch kein einziges anderes lebendes Wesen befände als – Journalisten.

Sören Kierkegaard, 1846

Und nach siebzig Jahren, wo es um so viel siebzigmal wünschenswerter wäre, als es siebzigmal mehr Gewehrläufe und Journalisten gibt, stehen sie nicht vor ihnen, sondern dahinter, haben sie laden geholfen und sehen zu, man zeigt ihnen, wie es schießt und fließt, und wartet, bis sie kommen, es zu beschreiben. Welche Verantwortung nimmt die Erde, die solches will und erträgt, im Namen Gottes auf sich!

Das Lysoform-Gesicht

April 1916

ist das der Zeit. Zu sehen, feixend, an allen Planken. Das Mittel ist eines der Mittel auf „-it", „-in", „-ol" und „-form", die die Menschheit erst nötig hat, seitdem sie sie erfunden hat, und ohne welche es die Leiden nicht gäbe, gegen die sie erfunden wurden. Aber das Gesicht, das es empfiehlt, ist die Zeit selbst. Hierzulande, wo aller Verfall bunter und lauter ist als sonst in der Welt, vergeht einem Hören und Sehen, wenn man eine Planke entlanggeht, nur die Zeit steht und feixt. Welch ein Tohuwabohu von Stillstand! Eine brüllende Proletenkunst feiert ihren orgiastischen Abschied vom Sinn des Lebens. Die Tobsucht empfiehlt das Lebensmittel, dessen Tyrannei den Verstand so weit gebracht hat. Die Ware ist rebellisch worden und jauchzt, springt, platzt vor Vergnügen, weil der Händler ihr die Haut des Konsumenten zur Hülle gab. Nein, an keiner Straßenecke des Fortschritts geht es so hoch her wie an der unsern. Das Ohr verspürt noch den Druck der eben verstummten Siegesschreie, deren Gewalt die Behörde eingedämmt hat, weil das Papier, nicht weil die Menschenwürde auszugehen drohte. Das Heroenzeitalter der Wiener Straße – bis auf den Sonntag, der als Unruhetag eingesetzt wurde, abgelaufen – hinterlässt im Gedächtnis einen letzten Glanzpunkt: „Kroßer Sick der Türken über die Russen: Erzerum genohmen!" Kein Schweigegebot aber unterdrückt die gemalten Extraausgabenschreie, die das Auge betäuben, die vernichtenden Anschläge der Gewinnsucht auf den Geschmack. Mestizen aus Weanern und Juden, das ewige Hindernis des Trottoirs, erscheinen in liebevoller Übertreibung noch an die Wand gemalt; ein Varieté von Wucher und Wohltat tanzt vor uns, peitscht den Lebensüberdruss zum

Gaudeamus und eine Quadrille von Zentauren, halb Mensch, halb Ware, bestürmt uns, kein Spielverderber zu sein. Transzendente Antlitze von Gastwirten, melancholisch überschattete Judenbuben, die einen heitern Abend versprechen, obersschaumgeborene Aphroditen, Bulldoggs mit Hausmeistergesichtern, Missgeburten, die strampelnd schon mit Gummiabsätzen zur Welt kommen, brave Soldaten, die außer sich vor Freude sind, weil Antinikotin siegt, während die Entente-Leute verbluten, weil sie nicht beim Jacobi kaufen – und über dieser Farbenhölle, die losgelassen ist, um die Zugkraft des Todes für ein niedriges Lebensinteresse zu verwerten, über diesem schüttelnden Fleckfieber der Zeit, über diesem Gliederkrampf von lebloser Feschität und ausgefressenem Marasmus: das gewitzte Ponem[33] des Lysoformbengels, der zu wissen scheint, was er weiß, der sagen könnte, was er nicht sagen will, nämlich wofür das Mittel auch probat ist. Mit der lächelnden Miene eines, der eine Diskretion begeht, der sich auskennt, der in dem Punkt Erfahrungen hat, dem schon manches untergekommen ist, der viel erzählen könnte, wenn er wollte, schweigt er, und sagt: „Unentbehrlich für die Frauen." Schweigt so die Zeit nicht? Sieht sie so nicht aus? Die Moral, die das Geschlecht verbietet und als Gegenstand des Humors für geschlossene Zirkel zulässt, räumt ein, dass die Sache ernst ausgehen kann, und findet das komisch. Der Händler illustriert die Gefahr durch einen wissenden, eh schon wissenden Ladenschwengel, der mit gekniffenem Auge und dem von einem Ohr, das viel erlauscht hat, bis zum andern verzogenen Lächeln um keinen Preis verraten will, was er weiß, aber schließlich mit sich reden lässt. Die Passantin, der ein Rat erteilt wird, wird angegrinst und entschließt sich, weil Lysoform nun einmal so pikant sein soll, zu einem Kauf. Diesem Lockvogel ist nicht zu entgehen; diesem eingeweihten Schelm, der täglich Lysoform empfiehlt und am Sonntag auch die Plauderei schreibt, kann man nicht nein sagen. Keine Frau, keine Behörde. Solches Vorbild einer Moral, die längst Herrenabend gemacht hat, begleitet uns auf allen Wegen. So angeschaut, so von allen Sendboten der Hölle angerufen zu werden, ergötzt uns, stört uns nicht. Niemand beklagt sich, kein Steinhagel macht der Zumutung ein Ende. Und niemand erschrickt bei dem Gedanken, dass in einer durch gnädigen Zauber plötzlich ausgestorbenen Stadt diese Gesichter in ihrer überlebendigen Überlebensgröße überleben und uns in die Verwesung nachstarren könnten.

---

33   Jiddisches Wort für „Gesicht".

Die Historischen und
die Vordringenden

April 1916

Ein Wort an den Adel

Im ungarischen Parlament hat einer, um die sogenannten Bankmagnaten vor Angriffen zu schützen, auf die Verbindung der Magnaten mit den Banken hingewiesen. Das müssen sie sich schon gefallen lassen, dass ihr Wappen, einmal für Tantiemen verkauft, nicht nur als der Schild einer Bankfirma, sondern auch als das Schild der Bankiers seine Dienste tut. Der Graf Tisza aber war wieder der Meinung, dass der Burgfriede zwischen den in Kompagnie getretenen Klassen nicht gestört werden solle, indem auf die von Natur und durch Erziehung gegebenen Gegensätze hingewiesen werde. Sie sollten sich im Gegenteil vertragen und beide voneinander lernen. Denn:

> „Die historischen Klassen haben von den jetzt vordringenden neuen Schichten der ungarischen Gesellschaft viel zu lernen, sehr viele Eigenschaften und sehr viele Tugenden haben sie sich von ihnen anzueignen und sehr viele alte Fehler haben sie abzustreifen. Auf anderer Seite aber hat es gegen niemanden eine verletzende Spitze, wenn wir hinzufügen, dass auch die neuen Schichten der ungarischen Gesellschaft bemüht sein müssen, all das in sich aufzusaugen, was die alten Faktoren der Gesellschaft an großen Eigenschaften von ihren Vorfahren ererbt haben ..."

Man kann nicht übersehen, dass der Graf Tisza in etwas kategorischer Form seine Standesgenossen aufgefordert hat, im Verdienen tüchtiger zu werden, während er unter höflichen Entschuldigungen die Geldjuden ersucht hat, sich endlich auch die Manieren der guten Gesellschaft anzueignen. Aber das pädagogische Resultat wird, wenn diese Welt noch ein paar Jahrzehnte so weiter läuft und der Fortschritt der Wegmacher der Entwicklung bleibt, nicht ganz den Erwartungen jenes Liberalismus, der auf eine gute Mischung hinarbeitet, entsprechen, weil aller Wahrscheinlichkeit nach schließlich die historischen Klassen ohne irdische Güter und mit schlechten Manieren, die vordringenden Schichten aber mit zweifachem Besitzstand die Gesellschaft repräsentieren werden. Und wann hätte sich diese Evolution besser absehen lassen als an jenem Zustand einer heillosen Vermengung, der eben der Kriegszustand ist? Dass diese Aristokratie entschlossen scheint, auf jede geistige Verpflichtung zugunsten der ihr imponierenden Intelligenz und auf jede sittliche Verantwortung zugunsten der sie umlagernden Krapüle zu verzichten; dass ein ahnungsloses Wetteifern um die Gunst des Auswurfs eingesetzt hat; dass im eklen Gemengsel der Wohltätigkeit der Adel eine Erfrischung erlebt und die Gleichheit im Schützengraben von der Brüderlichkeit im Komitee ergänzt wird; dass Leute froh sind, am Tisch von Leuten einen Platz zu finden, die sie ehedem nicht am Tisch ihrer Leute geduldet hätten, und dass heute der Herr einen Umgang hat, den sein Kammerdiener aus Adelsstolz ablehnen würde – das alles springt aus der großen Zeit und der kleinen Chronik an jedem neuen Tag ins Auge. Sinnfällig kam diese Tendenz zum Rollentausch in der Haltung des Grafen Karolyi zum Ausdruck, der die voreilige und höchst laienhafte Meinung, der Herr Nordau habe mit seinem Umgang im Konzentrationslager renommiert, hinterdrein durch das Bekenntnis enttäuscht hat, er habe sich vor Glück gar nicht fassen können, den Nordau endlich kennenzulernen, und dessen eigenes Staunen mit der Versicherung beruhigen müssen, es werde noch schöner kommen und die Klassenunterschiede würden völlig schwinden, seitdem man einmal zusammen nicht nur im Interniertenlager, sondern auch im Schützengraben gelegen sei. Man trifft sich längst in Redaktionen, auf Jours, in der Nächstenliebe und bei allen Gelegenheiten, wo ein Gedränge ist, und vielleicht kommt noch die Zeit, wo der Adel sogar noch die höchst unadelige Gesinnung abstreift, die Leute, denen er den Hof macht und überlässt, hinter ihrem Rücken grauslicher zu finden als in ihrem Gesicht. Denn das ist ein Vorurteil. Auch wird er sich nicht lange mehr zu schämen haben, mit Bürgerlichen zu verkehren, denn der künftige Adel nimmt bereits in einer Weise überhand, dass es bald mehr Ahnherren in der Kärntnerstraße geben wird, als solche, die ihre Ahnherren schon begraben haben. Viele gibt es, die nicht umsonst an Konserven oder Wolldecken verdient haben wollen, nämlich ohne die Aussicht, dass in hundert Jahren ein stolzes Geschlecht undefinierbaren Ursprungs, aber sicher aus der Zeit kriegerischer Verdienste, blühen und gedeihen wird, abhold der Vermischung,

61

unzugänglicher als die fallsüchtige Gesellschaft jener Tage, die dem Ahnherrn keinen Fußtritt gab. Eheschließungen dürften das Ihrige dazu tun, mit der Trennung vom Tisch, die so lange ein soziales Hindernis war, aufzuräumen. Denn es geschieht schon häufig, dass hochgeborene Herren die Koryphäen der Ischler Esplanade nicht nur heiraten, sondern sogar mit ihnen nachtmahlen gehen. Jupiter hat seine erotischen Neigungen so sehr als Privatsache betrachtet, dass er sich auch mit einer Königstochter nur im Inkognito eines Stiers abgegeben hat: und konnte dennoch nicht verhindern, dass es in die Mythologie kam. Er zeugte mit ihr zwei Gerichtspräsidenten. Was für eine Generation droht aber heraufzukommen, da die Väter ahnungsloser waren als die Mütter? Die Welt hat sich auf eine verzweifelte Art bewiesen, dass sie noch Blut hat. Jetzt wird es ihr auch nicht mehr darauf ankommen, es zu mischen, und es wird sich zeigen, dass die Vordringenden, deren seit Jahrtausenden frischer Stoßkraft keine Defensive Widerstand leisten konnte, die Sieger dieses kurzen Kriegs waren. Aber hat man ihnen nicht die Schlüssel zu den sozialen Festungen in die Hand gedrückt, als wären es die zu den Ghettos? Gibt es einen Abgrund, aus dem man sie nicht heraufgeholt hat? Eine Strickleiter sozialer Verbindung, die man ihnen nicht gereicht hätte? Kinoschmierer, Operettenlieblinge, Agenten müssen sich den Hochgestellten nicht mehr aufdrängen, sie werden begehrt; und der Parvenü braucht sich nicht mehr anzustrengen, wenn Hoheit ihm auf halbem Weg entgegenkommt. Von einer Fürstin empfangen werden, ist gefährlich, weil man sicher sein kann, einen Revolverjournalisten bei ihr zu treffen, die fantastischsten Zusammenstellungen sind im Geschmack der Zeit, und der arme „Würdenträger", der unter der Last keucht, ist der missbrauchte Dienstmann des Großindustriellen, der ihn für schlechte Behandlung durch gelegentliches Essen entschädigt. Kann man denn mit Fug noch von Vordringenden sprechen, wenn die Historischen schon hinter ihnen her sind? Wahrlich, nie haben sie selbst sich das Leben so leicht gemacht, wie ihnen der Todfeind, und das letzte Hindernis, das die historische Welt ihnen in den Weg legen wollte, ward durch den unerforschlichen, aber seit Jahrtausenden am Sieg wirkenden Ratschluss ihres Gottes beseitigt. Wie sollte eine Rasse, deren Ambition man nahetritt, wenn man ihr nur die Neigung zu greifbaren Gütern vorwirft, nicht auch auf die moralischen, die doch in einem so verwandelten Leben das billige Ornament der andern sind, Appetit haben? Kommt einst der Tag – und wir erleben ihn –, dass der Wert vollends Ware geworden ist, so mag noch eine Gelegenheit bleiben, ihn aus dem Markt zu ziehen, um den ewigen Händlern die Chance zu verderben: Der Adel beweise sich, indem er ihn ablegt, und lasse die Gesellschaft als ein Ghetto der Nobilitierten hinter sich!

Die Schönheit im Dienste des Kaufmanns

Dezember 1915

Lieber Loos![34]
Sie haben die Absicht, durch einen Vortrag dem nur in Wiener Hirnen existenzfähigen Gedanken der Kreierung einer „Wiener Mode" Schwierigkeiten zu bereiten, diesem dernier cri einer nach Wien zuständigen Dummheit, die sich vom „Joch der Pariser Mode" befreien will, dem bekannten Joch, welches die Eigentümlichkeit hat, dass man so lange unter ihm geseufzt hat und jetzt bloß nach ihm seufzen darf. Sie wissen, diese Heuchelei ist der Treffpunkt eines schlecht sitzenden Patriotismus hochgestellter Modedamen und des aufrechten Erwerbssinns etlicher Schneiderfirmen, und niemand weiß besser als Sie, dass der Vorsatz, eine Mode zu schaffen, bei Weitem kühner ist als ehedem der Entschluss zur Erschaffung der Welt, und dass darum auch das Resultat den Schöpfer kaum zu dem Selbstlob berechtigen dürfte, dass es gut war. Freilich dürfte die Wiener Mode sich eben noch mit dem verpfuschten Zustand der heutigen Welt vergleichen lassen, nur mit dem Unterschied, dass jene, die Mode, wenn sie in Ehren bestehen will, die Unehrlichkeit begehen muss, Pariser Modelle unter Wiener Marke einzuschmuggeln, während diese, die Welt, ihr elendes Original unter dem alten Namen auf den Markt bringt und noch vom heutigen Menschen zu behaupten wagt, er sei nach dem Ebenbild Gottes geschaffen. Die Welt, mit der wir jetzt

---

34 Adolf Loos (1870–1933), bedeutender österreichischer Architekt; als Gegner des Jugendstils trat er für eine sachliche, funktionalistische Architektur ein, die auf jedes Ornament verzichtet. Karl Kraus teilte nicht nur seine Kunstauffassung, sondern war mit Adolf Loos befreundet. Als Kraus sich im Jahr 1913 katholisch taufen ließ, wählte er Loos zum Taufpaten.

vorlieb nehmen müssen, ist nämlich, wie Sie wohl schon einsehen dürften, nichts anderes als die Ihnen bekannte deutsche Pofelware, die ehedem unter ausländischen Bezeichnungen den Weltmarkt zu erobern suchte, bis sie gezwungen wurde, sich als made in Germany zu deklarieren; die Mode aber dreht den Spieß um, behauptet mit freier Stirn, sie sei deutsch, da sie noch immer französisch ist, und wenn man ihr hinter den Schwindel kommt, so wird sie ehrlich und macht den aussichtslosen Versuch, als Wiener Produkt die Welt zu erobern. Nun dürfte es aber noch immer eher glücken, einen deutschen Gott der Welt als den garantiert echten einzureden, als eine Wiener Mode zu beschließen, was eben annähernd so unmöglich ist wie ein Kornfeld in der flachen Hand wachsen zu lassen, während der Versuch, Armeen aus der Erde zu stampfen, bekanntlich über alles Erwarten gelingt. Zu dem Kapitel des Irrsinns, wo die Entwicklung so organischer Dinge wie es die Mode ist, als nationale Forderung betrieben, ja unter ein Kriegsleistungsgesetz gestellt wird, muss ich Ihnen wohl nichts weiter sagen. Sie werden auch wissen, dass dieses Symptom einer dementia heroica nicht zu trennen ist von dem Gesamtbild jener Wiener Gemütskrankheit, die vom fieberhaft ersehnten Fremdenverkehr zwar den Verkehr haben, aber die Fremden durch Beschimpfung entfernen möchte. Ihr Vortrag nun will einem der tollsten Wiener Faschingsscherze zuvorkommen, die sich je bei Krieg, Hunger und Pestilenz hervorgewagt haben. Ein Komitee – dieses noch immer nicht abgeschaffte Fremdwort dürfte hier von „komisch" kommen und deshalb beliebt sein – hat die Idee gehabt, sich zur Förderung des heimischen Schneidergewerbes ein Stück anfertigen zu lassen, in welchem die engrockige Wiener Mode über die weitrockige Pariser Mode „siegt", die in Gestalt eines besser gekleideten Aschenbrödels einen Achtungserfolg erzielen wird. Zum Dichter des Stückes, das ebenso apart ausfallen dürfte wie die Wiener Mode, wurde ein versierter Wiener Gerichtssaalreporter ausersehen, dessen Beziehungen zur Muse nicht weniger legitim sind als seine Beziehungen zur Mode und der schon darum kompetent ist, speziell bei der Hebung des heimischen Gewerbes mitzusprechen, weil er selbst, wiewohl er eigentlich nur Feigl heißt, sich unter dem präsentableren Namen Melbourn auf dem Markt eingeführt hat. Wohl mag er nun erkennen, dass die Zeiten für die Inkognitos vorbei sind und dass die Wiener Mode in diesem Punkte immer bescheidener war als die Wiener Dichtkunst, indem sie ja umgekehrt den Melbourn hinter dem Feigl verbergen wollte und jetzt gar darangeht, den

Melbourn zu überwinden und nichts anderes sein und scheinen zu wollen als ein Feigl, der bisher im Verborgenen geblüht hat, aber nun die Welt auf sich aufmerksam machen möchte. Wie dem immer nun sei und wenn man auch glauben sollte, dass jene Welt Österreich nicht mehr mit Australien, Feigl nicht mehr mit Melbourn verwechseln wird, Tatsache ist und bleibt, dass ein Mann berufen wurde, den Sieg der Wiener Mode dramatisch zu feiern, der den Toilettenluxus aus den Entwürfen des Extrablatt-Zeichners kennt und das mondäne Leben aus jenen bezirksgerichtlichen Verhandlungen, in denen sogenannte „Lebedamen" überwiesen werden, einen Lebenswandel geführt zu haben und hierauf zum Zweck der Veranstaltung unerlaubter Zusammenkünfte durch eine sogenannte „Private" in einer Lasterhöhle ein- und ausgegangen zu sein und sich sodann im Sumpf der Großstadt die Türklinke gereicht zu haben. Es bleibt nicht mir, der bloß das Material für den künftigen Kulturhistoriker herbeischafft, sondern diesem selbst vorbehalten, die rätselvolle Möglichkeit zu ergründen, dass im Wien des Kriegsjahres 1915 zu Affenkomödien Zeit und Lust genug vorhanden war, wenn die Parkettsitze nur 30 Kronen kosteten, und dass „84 Damen der Hocharistokratie und der Wiener Gesellschaft" mit den im Stück des Herrn Feigl auftretenden Schauspielerinnen „sich geeinigt haben, einzig und allein Wiener Erfindungen und Wiener Schöpfungen zu tragen, sodass man an diesem Tage im Deutschen Volkstheater einen Überblick über die Wiener Mode erhalten wird". Aber nicht einmal die groteske Tatsache, dass die Damen der Hocharistokratie sich von der Krankenpflege nicht anders zu erholen wissen als bei der Gelegenheit, Mannequins des Ungeschmacks, ja sandwich-women für den Geist des Feigl-Melbourn zu sein, will ich Ihrer Aufmerksamkeit empfehlen. Was mich bestimmt, Ihrer Rede mein Wort zu überlassen, ist die Einsicht in eine Erscheinung, welche die jetzt ausgebrochene Diskussion über die Frage, ob man im Krieg Mode machen darf, mir offenbart hat. Diese Frage wird ernstlich gestellt, ohne dass die Interessenten sich in der Antwort einigten, dass man weder einen Krieg noch eine Mode machen darf. Die Anregerin ist die Infantin Maria de las Nieves de Braganza de Bourbon. Diese höchst wohltätige Dame, die sich von der Forderung, Gold für Eisen zu geben, nicht bis zu dem Opfer hinreißen lässt, auch durch das Gold, welches Schweigen heißt, mit gutem Beispiel voranzugehen, hat verlangt, dass die Modedamen jetzt die Wolle, die sie für Toiletten brauchen, lieber den Soldaten geben und dem Luxus das Scherflein vorziehen sollen. Die Frage, ob die

ästhetische Fortsetzung des Frauenlebens, also das Überflüssige, nicht in
einem tieferen Sinne für die Menschheit notwendiger ist als die einmal
gegebene Notwendigkeit, führt auf ein philosophisches Gebiet, auf das
die Infantin von Braganza und den von ihr vertretenen Patriotismus
mitzuführen ziemlich undankbar sein dürfte. Man würde auf wenig
Verständnis und viel Entrüstung stoßen, wenn man behaupten wollte,
dass eine schöne Frau, die sich auch in der größten Zeit noch schön zu
kleiden wagt und darum dem Fluch der Infantin verfällt, für die „Allgemeinheit", um die sich die glückliche Naivität der Schönheit gar nicht
kümmert, mehr leistet als durch das Opfer, ihre Toilette zu Scharpie zu
zerzupfen. Selbst der rein logische Einwand, dass die opferwilligste Infantin noch immer zu wenig leistet, wenn sie bloß ein Spitalskleid trägt
und nicht ihr ganzes Hab und Gut dem patriotischen Zweck überlässt,
bleibe der Anregerin erspart. Dagegen hat ihr die öffentliche Dummheit
die Replik nicht ersparen können, dass es unpatriotisch wäre, gerade
jetzt auf den Luxus zu verzichten, da ja die Schneiderfirmen auch leben
wollen. Darauf hat die Infantin die einzig zutreffende Antwort gegeben,
man möge für dasselbe Geld bei der Schneiderfirma Soldatenhosen bestellen, und ähnlich sollten die Konditorsachen anstatt wie bisher „in
den Magen einer schönen Dame in den eines armen Soldaten wandern".
Die Infantin hatte ganz recht, zu sagen, dass man auf diese Art beiden
Interessen gerecht werden könne, und dass die Damen dadurch Gelegenheit bekommen, sich sowohl für das Vaterland wie für die Industrie
aufzuopfern. Im Allgemeinen lässt sich nicht bestreiten, dass die Infantin, wo sie recht hat, recht hat und dass man tatsächlich für das Geld, das
man zur Erhaltung der Schneiderfirmen und der Konditorfirmen zahlt,
solche Waren kaufen könnte, die einem Zweck zugute kommen, für den,
wie die Infantin wieder mit Recht sagt, „die Regierung denn doch nicht
alles vorsorgen kann". Trotz dieser in die Augen springenden Richtigkeit
bleibt die Gräfin Berchtold bei ihrer Ansicht, dass es ein Verbrechen
wäre, auf den Luxus zu verzichten, weil die Schneiderfirmen doch auch
leben wollen. „Ich und gleich mir viele andere Damen", sagt die Gräfin
Berchtold, „wir fühlen uns verpflichtet, unsere Schneiderinnen und
sonstigen Lieferanten nicht in einer Zeit im Stiche zu lassen, wo sie doch
ganz besonders der Aufträge bedürfen, damit sie ihre Arbeiter und Ar-
beiterinnen beschäftigen können. Denn es wäre doch eine große Verantwortung, wenn man sich der Einsicht verschließen wollte, dass man
nicht nur seinem eigenen Geschmack und seiner eigenen Einsicht nach

leben darf, sondern auch auf die Allgemeinheit Rücksicht zu nehmen hat." Den weiten Rock verschmähe sie in der großen Zeit, weil sie ihn für „inopportun" halte; sie würde „absolut keine Pariser Modelle tragen", aber sie lasse sich nicht abhalten, Toiletten nach Herzenslust zu bestellen, nicht weil sie gut aussehen will, sondern damit es den Wiener Schneiderinnen nicht schlecht gehe. Die Gräfin Berchtold und im Ganzen 84 Damen der Hocharistokratie sind also keineswegs geneigt, aus Patriotismus auf Toiletten zu verzichten, aber sie tragen sie aus Sozialpolitik. Sie fragen sich nicht: Wie steht mir das? Sondern: Wie gehts meiner Schneiderin? Patriotinnen sind sie ja ohnedies, wenn sie die heimischen und nicht die ausländischen notleidenden Firmen unterstützen – „denn es ist das erste Gebot jedes Patrioten", sagt sich die Gräfin Berchtold bei der Anprobe, „nur das zu fördern, was dem Vaterlande frommt". Übersehen Sie nun, wenn Sie sich mit der geistigen Unzulänglichkeit, die eine Mode beschließt, in eine Polemik einlassen, das eine nicht: dass dieser Mangel nur ein Teil von jener großen Leere ist, aus der die ganze neudeutsche, deutschchristliche Lebensauffassung entspringt. Wir essen, damit unsere Gastwirte zu essen haben. Wir trinken, damit die Weinhändler einen Rausch bekommen. Wir kleiden uns, damit die Schneider es warm haben. Wir ziehen vor unseren Hutfabrikanten den Hut. Wir lassen unsere Lieferanten bei uns die Waren bestellen. Wir fahren, weil der Kutscher heut noch keine Fuhr gehabt hat. Wir dienen den Instrumenten. Wir sind die Subalternen unserer Beamten. Wir rauchen, damit wir dem Raucher Feuer geben können. Wir sind in einem Maß die Opfer unserer Nächstenliebe, das weit über die Forderungen der Infantin hinausgeht. Wir konsumieren, damit der Produzent konsumieren könne. Wir essen nicht, um zu leben, sondern wir leben, um zu essen; wir leben nicht, um zu essen, sondern wir leben, damit die andern essen; wir sterben, um zu essen; wir essen nicht, damit die zu essen haben, die sterben müssen, damit wir zu essen haben; wir kleiden uns, damit die sich kleiden, die uns kleiden; wir verzichten auf Wolle, um für Wolle zu leben und damit jene Wolle haben, die für Wolle sterben müssen. Nun gut, es mag Mannespflicht sein, den Schneider zu kleiden und den Wirt zu nähren. Aber könnte es ein unsozialeres Ding geben als die Schönheit, die vor dem Spiegel steht? Nichts vor sich hat als wieder sich, und der die „Allgemeinheit" nichts anderes bedeutet als die vorgestellte Reihe jener, die sie bewundern werden? Nein, sie tut es aus Nächstenliebe; sie schmückt sich aus Sozialpolitik; sie muss den Lieferanten beschäftigen, dessen Arbeiter sonst brotlos werden. Wohl, man verkenne aus strategischen Gründen den Sinn des Lebens; man sage getrost, eine Frau dürfe nicht schön sein, solange es Schützengräben gibt. Aber zu verlangen, dass sie vor dem Spiegel eine Patriotin sei, ist Hochverrat an der Schönheit und macht den Patriotismus hässlich. Ist es nicht wahrhaft trostlos, dass selbst hier meine Erkenntnis, dass das Lebensmittel den Lebenszweck unterjocht habe, ein Beispiel findet? Schnell noch etwas Schminke aufgelegt, damit die Rosa Schaffer gut aussieht! Aber haben Sie mich, als ich vor Ihnen diese Ideen entwickelte, bei der hochherzigen Regung ertappt, dass ich mir noch einen Kaffee bestellte, damit der Kaffeesieder eine Freud' habe? In keiner der vielen jetzt entzweiten Kulturwelten erhebt der Mensch so die Prämissen des Lebens zum Inhalt, dient er so dem, der ihn bedient, macht er sich so zum Sklaven seines Sklaven, stürzt er sich so kopfüber in die Leibeigenschaft, und hat sich dennoch die intellektuelle Freiheit bewahrt, die Kultur des Moskowitertums gering zu achten. Aber gibt es eine schmählichere Leibeigenschaft als die, in der wir leben, wenn sie selbst den Frauenleib, anstatt ihn unter das Joch der Pariser Mode zu beugen, unter den Bedarf der Wiener Modistin stellt? Ich wäre ja Gott sei Dank nicht imstande, es nationalökonomisch nachzuweisen; aber mein Glaube ist es, dass die Schneiderinnen nicht in Not wären, wenn die Damen nicht für sie zu sorgen hätten. Hier steht „die Kunst im Dienste des Kaufmanns", das heißt, sie ist das verächtliche Ornament seines Geschäfts. Hier steht die Schönheit im Dienste des Schneiders. Nein, hier steht das Leben selbst im Dienste des Lebensmittels, und wir Esser sind seine Nahrung. Wir decken nicht unseren Bedarf beim Händler, sondern seinen an uns. Aus solcher Geistesformation entsteht ein Weltkrieg, aus solch tiefer Unsittlichkeit eines Lebens, das in heilloser Mischung von Gefühl und Gebrauch vergeht, ohne Mut zum eigenen Bedürfnis: nur daraus und nicht aus den Problemen Elsass oder Galizien – glauben Sie das endlich, und wenige sind berufener, es zu glauben, als Sie! An dieser Debatte, die Sie zu Ihrem Vortrag veranlasst, empfehle ich die Konkurrenz dreifachen Irrsinns Ihrer Beachtung. Wir sollen eine Mode erfinden: Das ist nur die nationale Forderung eines Ungeschmacks, der den Größenwahn bekommen hat. Wir sollen nichts anziehen, damit die Soldaten, die für Baumwolle geopfert werden, es warm haben: Das ist das Postulat einer von der großen Zeit bedingten schweren Nervenüberreizung. Wir sollen schöne Kleider kaufen, damit sich die Schneider gut anziehen können: Das ist ein unheilbarer Fall, das

ist der Zustand unseres Denkens! Dass sich die Aussprache solch bunten Wahnwitzes unter der Patronanz adeliger Damen vollzieht, mag Ihnen beweisen, dass die heutige und hiesige Gesellschaft auch an ihrer unnahbarsten Front keine Sicherung gegen den Feind bietet, der Instinkt und Kultur mit der Vernichtung bedroht. Ich kann den Bestrebungen der Sklaverei keinen Geschmack abgewinnen. Ich werde so frei sein, 84 opferwilligen, patriotischen oder gewerbefreundlichen Damen, deren Geburt sie nicht davor bewahrt hat, der Produktion des Herrn Feigl beizuwohnen, eine Einzige vorzuziehen, die es offen nach einem Pariser Modell gelüstet, die es stolz verweigert, eine Toiletteprobe auf ihre Selbstlosigkeit zu bestehen, und die weder von der Frage, ob ein Staat, der Krieg führen will, hinreichend für seine Soldaten vorsorgen kann, noch von dem Wohlbefinden ihrer Lieferanten die Entscheidung abhängig macht, schön zu sein!
Ihr   K.

SHAKESPEARE UND DIE BERLINER

April 1916

„Max Reinhardt brachte im Deutschen Theater den ‚Macbeth‘ zur Aufführung … Die Regie hatte mit ihren Künsten nicht gespart … Beispielsweise war auf der Bühne eine Dreiteilung geschaffen, bei der dem Mittelstreifen eine Art symbolischer Bedeutung zugewiesen war. Das Hauptthema, über welches die Regie ihre Variationen spielte, war das Blut. Farben und Beleuchtung waren auf Blut gestimmt, und als das Ehepaar Macbeth den Mordplan aussheckte, umringelten den Hals der beiden blutrote Streifen, die von einem Beleuchtungsapparat projiziert wurden. Ein blutbefleckter Vorhang ging herunter, als der Mord ausgeführt war …"

Die Frage, wann der Herr Reinhardt, nicht aus irgendeinem Bühnenverein, sondern aus jedem besseren Wohnzimmer ausscheiden werde, ist im Weltkrieg leider nicht aktuell. Bis zum Weltkrieg war sie es auch nicht, denn sonst wäre er nicht entstanden. Der Zusammenhang ist klar.

Wie es mit den geistigen Aussichten einer Nation bestellt sei, deren Ludimagister von einem verirrten Bankprokuristen dargestellt wird und deren Hochadel auf den Privatbällen des zum Diktator aufgedunsenen Theaterhändlers die Komparserie stellt, das konnte bloß dem politischen Blick verborgen bleiben. Aber wenngleich in dieser mechanischen Wunderwelt, die in ihrer ganzen Auflage ein Generalanzeiger des Weltuntergangs ist, kein Gras mehr wächst, so gibt es doch jene echte Sommernachtstraumwiese, täglich frisch aus der Natur gerupft, durch die Herr Reinhardt sich längst schon um Shakespeare verdient gemacht hat. Es besteht eine Beziehung zwischen den lebendigen Versatzstücken des neudeutschen Theaters und den Surrogaten des neudeutschen Lebens, das um einen Fleischersatz so wenig je verlegen wird wie um eine Stellvertretung des Geistes, und dessen Wissenschaft im Bedarfsfall auch für Homunculus-Reserven sorgen wird. Diese Lebensrichtung hat einen philosophischen Anhalt. Es ist der Bocksbart des Herrn Shaw, des unermüdlichen Schalksnarren, dessen Weisheit dem Geist paradox gegenübersteht und dessen Dienste kein Shakespeare'scher König auch nur eine Stunde lang in Anspruch genommen hätte. Mit dem von Fall zu Fall herübergerufenen Troste, dass seine Landsleute die wahre Handelsnation seien, gehört er ganz in den Wurstkessel einer Kultur, in deren heilloser, von Reinhardt'schen Hexen zubereiteter Mischung demnächst der Gedanke entstehen mag, mit Bomben erfolgreich belegte Brötchen zu erzeugen. Dieser gut ins Englische übersetzte Trebitsch hat neulich den Einfall gehabt, die Würdigkeit, Shakespeares 300. Todestag zu feiern, den Berlinern zuzusprechen. Sie haben sich das nicht zweimal sagen lassen und, m. w., auf den Hals Macbeths blutrote Streifen projiziert. Die Engländer, neidig wie sie sind, glaubten in diesem Warenzeichen jenes bekannte made in Germany zu erkennen, das so lange die englische Provenienz vorgetäuscht hat, ehe es sich zum ehrlichen deutschen Ursprung bekennen musste. Aber jetzt hat sich auch auf der deutschen Szene, wo man in besseren Zeiten bekanntlich oft mit Wasser gekocht hat, die Erkenntnis durchgesetzt, dass Blut dicker sei. Dekorativ soll es wirken. Das ist nicht so wie bei armen Leuten. Ehedem sind bloß Helden aufgetreten, denen das Wort des Dichters aus dem Hals kam, ohne dass dieser selbst Spuren der dramatischen Absicht verraten hätte. Traten sie von der Szene, so fiel ein Vorhang, auf dem nichts zu sehen war als eine Landschaft mit einer Göttin, die eine Lyra in der Hand hielt, und dennoch war der Zwischenakt voll des Grauens über Macbeths Tat.

Herr Reinhardt hat zwar nicht die Kühnheit, die Shakespeare'schen Akteure wie die Offenbachs geradezu durch das Parkett auftreten zu lassen, um jeden einzelnen Kommerzienrat von dem bevorstehenden Mord zu avisieren, aber er lässt immerhin – der intelligentere Teil von Berlin M W wird's schon merken – einen blutbefleckten Vorhang niedergehen, auf dass der erschütterte Goldberger seiner Mitgenießerin die Worte zuflüstere: „Kolossal, pass mal auf, Trude, jetzt wirste sehn, wie Machbet den Schlaf mordet!" Die Berliner allein sind würdig, Shakespeare zu feiern; wenn sie ihn auf führen, ist er zum dreihundertsten Mal gestorben. „Mir wars, als hört' ich rufen: Schlaft nicht mehr. Reinhardt mordet den Shakespeare, den heil'gen Shakespeare, den stärksten Nährer bei des Lebens Fest – Es rief im ganzen Hause: Schlaft nicht mehr …" Solche Avisos und Lichtsignale dem feindlichen Verständnis zu geben, solcher Einfall, den Teufel, den das Völkchen nicht spürt, wenn er sie schon am Kragen hat, an die Wand zu malen, ist gewiss praktisch gegenüber einer Zeitgenossenschaft, deren Fantasie von einem rechtschaffenen Theatervorhang nichts weiter als eine gediegene Fußwohl-Annonce erwartet. Wie war doch stets und in jedem Belang die Bühne ein Wertmesser der Lebenskräfte! Die unheimliche Identität der Aufmachung eines Reinhardt mit der Regie des jetzt wirklich vergossenen Blutes ist keineswegs zu übersehen. Schöpfen nicht beide aus Quantität und Technik, aus Komparserie und Mache den Gedanken? Und nicht ganz ohne Bedeutung dürfte es sein, dass der Schauspieler, solange er noch Vagabund, Jongleur und Persönlichkeit war, von der guten Gesellschaft gemieden wurde, aber der geschminkte Kommis von heute ihr von seinem Triumphsitz Gnaden austeilt. Nein, dies alles ist nur ein Druckfehler der Weltgeschichte, dort wo sie vom Sieg des iudogermanischen Geistes handelt. Nein, es wäre zu schön, wenn wir mit Anstand eines Morgens aus diesem Angsttraum erwachten und sich herausstellte, dass das Ganze nur die Illusion eines Theaterabends war, und in Wahrheit werde vor einem endlich ernüchterten, endlich begeisterten Publikum auf der deutschen Bühne ein echtes Blutbad veranstaltet, und das viele Blut in der Welt war nur von einem Beleuchtungsapparat projiziert.

Weltwende

April 1916

Das Schauspiel „Freier Dienst" von Leo Feld, das derzeit am
Deutschen Volkstheater gegeben wird, ist soeben als Buch erschienen.
Es ist Conrad v. Hötzendorf[35] mit folgenden Worten zugeeignet:
„Dieses Schauspiel ist aus den großen Eindrücken des letzten Jahres
erwachsen. Aus der dankerfüllten und staunenden Ergriffenheit, mit der wir alle dem unbesiegbaren Opfermut unseres Heeres
gefolgt sind. Aus einem Gefühl der Demut und des Stolzes, wie wir es
nie gekannt haben. Aus dem Bewusstsein, dass eine neue Ordnung unserer inneren Mächte der letzte und versöhnende Gewinn dieser
furchtbaren Tage sein muss. Das ist unsere Zuversicht. Wie un-
ablässige Übung körperliche Kräfte erhält und steigert, so muss die Un-
nachgiebigkeit dieses harten Jahres alle sittlichen Kräfte der Pflichterfüllung und Hingabe gehegt und vertieft haben. Es hat den Menschen
aus einsiedlerischer Beschaulichkeit oder Armut erlöst und ihn das
größte Glück fühlen lassen, das uns gegönnt sein mag: opferbereiten
Dienst für ein Höheres als es das eigene Leben ist. Unser
Heer ist uns die Verkörperung dieses Geistes, Eure Exzellenz sind uns
das Symbol, das edle Beispiel dieses glorreichen Heeres. Indem ich mein
bescheidenes Werk, das nichts will, als das allgemeine Gefühl dieser Tage in Worte fassen, Eurer Exzellenz verehrungsvoll
zueigne, weiß ich, dass ich auch hierin nur einem Gefühl Ausdruck gebe,
das heute jeden Österreicher erfüllt. In Eurer Exzellenz lieben wir das
schlichte und lächelnde Heldentum unserer Offiziere."

In dieser Zeit der Weltwende, in der die „Csardasfürstin" auf Monate
ausverkauft ist und alle Anzeichen dafür sprechen, dass mit dem Fenriswolf noch ein kolossaler Rebbach zu machen sein wird, geschieht jeden
Augenblick leibhaftig, was bis dahin aus dem Bereich des Unvorstellbaren nicht einmal in die Region fiebriger Halbschlafgesichte gerückt
war. Zeichne allen Wurmfraß der Welt in das Dunkel deines Schlafzim-

---

35   Franz Conrad von Hötzendorf, 1852–1925, zu Beginn des Krieges Chef des Generalstabes
      von Österreich-Ungarn.

mers, und er wird zur Hippokrene. Dann aber geh zu den Journalen, zu den Plakaten, zu den Passanten, sieh mit Augen und höre mit Ohren – so magst vor solcher Erfüllung des Unerfüllbaren, vor dem Hexentanz der Kontraste, vor dem Kopfstehen der Werte, vor solcher Heiligkeit des Unrechts und dieser unfassbaren Ergebung unter die Tyrannei des Nichts du glauben, jetzt müsse doch gleich, nein jetzt, aber jetzt ganz sicher werde ein Zeichen am Himmel stehen, das den Ablauf der Zeit verkündet, nicht zu missdeutende Absage des Universums an einen kompromittierten Planeten, der die Blutprobe so schlecht bestanden hat. Welche Hoffnung hält uns? „Gott, wer kann sagen: Schlimmer kann's nicht werden? 's ist schlimmer nun, als je. Und kann noch schlimmer gehn; 's ist nicht das Schlimmste, solang man sagen kann: Dies ist das Schlimmste." Wer noch eine ferne Erinnerung an Menschenwürde gefühlt, wer Luftbomben und Stinkgase nicht für den eigentlichen Sinn der Schöpfung gehalten, wer daran gedacht hatte, dass es Erdhöhlen, Wassergrab und Trommelfeuer gibt und dass von Rechts wegen jetzt jede Stunde mit dem letzten Schlag von tausend unschuldigen Herzen durch die Welt dröhnen müsste, der hatte hoffen können, solange dieser Zustand andaure, wenigstens dem Leo Feld nicht zu begegnen. Diese letzte Assoziation des sonst unentrinnbaren Feldlebens hatte man sich ersparen wollen. Nicht war man darauf gefasst, dass dieser Feld, dessen einzige Beziehung zur vaterländischen Idee und zum Kriegsgedanken das Opfer seines Namens war und die Verstümmelung zu einem nom de guerre, sich aus einem Hirschfeld gar zu einem Schlachtfeld entpuppen könnte. Man hätte geglaubt, dass eine so unerbittliche Gegenwart, wenn sie schon die Kraft habe, Armeelieferanten aus der Erde zu stampfen, doch wenigstens auch die Energie aufbringen werde, Literaten nicht aufkommen zu lassen und so zu schrecken, dass sie sich aus einem durchsichtigen Pseudonym in das finsterste Inkognito zurückziehen. Man hat das Gegenteil erlebt und die große Zeit war zu klein, die Kriegsgräuel des Wortes zu fassen. Aber auf den Leo Feld war man nicht vorbereitet! Von Blut Tantiemen kriegen – dass solches geschehe, hat eine erbarmungslose Untermenschheit geduldet. Dass sich unter den Auspizien des Sternenhimmels eine Operette des Namens: „Gold gab ich für Eisen" abspielen konnte, diese Tatsache wird den Nachlebenden mehr über den Weltkrieg, den wir gleichzeitig führten, zu denken geben als alle Geschichtsbücher aller Friedjungs, die da kommen werden. Dass an dem Tag, an dem vierzigtausend Söhne von Müttern an elektrisiertem Draht

gestorben sind, eben dies im Zwischenakt von der Gerda Walde Smo-
kinghemdbrüsten vorgelesen und eben dafür der Viktor Leon hervorge-
jubelt wurde, wird, wenn in Äonen noch ein Menschenherz geboren
würde, ihm mehr über uns sagen als die Taten selbst, die unser Erfinder-
geist ermöglicht hatte. Mit dem Abscheu der Ahnung von einem vor-
weltlichen Brei, aus dem einstens Menschenleiber, Maschinen und
Druckwerke nach Bedarf gebildet wurden, als ob sie noch den Schleim
und Aussatz an ihren Fingern fühlte, wird die künftige Menschheit an
die Betonperiode zurückdenken, in der die gepanzerte Hinfälligkeit
Gott zum Narren gehalten hat. Da hoffe ich denn zuversichtlich, dass das
Drama des Leo Feld, wenn es einmal den Weltkrieg überlebt hat, auch
noch den Anschluss an jene ferne Gelegenheit finden wird, die sich doch
irgend ergeben mag, um unsere sittliche und geistige Verlassenschaft zu
sichten. Ich persönlich kenne die Dichtung nicht, denn ach die Zeiten
sind vorbei, wo ich das Leben vom frischen Quell einer Volkstheaterpre-
miere bezogen und noch nicht mit müdem Blick in der papierenen
Nacht gesucht habe. Ich spreche von dieser Angelegenheit wie der Blinde
von einer Farbe, die ihn geblendet hat. Aber indem ich weiß, dass es jetzt
auch so viele Menschen gibt, die im Auftrag eines für Exportinteressen
tätigen Fatums das Augenlicht hingeben müssten und darum nie mehr
in der Lage sein werden, zu sehen, was im Deutschen Volkstheater aufgeführt wird, so bescheide ich mich, und wenn ich dann überdies höre,
dass es ein Stück ist, dessen Autor von einem Sturmangriff Prozente bekommt, während ein darin auftretender polnischer Jude gratis und aus
purem Edelmut Spionage gegen Russland treibt, so habe ich doch einen
gewissen Eindruck und sage mir, dass Blut dicker ist als Schmalz, dass
Russland wissen dürfte, warum es die Juden nicht in die Zivilisation
lässt, und dass diese nur selbstlos sind, solange sie Spionage und nicht
bereits Literatur treiben. Der „Freie Dienst" von Feld brauchte aber
nichts zur Repräsentation vor der Nachwelt als sein Geleitwort, diese
feierliche Ansprache, die ein vom Felddienst Freier an den Generalstabschef zu halten so frei war. Solche im Staat bloß als Verbrechen gegen die
Kriegsmacht qualifizierbare Demonstration geht nämlich über die
Grenzen des blutigen Faschings, den die noch immer nicht gelangweilte
Menschheit nun schon durch zwei Spielzeiten tanzt. Es war nicht vo-
rauszusehen, dass ein Armeebefehl des Herrn Leo Feld kundgemacht
würde, worin er sich selbst unter jene einreiht, die zwar nicht dem Heere,
jedoch dessen unbesiegbarem Opfermut „gefolgt" sind. Aber nun ist er

erschienen und in der Theaterrubrik angeschlagen worden. Und in der Tat – das heißt in jener Tat, die die andern tun müssen –: Solange das Heer unbesiegbar ist, kann ein Theaterschmierer noch auf den „letzten und versöhnenden Gewinn dieser furchtbaren Tage" hoffen. Die Zuversicht eines solchen Bürgers ist mit Recht unerschütterlich, denn er kann den „opferbereiten Dienst für ein höheres als das eigene Leben" nicht nur empfehlen, sondern auch aufführen lassen. Und sein „bescheidenes Werk will nichts als das allgemeine Gefühl dieser Tage in Worte fassen". Da aber das allgemeine Gefühl dieser Tage der Wunsch ist, abgewandt allem nun einmal systemisierten Grauen und Leiden und durch eben dieses einen letzten und versöhnenden Schab zu machen, wobei das Friedensrisiko ohnehin ein großes ist und die Aktualität der bezüglichen Waren und Stoffe jeden Tag eine Passivpost sein kann, so bleibt das Volkstheaterrepertoire so ziemlich in Übereinstimmung mit dem Weltgeschehen. Und wie die Sprache noch als Lüge die Wahrheit sagt und der Satz noch als Aussatz die Verwahrlosung der Seele beschreibt, so erschüttert uns wie ein letzter Ausdruck unserer Erdennot das Bekenntnis, welches ein Gemeiner der Zeit vor dem Generalstabschef ablegt: Dieser Krieg habe „den Menschen aus einsiedlerischer Beschaulichkeit oder Armut erlöst", je nachdem. Fürwahr, Worthändler waren Trappisten, ehe er begann, und Börseaner waren Bettler! Aller Orte und Meere, zu Land und Luft stirbt es sich wohl für den Aufschwung jener, die ihr Leben nicht nur gerettet, sondern auch bezahlt haben wollen, Söldner fremden Blutes, die sich in Nachrufen, für welche sie noch honoriert werden, neidlos durch die Anerkennung der „Helden" revanchieren. Denn zu Hause ist das Talent und draußen „das schlichte und lächelnde Heldentum": So sind die Gaben und Berufe verteilt. Wie nun die, welche im Granatenfeuer gelegen sind, es tatsächlich hinnehmen, dass ihnen einer, der ein dreckiges Saisonstück daraus macht, das schlichte und lächelnde Heldentum attestiert, das weiß ich nicht. Wohl aber wünsche ich: Das Heldentum, dem es zu Gesicht oder Geruch kommt, sollte nicht mehr lächeln. Nicht in eine Lache ausbrechen. Nicht schelten, nicht fluchen. Sondern es sollte, um nicht wahnsinnig zu werden vor Schmerz über diese Hinterbliebenen, heimgekehrt alle Waffen zusammenraffen, die ihm das Ingenium der Zeit beigebracht hat, und den heiligen Krieg erst beginnen! Mit dankerfüllter und staunender Ergriffenheit dieser Bewegung, dieser Erhebung, dieser Vergeltung folgend, will ich ihrem Generalstabschef mein Werk widmen. Oder er selbst sein!

Gruss an Bahr und Hofmannsthal

Mai 1916

Gruss an Hofmannsthal

Ich weiß nur, dass Sie in Waffen sind, lieber Hugo, doch niemand kann mir sagen, wo. So will ich Ihnen durch die Zeitung schreiben. Vielleicht weht's der liebe Wind an Ihr Wachtfeuer und grüßt Sie schön von mir.

Mir fällt ein, dass wir uns eigentlich niemals näher waren, als da Sie Ihr Jahr bei den Dragonern machten. Erinnern Sie sich noch? Sie holten mich gern abends ab und wir gingen zusammen und ich weiß noch, wie seltsam es mir oft war, wenn wir im Gespräch immer höher in die Höhe stiegen, über alle Höhen uns verstiegen, und dann mein Blick, zurückkehrend, wieder auf Ihre Uniform fiel; sie passte nicht recht zu den gar nicht uniformen Gedanken. Im Oktober werden's zwanzig Jahre! Seitdem ist man „berühmt" geworden, es hat uns an nichts gefehlt, aber wer wagt zu sagen, dass diese zwanzig Jahre gut für uns waren? Wie sind sie jetzt plötzlich so blass geworden in diesem heiligen Augenblick! Es war eine Zeit der Trennung, der Entfernung, der Vereinsamung; jeder ging vom anderen weg, jeder stand für sich, nur für sich allein, da froren wir. Jetzt hat es uns wieder zusammengeblasen, alle stehen füreinander, da haben wir warm. Jeder Deutsche, daheim oder im Feld, trägt jetzt die Uniform. Das ist das ungeheure Glück dieses Augenblicks. Mög es uns Gott erhalten!

Und nun ist auf einmal auch alles weg, was uns zur Seite trieb. Nun sind wir alle wieder auf der einen großen deutschen Straße. Es ist der alte Weg, den schon das Nibelungenlied ging, und Minnesang und Meistergesang, unsere Mystik und unser deutsches Barock, Klopstock und Herder, Goethe und Schiller, Kant und Fichte, Bach, Beethoven und Wagner. Dann aber hatten wir uns vergangen, auf manchem Pfad ins Verzwickte. Jetzt hat uns das große Schicksal wieder auf den rechten Weg gebracht. Das wollen wir uns aber verdienen.

Glückauf, lieber Leutnant. Ich weiß, Sie sind froh. Sie fühlen das Glück, dabei zu sein. Es gibt kein größeres.

Und das wollen wir uns jetzt merken für alle Zeit: Es gilt, dabei zu sein. Und wollen dafür sorgen, dass wir hinfort immer etwas haben sollen, wobei man sein kann. Dann wären wir am Ziel des deutschen Wegs, und Minnesang und Meistersang, Herr Walther von der Vogelweide und Hans Sachs, Eckhart und Tauler, Mystik und Barock, Klopstock und Herder, Goethe und Schiller, Kant und Fichte, Beethoven und Wagner wären dann erfüllt. Und das hat unserem armen Geschlecht der große Gott beschert!

Nun müsst ihr aber doch bald in Warschau sein! Da gehen Sie nur gleich auf unser Konsulat und fragen nach, ob der österreichisch-ungarische Generalkonsul noch dort ist: Leopold Andrian. Das ist nun auch gerade zwanzig Jahre her, dass Andrian den „Garten der Erkenntnis" schrieb, diese stärkste Verheißung. Er wird sie schon noch halten, mir ist nicht bang: ein Buch mit zwanzig, eins mit vierzig, eins mit sechzig Jahren, weiter nichts, in jedem aber volle zwanzig Jahre drin, dann wird er der Dichter der drei Bücher sein, das ist auch ganz genug. Und wenn ihr so vergnügt beisammen seid, und während draußen die Trommeln schlagen, der Poldi durchs Zimmer stapft und mit seiner heißen dunklen Stimme Baudelaire deklamiert, vergesst mich nicht, ich denk an euch!

Es geht euch ja so gut, und es muss einem ja da doch auch schrecklich viel einfallen, nicht?

Auf Wiedersehen!

Bayreuth, 16. August 1914.

Hermann Bahr.

Heute kann's ja doch endlich zugestellt und ohne Verletzung des Briefgeheimnisses verbreitet werden. Heute muss ja der Humor dieser brieflichen Feuertaufe von durchschlagendem Effekt sein. Denn damals, als das Grauen noch eine Sensation war und man noch aufhorchte, wenn Mörser losgingen, ist die Wirkung verpufft. Und doch war dieses Schreiben des damals national, jetzt katholisch spekulierenden Literaturfilous, das ihn zugleich von der Seite jener Dummheit zeigte, die das aussichtsvollste Geschäft verderben kann – und doch war es damals, ernsthaft, in den Zeitungen veröffentlicht, bei uns und in Berlin, und wurde von dem Meister noch in ein Buch, das er „Kriegssegen" nannte, aufgenommen. Das Glück, dabei zu sein, wurde von diesem Hermann

Bahr allerdings zu einer Zeit empfunden, wo die Kriegsleistungspflicht noch nicht auf die 50- bis 55-jährigen ausgedehnt war. Aber schließlich, wer hätte denn je gefürchtet, dass man auf Herrn Bahrs Dienste reflektieren würde, solange die Charge eines Kriegshanswurstes eine freiwillige und noch nicht systemisiert ist? Er ist darum noch kein Soldat, weil er den Kriegsausbruch einen „heiligen Augenblick" nennt, wie er darum noch kein Heiliger ist, weil er einen katholischen Roman geschrieben und ihn „Himmelfahrt" genannt hat. Es handelt sich indes nicht um sein Wohl und Wehe, von dem man überzeugt sein kann, dass er es in den Dienst jeder guten Sache stellen würde, die gerade aktuell ist, da er ja überall unabkömmlich ist und nie daran dächte, sich anders als auf die bisherige Art reklamieren zu lassen. Es handelt sich vielmehr um die Einziehung des Herrn v. Hofmannsthal in die kriegerische Sphäre, die hier auf eine in der Geschichte der Mobilisierungen noch nicht erhörte Weise besorgt wird. Was die Verhältnisse der Wirklichkeit anlangt, in der Herr v. Hofmannsthal lebt und in der er, wenn schon nicht mit seinem Ruhme, so doch mit seiner Gesundheit den Weltkrieg überleben wird, so lässt sich nur sagen, dass es keine privatere Angelegenheit auf dieser blutigen Erde geben könnte als die Frage, ob einer mit größerer oder geringerer Begeisterung dabei ist, wo er dabei sein muss; dass es die letzte Privatangelegenheit ist, die der heutige Mensch hat; und dass es höchstens Sache des Staates, nie aber des Mitmenschen sein darf, der Kreatur den ungestörten Genuss des Erdenglücks zu missgönnen. Aber die völlige Schamlosigkeit, mit der in diesem Fall auf publizistischem Wege die Gewissheit verbreitet wurde, dass der Herr von Hofmannsthal „in Waffen" sei und irgendwo – wer weiß wo – an einem Wachtfeuer sitze, an das der „Wind" den Gruß des Altmeisters, des daheim sitzenden, leider nicht mehr mitkönnenden, wehen möge – bitte, wehen möge! – nur dieser übertriebene Optimismus fordert zu der tatsächlichen Feststellung heraus, dass selbst im Krieg, der bekanntlich Krieg ist, auf die postalischen Verbindungen mehr Verlass ist als auf den Wind. Denn die Post kann, wenn es ihr auch noch so schwer gemacht wird, immerhin findig sein, während der Wind ein von Natur schwanker Geselle ist, ehrgeizlos und ein Blatt öfter auf einen Misthaufen wehend, als Mist zu einem Wachtfeuer, an dem ein vaterländischer Dichter, wenn er gerade nichts zu singen und zu sagen hat, der Lieben in der Heimat gedenkt, welche jetzt Briefe an ihn schreiben mögen, die ihn nicht erreichen. Aber auf die Post kann man, wenn sich nicht die Zensur ins Mittel legt,

Häuser bauen, die sie dann eins nach dem andern abläuft, bis sie den Adressaten gefunden hat, und der Briefträger hätte dem Herrn Bahr, der sich einmal beklagt hat, dass ihm die Briefe der Cosima Wagner nicht zugestellt werden, während die von Gabor Steiner ankamen, triumphierend beweisen können, dass er den Leutnant Hofmannsthal gefunden habe, gleich beim Ausbruch des Weltkriegs und die ganze große Zeit hindurch, an einem Wachtfeuer, das im Kriegsfürsorgeamt brennt und wo die Meinung des Herrn Bahr, dass man dort warm habe und alle füreinander stehen, durchaus zutrifft. Wer weiß wo: ehedem der schwermütige Refrain eines Soldatenliedes, ist in diesem Fall nicht einmal ein Postvermerk, da es sich keineswegs um die Feldpost handelt, deren Arbeit selbst bei zustellbaren Briefen immerhin durch die Truppenbewegungen erschwert wird. Denn es ist einfach nicht wahr, dass es je eine Zeit gab, und wäre sie noch so groß gewesen, da niemand sagen konnte, wo Herr v. Hofmannsthal, und hätte er selbst in Waffen gestarrt, sich aufhalte. Er hat vor zwanzig Jahren als Dragoner Herrn Bahr begleitet; er wäre, da er in solcher Eigenschaft den Weltkrieg keineswegs begleitet hat, von Herrn Bahr zu finden gewesen. Diesem ist nur eingefallen, „dass sie sich eigentlich niemals näher waren" als damals. Aber es hätte ihm eigentlich einfallen können, dass sie sich jetzt noch näher sind. Zum Beispiel dem Setzer, der diesen meinen Gruß gesetzt hat, ist es gleich beim Anblick des Bahr'schen Grußes, wiewohl der ihm schon gedruckt vorlag, eingefallen, und er hat die Stelle, wo es von jenen zwanzig Jahren heißt, dass „sie" so blass geworden seien, irrtümlich für einen Druckfehler gehalten und richtig so gesetzt: „Wie sind Sie jetzt plötzlich so blass geworden in diesem heiligen Augenblick!" Und er hat ein Übriges getan: Er hat die Stelle, wo Herr Bahr von dem Glück, dabei zu sein, spricht, von dem ungeheuren Glück des Augenblicks: „Mög es uns Gott erhalten!", er hat auch diese für einen Druckfehler angesehen und als ein gründlicher Kenner der wahren Seelenbeschaffenheit der beiden Herren die Worte hingesetzt: „Möge uns Gott erhalten!" Warum auch nicht? Es hat ja den beiden Herren durch all die zwanzig Jahre „an nichts gefehlt", sie hatten sich so viel verdient, nun wollen sie sich auch noch das Glück des Augenblicks verdienen und einen Schluss auf Heroismus machen, wenn die Geschäftsspesen nicht allzu groß sind. Gott möge sie erhalten. Gott weiß, wie es der Setzer weiß, wie es der Briefträger und alle Welt weiß: wo Herr v. Hofmannsthal jenes Glück, von dem Herr Bahr behauptet, dass es kein größeres gibt, tatsächlich erlebt hat. Nur Herr v.

Hofmannsthal selbst hat gezögert, es zu sagen; und da er die Bescheidenheit hatte, den offenen Brief des Mentors nicht auf der Stelle offen zu
beantworten und nicht in jenen Zeitungen, die ihn gedruckt hatten, zu
erklären, er sei zwar noch nicht in Warschau, werde aber in Wien bleiben, weil er nicht mehr in Rodaun sein könne – so ist es erlaubt, an seiner Statt nachträglich die Berichtigung vorzunehmen. Dem rapiden
Sturmlauf der Entwicklung vom Nibelungenlied über Herrn Walther
von der Vogelweide, Mystik und Barock, Klopstock, Kant, Schiller,
Beethoven bis zu der Erwartung: „Nun müsst ihr aber doch bald in Warschau sein!“, will ich mich dabei nicht hinderlich in den Weg stellen, da
ja der Weg zweifellos der „rechte“ ist. Indes, der Aufgeber des verloren
gegangenen, aber viel gelesenen Briefes, der Autor dieses von der eigenen Windigkeit verwehten Bekenntnisses, dürfte längst wissen, dass am
16. August 1914 oder in den folgenden Tagen die Österreicher im Allgemeinen noch nicht in Warschau waren, dass speziell aber der Leutnant
Hofmannsthal überhaupt nie so weit vorgedrungen ist, wenn ihm nicht
etwa nach der Einnahme dieser Festung Gelegenheit geboten war, mit
Liebesgabenpaketen oder in sonst einer honorigen Mission des Kriegs-
fürsorgeamtes dortselbst zu erscheinen. Was nun vollends die andere
Erwartung des Herrn Bahr anlangt, Hofmannsthal werde, sobald er mit
der österreichischen Armee seinen Einzug in Warschau halte, die Gelegenheit benützen, den dortigen österreichischen Generalkonsul aufzu-
suchen, so gehört sie so sehr in den Bereich jener Vorstellungen, die der
kleine Moriz vom Kriege hat und die keineswegs zu verwechseln sind
mit den Vorstellungen des großen Moriz[36], die wir tagtäglich im Leitartikel mitmachen, dass man sich wundern muss, wie die Setzer, die es das
erste Mal zum Druck brachten, die Setzer des Herrn Bahr, doch zweifellos von Gelächter geschüttelt, keinen Missgriff gemacht haben. Ich habe,
wie schon erwähnt, die meinen vor Ausschreitungen bewahren müssen.
Denn mit den Setzern ist nicht zu spaßen, wenn sie einmal etwas Spa-
ßiges in die Arbeit kriegen; da ist ihnen kein Augenblick heilig. Dass
aber die Leser, ergriffen von dem Vorbild der Treue im Hinterland, wo
auch der alternde Dichter seiner Lieben im Felde gedenkt, nicht gelacht
haben, ist begreiflich. Was könnte man ihnen, die zu jedem vaterländischen Opfer des Intellekts bereit sind, in einem heiligen Augenblick
nicht alles zumuten! Herr Bahr aber, der ja auch damals schon mehr als

---

36   Anspielung auf Moriz Benedikt, den Herausgeber der „Neuen Freien Presse“.

50 Jahre alt war, also in einem Alter stand, das ihn zum Waffendienst wie zum Ammenmärchen in gleicher Weise untauglich macht, war ernstlich der Meinung, dass der müde Sieger Hofmannsthal gleich beim Einmarsch und ehe er sich noch im Hotel die Hände vom Blut gereinigt hat, aufs Konsulat gehen werde, das an einem Tage, wo österreichische Truppen einziehen, natürlich noch nach zwei Uhr offen hat, und dort fragen werde, ob der Poldi, nämlich der Generalkonsul, da sei oder zufällig außer Haus. Denn es versteht sich von selbst, dass ein österreichischer Generalkonsul in einer russischen Festung bei Ausbruch eines Krieges nicht davonläuft, sich aber andererseits auch nicht fangen lässt, sondern auf seinem Posten ausharrt, bis die braven Österreicher kommen, die Eigenen, zu deren Empfang er natürlich anwesend ist, nicht etwa nur aus Gründen der Repräsentation, sondern auch, um den einziehenden Truppen das im Krieg notwendige Pass-Visum zu erteilen. Fragt sich höchstens, ob noch der Poldi – Herr Bahr scheint darüber nicht informiert – das Amt hat, das er vielleicht schon an den Rudi abgetreten hat, während er selbst in Moskau amtiert, wo er vorläufig noch auf die österreichische Armee warten muss. Vielleicht ist aber der Poldi noch in Warschau. Wenn ja, wird er zweifellos zur Feier des Tages, „und während draußen die Trommeln schlagen", nicht nur in vergnügtem Beisammensein mit seinem Gast aus Wien, mit dem Hugerl, des gemeinsamen Gönners in der Heimat gedenken, sondern auch, durchs Konsulat stapfend, Baudelaire deklamieren, wie einst im Mai. Beiden aber, dem Generalkonsul und dem Eroberer Warschaus wird „schrecklich viel einfallen", mehr noch als dem Bahr, dem es die Zeitungen in Wien und Berlin gedruckt haben. Nein, die Druckereien sind nicht geborsten vor Heiterkeit, denn sie waren sich der Wichtigkeit ihrer Mission bewusst, die sonst unbestellbare Botschaft an Leutnant Hofmannsthal weiterzugeben, der am Wachtfeuer wohl selten einen Brief, aber immer pünktlich seine Zeitung bekommt. Sie sind ja dazu da, den Wind zu machen statt des Windes, wiewohl selbst sie nicht verhindern können, dass, wenn künftig einmal ein rechtschaffener Wind Mist heranwehen sollte, ich glauben werde, es sei ein schöner Gruß vom Hermann Bahr … Nun müsste man allerdings meinen, dass ein Mensch, dem das aus der Feder geflossen ist, auf Lebenszeit verhindert wäre, eine „Himmelfahrt" mit Erfolg auf den Markt zu bringen, weil es ja doch unmöglich sei, dass sich die Leser je noch von einem solchen Salzburger etwas erzählen lassen werden. Denn wenn es bekannt ist, dass es keine hypertrophischeren Formen in der

Welt der Erscheinungen geben kann als einen Christen, der ein Schmock, und einen Juden, der dumm ist, so könnte eine Verbindung dieser verschiedenen Eigenschaften und Zustände nicht eben das Ragout sein, das die Feinschmecker in der Belletristik vertragen. Aber was vertragen sie nicht! Wenn sich ein Herrgottsschwindler in einem Feldpostbrief, den er in Wien durch einen Dienstmann abgeben könnte, nur auf Eckhart und Tauler beruft, so glauben sie ihm sogar die Mystik; und wenn ein ausgewitzter Literaturschieber von einem heiligen Augenblick sprach und sich als sterbender Attinghausen noch einmal aufrichtete, um den Krieg zu segnen und die beiden Jünger, die an ihm auf so exponiertem Posten teilnehmen, mit der Bitte zu entlassen, ihn, während sie Baudelaire singend in den Tod ziehen, nicht zu vergessen, da stand wohl in manchem Auge eine Träne. Hätten wir unberufen die Einbildungskraft des größten Moriz, so „möchten wir uns das Gesicht des Herrn Hofmannsthal vorstellen", wenn er dem alten Mystiker zum ersten Mal wieder auf einem Jour bei Schlesingers begegnet und wenn der die Frage stellt, wie sich das damals in Warschau gemacht habe. Aber die beiden Herren, der Grüßer und der Gegrüßte, müssen sich irgendwie auf den Schlachtenruhm geeinigt haben, denn das Buch, in dem der Brief steht, ist im Handel geblieben und gewiss sind sie einverständlich zu dem Entschluss gekommen, es in dieser großen Zeit nicht einstampfen zu lassen. Mindestens ist nicht bekannt geworden, dass Herr v. Hofmannsthal aus Wien einen Feldpostbrief nach Salzburg, das doch immerhin zum weiteren Kriegsgebiet gehört, geschrieben hat, des Inhalts: „Lieber Bahr, machen Sie sich meinetwegen keine Sorgen. Weit entfernt, in Warschau zu sein, bin ich in Wien, ich bin gesund und arbeite an einem ‚Prinzen Eugen'. Ob ich das Glück fühle, dabei zu sein? Ob ich es fühle! ‚Ich weiß, Sie sind froh', schreiben Sie. Wie Sie das erraten haben, Sie Kenner. Ob ich froh bin! Mir fällt schrecklich viel ein, zum Beispiel, dass wir uns eigentlich niemals näher waren als jetzt. Ich meine das nicht im lokalen Sinne, denn Sie sind in Salzburg; sondern im Punkt der Gesinnung. Sie können sich noch erinnern, wie ich Dragoner war. Sehen Sie, es ist das Einzige, was ich ganz vergessen hatte. Ja, Sie haben recht. Wie sagt doch Baudelaire: Was wir vor zwanzig Jahr'n für zwei Hallodri war'n! Sonst hat sich wenig verändert. Was den Poldi anlangt, an dessen Stimme Sie sich seit damals dunkel erinnern, so kann ich Ihnen mitteilen, dass auch bei ihm sich wenig verändert hat, es wäre denn, dass die Umstände schon zu der Zeit, wo ich nicht vor Warschau stand, ihn verhindert haben, dort Generalkonsul zu sein. Ich hätte ihn also nicht getroffen; gut, dass ich nicht dort war. Das Buch, das er mit vierzig Jahren hätte schreiben sollen, ist noch nicht erschienen, und zu dem mit sechzig, sagt er, hat er noch Zeit. Tatsächlich aber hat er neulich, während draußen die Burgmusik spielte, Baudelaire deklamiert, um Ihre Illusionen, Sie lieber Fantast, nicht ganz zu enttäuschen. Er hat durchgehalten. Die Zeit ist ernst, die Stimmung zuversichtlich. In diesem Sinne grüße ich Sie." So ungefähr hätte Herr v. Hofmannsthal sich aussprechen sollen, ohne gezwungen zu sein, auch nur anzudeuten, dass er im Krieg eine Tätigkeit ausübe, mit der verglichen die im Kriegsarchiv auf der Mariahilferstraße gefahrvoll ist, von den Helden der Kriegsberichterstattung nicht zu reden, die doch oft den Rauch der Kaffeehäuser im engeren Kriegsgebiet zu schlucken kriegen, und ganz zu schweigen von manch einer draufgängerischen Kollegin, die eben dort, wo Männer auf Eroberungen ausgehen, am liebsten auch die Hände nicht in den Schoß gelegt hätte.[37] Die Dienstleistung aber, die Herr v. Hofmannsthal erwählt hat, bietet dafür den Vorteil, dass sie den Funktionär in einem angenehmen Inkognito erhält, dem zwar kein Lorbeer blüht, das aber den Glauben, er stehe vor Warschau, weder hervorruft noch ausdrücklich in Abrede stellt. Hätte Herr v. Hofmannsthal der Gnade des Schicksals oder wie die Protektion heißen mag, die ihn unsichtbar gemacht hat, sich durch den Vorsatz würdig gezeigt, auf Kriegsdauer auch unhörbar zu sein, so hätte ich gern davon Abstand genommen, die Verlegenheit, in die ihn der taktlose Gruß des Herrn Bahr gebracht hat, zu vergrößern. Niemand hätte ihm vorgeworfen, dass er, der doch einst als Dragoner sein Jahr an der Seite des Bahr absolviert hat, das Glück, dabei zu sein, in einer ziemlich versteckten Filiale des Kriegs verspiele. Er hätte nichts zu tun gebraucht, als den gewagten Ausspruch, mit dem er seine „Österreichische Bibliothek" eingeleitet hat: „Es ist etwas Stummes um Österreich", für seine Person wahr zu machen. Er hätte nichts zu tun gehabt, als zu schweigen, in einer Zeit, in der manche „nichtgediente" Kollegen, die zum Wort eine, wenn auch nicht so erlesene, so doch tiefere Beziehung haben als er, es der Tat, zu der sie nicht geboren wurden, opfern mussten! In dem Augenblick, als er Musenalmanache auf das Jahr 1916 herausgab, schwarz-gelbe Büchel aussteckte und die unleugbare Popularität des Prinz-Eugen-Marsches für literarische Zwecke zu fruktifizieren

---

37   Anspielung auf die Kriegsberichterstatterin Alice Schalek; s. S. 473–475.

begann, war jede Diskretion über die weite Entfernung, in der sich seine einwandfreie Gesinnung von dem ihr angemessenen Schauplatz aufhält, überflüssig. In dem Augenblick, als er hervortrat, war es klar, dass er nicht in Warschau sei. Er musste es nicht mehr dementieren. Er konnte die Theaternotizen, in denen von seinem Abmarsch an die Front berichtet wurde, unwidersprochen lassen. Er konnte die Ehre, die ihm durch das Manifest des Bahr angetan wurde, auf sich sitzen lassen! Jeder wusste es und konnte ihm ins Gesicht sagen, dass er in Wien sei, und an diesem Zustand ist nichts unstatthaft als der volle Mund einer Kriegsfürsorge, die anderen den Krieg besorgen möchte und sich selbst mit der Literatur zufrieden gibt. Denn da möchte ich doch bitten: Wenn einer bei Kriegsausbruch im Vorzimmer einer Wohltätigkeitsanstalt gesehen wurde, von des Gedankens Blässe angekränkelt, wenn einer in einem heiligen Augenblick so verfallen aussah, wie zwanzig Jahre in der Erinnerung, so hat er auf Kriegsdauer jede Annäherung an den Prinzen Eugen zu unterlassen; wiewohl dieser auch wenig Freude an dem Weltkrieg gehabt hätte, aber selbst heute und trotz dem Bündnis mit der Türkei das mit der Brucken nicht so gemeint hätte, dass man könnt hinüberrucken ins Kriegsfürsorgeamt! Es ist unwürdig, sich von einem Professionsgrüßer ein „Glückauf, lieber Leutnant" zurufen zu lassen, wenn man bei sich selbst weiß und sich jeden Tag davon überzeugen kann, dass man das Glück hat, hinauf in ein Büro gekommen zu sein. Man hat den Zuruf „Ich weiß, Sie sind froh", in solcher Lage mit einem lauten und vernehmlichen Ja zu quittieren, ganz als stünde man vor einem andern Altar als dem des Vaterlandes. Niemand hat von Leuten wie Bahr und Hofmannsthal Bravourstückeln in den Dolomiten erwartet; von Hofmannsthal nicht, weil er dazu zu gut erzogen ist, und vom Bahr nicht, wiewohl der Alterston des Abschiednehmers, der zwar nicht mehr mittun kann, aber von der rüstigen Jugend nicht vergessen werden will, keineswegs darüber hinwegtäuschen darf, dass die Biederkeit auch waffenfähig ist und dass schon ältere Älpler in diesem Krieg losgegangen sind. Item; man war nie so herzlos, die Namen der beiden Herren in einer Verlustliste zu vermissen – obgleich sie schon manch wertvollere, wortärmere Menschen angeführt hat und wenige, von deren Fortleben sich eine ungünstigere kulturelle Wendung befürchten ließ. Aber der Übermut, der, nicht zufrieden, dass das Glück des Augenblicks lebenslänglich erstreckt wird, noch täglich in der traurigen Gewinnliste des Hinterlands figurieren will, ist wahrlich die lästige Kehrseite des Mutes, der einem erlassen wird. Herr Hofmannsthal hatte erst zu dementieren und dann ein Patriot zu sein! Oder zu schweigen und dann auch, solange der Krieg dauert, keine Musik dazu zu machen! Wenn er nicht bis Warschau gekommen ist, so hatte er auch nicht nach Berlin zu gehen und dort nebst einigen anerkennenden Worten für „Hindenburgs Siegeszug nach Warschau" eine Rede über den Krieg gegen Italien als „unseren Krieg" zu halten und durch solche Wendungen den schon ganz konfusen Bahr in Versuchung zu bringen, bei ihm anzufragen, ob er nun bald in Venedig sein werde, nämlich am Lido, wo Bahr selbst schon in den buntesten Uniformen Aufsehen erregt hat. Aber niemand hat dem Herrn v. Hofmannsthal, den der Treubruch Italiens einen Dreck angeht – privat mag er ihn schmerzen, weil er ihn verhindert, Goethes dritte italienische Reise zu machen –, niemand hat ihm außer dem Kriegsfürsorgeamt noch das Amt gegeben, die Nation zu vertreten. Er mag ja, was nicht schwer ist, eine ehrlichere Haut sein als der d'Annunzio, aber es ist kompletter Größenwahn, der ihn in die künstlerische wie politische Rivalität treibt, denn abgesehen davon, dass er mit dem bisschen ästhetischen Kram in Österreich weit weniger Staat machen kann als jener mit seiner melodischen Fülle in Italien, wird doch d'Annunzio aus diesem Krieg mit etwas geschwächter Sehkraft hervorgehen, während Herr Hofmannsthal schon heute mit zwei blauen Augen davongekommen ist. Wenn einer, statt vor Warschau zu stehen, im Kriegsfürsorgeamt sitzt, statt in Venedig einen Bombenerfolg zu haben, auf dem Podium der Berliner Singakademie steht und statt in Belgrad einzurücken, im Verlag der ‚Muskete' einen Prinzen Eugen mit Bildern herausgibt, dann hat selbst einer, der sonst der Letzte wäre, aus jenen Unterlassungen jemand einen Strick zu drehen, das Recht, sie festzustellen. Der alte Weg, den schon das Nibelungenlied ging, ist jener gerade nicht, den der Herr Hofmannsthal gegangen ist, aber sicher hat der alte Mentor recht, wenn er bezweifelt, ob diese zwanzig Jahre, die so blass wurden, als sollten sie gehalten werden, gut für uns waren. Was sein Telemach – „griechisch: Telemachos, der aus der Ferne Kämpfende" – getan hat, entspricht höchstens der Sorge, „immer etwas zu haben, wobei man sein kann", oder wo man dabei sein kann. Gewiss, man soll ihm nicht vorwerfen, dass er die große Zeit nur mit dem Erlebnis der Bündnistreue hingebracht hat und damit, andere patriotisch zu ermuntern: Er war wie bei manchem harten Strauß auch wieder bei jenem beteiligt, dem er die Libretti liefert, und er hat die Gelegenheit nicht vorübergehen lassen, zu

Ehren Shakespeares ein intellektuelles Feuerwerk abzubrennen, bei dem
die Einfälle knallten, ehe sie leuchteten, und durch den Widerspruch,
mit dem sie aufeinander losplatzten, einiges Aufsehen entstand. Er
sprach davon, dass die „heutige Zeit keinen tieferen Drang kenne, als
über sich selber hinauszukommen" – Glückauf! – und wenn Shakespeare bisher der Geist war, der alles sagt, „was in Momenten ungeheurer
Ereignisse sich in den Herzen der Menschen verbirgt, was ein Gemüt
ängstlich versteckt", so werde „einem anderen Geschlechte ein stummer
Shakespeare entgegentreten". Shakespeare hätte das Gemütsleben einer
Zeit, an der nichts ungeheuer ist als der Kontrast von ängstlich versteckten Gedanken und angemaßten Taten, wohl zur Gestalt gebracht; aber
was uns vorderhand genügen würde, ist nicht so sehr die Erwartung
eines stummen Shakespeare, als die Vermeidung eines lauten Hofmannsthal. Denn eben dieser ist eines der hervorragendsten Beispiele
aus der Armee von Literaten, die zur Verherrlichung von Ereignissen
ausgesendet wurden, welche sie um keinen Preis erleben möchten, und
denen im Krieg „schrecklich viel eingefallen" ist. Sein ganzer Ruhm, der
immer auf so schwachen Beinen stand, dass er nun vollends militärtauglich wurde, ist ihm dabei eingefallen. Der Krieg hat durch die Anziehung, die er auf die schwerpunktlosen Gehirne, auf das Scheinmen-
schentum, auf die dekorationsfähige Leere ausgeübt hat, Unwerte
vernichtet und sich wenigstens darin von seiner positiven Seite gezeigt.
Herr Hofmannsthal, der vom Vaterland erwartet, dass es ihn nicht rufe,
wenn er von Schlachtenruhm träumt, aber wenn er erwacht, ihm Grill-
parzers Ehren erweise, er, der nie mehr war als ein tauglicher Übersetzer
fremder Werte oder ihr kunstgebildeter Vertreter, nie mehr als der gefällige Platzhalter eines vor ihm gegebenen Niveaus, auf dem sich die Natur
unwohl gefühlt hat, dieser Hugo Hofmannsthal ist wie kaum einer aus
der Schar geistiger Flüchtlinge um sein bisschen Besitzstand gebracht.
Österreich irrt wie immer, wenn es in einem, der heute eben noch die
Geschicklichkeit hat, sich mit den Landesfarben zu schminken, seinen
geistigen Vertreter sieht. Es müsste ihm die Lizenz entziehen, das Wort
in vaterländischer Sache mit mehr Anspruch auf Glaubhaftigkeit zu
führen als ein beliebiger Journalist, und ihn endgültig in die Redaktion
verweisen, aus der Sphäre der Wohltat, wo an Literaten Kriegsfürsorge
geübt wird, in einen jener dunkeln Privatbetriebe, wo Worte unerlebten
Gesinnungen dienen müssen. Schon damit Herr Bahr, dessen Wehrfähigkeit trotz der Musterung, der er sich am Lido freiwillig unterzog,

nicht mehr in Anspruch genommen wird und dessen nationale Bestrebungen weniger die politische Arena als die eines Zirkus verlangen –
schon damit er wisse, wo er ihn und Seinesgleichen zu finden hat, ihn
nicht vergebens am Wachtfeuer suche und dort auch nicht vermisse!

DAS ÜBERVOLLE HAUS JUBELTE
DEN HELDEN BEGEISTERT ZU, DIE
STRAMM SALUTIEREND DANKTEN

Juni 1916 konfisziert; erschienen Oktober 1917

Bürgertheater. Den Witwen und Waisen der Helden von Uszieczko
galt der heutige Abend im Bürgertheater. Die Ersatzeskadron des k. u.
k. Dragonerregiments Kaiser Nr. 11 (Oberleutnant Baron Rohn) hat für
die Witwen und Waisen der bei Uszieczko gefallenen Kameraden eine
Festvorstellung veranstaltet. In aller Erinnerung ist das ruhmvolle Hel-
denstück der Kaiserdragoner vor der Brückenschanze am Dnjestr. Gegen zahllose Stürme haben sie den vorgeschobenen Posten gehalten, der
vielfachen Übermacht getrotzt, bis nach monatelangem heißen Streiten
die Massen der Feinde die zu einem Trümmerhaufen gewordene Schanze endlich bezwingen konnten. Mitten durch die feindlichen
Reihen bahnte sich das übrig gebliebene Häuflein der Kaiserdragoner, von seinem Kommandanten Oberst Planckh geführt, dennoch den Weg zu den Unsrigen. Die Tapferen von Uszieczko grüßte heute das Wiener Publikum auf der Bühne des
Bürgertheaters und brachte ihnen eine stürmische Huldigung dar. Dieser schöne Gedanke, die Helden von Uszieczko
zu feiern, lag dem szenischen Vorspiel zugrunde, das die feinsinnige
heimische Dichterin Irma v. Höfer für diesen Anlass verfasst
hat. Sie hat die Örtlichkeit der heißen Kämpfe zum Schauplatz der Szene
gemacht, und Maler Ferdinand Moser hat die Landschaft am Dnjestr
mit glücklicher Hand auf die Bühne gezaubert. Vor der Schanze,
hinter der sich im Dämmerlichte des Mondes der Dnjestr wie ein Sil-
berfaden hinzieht, sind die Kaiserdragoner gelagert, und die

heute die Bühne belebten, standen noch vor Kurzem im fürchterlichen Ringen am Dnjestr. Die meisten von ihnen trugen die wohlverdienten Auszeichnungen. Hofburgschauspieler Skoda interpretierte in der Uniform eines Dragoneroffiziers den gehaltvollen und fesselnden Prolog von Irma v. Höfer. Er erzählt von dem Ruhme der Kaiserdragoner, von den Heldentaten der „Elfer", von dem Ausharren in allen Angriffen, ist von zündender Begeisterung und tiefem Empfinden erfüllt. Während der Kaiserdragoner im Morgengrauen den Überfall des Feindes erwartet, denkt er an sein Heim, an Mutter, Gattin und Kinder, streichelt und küsst die letzte Postkarte von den Lieben und geht darauf vor den Feind. Das Vorspiel von Irma v. Höfer ist eine poetische, formschöne Darstellung der letzten Heldentat der Kaiserdragoner und gibt in großen Umrissen die Geschichte des ruhmvollen Regiments. Nach der glutvollen Ansprache des Offiziers, die Herr Skoda mit rhetorischem Schwung und pathetischer Steigerung hinreißend vortrug, wurde das neue Regimentslied von Rittmeister Zamorsky, einem Helden von Uszieczko, mit dem anfeuernden Text von Frau Rittmeister Elma Perovic gesungen. Dann zogen die Gestalten der Führer und Inhaber des berühmten Regiments vorüber, des Obersten Heißler, Prinz Eugen, Radetzky und schließlich unseres Kaisers. Der Regimentstrompeter blies „Zum Gebet!" Die Soldaten auf der Bühne knieten nieder und stimmten die Volkshymne an, in deren Töne das Publikum, in dem man außer den höchsten militärischen Kreisen auch die Spitzen der Zivilbehörden und die Vertreter der vorne hmsten Gesellschaft bemerkte, einfiel. Rauschender Beifall folgte diesem Vorspiel der Frau v. Höfer, welche die Ereignisse der jüngsten Tage mit lebender Kraft und greifbarer Plastik auf die Bühne gebracht hat. Dann musste der Vorhang des Öfteren in die Höhe gehen und das übervolle Haus jubelte den Helden begeistert zu, die stramm salutierend dankten. Irma v. Höfer war Gegenstand rauschender Ovationen und es wurde von vielen Seiten der Wunsch laut, dass die Dichtung durch weitere Aufführungen breiteren Schichten zugänglich gemacht werde. Dem szenischen Prolog folgte die Aufführung von Eyslers „Der Frauenfresser" mit Fritz Werner und Betty Myra in ihren bekannten Glanzrollen...

Das hat sich am 28. April 1916 in Wien zugetragen. Gebt den Tag zurück; es kann nicht wahr sein! Es muss meine Erfindung sein, meine Übertreibung, mein unseliger Hang, überall Spitzen zu sehen und die Luftlinie zu ziehen zwischen Aufgang und Niedergang. Es kann nicht sein. Es stand als Vision des Entsetzlichsten, das im Kopfsturz der Menschenwürde dieser Zeit vorbehalten wäre, vor meinem Aug – es kann nicht leibhaftig worden sein! Will's noch so tief hinunter, es kann nicht, weil auch das Chaos sein Reglement hat. Gebt den Tag zurück, es ist nicht wahr! Blutig ist der Ernst, bleiern die Langeweile dieser toten Saison. Aber dass Übriggebliebene durch die feindlichen Reihen sich den Weg zu den Unsrigen gebahnt haben, zu jenen furchtbaren Parkettreihen der Unsrigen, der Übriggebliebenen; dass sie sich durchgeschlagen haben bis zur Theatervorstellung – gerechter Gott im Himmel, straf meinen Unglauben mit der Hölle: Ich glaub es nicht! Kriegsteilnehmer, auch hohen Ranges, von den Spitzen, sagten mir, sie glaubten es nicht. Es sei von mir, sagten sie. Ob ich denn das nicht wisse. Ich weiß nichts mehr, es ist alles so rapid gekommen, es ist alles so wahr geworden, womit ich die Zeit verleumdet hatte, ich habe den Überblick verloren. Aber ich denke wohl: Wenn man mich schwören lässt, die Hand, womit ich schwöre, sei meine Hand – so ist es von mir. So kopfüber in den Abgrund – das erfindet der Tag nicht, wenn ihm nicht der Teufel hilft, und der Teufel nicht, wenn ihm nicht ein Schwarzkünstler Mut macht. Da flüstere ich ihm ins Ohr, was mir so durch den Kopf schießt, als sollte es mir das Hirn zerfetzen: dass ich denke, zwischen dem Blut und dem Nutzen bestehe ein Kausalnexus, auf das Sterben von je Tausend komme einer, der Schweißfüße hat und sich infolgedessen ein Palais kaufen kann und da er liefert, wissend, wohin, nicht wissend, woher er liefert, das Recht hat, im Automobil zu sitzen, während Fürstinnen auf der Plattform eines Beiwagens stehen. Man sagt mir, es sei kein Kausalnexus, so sage ich: Aber den Nexus müsse man schon bemerkt haben und wäre das Opfer noch so unerlässlich und willkommen, man müsste sich entschließen, auf alle Entbehrungen zu verzichten und sogar lieber nicht zu sterben, wenn solcher Wohlstand die Begleitung sei. Aber ich lasse von der Kausalität nicht, denn hier und dort stoße ich auf die Wurzel der losgebundenen Mechanik, nur dass sie dort den Trost und die Lockung der Ideologie fand und hier die ehrliche Rede des Wuchers führt. Aber dieses eine, dieses Letzte glaube ich nicht: dass jene dort diesen hier vorgeführt wurden! Bis zum Kino gehe ich noch mit – nicht ins Theater! Wie? Den Gewehren entronnen, sollten sie sich vor Opern-gucker gestellt haben? So fräße, wenn die Seele hungert, sie sich ganz? Nein, das hat der Teufel aufgebracht und der hats von mir. Einer sagte: Doch sei es geschehen, aber sie waren vom Kader. Unmöglich, sagte ich, noch unmöglicher, denn dann wäre es so: Der erste Blick auf den Be-richt – – – aber habe ich nicht eben den erfunden? Als mir von der Irma von Höfer träumte oder von der Jarzebecka und von allem, was hienie-den, jeds auf seine Art, der Glorie dient, und plötzlich von der schmach-vollsten Situation, in der eine siegende Front dem Hinterland preisgege-ben wäre und vor ihm, um sich zu retten, salutieren müsste und dann doch umklammert würde unter Missbrauch der Flagge des Roten Kreuzes und dergleichen. Ich lag in hohem Fieber, der Arzt schrieb ein Rezept und ich den Bericht. Aber dann las ich ihn doch in der Zeitung, wie ging das zu? Still, nehmen wir an, der Bericht sei ein Bericht. Aber die Zeit ist in die Zeitung verzaubert und in natura solcher Dinge nicht fähig. Dann wird sie's, nach und nach. Im Bericht entwickelt es sich. Der erste Blick gibt noch Hoffnung: Skoda ist ein Schauspieler, hat einen Bombenerfolg, lässt alle Minen springen. Komödianten waren es, die haben Helden gespielt. Das geschieht täglich, es hat Zugkraft, es ist ein Gräuel vor dem Herrn, aber für den Herrn wird nicht Theater gespielt, sondern für das Publikum. Es ist ein schöner Gedanke. Plötzlich lässt der Bericht erkennen, die Helden selbst seien es gewesen, sie hätten die Helden gespielt, sie seien die geborenen Heldendarsteller. Wie selbstver-ständlich grüßte heute das Publikum die Tapferen von Uszieczko, nach-dem es bei der letzten Premiere etwa die Tapferen vom Isonzo gegrüßt hat, und rief sie stürmisch. Waren es aber nicht Komparsen und nicht die Helden selbst, sondern etwas Drittes: Soldaten, die Soldaten spielten, Regimentskameraden, die für sie auf der Bühne standen unter Applaus-salven, dann – dann war's doch beiderlei, dann müssten sie spielen, was sie erst erleben werden, malen, was jene taten, dann hatten Soldaten Schminke und ihre Auszeichnungen waren wohlverdiente Bühnenre-quisiten. Sie spielten nicht, wie sie die letzte Postkarte von den Lieben gestreichelt und geküsst haben dort oben am Dnjestr und darauf vor den Feind gegangen sind, sondern sie spielten, wie sie es erforderlichen-falls tun würden. Welche Vorstellung packt uns mit eisigerem Griff, die oder die? Einer, der nicht dabei war, es nicht las, nur hörte, es sei ge-schrieben gewesen, dass es geschehen sei, sagte, das Blut, das er dem Vaterlande zu weihen bereit war, sei ihm erstarrt, er könne nicht mehr.

Einer aber, der dabei war, sagte, er wisse heute noch nicht, ob es Helden, Soldaten oder nur Komparsen waren, die doch vielleicht auch ihrerseits einmal in die Situation gelangen könnten; er glaube, es seien Traumgestalten gewesen, aus meinem Traum in die Zeit entsendet und nun verdammt, für ein Weilchen am Dnjestr zu lagern im Morgengrauen, da und dort, bis die Sonne dem Spuk ein Ende macht. Aber wie immer es zu deuten sei: Nun lebe er einmal in diesem Übergang, und als die oben niederknieten zum Gebet vor dem Parkett und als die oben stramm salutierten und das Ungeziefer unter ihnen zujubelte und patriotische Lieder sang und in Smokingen dastand Brust neben Brust – da ergriff es ihn als der schauerlichste aller Kontraste, wie ein fürchterliches Ringen der Ehre Gottes mit den Argumenten des Satans und wie der Schmerz um eine delirante Menschheit, die sich um des eigenen Opfers willen höhnt. Er wisse nicht mehr, was geschehen sei, es war eine Panik. So viel habe er behalten, dass der Fritz Werner, der bestimmt kein Soldat sei und überall durchschlagenden Erfolg erzielt habe, nur nicht bei Uszieczko – wehe, die Sphären fließen ineinander – dass er anstatt wie sonst als Ulan, diesmal, zu Ehren der Mitwirkenden, als Dragoner verkleidet im „Frauenfresser" aufgetreten sei. Skoda auch, er gab Feuer, hatte mörderische Wirkung, ist ein Hofschauspieler. Niemand weiß Zuverlässiges. Alle äußeren Grenzen sind gesperrt, alle innern aufgemacht – und darum kein Entrinnen, denn wenn es schon Passschwierigkeiten hat, nach der Adventbai zu entfliehen – innen verliert sich der Weg ins Grenzenlose. Es hängt zusammen. Wohin sich retten aus dieser Freiheit! Der Notausgang in die eigene Seele verrammelt! Weil Krieg ist. Protektion ausgeschlossen; nicht richten kann man sichs, zu sich selbst zu kommen. Außen aber fließt alles zusammen, durcheinander. So hat der Begriff „Vorstellung"[38] zum tragischen Doppeldasein, zu dem ihn die Zeit verflucht hat – ach, alle Vorstellungen sind genommen –, so hat er unvorstellbaren Zuwachs erhalten: Das Ganze ist nur eine solche Vorstellung, über die eine Kritik erscheint. Der Witz, dass mit der Schlacht gewartet werde, bis der Ganghofer kommt, ist nicht mehr neu; er ist tägliche Wahrheit, die unerbittlichste, die die Welt ihrer leidenden Menschheit antun konnte. Aber nun wäre noch mehr geschehen: Der Reporter sitzt wieder wie einst im Parterre, die Front ist auf die Bühne gekommen, die Helden treten auf. Krieg war ein Theater, worin sie Frei-

---

38   Vgl. dazu S. 477–478

plätze hatten mit dem Privileg, nicht selbst mitspielen zu müssen: sie, Kritiker und Autoren des Werks in einem, wie gewohnt. Nun hat der Krieg noch den Schauplatz gewechselt, der Berg ist zum Propheten gekommen, und der Theaterkritiker selbst schreibt den Schlachtbericht. Das übervolle Haus jubelte den Helden begeistert zu, die stramm salutierend dankten. Von vielen Seiten wurde der Wunsch laut, dass die Dichtung, von tiefem Empfinden erfüllt, auch breiteren Schichten zugänglich gemacht werde und dass die Gefallenen aufstehen, niederknien, stramm salutieren mögen vor den Hyänen, die das so haben wollen und die ja Hunger leiden müssten, wenn der Tod nicht wäre. Nein! Nein! Nein! Es kann nicht sein! Gebt den Tag zurück! Es war mein Geburtstag. Ich trat mit diesem Tag ins letzte Aufgebot, bin schon 42 Jahre. Wer weiß, vielleicht liege ich noch als Held auf der Bühne des Kriegertheaters, dem Schlachtfeld des Bürgertheaters. Aber ich werde es nicht beschreiben. Denn das kann ich nicht. Ich werde mittun, denn das will ich, wenn alle müssen, die es nicht beschreiben können. Es ist uns allen unbeschreiblich. Es ist uns allen gegeben. Mein Geist spürt die Erniedrigung der Menschheit, ihm ist sie angetan, nicht meinem Leib. Was am 28. April 1916 geschehen ist, hätte, wenn es geschah, den Sinn: Tränenlosen Auges hatten wir uns zum Ungeheuren gewöhnt, dann aber sollten wir einmal weinen und da nahmen wir die Operngläser vor. Aber es geschah nicht! Es war eine Fata morgana auf meinem Wüstenweg. Es war zum Geburtstag. Ich sollte noch überrascht werden. Man hat mir das Bild des Unvorstellbarsten, was mich die Zeit hat fühlen lassen, zum Präsent gemacht.

Das Gegenstück

Juni 1916

Aus München wird uns geschrieben: Unter dem Schlagworte „Die Feldgrauen für die Feldgrauen" veranstalten Offiziere und Mannschaften der hiesigen Ersatzformationen ein ganz eigenes Theater, wobei sie das von einem Feldgrauen verfasste Stück „Der Hias" zur Aufführung bringen. Im Rahmen einer dreiaktigen Komödie werden uns einzelne Bilder aus dem Leben in Feindesland vor Augen geführt, und wir lernen so ziemlich alles kennen, was der Krieg an Abenteuerlichem, Verwegenem und Überraschendem, nicht minder aber auch an herzhaft Erfrischendem und Ergreifendem mit sich bringt. Patrouillengänge, Gefangennahme, Kriegsgericht gegen „deutsche Barbarei", französischer Chauvinismus und frohgemutes Lagerleben wie die Feier des Königsgeburtstages wechseln in bunter Reihe ab, wobei ganz besonders das kameradschaftliche Zusammenleben der Offiziere und sonstigen Vorgesetzten mit der Mannschaft und deren treues Zusammenhalten geschildert wird. Die Anhänglichkeit der Mannschaft an die Offiziere zeigt sich im schönsten Licht – und solch ein Muster echt bayerischer Art ist der Offiziersbursche Hias, der durch seine rasche Entschlossenheit, seine Tapferkeit und seine Klugheit seinen verwundeten Leutnant vor schmachvollem Ende in den Händen der Franzosen rettet und die Schuldigen der gerechten Vergeltung zuführt. Aber um die Fabel des Stückes handelt es sich gar nicht; was uns bei diesem Theater so mächtig packt, ist der frische Zug, der es durchweht, ist die Ursprünglichkeit und Echtheit, die ihm anhaften. Es ist Theater und doch keines, vielmehr in höherem Sinne wahrhaftiges Leben, das durch die unbeholfene Darstellung nur noch gewinnt. Was diese Feldgrauen uns jetzt auf der Bühne des Münchner Volkstheaters „vorspielen", das ist nur die Wiedergabe des Erlebten, wenn auch in anderer Form, das ist aus ihren Empfindungen herausgeboren und wohl nur ein Spiegelbild ihres ureigensten Wesens, wie es sich draußen im Felde gebildet hat. Am deutlichsten zeigt sich dies im zweiten Akte, da der „Geburtstag des Kini" (Königs) gefeiert wird und die Soldaten nun durch ihre bescheidenen, von den Kameraden bejubelten Darbietungen das

Fest verschönern und für deren Erheiterung sorgen. Und während Schnadahüpfeln gesungen werden und ein unverfälscht bayrischer Schuhplattler getanzt wird – dabei zwei Soldaten als fesche Dearndl–, arbeitet am Offizierstische das Feldtelefon, werden Meldungen entgegengenommen und abgegeben, arbeitet die Kriegsmaschine ihren eisernen, unerbittlichen Gang! Dieser Akt ist vom Publikum beklatscht worden, wie dies noch keine Kunstleistung erfahren hat. In den Zwischenpausen spielte das Militärorchester patriotische Lieder und Märsche. Es ist wohl überflüssig zu betonen, dass sämtliche Mitwirkenden, denen sich auch einige Damen der Gesellschaft angeschlossen haben, keinerlei Spielhonorar beziehen, die gesamten Einnahmen aus diesen Vorstellungen fließen dem Roten Kreuz für militärische Wohlfahrtseinrichtungen zu. Und da es also auch nach dieser Richtung hin kein Theater im üblichen Sinne sein will, nennt der Theaterzettel keinen einzigen Namen der Mitwirkenden, ja, nicht einmal der Verfasser des Stückes tritt aus seiner bescheidenen Zurückhaltung heraus. Im dritten Akte sollte auch ein Film vorgeführt werden, aber leider hat die Polizei ihn wegen Feuersgefahr gestrichen, sodass wir darum kamen, die Auffahrt der Artillerie, Handgranatenkampf, Handgemenge und Nahkampf zu sehen. Zum Schlusse endlich gab es noch ein in großen Dimensionen gehaltenes lebendes Bild „Krieg und Frieden“, das ebenfalls sehr viel Beifall fand. Wie uns mitgeteilt wird, beabsichtigt das Theater der Feldgrauen, das in München nur acht Vorstellungen veranstaltet, das ganze Land zu bereisen; es wird sicherlich überall herzliche Aufnahme finden, umso mehr, als in diesem Stück so manches kluge, liebe und zuversichtliche Wort fällt, das lebhaftes Echo in den Herzen der Zuhörer weckt. Und dazwischen viel Scherz und gesunder, kräftiger, echt bajuvarischer Humor, der wirklich zündend wirkte. Dass schließlich auch unserer Verbündeten, ganz besonders aber der ruhmreichen österreichisch-ungarischen Armee, gedacht wird, versteht sich von selbst. Kein Zweifel, der „boarische Hias“, der unverfälschte Typus des „bayrischen Löwen“, wird auf seiner Rundfahrt durch die deutschen Gaue seinen Weg machen, und er wird sicherlich überall herzhaftem Verständnis begegnen – jenem stillen, behäbigen, guten Lächeln, das so sehr die Seele erwärmen kann.

Nur dass wir hier, gemäß der Volksart, mehr aufs Individuelle gegangen sind, die dort mehr aufs Allgemeine. Aber auch dies ist so schön, so in höherem Sinne wahrhaftiges Leben, so traulich ist es, dazusitzen, während die Kriegsmaschine auf der Bühne ihren eisernen unerbittlichen Gang arbeitet, und Soldaten zusehen, die Soldaten spielen und, solche wieder, die fesche Dearndln sind, und Damen der Gesellschaft, die mittun, und nur der Handgranatenkampf entfällt wegen Feuersgefahr, aber der Tod stellt lebende Bilder, die andern sind im Nahkampf umgekommen, wir sind um den Nahkampf gekommen, aber gesunder Humor bringt Ersatz, und so ans Herz geht es, dass man hoffen kann durchzuhalten, bis man mit jenem stillen, behäbigen, guten Lächeln, das die Seele erwärmt, einst im ewigen Frieden zu sich kommt. Kein Handgemenge – Schuhplattler gibt's heut! Kein Nahkampf – Schnadahüpfeln! Kein Ärgernis in der Welt. Ich habe die Regie. „Was für eine Gesellschaft ist es? … Wie kommt es, dass sie umherstreifen? …" „Die besten Schauspieler in der Welt, sei es für Tragödie, Komödie, Historie, Pastorale, Pastoral-Komödie, Historiko-Pastorale, Tragiko-Historie, Tragiko-Komiko-Historiko-Pastorale, für unteilbare Handlung oder fortgehendes Gedicht. Seneka kann für sie nicht zu traurig, noch Plautus zu lustig sein. Für das Aufgeschriebene und für den Stegreif haben sie ihres Gleichen nicht." „… der Natur gleichsam den Spiegel vorzuhalten: der Tugend ihre eignen Züge, der Schmach ihr eignes Bild, und dem Jahrhundert und Körper der Zeit den Abdruck seiner Gestalt zu zeigen … O es gibt Schauspieler, die ich habe spielen sehn und von andern preisen hören, und das höchlich, die, gelinde zu sprechen, weder den Ton noch den Gang von Christen, Heiden oder Menschen hatten, und so stolzierten und blökten, dass ich glaubte, irgendein Handlanger der Natur hätte Menschen gemacht, und sie wären ihm nicht geraten; so abscheulich ahmten sie die Menschheit nach … Und die bei euch den Narren spielen, lasst sie nicht mehr sagen, als in ihrer Rolle steht: Denn es gibt ihrer, die selbst lachen, um einen Haufen alberne Zuschauer zum Lachen zu bringen, wenn auch zu derselben Zeit irgendein notwendiger Punkt des Stückes zu erwägen ist." „… Die Schauspieler können nichts geheim halten, sie werden alles ausplaudern." „… Habt ihr den Inhalt gehört? Wird es kein Ärgernis geben? – Nein, nein; sie spaßen nur, vergiften im Spaß, kein Ärgernis in der Welt. – Wie nennt ihr das Stück? – Die Mausefalle. Und wie das? Metaphorisch …" „Der König steht auf. – Wie? Durch falschen Feuerlärm geschreckt …?" „Ei, der Gesunde

hüpft und lacht, dem Wunden ist's vergällt; der eine schläft, der andere
wacht, das ist der Lauf der Welt. Sollte nicht dies, und ein Wald von Fe-
derbüschen (wenn meine sonstige Anwartschaft in die Pilze geht) nebst
ein paar gepufften Rosen auf meinen erhöhten Schuhen, mir zu einem
Platz in einer Schauspielergesellschaft verhelfen? …" „Ha, ha! Kommt,
Musik! kommt, die Flöten! Denn wenn der Kini von dem Stück nichts
hält, ei nun! vielleicht – dass es ihm nicht gefällt." O lieber Horatio, ich
wette Tausende auf das Wort des Geistes!

Der tragische Karneval

Juni 1916

Die Münchner Polizei hat bereits in zwei Fällen Veranlassung genommen, gegen auffallend gekleidete Damen einzuschreiten. Am Montag
ereignete sich der dritte derartige Fall … Sie trug einen blauen Kittel,
einen kurzen weißen Rock, weiße Schuhe, blaue Strümpfe und am Kopf
eine blauseidene Zipfelmütze … Ein Polizist war über den Aufzug em-
pört und führte die Dame zur Polizeidirektion. Der Polizeipräsident erinnerte das Fräulein daran, „dass wir nicht im Karneval leben".
Unter Tränen bat die Zurechtgewiesene um Entschuldigung.

Dem Siegeslauf der Schalek, die jetzt die Front am Isonzo abgeht und
augenblicklich die Honveds auf Doberdo inspiziert, auch nur auf einem
Abschnitt zu folgen, ist einstweilen, da die Wachsamkeit an hundert
andern Einbruchsstellen der Kulturschande beschäftigt ist, unmöglich.
Unmöglich auf andere Art, als das, was geschieht, unmöglich ist und
die Schalek selbst ein Ding der Unmöglichkeit. Leicht macht sie es
mir ja nicht. Versuch' ich wohl sie diesmal festzuhalten und fasse ich
sie satirisch, so meint man, ich hätte zur gegebenen Kontrastwirkung
noch eins hinzugetan. Zitiere ich sie aber, so glaubt man, ich hätte den
Text gefälscht. Sage ich, wie ich oben getan, die Schalek sei die Front
abgegangen, so hält man es für meinen Witz; denn die Komik ihres
Dabeiseins so auszudrücken, als täte sie es nicht bloß einem Soldaten
gleich, sondern gar einem General, könnte doch nur Übertreibung

sein. Zitiere ich sie aber, behaupte ich, sie habe neulich mit den Worten begonnen: „Schritt für Schritt bin ich die Front am Isonzo längs des Görzer Abschnittes abgegangen", so wird man verwirrt, und der Humor der Erscheinung leidet durch den Zweifel, ob nicht eben das nur Erfindung sei. Es bleibt nichts übrig, als eine Kampfpause der Schalek abzuwarten, und indem ich sie selbst sprechen lasse, durch Ausführlichkeit die Echtheit zu beglaubigen. Vorläufig ist kein Ende abzusehen. Allen Einflüsterungen der Kommandierenden zum Trotz, die, statt zu kommandieren, ihr den Rat geben: „Fahren Sie weg!", ist sie geblieben, und wiewohl man ihr sagte: „Sie brauchen ja nicht im Schrapnellhagel zu schreiben!", wollte sie nicht als Auskneiferin dastehen und treibt sich ausgerechnet überall dort herum, wo es am gefährlichsten ist. So steht die Schalek mitten im Kugelregen, isst Spargel am Tisch des Divisionärs, schlüpft in Unterstände, scheut die Beobachter auf der Podgora nicht, besucht sie, und findet, wenn sie des Abends kampfmüde heimkehrt, ihr Zimmer, das keineswegs bombensicher ist, mit Rosen gefüllt. Der Niederschlag dieser vielfältigen Erlebnisse ist eine unerbittliche Serie von Feuilletons, die von der durchhaltenden Geschmacklosigkeit eines gegen Hohngelächter gepanzerten Herausgebers fortgesetzt wird, die sich aber durch den Vermerk „Nachdruck verboten" vergebens gegen das Schicksal zu schützen versuchen wird, als Zeitdokument schwersten Kalibers jenen kommenden Geschlechtern übermittelt zu werden, die vielleicht wieder zwischen Mann und Weib unterscheiden möchten – bewahrt zu werden als die nicht mehr steigerungsfähige Karikatur der Missgestalt, in der ein völlig scham-, hemmungs- und verantwortungsloser Zeitgeist seine blutigen Possen getrieben hat. Denn sage ich, die Schalek habe nicht als Auskneiferin dastehen wollen, so wird man's so lange für meinen Witz halten, bis ich dartue, dass es ihr Ernst ist. Ihre Worte in ihrem Druck fangen nicht: Man lacht und vergisst. Meine in meinem sind nur meine Wirkung. Ihre Worte in meinem Druck werden es bezeugen! Wer vermöchte gleich mir die Welt zu erschüttern durch nichts als dass er alles, was sie schon weiß, wiederholt? Sieht man jetzt Weiber militärisch verkleidet und empfängt man, weil man sie trotzdem grüßt, statt eines Kopfnickens, das die Disziplin des Geschlechts noch immer vorschreiben sollte, ein stramm Salutieren, so mag man staunen, wie der abgestandene Operettenwitz, der veraltet war, ehe das soziale Leben den ersten Missbrauch der Weiblichkeit ankündigte, der schale Ulk der komischen Alten als Feldwebel oder bemoostes Haupt, jetzt auf realen Leichenfeldern Zugkraft erhält. In dem schrecklichen Einzelfall der Reporterin jedoch, die dank dem faulen Zauber der Hysterie (der die Menschheit anästhesiert und einzig zu jener aktiven und passiven Standhaftigkeit vor der Maschine befähigt, welche Heldentum heißt und größer ist als Hektors Mut, ders mit keinem Mörser aufgenommen hätte), in der Schreiberin also, die vermöge der antreibenden Gewalt seelischer Unterernährtheit alle Sensationen dieser welthysterischen Zerrüttung erleben kann und der glaubwürdige Gewährsmann dieses Krieges wird: in dem stärksten Monstrum dieser Ausnahmszeit ist der ganze tragische Karneval enthalten. Die Sage von uns wird erzählen, dass Frauen, die als Frauen, also auffallend gekleidet gingen, verhaftet wurden. Den Amazonen aber ward in der Kindheit die rechte Brust abgebrannt, um sie zum Bogenspannen, noch nicht zum Schreiben tauglich zu machen, und die Fabelfantasie keines Zeitalters hätte ausgereicht, die Schalek auf dem Kriegspfad zu erfinden.

Sie findet ihr Gegenstück etwa in den entmannten Männern der Wissenschaft, die dort, wo sie nur schießen hören, gleich mit einem Ehrendoktorat zur Stelle sind, und noch eine Begründung hiefür bereit haben. Nicht errötend folgen sie den geistigen Spuren der Schalek, die ja die kulturelle Gleichstellung Skodas mit Kant als erste befürwortet hat. Generale aber, die ihre Pflicht nicht zuletzt in deren Absonderung von anderen Idealen erkennen, für das Wesen und die mit keiner metaphysischen Sphäre vereinbare Fachlichkeit ihres Berufs ein korrektes und somit besseres Verständnis haben als Philosophieprofessoren, die die Ehre ihres Studiums an die Erfolge des Kriegs vergeben, Generale empfangen im düstern Umkreis ihres Wirkens nur dann einen heitern Eindruck, wenn Rektor und Prodekan aus der Operette ins Quartier kommen und das Doktorat hervorziehen. Es wäre ihnen ja lästig, wenn sie nicht lachen müssten und ihnen nicht zur Revanche die Frage auf der Zunge läge, ob die Herren Philosophen vielleicht Lust hätten, länger zu bleiben und Feldwebel honoris causa zu werden.

Kein Auftrag, als der der immer beunruhigten Streberseele und etwa noch die kindische Sucht, aus allem ein Ornament zu machen und eine Auszeichnung wenigstens am andern zu sehen, wiewohl sie zum Verdienst so passt wie das Auge zur Faust – kein Auftrag, kein Zwang, kein Wunsch hats ihnen geschafft. Niemand hätte es vermisst, wenns nicht geschehen wäre. Die Generale wissen nicht, was sie damit anfangen sollen, aber die Philosophen, die mit jedem Tag seit dem Tod Schopenhauers und vor allem seit Kriegsbeginn größere Optimisten werden, sind unerschöpflich in der Hingabe ihrer Ehre, sodass es fast den Anschein hat, als wollten sie den Siegen zuvorkommen und als wären diese an den einstimmigen Beschluss der Fakultät geknüpft. Austauschprofessoren mögen unterwegs in Streit geraten, wer mehr Ehrendoktorate verliehen hat. Die Empfänger aber sind sich nicht im Reinen darüber, ob das Doktorat der Philosophie für sie eine honoris causa ist. So viel nur wissen sie und haben auch sie aus der Philosophie gelernt, dass solche Gabe für die jetzt tief unter dem Niveau der Schopenhauer'schen Missachtung stehenden Verleiher in Wahrheit eine causa turpis ist! Wäre zum Glück nicht überall dort, wo der Rang ist, auch die Fähigkeit – was ja sogar von den Universitäten angenommen wird –, und gäbe es im Reich der Erscheinungen, in das jetzt die Philosophie mit Ehrendoktoraten eintritt, Unterschiede, wie etwa zwischen einem Napoleon und einem, dem der Krieg nur vom Kino bekannt wäre und der vor jedem Bild, das fallende Menschen vorführt, nichts zu sagen wüsste, als etwa „Bumsti!" oder „Aha!" –, die Vertreter der optimistischen Weltanschauung würden manche Enttäuschung erleben. Ich spreche nicht aus Neid; ich weiß, dass es mir auf Lebenszeit versagt ist, das Ehrendoktorat der Philosophie zu erringen, selbst wenn ich nachweisen könnte, dass ich Leibniz für einen Fabrikanten von „Keks" halte. Denn dieses Verdienst würde reichlich aufgewogen durch meine Erkenntnis, dass Professoren der Philosophie, die dem Weltuntergang mit Ehrendoktoraten schmeicheln, von allen Karnevalstypen, auf die der Mond dieser Mordnacht grinst, die weitaus lächerlichsten und verächtlichsten sind.

Und eins in dieser Erkenntnis sind mit mir jene Exponenten des Unglücks, deren menschlichem Sinn die Pflicht noch immer besser zusagt als die Abwechslung durch einen Firlefanz, der sie erschwert. Eins in der Ansicht, dass Philosophen und Weiber, die die Ehren ihrer Berufe dort ablagern, wo sie nicht hingehören und wo man sie nicht braucht, dass Dekane, die der Glorie noch den Doktorhut aufstülpen wollen, und Jourkoryphäen, die an Artilleriestellungen ihre Neugierde befriedigen möchten, nicht jene Botschaft aus dem Hinterlande bringen, die sie zum Dank für die Mühe, es zu schützen, von dort zu empfangen gehofft haben. Noch warten wir aber auf eine von ihnen, die uns die tröstende Gewissheit brächte, dass sie solche Zumutungen künftighin mindestens so mühelos abweisen werden wie den Angriff des Gegners. Von einem Hinauswurf der Professoren haben wir noch nichts vernommen. Aber die günstige Nachricht sei weiter gegeben, dass die Schalek nicht überall durchbrechen konnte, von der Südwestfront zurückgeworfen wurde und dass wenigstens dieser Teil des Kriegsschauplatzes zu einer unwirtlichen Gegend für den innern Feind geworden ist, von dem uns die Abwehr des äußern keineswegs befreit hat, den aber von einem bestimmten Punkte zu verjagen in beispielgebender Weise geglückt scheint. Die Schalek musste zurückgehen, kein Unterstand wurde ihr gewährt und nichts zu essen gegeben. Wir entbieten den tapferen Offizieren für dieses Vollbringen unsern Gruß, wie es in jener Zeitung heißt, von der jetzt wenigstens das Totschweigen einer Front, deren Männer nicht imstande waren, der Schalek ins Auge zu sehen, gern zu erwarten ist. Allen trotz allem äußeren Gelingen Verzagten sei diese Kunde von einer vorbildlichen patriotischen Tat gebracht, durch die es mit einem kühnen Handstreich geglückt ist, einmal die inneren Grenzen zu schützen. Wie schön wäre es, wenn sich in einer Zeit, die für Mitteilungen gegenteiligen Inhalts, für Interviews u. dgl., Rücksichten nicht kennt, kein formales Hindernis gegen die Beglaubigung solcher Nachricht stellte. Die Verhüllung hat sonst den Sinn, dem Gegner nicht mehr zu verraten als was er ohnedies schon weiß. Dem Todfeind sollte mit aller Deutlichkeit gesagt werden können, an welchem Punkt er keine Aussicht hat vorwärts zu kommen, aber die Sicherheit, mit der langen Nase, mit der er gekommen ist, abzuziehen. Es sollte der Gegenwart gemeldet werden, die solches noch nicht gehört und im Glauben an eine Macht, die bis zu den höchsten Spitzen der Natur und der Gesellschaft reichen müsse, allen Mut verloren hat. Es werde der Zukunft verkündet, die uns um des Beispiels willen, das mutige Männer auf dem vorgeschobenen Posten einer verlorenen Zeit gegeben haben, nicht ganz verwerfen wird, um des Vorzugs willen, in dem tragischen Karneval, den wir uns leisten konnten, doch einmal für einen Augenblick die Besinnung gefunden zu haben!

Von einem Mann namens Ernst Posse

August 1916

Der Sinn der waffenbrüderlichen Vereinigung wäre unvollkommen, wenn nicht zur Hebung des Fremdenverkehrs und zum Austausch der Professoren auch ein Wechselgastspiel von Redakteuren käme, etwa so, dass der Chef des „Fremdenblatts" seinen informierten Mist in der „Kölnischen Zeitung" ablagert und der Chef der „Kölnischen" dafür seinen Kohl im „Fremdenblatt" pflanzt. Pfingsten, ein Fest, das, wie Weihnachten und Ostern ihre Heiligkeit, längst seine Lieblichkeit unter Zeitungspapier begraben hat, war die Gelegenheit:

> „Zum ersten Male nimmt der hervorragende erste Schriftleiter der ‚Kölnischen Zeitung', jenes ausgezeichneten Blattes von wohlverdientem Weltruf, das in mehr als hundertjähriger ununterbrochener Überlieferung u n e i g e n n ü t z i g im Dienste großer und gerechter S a c h e n steht, im Weltkriege das Wort in der österreichischen Presse: Wir sind ihm dafür zu besonderem Danke verpflichtet."

Ähnlich dürfte sich an dem gleichen Tage Köln über Wien geäußert haben. Der geistige Vertreter jener Stadt, die, wie man gleich sehen wird, ihren Geruch in der Welt mit weit mehr Recht dem Kölnischen Wasser als der Kölnischen Zeitung anvertraut, heißt Ernst Posse, ist aber nur in seinem Zunamen ernst zu nehmen. Da das Fremdenblatt dem Aufsatz die Bemerkung nachschickt, dass Nachdruck mit Quellenangabe erlaubt und erwünscht sei, so will ich's unternehmen. Man wird nicht nur daraus ersehen, was von einem Geisteszustand zu erhoffen ist, dessen maßgebendster publizistischer Vertreter mit Recht den Namen Posse führt, sondern auch erfahren, wie der Vorwurf, dass ich die Presse überschätze, an dem eigenen Machtwahn dieser Standesgenossenschaft zuschanden wird. Unter dem Titel „Wie gründen wir Mitteleuropa?" zeigt ein Schwätzer den einzig richtigen Weg, der zu solcher Gründung führen kann: mit der Phrase dort zu beginnen, wo man mit ihr geendet hat; denn neues Leben blüht aus den Ruinen. Wäre die Sorte Menschheit, die es probieren will, weil ihr dieser Wechsel vom Hörensagen bekannt ist, nicht völlig ausgehöhlt und auch nur eines Gedankens noch fähig, sie würde ihre Wortführer mit nassen Fetzen aus den Redaktionen des Weltbrands jagen. Der geistige Austausch der Herren Szeps und Posse hat aber seine Vorgeschichte:

> Wir im Reiche werden uns erinnern, dass Minnesangs Frühling an der Donau blühte, dass Walther von der Vogelweide, der Preiser deutscher Art und deutscher Sitte, in Österreich singen und sagen lernte, dass unser nationales Lied von der Nibelungen Not und Tod zuerst am Wiener Hofe vorgelesen wurde; und in den verbündeten Ländern wird man jetzt noch tiefer empfinden als vordem, dass die Dichter und Denker der Wirkungszeit des großen Friedrich, mag ihre Wiege im geschmeidigen Süden, in Franken, in Schwaben oder im spröderen preußischen Norden gestanden sein, in ihrer Muttersprache auch für sie dichteten und dachten, dass ihre Werke deutsches Gemeingut sind.

Das gemeinste deutsche Gut dürfte die Anwendung dieses Wortes sein. Die Dichter und Denker im Reich, die Singer und Säger in Österreich – unter denen aber die Singer in der Majorität sind –: diese alte Wechselbeziehung in Ehren. In Wahrheit wird kein Mensch im „Reiche" sich je an einen andern geistigen Zusammenhang mit Österreich erinnern, als dass die Reinhardt und S. Fischer aus Budapest in Berlin reüssiert haben. Aber die Theaterdirektoren müssen sich aufs Kino verlegen und die Tage der Verleger sind gezählt. Dafür bricht die Zeit der Minnesänger wieder an. Hört, hört:

> Uns Journalisten wird in einer Zeit, wo Bücher kaum noch gelesen werden, eine ähnliche Aufgabe zufallen wie die, welche unsere Vorläufer in den Jahrhunderten vor Erfindung der Druckkunst, als Bücher noch nicht gelesen wurden, zu erfüllen hatten, indem sie, fahrende Sänger und Vaganten, von Hof zu Hof zogen, um ihren Zeitgenossen in einer ihrem Verständnis und ihrem Geschmack angemessenen Form die Zeitung zu künden. Allen denen unter uns aber, die gedankenlos in den Tag hineinlebten, und den nicht minder Zahlreichen, die sich gegen den Einfluss der Presse wegwerfend spreizten und sperrten, hat der Krieg offenbart, welche Macht der moderne Zeitungsschreiber in der Hand hält. Man denke sich, wenn man kann, die Zeitung weg in diesem internationalen Aufruhr der Gemüter; wäre

ohne sie der Krieg überhaupt möglich geworden, möglich in seinen Entstehungsursachen, möglich auch in seiner Durchführung? Ich will hier nicht untersuchen, ob der Offenbarer Krieg, der den Menschen und den Dingen bis auf den Grund ihres Wesens schaut, an der Presse mehr Schatten- als Lichtseiten erkannt hat. Jedenfalls wird für die Beurteilung der Zeitung die Beleuchtung, in die der Krieg sie gerückt hat, auf lange hinaus maßgebend sein.

Ach, dass wir's hoffen könnten! Und dass wir's endlich gehört haben! Endlich auch das schwarz auf weiß haben! Ohne die Presse wäre der Krieg überhaupt nicht möglich gewesen! In seinen Entstehungsursachen nicht und nicht in seiner Durchführung! Der Wiener Rädelsführer des Weltverbrechens hat einmal geschrieben:

> „Vor einigen Tagen war in den englischen Blättern, die seit Jahren die Holzstöße zum Weltbrande herbeigeschleppt haben, zu lesen – – –"

Wenn so etwas der englischen Presse nachgesagt wird, dachte ich, dann wird der Presse als solcher ja die Fähigkeit dazu nachgerühmt. Dieser indirekte Beweis für mein Recht, die Presse zu überschätzen, wird nun durch das direkte Geständnis übertrumpft. Und allerorten beginnt jetzt die Presse, sich des Einflusses rühmend, den sie der feindlichen Presse zum Vorwurf macht, sich stolz der Urheberschaft am Weltkrieg anzuklagen. Tua culpa, tua culpa, mea maxima culpa. Das Kinderspiel der Erwachsenen „Wer hat angefangen?" wird auch in den Lagern der internationalen Journalistik und hier mit dem berufsgenossenschaftlichen Stolz, der die fremde Schuld zum eigenen Ruhm macht, erörtert. Der Journalismus ist die einzige Internationale, die durchgehalten hat, denn Journalisten kämpfen ja nicht gegeneinander, sondern gegen die Völker der anderen. Einig bleiben sie in dem allgemeinen Siegerbewusstsein, dass es doch schön sei, in einer Welt zu leben, die man vermöge jener unumgänglichen Verbindung von Abhub und Druckerschwärze und jener unwiderstehlichen Wirkung von Druckerschwärze auf Geistesschwäche zerstören kann. Da und dort beeilen sie sich nun, ihre Opfer durch den Vorschlag von Reformen zu entschädigen, empfehlen internationale Überwachungsbüros, Journalistenakademien und natürlich den Austausch von Berufsgenossen, und einer versteigt sich sogar zu der

Meinung, dass „die Hauptsache doch immer das Verantwortungsgefühl"
sei. Wie sich jene aber eine Heilung des Weltkrebses durch kosmetische
Scherze vorstellen, wie sich dieser das Fortbestehen einer Presse bei
Züchtung einer Eigenschaft denkt, die den Lebensnerv der Presse zerstört, beides ist gleich rätselhaft. Journalistenakademien – das bedeutet
die Graduierung der Schande; es ist das Projekt des Größenwahns, der
mit einer Gewerbeschule des Verbrechens nicht mehr auskäme. Austausch von Journalisten – das wäre der Entschluss, im eigenen Staat das
falsche Geld des andern anzuerkennen. Internationale Überwachungsbüros: Die Überwacher der Presse hätten genug zu tun, sie auf Reklame-
notizen für ihre Tätigkeit zu durchsuchen. Was soll aber vollends die
Einführung eines Verantwortungsgefühls, da doch die Presse als ganze
eben den mechanischen Ersatz eines solchen bedeutet? Schon meldet
sich ein Gegner derartiger Reformen, der offen erklärt, dass es nicht
angehen würde, beim Verantwortungsgefühl stehen zu bleiben, „ohne
dessen Grenzen nach oben und unten zu untersuchen". Das Verantwortungsgefühl muss seine Grenzen haben. „Die Mitschuld der Presse am
Kriege ist nicht zu bestreiten – aber kann man ihn aus dieser Tatsache
allein erklären?" Was der Presse – natürlich nur der feindlichen – an
Verantwortungsgefühl gefehlt habe, habe ganz Europa gefehlt. Immerhin wird die Wirkung der Druckerschwärze, deren Verschleißer sich
meinen Angriffen durch den Hinweis auf ihre Vergänglichkeit zu entziehen pflegten, jetzt unter die Kriegsursachen eingereiht, dem Feinde
zur Schmach, dem Berufe zum Stolz. Beides aber, die Abwälzung der
Schuld und die Reklamierung der Macht, ist wieder ein Teil von jener
Kraft, die noch mehr Verderben durch die Phrase des Guten als durch
den Effekt des Bösen hervorgebracht hat. Weil aber Gebärdenspäher
und Geschichtenträger, die es schwarz auf weiß bringen, des Übels mehr
auf dieser Welt getan haben, als Blausäure und Bomben in Fliegers Hand
nicht konnten, so gibt es gegen die Presse keine andere Reform als die
Abschaffung. Dieser Erkenntnis war ich der Rufer in der Wüste: Jetzt, in
einer Wüste gewordenen Welt, ruft sie allenthalben das Echo. „Hätte
man" – so bricht eine deutsche Frau jetzt aus – „nur zehntausend hetzerische Zeitungsschreiber aus allen Ländern zusammengetrieben ...
hätte man sie nur rechtzeitig zusammengetrieben, die heute weiterkläf-
fen von allen Ufern des Roten Meeres, das gespeist wird von dem Blute
Millionen Unschuldiger ... ja, hätte man zehntausend hetzerische Journalisten aus allen Ländern zusammengetrieben und gehenkt, o wie viel

wertvolle, hoffnungsvolle Menschen wären in all diesen Ländern heute am Leben! Statt dessen seid ihr es, die ihr noch lebt, die ihr einer bösen Schwäre gleich Europa von einem Ende zum andern überzieht, ihr, die Hetzer, die Mitschuldigen an diesem Kriege, deren Knochen wie die der Schächer hätten zerbrochen werden sollen, bevor wir zuließen, was jetzt geschieht!" Und ein biederes Provinzblatt, das zugibt, die Presse habe sich „in ihrer überwältigenden Weltmacht noch nie so gezeigt wie in diesem Kriege" und es sei „sicher, dass die Freunde des Friedens mit einem schlauen und heimtückischen Feind zu tun haben, der mit Holzpapier und Druckerschwärze arbeitet", bedauert doch, dass es „nicht an Leuten fehlt, wie z.B. die erwähnte Fürsprecherin einer radikalen Maßregel, die a u s Ä r g e r , dass sich das gedruckte Wort oft stärker erweist als unumstößliche Tatsachen, das K i n d mit dem Bade ausschütten". Der Schwachsinn entschuldigt die Presse mit ihrem Verbrechen und hält es nicht für richtig, das Kind mit eben jenem Blutbad, das es angerichtet hat, auszuschütten. Aber die Harmlosigkeit, die Anklage und Verteidigung in einem besorgt, schreibt mit derselben roten Tinte wie der Mord. Und die Hetzarbeit der Weltpresse hat nicht ärgeren Schaden gestiftet als die allgemeine Möglichkeit, durch eine Suggestion des Tonfalls verschwommener Meinung geistige Werte zu ersetzen. Durch falsche Tatsachen die Völker zu verhetzen, würde nicht gelingen, wenn es nicht schon längst gelungen wäre, durch falschen Geist das Volk zu verderben. Was noch knapp vor einem Krieg geschieht, wenn die Menschheit einmal für ihn reif geworden ist, wäre das Geringste, und die schlimmsten Gräuel sind durch Jahrzehnte wahr gewesen, ehe andere erlogen wurden. Das Resultat des leiblichen Mords gibt freilich den Weg an, wie dem Übel künftig zu steuern wäre. Es empfiehlt die einfache Schätzung: was vernünftiger ist, hunderttausend intellektuell mittelwüchsige, ethisch wertlose Individuen in soziale Berufe zu zwingen, auf die Gefahr hin, dass die Neugierde der Massen und die Eitelkeit der Führenden um die Nährväter gebracht würden, oder zehn Millionen Menschen zu opfern. Deren Erhaltung ist, wie sich gezeigt hat, ohne die Beseitigung der Presse nicht möglich. Wird die Menschheit eine andere Entschuldigung als die des Irrsinns haben, wenn sie in einem lichten Augenblick gewahr wird, dass sie die Fülle ihrer Besten geopfert hat, und schlimmer: dass ihr die Gruppe ihrer Schlechtesten, die es bewirkt hat, übrig blieb? Dass diese überleben, weil sie an einem Krieg nicht teilnehmen mussten, den sie gemacht und dem sie den Frieden ferngehalten haben? Schreibt sich die Wehrfähigkeit aller noch immer nicht von der Schreibfähigkeit der vielen her? Hat es die Welt noch immer nicht schwarz auf rot, und ist ihr, was es an Papier auf Erden gibt, noch immer nicht das Leichentuch für Menschheit und Wälder? Was hülfe der Frieden den Nationen, wenn seine erste Bedingung nicht der Krieg aller gegen die Presse wäre? Die Verpflichtung, jenen, die uns künftig noch „die Zeitung künden" wollen, sie rechtzeitig zu kündigen? Mehr Beweis, um ihnen den Prozess zu machen, braucht man nicht als ihr freches Geständnis, „der Krieg habe offenbart, welche Macht der moderne Zeitungsschreiber in seiner Hand hält", als die hämische Aufforderung, „sich, wenn man kann, die Zeitung in diesem internationalen Aufruhr der Gemüter wegzudenken", als die Frage des Siegers über allen Staaten, „ob der Krieg ohne sie überhaupt möglich gewesen wäre". Ich hab's ja immer mit Ernst behauptet. Aber dass es jetzt auch der Posse zugibt, ist erschütternd. Ernst Possart – das war ehedem die Bezeichnung für den durchschnittlichen deutschen Tragödienspieler. Der Weltkrieg wird einst Ernst Posse geheißen haben! Man denke sich, wenn man kann, die Zeitung weg aus dem Weltkrieg. Nein, ich kann es nicht! Ich konnte es nicht, ehe er ausbrach! Ultra Posse nemo tenetur. Aber wenn die Beleuchtung, in die der Krieg die Presse dank dem Krieg und der Fackel gerückt hat, noch durch etliche Laternenpfähle ergänzt werden könnte, so würde die Bevölkerung aller ehedem befreundeten und verfeindeten Staaten einen internationalen Austausch von Chefredakteuren als einen Glanzpunkt des Friedensfestes ansehen. Die Form dazu würde sich, wenn sie ohnedies wieder als fahrende Sänger von Hof zu Hof ziehen, um die Zeitung zu künden, leicht finden lassen, man würde sie, da infolge der rapiden Hebung des Fremdenverkehrs kein Obdach für sie vorhanden wäre, einladen, unter freiem Himmel zu übernachten, und eine Menschheit, deren Machthaber es versäumt hatten, Zeitungsartikel niedriger zu hängen, wäre es zufrieden, dafür die Verfasser höher hängen zu sehen.

Diplomaten

August 1916

Graf Szögyeny am Tage des Kriegsausbruches.

Von Franz Freiherrn v. Haymerle.
K. u. k. Botschaftsrat.

– 19. Juni

An die

Löbliche Redaktion der „Neuen Freien Presse"

Wien.

(Das sind acht Zeilen, weil zum Glück der Ausbruch auf den Krieg folgt und die Löbliche mit großem L geschrieben wird, während es sonst nur sechs gewesen wären. Da er also anhub, dürfte wohl die Fortsetzung so sein, dass die Welt aufhorchen wird. Halten wir den Atem an, mag uns dies umso schwerer fallen, als die folgenden Gedanken auch jeder für sich einen eigenen Absatz haben, bezähmen wir die kunstvoll gesteigerte Neugierde – der Lohn, der uns winkt, wird so sein, dass der Österreicher sagt: „Es ist dafür gestanden", während der Deutsche das nicht versteht und nach einigem Nachdenken sagt: „Ach so, Sie meinen wohl, es hat sich gelohnt? Na hören Sie mal, das meine ich nun ganz und gar nicht!" Der arme Graf Szögyeny dürfte oft sein Kreuz [Schwierigkeit] gehabt haben, zwischen solchen Sprachbesonderheiten den Dolmetsch zu machen. Und was hatte der Freiherr v. Haymerle dabei zu tun?)

Ich wäre Ihnen dankbar, wenn Sie nachstehende Zeilen in Ihr geschätztes Blatt aufnehmen wollten.

Ich hatte die Ehre, seit Ende Januar 1914 als k. u. k. Botschaftsrat in Berlin unter dem Befehle Sr. Exzellenz des Grafen Szögyeny-Marich zu stehen. Näheres über die Zeit kurz vor Ausbruch des Weltkrieges zu sagen liegt nicht in meiner Absicht, noch bin ich dazu berechtigt; ich möchte nur eine für den großen Staatsmann charakteristische und zugleich ehrende Episode erwähnen.

Es war am Abend der Kriegserklärung zwischen Serbien und der k. u. k. Monarchie.

Ich war, mit der Bitte um eine Unterschrift, noch um ½ 9 Uhr abends zu Sr. Exzellenz aus der Kanzlei hinuntergekommen.

Der Botschafter war eben im Begriff, aus dem Esszimmer in sein Schreibzimmer zurückzukehren.

(Ein Shakespeare'scher König wäre hier ungeduldig geworden und hätte etwa gesagt:

> Bursche, mach's kurz. Armsel'ge Botschaft bringt,
> Wer mit geschäft'ger Miene also anhebt.
> Solch Augendrehn und Lippenmurmeln kenn' ich,
> Und wind'ge Worte schlag ich in den Wind.
> Bist du ein Botschaftsrat, so rat' ich dir,
> Halt kurz die Botschaft; bringst du gute Zeitung,
> So ist die Zeitung schlecht, der du sie bringst,
> Und nur mein Ohr geschaffen, sie zu hören.
> Wer viel zu sagen hat, sagt nicht so viel;
> Zum Ernst der Tat passt nicht der Rede Spiel.

Was also geschah, als der Botschafter, eben im Begriffe, aus dem Esszimmer in sein Schreibzimmer zurückzukehren, noch um ½ 9 Uhr abends, also statt ins Schlafzimmer zu gehen, den Botschaftsrat empfing?)

Als er mich sah, frug er mich, seiner Gewohnheit gemäß, auch dann immer zu erst seine Besucher oder Beamten zu fragen, ob etwas Neues los sei, selbst dann, wenn er selbst Wichtiges mitteilen wollte: „Was gibt's Neues?" Auf meine Antwort, mir sei nichts Wichtiges bekannt, sah mich der alte Herr mit einem ganz eigentümlichen, halb stolzen, halb wehmütigen Blicke an und sagte, mir tief ergriffen die Hand reichend: „Soeben haben wir Serbien den Krieg erklärt."

(Der Botschaftsrat, ½ 9 Uhr abends, wusste das noch nicht. Dagegen das Volk: Es wusste es.)

Buchstäblich in dem gleichen Augenblicke ertönte bereits in der Moltkestraße(die zwischen dem Botschafts palais und dem preußischen Kriegsministerium hindurchführt), ein donnerndes vielfaches Hoch und gleich darauf wurde unsere geliebte Volkshymne von Hunderten von Menschen aller Stände Offiziere, Herren im Zylinder, Damen in Abendtoilette, Frauen aus dem Volke, Arbeiter, Soldaten und Kinder – angestimmt, und alles rief wie aus einem Munde nach dem Botschafter. „Ans Fenster", „ans Fenster", „er soll sich zeigen", „wir wollen ihn sehen!"

(Ans Fenster? Es ist halt ein Kreuz. Alstern ans Fenster, wozu hätten denn die Herrschaften sonst Abendtoilette gemacht? Aber wie war nur diese Überraschung zu erklären?)

Es fühlte eben bereits damals mit dem der großen Menge eigenen Spürsinn das deutsche Volk, wie innig –

(Sympathie geht eben schneller als Diplomatie.)

Se. Exzellenz war so tief ergriffen, dass ich nur mit Mühe ihn dazu bewegen konnte, ans Fenster seines Schreibzimmers zu treten. – –

Graf Szögyeny war so erschüttert, dass er der begeisterten Menge nur mit der Hand seinen Dank zuwinken konnte. Doch Tränen rannen ihm über die Wangen. Und ich schäme mich nicht, einzugestehen, dass auch mir, der im Hintergrund stehend diesen erhebenden Moment miterleben durfte, die schweren Tränen kamen.

Für den Botschafter war es aber wohl der größte und schönste Moment seines schicksalsschweren Lebens, als der bedeutende Staatsmann kurz vor dem Scheiden aus seinem seit zweiundzwanzig Jahren innegehabten Amte noch erleben konnte, welche für unser geliebtes Vaterland unschätzbaren Früchte…

Hochachtungsvollst Freiherr v. Haymerle,
k. u. k. Botschaftsrat, zurzeit im Felde.

Mit solchen unschätzbaren Lesefrüchten, die die Welt der Erwachsenen und Verantwortlichen im Lichte der Fibel zeigen, vertreiben wir uns die große Zeit. Sie haben geweint; es wird wieder in der Fibel stehn, damit man den Enkeln nichts mehr zu erzählen brauche. Alle drei haben geweint, denn der Botschafter war erschüttert, wie er fühlte, dass er selbst, nämlich der bedeutende Staatsmann, erschüttert war: Das sind zwei, und der Botschaftsrat, der dabei stand: Macht drei. In der Auseinandersetzung zwischen dem Betmann Hohlweg und Herrn Goschen soll nur einer geweint haben, denn jeder der beiden behauptet, dass der andere geweint habe. Immerhin ist festgestellt: dass aus einem großen Moment eine große Zeit entstanden ist. Und dass Ende Juli 1914 zwischen den Diplomaten mehr Tränen als Noten ausgetauscht worden sind. Später wurden dann in Europa die Noten ganz eingestellt und nur noch den Tränen freier Lauf gelassen. Wenn Europa sie getrocknet haben wird und wieder mit klaren Augen in die Welt sieht, wird es vielleicht verhindern, dass es künftig einen so traurigen Beruf wie die Diplomatie noch geben könne und gar einen so trostlosen wie die Journalistik, und vor allem, dass durch die Verknüpfung von Botschaft und Zeitung so viel Gelegenheit in die Welt komme, Tränen und allerlei sonst zu vergießen. Ein Shakespeare'scher König hätte, nachdem der Botschaftsrat endlich geendet, etwa die Worte gesprochen:

O Haymerle, zu viel der Tränen flossen,
Seitdem geschehen, was dir Tränen schuf,
Und eh du es berichtet. Spar die Tränen,
Dass künftig sie der Menschheit nicht mehr fließen.
Du Bote blutig tränenvoller Tat,
Ich dank' dir nicht! Zieh wieder ab ins Feld,
Bring bessre Botschaft; bring auch bessre Zeitung!
Du Haymerle des Unheils, mach dich fort,
Ermüde nicht das Ohr mit dem Bericht,
Der Jovis Donner macht zum Schwatz des Pöbels.
Was malst du Pinsel uns den grauen Himmel
Zum Sonnentag, das Elend zur Idylle?
Harmloser Bote du des Schaudervollen,
Zu lang hat Trauer unter uns geweilt:
Du bannst sie nimmermehr durch Langeweile!
Und merk, vielfältig gräuliches Erlebnis
Wird durch die Einfalt kindischer Erzählung
Nicht ausgetilgt. Wer hat dich hergesandt
Zum Spott auf uns und dieses heil'ge Land?
Unhaymerle, ich geb' dir diesen Rat:
Die Rede spare, spare auch die Tat.
Hättst noch nach neun du nichts von ihr erfahren,
So käme all dies Unglück nicht zu Jahren.

O wär, was nachher, heute noch zuvor!
Botschaft und Zeitung lähmten Aug und Ohr.
Nimm meinen Zorn, es sei dir nicht verhehlt:
Man liest, hört, glaubt euch, weil der Glaube fehlt!

Die Laufkatze

August 1916

Ein Lieblingsgedanke des Erfinders des Grubenhundes[39] ist endlich realisiert worden: der Neuen Freien Presse auch eine Laufkatze anzuhängen. Die „Katzensteuer", zu der eine Persönlichkeit die Anregung gegeben hatte, war die gefundene Gelegenheit:

(Die Katzensteuer.) Zu der in unserem Blatte von Herrn Viktor Lustig gegebenen Anregung der „Katzensteuer" schreibt man uns: „Es wäre noch hinzuzufügen, dass sich die Katzenplage in den äußeren Bezirken besonders fühlbar macht. Es müsste ihr auch vom humanitären Standpunkt gesteuert werden, weil speziell in Döbling jetzt viele Ruhebedürftige sich befinden. In der Nähe meiner Wohnung befindet sich der geräumige Hof einer Fabrik, wo Tag und Nacht eine große Anzahl Laufkatzen mit ihren Jungen einen unerträglichen Lärm verursachen, ohne dass, trotz lebhaftem Proteste der Anrainer, diesem Übelstande bisher gesteuert werden konnte. Behördliche Intervention wäre dringend geboten und sie wird nach Publikation in Ihrem hochgeschätzten Blatte auch gewiss erfolgen.

Dr. Gabriel Bardach."

---

39   Im Jahr 1908 gelang es Kraus, die unseriöse Arbeit der Presse, in diesem Fall konkret der „Neuen Freien Presse", dadurch zu entlarven, dass er unter dem Pseudonym „Zivilingenieur Berdach" anlässlich eines Erdbebens einen Leserbrief einsandte, der in pseudowissenschaftlicher Sprache puren Unsinn enthielt. Der Leserbrief wurde vom Blatt abgedruckt, das damit den Ruf seiner Seriosität einbüßte. Kraus fand drei Jahre später einen genialen Nachahmer, der sich – wiederum anlässlich eines Erdbebens – als Bergbauingenieur Dr.-Ing. von Winkler ausgab und in seinem Leserbrief beschrieb, wie bereits geraume Zeit vor dem Beben sein „Grubenhund" gebellt habe. Seither ist der „Grubenhund" ein feststehender Begriff für ähnliche Entlarvungsaktionen.

Vor allem: Der „Zivilingenieur Berdach", seit Friedenszeiten unvergessen, legt Wert auf die Feststellung, dass er mit dem oben Genannten nicht identisch, nur gesinnungsverwandt ist. Er freut sich aber, dass in einer Epoche, in der so viele Anregungen gegeben werden, sein Beispiel fortwirkt. Und mit ihm erfreut, dass alles noch beim Alten sei, las ich, fern von Wien, die zustimmende Betrachtung, welche die Arbeiterzeitung dem Vorfall gewidmet hat:

Die Schwester des Grubenhundes: die Laufkatze. Der bellende Grubenhund, mit dem die „Neue Freie Presse" seinerzeit so viel Aufsehen und (unbeabsichtigte) Heiterkeit erregte, hat ein Schwesterchen bekommen: die Laufkatze. Die „Neue Freie Presse" hat kürzlich eine „Anregung" veröffentlicht, dass eine Katzensteuer eingeführt werden solle, also kann wie der Erfinder dieser Idee jeder mit vollem Namen in das Blatt kommen, der zu dieser Anregung eine Zuschrift an die Redaktion schickt. Das ist eine alte Einführung bei der „Neuen Freien Presse", die in der „Gesellschaft" so beliebt macht. Von dieser Sitte lässt sie nicht, obwohl ihr dabei schon so mancherlei Blamage unterlaufen ist. Auch diesmal hat sie sich beeilt, eine Zuschrift abzudrucken, in der diese Anregung auch „vom humanitären Standpunkt" begrüßt wird, weil sich „speziell in Döbling jetzt viele Ruhebedürftige befinden". (Natürlich: speziell in Döbling, denn in weniger noblen Bezirken braucht man keine Ruhe!) Dann heißt es in der abgedruckten Zuschrift weiter – – –
Wirklich Laufkatzen! Die man also besteuern soll; hoffentlich mit ihren Jungen. Nur leider, dass Laufkatzen keine Jungen haben, wenn sie sich auch oft in Fabriken aufhalten. Laufkatzen sind nämlich gar keine wirklichen Katzen, sondern kleine Wagen (genau so wie die Grubenhunde), bewegliche Wagen, die bei Kranen angebracht sind, auf denen die Leitrollen für die Lastkette sind. Da hat sich also ein Einsender einen Scherz erlaubt. Aber das unwissende Blatt hätte sich diesen Aufsitzer leicht erspart, wenn es nicht jede Zuschrift aus der „Gesellschaft" abdruckte. Für die Zukunft würde es sich empfehlen, wenn es sich zur Richtschnur dienen ließe, dass jedes Vieh, das ein Einsender schickt, verdächtig ist, ob es nun ein Grubenhund, eine Laufkatze, eine Geldkatze oder eine neunschwänzige Katze oder eine blinde Kuh ist.

So verfehlt die Auffassung sein mochte, dass jeder Bardach zur „Gesellschaft" gehöre – eine Kränkung für den Dr. ing. Erich Ritter v. Winkler,

dessen Adelsprädikat allerdings die ehrenvolle Aufnahme des Grubenhundes ermöglicht hat –, und so sicher es ist, dass im vorliegenden Fall
nur der schlichte jüdische Name in Verbindung mit dem Appell an das
hochgeschätzte Blatt und dessen Einfluss auf die Behörden Wunder gewirkt hat, so ließ sich doch dem Kommentar der Arbeiter-Zeitung die erfreuliche Vermutung abgewinnen, dass sich die Nachricht wie eine Laufkatze verbreitet habe, und diese Annahme wurde zur Gewissheit, als mir
am nächsten Tage die erdbebenartige Detonation eines Zornes zu Gehör
kam, der die Heiterkeit steigerte, durch die er entfesselt war. Über dieses
Nachspiel hat die Arbeiter-Zeitung ein Protokoll aufgenommen, das den
unter dem Titel „Bübereien im Kriege" erschienenen Ausbruch enthält und das hier mit den Zwischenbemerkungen der Arbeiter-Zeitung,
aber mit den mir passenden Unterstreichungen wiedergegeben wird:

Die Laufkatze und der übergeschnappte Herausgeber. Die
Laufkatze mit ihren Jungen, die die Döblinger Ruhebedürftigen stört, hat
in der Redaktion der „Neuen Freien Presse" ein gar schreckliches Unheil
angerichtet: Der Herr Herausgeber ist ob des letzten Reinfalls nämlich
komplett meschugge geworden. Die fröhliche Heiterkeit, die sein neues-
ter Aufsitzer in Wien verbreitet hat, veranlasst ihn zu einem furchtbaren
Zornesausbruch. Da man sieht, wie er vor Wut zerspringt, wird man nur
immer fröhlicher; also müssen das die Leser wörtlich lesen:
   Millionen unserer Mitbürger sind an der Front und Millionen im Hinterland sorgen mit ihnen und fühlen die Schwere einer
die Völker von Europa bedrückenden Krise. In einer solchen Zeit,
die namentlich der Presse die härtesten Pflichten auferlegt
und den Dienst für das Publikum und die Erhaltung der Angehörigen des Blattes so schwierig macht (man achte auf Benedikts
Zartsinn! Red. d. Arb.-Ztg.), haben die Bübereien in der Publizistik nicht aufgehört und werden von Leuten unterstützt, die durch
Teilnahme oder Ermunterung beweisen (da meint er uns! Red.),
dass sie gar keinen Zusammenhang mit den Stimmungen des Volkes
haben und dass ihnen jeder Ernst fehlt. Welche Freude, wenn
es gelingt, einen durch Nachtarbeit im Kriege abgehetzten
Redakteur (Abendblatt! Red.) durch einen Brief mit Fälschung
einer im Wohnungsverzeichnis befindlichen Angabe von Namen und
Wohnung zu täuschen (Aber Dr. Gabriel Bardach steht im Wohnungs-
verzeichnis nicht! Red.) und ihn, dessen Gedanken und Emp-

findungen vom Kriege in Anspruch genommen sind, zu einem Übersehen zu bringen. Wie gefährlich solche Versuche der Irreführung gerade im Kriege, da es so schwer ist, zwischen Gerücht und Wahrheit zu unterscheiden, werden können, wie infam dieses verbrecherische Treiben ist, darüber werden die Staatsbehörden sich zweifellos eine Ansicht bilden und die entsprechenden Folgen ziehen müssen.

In dem Falle, von dem wir heute sprechen, sind allerdings die Betrüger um den Erfolg des Betruges gekommen. Wir haben eine Notiz veröffentlicht, worin die Besteuerung der Katzen beantragt wurde. Wir erhielten eine zweite Zuschrift, in der von Laufkatzen gesprochen worden ist. Da es uns bekannt war, dass darunter auch eine technische Einrichtung zu verstehen ist, so haben wir im Wörterbuch der deutschen Sprache von Dr. Daniel Sanders nachgesehen, ob diese Bezeichnung auch in dem Sinne von läufig angewendet werden könne. Daniel Sanders sagt darüber: „Läufig, von manchen Tieren, zum Beispiel von Katzen, läufig." Da in dem Wörterbuch von Sanders auf diesen Sprachgebrauch ausdrücklich hingewiesen wird, ist die Büberei im Kriege ohne weiteren Schaden verprasselt. Aber welche Niedrigkeit gehört zu dem Versuch, an solchen bewegten Tagen einen mit Arbeit und Mühe überlasteten Redakteur in einen Irrtum bringen zu wollen. Wir können mit voller Wahrheit und mit der ernstesten Gewissenhaftigkeit gegen das Publikum versichern, dass der Redakteur unseres Blattes, den diese Buben antasten wollten, an Charakter, Wissen und Sorgfalt der Arbeit den Müßiggängern, die diese Gemeinheiten aushecken, weit überlegen ist, und dass jene, die in einer so schweren Krise die Fratzerei solcher Fälschungen begehen wollten, von jedem Publizisten, der auf seinen Stand hält und Standesgefühl hat, aus tiefstem Herzen verachtet werden. Die Buben sind nicht wert, dass wir sie mit dem Fuße wegstoßen, aber wir glauben, dass wir einen Vorfall, der in keinem anderen Lande der Welt in so bösen Tagen auch nur denkbar wäre, ohne Rücksicht darauf, dass die Einsender sich lächerlich gemacht haben, öffentlich besprechen müssen, weil in Kriegszeiten, in denen das Publikum zuweilen von starken Erschütterungen bewegt ist, solche Infamien ernste, weite Kreise berührende Nachteile haben könnten.

An dieser monumentalen Frechheit wird jeder Spott zuschanden; es ist ja so, als ob sich der Herr Herausgeber selbst parodieren wollte. Aber die Schamlosigkeit, den „durch Nachtarbeit gehetzten Redakteur" vorzuschieben, kann dem Schwindler nicht nachgesehen werden. Dass man einen Redakteur hineinfallen lassen kann, wäre nichts Besonderes; ihm eine Falle zu legen wäre kein Verdienst. Aber es sind nicht die Redakteure, die da aufsitzen, es ist das System Benedikt, das bloßgestellt wird. Das System nämlich, jeder Zuschrift von jedem Bardach unweigerlich Aufnahme zu gewähren; der „Bardach" ist es, dem die „gütige Veröffentlichung" sicher ist. Der Ulk dieser Zuschriften ist nur ein Hilfsmittel, um dem Publikum dieses System klarzumachen: dass sogar aufgelegter Unsinn durch die Flagge „Bardach" gedeckt wird. Die Redakteure der „N. Fr. Pr." – die es doch nicht verschuldet haben, dass ein Mensch wie Moriz Benedikt in ihrem Namen reden darf; sie werden das Los bitter genug tragen – die würden die „Zuschriften" wohl gern in den Papierkorb werfen, wenn eben der Herr Herausgeber, diese Verkörperung der Beziehungen zu den „Bardachs" aller Grade, ihnen die sorgfältigste Pflege des Mischpochismus nicht zur unwiderruflichen Pflicht gemacht hätte. Und dass sich jemand die Mühe genommen hat, den Nachweis zu führen, dass an dem schmierigen Wesen der „N. Fr. Pr." auch der Krieg nichts geändert hat, ist ihm nur zu danken, obwohl der Beweis überflüssig war: Hat doch das Schandblatt den ganzen Krieg überhaupt nur als Reklame für sich benützt. Nicht die intellektuelle Unzulänglichkeit der „N. Fr. Pr.", ihre moralische Minderwertigkeit wird durch die lustigen „Zuschriften" aufgedeckt, und die Leute lachen nicht darüber, dass man dort einen Aufsitzer von einer ernsten Sache nicht zu unterscheiden weiß, sondern freuen sich, dass die schäbige Eitelkeit des Herrn Herausgebers in die klug gelegte Falle geraten ist. Das freut alle, die die „N. Fr. Pr." verachten, und verachtet wird sie von jedem, der sie nur einmal in der Hand gehabt hat. Die Tage der Grubenhunde sind die erquicklichsten im Leben der Abonnenten der „N. Fr. Pr."

Das ist nichts. Das sind, um in der Tonart dieser grässlichsten Stimme, die je das Ohr der Welt gepeinigt hat, zu sprechen, „Sticheleien". Das tut nicht weh. Man muss diesen Schreihals würgen, bis ihm die Lust vergeht, sich den Freipass für seine Unsauberkeiten durch Berufung auf die Millionen unserer Mitbürger, die an der Front sind, zu verschaffen. Man muss diesem rabiaten Wucherer, der, anstatt Jehovah auf den Knien zu danken, dass sein Geschäft unter den Augen von Steueradministration,

Landesgericht und Kriegsgewalt florieren kann, die Staatsbehörden gegen kulturelle Bestrebungen aufzurufen wagt, so auf das Maul schlagen, dass die „Sorge", die er seit zwei Jahren täglich am Poincaré „nagen" sieht, ihn wie ein Schüttelfrost befällt. Er meint, weil sich nach achtzehnjährigem Schweigen und dem riskantesten In-sich-Geschäft der Wut, das die Finanzgeschichte kennt, eben „die Stiche in der Leber melden", die er dem Großfürsten Nikolaje- witsch zugeschrieben hat, er meint, wiewohl ich doch die Laufkatze nicht erfunden, höchstens angeregt habe – er meint mich und spricht von Buben. Ich sage Benedikt und meine ihn! Man muss diesen Banditen, dessen Gewalttätigkeit gegen die letzten Überreste eines öffentlichen Schamgefühls von der Unterworfenheit hochgestellter Pressknechte erhitzt wird, derart überschreien, dass er die Glorie, die ihm zum Alibi seines Handelns gut genug scheint, erschreckt aus der Pranke fallen lässt und nie wieder auf die Idee verfällt, die große Zeit, an der seine Opfer leiden, als seine eigene Schonzeit aufzufassen und sich aus dem blutigen Strafgericht der Welt eine Amnestie herauszufetzen. Man muss, wenn ein solches Individuum, dessen Raubgier die journalistische Schande noch um eine persönliche Note bereichert und das in die Pest der Zeit noch seinen Atem zu senden wagt, wenn es endlich einmal mit seiner gekränkten Ehre aus dem Käfig auf die Straße läuft, die Gelegenheit benützen und ihm so scharf in die Pupille sehen, dass ihm die Stimme für ein paar Leitartikel, der Gusto auf ein paar Börsenmanöver zwischen Morgen- und Abendblatt vergeht und dass es „im Gemäuer" seines Ansehens vernehmlicher „zu rieseln beginnt" als in dem der Entente, so vernehmlich, dass etlichen Botschaftern, Feldzeugmeistern und Fürsten doch einmal bange wird, auf die Mitarbeit an solchem Handwerk stolz zu sein. Man muss den verderblichsten Betrüger der mitteleuropäischen Dummheit, der sich sein patriotisches Opfer bestätigen lässt, wenn er ein paar Spalten seines Bordells einmal gratis zur Verfügung gestellt hat, und der ins Herrenhaus gelangen möchte, weil er bis heute straflos an der Leichtgläubigkeit Millionen verdient hat, man muss ihn fragen, ob er ernstlich glaubt, dass es „in einer solchen Zeit" nicht dringlicher als in irgendeiner früheren Zeit geboten ist, sein Handwerk, das den Offenbarungsglauben für Unwissen und Unmoral anspricht, zu entlarven, eben jenes Handwerk zu stigmatisieren, das den äußersten Kontrast zum Schein der Zeit bedeutet und sie selbst auf das Blutigste stigmatisiert hat. Man muss ihn fragen, ob er unter der Erhaltung der Angehörigen „des Blattes" (hundert Hiebe für den Größenwahn dieser schlichten Bezeichnung, die die Welt als Zubehör des Blattes auffasst!), ob er unter der Erhaltung dieser „Angehörigen", die er für die Angehörigen der Frontkämpfer hält, ob er darunter etwas anderes versteht als die einer irregeführten Autorität erpresste Möglichkeit, seine Plauderer, Laufburschen und Laufkatzenfänger für unentbehrlich zu erklären. Ob er – von der schon lustigen Blödheit abgesehen, die jeden um 11 Uhr vormittags (nach der Sommerzeit!) blamierten Schmock zum geplagten „Nachtredakteur" stempelt – ob er denn toll geworden sei, dass er von einem „durch Nachtarbeit im Kriege abgehetzten Redakteur" zu sprechen wagt, als wäre so einer direkt aus dem Trommelfeuer gekommen, um die Anregungen zum „Mistbauer und die Fliege" zu bewältigen und nun die Rubrik „Katzensteuer" zu redigieren. Man muss ihn fragen, ob er durch die Lektüre seiner Leitartikel so um alles Maß gebracht sei, dass er wirklich glaube, es könne einen Menschen in Zentraleuropa geben, der sich die Kriegssorge in der Figur eines Lokalredakteurs der Neuen Freien Presse verkörpert denkt, und ob er endlich gesonnen sei, wenigstens diese fortwährende Verwechslung seines Geschreis mit dem Weltgetöse einzustellen, die uns noch weit lästiger auf die Ohren fällt als Krieg und Kriegsgeschrei. Ob er glaubt, dass die Gedanken und Empfindungen seiner Kommis, die „dem Blatt" zu erhalten ihm Sorge macht, mehr vom Krieg, der ihnen – siehe Sanders – „stagelgrün aufliegt", in Anspruch genommen sind als von der beständigen Furcht vor einer Stimme, die aus Schmalz in „Gegralz" übergehend, auf Samtpfoten heranschleicht, um plötzlich in ein Berserkergebrüll zu entarten, und die unerträglicher ist als selbst der Lärm von tausend Laufkatzen mit ihren Jungen speziell in Döbling. Man muss ihn fragen, was er eigentlich unter „Fälschung" verstehe: die schlichte Erfindung eines echten, in jeder Lebenslage glaubhaften jüdischen Namens, auf den – schon aus Pietät für den ähnlichen Berdach in der Glockengasse – die Neue Freie Presse unfehlbar anbeißt, oder die dummfreche Behauptung, es sei die „Fälschung einer im Wohnungs-Verzeichnis befindlichen Angabe von Namen und Wohnung" begangen worden, wenn dort eine solche sich tatsächlich nicht befindet. Ob er glaubt, dass die Enthüllung, die Neue Freie Presse habe einem Bardach zuliebe eine Laufkatze Junge werfen lassen, „im Kriege" gefährlicher als im Frieden sei und ungünstig auf die russische Offensive wirken könnte. Ob er, weil es nun einmal so schwer ist, im Kriege zwischen Gerücht und Wahrheit zu unterscheiden, glaubt, dass das Gerücht, eine Laufkatze habe in die Neue Freie Presse Junge geworfen, schädlicher sei und geeigneter, dem Völkerhass Nahrung zu geben, als die seinerzeit gern gedruckte und heute noch nicht widerrufene Wahrheit, die Franzosen hätten Bomben auf Nürnberg geworfen. Ob die Verwendung von Laufkatzen im Kriege von der Haager Konvention verpönt sei, während der Gebrauch von Grubenhunden im Frieden unangefochten geblieben ist und bis heute schweigend hingenommen wurde. Ob dem gewissenhaften Redakteur damals „bekannt war", dass ein Grubenhund „auch eine technische Einrichtung" bedeuten könne, und ob er damals im Sanders nachgeschlagen und festgestellt habe, dass diese Bezeichnung auch im Sinne von „in der Grube lebend" angewendet werden kann. Was den Erfolg des heutigen „Betruges" anlangt, der ja hinlänglich missraten scheint, so wäre die Unschuld, deren Irreführung versucht wurde, auf die Frage festzunageln, warum sie, um der gefährlichen Nebenbedeutung willen, die ihr bekannt war, die Laufkatze, die in der Redaktion eingelaufen war, nicht vorsichtshalber doch lieber verscheucht, sondern um eines Bardach willen, dessen Bedeutung ihr einwandfrei schien und der an ein hochgeschätztes Blatt appellierte, welchem die Behörden gegen Laufkatzen so schnell parieren werden wie gegen deren Erfinder, sich so viel Kopfzerbrechen gemacht und so viel von der großen Zeit verloren hat. Insbesondere müsste gefragt werden, ob die Angabe, es sei „bekannt" gewesen und trotzdem sei aus Gewissenhaftigkeit noch im Sanders nachgesehen worden, ohne eine Spur von Schamröte aufrecht gehalten wird und ob nicht, wenn es dabei bleibt, die Lüge die Blamage vervollständigt, weil ja außer dem „Übersehen" auch noch zum Überfluss Nachsehen mitgewirkt hätte. Ob der Aufsitzer, dessen Absicht die denkbar einfachste war, nicht erst durch die Aufklärung zu vollem Effekt gelangt, so als wollte der Irregeführte dem Verführer zeigen, dass es noch viel komischer sei, als er selbst geglaubt hat. Ob die Vermutung, eine Laufkatze könne vielleicht „auch" eine läufige Katze sein, nicht eher durch die Verbindung mit den Jungen, die schon einen unerträglichen Lärm verursachen, ehe sie geboren sind, berichtigt, als durch die Auskunft des Sanders bestätigt wird. Und ob die Vermutung, dass eine Laufkatze „auch in dem Sinne von läufig angewendet werden kann", wirklich durch die Auskunft des Sanders bestätigt wird: „Läufig, von manchen Tieren, zum Beispiel von Katzen, läufig." Ob nicht vielmehr eine solche Vermutung erst durch die nicht erteilbare Auskunft bestätigt würde: „Läufig, von manchen Tieren, zum Beispiel von Katzen, daher auch Laufkatzen genannt" oder: „Laufkatze a) technische Einrichtung b) läufige Katze". Ob nicht der Schluss: „da in dem Wörterbuch von Sanders auf diesen Sprachgebrauch ausdrücklich hingewiesen wird" die allerfrechste Fälschung und Blödmacherei des Lesers bedeutet, da im Sanders allerdings auf „diesen" Sprachgebrauch hingewiesen wird, „dieser" Sprachgebrauch aber nichts für jenen Sprachgebrauch beweist, der unter einer Laufkatze eine läufige Katze verstehen ließe; da niemand bezweifelt hat, dass es „läufige Katzen" im Sprachgebrauch gibt, diese Gewissheit vielmehr erst die Irreführung wirksam macht; und da der „Sprachgebrauch" einer Laufkatze im Sinne von läufiger Katze weder im Sanders noch sonst im Leben vorkommt. Es ist doch der stärkste Beweis für die Möglichkeit, dem Leser mehr als dem Redakteur zuzumuten, wenn man ihm den Gedankengang serviert: Da im Sanders ein anderer Sprachgebrauch ausdrücklich bestätigt wird, so erkannten wir, dass der Sprachgebrauch bestätigt ist. „Idiot" kann allerdings sowohl Dummkopf als auch Privatmann bedeuten. Wenn nun aber ein solcher behauptet, er habe sich beruhigt so nennen lassen können, weil er im Fremdwörterbuch bestätigt gefunden habe, dass „Idealist" von manchen Menschen, zum Beispiel von Börseanern, angewendet wird, so bedeutet Idiot auch Schwindler. Bis zu welchem Grade er das ist, wäre erst durch die Frage festzustellen, ob er wirklich im Sanders, in dem er natürlich nicht vor dem Erscheinen der Laufkatze, sondern erst nach entstandenem Schaden das Nachsehen hatte – ob er dort wirklich die Erklärung gefunden hat: „Läufig, von manchen Tieren, zum Beispiel von Katzen, läufig." Es mag ja sein, dass der Sanders – die Wissenschaft kommt der Presse gern entgegen – schnell eine Auflage veranstaltet hat, in der eine Deutung von „läufig" steht, die durch die Zitierung des Beispiels der Katze und durch die aparte, höchstens im Wiener Dialekt mögliche Form „läufig" dem Wortbild der „Laufkatze" nahekommt, ohne diese selbst anzuführen. Ich weiß es nicht und ich will nicht in Abrede stellen, dass der Schwindler eine solche neuere, verstärkte Auflage des Sanders – der ihm ja stark aufliegt – besitzt, die es ihm durch die Darbietung einer „läufigen Katze" ermöglicht, dem Leser einzureden, es sei dort „ausdrücklich" eine Laufkatze offeriert. In meiner Auflage des Sanders, die es mit Recht verschmäht, irgendwelche Tiergattung als Beispiel anzuführen, um nicht den läufigen Katzen vor den läufigen Hunden den Vorzug zu geben, und der es auch nicht einfällt, durch die Anführung des seltenen „läufig" dem „Lauf-" näherzukommen, ist die Sache so dargestellt: „Läufig, -isch, a.: v. manchen Tieren (u. verächtl. v. Menschen): v. d. Brunst ergriffen (s. laufen 2)." Wie dem immer aber sein mag, so neu kann gar keine Auflage des Sanders sein, dass man aus ihr herauslesen könnte, eine Laufkatze sei eine läufige Katze, und so alt ist keine, dass sie nicht diese Version als einen Druckfehler, nämlich als lausig erkennen ließe. Aber der von keiner Scham mehr gebändigte Schwindler, der seine Leser mit demselben Tonfall der Plausibilität hineinlegt, mit dem man ihn selbst bezwungen hat, wäre nun noch zu fragen, ob nicht die Beteuerung, dem beruhigenden Auf-schluss des Sanders sei es zu verdanken, dass „die Büberei im Kriege ohne weiteren Schaden verprasselt" sei, ob solche Rede nicht vielmehr der Kausalnexus eines Paranoikers im fortgeschrittenen Stadium ist oder, wie eben dieser einmal von Sir Grey gesagt hat, Europa der Spielball eines „Wirren". Ob die Anklage, die Irreführung sei „an solchen bewegten Tagen" an einem Redakteur begangen worden, der an solchen bewegten Tagen mit der Einrichtung der Lustig- und Bardachbriefe über die Katzenplage betraut war, und die Befriedigung, dass zum Glück kein weiterer Schaden im Krieg gestiftet worden sei, weil im Sanders das Wort „läufig" vorkommt – ob solches Auf und Ab nicht eben das klinische Bild ergibt, das man in bewegten Zeiten schon oft an aufgeregten Leuten, speziell in Döbling, beobachtet hat, an solchen, die schon vor der Irreführung sich an deren Ziel befunden haben. Ob der Kranke aber nicht doch einen hellen Moment hat, wo er erkennt, dass die Versicherung, sein Dienstbote für Lokales sei irgendeinem „Müßiggänger", nicht etwa nur den Anregern kulturell höchst wertvoller Versuche, „an Charakter, Wissen und Sorgfalt der Arbeit überlegen", keineswegs ernsteste Gewissenhaftigkeit, sondern blanke Vermessenheit war. Ob er dann noch die Entschuldigung der schweren Krise Europas für die Unfälle einer Redaktion geltend machen könnte, die niemand in ihrem Recht auf Unwissenheit antasten wird, aber jeder in ihrem frechen Anspruch auf Allwissenheit zu erschüttern die Pflicht hat. Denn es braucht nicht zum hundertsten Mal gesagt zu werden, dass kein Mensch außer einem Alleswisser wissen muss, was eine Laufkatze ist, und dass es ein höchst verdienstvolles „Vollbringen" im Kriege ist, zu dem wir „unsern Gruß entbieten", einem Land- und Seeräuber, der Kitcheners Tod ein ruhmloses Ende nennt, aber jedem Bardach zu einem ruhmvollen Leben verhilft und um solches Respekts willen den Schiffbruch seiner Wissenschaft erleben muss, Anstand und Bescheidenheit zu lehren. Dass es nicht gelingt, hängt mit der Unvollkommenheit aller technischen Einrichtungen zusammen. Denn immer noch wird es einem Schwindler leichter glücken, der Dummheit seiner Leser Entrüstung über einen Satiriker, als dem Satiriker, ihr Misstrauen gegen einen Schwindler beizubringen. Dieser fängt sie mit dem Krieg, redet ihr ein, eine Laufkatze verbreite sich wie ein Gerücht, und hat die Stirn, wie einst, da ein Pfuscher durch die leere Erfindung einer an sich möglichen Explosion ihm leichtes Spiel ließ, in dem Geschrei über „verbrecherische Irreführung der Neuen Freien Presse" den Grubenhund und Berdachs Erdbebenbeobachtungen als „falsche Nachrichten" zu verschütten, ohne doch mit einem Sterbenswörtchen auf solchen Ursprung alles Wehs hinzudeuten, geschweige denn auf denLebensschmerz, der sich ihm in meinem ganzen Dasein verkörpert. Könnte daraus ein Leitartikel werden, so würde der sagen: „man kann sich vorstellen", wie dieses Kapital an Rachsucht brachliegen muss und wie es wurmen mag, dass die einzige Waffe des Totschweigens den Feind nicht zu leben gehindert hat, und wie man, wenn man sich nicht durch gelegentliche allgemeine Ausbrüche Luft machte, in Gefahr käme, sich selbst zu Tod zu schweigen. Ich lehne es durchaus nicht ab, dem schwer Ringenden im tragischen Konflikt zwischen seinem Gelübde und seiner Galle zu helfen und mich zwar nicht getroffen, aber gemeint zu fühlen, wenn er irgendein Schimpfwort ausgestoßen hat. Nie vermöchte seine Rede mich so sehr anzugreifen, wie ihn sein Schweigen, und er weiß, dass sein noch so lautes Gebärdenspiel mich nie abhalten wird, zu ihm zu sprechen, und dass ich, wenn ich einmal Lust verspüre, etliche „Laienfragen" an ihn zu stellen, dies ohne Rücksicht darauf tun werde, ob er die bezüglichen Laienantworten erteilt. Er weiß, dass ich ihn bekämpfe, weil ich ihn für die Pest halte, nicht weil er mich gekränkt hat. Er weiß, dass er mich nie gekränkt hat, dass ich als Knabe die Chance, meine Seele anstecken zu lassen, zurückgewiesen habe, und dass alle andersgerichtete Version Verleumdung ist, bezogen aus dem jüdischen Sagenkreis, in dem ein Angriff nur als Revanche für einen entzogenen Vorteil gedacht werden kann. Er weiß, dass die aus den tiefsten Quellen der Kommerzseele geschöpfte Frage: „Was haben Sie gegen den Benedikt?" von keiner Aufklärung beruhigt werden kann. Er weiß um eine Selbstlosigkeit, die ihn und alle verachtet, die um seine Gunst Meinung und Ehre verkaufen. Er weiß, dass ich der ganzen judenchristlichen Welt dieses Hinterlandes, die auf das Wort eines besessenen Börseaners lauscht, dem Kitcheners Ende nicht ruhmvoll genug ist, reinsten Herzens Kitcheners Latrinen wünsche. Vergisst er's und übernimmt er sich, so werde er mit aller erdenklichen Entschiedenheit befragt, ob er nicht dennoch sich so viel Besinnung bewahrt habe, dass er zugeben muss, die Zurückweisung des Kulturgestanks beweise immerhin einen bessern Zusammenhang mit den „Stimmungen" als sein Betrieb, und dass es weit ehrenvoller sei, vom Fuße des Herrn Benedikt weggestoßen zu werden als die Hand des Herrn Benedikt drücken zu dürfen. Und ob er – hier aber fasse man ihn fest ins Auge; hier stelle man ein an allen Fronten verachtetes Individuum, dessen eigene Front den furchtbaren Siegerglanz des Ritualräubers trägt; hier trete man dicht an das numidische Ponem eines Jugurtha, der seinen Fuß auf den Nacken Roms und aller Christenerde setzt; hier frage man: ob er mit voller Wahrheit und mit der ernstesten Gewissenhaftigkeit versichern kann, dass es frivoler sei, in Kriegszeiten, in denen das Publikum und die Börse zuweilen von starken Erschütterungen bewegt sind, dem schädlichsten Parasiten solcher Bewegtheit einen Possen zu spielen, als in solchen Zeiten, also gelegentlich einer Schlacht bei Lemberg, durch vierzehn Tage das Jubiläum „des Blattes" zu feiern und im Moratorium von den Banken Gelder für hundert Annoncenseiten zu erpressen. Ob ein Mensch, der das Eisen, unter dem die Millionen sterben, von dem Anteil an den Millionen jener kennt, die vom Eisen leben, ob ein Redakteur, der unter dem eisernen Diktat eines Vertreters des Eisenkartells eine Berichtigung gratis schreiben muss, anstatt durch den Angriff eine Erhöhung des Pauschales erzielt zu haben, ob ein Zoolog, der sich unter allen Arten von Katzen nur mit den Geldkatzen auskennt, die ihm freilich auch Junge abwerfen, ob ein Philosoph, der das Leben eines Mönches führt, weil er in der Welt Bankdirektoren treffen könnte, die einzigen Wesen im Staat, die sein Ansehen tarifmäßig berechnen können – ob so einer, wenn er uns schon mit seinen Meinungen und Leidenschaften und Einbildungen und Stimmungen und mit den Einzelheiten und mit den Details das Ohr betäuben darf, nicht wenigstens doch das Recht verwirkt hat, sich mit seiner Ehre laut zu machen. Ob es selbst dem Hirnverbrannten erlaubt ist, darauf zu rechnen, dass die Behörden gegen die Plage der Laufkatzen so schnell intervenieren werden wie gegen die Katzenplage: Notiz in der Freien Presse genügt, arretiere sofort. Ob sich der „lächerlich gemacht" hat, der, in guter Erfassung meines seit anno Erdbeben propagierten kultursatirischen Ernstes, vom Grubenhund, von dessen verheimlichtem Biss die Tollwut stammt, glücklich fortgeschritten ist und heute den Mut hat, eine Laufkatze eine Laufkatze zu nennen – und nicht vielmehr jener, der lächerlich wurde, weil es gelang, und wäre er trotzdem ernst zu nehmen, durch die verzweifelte Abwehr, bei der der Größenwahn die Dummheit um Hilfe anbrüllt. Denn den Aufsitzer könnte er schweigend überleben; die Beschwerde wegen Missbrauchs der redaktionellen Nervenzerrüttung im Kriege könnte er vor Trotteln mit einigem Anspruch auf Bedauern vorbringen – aber so dumm sollte kein Leser in den Zentralstaaten sein, dass er die Verteidigung einer Wachsamkeit, die um den einen Sinn der Laufkatze gewusst haben will und den andern erfüllt gefunden hat, der also nicht das Geringste passiert ist und die sich trotzdem so rabiat gebärdet, hingehen lassen könnte. Einem Schläfer Maikäfer ins Bett praktizieren ist keine Kulturtat: Sie wird es erst, wenn dort sonst nur Wanzen sind, die jener für Edelsteine ausgibt; und wenn er gar nachträglich behauptet, er habe nicht geschlafen und die Maikäfer seien auch Edelsteine, aber insofern sie Maikäfer seien, liege eine Büberei vor, so ist das Experiment bis zu einem Grade geglückt, dass man annehmen müsste, die Nachbarschaft werde mit dieser vielfachen Unsauberkeit in Bett und Gehirn endlich einmal aufräumen. Die einzige Hemmung für solche Gründlichkeit ist das Mitleid, und diese hält auch das Verhör durch die Frage auf, die man sich selbst zu stellen hätte: ob es nicht wirklich frivol ist, einem Zeitungsmenschen, dessen Midasgabe, alles was er berührt in Humor zu verwandeln, das Tagesgespräch bildet, noch durch gelegentliche Mitarbeit aufhelfen zu wollen; dem Leitartikler, dessen tägliche Sorge die Sorge Poincarés ist, dessen „Einbildungskraft" das letzte Lachen einer verblutenden Welt sichert, der die Nase der Kleopatra gemessen hat, von Puschkins Geliebter über das Bankhaus Eskeles zum Leutnant Mlaker stürmt, „die Milliarde" umarmt, der Armee seinen Gruß entbietet und, bald Springinsgeld, bald Patriot, zugleich Märchenerzähler und Bilanzknecht, die Leserschaft durch täglich neue Kapriolen entzückt. Ob es nicht an sich schon lächerlich ist, dem Vortänzer des tragischen Karnevals, wenn der in seinem Maskenzug nichts führte als die Schalek, auch noch eine Laufkatze anzuhängen! Diese Erwägung aber, die wieder vor einem, der nachweislich diesseits der Schwelle des Tollhauses sein Gewerbe treibt und sich andauernd des Zuspruchs der höchsten Kundschaft erfreut, übertriebene Rücksicht wäre, weicht der Erbitterung über eine Frechheit, die nicht nur Haltet den Dieb! ruft, sondern das Verdienst, dem Staatsfeind auf die Finger zu sehen, als Kriegsverrat ausgeben möchte. Aug in Aug, die Hand am Schreihals, werde der Heuchler, der den Versuch, Verwirrung in einer Diebshöhle anzustiften, für ein verbrecherisches Treiben hält und dessen Unzurechnungsfähigkeit keinen Milderungsgrund, nur die tägliche fan-

tastische Abwechslung dieses blutmaschinellen Einerleis bedeutet, ver-
hört bis zur letzten, unerbittlichen Frage: ob er denn glaubt, dass nicht
eben der Krieg der geeignete Zeitpunkt sei, den Burgfrieden der Hyänen
zu stören. Aber ich weiß, eher wird eine Hyäne zum Samariter werden
und eher wird eine Laufkatze Junge kriegen, bevor jener mir darauf Antwort gibt!

AUF DER SUCHE NACH DEM
MENSCHEN IM HEROS

November 1916

Der Auswurf der gewiss nicht planetreinen europäischen Bevölkerung,
also die Presse, ist, abgesehen von der kleinen Meinungsverschiedenheit,
die zum Völkerblutbad geführt hat, völlig einig in dem Verlangen nach
mehr Pressfreiheit, die bekanntlich eine der kostbarsten Errungenschaften der Menschheit bedeutet und von dem Gute der menschlichen Freiheit als solcher nicht zu trennen ist. Wiewohl nun das Recht, Mensch
zu sein, nicht das Geringste mit der Meinungsfreiheit, wie sie die We-
gelagerer des Fortschritts propagieren, zu schaffen hat und man
sich die vollkommenste Verfügung über die Lebensgüter recht wohl ohne
eine tägliche Presse vorstellen könnte, wird dem Volk der unauflösliche
Zusammenhang alles dessen, was der Mensch vom Leben zu fordern ein
Recht hat, mit einer unzensurierten Journalistik so tief eingeleitartikelt,
dass man sich wirklich eher Malkontente in einer presselosen Zeit als in
einer brotlosen vorstellen könnte. Mehr denn je wagt es diese Profession von Tagedieben, die ihren Beruf verfehlt haben, geistige Freiheit in
Verbindung mit dem Amt zu bringen, die Menschenwürde täglich ungestraft zur Kanaille zu machen. Dass eine Staatsanwaltschaft Nachrichten
verbietet oder Kommentare, deren Lektüre vielleicht keinen Schaden am
Staatsinteresse bewirken würde, deren Unterdrückung aber dort keinen
edleren Teil verletzen kann, wird nur so laut beklagt, um die Leserschaft
vergessen zu machen, dass eine Kulturanwaltschaft fehlt, die alles das zu
verbieten hätte, was jene noch erlaubt. Die sittliche Verfassung, in der die-

se Gemeinschaft Anklagen gegen die Zensur erhebt, wird kaum besser als durch die Schrankenlosigkeit der Befugnisse illustriert werden können, die sie sich tagtäglich gegen die Überreste unserer Scham und unserer Vernunft herausnimmt. Auf einer einzigen Seite drängen sich täglich hundert Beispiele, die solches Übermaß an Freiheit beweisen wollen. Aber keines hat in den letzten, ach so reichen Kriegswochen so gellend nach Beachtung gerufen wie der Entschluss des Herrn Arpad Pasztor, Sonderberichterstatter des „Az Est" – totenübel wird einem schon vor der Fülle der Abenteuer, die solche Namens-, Berufs- und Firmenverbindung enthält –, also der Entschluss dieses Mutigen, „Casement in Berlin" für das „Berliner Tageblatt" auszuforschen, Nachdruck verboten. Er macht sich auf den Weg, den Lebensspuren des Mannes nachzugehen, der den Märtyrertod gestorben ist, um den Würmern die Gelegenheit zu geben.

> In Berlin verweilend fiel mir ein: Wäre es nicht zweckmäßig, fern von der Politik e i n e n M a n n zu suchen, der ihm nahestand, o d e r d i e E r i n n e r u n g, die von ihm zurückblieb, o d e r v i e l l e i c h t d i e H o t e l s a u f z u s u c h e n, w o e r l e b t e, d i e F r a u, f ü r d i e e r v i e l l e i c h t N e i g u n g h a t t e, u n d d i e s a l l e s n o c h h e u t e? I c h m ö c h t e d i e noch vibrierenden Minuten erfassen, denn morgen, in ein paar J a h r e n, f l i e h t s c h o n d i e Z e i t w i e h u n d e r t J a h r e v o r ü b e r, u n d i n d e m H e r o s s i e h t m a n n i c h t m e h r d e n M e n s c h e n… U n d gerade der Mensch ist doch das ewige Problem…

Bei der Wahl, einen Mann, eine Erinnerung oder ein Hotel zu suchen, entscheidet er sich für dieses, und der Hotelportier des eigenen Hotels hilft schon, das ewige Problem zu lösen.

> Der Hotelportier d e n k t n a c h a u f m e i n e F r a g e, ob er wüsste, wo Casement gewohnt hat?

Der Hotelportier weiß es nicht, aber es wird festgestellt, dass Casement in der Bar des Hotels Bristol verkehrt hat. Die Kellner werden interviewt.

> Anton Schramm und Willy Rhon kannten ihn. Ich gebe weiter, was diese mir erzählten.

Dann geht's ans Forschen.

„Trank er gern?" „Nein. Er trank nicht viel. Am liebsten Martini-Cocktail."

Das ewige Problem ist aber damit bei Weitem nicht erschöpft. Die Frage der Fragen bleibt noch offen:

„Sah man ihn in Damengesellschaft?"

Niemals. Schwere Enttäuschung bemächtigt sich Arpads. Er wendet sich verdrossen der Politik zu und interviewt Herrn v. Puttkamer, dem er den Ausspruch entreißt:

„– – – Einen Casement hängt man nicht … Einen Casement, wie irgendeinen Dieb oder Mörder? Das ist eine richtiggehende englische Niedertracht."

Herr v. Puttkamer verwendet absichtlich den Vergleich mit Dieben und Mördern, weil man einen Journalisten noch nicht gehängt hat. Die Menschheit fühlt sich unter der Presse zu wohl, um ihre Tyrannen an den Galgen zu wünschen. Sie erträgt es gern, dass nach dem Tod eines Märtyrers der Reporter in die Hotels läuft und fragt, ob er Damenbesuche empfangen hat.

Hospiz am Brandenburger Tor. Hier wohnte er zuerst in Berlin. „Christliches Hotel ersten Ranges" nennt es sich, und möglich, dass Casements Wahl darum auf dieses Hospiz fiel.

So wird der Portier ins Gebet genommen.

„… Was für Menschen kamen her zu ihm?"
„Amerikaner, und ein-, zweimal ein Hindu …"
„Damen niemals?"
„Nie …"

Die drei Punkte sollen die Sprachlosigkeit des Fragers ausdrücken. Im Hotel Fürstenhof aber ist noch weniger herauszukriegen. Zum Glück wird in einem andern Hotel ein Amerikaner aufgetrieben, der etwas zu wissen scheint.

„War er aufgeregt, als er sich von Ihnen verabschiedete … Weinte er vielleicht?"

„Ja. Aber lassen wir das, wir stehen ja den Ereignissen so nahe, und diese sind ja so private Angelegenheiten…" „Bitte! … Werden Sie es nicht aber einmal beschreiben?"

Arpad ist auch taktvoll, wenn einer grob wird oder es speziell verlangt; aber es wäre ihm sehr unangenehm, wenn dieser selbst schreiben wollte, was er nicht sagen will. Er wickelt sich los von dem unwirtlichen Amerikaner. Es gibt noch Informationsmöglichkeiten!

Frida Scholtz, Stubenmädchen im „Hotel Saxonia". – Casement wohnte im Zimmer 416, und Frida Scholtz hat auch sein Zimmer aufgeräumt.
„Erinnern Sie sich noch an ihn? Was für ein Mensch war er?"
Das liebe deutsche Mädchen lächelt:
„Ja, der Herr war ein komischer Mensch … Nicht so wie die übrigen Gäste, man kann ihn nicht so rasch vergessen."
„Um wieviel Uhr stand er auf?"
„Jeden Morgen um 9 Uhr. Dann musste man ihm den Tee hereintragen. Er zog sich an, ging ins Lesezimmer oder etwas spazieren, während dieser Zeit musste sein Zimmer in Ordnung gebracht werden."

Nun ist der Moment gekommen, wo Arpad die vibrierenden Minuten erfassen kann. Man sieht bereits in dem Heros den Menschen, wie er „jeden Früh, wenn er aufkommt und aufsteht, seinen Tee trinkt", den man ihm hereintragen muss, und später verlangt er, dass sein Zimmer in Ordnung gebracht wird. Aber das ewige Problem ist noch nicht ganz gelöst. Frida Scholtz gibt sich alle Mühe.

„… nie wurde er vertraulich, immer verschlossen."

Jetzt ist Arpad am Ziel.

„Damen haben ihn nicht aufgesucht?"
„Nein. Nie … Nur Frau B. vom Zimmer 405. Sie schickte Herrn Casement oft Blumen, nach dem Mittagbrot kamen Casement und seine Freunde bei ihr zusammen, plauderten."

„Moment!" denkt Arpad, das wollen wir doch ein wenig untersuchen.

> „Wie alt war die Dame?"
> „Über vierzig … Nein, nein, mein Herr, das war keine Liebe…
> Nur eine große Freundschaft, Bewunderung … Wir wüssten es ja…"

Frida hat Arpads Gedanken, die sich in drei Punkten in einem Punkt zusammenfassen lassen, erraten. Er beeilt sich, noch ein paar Daten über Frau B. zu erraffen, und kommt dann wieder auf das Problem zurück.

> „War Herr Casement zerstreut?"

Sie verneint es. Er hat sogar nicht vergessen, ihr vor der Abreise ein Trinkgeld zu geben. Sie weiß darüber eine interessante Mitteilung zu machen.

> „Hier, Fräulein, sagte er, als er ging, und gab mir 2 Mark
> 50 Pfennig als Trinkgeld."

Nun wäre ja alles so ziemlich festgestellt. Bleibt nur noch eins.

> Der Hotelportier Planner erzählt von der Abreise.

Dies und das.

> Das ist alles, was ich in Berlin über Casement erfuhr. In der weiten, geschichtlichen Perspektive habe ich die kleinen, menschlichen Züge zu schildern versucht. Wie sein Wagen vom Hotel Saxonia durch die Budapester Straße fuhr …

die früher auch anders geheißen haben dürfte.

> Das Übrige, was geschah, ist ja schon ein düsterer Shakespeare'scher Akt.

Bis dahin ist es von Arpad Pasztor, Sonderberichterstatter des „Az Est", austauschweise dem „Berliner Tageblatt" zugeteilt, und so ehrt man in den Zentralstaaten die Märtyrer des perfiden Albion, indem man herauszukriegen sucht, ob sie Damenbesuche empfangen haben. Ein Akkord in Moll klingt nach:

Beim Morgengrauen am Karfreitag. In den hügeligen irischen Häfen…

Im Morgenblatt des 20. August. Im Berliner Tageblatt … Und wenn man nach dieser Stimmungspause bedenkt, dass da einer für seine Überzeugung gehängt wurde und so etwas, mit solcher Moralität und Manier, überlebt, Einfluss hat, von Ministern und Generalen so leicht Auskunft bekommt wie von Hotelportiers und Stubenmädchen, uns belehrt, ergötzt, durchs Leben und in den Tod führt – so ist es wahrlich höchste Zeit, mehr Pressfreiheit zu verlangen!

's gibt nur an Durchhalter!

April 1916

Zu den grauslichsten Begleiterscheinungen des Durchhaltens, als wär's kein Leiden, sondern eine Passion, gehört dessen tägliche Feststellung, Belobigung und behagliche Beschreibung. Wie der Wiener schon in Friedenszeiten davon durchdrungen war, dass er ein Wiener ist, sich das täglich zum Frühstück und zur Jause nicht nur selbst ins Ohr sagte, sondern es auch zweimal in der Zeitung zu lesen bekam, und in einer Art, dass wenn ihm erzählt werden sollte, viele Leute seien auf dem Stephansplatz herumgestanden, ihm statt dessen gesagt wurde, es seien viele Wiener gewesen – so wird in der Zeit der schweren Not keinem das Durchhalten so leicht gemacht wie dem Wiener, denn keiner trifft es so leicht wie der Wiener, weil er eben vor allem ein Wiener ist und wiewohl der Wiener nicht nur Bedürfnisse hat wie ein anderer, sondern auch speziell als Wiener einen speziellen Gusto auf Spezialitäten, diese Triebe doch spielend zu unterdrücken vermag, indem er eben ein Wiener ist und deshalb also natürlich auch zu seinem Kaffee, den er nicht bekommt, Hab' die Ehre sagt und wenn er schon nicht mehr seine Kaisersemmel hat, so doch noch seinen Humor hat, mit dem er sich jederzeit nicht nur über die Teuerung, sondern auch über den Mangel leger hinwegsetzen kann und mit dem er erforderlichenfalls sogar ein Zigarettl, das er nicht kriegt, sich anzuzünden vermag, so fesch wie es außer ihm auf der weiten Erde eben nur er kann, der Wiener.

Wie die Beziehung des Wieners zur Natur sich in einer fortwährenden Berufung auf die „Anlagen" ausspricht, so ist die Beziehung des Wieners zum Leben eine unerschöpfliche Auseinandersetzung mit den Viktualien, und es muss einen tiefen Grund haben, dass jene häufige Redensart, durch die der Wiener dem Ernst einer Situation gerecht werden will, den keine Illusion übriglassenden Wortlaut hat: „Da gibt's keine Würschteln!" Anstatt sich nun mit dieser Tatsache im gegebenen Zeitpunkt abzufinden, wird der Wiener nicht müde zu versichern, wie vortrefflich er die Würschteln zu entbehren verstehe und dass es direkt ein Hochgenuss sei, auf sie zu verzichten – eine Wiener Spezialität, ein Gustostückl, vom Schicksal eigens für den Wiener reserviert. Nicht nur davon überzeugt, dass ihn die Schöpfung als ihren eigentlichen Zweck beabsichtigt habe und dass der Stephansturm annähernd Sitz und Mittelpunkt der Verwaltung des Kosmos sei, ist es ihm gelungen, den berechtigten Glauben, dass es nur e i n e Kaiserstadt, nur e i n Wien gebe – einen ähnlichen Hinweis hat bekanntlich unlängst der englische Zensor nach Deutschland mit einem „Gott sei Dank" durchgehen lassen –, dass es ferner nur e i n e Fürschtin gebe, die Metternich Paulin, in einer Art sangbar zu machen, dass es für ihn auf der Welt n u r a Kaiserstadt, n u r a Wien und n u r a Fürschtin zu geben scheint, und durch den gerechten Zufall eines schlecht gebauten Couplets hat er sich des Unvermögens schuldig bekannt: nichts sonst zu sehen, wo immer er hinkommen mag, als eben diese ihm vertrauten Erscheinungen. Wien in jeder Stadt suchend, war er ungehalten, wenn er es nicht fand, nicht wiedererkannte, fuhr nach Paris, um „auf ein Rindfleisch" zu Spieß ins Restaurant Viennois zu gehen, verglich es mit dem von Meißl & Schadn, und kehrte an Selbstbewusstsein bereichert zurück. Wie der Deutsche, ohne auf besondere Wünsche des Berliners dabei Rücksicht zu nehmen, sich in jeder Lebenslage einen Deutschen nennt und auch vor Leuten, die nie daran gezweifelt, ja es auf den ersten Blick selbst bemerkt haben, so muss der Wiener nicht erst vor einem Spiegel stehen, um sich als Wiener zu erkennen. Man mag aber zugeben, dass der Deutsche in der Verwendung der Methode, sich aus sich selbst zu definieren, sparsam ist im Vergleich mit dem verschwenderischen Wiener, der seit einigen Jahrzehnten gewohnt ist, sein Gemüt sowohl wie sein Gemüse, seinen Schick sowohl wie seinen Schan als spezifisch wienerisch zu bezeichnen, und sehr wohl imstande wäre, bei der Ausfertigung eines Reisepasses, der ihn heute zwar nicht in Konflikt mit der Welt bringen kann, darauf zu dringen, dass sein Geburtsort zugleich als besonderes Kennzeichen notiert werde. Denn es gibt wohl kaum einen Wiener, der nicht felsenfest darauf bauen würde, dass er ein apartes Blut mitbekommen habe. Das wäre freilich noch keine Überhebung, sondern nur eine ethnologische Behauptung, die sich am Ende sogar beweisen ließe. Das Bedenkliche aber ist, dass er von sich überzeugt ist, dass überhaupt nur er ein Blut bekommen habe und kein anderer, denn er wäre wohl peinlich überrascht, wenn er eines Tages hörte, in den russischen Zeitungen sei etwas von einem feschen Petersburger Blut gestanden. Und mit ihm wäre die ganze Welt erstaunt, denn es ist eine Tatsache, dass so etwas noch nie vorgekommen ist. Es kommt eben nur in Wien vor, wo Leute, die daselbst schon 50 Jahre und mehr ansässig sind und längst nicht mehr ihre Zuständigkeit beweisen müssen, in der Zeitung plötzlich als „Wiener" agnosziert werden, während man doch noch nie gelesen hat, dass zur Begrüßung des Königs von Schweden sich ein Spalier von zahllosen Stockholmern gebildet habe. Höchstens die Schweizer noch haben diese Ehrlichkeit, ohne Umschweife sich selbst als „Schweizer Bürger" anzusprechen, wobei aber mehr die Anständigkeit, sich an einen einmal geleisteten Eid öfter zu erinnern, mitspielt, als die Selbstgefälligkeit einer unverantwortlichen Gegenwart. Auch sind die Schweizer die unvergleichlich besseren Hoteliers, die nicht so ungeschickt wären, Ausländer durch eine lästige Hervorhebung der eigenen Vorzüge vor den Kopf zu stoßen, während die Wiener den Fremdenverkehr, zu dem sie einen unglücklichen Hang haben, um jeden Preis heben wollen, ohne zugleich ihre Einrichtungen zu heben, deren Attraktion sie gerade darin erblicken, dass sie so wie sie sind geschätzt werden müssen, weil sie eben spezifisch wienerisch sind.

Dieses Monopol des Wieners auf Einzigartigkeit in allen Lebenslagen, und nun sogar im Verzicht auf die Lebensgüter, zu verteidigen und tagtäglich zu stützen, dazu hat vorzüglich die israelitische Presse einen Tonfall, dessen Überredungskraft es nicht nur gelungen ist, einen Menschenschlag, der einst an der noblen und weltsinnigen Lebensführung des Vormärz wie kein anderer teilnahm, kulturell einzukreisen, sondern ihm auch unter täglicher Entschädigung durch eine ekelhafte Liebedienerei einzureden, das Gegenteil sei der Fall und der Wiener habe vor dem allgemeinen Fortschritt, nämlich dem, der mit der Eisenbahn die Menschen weiterbringt, noch seine besondere „Note" voraus, weil er eben trotz der Fähigkeit, sich der Eisenbahn zu bedienen, doch mit Leib

und Seele ein Wiener geblieben sei. Wie er jetzt nur auf die Seele angewiesen ist, um diese Eigenschaft zu betätigen, wie er ohne Fett selbstlos
geworden ist, das bekommt er Tag für Tag bestätigt und gepriesen, und
der Wiener fühlt sich, gebildet wie er ist, besonders geschmeichelt, wenn
ihm sein Entbehrungsschmock nun erzählt, dass er, der Wiener, über
alles Erwarten, nein mehr: wie man nicht anders von ihm erwarten
konnte, und akkurat wie es von ihm zu erwarten war, die Opfer, die man
von ihm eigentlich nicht verlangen dürfte, dennoch bringt und zwar
deshalb, weil sie von ihm „geheischt" werden.

Es hieße Eulen nach Athen tragen, wollte man erst ausdrücklich
betonen, dass die Schadenfreude unserer Gegner sich der bestimmten
Erwartung hingab, der Aushungerungs- und Erschöpfungskrieg werde
den als leichtlebig und genusssüchtig verschrienen Wiener als das erste
Opfer zur Strecke liefern. Diese Hoffnung ist, wie wir alle wissen, gründlich vereitelt worden. Wien hat sich mit heiterer Unbefangenheit
in alle Entbehrungen zu schicken gewusst, die der Krieg mit sich brachte.
Nach einigen leicht begreiflichen Unsicherheiten schwenkte die ganze
Bevölkerung mit einer Sicherheit und Promptheit, die auch
unseren preußischen Bundesbrüdern Ehre gemacht hätte,
in das System der Reglements und Verordnungen ein, die den Verbrauch
der notwendigen Nahrungsmittel regelten. Die Brotkarte ist ebenso eine
Selbstverständlichkeit geworden wie die fleischlosen Tage. Ohne
jede Sentimentalität gedenken wir des Wiener Gebäcks.

Freilich könnte die gute Laune noch gehoben werden, wenn man Eulen,
die vielleicht ganz schmackhaft sind, statt immer nur nach Athen, wo
man an einem embarras de richesse zugrunde geht, zur Abwechslung
einmal nach Wien tragen wollte, und die Frage, ob die preußischen Bundesbrüder, auf die beim Einschwenken geschaut wurde, es nicht doch
noch besser getroffen haben, da sie's ja gleichzeitig üben mussten, bleibe
unentschieden. Aber es lässt sich nicht leugnen, die Zeiten, wo einem
das Herz aufging, wenn es einem Guglhupf geschah, sind vorbei, und
auch in Bezug auf das Rindfleisch ist der Wiener aus einem Epikuräer
ein Stoiker geworden. Und ich bin Zyniker genug, es zu beweisen:

Wir haben die liebevoll gehätschelten Idiosynkrasien des Wiener
Geschmacks abgelegt, uns zum Schöpsernen und sogar zum Seefisch

bekehrt. Fallen sehen wir Zweig auf Zweig! Nach dem mit verschwenderischer Auswahl auf den Tisch gestellten Gebäckkörbchen verschwanden die Kaisersemmeln, das Salzstangel und das mürbe Gebäck … Wir haben die Maisperiode mit klassischem Stoizismus übertaucht und fühlen uns magenkräftig genug, eine neue Maiszeit mit der Hoffnung auf Wandel zu überstehen.

Man beachte die nur scheinbar scherzhafte, im Innern aber – oder muss man jetzt „Innerei" sagen – ganz ernsthafte Verwendung der religiös-philosophischen Sphäre. Der Mangel an Schweinernem ist Zuwag an Seelischem. Es gibt noch andere kriegführende Völker; aber keinem trägt das brave Durchhalten eine so gute Sittennote ein wie dem Wiener, dessen Reife nicht nur in der Entsagung, sondern auch in der heitern Würde, mit der sie sich vollzieht und die beinahe an die Seelengröße des in den Tod gehenden Sokrates hinanreicht, von allen Historikern bemerkt wird. „Ohne Deklamation, ohne Ruhmredigkeiten" haben die Wiener, nach der Versicherung des Herrn Salten, auf den Jausenkaffee verzichtet. „Bitte" – könnte ein Wiener einem Londoner einmal Vorhalten – „haben Sie damals kein Weißgebäck gehabt? No alstern, nacher reden S' nix!" Heute aber beißt er die Zähne zusammen und schweigt. Denn so dulden kann nur er:

> Nicht einmal das Wort Patriotismus wird um dieser Dinge willen bemüht. Man nimmt sie einfach hin, richtet sich danach ein und spricht nicht darüber.

Nur täglich bissl in den Zeitungen. Eine „Haltung, die in ihrer gleichmäßigen Ruhe wie in ihrer Würde bewundernswert und, nebenbei, ergreifend ist", rühmt jener Salten dem Wiener nach.

> Natürlich redet man vom Krieg, wo zwei Menschen beisammen sind, allein Gespräche über Mehl, Butter, Milch und ähnliche Dringlichkeiten gibt es fast gar nicht. Wollte jemand in Gesellschaft oder sonstwo feierlich erklären: Wir müssen durchhalten! er würde dem gleichen kühlen Schweigen begegnen wie ein effekthaschender Schauspieler. Denn das Durchhalten ist selbstverständlich, es wird einfach geschafft. Aber man liebt es nicht, dass darüber mit Pathos geredet wird …

Vielleicht unter jenen, die Hunger haben. Aber nicht unter den Armeelieferanten und Salten-Lesern, also in der Gesellschaft.

Eine Wiener Eigenschaft hat sich übrigens auch während des Krieges
nicht verändert. Sie stellen ihr Licht noch immer geflissent-
lich hinter den Scheffel und nennen das: Diskretion.

Sie nennen es Diskretion und machen daraus ein Feuilleton. Der Wiener tut seine Pflicht, aber er sagt nicht, dass er seine Pflicht tut, sondern
er sagt, dass er nicht sagt, dass er seine Pflicht tut – wer sagt, dass er
nicht seine Pflicht tut? „Mit humorvollem Lächeln" verstehe man hier,
so heißt es, Lasten zu tragen, man mache aber „kein Reklamegeschrei".
Nun, wenn einer in alle Welt hinausruft, dass er ein großer Schweiger sei,
so hat die Welt allen Grund, es zu bezweifeln. Und vielleicht auch, ob er
wirklich tue, wovon er so lärmend zu schweigen versteht. Aber die Welt
täte dem Wiener Unrecht. Er duldet nicht nur, er duldet nicht nur still,
sondern so dulden und so still dulden, mit einem Wort so schön dulden, das kann nur er. Schauen wir uns um in unserm Weltblatt weit und
breit, ob's einer dem Wiener nachmacht! Wenn in Petersburg die Musik
abgeschafft und die Speisekarte geändert wird, so ist es, ganz abgesehen
von solchen Symptomen des Zerfalls, ein „Tändeln mit dem Krieg" und
beileibe „kein Zeichen innerer Teilnahme, zu der die Genussmenschen
in Petersburg gar nicht fähig sind". Wie anders der Wiener. In dem Bewusstsein, dass er ein Wiener ist und dass ihm mit Rücksicht auf diesen
Umstand nichts Ärgeres geschehen kann, benimmt er sich auch danach,
hält er die paar selbstlosen Tage in der Woche und schweigt. Gibts keine
Würschteln, so hat er doch noch seine Extrawurst. Es ist schwer genug
ein Licht zu haben, wenn Not an Kerzen ist, und es noch unter den
Scheffel zu stellen, in dem kein Getreide ist. Aber man tut's, man lebt
weiter, man schafft's, und schafft man's nicht, so wird's einem geschafft.
So ist der Wiener. Und weil es seine Haupteigenschaft ist, ein Wiener
zu sein, so kann er sie nun bewähren wie nie zuvor, sodass er auch jetzt
noch etwas vor der Welt voraus hat, nämlich: ein Durchunddurchhalter
zu sein.

ICH WARNE DAS NEUE ÖSTERREICH

Oktober 1917

vor dem Hermann Bahr. Er ist doppelzüngig und hofft damit dem Doppeladler ein Kompliment zu machen. Er hat mehr Gesinnungen als bunte Bademäntel, und da er diese nicht mehr am Lido spazieren führen kann, so macht er von jenen in dem Hinterland eines erstarkten Österreich Gebrauch, wobei ihn seine ausschweifende Fantasie, die einmal den Hofmannsthal vor Warschau gesehen hat, wohl auch nach einem österreichischen Venedig entführen mag. Wenn ich Minister des Äußern wäre, ich würde einem solchen Menschen nicht über die Calle trauen. Er ist ein treuer Sohn der Kirche und des Neuen Wiener Journals. Er ist die Zugbrücke zwischen Schlössern und Redaktionen; aber wenn ich Portier bei Harrach wäre, würde ich einem, der von Lippowitz kommt, sagen: Hier wird nicht geteilt! Ich warne das neue Österreich. Es hat im feindlichen wie im neutralen Ausland den Rückhalt etlicher anationaler Herzen, die darüber wohl unterrichtet sind, dass es von Kriegsbeginn an solche auch in Österreich gegeben hat, vor allem den ehrenwerten Lammasch, der uns der Welt schon in den Haager Konferenzen von unserer menschlichen Seite gezeigt, und seit den Tagen, da sich sämtliche deutsche Dichter und 93 deutsche Intellektuelle – mehr gibt es hoffentlich nicht – mit Schmach beluden, die Sache einer nicht von Fliegerbomben gewährleisteten Kultur nie preisgegeben hat. Dieser Mann hat nun das Unglück, in Salzburg zu leben und, wie dies die Verhältnisse einer Kleinstadt eben mit sich bringen, mit Herrn Bahr, der gleichfalls in Salzburg lebt, in Berührung zu kommen. Darüber weiß Herr Bahr etwas im Neuen Wiener Journal zu plaudern:

> … Und hier bewährt sichs, dass d e r S t i l d e r M e n s c h i s t: die innere Reinheit des Sprechers, die wir diesen Sätzen anhören, bezwingt uns Goethe … Zelter … Johann Heinrich Meyer … Diese Kraft ungetrübter, wasserheller, durchsichtiger, nichts entstellender, aber auch n i c h t s e i n m e n g e n d e r, Darstellung, deren wir längst entwöhnt sind, hat Lammasch, sein Buch vom Frieden erinnert im Ton an Clausewitzens Buch vom Kriege; und auch Moltke hatte, gar in Briefen, diesen unerlernbaren Ton einer vollkommenen Sachlichkeit, die darauf verzichten

kann, irgendeine Person, sei es die des Sprechers, sei es die des Angesprochenen, zu Hilfe zu rufen, die niemals haranguiert, die der sanften
Macht der Wahrheit still vertraut.

Zum Unterschied also von Herrn Bahr, der nicht nur Goethe, Zelter,
Meyer, Clausewitz und Moltke einmengt, wenn er von Lammasch
spricht, sondern in derselben Spalte mit diesem auch einen kleinen
Berliner Literarhysteriker würdigt, und der zum Beweise der Wahrheit,
dass der Stil der Mensch ist, nicht nur selbst schreibt, sondern auch die
autobiografische Bemerkung beisteuert:

> Eben das ließ mich jeden Satz zerhacken, in Adjektiven schwelgen und
> am liebsten mit Punkten, Ausrufungszeichen und Gedankenstrichen
> hantieren. Syntax war uns unerträglich, wir hatten unser Chaos zu lieb.
> Und doch waren keine fünf Jahre vergangen, als aus den Naturalisten
> Artisten wurden, wir schwuren auf Flaubert –

Womit Herr Bahr wohl behaupten will, dass er ein anderer Mensch
geworden ist, aber unrecht täte zu meinen, er sei ein besserer Mensch
geworden. Denn er hat nicht nur seinen Stil verändert, was ein wahrer
Mensch ja nicht kann, nicht nur seine Urteile, was ein wahrer Mensch
nicht darf, sondern auch seine früheren Urteile mit Hilfe seines späteren
Stils, was ein wahrer Mensch nicht darf, aber auch nicht kann. Aber der
sanften Macht der Wahrheit hat Herr Bahr stets weniger vertraut als dem
schlechten Gedächtnis der Leser, die schon nicht merken würden, dass er
eine heftige Antipathie gegen die Direktion des Deutschen Volkstheaters
in Begeisterung verwandelt und alte Zeitungskritiken für die Buchaus-
gabe umredigiert hat. Er hat diesem schlechten Gedächtnis seiner Leser
so sehr vertraut, wie sein Gerichtszeuge Holzer – gleich ihm ein Partisan
des neuen Österreich und Ritter des Franz-Josef-Ordens – seinem eigenen schlechten Gedächtnis. Der Stil ist der Mensch besonders dann,
wenn er umstilisiert. Was nun Lammasch anlangt, den der schmerzliche
Zufall der Salzbürgerschaft in solchen Zusammenhang bringt, so rühmt
ihm Herr Bahr jene Sachlichkeit nach, die es vermeidet, irgendeine Person, sei es die des Sprechers, sei es die des Angesprochenen, zu Hilfe zu
rufen. Wieder im Gegensatz zu Herrn Bahr, der ihn wie folgt anspricht:

> Dass ich diesen edlen, glaubensstarken –

Hier müsste schon Lammasch, der ja in das neue Strafgesetz den Begriff der „berechtigten Aufwallung" einführen wollte, unterbrechen: Ihr Glaube, Sire, ist nicht der meinige! –

> groß und frei gesinnten Mann hier in Salzburg habe, zuweilen in sein leuchtendes Auge blicken, seinen unverzagten Worten lauschen und mir an ihm doch wieder etwas Appetit zur Menschheit holen darf –

Was schwer sein dürfte, wenn er, wie zu hoffen, dem Professor Lammasch im Umgang mit dem Bahr vergeht –

> das ist ein großes Glück für mich. Dass man ihn mir aber in Salzburg lässt, während bald schon jeder Ministerialvizesekretär einmal einen Tag Minister gewesen sein wird, das ist eine Schande für Österreich.

Herr Bahr ist zu bescheiden, um den wahren Sachverhalt zuzugeben: Lammasch, der natürlich längst Minister sein könnte, geht nicht nach Wien, weil er sich eben vom Hermann Bahr nicht trennen kann. Was ihn am Hermann Bahr fesselt, dürfte jedenfalls die Glaubensstärke sein. Was diesen zu Lammasch zieht, ist offenbar die örtliche Nähe. Dass ihm Lammasch's geistige Entfernung vom Menschheitsdebakle imponiert, das zu glauben würde eine Glaubensstärke voraussetzen, die ich vor den Worten des Herrn Bahr nie gehabt habe. Lammasch bekennt sich gegenüber der deutschen Siegesideologie zu einem Frieden ohne Sieger und Besiegte, erblickt nur in einem solchen „die moralischen Garantien gegen die Wiederkehr einer ähnlichen Katastrophe", hat aus seinem Abscheu vor der großen Zeit nie ein Hehl gemacht, und Herr Bahr möchte nun behaupten, dass dies wie aller vernünftigen Menschen auch sein Gefühl sei: „Unter vier Augen gesteht man das ja längst überall ein." Doch wenn unter vier Augen zwei leuchten und zwei zwinkern, so ergibt sich leicht ein zwar nicht strafgesetzlich, aber ethisch „unerlaubtes Verständnis", das dem ehrlichen Mann wohl nicht schaden, aber dem unehrlichen nützen könnte, weil nun die Glaubensstarken überzeugt sein müssen, dass hier einer der wenigen guten Europäer, die von allem Anfang es mit der Menschheitswürde gehalten haben, das Wort führe.

Da ist es denn geboten, wieder einmal auf ein Büchlein hinzuweisen, das den Titel „Kriegssegen" führt, und insbesondere auf jenen darin enthaltenen denkwürdigen „Gruß an Hofmannsthal", über den seinerzeit die Hühner in Salzburg Tränen gelacht, die Menschen aber mit ihrer Humorlosigkeit und mit ihrem schlechten Gedächtnis, auf das Herr Bahr allerwegen still vertraut, zur Tagesordnung der Generalstabsberichte übergangen sind. Ich kann mir im Ernst nicht denken, dass ein Mensch, dem dieses Schriftstück gegenwärtig ist, nicht in eine schallende Heiterkeit ausbricht, wenn er dem Bahr in Salzburg, im Himmel oder wo immer begegnet. Der Vorlesungssaal erdröhnt von Lachsalven, wenn ich zu der Stelle komme: „Nun müsst ihr aber doch bald in Warschau sein!", und der folgende Satz: „Da gehen Sie nur gleich auf unser Konsulat und fragen nach, ob der österreichisch-ungarische Generalkonsul noch dort ist: Leopold Andrian" wird nicht mehr zu Ende gehört. Wenn aber dann gar die Stelle kommt, wo „ihr so vergnügt beisammen seid, und während draußen die Trommeln schlagen, der Poldi durchs Zimmer stapft und mit seiner heißen dunklen Stimme Baudelaire deklamiert", und die Bitte: „vergesst mich nicht, ich denk an euch!" – da gehts vollends drunter und drüber, etwa so wie die Leute einst elektrisiert waren, wenn der Guschelbauer den Stößer schwenkte, ehe er die Worte „weil iii an olter Drahrer bin" hervorbrachte. Ich liebe so populäre Wirkungen nicht; aber die Sache will's. Ich lege auch den größten Wert darauf, dass die Wirkung sich fortsetzt, sodass alle, denen der „Gruß an Hofmannsthal" unbekannt oder doch entrückt ist, wenigstens jetzt, nachdem sie das hier gelesen haben, zu lachen anfangen, wenn sie dem Bahr in Salzburg oder wo immer begegnen, und gar jene, an denen er wieder den Versuch machen sollte, in ihr leuchtendes Auge zu blicken. Es bleibt dem Professor Lammasch überlassen, ob er bei solcher Gelegenheit den Schwärmer auf die Völkerrechtswidrigkeit der Tatsache aufmerksam machen will, dass während des russischen Kriegs und bis zum Einmarsch Hofmannsthals in Warschau das österreichische Konsulat amtiert und der Poldi daselbst Baudelaire deklamierend herumstapft. Aber ernstlich wird sich die Glaubensstärke des Heimgesuchten fragen, ob es denn schon so weit gekommen sei, dass man mit Herrn Bahr einen gemeinsamen Gott haben müsse. Denn es dürfte ihn ganz besonders interessieren, dass Herr Bahr, dem ich gern den Vortritt lassen würde, wenn ich bei jenem Schlager hervorgerufen werde, dass Herr Bahr also in seinem „Kriegssegen" den Kriegsbeginn, den er von der Einrückung des Herrn Hofmannsthal ins Kriegsfürsorgeamt datierte, einen „heiligen Augenblick" genannt und von der Tatsache, dass „jeder Deutsche, d a h e i m oder im Feld, jetzt die

Uniform trägt", wörtlich gesagt hat: „Das ist das ungeheure Glück dieses Augenblicks. Mög es uns Gott erhalten!" Und ausgerufen hat: „Nun sind wir alle wieder auf der einen großen deutschen Straße. Es ist der alte Weg, den schon das Nibelungenlied ging … Glückauf, lieber Leutnant. Ich weiß, Sie sind froh, Sie fühlen d a s G l ü c k , d a b e i z u s e i n . E s g i b t k e i n g r ö ß e r e s ." (Was Herr v. Hofmannsthal damals stillschweigend zugegeben hat.) „Und das wollen wir uns jetzt merken für alle Zeit: Es gilt, dabei zu sein … U n d d a s h a t u n s e r e m a r m e n G e s c h l e c h t d e r g r o ß e G o t t b e s c h e r t ! … Auf Wiedersehen!" Das letzte Wort dieses schon historischen Manifestes an Herrn v. Hofmannsthal ist wohl das einzige, das in Erfüllung gegangen ist in all der großen Zeit, in der sich der Glaubensstarke nur noch durch den Glauben zurechtfindet, dass unser großes Geschlecht sie dem armen Gott beschert hat.

Man hätte nun aber doch wohl annehmen müssen, dass ein Mensch, dem das passiert ist, auf Kriegsdauer, wenn nicht lebenslänglich sich versteckt halten würde. Statt dessen riskiert er auf die Straße zu gehen, in Zeitungen und Zirkeln für das junge Österreich zu werben, zwischen Piusverein und Neuem Wiener Journal zu vermitteln, und es gelingt ihm, wie nur irgendeinem Treßler, der Fürstinnen zu Tische führt, die österreichische Adelsgesellschaft auf die letzte Probe ihrer Distanzlosigkeit und geistigen Indifferenz zu stellen. Das wäre freilich das schlimmste nicht, da ja die Theatersensationen des noch zu jungen Österreich keine andern sein können als die seit siebzig Jahren gewöhnten. Da er aber Miene macht, auch die wenigen Persönlichkeiten, die in der Welt den Glauben befestigen könnten, dass sich das Österreichertum mit dem Menschentum verbinden lasse, also die Vertreter des alten Österreich, durch seine Annäherung zu kompromittieren, so sehe ich mich zu der Drohung gezwungen, dass ich bei Wiederholung des Versuches – ich warne das neue Österreich, ich warne aber auch den Hermann Bahr – zum Äußersten entschlossen bin: nämlich den „Gruß an Hofmannsthal" im Wortlaut wieder abzudrucken! Damit ihm ein für allemal der Gusto vergehe, zugleich auf die Glaubensstärke des alten und auf die Gedächtnisschwäche des neuen Österreich zu spekulieren.

Das österreichische Antlitz

Januar 1917

Vor einiger Zeit sehe ich, in jede Kontur sogleich die Figur einstellend, von Weitem etwas vor mir sich drehen und schieben. Ich sehe nur Gang und Rücken. Wissen Sie, was das ist? frage ich den Begleiter: Er: Ich sehe nur Gang und Rücken. Ich: Ja, aber sieht das nicht so aus wie einer der „besten Zahler" Wiens? Vielleicht der überhaupt beste! Oder ein guter Leiher. Er: Das könnte sein, jedenfalls ein alter Agent.
Ich: Ja, der Agent Österreichs und unser neuer Adel. Dieses ist Emanuel Edler v. Singer! Jener Mendl, der den Tirolern die Kaisertreue versinnbildlicht hat und vor dessen Fenster sie, weil er doch kaiserlicher Rat ist, sich am 18. August zu versammeln pflegten und sangen. Sehen Sie, so ist das Leben. Ich war diesen Sommer im Kanton Aargau und habe die Ruine Habsburg besucht. Auf meine Frage, ob dort – außer einem Bild Rudolf von Habsburgs sind nur Bilder aus dem Atelier Adele vom Kronprinzen Rudolf, der Stephanie etc. vorhanden – ob also ein Mitglied des Kaiserhauses schon dort war, wird mir geantwortet: Ja, der kaiserliche Rat kommt jedes Jahr! Es ist aber nicht der Singer, sondern ein anderer, der sich dort auch als Spender einer Büste Franz Josefs I. verewigt hat. Dies, sehen Sie, ist der kulturhistorische Schlusspunkt. Der kaiserliche Rat, den man unterschätzen würde, wenn man ihn in das Spalier einer eröffneten Jagdausstellung verwiese, ist dorthin gelangt, wo er sich am höchsten, dem Ziel am nächsten, am einsamsten fühlt und nur in der Erinnerung der Ruinenkellnerin seines Wesens Spur hinterlässt. Sollte dies nicht sinnbildlich in die kühne Wirklichkeit zurückführen, in der wir leben? Übrigens ist der Weg zur Ruine schwer zu finden, keiner der dort lebenden Schweizer kennt sich aus, jeder sagt etwas anderes, zeigt in eine andere Richtung, es sind zehn Minuten dahin und man braucht anderthalb Stunden. Man fühlt sich heimisch. Sicher möchten die Leute dort auch einen Fremdenverkehr haben, aber es gelingt ihnen nicht. – „Sehen Sie, das da ist Emanuel v. Singer!" „Regiert der wirklich in Österreich?" „Jawohl, weil er es glaubt!"

In dem auf so tragische Weise dahingeschiedenen Ministerpräsidenten Grafen Stürgkh habe ich einen lieben Förderer und Freund verloren. Vom Beginn seines Eintrittes in das politische Leben als Mitglied des

140

verfassungstreuen Großgrundbesitzes aus Steiermark habe ich mit dem Verewigten bis gestern, seinem Todestage, ununterbrochen in freundschaftlichster Weise verkehrt. Es verging kaum ein Tag, an dem mir nicht Gelegenheit geboten war, mit ihm zu sprechen … Graf Stürgkh war nicht nur zeit seines Lebens ein warmer Freund der Presse und der Journalisten, sondern er selbst war ein urteilssicherer Journalist …

… Er wandte sich an mich mit dem Ersuchen, ihm eine Zigarre zu geben. Er zündete sie an, und in unglaublich kurzer Zeit diktierte er einen formvollendeten Artikel … Ich entgegnete darauf: „Das ist dieselbe Zigarre, die mir Exzellenz früh gegeben haben." Graf Stürgkh war auch selbst ein eifriger Zeitungsleser. Schon als Abgeordneter war er des Morgens einer der ersten Gäste im Café Landtmann oder im Café Central … Schon um 7 Uhr morgens, auch nach der Sommerzeit, erörterte er in seinem Arbeitszimmer im Ministerratspräsidium mit mir den „politischen Speisezettel des Tages", wie er sich auszudrücken pflegte. Gewöhnlich war ich bis 8 oder ¼ 9 Uhr, je nach dem Ausmaß des Tagesprogramms, bei ihm. Mittags erschien in der Regel zu dieser Tageszeit der Herr Polizeipräsident von Wien, Baron Gorup, oder der Bürgermeister von Wien, Exzellenz Dr. Weiskirchner, der oft scherzweise mein „Nachfolger" genannt wurde.

… In dem letztgenannten intimen Raum liebte er es, mich am Sonntag abends … noch um 9 Uhr abends zu empfangen, und ich musste dann bei ihm das Souper einnehmen. Die zwei Stunden vergingen in anregendstem Gespräch …

… Frühmorgens um 7 Uhr, wenn ich bei ihm erschien, hatte er … selbstverständlich alle in Wien erscheinenden sowie eine Unzahl aus der Provinz gekommenen Zeitungen gelesen, und wie gelesen! … Dabei war er, wenn über diese seine enorme Arbeitsleistung … gesprochen wurde, von einer seltenen Bescheidenheit … Wie er einst seine politischen Artikel selbst schrieb, so tat er es jetzt mit all den vielen alleruntertänigsten Vorträgen, Noten, Erlässen und Staatsschriften …

… Man muss ihn gesehen haben, wenn er von einer Audienz kam. Da war es jedes Mal, als hätte ihn die Stunde des Aufenthaltes im Gemach des Kaisers verjüngt. „Es ist ein Stahlbad", so sagte er oft und oft, „mit diesem Herrscher von einer so erlauchten Festigkeit und Weisheit zu sprechen …"

... Und dabei darf ich auch erwähnen, wie liebenswert seine Aufmerksamkeit gegenüber dem treuen Freunde stets war. Wenn ich oft spät abends mich bei ihm einfand, war seine erste Frage, ob ich schon etwas zu mir genommen habe, und rasch war dann auf seinen Wink das wenige, das ich zu meinem bescheidenen Nachtessen brauchte, auf dem Tisch. Er war, wenn möglich, noch bescheidener in der Lebensführung als ich. Eine Regalia media, das war der größte Luxus, den er sich gönnte. Gestern morgen noch war ich bei ihm, wie allemal seit Antritt seiner Ministerpräsidentschaft, zu der gleichen Stunde ... Es ist klar, zu persönlichen sentimentalen Rückerinnerungen war in dieser Stunde, die mich, den Publizisten, bei ihm erscheinen ließ, wahrhaftig nie die Zeit ...

... Er reichte mir die Hand ... Er war tief gerührt und antwortete mir, meine Hand fassend: „Wie sprechen Sie mir aus dem Herzen! ..." Damit schied ich von ihm.

Um ½ 3 Uhr erhielt ich die niederschmetternde Kunde ... Ein hoher Staatswürdenträger, den ich im Laufe des Nachmittags im Ministerpräsidium traf, sagte mir: „Wenn es angesichts dieser Tat einen Trost gibt, so ist es der, dass unser armer Freund wenigstens nicht gelitten hat, sondern sofort vom Tod ereilt worden ist." ...

Emanuel Edler v. Singer.

Und dann erzählt er von der Zeit, da der Ministerpräsident krank war:

Ich übernahm nun die Aufgabe, ihn über alle Vorgänge im Parlament zu unterrichten. Ich erstattete ihm telefonisch genauen Bericht bis in die späteste Nachtstunde über jede Debatte, jede Abstimmung, jede Rede, kurz über alles, was für seine Urteilsbildung von Wichtigkeit war. Er gesundete und drückte mir in wärmsten Worten seinen Dank aus für meine Mühe, für meine Mitarbeiterschaft.

Der Ministerpräsident habe nicht gewusst, wie er ihm „seine Dankesschuld abstatten könnte". Sein Lieblingswunsch? Eine Audienz! Der Kaiser selbst war von einer Krankheit kaum hergestellt. Singer trat ein und lobte den Ministerpräsidenten.

Das alles war wirklich. Und nun ist die große Gelegenheit zu der Frage, ob es, frühmorgens und spät abends, möglich sein wird.

DIE FELDGRAUEN

über Otto Ernst

Januar 1917

EIN WEHRMANN: Ich habe hier einen Kameraden, nur mal um einen Fall herauszugreifen von den hunderten. Er ist ein Familienvater wie ich, die erste Zeit ging es noch, aber nach zwei Monaten schon kam es. War es das Heimweh, war es Sorge um Weib und Kinder. Ich wusste es erst nicht … Es wurde von Tag zu Tag schlimmer, kein Lachen mehr, kein freundliches Wort kam mehr über seine Lippen … Doch mit einem Male war's vorbei. Ich hatte bei einem Kameraden von Otto Ernst „Lasst Sonne herein" und „Appelschnut" gesehen. Und mit diesen beiden Helfern habe ich einen trüben Menschen fröhlich, einen Blinden sehend gemacht.

EIN HAUPTMANN: … Eine Gnade Gottes, ein unschätzbarer Segen sind Ihre Werke für uns Deutsche in dieser schweren Zeit! … Sie sind für mich die Bestätigung, die Verkörperung des männlich-deutschen Glaubens der Gegenwart. Darum kann ich nicht anders, ich muss Ihnen, gerade Ihnen mein Herz ausschütten.

EIN HAUPTMANN: Ich las Ihr Buch – wörtlich: „unter sich kreuzendem Geschoss inmitten". Das Schlusskapitel von „Semper der Mann" – jeder Deutsche sollte es sich in das Herz schreiben, es sähe besser in Deutschland aus.

EIN OBERMATROSE: Wir haben als Zeichen unserer großen Dankbarkeit und unbeschreiblich großen Freude drei kräftige Hurras auf Sie ausgebracht.

EIN KANONIER: … Wie viel mehr Freude gewährt ein einziges solches Buch als ein Dutzend Schmöker! Besonders wir, die wir an der Langeweile der Westfront fast verkommen, bedürfen einer Aufmunterung und einer Stärkung dessen, was uns verloren zu gehen droht. Dem arbeiten am wirksamsten gute deutsche, gemütvolle Bücher wie die Ihrigen entgegen.

EIN LUFTSCHIFFER: Ohne Phrasen dreschen zu wollen: Ihr Buch war mit das Schönste, Tiefste und Erhebendste, was ich seit Jahren gelesen habe … Und nun lächeln Sie nicht wieder so spöttisch und freuen Sie sich, dass Sie einem Erdenbürger, der alles nur grau in grau sah, so glückliche Stunden bereitet haben.

EIN OFFIZIER-STELLVERTRETER: Wir lagen in Polen im Schützengraben. Ob noch ein Angriff zu erwarten sei, konnte niemand sagen; doch übten wir die größte Wachsamkeit. Um unsere Nerven, die wieder einmal ihr Teil erhalten hatten, etwas zu beruhigen, krochen wir in den Unterstand, wo ich, um uns auf andere Gedanken zu bringen, etwas vorlesen musste. Ich wählte Ihre Plauderei „An die Zeitknicker", die auch viel Anerkennung fand. Eben wollte ich die „Anna Menzel" beginnen, als wir zu unseren Zügen gerufen wurden mit der Meldung: am Waldrande habe man feindliche Schützen erkannt. Der Tanz begann. Immer mehr Angreifer kommen aus dem Walde hervor. Unser Maschinengewehr, welches sich zwischen meinem und dem ersten Zug befand, fängt nun auch an mitzuwirken. Ebenso war unsere Artillerie auf der Hut gewesen und sandte nun gruppenweise ihre Schrapnells auf den Gegner. – Mir fiel die Unruhe meiner Leute auf; der Gegner hatte schon teilweise den Drahtverhau erreicht. Unter meinen Leuten waren sehr viel junge Krieger, die heute zum ersten Mal im Feuer standen. Was konnte ich als Zugführer anderes tun als ihnen Zurufen, ruhig zu feuern. In diesem Augenblick dachte ich an die Worte aus der Mahnung an die „Zeitknicker": Ruuuhig, nur immmmer ruuuhig!" Gebückt von Mann zu Mann, von Gruppe zu Gruppe kriechend, rief ich ihnen zu. Die Wirkung war bald zu merken. Die Feinde, die schon im Begriff waren, unseren Drahtverhau zu überwinden, wurden von den nun sichtbar ruhig feuernden Schützen niedergeknallt. Der Angriff war glatt abgewiesen; wir hatten nur wenig Verluste. So ist es uns geglückt, dem Gegner wieder einmal eins auf die Nase zu geben dank unserer Wachsamkeit und dem ruhigen Feuern der Schützen, das ich wiederum in erster Linie Ihrer Erzählung verdanke. Sie hat eine ungeahnte Wirkung gehabt!

EINE ÖSTERREICHISCHE KRANKENSCHWESTER: Ich bin Schwester des Roten Kreuzes. Ich schreibe diese Zeilen während der Nachtwache, fortwährend unterbrochen von dem Läuteapparat, der mich zu einem Leidenden ruft. Ich habe meine Soldaten alle lieb; denn jeder ist krank und hilfsbedürftig; aber natürlicherweise fühlt man sich doch zu den Deutschen mehr hingezogen, weil man mit ihnen sprechen und ihnen erzählen und vorlesen kann … Und dann die eifrigen Debatten über das Gehörte, und dann die Frage, wer denn so schöne Geschichtl machen könne! Und versprechen muss ich allen, ihnen ganz bestimmt Ihr Bild zu zeigen…

EIN HAUPTMANN: Ich habe mir den Kopf zerbrochen, wie ich Ihnen durch Taten Dank abstatten könnte …

EIN GENERALMAJOR: Gestern habe ich mich an Ihrer „Weihnachtsfeier" erquickt. Leider habe ich in Ihren Büchern nicht finden können, ob Sie – wenn Sie sich mal zur Arbeit stärken müssen – dies mit Rot- oder Weißwein tun. Bei Ihren prächtigen Charaktereigen- schaften und Ihrem Humor würde ich (als Mecklenburger!) auf Rotwein schließen! Eins aber weiß ich: Sollte es im Himmel Sofaplätze geben, dann bekommen Sie einen solchen.

SECHZEHN KRAFTFAHRER: Sechzehn Kraftfahrer der 10. Armee haben mit Entzücken Ihren „Offenen Brief an Annunzio" gelesen – er drückt in Worten unsere Gefühle aus! Wir können nicht unterlassen, Ihnen zu danken.

EIN SOLDAT: … Ich war gestern, als ich von Ihnen las, in einer jubelnden, jauchzenden Stimmung; alles um mich herum war ein sonniges Tal mit blühenden Bäumen ringsum.

EIN VIZEFELDWEBEL: Innigen Dank für den „Gewittersegen", der mich er- frischt und erquickt hat. Der Teufel hole alle Flaumacher und Nörgler; wie hat das Buch mir und allen in Feldgrau aus der Seele gesprochen!

EIN UNTEROFFIZIER: Heute haben wir Ostersonntag. Am Nachmit- tage wollen uns benachbarte Unterstände besuchen, und zur Feier des Tages wird Ihr „Sonntag eines Deutschen" vorgelesen. Das soll uns die schönste Osterfeier ersetzen.

EIN LANDSTURMMANN: In den Freistunden findet ein richtiges Wettlesen statt. Jeder möchte zuerst dieses oder jenes Ihrer Bücher lesen, und da wir bisher drei Stück erhielten, muss hübsch gewartet werden, bis ein Kamerad das Buch zu Ende hat.

EIN FLIEGER-BEOBACHTER: Gerade Sie, der Sie sich stets als Lebensbeja- her erwiesen, sind ein Erlöser in diesem Stumpfsinn des täglichen Einerlei. Dank, herzlichen Dank dafür!

EIN KRIEGSGEFANGENER: Ein tausendköpfiges Kriegsgefangenenlager im Lofthouse Park verlangt, um hinterm Stacheldraht nicht geistig zu verkommen, nach Nahrung. Sie, lieber Otto Ernst, müssen unverzüglich nach England kommen. Da aber das leider nicht

geht, so verwandeln Sie sich in ein Buch, das den Namen trägt: „Flachsmann als Erzieher". Fräulein Appelschnut oder sonst wer Liebes steckt
es in ein Paketchen, und so naht uns der Befreier aus geistiger
Umnachtung.

EIN MILITÄRMUSIKER: ... Über die Zeit der Trennung sollen meiner lieben, armen, unglücklichen Braut Ihre so wunderbar heilkräftigen, tröstlichen Werke hinweghelfen! ...

EIN OFFIZIER AUS ARABIEN: ... Der Dank ist ein besonderer nicht nur wegen der Stärke des Inhalts, sondern auch wegen des Ortes, an
dem ich ihn zuerst empfand, nämlich als ich, als Stabsmitglied des nun
heimgegangenen Marschalls v. d. Goltz-Pascha, auf dem Rückwege von
Bagdad im März 1916 nach Konstantinopel am Euphrat entlang
fahrend, Ihre reizenden Geschichten las, die mich in der trotz
Weltberühmtheit dieses Flusses überaus öden Umgebung
desselben besonders herzerfrischend berührten.

EIN OBERLEUTNANT: Die Verse voll Kraft und Begeisterung wirkten
direkt erhebend auf mich und meine Kameraden. „An mein Vaterland" müsste millionenfach verbreitet werden; es ist geradezu
klassisch zu nennen.

EIN KOMPAGNIEFÜHRER: ... Die Bücher müssen sofort meine braven
„Kerls" lesen. Draußen brüllen die Kanonen, „teils leichtere, teils
schwerere" ... In dieser Umgebung habe ich einige schöne, frohe Frie-
densstunden erlebt, und das durch Sie ...

EIN KRIEGSFREIWILLIGER: Gestern las ich Ihr kräftiges Protestlied gegen
die englischen Vettern. Wie habe ich mich gefreut! ... Es war mir
ein Bedürfnis, dem lieben Meister einen herzlichen Gruß zu entbieten
und ihm zu zeigen, dass ich auf meinem Platze stehe ...

EIN OBERLEUTNANT: Jede tapfere Zeile zündet wie eine pünktlich krepierende Granate. Ich bitte um einen Hinweis, wo Neues
von Ihnen zu finden ist. Der Dank wird nicht ausbleiben.

EIN OBERMATROSE: ... denn es geht einem ja bekanntlich der Mund über,
wenn einem das Herz voll ist.

EIN LANDSTURMMANN: Sie können mit Ihrer von Gott gesegneten Feder unserem Vaterlande mehr nützen als mit
dem Bajonett.

BEDIENUNG: der 9-cm-Geschütze, genannt „die Sturmkolonne" : ... Unser Dienst lässt es aber nicht immer zu, dass alle daran teilnehmen,
und so lesen wir den Roman doch lieber einzeln ...

EIN OBERLEUTNANT UND KOMPANIEFÜHRER: Bei Regen und Hagelschauern ließ ich „Sonne herein" in meine Erdhöhle … Bei dem „Rauch- und Brandopfer" einer Liebesgabenzigarre träumte ich von „Fatima" und vergaß darüber fast Essen und Trinken, trotz Erbswurst und Speck.

ZWEI OFFIZIERE UND ZWEI UNTEROFFIZIERE: Vier wackere Schwaben grüßen den Verfasser des Herrn „Gutbier". Wir liegen ebenso gern für deutsche Männer Ihrer Gesinnung im Felde, als wir wünschen, eine große Anzahl solcher „Gutbiers" bei uns zum Wasserschöpfen im Schützengraben zu haben.

EIN UNTEROFFIZIER: Ich erhielt zu Weihnachten durch einen Freund Ihre patriotischen Gedichte und mache mit denselben hier großes Aufsehen, muss sie immer wieder vortragen.

EIN SOLDAT: Diese jedes brave Herz erhebenden Gedichte werden bestehen, solange die Welt deutsche Treue und englische Falschheit kennt.

EIN OBERMATROSE: Mir persönlich ist gewissermaßen die Otto-Ernst-Verehrung schon in der Schule gekommen … Dankbar dem Schicksal bin ich, dass es mir Gelegenheit gibt, dieses dem Dichter selbst mal sagen zu dürfen. Das Glück, im Gefecht zu stehen, haben wir noch nicht gehabt; unsere Zeit vergeht bis jetzt mit Warten. Aber einmal wird der Engländer uns wohl kommen müssen, und dass das bald geschieht, das wollen wir hoffen …

EIN JUSTIZRAT: Das Otto Ernst'sche prächtige Werk „Appelschnut", welches in Ihrem Verlage erschienen ist, eignet sich in ausgezeichneter Weise zur Versendung ins Feld. Es würde manchem feldgrauen Familienvater große Freude bereiten. Ich möchte Sie bitten, eine wohlfeile Volksausgabe herstellen zu lassen. Es wäre doch außerordentlich schön, wenn das prächtige Buch möglichst vielen Familienvätern, die in der Front stehen, zugänglich gemacht würde.

EIN OFFIZIERSSTELLVERTRETER: Bevor ich wieder in den Schützengraben steige, lese ich in Ihrem „Grüngoldnen Baum", „Von zweierlei Ruhm" und anderes. Ich habe wieder mal herzliche Freude über Ihren Humor und hoffe, dass die Wirkung auch im Granatfeuer nicht nachlässt.

EIN STABSARZT: Ich las Ihren offenen Brief an d'Annunzio. Mir aus dem Herzen gesprochen! … Ich kämpfe mit dem Messer, Sie mit der

Feder, jeder nach seinen Kräften. Die Hauptsache ist, dass wir durch dringen. Gott strafe England!

EIN GEFREITER: Ihr ausgezeichneter Humor half uns über manche trübe Stimmung hinweg und förderte den Unternehmungsgeist. Solche Schriften sind von patriotischer Bedeutung.

EIN OFFIZIERSASPIRANT: Von der Walstatt aus entbiete ich Ihnen, großer Meister und Freund der Jugend, meine herzlichsten Grüße! Möge es uns bald vergönnt sein, den schon aus vielen Wunden blutenden Feind röchelnd zu unseren Füßen zu sehen. Es lebe mein österreichisches Vaterland und mein großes unsterbliches deutsches Volk, die deutsche Kunst und ihre größten Diener! Heil dem Künstler, dessen Feuergeist für seines Volkes Ehre ficht!

EIN LEUTNANT UND DICHTER: Ja, Sie haben tausendmal recht, nein sechsundsechzigmillionen mal! Denn in uns allen spukt (und spuckt) leider Gottes dieser „Gutbier"; wer hat nicht schon fremdes Verdienst geschmälert! ...

EIN OBERLEUTNANT: Haben Ihnen nicht manchmal die Ohren geklungen, wenn ich eines Ihrer Englandgedichte in Kasinos und Kadettenkorps vortrug? Gejubelt wurde genug, um es bis an die Küste zu hören.

EIN LEUTNANT: In der Telefonbude liegt ein Buch von Otto Ernst. Die Sonnenflecke spielen über die Seiten. Ich hab' so 'ne Freud' an Ihnen gehabt, so 'ne Freud' überhaupt bekommen am Morgen, dass ich ein Ventil haben muss für all den Frühlingsübermut in mir. Fortlaufen, durch den Wald laufen, in die Welt laufen möcht' ich! Verflucht, das möchte ich, wenn ich nicht meinen Posten hätt'! Was denn dann tun? Singen! Jawohl, das hilft mir immer! Gleich will mir nicht einfallen, was nun am besten zu schmettern wär. Husch – da ist der Gedanken blitz – schwupp, da liegt der Befehlsblock! Raus mit dem Bleistift – Otto Ernst soll einen Gruß haben! Guten Morgen, Otto Ernst! Wissen Sie auch, dass Sie ein ganz alter Bekannter von mir sind? Jawohl, Sempersjung, das sind Sie! ...

EIN FLIEGER: (mit einem Bilde): Dem Dichter und Meister zum Danke für sein neues Buch, das mir den rechten Genuss brachte und uns stärken wird zu neuer Arbeit im Dienste der hohen Sache.

EIN UNTEROFFIZIER: Am Dienstag war hier an der Westfront Theater, und zwar gab man, verehrter Dichter, Ihren „Flachsmann als Erzieher" bei überfülltem Hause. Es war mein schönster Abend an der Front.

DAS PREUSSISCHE KRIEGSMINISTERIUM

Kriegsministerium. Berlin W 66, den 18. Dez. 1914. Zentraldepartement. Leipzigerstr. 5.

Zur Stärkung des kriegerischen Geistes unserer Truppen würde das Kriegsministerium es dankbar begrüßen, wenn Sie die Erlaubnis zum Nachdruck nicht nur für „England"[40] erteilten, sondern auch gestatteten, dass einige Gedichte in der den Feldtruppen regelmäßig zugehenden Zeitung „Parole" abgedruckt würden.

I. A.: Waitz.

Ferner: Eine Oberin; Ein Oberst; Vier Offiziere, darunter ein Oberlehrer; Ein Unteroffizier; Ein Kraftfahrer und stud. hist, art.; Ein Oberleutnant und Kompagnieführer; Ein kriegsgefangener Arzt in Sibirien; Ein Soldat; Ein Soldat; Kriegsgefangene Offiziere in Sibirien; Ein Landsturmmann; Ein Vizefeldwebel; Ein Leutnant; Ein Unteroffizier; Ein Armierungssoldat; Ein Feldwebelleutnant; Ein Soldat; Ein Pionier; Ein Gefreiter; Ein Internierter; Von Sr. Königl. Hoheit dem Kronprinzen von Bayern; Aus dem Kabinett Sr. Majestät des Königs von Bayern.

So geht der Strandläufer von Sylt trockenen Fußes durchs rote Meer.

---

40 * Seine vorwiegend gegen England gerichteten Kriegsgedichte hatte der Dichter mit dem Vermerk versehen: „Nachdruck in Großbritannien und dessen sämtlichen Kolonien gestattet."

Der Krieg im Schulbuch

Juni 1916

Eine Berliner Zeitung hatte am 16. April die folgende Notiz gebracht:

Aus dem Aprilheft der Wiener Zeitschrift Die Fackel ersehen wir, dass im Verlage von Karl Meyer, Hannover, ein für den Schulgebrauch bestimmtes Lesebuch der Rektoren Kappey und Koch in Hildesheim erschienen ist, das u.a. ein Gedicht „Regiment greift an" enthält. Die folgende Strophe gibt eine Probe dieses Gedichtes:

> Da drüben, da drüben liegt der Feind
> In feigen Schützengräben,
> Wir greifen ihn an, und ein Hund wer meint,
> Heut würde Pardon gegeben.
> Schlagt alles tot, was um Gnade fleht,
> Schießt alles nieder wie Hunde,
> Mehr Feinde, mehr Feinde! sei euer Gebet!
> In dieser Vergeltungsstunde!

Dagegen haben wir nur eine Frage an die zuständigen Stellen: Wer überwacht die Schulliteratur?; und ist dieses Lesebuch wirklich zum Schulgebrauch unserer Kinder zugelassen?!

Ein deutscher Verlag schrieb an die Fackel:

Im „Börsenblatt für den deutschen Buchhandel" wurde neulich ein ganz unglaubliches Gedicht „Regiment greift an" zitiert, welches Sie zuerst in einem deutschen Lesebuch für den Schulgebrauch gefunden und getadelt haben. (Anm.: Das Zitat war der „Arbeiter-Zeitung" entnommen.) Die Tatsache, dass solche Verse in einem deutschen Lesebuch Aufnahme finden können, finde ich so entsetzlich, dass ich gelegentlich einen meiner Autoren veranlassen möchte, an geeigneter Stelle auf diese Sache zurückzukommen. Würden Sie die Freundlichkeit haben mir mitzuteilen, in welchem Lesebuch sich dieses Gedicht findet.

Inzwischen war, am 4. Mai, in jener Berliner Zeitung die folgende Notiz erschienen:

> Wir haben am 16. April, nach der Wiener Zeitschrift Die Fackel, ein einigermaßen gewalttätig gesinntes Gedicht „Regiment greift an" erwähnt, das in ein für den Schulgebrauch bestimmtes Lesebuch der Rektoren Kappey und Koch aufgenommen worden war und das in seiner Art nicht gerade für kindliche Gemüter geeignet schien. Wir erfahren jetzt durch das Oberkommando in den Marken, dass dieses Gedicht, das von einem mittlerweile gefallenen Kriegsteilnehmer zuerst in einer hannoverschen Zeitung veröffentlicht worden war, erfreulicherweise auf Verfügung des stellvertretenden Generalkommandos des X. Armeekorps aus dem Lesebuch ausgemerzt werden musste und im Neudruck des Buches nicht mehr enthalten ist. Die Verfügung ist übrigens schon am 29. Januar, also lange vor dem Erscheinen der Aprilnummer der Fackel, erlassen worden.

Was dieser nicht bekannt sein konnte. Sonst hätte sie gleich die löbliche Austilgung zur Kenntnis genommen, um festzustellen, dass es existent war; dass es entstehen und aufgenommen werden konnte und dass deutsche Pädagogen sich von deutschen Militärs erziehen lassen mussten. Die Reproduktion in der Fackel hat zwar nicht das behördliche Einschreiten zur Folge gehabt – davon hätte sie kaum etwas erfahren –, sondern mehr: dessen Verlautbarung. Auf diesem gangbaren Weg, die pädagogische Schande nicht nur auszumerzen, sondern es auch bekanntzumachen, möge nun fortgefahren werden. Ich verspreche feierlich, dass ich es mir nicht als Erfolg anrechnen werde. Vielmehr bin ich in jedem einzelnen der folgenden Fälle bereit, festzustellen, dass die Verfügung schon lange vor dem Erscheinen der Fackel erlassen worden ist.

*

„Deutsches Lesebuch für höhere Lehranstalten, in acht nach Klassenstufen geordneten Abteilungen und zwei Vorschul-Teilen, neu bearbeitet vom Geh. Studienrat Professor Dr. Alfred Biese, Direktor des Königl. Kaiser-Friedrichs-Gymnasiums in Frankfurt a. M.", enthält unter den „Lesestücken aus der Kriegsliteratur für die Unterklassen Sexta bis Quarta" nebst dem grässlichen „Reiterlied" (Wer da, wer) des

Gerhart Hauptmann, dem der Krieg Herz und Hirn requiriert hat, noch
die folgenden Dokumente jener unnennbaren Schande, die aus Herz-
verhärtung und Gehirnerweichung Verse gemacht hat:

BERLINER LANDSTURM.
Von Hans Brennert.

Es pfeift die Eisenbahne –
adieu, Frau Nachbar Schmidt!
Der Landsturm muss zur Fahne –
der Landsturm, der geht mit.
In Frankreich und in Polen,
da müssen wir versohlen
ganz schnelle ja die Felle ja
Franzosen, Russ' und Brit'!
Der tapfre Landsturmmann – er rückt an, er rückt an!
Auf –! Landsturm mit Waffe,
Mit Knarre und mit Affe –
Steig ein! Steig ein! Steig ein!
Zur Weichsel und zum Rhein!
Und ist uns auch zu enge der Rock blau oder grau –
Ihr kriegt doch eure Senge nicht weniger genau!
Wir schworen es ja Muttern,
dass wir euch würden futtern,
ihr Söhnekens,
mit Böhnekens,
die sind so heiß und blau!
Der tapfre Landsturmmann – er rückt an, er rückt an!
Auf –! Landsturm mit Waffe,
Mit Knarre und mit Affe –
Steig ein! Steig ein! Steig ein!
Zur Weichsel und zum Rhein!
Lernt schießen schnell! – Ihr Jungen!
Kommt nach! Zieht bald mit aus!
Es ist genug gesungen
die Wacht am Rhein zu Haus!
Wir müssen an die Seene!

Auf, Jungens, rührt die Beene, die Wade, marsch! –
Parademarsch!!!
Und drescht den Nikolaus! –
Der tapfre Landsturmmann – er rückt an, er rückt an!
Auf –! Landsturm mit Waffe,
Mit Knarre und mit Affe –
Steig ein! Steig ein! Steig ein!
Zur Weichsel und zum Rhein!

O NIKOLAUS, O NIKOLAUS!
Von Wilhelm Platz.

O Nikolaus, o Nikolaus, du bist ein schlechter Bruder,
Du predigst uns von Frieden vor und rüstest heimlich Korps um Korps,
O Nikolaus, o Nikolaus, du bist ein falsches Luder.
O Engelland, o Engelland, wie hast du dich benommen,
Als wie ein rechter Krämersmann, der nimmt, so oft und viel er kann.
O Engelland, o Engelland, das wird dir schlecht bekommen.
Der Franzmann auch, der Franzmann auch, zeigt wieder seine Krallen,
Er möchte gern den schönen Rhein, wir aber nach Paris hinein,
das will ihm nicht, das will ihm nicht, das will ihm nicht gefallen.
Und wenn die Welt voll Feinde war' und keinem war' zu trauen,
So fürchten wir uns dennoch nicht,
Wir halten's, wie der Kaiser spricht:
Wir werden sie, wir werden sie, wir werden sie verhauen.

DIE GESCHICHTE VON LÜTTICH.
Von Friedrich Hussong.

Unsere Kerrels, die wollten ins Frankreich hinein,
in einem Ritt nach Paris vom Rhein.
Da lag das Lüttich mitten im Weg;
nicht links, nicht rechts Pfad oder Steg.
Da sprach der General Emmich:
„Gottsakerment, das nemm ich.“

Gotts Dünner, wie will er das nehmen ein,
wo so viel Forts und Kanonen sein?

Da sagte der: „Wir rennen ein Loch,
passt auf, ihr Kerls, und nehmen es doch.
Dass die uns hindern, würmt mich, aber
passt auf, das stürmt sich."

Herr General Emmich, ich sag's mit Gunst,
ein Ding ist's gegen die Regel und Kunst;
man muss da erst lange vor liegen
und das Lüttich geduldig bekriegen;
doch der: „Das sind eitel Dünste,
die regelrechten Künste."

Und die Kerrels stürmten und rannten ein Loch
und kriegten's trotz Forts und Kanonen doch
und sind auf dem Weg ins Frankreich hinein,
in einem Ritt nach Paris vom Rhein.
Wie sagt der General Emmich?
„Gottsakerment, das nemm ich."

DE DICKE BERTA.
Von Gorch Fock.

Dicke Berta heet ik
tweeuntveertig meet ik,
Steen un Isen freet ik,
dicke Muern biet ik,
grote Löcker riet ik,
dusend Mann de smiet ik!
Beuse Klüten kok ik,
Blitz und Donner mok ik,
heete Suppen broo ik,
grote Reisen do ik:
erst vor Lüttich stunn ik,
Huy un Namur funn ik,
ok Givet dat kreg ik,
un Maubeuge sehg ik,

wat ik kann, dat weet ik!
Söben Milen scheet ik,
um Antwerpen stuk ik,
un Ostende duk ik.
Vor Verdun, dor stoh ik,
no Paris hen goh ik,
ok no London gleuf ik:
op den Tag dor teuf ik!
Schient de Sünn, denn summ ik,
schient de Moon, denn brumm ik
ganz verdübelt meen ik!
Mienen Kaiser deen ik,
dicke Berta heet ik,
tweeunveertig meet ik,
wat ik kann, det weet ik!

Eine Dichtung des Herrn Cäsar Flaischlen – was für eine Sorte doch ehedem zur „Literatur" gehört hat! – beginnt so:

> Sie haben das sehr schön sich ausgedacht
> von hüben wie von drüben
> und mit unserer deutschen Ritterlichkeit
> seit Jahren Schindluder getrieben.
>
> Sie haben seit Jahren uns umstellt
> an allen Ecken und Kanten,
> Verträge und Klauseln ausgeheckt
> und einander Schmiere gestanden.
>
> Feig, wie sie sind, vermeinten sie,
> uns heimlich zu Boden zu knebeln
> und bei der ersten Gelegenheit
> uns einfach zusammenzusäbeln.
>
> Nicht einer hatte den traurigen Mut,
> offen das Schwert zu e r h e b e n :
> Sie kauften sich einen kleinen Mann,
> die Fackel ans Haus zu l e g e n .

„Schrei auf, mein Herz!" Und du, Michel, greif zum Schwert:

> Und hau nach hinten und hau nach vorn,
> hau zu, wie nur zu hauen,
> wohin es trifft, ein jeder Hieb
> sei Grausen und sei Grauen!
>
> Hau drauf und drein, durch Eisen und Stein,
> mit Kolben und Kanonen –
> wir wissen ja endlich, woran wir sind,
> und brauchen niemand zu schonen!
>
> Und geht die ganze Welt kaputt
> in Blut- und Flammenwehen,

und wird es wirklich Jüngster Tag –
wir bleiben und wir stehen!

Wir bleiben, Michel, und wir stehn
vor Gottes Thron zu sagen:
allwie man ihn und seine Welt
an elende Habsucht verraten!

Der Hans Heinz Ewers jedoch, der in Amerika den Deutschenhass, den
er erweckt, nach Möglichkeit zu bekämpfen sucht und zu seinem größten Bedauern rechtzeitig verhindert war, zurückzukommen, singt den
Gymnasiasten eins von der „Emden" vor:

Der Kapitän der „Emden" sprach:
„Verdammt noch mal und zugenäht!
Nun liegt der deutsche Handel brach!
John Bull hat mächtig aufgedreht
und bläht sich hinter jedem Riff;
es kapert sich der Lausebrit'
so manches gute deutsche Schiff.
Verdammt; da tu' ich auch noch mit
mit meiner braven ‚Emden!"

Der Japse schwimmt vor Tsingtaus Gischt
und lauert früh und lauert spät –
da ist zur Nacht ihm was entwischt,
verdammt noch mal und zugenäht!
Die Katze, die ihm schon im Sack,
will noch einmal aufs Mausen gehn!
und auf das gelbe Lumpenpack
pfeift unser blonder Kapitän
Karl Müller von der „Emden"!

Verschwunden! Weg! Das Schiff ist weg!
Wie Brite auch und Japse späht,
sie finden nimmer das Versteck,
verdammt noch mal und zugenäht!
Sie fahren hin, sie fahren her

und haben weidlich durchgesucht
sechs Wochen lang des Ostens Meer –
da schwimmt sie in Bengalens Bucht,
die liebe kleine „Emden"!

Und so. In der letzten Strophe schlägt der Dichter den Grafentitel für
den Kapitän der „Emden" vor, indem er „als Poet" den Wappenspruch:
„Verdammt noch mal und zugenäht!" ihm „dreingibt". Herr Ewers,
wiewohl durch die Umstände an der aktiven Mitwirkung bei der Glorie
rechtzeitig verhindert und gezwungen, in amerikanischen Varietés für
die deutsche Sache einzutreten, hat sich schon zu Kriegsbeginn durch
ein stimmungsvolles Gedicht verdient gemacht, in welchem er sein
Mütterchen besang, das ein kleines, stilles Häuschen am Rhein besitze
und es nunmehr natürlich in ein Spital verwandelt habe. Zwischen
den Buddhas, ausgerechnet, und ähnlichen exotischen Kostbarkeiten,
die Herr Ewers von seinen Weltreisen mitgebracht hat, ruhen nun, so
schrieb er, brave Jungens von jenen Strapazen aus, die dem Dichter
selbst erspart geblieben sind, während das Mütterchen unverdrossen
der Pflege obliegt und ihr Scherflein beiträgt. Einer dieser braven Jungens sei blind, denn „sie stachen ihm bei Namur" oder Maubeuge oder
sonst irgendwo, wo Herr Ewers sich nicht durch persönlichen Augenschein davon überzeugt hat, „die Augen aus". Als der Dreck erschien,
ließ sich ein Mitarbeiter des „Vorwärts", der jene Lunte, die Herr Ewers
nicht gerochen hat, zu riechen begann, die Mühe nicht verdrießen,
beim Mütterchen des Herrn Ewers sich nach dem blinden Soldaten zu
erkundigen. Aus Teilnahme, warum nicht. Wiewohl aber sonst jedes
Mütterchen in Deutschland Bescheid weiß – dieses eine ward verlegen
und erklärte sich umso mehr außerstande, den blinden Soldaten vorzuführen, als sich herausstellte, dass sie zwar ein Häuschen am Rhein
bewohne, aber nie der Spitalstätigkeit obgelegen habe. Aber auch sonst
habe sie in ganz Düsseldorf weit und breit einen blinden Soldaten nicht
gesehen, was sei denn das nur, so oft sei schon wegen des schönen Gedichtes ihres Sohnes, auf den sie stolz sei, bei ihr angefragt worden, sie
möchte es auch gern lesen, aber sie habe wirklich kein Spital und wisse
auch nichts davon, dass wo anders einer liege, dem die Augen ausge-
stochen worden seien, das wäre ja auch gar zu schrecklich, aber der
gute Junge, an alles denkt er doch, immer habe er schon eine lebhafte
Fantasie gehabt, und kehre er dereinst gesund heim, das Mutteraug

werde ihn eben darum erkennen ... Verdammt noch mal und zugenäht. Herr Ewers aber vertritt seitdem die deutsche Sache in Amerika und kämpft in Versen gegen allerlei Lumpenpack. Und in den Unterklassen von Sexta bis Quarta, geführt von einem Geheimen Studienrat, liest es die deutsche Jugend.

*

Ich würde mich freuen, feststellen zu können, dass auf Verfügung eines österreichischen Militärkommandos die zugleich mit „Regiment greift an" zitierten Sätze eines Wiener Pädagogen lange vor dem Erscheinen des Aprilheftes jeder Möglichkeit künftigen Schulgebrauches entzogen waren. Sie seien zum Gebrauch für eine Menschheit hieher gesetzt, die einen Leitfaden durch unser Labyrinth der Nächstenliebe nötig haben wird, worin, wenn man schon glaubte, beinahe im Freien zu sein, schnell noch Aristokratinnen ein Kinderspiel „Russentod" erfunden haben und Pädagogen die Theorie dazu:

„Auf dass ihr mit wissendem Herzen und Munde hasset, halte ich euch einen Spiegel vor, aus dem euch das neidverzerrte und hassverfärbte Antlitz des falschen Albion entgegengrinst."

„Jetzt freilich möchte ich nur wünschen, dass den Russen Galizien all seine Gaben: Armut und Schmutz, verseuchte Brunnen und tolle Hunde, Hunger und Seuchen in verschwenderischem Maße zuteil werden lässt."

„Von den Kerlen aber ist nichts zu sehen! Schauen in ihren Monturen aus, als wären sie aus demselben Lehm und Sand geformt, um den wir uns nun tagelang raufen. Sind feige Hunde, die Erdfarbenen!"

„Alles schwarz von Russen, grad so wie in einer vernachlässigten Küche! Man braucht nicht zu zielen: einfach losdrücken und schon liegt einer. Na, da knallten wir sie nieder, wie die Köchin raschen Fußes das Ungeziefer zertritt."

„Sakra, dös war höllisch fein! Bald hab' i 's Vurtl heraußt g'habt. Eini das Messer ins Russenfleisch und gach umdraht!"

„Hei, da haben wir mit unseren Karabinern dreingehauen, als gälte es Klötze zu spalten. Hab' auch viele Russenschä- del zerschlagen. Hurra!"

„Es muss ein ganz eigenartiges Gefühl sein: Hier zu stehen, den Feind 'rankommen zu sehen und ihn niederknallen zu können, ohne dass er einem recht ankann."

„… und jetzt darf ihnen (den Russen, die sich ergeben) niemand mehr etwas tun als: gefangennehmen. Und hätten doch so gern diese Gazember (magyarisches Schimpfwort) ein bissl massakriert…"

„Jeden Einzelnen von uns hat der Krieg aus dem Alltag gerissen, hat ihn umgeformt und sittlich wachsen lassen. Wir alle sind bessere Menschen, bessere Österreicher ge- worden!"

Zum versöhnlichen Ausgang aber sei noch angemerkt, dass jene Berliner Zeitung durch das Oberkommando in den Marken offenbar auch erfah- ren haben will, das Gedicht – das Gedicht! – sei „von einem mittlerweile gefallenen Kriegsteilnehmer zuerst in einer hannoverschen Zeitung veröffentlicht worden". An dieser Mitteilung ist zwar die literarhisto- rische Genauigkeit rührend, aber keineswegs die Mitteilung, dass der Dichter inzwischen gefallen sei. Es kann auch unmöglich beabsichtigt sein, durch den Hinweis darauf, dass ein Mann seinen Untergang in der nämlichen Begebenheit gefunden habe, in die er mit einem „Gebet" um „mehr Feinde" und mit der Parole „Schießt alles nieder wie Hunde" ein- gegriffen hat, eine mildere Beurteilung dieses Standpunktes zu erwirken, umso weniger, als ja das Niederschießen von Hunden in Friedenszeiten auch nicht gerade gang und gäbe oder die Übung hoher gesitteter Na- turen war. Eher müsste man schon sagen, dass ein Kriegsteilnehmer, der als Dichter dazu beigetragen hat, dass „alles totgeschossen wird, was um Gnade fleht", zwar durch sein persönliches Fortleben Aufsehen erregen würde, aber im andern Fall das Faktum nur folgerichtig und das Dik- tum nicht sympathischer erschiene. Wie dem nun immer sein mag, das Oberkommando in den Marken dürfte eine gute Absicht an unrichtiger Stelle betätigt haben. Denn es gibt eine Instanz, die es noch besser mit dem Dichter meint:

Hannover, den 19. 5. 16.

Soeben erfahre ich durch Zufall, dass in Ihrer Aprilnummer e i n G e -
d i c h t m e i n e s S c h w i e g e r s o h n e s besprochen ist, und möchte
ich Sie höfl. bitten, ein Exemplar Ihrer Zeitschrift an g e n a n n t e n
H e r r n m ö g l i c h s t g l e i c h abzusenden. Adresse ist: Leutnant F.
L. Hoppe, X. Armeekorps, 20. Inf.-Division, Inf. Reg. 79, 3. Bat., 11.
Komp.

Hochachtend, im Voraus bestens dankend

Frau G. Haase
Hannover, Geibelstr. 27

Das heiße ich einen versöhnlichen Ausgang! Belegexemplare für solche
Rezensionen über solche Gedichte pflegen zwar nicht abgesandt zu werden. Aber wenn hinter Maschinengewehren als deus ex machina solch
eine freundlich besorgte Frau am Schluss erscheint und das unnennbare
Grauen dieses Weltabends zu einem deutschen Schwiegermutterscherz
wendet, so sind wir's auch zufrieden.

GOETHES VOLK

April 1917

Berlin, 24. Februar. Ballin gewährte dem Mitarbeiter des „A Vilag" in
Hamburg eine Unterredung, in der er erklärte, dass die Admiralität mit
den Ergebnissen des unbedingt notwendig gewesenen U-Boot-Krieges
außerordentlich zufrieden sei. Das Ziel des verschärften U-Boot-Krieges
ist nicht das, möglichst viel Schiffe zu versenken, sondern den Verkehr
von und nach England abzuschneiden, welche Absicht als vollkommen
erreicht bezeichnet werden kann. D e u t s c h l a n d s e l b s t s c h n e i d e e s
b e i j e d e m e i n z e l n e n S c h i f f t i e f i n s H e r z, nicht nur bei einem
der neutralen, sondern auch bei feindlichen …

Wess das Herz voll ist, dess gehet das Gemüt über:

DEUTSCHE ART

Es zetern unsre Feinde
Ob U-Boots-Barbarei,
Die edle Hetzgemeinde
Brüllt Hass und schimpft dabei.
Doch halt ihr Wutgeheule
Nicht vor der Wahrheit stand:
Wir sind im Gegenteile
Nur leider zu galant.

Wer, dem ein Schiff zur Beute
Verfiel auf stürm'schem Meer,
Verteilt an dessen Leute
Zigarren und Likör?

Wer sieht die Schiffspapiere
Mit solcher Rücksicht ein?
Lotst Feindes-Offiziere
Ins Rettungsboot hinein?

Nur, wenn der Kapitän sich –
Wie's jüngst von Zwei'n geschah
Frech wehrte, griff man den sich
Selbst rücksichtsvoll noch da:

Denn da die Zwei, als Briten
Sich ödeten und wie,
Fing man noch einen Dritten –

Gibt eine Whistpartie!

Wer sorgt für solche Gäste
So, wie's bei uns geschieht?! –
Gesprengt, versenkt wird feste –
Doch immer – mit Gemüt!

Georg Bötticher

161

Mit diesem Gedicht hat die liebe „Jugend" das Jahr 1917 eröffnet. Nun mag ja die Bestie der Gegenwart, wie sie gemütlich zur todbringenden Maschine greift, auch zum Vers greifen, jene zu glorifizieren. Was in dieser entgeistigtesten Zeit Deutschlands, von den Hauptmann und Dehmel hinunter bis zum letzten Münchner Ulkbruder zusammengeschmiert wurde – und wär's noch toller und mehr gewesen und wären auch täglich eine Million Tonnen des Geistes versenkt worden – es würde doch vor der letzten weltgeschichtlichen Instanz als unerheblich abgewiesen werden, wenn es sich zu Ungunsten der deutschen Sprache gegen das Dasein der Luther, Gryphius, Goethe, Klopstock, Claudius, Hölty, Jean Paul, Schopenhauer, Bismarck behaupten wollte. Ja, wenn zugunsten Deutschlands nichts weiter geltend gemacht würde, als dass auf seinem Boden das Gedicht „Über allen Gipfeln ist Ruh" gewachsen ist, so würde ein Prestige, auf das es schließlich mehr ankommt als auf jene zeitgebundenen Vorurteile, zu deren Befestigung Kriege geführt werden, heil aus der Affäre hervorgehen. Was die Lage kritischer machen könnte, wäre eine einzige vom Ankläger enthüllte Tatsache. Dass nämlich dieses Zeitalter, das als verstunkene Epoche preiszugeben und glatt aus der Entwicklung zu streichen wäre, um die deutsche Sprache wieder zu einer gottgefälligen zu machen, sich nicht damit begnügt hat, unter der Einwirkung einer todbringenden Technik literarisch produktiv zu sein, sondern sich an den Heiligtümern seiner verblichenen Kultur vergriffen hat, um mit der Parodie ihrer Weihe den Triumph der Unmenschlichkeit zu begrinsen. In welcher Zone einer Menschheit, die sich jetzt überall mit dem Mund gegen ein Barbarentum sträubt, dessen die Hand sich beschuldigt, wäre ein Satanismus möglich, der das heiligste Gedicht der Nation, ein Reichskleinod, dessen sechs erhabene Zeilen vor jedem Windhauch der Lebensgemeinheit bewahrt werden müssten, wie folgt der Kanaille preisgibt:

(„Unter allen Wassern …") Im „Frankfurter Generalanzeiger" lesen wir:

FREI NACH GOETHE!
Ein englischer Kapitän an den Kollegen.

Unter allen Wassern ist – „U"
Von Englands Flotte spürest du
Kaum einen Rauch …
Mein Schiff versank, dass es knallte,
Warte nur, balde
R–U–hst du auch!

Wo in aller Welt ließe sich so wenig Ehrfurcht aufbringen, den letzten, tiefsten Atemzug des größten Dichters zu diesem entsetzlichen Rasseln umzuhöhnen? Die Tat, die es parodistisch verklären soll, ist eine Wohltat, verglichen mit der Übeltat dieser Anwendung, und hundert mit der Uhr in der Hand versenkte Schiffe wiegen eine Heiterkeit nicht auf, die mit Goethe in der Hand dem Schauspiel zusieht. Die Ruchlosigkeit des Einfalls, der den Sieg jener Richtung bedeutet, die mit dem Abdruck von Klassikerzitaten auf Klosettpapier eingesetzt hat, ist über alles erhaben, was uns das geistige Hinterland dieses Krieges an Entmenschung vorgeführt hat. Und wie um den Rohstoff einer Gesinnung, die solcher Tat fähig war, nur ja handgreiflich zu machen, ergänzt das Wiener Saumagenblatt, das Schere an Schere die Verpflanzung des Generalanzeigergeistes in unsere Region besorgt, die Beschwörung Goethes noch durch diese Anekdote:

Zwischen zwei anderen englischen Kapitänen spielte sich folgendes Zwiegespräch ab: Der eine fragt: „Wohin gehst du?" – „Zu Grunde", antwortete der andere kurz und bündig!

Am nächsten Tag aber wird – vermutlich aus Sympathie mit dem Namen des Admirals Scheer – eine Nachricht weitergegeben, von der jeder deutsche Patriot, der die sentimentalere Auffassung des Herrn Ballin mitmacht, überzeugt sein muss, dass sie eine Lüge ist:

(Admiral Scheer zum U-Boot-Lied der „englischen" Kapitäne.)
Das „Lied des englischen Kapitäns", das wir gestern in unserem Blatte veröffentlichten – „Unter allen Wassern ist U" –, hat auch den Beifall des Siegers in der Seeschlacht am Skagerrak, des Admirals Scheer, gefunden. Unterm 18. Februar richtete er an die Schriftleitung der „Dresdner

Nachrichten" folgende Zeilen: „Über das ‚Lied des englischen Kapitäns‘ aus den ‚Dresdner Nachrichten‘ habe ich mich herzlich gefreut. Hoffentlich behält der gute Mann recht. Scheer, Admiral, Chef der Hochseestreitkräfte."

Nun aber geschieht ein Übriges, das den Literarhistorikern zu schaffen machen wird. „Unter allen Wassern" taucht in allen Blättern auf und wohl in der Absicht, einen authentischen Text festzustellen und zugleich den Namen des Dichters, der Deutschlands nationale Enttäuschungen an Goethe wettgemacht hat, der Vergessenheit zu entreißen, veröffentlicht das Berliner Tageblatt, in der Gaunersprache des neuzeitlichen Verkehrs auch B. T. genannt, die folgende Fassung:

LIED DES ENGLISCHEN KAPITÄNS.
(Frei nach Goethe)

Unter allen Wassern ist – „U"!
Von Englands Flotte spürest du
Kaum einen Hauch …
Mein Schiff ward versenkt, dass es knallte –
Versinkt deins auch! Ludwig Riecker (München)

Nehmen wir an, dass er der Urheber ist und dieses sein Wort, an dem man nicht drehn noch deuteln soll. Ehe ich es las, habe ich eine andere Mitteilung des B. T. für den Rekord jener findigen Entwicklung gehalten, die wie die Kunst in den Dienst des Kaufmanns, alle wehrlose Größe in den Dienst der Niedrigkeit gestellt hat:

ELEFANTEN IM DIENSTE DES „BERLINER TAGEBLATTS"
Um die Schwierigkeiten zu mindern, die sich gegenwärtig bei der Heranschaffung der großen, für die Herstellung des „Berliner Tageblatts" nötigen Papiermassen ergeben, haben wir mit Herrn Hagenbeck ein Abkommen getroffen, wonach er uns vier seiner Elefanten mit den dazugehörigen indischen Führern zur Verfügung stellt. Heute Vormittag haben die Elefanten zum ersten Mal ihren Dienst brav und fleißig verrichtet. Sie brachten mehrere mit Papierrollen hoch bepackte Wagen vom Anhalter Bahnhof zu unserer

Druckerei. Drei Elefanten waren mit starken Riemen als Zugtiere eingespannt, der vierte Elefant betätigte sich, indem er mit seiner breiten Stirn den Wagen schob. Natürlich erregte diese neue, oder wenigstens für Europa neue Beförderungsart in den Straßen sehr viel Aufsehen und Interesse.

Welch ein Schauspiel! Für Europa neu; in Indien bedienen sie längst die Presse. Welch ein Aufzug! Anstatt den Dichter des U-Boot-Liedes mit dem Rüssel emporzuheben oder doch wenigstens so stark zu niesen, dass er sich unter allen Wassern vorkommt, anstatt die Papiermassen so zu zerstampfen, dass sie unbrauchbar werden, oder doch wenigstens so laut zu brüllen, dass die jüdischen Führer erschrocken fragen: Nanu, was is denn los? – tragen diese geduldigen Riesen, ihrer heiligen Herkunft vergessend, dem Mosse die Betriebsmittel ins Haus. Und einer betätigt sich gar als Schieber! Urwälder werden kahl geschlagen, damit der Geist der Menschheit zu Papier werde, und die obdachlosen Elefanten führen es ihr zu. Bei Goethe! Es ist der Augenblick, aus einer Parodie wieder ein großes Gedicht des Abschieds zu machen.

VON DER SINAI-FRONT

Oktober 1917

Schopenhauer macht in „Parerga und Paralipomena" II., Kapitel 15, in dem Dialog „Über Religion" zu der Stelle, wo er von dem „Mord- und Raubzug ins gelobte Land" spricht, den das auserwählte Volk Gottes antrat – um es, als Land der Verheißung „auf Jehovas ausdrücklichen, stets wiederholten Befehl, nur ja kein Mitleid zu kennen, unter völlig schonungslosem Morden und Ausrotten aller Bewohner, selbst der Weiber und Kinder (Josua, Kap. 10 und 11) den rechtmäßigen Besitzern zu entreißen" –, die folgende Anmerkung:

> Wenn einmal, im Lauf der Zeiten, wieder ein Volk erstehn sollte, welches sich einen Gott hält, der ihm die Nachbarländer schenkt, die sodann, als Länder der „Verheißung", zu erobern sind, so rathe ich den Nachbarn

solches Volkes, bei Zeiten dazu zu thun und nicht abzuwarten, dass nach Jahrhunderten endlich ein edler König Nebukadnezar komme, die verspätete Gerechtigkeit auszuüben, sondern solchem Volke zeitig die Verheißungen auszutreiben, wie auch den Tempel des so großmüthig die Nachbarländer verschenkenden Gottes bis auf den letzten Stein zu zermalmen – und das von Rechtswegen.

Und dann:

Übrigens ist der Eindruck, den das Studium der Septuaginta bei mir nachgelassen hat, eine herzliche Liebe und innige Verehrung des μέγας βασιλευς Ναβουχοδονοσορ[41] wenn er auch etwas zu gelinde verfahren ist mit einem Volke, welches sich einen Gott hielt, der ihm die Länder seiner Nachbarn schenkte oder verhieß, in deren Besitz es sich dann durch Rauben und Morden setzte und dann dem Gotte einen Tempel darin baute. Möge jedes Volk, das sich einen Gott hält, der die Nachbarländer zu „Ländern der Verheißung" macht, rechtzeitig seinen Nebukadnezar finden und seinen Antiochus Epiphanes dazu, und weiter keine Umstände mit ihm gemacht werden!

Ich habe diese Sätze lange nach dem „Gebet an die Sonne von Gibeon" kennengelernt. Wer sie liest, wird dieses Gedicht und die große Identität, deren Erfassung sein Gedanke ist, verstehen und von der prophetischen Offenbarung Schopenhauers erschüttert sein.

---

41   Mégas basileús Nabuchodónosor = der persische Großkönig Nebukadnezzar.

Made in Germany

November 1916

Fünftausend Dokumente, deren jedes für sich der Nachwelt die Schande zum Bewusstsein brächte, von dieser Welt zu stammen, liegen noch in meinem Schrank. Aber den Vorrang, ihr den Tort anzutun, hat jeder neue Tag, und unter allen Nachrichten sind die neuesten am besten und unter den neuesten Nachrichten wieder die Leipziger Neuesten Nachrichten. Die zentrale Eigenart des Denkens, vor der das Staunen der europäischen Umgebung sicherlich größer ist als das Hassen, findet wohl nirgendwo einen planeren Ausdruck. Ein Leser, dessen Ehrgeiz, mich an die Quelle zu führen, keine Rücksicht auf meine Pflicht nimmt, dem Jahrhundert zwar „den A b d r u c k seiner Gestalt zu zeigen", jedoch nur „die a b g e k ü r z t e Chronik des Zeitalters zu sein", bringt mich mit etlichen Ausschnitten in Versuchung. Aber nirgend kommt die Gemütsart, die die rechte Hand nicht wissen lässt, dass die linke Bomben wirft, sondern es niederschreiben lässt, dass es der Feind tut, nirgend kommt sie so schön zur Geltung.

Dass die Vorführung einer Schlacht im Film zum täglichen Brot der deutschen Kinobesitzer gehört, weiß man. Da nun die technische Kanaille in London, wenngleich sicherlich mit größerem Können, dasselbe tut und Aufnahmen von der Offensive an der Somme vorgeführt hat, heißt es in Leipzig:

> … Die gefilmte Schlacht, die gefilmte Majestät des Sterbens und des Todes. Dass die Engländer eine unwissende und ungebildete Gesellschaft sind, wissen wir ja, der vorliegende Fall zeigt aber auch, bis zu welcher Gefühlsrohheit N e i d und L ü g e führen.

So heißt es in Leipzig. Da der Neid aber ein hervorragendes Motiv für das Kinorepertoire ist, meldet sich die „Kölnische Zeitung" (Ausgabe für das Feld), die auch zu bescheiden ist, von den deutschen Schlachtfilms außerhalb der Annoncenrubrik etwas zu wissen, und regt an, die Rohheit und Unbildung der Engländer sogleich in Deutschland einzuführen:

… Wäre es nicht erwünscht, dass man auch dem Deutschen hinter der Front solche lebenswahren Bilder der jüngsten Ereignisse vorführte? An Gelegenheiten, die geeignete Bilder zur Aufnahme bieten, dürfte kein Mangel sein. Die Taten unserer Soldaten, im Bilde vorgeführt, gäben wahrhaftig Stoff genug für mehr als einen Film, und das Volk, das am Bilde manchmal mehr hängt als am Worte, würde solchen Vorführungen ein gewaltiges Interesse entgegenbringen, auch wenn wir auf die Ausschmückungen im Interesse nationaler Selbstverhimmlung, die Engländer und Franzosen nötig haben, verzichten.

Versteht sich. Machen wir. Zwar ist es längst gemacht, aber das vergessen wir, um den Feinden, die es auch machen, teils Gefühlsrohheit vorwerfen, teils beweisen zu können, dass wir's noch besser machen werden. Nur dass ein deutscher Ulan, der mir den Ausschnitt von der Front schickt, dazu schreibt, „jetzt habe das Sterben des armen Schützengrabensoldaten wirklich einen Zweck: Es dürfe mit allem Dreck von Reinhardt um den Beifall des deutschen Kinopöbels konkurrieren". Leipzig aber, das die Erbärmlichkeit, um die Köln die Engländer beneidet, auf den Neid der Engländer zurückführt, veröffentlicht eine Kritik des durch das Genie und die Persönlichkeit seines Autors berühmt gewordenen „Hias":

(Berliner Theater. „Der Hais.") Unter dem Krachen aller Feuerwaffen und mit Sturmgeschrei ging gestern Abend „Der Hias", ein feldgraues Spiel in drei Akten, über die Bretter des Berliner Theaters. Der Zettel verschwieg den Namen des Verfassers; aber ein Feldgrauer soll das Stück geschrieben haben, und Feldgraue (Offiziere und Mannschaften Berliner und bayrischer Ersatztruppenteile, unter denen gewiss einige von schauspielerischer Herkunft waren) führten es auf. Für die Frauenrollen stellten sich Frauen der Aristokratie zur Verfügung. Das Stück, nicht besser als die meisten seiner Art, gab Gelegenheit, Lager leben und blutige Kämpfe mit erstaunenswertem Naturalismus vorzuführen. Die echten Soldaten auf der Bühne spielten, als ob sie an der Front wären. Dort, wo die kriegerischen Vorgänge der technischen Mittel der Bühne spotteten, sprang der Film ein und der Apparat rollte (im letzten Akte) eine Reihe von geschickt in die Szene des Stückes eingelegten Schlachtbildern ab. Erhöht wurde der Eindruck durch den Lärm der Maschinengewehre und Handgranaten und durch das Ächzen und Stöhnen der Gefallenen.

Freilich bemerkt Leipzig, um nicht ganz in den Verdacht zu kommen, dass es ein klein London sei, dazu:

Die mörderische Abspiegelung ging auf die Nerven, ohne dass sie durch die Kunst geadelt zur Höhe der zeitgeschichtlichen Ereignisse emporgetragen worden wäre. Von einem dichterischen Atem ist in dem Stück kein Hauch zu verspüren.

Ein Unrecht am „Hias". Wenngleich nicht gerade durch die Kunst, sondern nur durch die Mitwirkung der deutschen Aristokratinnen geadelt, ist er doch zur Höhe der zeitgeschichtlichen Ereignisse emporgetragen. Die echten Soldaten auf der Bühne spielten, als ob sie an der Front wären, und für zwei Mark fünfzig kann man das Ächzen und Stöhnen der Gefallenen hören, was viel lohnender ist als die gefilmte Majestät des Sterbens in London, die doch stumm bleibt. Den Neid, der die Engländer darob befallen müsste, könnte man ihnen schon jetzt vorhalten. Aber ein Beispiel für deren Verlogenheit wird gleich angeführt:

Eine englische Denkmünze auf die Seeschlacht im Skagerrak. Nachdem die Engländer ihre schwere Niederlage vom Skagerrak auf dem Papier allmählich in einen Sieg umgemodelt haben, setzen sie diesem Lügenverfahren dadurch die Krone auf, dass sie eine Denkmünze auf die Seeschlacht prägen, womit sie sie offenbar in eine Reihe mit anderen Seeschlachten stellen wollen, die seit dem Vorbilde der Königin Elisabeth, die auf den Untergang der Armada im Jahre 1588 eine berühmte Münze prägen ließ, durch Denkmünzen als Siege verherrlicht worden sind ... Rund herum läuft die Inschrift: „Der ruhmreichen Erinnerung derer, die an jenem Tage fielen." Im Vergleich mit neueren deutschen Gedenkmünzen kann diese englische als gedankenarm und unkünstlerisch bezeichnet werden. Der Text, der nichts von Sieg enthält, ist für englische Verhältnisse ziemlich bescheiden... Die Denkmünzen sollen käuflich sein – die goldene zu 230 Mk., und der Gesamtertrag soll den Hinterbliebenen der gefallenen Seeleute zukommen. – So verabscheuungswürdig diese englische Verlogenheit auch ist, kann man es nicht in Abrede stellen, dass sie System hat und sicher auch Erfolg haben wird, denn es unterliegt keinem Zweifel, dass auch auf diesen englischen Schwindel wieder eine ganze Menge neutraler Untertanen hereinfallen wird.

Man muss die gedankenreichen und künstlerischen deutschen Denkmünzen keineswegs zum Vergleich heranziehen, um sich von der Bescheidenheit und Käuflichkeit, kurz von der verabscheuungswürdigen Verlogenheit dieser englischen Denkmünze, deren Text nichts von Sieg enthält und deren Gesamtertrag den Hinterbliebenen der gefallenen Seeleute zukommt, eine Vorstellung machen zu können. Sie gilt der Erinnerung derer, die an jenem Tage gefallen sind, ihr Ertrag der Unterstützung derer, die sie zurückgelassen haben: Man mache sich von diesem englischen Schwindel, der wie gesagt nichts von Sieg enthält, also als völlig gedankenarm und unkünstlerisch bezeichnet werden kann, ein Bild. Wovon man sich hingegen kein Bild machen kann, ist die Geistesverfassung, die hier vor den blutigsten Kontrasten ihrer dummmacherischen Übung nicht satt wird und aus dem Abhub der Phrase noch ein Surrogat der Gesinnung herzustellen vermag, von dem sie mit verzücktem Augenaufschlag weiterlebt. Da wird links „von unsrem römischen Mitarbeiter" über den „Kampf gegen den deutschen Geist in Italien" berichtet:

Die verzweifelten Versuche der italienischen Überpatrioten, den Kampf gegen Deutschland auch auf den deutschen Geist und auf die deutsche Wissenschaft auszudehnen, erleben immer wieder neue Niederlagen, die dann ihrerseits zu den erheiterndsten Klagen in der italienischen Patriotenpresse führen. So finden wir in dem römischen „Giornale d'Italia" vom 8. September, das den höchsten Deutschenhass mit der größten eigenen Ignoranz verbindet, eine herzbewegende Klage über zwei Veröffentlichungen der allerletzten Zeit in Italien …

Aber eine Veröffentlichung gleich rechts in den „Leipziger Neuesten Nachrichten" würde den italienischen Überpatrioten eine kleine Genugtuung verschaffen und ihren verzweifelten Versuchen, den Kampf gegen Deutschland auch auf den deutschen Geist und die deutsche Wissenschaft auszudehnen, zum Durchbruch verhelfen:

Die Lauterberger Weltanschauungswoche. Für die vom 2. bis 7. Oktober in Bad Lauterberg im Harz im städtischen Kurhause in Aussicht genommene „Weltanschauungswoche" haben Geheimrat Natorp-Marburg, Professor Leser-Erlangen und Professor Hunzinger-Hamburg je 6-stündige Vorlesungen über: „Die hauptsächlichsten Weltanschauungstypen der führenden Kulturvölker und der Kulturberuf unseres Volkes", „Fichte und wir" und „Die Weltanschauung unserer Klassiker" zugesagt. Außerdem wird Dr. Ferdinand Avenarius-Dresden einen Einzelvortrag halten. Für die Nachmittage sind gemeinsame Wanderungen, für die Abende gesellige Zusammenkünfte vorgesehen. Der Preis der Teilnehmerkarte ist auf 10 Mark festgesetzt worden. Die Vorlesungen beginnen um 8 Uhr vormittags und dauern bis 11 Uhr.

Da das nur um drei Stunden zu viel wäre, so dürfte jeder der drei Gelehrten zwei Vormittage innehaben, wobei aber Avenarius-Dresden in die gemeinsamen Wanderungen oder geselligen Zusammenkünfte eingeschoben werden müsste. Das Arrangement ist schwierig. Aber die Natur einer im städtischen Kurhause in Aussicht genommenen Weltanschauungswoche bringt das mit sich. Warum veranstaltet man sie nicht bei Wertheim? Was es alles gibt und was für bunte Dinge auf diesem kärgsten Stück Erde wachsen! Alles, was sie dort nicht haben, bekommen sie geliefert. Und so auch 'ne Weltanschauung. Da es jetzt dank solchen Möglichkeiten, also dank einer Weltanschauung, die deren Herstellung als Fertigware nebst Aufmachung garantiert, unmöglich geworden ist, sich die Welt anzuschauen, so möchte ich gern die Lauterberger Weltanschauungswoche mitmachen. Die Welt schaut Lauterberg an, Lauterberg die Welt, und beide verstehen einander doch nicht. Aber ein Hauptspaß muss es sein, und Filmaufnahmen sollten von dem belehrenden Teil sowohl wie insbesondere von den geselligen Zusammenkünften in der Welt verbreitet werden. Man müsste den Avenarius sprechen sehen und eindrucksvoller als die gefilmte Majestät des Sterbens wäre einmal die gefilmte Humilität des Lebens. Was es aber mit der deutschen Weltanschauung, soweit sie sich ohne Grenzübertrittsbewilligung entfalten kann, für eine Bewandtnis hat, und wie das deutsche Wort dem deutschen Volk sogar den Film ersetzt, bewies der folgende Bericht, den Leipzig von Köln bezogen hat:

Kaiser Wilhelm als Feldarbeiter. Aus Oberschlesien geht der „Köln. Vlksztg." die folgende hübsche Schilderung eines Vorganges zu, der sich dort vor einiger Zeit abspielte:

Bekanntlich reiste der Kaiser an die Ostfront. Seine schlesischen Truppen erfreute Seine Majestät durch persönliche Anerkennung und durch seinen Dank für ihre Tapferkeit. Des freute sich ganz Schlesien. Aber ganz Schlesien freute sich noch über etwas anderes.

Was rennt das Volk, was läuft die Schar hinaus auf die abgemähten Felder? Den Kaiser zu sehen. Nachmittags zwischen 5 und 7 Uhr ist es. Munteres Volk birgt die kostbaren Ährengarben auf bereitstehende Wagen. Plötzlich ruhen alle Hände, Stille tritt ein, alle Mützen fliegen vom Kopfe, Staunen ergreift alle: Der Kaiser kommt! Er ist schon da, zieht den Rock aus und – in Hemdsärmeln beginnt des Deutschen Reiches Oberhaupt mit Hand anzulegen an die Feldarbeit. Auf dem mit goldenen Getreidegarben besäten durchfurchten Boden unseres lieben Vaterlandes erheitert das durch die Sorgen der Kriegsjahre tief durchfurchte Antlitz Seiner Majestät munteres Lächeln. Er hilft selbst, mit höchsteigener Person, den „von oben" gespendeten Segen für sein Volk einzuheimsen. Wie der Herr, so der Knecht. Dem Kaiser tun es seine Begleiter, hohe Herren und Offiziere, nach. „Siehst du da nicht auch unsern Reichskanzler bei der Feldarbeit?" – „Wahrhaftig, er ist's."

Von der Stirne heiß, rinnen muss der Schweiß bei solcher Arbeit. Überrascht schaut das zuschauende Volk, wie Seine Majestät den von der Stirne perlenden Schweiß mit dem Hemdärmel ein übers andre Mal abwischt; denn in brennender Sonnenhitze mit der Garbengabel Wagen vollzuladen, wenn auch mit aufgestreiften Hemdärmeln, macht schwitzen – und Durst. Und so haben wir wieder das schöne Bild: Seine Majestät sitzt mitten in seinem ihm treu ergebenen oberschlesischen Volk, auf das er sich verlassen kann, sitzt auf einem Feldrain und trinkt aus einem gewöhnlichen Krug frisches Wasser.

Herablassend winkt er den Kindern und spricht wie ein Vater traulich zu ihnen. Sie sollen versuchen, über die Stoppeln zu laufen. Sie tun es. Herzlich lacht Seine Majestät über der Kinder Vergnügen und schenkt ihnen etwas als Lohn für ihre Mühe und die Freude, die sie ihm bereitet haben.

Ist da nicht alles, was es gibt, wie im Gesamtkunstwerk vereinigt? Der
Kaiser sitzt mitten in seinem Volk, auf das er sich verlassen kann, auf
einem Feldrain, was rennt das Volk, das Oberhaupt streift die Hemdärmel auf, von der Stirne heiß, der Segen kommt in einem doppelten Sinne
von oben, wie der Knecht, so der Herr, wie der Herr, so der Knecht, nämlich unser Reichskanzler, siehst du da nicht, wahrhaftig er ist's, die Welt
ist verkehrt, die Genitive sind vorangestellt, es ist der Kinder Vergnügen,
des Reiches Oberhaupt legt Hand an, und so haben wir wieder das schöne Bild – aber selbst Ganghofer hätte den Text nicht zustande gebracht:
„Auf dem mit goldenen Getreidegarben besäten durchfurchten
Boden unseres lieben Vaterlandes erheitert das durch die Sorgen der
Kriegsjahre tief durchfurchtete Antlitz Seiner Majestät munteres
Lächeln." Man beachte die unwillkürliche Steigerung von „durchfurcht"
und den Vorgang, wie auf dem Boden, der mit Garben besät ist, mun-
teres Lächeln das Antlitz erheitert. Nie ist ein deutscherer Satz geglückt.
Wie ein durch alle Gefahren heimgeführtes Unterseehandelsboot mutet
er an. Ein Londoner Film muss vor Neid zerspringen. Eine Lauterberger
Weltanschauungswoche kann etwas zu lernen.

HANS MÜLLER IN SCHÖNBRUNN

Mai 1917

Der Hans Müller, der nicht an die Front gehen musste, um Briefe von
dort zu schreiben – er wäre ein großer Vaterlandsverteidiger geworden,
auch wenn er ohne Uniform auf die Welt gekommen wäre –, hat neulich
dem Tod ins Auge gesehen. Er war nämlich in Schönbrunn, nämlich in
der Menagerie, und beschreibt, wie der Panther hinter den Gitterstäben
dagelegen ist und ihn angeblickt hat. „Ich bin allein im Raum", sagt Müller, der keinen Augenblick die Geistesgegenwart verlor, so lange, bis sich
das Feuilleton in ihm zu formen begann. Freilich war er mit der vorgeschriebenen Marschroute, sich über den Panther etwas einfallen zu lassen, was zu Vergleichen mit der Menschheit führen konnte, nach Schönbrunn gekommen. Die Gefahr lockte ihn, aber er hatte sie wohl
unterschätzt. Nun, im Nachgefühl der heroischen Lage, setzt er das

schlichte Wort hin: „Ich bin allein im Raum." Man kann ihm das Abenteuer glauben, wiewohl er sich kürzlich erst zu der Behauptung verstiegen hat, dass er vom deutschen Kaiser in der Hofburg empfangen worden sei. Müller beschreibt nunmehr den Panther, dessen Eindruck er
sich nicht entziehen kann, bis auf die Nüstern, „unter denen die Borsten
nadelspitz wegstechen". Fünfzehn Jahre war er nicht in Schönbrunn gewesen. „Damals war die Welt noch weit und offen ... O Vielfalt der Welt,
eingefangen wie ein Tropfen Essenz in die Kapsel der Erinnerung…"
Beginnt er zu sinnen, wie nur ein Shakespeare'scher Königssohn oder
wie ein Nestroy'scher Handlungsgehilfe zu sinnen pflegen, wenn sie ein
Müller'sches Theaterstück gesehen haben. Diese Gedanken Hans Müllers, die bis zu den Pampas schweifen und hierauf einen Abstecher nach
Dänemark, Sorrent, Spanien und an den Vierwaldstättersee machen,
scheinen den Panther zu langweilen. Denn „das Tier reißt seinen Rachen auf", es gähnt. Müller missdeutet es und glaubt, er befinde sich
nunmehr in jener Todesgefahr, der er durch die Aufgabe seiner Feldpostbriefe in Wien und durch seine Tätigkeit im Kriegsarchiv glücklich
entronnen ist. Es ist ein spannender Augenblick, welchem Müller mit
dem knappen, aber inhaltsschweren Satz gerecht wird: „Es begibt sich,
dass ich ganz dicht an die Gitterstäbe herantrete." Diese Begebenheit
einmal als wahr angenommen, warten wir nun auf das, was sich weiter
begeben wird. „Der Panther schaut und regt sich nicht." Es begibt sich
nämlich zugleich, dass der Panther, der bis dahin kein Antisemit war,
zum ersten Mal im Leben einen Herrn von der Neuen Freien Presse
sieht. Der Panther wartet, wir warten. „Sein Atem trifft den meinen in
der unbewegten Luft", berichtet Müller, während wir im Hinterland
atemlos der Entwicklung harren. „Unsere Augen klimmen ineinander."
Der Panther, dem gewiss eine hübsche Beobachtungsgabe, aber kein
Talent der Schilderung gegeben ist, hätte die Begebenheit, die auch auf
ihn Eindruck gemacht haben muss, vielleicht nicht so impressionistisch,
aber doch packend beschrieben. Nun aber habe, so behauptet Müller,
und der Panther widerspricht nicht, „etwas Ungeheures, etwas, was
man" (Gottseidank) „in Worte nicht fassen kann, wie von der Urzeit der
Schöpfung her, die ereignislose Minute mit Spannung gefüllt". Was ist
geschehen? Also doch? Hatte der Panther, der beim Anblick des Hans
Müller eine Gebärde machte, die in der Sprache dieser Gattung „Oiweh!"
bedeutet, zu einem entscheidenden Schlag gegen das Ansehen der Neu-
en Freien Presse ausholen wollen? Nein, das arme Tier, das sich glänzend

beobachtet fühlte, riss bloß seinen Rachen auf. Es gähnte, wie gesagt, Müller aber glaubte, es wolle ihn verschlingen, um das Feuilleton zu verhindern. Alle, die nicht schreiben können, zum Beispiel ich, sind so geartet, sagt man. Aber man tut uns unrecht. Wir sind nicht hungrig, wir gähnen bloß. Müller aber ist fasziniert. „Wie gebannt blicke ich in diesen schwarzen Schlund, der von den gelben Zahnmessern furchtbar bewacht ist." Dies Bild ist aber keine Reklame für Odol, sondern Müller erkennt, dass „die Feindschaft zwischen Kreatur und Kreatur ewig währen wird", denn „auf gleichem Stern gibt es dennoch niemals Nachbarschaft! Wem gehört die Erde –?" Diese pessimistische Erkenntnis, die an eines jener Probleme rührt, die wieder nur mit einer Frage beantwortet werden können, hat der Denker in einem furchtbaren Augenblick sozusagen aus dem Löwenrachen geholt, in einem Moment zwischen Tod und Leben, die nur durch Gitterstäbe voneinander getrennt waren. „Jetzt zieht der Panther mit einer schweren, wie trächtigen Bewegung die linke Vorderpranke unter dem Bauche weg und hebt sie hoch." Schreckliches wird geschehn. „Eine Sekunde hält er den Tod erhoben, das grüne Glas seiner Augen wird flüssig." Flieh, Müller! „Eine Sekunde ist es atemstill in der Wildnis. Todfeinde." Wird Müller losgehen? „Brückenlose, die einander Blick in Blick gegenüberstehen." Müller steht gegenüber und zögert. Seine Stimmung ist ernst, aber zuversichtlich. „Dann – vorüber." Der Panther ist gerettet. Atmet auf. Froh, dass keine Brücke von ihm zu Müllern führt, während Müller sich das gewünscht hätte. „Müde legt die Riesenkatze ihren schönen Kopf in den Nacken zurück, der Arm gleitet an den Gefängnisstäben kraftlos hinab, und mit einem schweren, wie erschöpften Ton fällt der ganze Körper dumpf auf die Liegestatt des Käfigs." Von Müllers Blick bezwungen. Dem Panther ist mies. (Wie mies.) Was vermag ein Panther gegen einen Feuilletonisten? Wem gehört die Erde? Dem Feuilletonisten! Aber der Sieger ist nicht hoffärtig. Wenn auch noch so hoffähig. Er wird ihn gnädig behandeln. „Ein jähes Mitleid, von jener Art, die man nicht erklären kann, durchschüttert mich." Er wälzt den Löwenanteil an dem Sieg über den Panther auf den Menageriedirektor ab, der den Panther gefangen hält und infolgedessen um die Möglichkeit gebracht hat, seine Kräfte frei zu gebrauchen. „Du armer Knecht" – Müller wird bitter – „hat man dir dein Leben fortgestohlen?" Müller erkennt, dass er über einen Wehrlosen gesiegt habe, und wünscht den Panther frei. Er möchte ihm womöglich in Urforsten begegnen. Er beklagt eine Ordnung der Dinge, die ihn hieher

geschleppt hat, „hieher zur Schau der Kinder". Erst wenn alle heiligen
Zeiten einmal ein Literat kommt, weiß der Panther, wozu er auf der Welt
ist. „Kein Blick des Tieres verrät, dass es einen Menschen nahe weiß."
„Sinnlos liegt es da." Ein Nebbich. Müller entfernt sich und denkt über
das Leben und Gott über die Welt. Erkenntnisse, wie sie die Schalek an
der Front gefunden hat, findet Müller vor diesem Käfig. Er weiß nun,
was Glück ist, nämlich Freiheit. Von den Tieren erkennt er: „Nur, wo sie
nicht wissen, dass sie dienen, dienen sie mit Munterkeit." Anders als die
Feuilletonisten, die wieder nur dort, wo sie wissen, dass sie nicht dienen,
mit Munterkeit dienen. Müller hat einmal zwei Ferkel gesehen, die in
einer Singspielhalle dressiert vorgeführt wurden, nennt ihren Dresseur
mit Recht einen Mörder, weil er eine Kreatur zwingt, ihren Sinn zu vernichten, und fragt, ob es im modernen Staat kein Gesetz gebe, das solche
Mörder abfasst. „Denn was heute ihnen, den Tieren, auferlegt ist, könnte
morgen uns selbst vom Schicksal zugemutet werden." Dass es uns von
Dresseuren längst zugemutet wird und dass das Schauspiel unsrer Produktion eben jene große Zeit ausfüllt, an der der Hans Müller Tantiemen
verdient, ganz wie jene, die „noch an der Flamme, die vom Boden auf-
zuckt, sich die arbeitsscheuen Hände wärmen" – das ist unter allen Gedanken, die einem so in Schönbrunn kommen können, dem Hans
Müller nicht eingefallen. Denn wenn er entrüstet den Dresseur fragt,
„ob er die Natur der Ferkel als von Haus aus turnerisch empfinde",
müsste er sich selbst doch fragen, ob er die Natur der Menschen als von
Haus aus wehrpflichtig empfinde, was er für sich selbst freilich vernei-
nen würde; müsste er sich fragen, ob er etwa glaube, dass das Recht, einen Wehrmann oder Wehrschild zu benageln je nachdem, das Recht sei,
welches mit uns geboren ist; und ob etwa die Verwandlung von geistigen
Menschen, die ihre Feder nicht in den Dienst der guten Sache stellen
wollten, in Stiefelputzer und Latrinenfeger dem Sinn der Kreatur ent-
spreche. „Da ergeht es den Inwohnern der Menagerie Schönbrunn freilich besser", nämlich als den Ferkeln, meint Müller beschwichtigend.
Ganz wie den Autoren des Kriegsarchivs. „Ein Traum ihrer Vergangenheit umgibt sie hier mit zarten Farben, und wo es möglich ist, erhalten
sie Freiheit wie ein Elixier, das die Rasse am besten hochzüchtet." Und
er zitiert die Worte des Menageriedirektors: „Als erster Grundsatz der
Wartung gilt es, den in Gefangenschaft befindlichen, zumeist aus fremden Zonen stammenden Tieren in unseren Breiten annähernd jene Lebensbedingungen zu gewähren, an die sie in der Freiheit gewöhnt sind."

Es gelte, ihnen „jenes Paradies zu schaffen, in dem sie ihre Heimat und ihre Jugend wiederzufinden glauben". Ist da von Menagerie oder Presse-quartier die Rede? Soll die Redaktion oder der Urwald ersetzt werden? Wird Hagenbeck zitiert oder Hoehn? „Sie erhalten frühmorgens außer ihrem Kaffee Weißbrot mit Biskuit, mittags …" Wer? Die Affen, „unsere tragikomischen Karikaturisten", wie Müller sie nennt. Allerdings sei das bei jenen, bei den Affen, nur im Frieden der Fall gewesen … Wie nun das Wort vom Frieden fällt, erhebt sich Müllers – hoffentlich unerwiderte – Tierliebe auf jene höhere Warte, auf der der Dichter stehen soll, wenn er nicht gerade mit dem König geht, in welchem Falle er bekanntlich auf der Menschheit Höhn wohnt. An den Tieren, bei denen „die Ewigkeit rauscht, der Brunnen des Morgigen", sollen sich die Menschen ein Bei-spiel nehmen, was ohne Zweifel eine vernünftige Forderung ist, weil die Menschen so etwas noch immer fressen, während doch jeder bessere malaiische Bär den philosophischen Zucker verschmäht hätte, den ihm ein Feuilletonist durch die Spalten reicht, und kein Panther, der auf sich hält, in mondheller Nacht über die Gemeinplätze des Hans Müller jagen würde. Tiere sind keine Schmocke. Die Sehnsucht „nach der gemein-samen Heimat aller Lebendigen", als die dieser hier den nächtlichen Schrei der Tiere deutet, mögen sie wohl empfinden, aber sicherlich nur mit Ausschluss von Kriegsliteraten, die in dienstfreien Stunden das Weltall umarmen. Der Hans Müller, das weiß jedes Elefantenbaby, ist der erfolgreichste Autor der patriotischen Saison und identisch mit je-nem Hans Müller, der öffentlich behauptet hat, dass ihn der deutsche Kaiser in der Wiener Hofburg empfangen habe. Da aber der deutsche Kaiser einen Dichter, der nicht im Feld war, nicht empfangen würde, und einen, der es fälschlich behauptet, schon gar nicht, so kann der Hans Müller so wenig in der Hofburg gewesen sein wie im Feld, während es durchaus glaubhaft ist, dass er in Schönbrunn war.

Schweizer Idylle

Mai 1917

Könnte man über das Grauen zur Tagesordnung übergehen, so kann man doch nicht über die Tagesordnung hinübergehen, nicht über die furchtbare Naivität, mit der der Wahnwitz seine Kontraste aufrichtet, nachdem er an sich schon die äußersten Postulate an Menschenwürde und Nervenruhe gestellt hat. Das so erschwerte Da-Sein macht einem aber auch den Wunsch nach einem Wegsein unerfüllbar. Nun ist die Erschwerung oder Erleichterung von Reisen sicherlich keine Angelegenheit, die, noch so vernünftig geregelt, den Verlust an Menschheit und Menschentum aufwiegen würde, den uns jede heimatliche Stunde anschaulich macht, und noch so unvernünftig geregelt, könnte sie die Bitternis dieser Zeiten nicht mehr vermehren. Es mag schließlich sinnvoll sein, dass uns, die all ihr Mögen unter den Begriff des Vermögens gestellt haben, verboten werde, uns zu erholen, damit die Valuta sich erhole, die es ja nach unsern Taten noch immer nötiger hat als wir nach unsern Leiden. Es mag hingehn, dass die tadellosesten Privatmenschen, deren Herkunft und Lebensführung den Verdacht „kriegsverräterischer" Absicht ausschließt – wiewohl ich sehr geneigt bin, nach diesem Krieg sein Geheimnis den Schakalen in der Wüste zu verraten –, durch das endlose Spalier von „Agenten", Passrevisoren, Klauselauguren, Leibesuntersuchern und sonstigen in Grenzwirtshäusern beschäftigten Instanzen gehetzt werden, ehe man sie zu einem Butterbrot in der Schweiz gelangen lässt. Es mag hingehn, dass propagierendes Pressungeziefer mit Diplomatenpass hin und her läuft; denn jedes Geschäft braucht einmal seine Reklame und anständige Leute, solche, die drei Wochen in „Kontumaz" sitzen – ein Fremdwort, in dem der Österreicher schwelgt –, geben sich ja nicht dazu her, den Neutralen, die dafür gar kein Gehör haben, zu versichern, dass der Wiener nicht untergeht. Es mag hingehn, dass man sich von dem Auftreten der Burgschauspieler in Zürich nicht nur einen Triumph über die Zürcher Ensembles, sondern auch einen politischen Umschwung verspricht und ihnen darum nicht nur die Fahrt, sondern auch das Ziel so bequem macht, dass ihnen die jetzt zeitraubende Umrechnung der Kronen- in die Schweizer Währung ganz erspart bleibt, indem einfach wir für sie die Spesen der dortigen Gastmähler zu bezahlen haben. Was aber nicht hingehen kann, ist die Schadenfreude, mit der die Heimgekehrten den Daheimgebliebenen erzählen, was es dort alles auf ihre Kosten zu fressen gab. Die journalistische Schamlosigkeit, die dem Herrn Treßler erlaubt, uns spaltenweise den Nachtisch zu servieren und an Tagen, wo das Blut in Katarakten strömt, sich zum Mittelpunkt der Betrachtung zu machen, gehört zu den undenkbaren und dennoch körperhaften Erlebnissen dieses allerschuftigsten Zeitalters. Herr Treßler ist ein durchschnittlicher Maskenschauspieler, der den Charakter bei der Nase nimmt, ein Chargenspieler von der Art, die auf den Provinzbühnen in einer dem Bühnengenius und allem echten Theaterwesen abholden Epoche noch immer massenhaft produziert wird. In der Menschendarstellung fürs Varieté – diese Könnerschaft lässt keinen Geschlechtsunterschied aufkommen – erreicht er allenfalls das Niveau der Frau Niese. Als äußerlicher, leerer, technisch beflissener Kopist aller Stile nimmt er auf der Bühne etwa den Rang ein, den der Herr Salten in der Sprache innehat, und weil ihm die verschiedensten Nasen gleich gut sitzen, so ist eine ihrer Theaterkultur abtrünnige Stadt vielleicht berechtigt, ihn für den Nachfolger Mitterwurzers zu halten, genau so wie sie gewohnt ist, die Frau Niese einem Girardi „kongenial" zu finden. Da nun die Bevölkerung dieser Stadt in Dingen des Theaters zwar ihren Geschmack überwunden, aber ihr Interesse für die Privatangelegenheiten der Schauspieler gesteigert hat, so lässt sie sich, während ihre Angehörigen in Schützengräben liegen, gern und willig von Herrn Treßler erzählen, wie er sichs im Schlafwagen, Bett Nr. 10, auf der Fahrt nach Innsbruck bequem gemacht hat. Gleichwohl darf man nicht glauben, dass im Weltkrieg dem Herrn Treßler alles so gut ausgeht, wie man glauben möchte. Zuerst, ja, klappte alles famos und Herr Treßler, der sich in ein Buch von Marx Möller „vertieft" hatte, wollte schon den Esskorb auspacken.

> Aber große Enttäuschung harrte meiner, denn meine fürsorgliche Gattin hatte es übersehen, den Kartoffelsalat essig- und öldicht zu verschließen, und so schwamm die Mehlspeise mit dem Kalbsbraten im Essig umher. Das war eher peinlich, löste aber nicht das geringste Mitleid bei meinem Nachbar aus. Übrigens entwickelte er sich als ein sehr netter Coupégenosse, der nicht einmal schnarchte.

Dass es bei Treßlers noch Essig und Öl, Kalbsbraten und Mehlspeise gibt, ist das einzig Versöhnliche an der Sauce. Nun kommt der Liebling

an die Grenze, und während dort die meisten Reisenden als Leute behandelt werden, die sich durch das Reisen verdächtig machen, gelang
„sein Durchbruch bei Feldkirch glänzend". In Sargans hat er gleich eine
„herrliche Bratwurst" nebst einem Krügel „Bierli" zu sich genommen. In
Zürich nimmt ihn „ein Mitglied des österreichisch-ungarischen Gene-
ralkonsulats in Empfang". Wozu hätten wir denn sonst eine Vertretung
in Zürich? Auf der Straße „empfing ihn ein Meer von Licht". Jene aber,
die Vertretung, war auch schon vor Ankunft des Herrn Treßler nicht
faul gewesen.

> Man hatte mir im Hotel Baur en Ville Quartier gemacht, beste-
> hend in einem großen, luxuriös ausgestatteten Schlafzim-
> mer mit raffiniertem Badezimmer und einem eleganten
> Empfangssalon.

Hier mag Herr Treßler selbst empfangen, nachdem er außer vom österreichischen Konsulat und einem Meer von Licht auch noch „von dem
überaus liebenswürdigen Direktor Reuker empfangen" worden war.

> Ich fühlte mich schon jetzt im Himmel, aber es war, wie sich herausstell-
> te, nur der erste Himmel. Der siebente folgte nach. Ich hatte
> Mühe, ein herrliches Menü für vier Franken, das meiner harrte,
> zu erledigen. Am Schlusse gab es Erdbeeren in Schlagobers. Ich aß
> immer Schlagsahne, früh, mittags und abends...

Nun folgt Herrn Treßler zu Ehren „von dem bezaubernd liebenswürdigen Generalkonsul v. Maurig ein Souper zu zwanzig Gedecken im
Hotel Baur au Lac" und an einem andern Tage noch eins, „und zwar
hatte der österreichische Generalkonsul diesmal 130 Einladungen ergehen lassen". (Der österreichische allein; der ungarische hat sich wohl aus
Scheu vor parlamentarischen Kostenberechnungen zurückgehalten.)
„Mein Berliner Kollege Moissi war auch, meiner Einladung folgend,
erschienen." Wobei irrelevant ist, ob die Kosten für die Ernährung von
130 Österreich zum Fressen gern habenden Persönlichkeiten vom Re-
präsentationsgeld des Generalkonsuls oder direkt aus der Staatskasse gedeckt werden. So oder so, bleibt es ein die nicht geladenen Angehörigen
der österreichisch-ungarischen Monarchie angehender Kostenpunkt
und ich bin nicht gesonnen, bei der nächsten Steuerfatierung speziell

das Gedeck für Herrn Moissi im Ausgabenetat unerwähnt zu lassen. Wobei ich aber noch die Absicht habe, mich zu erkundigen, ob ich auch für die Reisespesen der dem Burgtheaterensemble für Reklamezwecke beigestellten Herren Salten und Hofmannsthal aufzukommen habe. Von einer Bereinigung dieses Punktes würde nämlich meine Staatszugehörigkeit nach dem Kriege in hohem Maße abhängen. Aber vorläufig sind wir ja noch mitten im Krieg, sehen wir also zu, wie die in Zürich den Herrn Treßler hochleben lassen.

So wurde es wieder 3 Uhr nachts, als ich mich von Generalkonsul v. Maurig und seiner ungemein sympathischen Gemahlin verabschiedete, denn um halb 6 Uhr musste ich aufstehen und zur Bahn eilen, um nach Bern zu fahren. Ich schlief ein unter den Klängen des „Heil dir im Siegeskranz" und „Gott erhalte", das die – „Italiener" mit wütender Begeisterung spielten.

Ein diplomatisches Meisterstück, an dem nur die Vorstellung peinlich berührt, dass Herrn Treßler zu Ehren auch die Volkshymne gespielt wird. Unsere Schweizer Vertretung schien aber an der Idee festzuhalten, dass Herr Treßler das Beste sei, was Österreich momentan herzugeben hat, und so fuhr er denn, um halb 7 Uhr früh, „von einem Herrn der österreichisch-ungarischen Gesandtschaft begleitet", nach Bern. Die Herrn in Bern haben das gern. Sie scheinen viel zu tun zu haben. Die Abwicklung der Reiseangelegenheiten anderer Österreicher dauert drei Monate; für Herrn Treßler fahren sie gleich selber mit. In Bern nun „empfing" ihn wieder etwas, aber es war kein österreichischer Diplomat, sondern nur „eine Probe zu ‚Weh dem, der lügt'", wie sichs für einen Schauspieler ziemt, der leider auch einmal den Küchenjungen und nicht immer nur den Tafelgast zu spielen hat. Selbstverständlich gibt Herr Treßler am Nachmittag „bei den Herren unserer Gesandtschaft Baron Gagern, Baron de Vaux und Baron Hennet Karten ab", die ich als Herausforderung aufgefasst und ihm in diplomatischer Vertretung dieser Herren als unverwendbar zurückgegeben hätte. „Mehr tot als lebendig" kommt Herr Treßler dorthin, wohin er gehört, „in die Garderobe". Köstlich schildert er, wie schläfrig er war, wie er aber, sobald der Vorhang in die Höhe rauschte, als echtes Theaterblut, selbstredend – der Kenner kennt das. Und mit der Miene des gerissenen Kulissenkunden ergänzt er: „‚Husch! Husch! die Waldfee!' Wie man bei alternden Naiven

zu sagen pflegt." Nun aber harrt des Unverwüstlichen die schwierigste
Aufgabe.

> Die Herren der Gesandtschaft hatten fünfundsiebzig Ein-
> ladungen ergehen lassen. Es war eine außerordentlich glänzende
> Gesellschaft in den märchenhaften Räumen des Hotel Bellevue-Palace
> vertreten, welches sich für die hoffentlich in absehbarer Zeit
> beginnenden Friedensverhandlungen vorzüglich eignen
> würde.

Immerhin besser als für die Fetierung eines mittelmäßigen Schauspielers. Denn wie immer man über den Wandel der Zeiten denken mag,
die sich aus solchen, welche die Tischwäsche vor den Komödianten in
Sicherheit brachten und diese kaum am Gesindetisch hätten speisen
lassen, in die der aristokratischen Reinhardt-Bälle verwandelt haben; ob
man nun dem Vorurteil oder der Toleranz den Vorzug gibt: so muss
doch wohl gesagt werden, dass die Begebenheit, die einem Herr Treßler
noch schildern darf, ohne Beispiel ist:

> Mir wurde die ehrenvolle Aufgabe zuteil, die Prinzessin
> Schönburg-Hartenstein, die Gemahlin unseres Botschafters am
> Vatikan, zu Tisch zu führen. Links von mir saß die schöne Grä-
> fin Schwerin mit dem Prinzen Schönburg. Und da prangte nun ein
> Büfett von einer Mannigfaltigkeit, wie ich es kaum je in Friedenszeiten
> gesehen habe. Also so sieht es im siebenten Himmel aus?! Tausendund-
> eine Nacht!

Das den meisten andern Österreichern unerreichbare Büfett sei Herrn
Treßler gegönnt. Was die andere ehrenvolle Aufgabe betrifft, muss
gesagt werden, dass ich, wenn ich Botschafter am Vatikan wäre, zur
äußersten Schonung dortiger Empfindlichkeiten und überhaupt aus
Rücksichten des Prestiges alles tun würde, um zu vermeiden, dass Herr
Treßler meine Frau zu Tisch führt. Wenn ich aber vollends die schöne
Gräfin Schwerin wäre, würde ich streng darauf achten, nie solche gesellschaftliche Verpflichtungen einzugehen, die mich zwingen könnten,
die linke Tischnachbarin eines Schauspielers dritten Ranges zu sein,
und geschähe es mir doch, so würde ich die Anerkennung meiner Reize
durch Herrn Treßler und die Neue Freie Presse mir mit einer Entschie-

denheit verbitten, dass einem Komiker, wenn er mir schon beim Dessert den Apfel reichen dürfte, doch die Lust zu Parisurteilen verginge. Die Erlebnisse des Weltkriegs sind ja nicht gerade danach angetan, die Wichtigkeit aristokratischer Herabkunft zu überschätzen, und umso weniger, als just der Weltkrieg in Fülle Beispiele einer sich selbst aufopfernden Würde geboten und die Wertlosigkeit vieler Rezensionsexemplare des „Salonblatt" dargetan hat. Beileibe nicht, weil sie sich so oder so im Krieg oder hinter ihm benommen hätten; sondern weil sie im Gegenteil nicht dem adeligen Instinkt gefolgt sind, die Mobilisierung der Ideale für den schäbigsten Zweck zu durchschauen; weil sie nie so friedensdiensttauglich waren, um einen Krieg dieser Art zu verhindern. Kein tieferer Gedanke verbindet ihren Rang mit dem Verfall der Menschheit als der Entschluss, den Reklamestrebungen bürgerlicher Wohltätigkeit ihren Namen zu spenden. Aber weil der Lebensinhalt dieser Klasse die Tradition sein sollte; weil selbst die verlorene Würde noch besser ist als die gewonnene Gemütlichkeit, so ist es immer wieder wichtig, den Herrschaften zu zeigen, dass die von ihnen abgelegten Kleider ihr besseres Teil sind. Ein Vorurteil, das vor Presse, Bank und Bühne kapituliert, täte wahrlich gut, sich wenigstens bei Tisch zu behaupten! Denn was ist das für ein Schwindel von einer Exklusivität, die zwar die Vertreter von Beruf und Arbeit ablehnt, aber die Amuseure dieser Schichten enthusiastisch annimmt, während sie an der Kunst und ihren Menschen vorbeilebt? Was ist das für eine kuriose Ordnung gesellschaftlicher Dinge, die, solange einer als deutscher Buchhandlungsgehilfe konditioniert, ihn nie in die Lage bringen kann, Prinzessinnen zu Tisch zu führen, während die Entwicklung und öffentliche Schaustellung seiner Talente, die doch ein Abstieg sein müsste, ihn mit dem Inhalt des Gothaischen Handbuchs vertraut machen kann? Die Unempfindlichkeit aristokratischer Kreise, über welche am meisten die staunen, die dort eingelassen werden, müsste denn doch von der Erwägung begrenzt sein, ob der eben erst abgeschminkte Tischnachbar auch den künstlerischen Rang einnimmt, der über jede soziale Schranke erheben mag. Dass in der Sphäre hochadeliger oder hochoffizieller Menschen die Mitglieder jenes ehrwürdigen Burgtheaters zu Hause waren, das vor dem Treßler-Zeitalter begraben wurde, Menschen, deren unerhörte Begabung zugleich die der gesellschaftlichen Vollkommenheit war, das bedarf keiner Erläuterung und keiner Entschuldigung; und wenn ein Davison oder Matkowsky, die aus Grenzenlosigkeit erschaffen waren, neben Fürstinnen getrunken hätten, so wäre die „Gesellschaft" ohne den Vorwurf einer Anomalie geblieben. Durch den Umgang mit Verwandlungskomikern beweist sie, dass ihr der Theatergeschmack in gleichem Maße abhanden gekommen ist wie der Sinn für die keineswegs wertlosen Normen ihres eigenen Faches. Wenn preußische Aristokraten sich eine Ehre daraus machen, von Herrn Reinhardt zum Handkuss zugelassen zu werden, so lässt sich der Tiefstand noch mit dem napoleonischen Ausmaß einer den Snobismus aufpeitschenden Theaterdiktatur erklären. Herrn Treßler jedoch gibts auf jeder deutschen Provinzbühne, und was mit einem von den Tausend in der Schweiz getrieben wurde, ist ein Durchfall der österreichischen Gesellschaft. Jener wird, so schläfrig er ist, nicht müde, ihn schadenfroh zu beschreiben:

> Leider hatte indessen der Schweizer Fahrplan plötzliche Änderungen erfahren. Da wollte man mich im Auto nach Österreich bringen, aber auch die Österreicher hatten sich gegen mich verschworen. Denn auch hier war mein Zug ausgefallen. Die österreichisch-ungarische Gesandtschaft hatte es übernommen, diese Hiobsbotschaft meiner Direktion telegrafisch mitzuteilen.
>
> Ich schlief also vom Hotel zur Bahn, schlief in ein Halbcoupé erster Klasse hinein, schlief nach Zürich, schlief im Restaurant in Buchs, schlief auf dem Bahnsteig in Feldkirch –

Bessere Reisende als Herr Treßler sind dort schon wachgerüttelt worden, und solche, die weniger gefährliche politische Geheimnisse bei sich hatten. Denn dem Feind zu verraten, was unsere Diplomatie im Weltkrieg treibt, uns selbst zu verraten, dass wir nur durchhalten müssen, um einen Gastspieler zu bewirten – das ist in Wahrheit ein staatsgefährliches Beginnen. Aber um solch eines kümmert sich der Grenzschutz nicht und überlässt es meiner, immer nur meiner Ohnmacht, die inneren Grenzen gegen den Feind zu schützen, der sie längst überschritten hat: gegen die Zeitung, die durch ihr bloßes Dasein der Zeit, der sie dient, die Ehre geraubt hat und die Scham, es zu fühlen.

Verkündigung

Mai 1916

Am Tag des Blutes und der Auferstehung, in dem Blatt, das von dieser Welt ist, am dreihundertsten Todestag von Shakespeare und Cervantes:

Ich habe die Ehre, mich vorzustellen

Friedrich Müller, 38 Jahre, große technische Erfahrungen im praktischen Maschinenbau und im kommerziellen Aufbau großer Sachen.

Bekannte Erfolge.

Lange in Amerika gelebt, in Europa große Abschlüsse für nordamerik. Firmen getätigt, in Österreich-Ungarn Geschäfte begründet und Markt kennengelernt; sehr bekannt in der Branche.

Intime praktische Kenntnisse in Masch.- und mech. Apparatenbau, langjährige internationale Beobachtungen sich fühlbar machender Bedürfnisse des Marktes, last not least, ein Plus an Energie und Unternehmungsgeist, ließen mich die Lücke finden,

wo viel Geld leicht zu machen ist.

Der amerik. Erfolg des Artikels, den ich vertrat, genügte mir nicht: Besser machen, und zwar mit den Rohmaterialien des Inlandes, unabhängig von draußen sein – das war mein Ziel.

Nach jahrelanger Arbeit – mit eigenem Kapital, denn ich bin mein eigener Prophet – gelang mir soeben die gänzliche Umwälzung des amerikanischen Konstruktionsprinzips und es entstand nicht nur eine gänzlich neue Erfindung, sondern auch eine derartige Vervollkommnung des amerik. Originals, dass meine einfache Maschine eine der größten Nützlichkeiten des privaten und ein unentbehrlicher Faktor des geschäftlichen Lebens werden muss; so sagen einige hervorragende Österreicher. Und diesen Artikel – die eigene Arbeit meiner besten Jahre – will ich Ihnen in fertigen, pat. Maschinen-Modellen im Gebrauche praktisch zeigen und erklären und alles Für und Wider

offen und ehrlich mit Ihnen besprechen – als ob Sie mein Bruder
wären.

Sie sollen sich dann selbst Ihr eigenes Urteil über den Wert meiner Erfindung bilden und sich ruhig klar werden, ob Sie an dem glücklichen
Ergebnis ernsten Studiums und harter Arbeit mit mir

dick verdienen

wollen; natürlich bitte ich nur dann um Ihre Adresse, wenn Sie ein
ernster, vermögender Mann sind, Ihr Kapital investieren und ein
großer Fabrikant sein wollen (einzig in Europa), und – nach
behördlichen Äußerungen zu schließen – obendrein sogar gerade jetzt
noch ein gesuchter Wohltäter. Gefl. Zuschriften unter „Fritz
Müller" an Rudolf Mosse, Wien, I., Seilerstätte 2.

Er kam, wie aus der Kanone geschossen. Er war nicht zu erfinden. Er
ist erstanden. So muss er heißen. An dem Ort, wo das Wunder geschah,
sprach der Dichter: „Die heutige Zeit kennt keinen tieferen Drang, als
über sich selber hinauszukommen." Aber die Zeit ist erfüllt und er ist
sein eigener Prophet. Besser machen war sein Ziel. Und er ruft den
Menschen, seinen Bruder, der ein ernster, vermögender Mann ist. Und
lehrte sie dick verdienen bis ans Ende der Welt.

WEHR UND WUCHER

Mai 1917

Ich habe nichts davon verstanden, aber alles gehört.

*

Der Idealist ist nie ein Fachmann:

„… Der Kriegsminister äußerte den Wunsch, wie wichtig es wäre, eisgekühltes, frisches Bier bis in die Schützengräben zu schaffen. An ein Geschäft dachte ich nicht, denn ich verstand nichts von Bier, so wie ich heute davon noch nichts verstehe … Ich begab mich daher, um diesen Schwierigkeiten zu begegnen, zum Handelsminister, dem gegenwärtigen Finanzminister, und bat ihn, mich in der Versorgung der Feldtruppen mit Bier – denn nur das hatte ich in Aussicht – zu unterstützen … Ich habe von vornherein erklärt: Ich lehne jeden weiteren Gewinn ab, ich will kein Kriegslieferant sein. Das war mein stereotypes Wort. Man hat im Kriegsministerium schon über mich gelacht. Der „Nicht-Kriegslieferant" war dort mein Spitzname … Der Handelsminister zeigte sich sehr entgegenkommend und erklärte, er wolle, was ihn betreffe, das Bestreben unterstützen, dass unsere armen Soldaten draußen kaltes Bier bekommen … Es handle sich hier nicht um ein Geschäft der Depositenbank, aber nachdem ich das Angebot bereits gemacht habe, könne ich aus der Sache nicht mehr verschwinden … Da mir nun bekannt geworden war, dass vonseiten der Feldtruppen dringende Anforderungen nach Bier kommen …, hat mich das veranlasst, am 2. Juni 1916 eine Immediateingabe an den Kriegsminister zu richten. Dr. Josef Kranz hat von den Geschäften nicht das Geringste gehabt, nicht ein Heller ist an seinen zehn Fingern hängen geblieben … Ich habe mich niemals um die Details des Geschäftes gekümmert, sondern immer nur für die fertige Sache. Es konnte auch niemand darüber im Zweifel sein, dass es sich nicht um Geschäfte des Doktor Kranz, sondern um ein Geschäft der Bank handelt. (Mit erhobener Stimme.) Eine meiner wenigen guten Eigenschaften ist es, dass ich mich nicht um die Abwicklung von Geschäften bekümmere, von denen ich nichts verstehe … Es drängt sich mir angesichts einer solchen Anschauung der dumme Vergleich auf, dass ich etwa ebenso gut, wenn ich meiner Wirtschafterin sage, dass ich heute Abend zehn Gäste erwarte, selbst in die Küche hinausgehe und kontrolliere, was gekocht wird … Im Sommer 1916 habe ich mich aber auch einer Aufgabe gewidmet, deren Störung durch die gegenwärtige Strafsache, ohne unbescheiden zu sein, leider zum Nachteile unseres Vaterlandes wirksam werden wird …" Staatsanwalt: „Es wäre doch möglich gewesen, Sie in dieser Sache zu ersetzen?" Angeklagter (entschieden): Warum sollte so ein Mann ersetzt werden? Ich habe es mir nicht verdient, ersetzt zu werden … Die Konferenz ist dadurch verhindert worden und die Sache ins Stocken gekommen. Aber, meine Herren, das war nicht die einzige Unternehmung, die ich im allgemeinen Interesse in die Wege leiten wollte. Ich habe der Kohlennot Wiens abzuhelfen versucht, ich habe die Nostrifizierung von ausländischen Metallindustrien eingeleitet, ich habe eine sehr notwendige Aluminiumfabrik gebaut, ich habe eine kommunale Brotfabrik und Reisschälfabrik zu errichten beabsichtigt. In meinen Plänen lag es auch, die für Munitionserzeugung so dringend notwendige Kalkstickstofffabrik zu errichten und eine Werkzeugmaschinenfabrik, ferner ein Unternehmen für Motorpflüge. Ich beteiligte mich auch an der künstlichen Glyzerinerzeugung. Dr. Kranz führt dann noch andere Unternehmungen an, die er plante und die durch das gegen ihn eingeleitete Strafverfahren nicht verwirklicht werden konnten.

Angekl.: Kann das ein Mann sein, der, wie die Staatsanwaltschaft erklärt, solcher Handlungen fähig ist, wie sie ihm sie vorwirft?

Ob der Mann auch von Kohle, Metallen, Aluminium, Brot, Reis, Munition, Kalkstickstoff, Werkzeugmaschinen, Motorpflügen und Glyzerin nichts versteht, hat er bescheidenerweise verschwiegen.

*

Kein Fachmann:

Vors.: Der Vertrag ist so, dass das Kriegsministerium, falls aus diesem Geschäft ein Schaden erwachsen wäre, niemals von der Depositenbank

Ersatz hätte verlangen können. Angekl.: Ich bin nicht mehr Jurist genug, um das zu differenzieren: Ich habe mich seit zwanzig Jahren nicht mehr mit solchen Details befasst.

*

Eine Lulu:

Angekl.: Ich kann das nicht aufklären. Ich erinnere mich nicht. Ich weiß es nicht.

*

Wenn man daneben liest:

Angekl.: „In der Spiritusindustrie bin ich selbst gegen jede Art von Preistreiberei energisch eingeschritten."

„Die Anklagebehörde erblickt in Dr. Kranz den Spiritus rector der Preistreibereien."

*

Angekl.: … Es ist möglich, dass Perlberger mich einmal gebeten hat, er möchte Bier haben, und dass ich ihn zu Dr. Freund geschickt habe, aber ohne jedes Interesse an der Sache.

Und so einer bekommt, wenn er Bier haben möchte, gleich 70 000 Hektoliter!

*

„… Dr. Freund, der der Unterredung beiwohnte, hat seine Bedingungen vorgebracht und unter anderem verlangt, er könne die Sache nur durchführen, wenn er wegen der Zuteilung des Malzes freie Hand bekomme … Ich habe mich auch niemals in den internen Geschäftsgang der Bank eingemengt, nichts von den ganzen Verträgen, die in der Bank geschlossen wurden, gewusst, bis mir eines Tages Direktor Schönwald meldete: „Haben Sie gehört, Dr. Freund hat sei-

189

nen Schwiegervater eingeführt!" Bezüglich des Bierverkaufes an
Rubel habe ich Freund gesagt, derartige Dinge dürfe man nicht
machen. Freund hat mir damals erklärt, er sehe ein, dass er schwere
Fehler begangen, er hat direkt geweint, an sein Weib und seine Kinder erinnert."

Hier verschmelzen Jargon und Gemüt schon zu einem undefinierbaren
Brei.

*

Das Familienleben:

„… Ja, einer der Herren hat sogar gesagt: ‚Man soll sich den Stall anschauen, aus dem die Kuh herauskommt.' Das war auf meine Frau
gemünzt.
    … In dieser Sitzung, wo Dr. Kranz den Ausspruch von der Kuh und
dem Stall gemacht hat, wurde ich nach einer lebhaften Debatte hinaus-
geschickt, dann hat man mich wieder gerufen und mir gesagt, die
Sache ist in Ordnung."

*

Eine Volumnia:

Staatsanwalt: Ist nicht die Mutter des Rittmeisters am Geschäft beteiligt
gewesen?

*

Was ist das?

„… Nun war ich aber für 34 000 Hektoliter freihändig gekauftes Bier
eingedeckt …"

*

„… Meine Ahnung, die ich beim Auftrage des Exekutivkomitees hatte, dass es schwer sein werde, das Bier zu diesem hohen Preise dann abzustoßen, hat mich nicht betrogen."

Wie kommt eine solche Ahnung in die Depositenbank?

*

Was ist dos?

Verteidiger: Es wird Ihnen weiter vorgeworfen, dass Sie mindestens im Oktober nicht mehr gutgläubig die freihändigen Ankäufe machten, weil Sie da nicht glauben konnten, es sei ein Eindeckungsbedürfnis gegenüber der Heeresverwaltung. Was antworten Sie darauf? Angekl.: Ich habe wieder nur im Aufträge der beiden Schönwald eingedeckt. Ich musste optima fide sein, weil ich mit der Lieferung von Olmütz aufgesessen war.

*

Biblisches:

Zeuge schilderte über Einladung des Vorsitzenden die Genesis der Verträge mit Dr. Kranz mit großer Genauigkeit …
Verteidiger: Sie haben die Entstehung der Warenabteilung nicht wie einen natürlichen, sondern wie einen biblischen Schöpfungsakt erklärt. (Heiterkeit.) Sie haben gesagt, auf einmal war sie da …
… und habe es als eine Erlösung betrachtet, als ihm Perlberger telegrafierte, er habe Bier gefunden.
… Ich musste aus dieser Verlustpost allein einen Zuschlag von 2 Kr per Hektoliter herauskalkulieren.
… Dann kam kaiserlicher Rat Schönwald in das Zimmer, sah seinen Sohn verständnisvoll an und fragte ihn: „Was ist's mit dem Brief?" „Schon gut", war die Antwort.

*

Ein Satz, der wie kaum ein anderer die Geste braucht, bei den andern kann man ja ein Auge zudrücken, aber da muss unbedingt die Hand dabei sein:

> Dr. Freund erklärt, dass Dr. Kranz ihm gesagt habe, es ist unglaublich, wie mich die Reitzes ausnützen wollen, bei der Sache wird noch ein solcher Skandal herauskommen.

*

Realisten:

> Angekl.: ... Effektiv hat er nichts von sich hören lassen.

*

Ästheten:

> „... Dazu kam, dass Herr Porges von der Spirituszentrale mir nahegelegt hat, es wäre gut, wenn ich diese Privatgeschäfte unterlassen möchte. Es schaut nicht schön aus.“

*

Künstler:

> „... Es handelt sich nun, eine Form zu finden, in welcher das Geschäft durchgeführt wird, und ich gab die Anregung in Form eines Conto a metà“

*

Wohltäter:

> „Was wissen Sie von dem Syndikatskonto I?“ – „Nur, dass dieser Syndikatsbrief vom 1. September existiert und dass infolge dieses Briefes das Konto errichtet wurde, auf dem bisher ledigl ich 5000 K als Spende für die ‚Concordia‘ gebucht sind.“

Sie hat sie hinterdrein zurückgewiesen. Wie die ergaunerte Gesamt-
summe will das Scherflein niemand haben. Wie einst „alles dem Vogel
gehören" sollte, so will er jetzt rein gar nichts kriegen. Aber es bleibt ein
unsterbliches Konto-Idyll, es ist das Hirtengedicht vor der Schafschur.
Eine Buchung, die jene Bände spricht, in denen zwei Jahrzehnte österreichischer Kulturgeschichte enthalten sind. Ich trete zurück vor dem
Buchhalter, der das geschrieben hat.

*

Wien, einer bestochenen Presse ausgeliefert, lässt sich zurzeit von einer
imponieren, die von ihren reinen Händen lebt. Es ist aber ein Irrtum, zu
glauben, dass die Nützlichkeit des Entschlusses, große Diebe zu hängen,
dem Eifer, sie einzelweis anzuzeigen, einen ethischen Wert verleiht. Der
Polizist hat seine Pflicht zu erfüllen und tut er es erst, wenn der Publizist
ihm hilft, so ist der Staat zu bedauern, nicht aber die Presse zu bewundern. Es liegt nicht der geringste Anlass vor, moralistisches Aufsehen von
solchem Tun zu machen. Es gibt große Diebe; es gibt aber auch Greisler[42]
der Ehrlichkeit. Der Kriegsgewinner ist ein Scheusal. Aber der Publizist,
der von ihm nicht bestochen ist, sondern im Gegenteil imstande, noch
die Verlustanzeige über die Perlenschnur einer Frau zu einer Anzeige
des Gatten zu machen, dem Ursprung des Vermögens, von dem die Perlenschnur stammen könnte, coram publico nachzugehen und also gar
aus dem Fundamt den Weg ins Sicherheitsbüro zu finden – nein, der ist
bloß unappetitlich. Wie schlecht muss das Gesamtgewissen einer Stadt
sein, die von solcher Instanz an jedem Abend ihre Sittennoten entgegen-
nimmt! Der Umstand aber, dass ihr vor der geistigen Unzulänglichkeit
dieses reinigenden Gewitters nicht schaudert, macht sie tauglich zur
Beute der großen Diebe wie der kleinen Antikorruptionisten.

*

Das sprachliche Metageschäft mit der militärischen Sphäre:

Angekl. Freund: Nach dem Vertrage vom 6. oder 9. September, dem
Metageschäft, war ausdrücklich von meiner vorgesetzten Direktion

---

42 Österreichischer Ausdruck für Krämer.

fixiert worden, dass die einzelnen Verkäufe im Einvernehmen mit der Depositenbank zu erfolgen haben. Dadurch war mir die Marschroute gegeben: Du musst von allem wissen.

Zeuge Rittmeister Lustig: … Es ist ein Unterschied, wenn jemand mich um Rat fragt und ich ihm sage: Ich an deiner Stelle würde es nicht riskieren, in die Kontermine zu gehen.

*

Angekl.: Also, der inländische Rum ist nichts anderes als ein Spiritus, der gekauft und dann verarbeitet wurde.

Ganz richtig, wenn noch der Spiritus-Laut hineinkommt. Dass doch der alte Kalauer so zum Gedanken renoviert wurde! Dass die banale Verwechslung so zum Erlebnis gedieh! Dass die unerbittlichen „Rechts schaut!"- und „Links schaut!"-Masken, welche die Fassade jener ästhetischen Sündenburg zieren, die eintretenden Rumlieferanten nicht abgeschreckt haben! Dass der Zusatz von Marmelade den süßesten Tod nicht verdarb! Dass der Verlust von Malz und Hopfen nicht die Erkenntnis vom Wesen dieses Kriegs zum Verzicht erhöht hat! Wann entschließt sich die Welt zum Mitleid mit sich, wenn nicht beim Anblick des Eisig Rubel?

*

„… Solange ich in Stanislau war, habe ich dort verkauft und habe existieren können … Im September, als der Perlberger aus Lemberg nach Wien gekommen ist, hat er mich gefragt, warum ich mich nicht auch interessiere …"

Zu den hervorstechenden Kennzeichen dieser Sphäre gehört die freihändige Abgabe von transitiven Verben ohne Objekt. Diese Leute nehmen, geben, verdienen, verkaufen, liefern, leisten, decken ein, hinterziehen und interessieren sich. Nie aber erfährt man, was und wofür. Hin und wieder, an wen und wohin:

An Leo Zucker in Rzeszow, an Freudenthal in Szambor, an Tiger, dann nach Budapest.

Vors.: Wie teuer haben Sie das Bier verkauft – Angekl.: Verschieden. Ich glaube, ich habe K 89.50 bekommen von Freudenthal, von Grünfeld in Budapest 90, kurz bis 100 K ... Vors.: Wie sind Sie mit Grünfeld zusammengekommen? – Angekl.: Den hat mir ein Bekannter gebracht aus Budapest ... – Vors.: Was für Spesen haben Sie gehabt? – Angekl.: Erstens eine sogenannte Vermittlungsprovision, das sind usuell 77 h per Hektoliter bis zu 1 K. Dann sind solche Reisespesen, Telegrammspesen, dann habe ich ein Mädel für die Maschine gehabt ... Vors.: Also ein Risiko haben Sie gehabt? – Angekl.: Das war verschieden.

Im Oktober zum Beispiel bekam ich die Nachricht, die Russen besetzen das Gebiet, wir bekommen die Fässer nicht zurückgestellt.

✳

Ränke:

Verteidiger: ... Was Grünfeld in Budapest betrieb, dessen Einvernahme hier sehr schwer wäre, hat sich Herr Rubel ein diesbezügliches Zeugnis verschafft. Was Herrn Ignaz Freund betrifft, möchte ich hervorheben, dass dieser in einem Hause gewohnt hat, dessen Hausherr Dr. Heinrich Mittler jun., I. Bezirk, Neutorgasse 20, ist. Ignaz Freund hat es nun durch Anzettelung von Ränken und dergleichen unter den Hausparteien so weit gebracht, dass der Hausherr selbst nicht mehr in seinem Hause wohnen konnte. Er musste dem Ignaz Freund kündigen.

✳

Schöne Züge:

Vors.: Der Felix sagt, inklusive Gestehungskosten 11 K 92 h. – Angekl.: Felix war immer sehr aufrichtig und das dürfte auch in dieser Richtung stichhaltig gewesen sein.

Angekl.: Ja, der Konzipient von Dr. Goldberg hat mir gesagt: Die Geschäfte, die ich abgeschlossen habe, darüber reden wir nicht. Aber neue Geschäfte soll ich nicht mehr machen.

*

Leumundszeugnis über den, dem so geraten ward:

„… Rubel sei Sitzungsmitglied des Marmaroszer Komitats. Er war ein angesehenes Mitglied der Gesellschaft, führte einen soliden unbescholtenen Lebenswandel und genoss als patriotischer und regierungstreuer Mann allgemeines Ansehen."

*

Das hätt' ich in meinem Dialog des Ehepaares Schwarz-Gelber[43] gebraucht:

Zeuge Schönwald (verhaftet, außer Fassung): Da – bin ich – starr … Ich habe 45 Jahre lange fleißige Arbeit hinter mir, war stets treu, bekleide Ehrenstellen und habe Auszeichnungen, und da – mutet man mir zu – dass ich, der ich im Exekutivkomitee und im Verwaltungsrat der Bank sitze, zugunsten des Herrn Reitzes – (Ab.)

*

Der Leitartikel oder was Tell sagt:

Wir müssen immer das Allgemeine in dem Einzelnen suchen und werden dann verstehen, warum Adolf Schönwald im Frieden wie im Kriege sich des Verses nicht erinnern wollte: Der brave Mann denkt an sich selbst zuletzt.

---

43   Figuren aus Kraus' Weltkriegsdrama *Die letzten Tage der Menschheit*; vgl. S. 21.

Also wegen dem bissl schlechten Gedächtnis! Wo doch Tell konträr selbst sagt, jeder geht an sein Geschäft.

*

> „... Ich habe dem Felix vorgeschlagen, dass ein gewisser Zusammenhang zwischen Umsatz und dem vielleicht in Anspruch genommenen Kredit bestehen müsse ...“

Diese Kreise schlagen vor, dass etwas bestehen müsse; äußern den Wunsch, wie wichtig es wäre; verlangen, sie können die Sache nur durchführen, wenn sie bekommen; bitten, sie möchten haben. Die Geschäfte, die sie abgeschlossen haben, darüber reden wir nicht. Aber die Sprache, die sie abschließen, bleibt wohl der unvergänglichste Dreckhaufen, den sich diese Gegenwart gesetzt hat. In Berlin wird wenigstens fließend gemauschelt. Nicht einmal das funktioniert hier.

*

> ... Am 28. Dezember sei der Auftrag gekommen, eine Rohbilanz aufzustellen, in die auch das Metageschäft einbezogen werden sollte.
> Vors.: Hat Sie das nicht gewundert, dass um diese Zeit eine Bilanz verlangt wurde? – Der Zeuge schweigt. – Vors.: Wir wissen, dass Ihnen die Aufstellung dieser Bilanz große Schwierigkeiten gemacht hat.

Nun aber beginnt er zu reden:

> Ja, weil ich nicht wusste, was ich mit dem Conto a meta beginnen soll. Auf diesem Konto waren Biereinkäufe verbucht, deren Verkäufe von der Warenabteilung der Depositenbank besorgt wurden und daher auf dem entsprechenden Konto vorkamen. In dieser Situation wusste ich mir nicht zu helfen. Ich verlangte bestimmte Weisungen und es hieß, dass in der Bilanz nur die fünfprozentige Kommission der Bierstelle vorkommen sollte. Ich bat den Prokuristen Kohn um Rat, der meinte, ich sollte Konsignationen machen und mit ihnen die Verbindung zwischen dem Bierkonto und dem Konto der Warenabteilung herstellen. Ich fertigte auch die Konsignationen A, B, C aus. – Auf weiteres Befra-

gen des Vorsitzenden erklärte der Zeuge, dass das A-meta-Konto einen Approximativgewinn von 318 000 K ausgewiesen habe.

Ist das nicht das Ende des Seins? Nicht, weil es geschah. Sondern dass es das gibt und dass mit solchem Rotwelsch die elende Beziehung zwischen Geld und Ware zu einem Mysterium des Rebbachs herumgedreht wird. Das gibt es, das musste man eine Woche lang anhören. Kein Mensch weiß, was dahintersteckt, jeder weiß, dass es die Technik des Nehmens betrifft. Ein Grauen erfasst einen vor dieser Kabbala des Saldo, durch die die Welt zwar zu Schaden kommt, aber nie zu dem Wissen, wie groß er sei.

*

Die Technik des Nehmens ist unentwirrbar. Die Technik des Verteidigens ist die Ablenkung von der tödlichen Hauptsache durch eine auffallende Nebensache. Der Justizminister hat, um die Laokoongruppe ahnungsloser Kriegsgewaltiger von einem Hydra-Syndikat zu befreien und dieses selbst dem Verderben zu überliefern, einen äußerlich verfehlten, in einer geordneten Sphäre verpönten Eingriff vornehmen müssen. Er hat mit einem Gewaltakt einen Gewaltakt durch einen Akt ersetzt. Das gibt ein wirksames „Aha!" der Verteidigung, davon lebt ein demokratisches Gefühl, das Wucherer verteidigt, einen Tag, bis der Zeuge sich ruhig zu der eigenen Tat bekennt. Man könnte sofort die Lynchung eines Anklägers durch den Pöbel durchsetzen, wenn man im richtigen Moment dessen Aufmerksamkeit auf die grüne Krawatte des Anklägers lenkte. Es war eine Enthüllung, durch die der Anschein geweckt werden sollte, dass „das Recht gebeugt" wurde, aber fatalerweise herauskam, dass einmal, endlich einmal das Unrecht gebeugt worden ist. Des Reizes wegen sollte man es öfter versuchen. Des Reizes der Neuheit wegen.

Wenn das Auditorium eines solchen Prozesses in „große Bewegung" gerät, so dürfte es eine Sehenswürdigkeit für sich sein. Wie beneide ich die Richter, dass sie dem Schauspiel beiwohnen konnten. Die Sensation aber verlief so:

Der Verteidiger:
Hier handelt es sich aber noch um eine Sache, die doch schon dringend einer Erörterung bedarf. Ich stellte den Antrag, zur vollständigen Aufklä-

rung des Sachverhalts den Justizminister und den Finanzminister vorzuladen. (Große Bewegung im Saale). Denn alle Angeklagten haben ein
Recht, zu erfahren, wieso etwas, was vom Gericht abverlangt wird und an
das Gericht geht, plötzlich in einer Art Kabinettsjustiz vom Finanzminister – Ich bitte, das ist eine viel zu ernste Sache, da muss volle Klarheit werden. Ich beantrage, den Kriegsminister, den Finanzminister
und den Justizminister vorzuladen, damit wir volle Klarheit erlangen,
wieso derartige Dinge sich überhaupt ereignen konnten. Ich gehe so weit,
zu sagen: Mich interessiert weniger, was da geändert worden ist;
aber dass überhaupt eine Urkunde, die an das Gericht geht, in dieser
Weise geändert wird, das erregt mich tief und ich hoffe, auch das
Gericht, und ich bitte daher um Zulassung meines Antrages.

Der Justizminister:
… Es ist das Schriftstück, das ich mit eigener Hand korrigiert habe,
damit jene Note daraus wird, die sich in den Akten des Untersuchungs-
richters befindet. (Große Bewegung.)
   … Nachdem die Verfolgung in dem Strafprozesse eingeleitet war, ist
wenige Tage darauf in einer Zeitung – ich weiß nicht in welcher – eine
Ehrenerklärung des Kriegsministeriums für den jetzigen
Angeklagten Dr. Kranz erschienen. Ich weiß nicht, wann das
war. Schon das ist mir ungeheuer aufgefallen, weil ich gesehen
habe, dass das Kriegsministerium, oder vielmehr einzelne Organe
des Kriegsministeriums für Dr. Kranz in der Strafsache
Partei nehmen … Eines Tages kam der Staatsanwalt zu mir und
zeigte mir jene Note und sagte mir: Hier hat schon wieder das
Kriegsministerium ein Plädoyer für Dr. Kranz abgegeben.
Ich habe diese Note mit dem Staatsanwalt zusammen durchgelesen
und habe gesehen, dass das kein geschicktes, aber ein ganz
entschiedenes Plädoyer für Dr. Kranz ist unter der Form der
Mitteilung von Tatsachen …
   Ich hatte also einen Weg zu suchen und ich überlegte: Soll ich eine
Note an den Kriegsminister schreiben? Das schien mir ungangbar, denn
ich hatte nur das Echo jener Organe gehört, die den Kriegsmi-
nister schon zweimal bewogen hatten, in einer Strafsache
Partei zu nehmen …
   … Das besteht aus einem Plädoyer und einer Impertinenz …

Das habe ich ausstreichen lassen. Es ist ein Plädoyer und eine Impertinenz und das Kriegsministerium hat nach meiner Meinung Schlussfolgerungen des Gerichtes weder beizupflichten noch nicht beizupflichten, sondern hat die Wahrheit zu sagen.

... Mich ging das ungeheuer an. Vor allem habe ich hier gefühlt, wie schwer es ist, die Unabhängigkeit der Richter zu schützen.

*

Die der Justizminister gemeint hat, auch sie waren die Vorgesetzten der Menschheit. Kann es – das Hirn dieser Menschheit strenge sich einmal für die Vernunft an – eine noch so ernste, noch so unumgängliche Angelegenheit zwischen den Staaten geben, die es möglich macht, dass auch nur eine Minute lang – denn auch eine Minute ist ein Abzug der Ewigkeit – die Herren Lustig und Hilfreich über mein Denken, meine Freiheit, meine Menschenwürde, mein Leben, meine Gesundheit, meine Nervenruhe, meine Laune, meine Zeit verfügen? Wann wird – in allen Staaten zugleich, damit sie nie wieder, was zwischen ihnen spielt, für wichtiger halten – die allgemeine Wehrpflicht gegen den Unwert einsetzen?

*

„Rittmeister Hugo v. Lustig ist 45 Jahre alt, in Saaz geboren, Witwer und Kaufmann. Er ist Aufsichtsrat von drei Großbanken... Gegenwärtig ist er dem schweren Feldartillerieregiment Nr. 29 in Theresienstadt zugeteilt."

Schon die Generalien dieses Rittmeisters zeigen, dass der Prozess im tragischen Karneval spielt.

*

Zeuge: Oberleutnant Benesch ist Prokurist der Anglobank ... Oberleutnant Dr. Schrott ist Syndikus bei Klinger in Neustadt an der Tafelfichte.

Natürlich kann man trotzdem das Schwert führen. Warum aber hat man es an der Seite, wenn man die Bücher der Depositenbank revidiert? Da es doch kaum an der Front zur Verwendung gelangt. Jetzt sagt ein General: „Komm mit mir, ich diktier' dir etwas", während früher der Generaldirektor in solchen Fällen immer „Sie" gesagt und der General gesagt hat: Ich befehl' dir etwas.

*

Der Setzer dieses Gerichtssaalberichtes, tief in den Kommerz verstrickt, setzte:

> ... Anfang Juni kamen Oberbrauer Bayer und Generaldirektor Erhard zu mir – – – Die erste Nachricht vom ersten Abschluss kam mir von E r h a r d & B a y e r ...

*

Der Einwand, dass Gerichtssaalberichte sich nie ganz mit dem gesprochenen Text decken, gilt hier gewiss nicht. Nie war die Berichterstattung lebendiger. So, genau so sprechen sie, müssen sie gesprochen haben. Für welche Sprache sollte die Presse ein besseres Ohr besitzen als für diese? Welche vermöchte sie reiner, unverstümmelter zu überliefern?

*

Der Sohn ist beim Militär, hat sich mit, also mit Ruhm bedeckt und verspricht der Mutter ein Hopfengeschäft:

> ... Ich wollte meiner Mutter z e i g e n, sie soll stolz auf i h r e n S o h n sein, dass i h r J u n g e E i n f l u s s hat, dass er sich e i n e P o s i t i o n i n d e r W e l t e r w o r b e n h a t.

Er hat geleistet:

... Die Budapester Zeitungen haben ohne mich kein Papier gehabt; solange ich in Berlin war, haben sie Papier bekommen.

*

„Richtig ist – und ich war damit einverstanden –, dass die Marmelade
förmlich Hals über Kopf nach Wien geschickt wurde ... Die Marmelade
kam in großen Posten, und bei den heutigen Verkehrsverhältnissen, wo
ein Waggon oft in den anderen hineinfährt, ist es möglich, dass einige
Waggons defekt geworden sind. Die Kübel waren oben nicht befestigt
und sind durcheinandergeraten, und die Marmelade ist teilweise aus-
geronnen."

Ja, die Sauce hat man sich am 1. August 1914 auch nicht vorgestellt!

„Ist Ihnen bekannt, mit welchem Nutzen, nicht mit welchem perzentuellen
Nutzen, sondern im Allgemeinen im Frieden ein Händler Marmelade
verkauft?" – „Ich habe Marmelade nie im Frieden verkauft ..."

Wer wird denn auch im Frieden Marmelade verkaufen!

*

Die Herren Verteidiger gehen oft ein bisschen weit, alles was recht ist.

„... Und da ist es nicht nur nötig, sich an einen Fachmann zu wenden,
vielmehr muss man Männer hereinziehen, die aufgrund ihrer Verbindungen in Kapitalskreisen die Opferfreudigkeit haben,
um mit Fachleuten die Aufgabe durchzuführen."

Eine schlichte Feststellung, mehr wäre vom Übel.

„... Dieser Prozess aber ist eine Apotheose auf den legitimen
Zwischenhandel."

Das dürfte schon ein bisschen über das Ziel geschossen sein, weiter soll
man nicht gehen.

„Wenn so alle Argumente der Anklage vor der juristischen Kritik haltlos in alle Winde zerflattern, so entsteht die verwunderte Frage: Wie konnte der Herr Staatsanwalt, dessen Tüchtigkeit und Pflichttreue, dessen Menschenfreundlichkeit wir alle kennen und verehren, auf solchen Argumenten eine Anklage aufbauen? Es gibt hiefür nur eine Erklärung, die Kollege Dr. Rosenfeld treffend gegeben hat. Wir stehen unter dem Einflusse einer Psychose, welche die Geister allenthalben ergriffen und das Rechtsgefühl getrübt hat. Nur so ist es zu erklären, dass es zur Verfolgung eines Mannes wie des Dr. Josef Kranz kommen konnte, dessen Wirken weit eher ein Denkmal verdient hätte. Ich beantrage daher den Freispruch des Herrn Eisig Rubel."

Also die Herren Kollegen gehen oft ein bisschen weit, das muss man schon sagen. Aber sollte hier nicht eine allzu flüchtige Information schuld sein, richtig gehört, nur schlecht verstanden? Wieder der alberne Kalauer von einem, der sich mit Ruhm bedeckt hat. Daraus kann heutzutage Pathos wachsen.

*

An dem Urteil ist nur das Gesetz zu bemängeln. Es hat gar keinen Sinn, Wucherer einzusperren und die zugelegte höchste Geldstrafe mit einer Summe zu bemessen, die einer in Wien durch ein Telefongespräch selbst bei falscher Verbindung hereinbringt. Die Strafe sollte keinen andern Sinn haben als den, dem Volk die ganze ihm abgenommene Summe zurückzugeben, also annähernd das Gesamtvermögen des Wucherers. Er wäre zur Abschreckung auf freiem Fuß zu belassen, um also möglichst oft der Verlockung zur Sparsamkeit ausgesetzt zu sein. Der Arrest ist keine Remedur für Gefährdung der Volkswirtschaft; eine Abschließung aber, und zwar auf Lebensdauer, bei nachgewiesener Kulturwidrigkeit der Erscheinung dürfte von Gesetzgebern, die selbst gerne auf freiem Fuß bleiben möchten, nicht zu erwarten sein.

*

„Vielen wird jetzt kalt am Pipek", sprach jemand zu mir. „Gott geb's", antwortete ich, „aber was ist das?" „Das ist aus der Sprache jener, die

Eisig Rubel heißen, der Denkmalkandidaten. Pipek heißt Nabel und es ist eine sehr bezeichnende Redensart für den Gemütszustand von Männern, die den Krieg doch wenigstens in Form eines Damoklesschwertes erleben als jener bekannten mitten im Tafelgenuss drohenden Gefahr des Erwischtwerdens." „Pardon, ich habe nicht gewusst, dass Wucherer einen Nabel haben, aber dass ihnen kalt am Pipek wird, empfinde ich ganz und gar. Um dieser Wendung willen bin ich bereit, die dreifache Buchhaltung zu studieren und ein Fachmann der kommenden Prozesse zu werden. Gibt es denn noch viele Denkmalkandidaten in Wien?" „Die Platzfrage wird eine Verlegenheit sein."

*

Dass sich eine Menschheit, die ihre Fantasie auf die Erfindung von Gasbomben ausgegeben hat, deren Wirksamkeit am 1. August 1914 nicht vorstellen konnte, macht sie erbarmungswürdig. Dass sie aber auch von der magischen Anziehungskraft des Blutes auf das Geld keine Vorstellung hatte, macht sie verächtlich. So konnte sie die vollständige Einkreisung des Molochs durch den Mammon erleben und die Wehrlosigkeit der Kriegsgewalt vor der Autorität des Wuchers wie eine letzte Entschädigung genießen. Dass ein Kriegsminister von jener ehrenhaften Ahnungslosigkeit, die eben noch die neue Waffe, aber nicht deren furchtbaren Zusammenhang mit der neuen Macht kennt, das Opfer eines Konsortiums offener und verkleideter Warenagenten wird, sollte nicht zu einer Trennung der „Ressorts", sondern zu einer Denkrevolte auf den Höhen des Staatslebens führen. Will man wissen, wie der neue Krieg aussieht, so genügt der Blick auf das leere Schlachtfeld des anonymen Todes, auf den Kampfplatz ohne Kampf, wo der Zufall zwischen Mensch und Maschine entscheidet, und dann zurück in einen warenlosen Kommerz, der noch nie das Ding gesehen hat, von dem er lebt – eins dem andern ein Gleichnis. Aber es genügt auch ein Blick in die „Auskunftei" des Kriegsministeriums, wo sich in engem Raum ständig ein Bataillon der Zinsfußtruppe drängt, die in diesen Gerichtstagen aufmarschiert ist, und an den Eintretenden, von dem man gar nicht vermutet, dass ihn ein anderes Geschäft, etwa die Sehnsucht nach einem Reisepass, hierherführen könnte, einzig die Frage gestellt wird: „Von welcher Firma?" Die atembeklemmende Vermischung zweier Sphären, von deren Zusammenwirken man doch nur erwarten könnte, dass die dort die hier krummschließen werde, ist das eigentliche Ereignis dieser Kriegszeit. Die Verbindung jener, die die Menschheit wie eine Ware schieben, mit jenen, die die Ware schieben: erstaunlich, weil so ganz dem alten Dekorum, an dem der neue Sinn festhält, widerstrebend, und gleichwohl ein Elementarereignis. Gäb's die Ornamente nicht mehr, deren Beibehaltung die wahre Kriegslist der Macht gegen die Menschheit bedeutet, so wäre alles klar, nüchtern, ungefährlich. Solange die alte Fassade hält, ist die neue Macht geborgen. Es ist der demokratische Irrwahn, der es auf die alte abgesehen hat. Der Feind ist die neue Macht, die über die alten Embleme verfügt. Das Militär ahnt nicht, von wem es jeden Sieg besiegen lässt, und die Tragik des Kontrastes, dass die Guten leiden und sterben dürfen und die Schlechten leben und stehlen müssen, bleibt der immer wieder erschütternde, immer wieder selbstverständliche Zustand, in dem sich jene Verbindung auslebt. Was mit Ehre aus den Amtszimmern der Kriegsgewalt entlassen wurde, ist mit Schande aus dem Gerichtssaal gezogen, nur leider mit einer, deren Abwicklung den Nachrichter der Kulturgräuel ungeduldig macht. Als solcher bestaune ich die Korrektheit eines Verfahrens, das zur Verurteilung Beweise braucht statt sich mit Gesichtern und Geräuschen zu begnügen. Ich hätte in der ersten Stunde alles, was da war, inklusive Auditorium, verhaften lassen und keineswegs den Zeitraum, der seinerzeit zur Erschaffung der Welt gereicht hat, mit dem Dialekt und der Wissenschaft einer Zunft anfüllen lassen, deren Leben außerhalb des Zuchthauses doch nur auf ein administratives Versehen zurückzuführen ist. Und dennoch, um zu erproben, wie abgehärtet unser Ohr ist, war es notwendig. Als Kulturhistoriker – wenn man diese mitleidig befangene Zeugenschaft gegen alles und jedes so nennen will – muss ich's zufrieden sein. Nur dass ich's muss, macht mich so unzufrieden. Denn es ist eine verfluchte Pflicht, den Aussatz der Welt, der sich zum Sprechen ähnlich sieht, zu einem Tanz der Höllenvisionen aufzureihen, und der Schmerz beißt sich konvulsivisch in die Hand, die den Verrat an der Sonne zeichnet. Zentraleuropa von der Region des Menschenersatzes bis zu den Pussten des Raubtiers immer wieder an einen Begriff von Europa auszuliefern, auch wenn's den längst nicht mehr gäbe unter der sieghaften Allgewalt des letzten Idioms – das ist die Aufgabe, die nicht endet, weil sie unerfüllbar ist. Es ist immer wieder der Griff in die Unmittelbarkeit, die sich von selbst formt und immer nur die Plastik dieser sechs Gerichtstage hat, deren Inhalt Weltzerstörung war und auf die kein Tag der Ruhe folgt.

Das Unterbewusstsein im Kriege

November 1916

Ein Politiker hat an den Verlag der Fackel die folgende Aufforderung
gerichtet:

Die neuere Psychologie hat, soweit mein Wissen davon reicht, bisher
bloß die Erscheinung des „Versprechens" beobachtet. Der vorliegende
Fall von Verschreiben – freilich eines langjährigen Redners, der sich
auch im Schreiben reden hört, und lebhafter, weil ihm das Parlament
verschlossen ist –, ergibt ein umso berückenderes Beispiel von Einmi-
schung des Unterbewusstseins, als der Schreiber nicht einmal durch die
optische Kontrolle des (hier in verkleinertem Format wiedergegebenen)
Bekenntnisses irre zu machen war. Seine Fortsetzung würde der Fall in
den Seelen der Leser finden, deren Blick so wenig stolpern wird wie jene
Feder. Ich schätze dies Autogramm, das ein Datum mit so furchtbarer
Sicherheit verfehlt hat und dessen Verfasser selbst in keine schuldvolle
Beziehung zu der Welt des Kriegsgewinnes, aber mehr: in die der Zeu-
genschaft und Kennerschaft gebracht werden soll, als eines der stärksten
Dokumente zur Natur dieses Krieges.

Unser weltgeschichtliches Erlebnis

Mai 1917

Da nun die Hamletfrage nach Sein oder Nichtsein zur letzten Frage aller Staatsweisheit wurde, konnte man sich darein finden, dass der Übermut der Ämter und die Schmach, die Unwert schweigendem Verdienst erweist, zu jenen täglichen Erfahrungen zählen, aus denen vor dem Einschlafen die tröstliche Erkenntnis gewonnen wird: Krieg ist Krieg. Was wollt ihr von der Menschennatur, die Macht und Maschine geschmeckt hat, anderes erwarten und verlangen? Wenn Krieg Krieg ist, hilft einem Weisen, der noch von früher her zur Melancholie neigt, dennoch die bessere Einsicht: dass die armen Tyrannen, die gemäß dem unerforschlichen Ratschluss ihrer Gottähnlichkeit uns das bisschen Dasein, wenn nicht verkürzt, so doch versperrt haben, am Ende die letzten Sklaven ihrer Laune gewesen sein werden. Was wollt ihr von einem Menschenschlag, der sein durchaus subalternes Machtideal durch Hoffnung auf anderweitige Revolutionen prolongieren möchte? Sie sehen gar nicht, wie kunterbunt ihre Ordnung ist. Im Angesicht sterbender Männer wird ein Wesen, das mit dem Lorgnon zuschaut, für Tapferkeit dekoriert; Finanzgauner, deren Sprache kaum zur Verständigung über die notwendigsten Berufspraktiken reicht, tragen das Kleid vorzeitlicher Ehre; Cafetiers nehmen mit Veteranen den Appell ab; Judenbuben sind die Dichter der Nation, der sie nicht angehören; und in der Plankengasse habe ich zugeschaut, wie ein Straßenkehrer einen Unterstraßenkehrer wegen vorschriftswidrigen Grußes gestellt hat. Ist nicht, was uns rings umgibt, die aufgewärmte Rache von Vorgesetzten, die Untergebene waren? Von Kellnern, die dem Pikkolo heimzahlen, was sie auszustehen hatten? Von einst selbst geschundenen Abrichtern? Deren Lust an dem Maß der Wehrlosigkeit wächst und in der Tierschinderei als im reinsten Ausgleich verhaltener Gefühle die eigentliche Erlösung findet? Dem letzten Knecht ist noch ein Untertan das Pferd. Nun denke man sich diese Sorten eines nach unten ausstoßenden Menschentums mit erhöhter Machtbefugnis und dem Dekorum, das diese bezeichnet, ausgestattet – sieht dann die Welt nicht plötzlich so aus, als ob die außenfeindliche Notwendigkeit nur eine Verabredung wäre, um das tiefere Bedürfnis des Nächstenhasses endlich auf eine inappellable Art zu befriedigen? Du lebst in einer Gegend, in der dein Portier Hausmeister ist und Wächter deines Leumunds. Wähnst du, dass diese Gegend in Zeiten, da sie sich gegen einen äußern Feind schützen zu müssen, also vitale Handelsinteressen durch Verwendung von Chlorgas klarstellen zu sollen meint, dir einen bessern Schutz deiner besseren Güter gewährleisten wird? Wird nicht im Gegenteil Menschenwürde jenes rarste, sofort vom Staat beschlagnahmte Lebensmittel sein, dessen Mangel erst ein Durchhalten durch ein so verwandeltes Leben ermöglicht? Da dich aber die Einführung von sieben wahrheitsfreien Tagen in der Woche um den Verstand bringen könnte, rette den Glauben an eine das Weltgeschehn lenkende Logik so: Angesichts der nicht mehr zu ignorierenden Tatsache, dass in einem Krieg der Maschinen die Menschen besiegt werden und alle an diesem Ausgang beteiligten Teile gleich schlechte Geschäfte machen, ohne dass sich der geringste Vorteil für jenen, der besser schießen, oder jenen, der länger warten kann, ergibt, bleibt nichts übrig als die Überzeugung: dass der Kampf um ideale Güter geht! Denn wenn es schon heute in Fachkreisen ausgemacht ist, dass das künftige Europa, wie immer es sich gestalten möge, von Japan mit Zündhölzchen versorgt werden wird, so ist es klar, dass das jetzige weit eher für Ideale als für Zündhölzchen gekämpft hat. Bei so falscher Rechnung muss die Hoffnung gut sein. Enttäuschung ist nur der Vorspann wahrer Erfüllung. Ist der Handel schlecht, nimm den Verdruss in Kauf, sonst stehst du deinem Glück im Weg. Wir haben einen ungünstigen Planeten gezogen, aber wir brauchen nur weiter zu lesen und alles geht noch gut aus. Um nicht rasend zu werden, sage dir immer wieder, dass das Sterben einen dir vorläufig verborgenen Sinn gehabt hat, weil doch so viele Menschen nicht ausschließlich deshalb gestorben sein können, um ein Hinterland von Schreibern und Wucherern zurückzulassen; und dass jene, die nicht sterben mussten, weil sie schreiben konnten, und jene, die wuchern durften, weil sie nicht sterben mussten, die Instrumente einer kulturellen Mission waren, deren Bedeutung wir darum allein nicht schlecht machen sollen, weil sie uns vorläufig unbekannt ist. Sei weise und bedenke, dass es der Staat nicht sein kann, denn Weisheit würde ihn entwaffnen. Begreife, dass Krieg jene Probe auf den Fortschritt ist, durch die das Instrument frei wird und der Knecht sich entschädigt. Wenn Krieg ist und Krieg Krieg ist, so ist nicht der Feind allein, sondern jedermann dein Feind. Shakespeare hat zwar „Maß für Maß" geschrieben, aber er war nie auf dem Korridor des Wiener Landesgerichts, sonst hätte er, unweise genug, gestaunt, wie sein guter Schließer sich im Krieg verändert hat, wie er nur deshalb einen Bernardino anbrüllt, weil Krieg ist und in solchen Zeiten vor dem Tod auch noch etwas Grobheit den Leuten nicht schaden kann, die sonst leicht gar zu übermütig werden. Ich habe solch einer Szene beigewohnt und mich, unweise genug, über die vorbeigehenden Juristen gewundert, die doch auch irgend einmal von Müttern geboren wurden, weil die Abtreibung der Leibesfrucht strafgesetzlich verpönt ist, und die, wo unsereins zagen Sinnes zwei Fragezeichen setzt, daraus einen einzigen Paragrafen schlingen können. Aber Shakespeare, der ihn gelöst hat, meint nur die Richter, nicht die Krieger, wenn er eine wilde Anklägerin rufen lässt: „Könnten die Großen donnern wie Jupiter, sie machten taub den Gott!" Da es heutzutage gelungen ist, so muss wohl eine Fähigkeit des Donnerns in die Welt gekommen sein, die in keiner früheren Kulturepoche, wo's eben noch keine Donnermaschine und keinen Jupiterersatz gegeben hat, denkbar war. Groß und Klein verfügt über die nötigen Behelfe, deren praktikable Art auch die Kleinen groß gemacht hat. Was Shakespeare des Weiteren sagt, macht jede Stunde, jeder Fußbreit unseres täglichen Weges zum Erlebnis: „... doch der Mensch, der stolze Mensch, in kleine, kurze Majestät gekleidet, vergessend, was am mind'sten zweifelhaft, sein gläsern Element – wie zorn'ge Affen, spielt solchen Wahnsinn gaukelnd vor dem Himmel, dass Engel weinen, die, gelaunt wie wir, sich alle sterblich lachen würden." Nun, ich höre die Engel weinen. Lachen tu ich an ihrer Statt. Zwischendurch schreibe und spreche ich. Und was ich schreibe und spreche, das ist doch schon um ein weniges lauter und lauterer, als was so gemeinhin die Leute schreiben und sprechen. Aber was ich mir denke, was ich mir denke – wenn Gottes Zeugenschaft hiefür zur Stelle wär, dann fiele wohl die Entscheidung zwischen mir und der Macht! Während wir heute noch so miteinander leben können. Aber es ist kein beneidenswerter Zustand, vor eben den Dingen, die zu beweinen sind, über das ganze Gesicht lachen zu müssen und ohne auch nur sagen zu können, warum man in der Laune ist. Ich war immer für die Herrschaft über den niedrigen Menschen eingenommen, und nun drängt es mich mit aller Gewalt, die dieses Schrecknis über die Seele vermag, zu sagen: dass ich für die Herrschaft des niedrigen Menschen nicht eingenommen bin! Dass ich ins Angesicht einer Tyrannei der Tölpel Revolution machen wollte. Und was, wahrlich, ist alles Ekrasit eines Weltkriegs gegen den Sprengstoff, den jede Stunde nach mir wirft, drängend zu sagen, was nicht mehr zu tragen ist! Denn der Eindruck, dem ich nicht entrinnen kann, und gäbs hundertfache Erlaubnis dem Gebiet zu entrinnen, ist nicht das Grauen, sondern die Gleichzeitigkeit einer unberührten Daseinsform, die durch einen mechanischen Eingriff von jenem sich entbunden hat. Bluttaten, die zu verantworten einst den Täter zum Herrscher gemacht hat, wird nun jeder bessere Diurnist hinter sich haben, denn er hatte sie hinter sich, da er sie beging. Die Menschheit drückt auf den Knopf, wo Tod steht, und weil dies Können ihr die Vorstellung geraubt hat, wie der Tod schmeckt, drückt sie umso beherzter. Ich werde nie fürder mit einem gutmütigen, übelriechenden, triefäugigen Buchhalter sprechen können, weil er plötzlich zu erzählen anfinge, was er bei Belgrad geleistet hat. Jeder, der's getan und nicht erlebt hat, weil er es nur in der Minute erlebt hätte, da er's an sich selbst erlebte, aber dann nicht mehr erzählen könnte, trägt das Ungeheure als fetten Titel mit sich fort und nicht als Alpdruck. Letztes Einssein im Chaos: Blut und Druckerschwärze über dem Kopf der Menschheit; Werke, an denen er nicht Teil hat, wenn er sie verrichtet! Was von keinem Willen zu verantworten wäre, geschieht jenseits aller Verantwortlichkeit. Für das, was wir können, können wir nicht mehr: So hat Technik mit einem Handgriff die Seele bewältigt. Was erleben wir? Die verdient haben, Zeitgenossen des Menschenmords zu sein, weil wir tatlose Zeugen des Tiermords und des Kindermordes waren! Geschähe im elenden Winkelleben unserer Geistigkeit ein Millionstel von dem, woran sie tätig war, es wäre der heiß ersehnte Untergang zu Gunsten jener Seele, der die Fibelbetrüger den Aufschwung eingeredet haben. Nicht dass solches Volk von Kinobesuchern, Zeitungslesern und Maulaffen der Weltgeschichte seinen Suppentopf auf dem Herd fremder Revolutionen kochen will; aber dass es seinen Machtwahn durch fremden Umsturz fortfretten möchte, ist der Humor davon. Unser verlorenes Paradies war ein Irrgarten der Macht, selbst die Schlange war eine Phrase, und es ist der Fluch aller Kreatur, die kriecht und glänzt, sich unversehens in den Schwanz zu beißen. Mag's anderswo, wenn fremder Hunger uns denn sättigt, aus Brotmangel stürmisch werden. Die bessere Revolution wäre unser Teil, wenn wir noch so viel Geistesgegenwart hätten, zu bemerken, was in unsern Gehirnen vorgeht. Aber die effektivste Blockade ist die einer Welt, die durch Taten ihre Vorstellung ausgehungert hat!

Franz Grüner

Oktober 1917

Franz Grüner

ist, dreißig Jahre alt, aus dem Leben gerissen worden, durch einen jener vollkommen wirksamen Zufälle, die das menschliche Ingenium erfunden hat, um sein Opfer auch nicht mehr begraben zu müssen. Es ist an der Südwestfront geschehen, wo er als Leutnant beschäftigt war. Der ursprünglich von ihm gewählte Beruf war der eines Kunstforschers. Lesern der Fackel ist er als Autor eines kritischen Beitrags im Gedächtnis, aus jener Zeit, da sie Mitarbeiter hatte und nicht allzu viele, deren persönlicher Wert sich auch späterhin haltbar erwies. Er war einer der wenigen, denen es gegeben war, die Farbe zu sehen und das Wort zu hören, und dabei den eigenen Menschen zu bewahren. Aus einem treuen Verstand zu allen Himmeln emporgewendet, war seine Haltung vor der Kunst Andacht und Wissenschaft in einem Zug. So sachlich hingerissen, war er die Ausnahme einer Generation, die um das Licht schwärmt, ehe sie ins eigene Zwielicht eingeht. Wie lebhaft konnte er zuhören und wie still davon sprechen! Da sein von Güte und Klarheit auf den Geist gerichtetes Wesen ein Trost meines Lebens war, so kann mir selbst die Vorstellung, dass er für eine allgemeinere Sache gestorben ist, keinen Ersatz gewähren. Im Gegenteil werde ich dieses Jünglingslächeln, das viel weiser als mein Zorn allem Widersinn entgegnete, gerade zu dem Ereignis entbehren, das mir ihn entrückt hat, und zu dem absurden Zufall, der ihn nicht wiederkehren lässt, und wie erst zu dem Weltbetrug, solches einen Heldentod zu nennen und dessen Anwärter nach einem im Geist zufriedenen Leben mit dem Zeugnis der „Schneid" zu entlassen. Nun, da die Italienreise eines jungen Kunstgelehrten so zeitgemäß beendet ist, bleibt mir nichts als der Wunsch, dieses lebendige Leben von einer irdischen Ordnung zurückzufordern, deren Unmündigkeit sich des schwersten Eingriffs in überirdische Rechte allzu lange schuldig macht. An der Unmöglichkeit der Erfüllung wächst der Wunsch ins Grenzenlose und an der hoffnungslos trauernden Liebe nährt sich der Abscheu vor einer Gegenwart, die ihr solches antun konnte. Was mit den Mitteln der geistigen Macht gegen sie unternommen werden kann, soll geschehen! Denn Gott ist von ihren Taten noch nicht so in Abrede gestellt, dass er nicht auch dem Gedanken seine Volltreffer ließe.

Eine prinzipielle Erklärung

Oktober 1918

Es hat vor einigen Monaten einen Augenblick in der Weltgeschichte gegeben, wo die Hoffnung aufleuchtete, dass diese zerschundene Maschine, die Mensch genannt wird, wieder zum Menschen werden könnte,
und weil diese Hoffnung in Österreich geboren wurde, war's auch die
Hoffnung, ein Patriot zu sein, Patriot im edelsten, längst nicht mehr vorrätigen, längst vergriffenen, längst ersetzten und verfälschten und nun
plötzlich wieder lebendigen und heimatsberechtigten Sinne. Es waren
Worte gesprochen worden, die mehr waren als Taten, denn sie waren
die Erholung von Taten; Worte, deren letztes freilich wieder der Tat glich
und darum dem Glauben die Aussicht auf Erfüllung entrückte. Dennoch, es war die Idee; nach dem verhängnisvollen Walten der Quantität
doch etwas vom Geiste. Es war zum ersten Mal aus dem Munde eines
mitteleuropäischen Staatsmannes die Sehnsucht der Menschen bejaht
worden, sich von dem furchtbarsten Erdenfluche, unter dem sie je seit
Erschaffung ihren Nacken gebeugt hielt, durch ein Machtwort über sich
selbst, also durch den Aufstand der Menschenwürde zu befreien, vom
Militarismus nicht als einer wirtschaftlichen Last allein, sondern von
dem Alpdruck der militaristischen Lebensanschauung, und nicht mehr
jener, die einst als das Vorrecht eines Berufs das Leben auf die Spitze
eines Säbels gestellt hat, sondern der Geistesrichtung, die das Leben
unter dem Verhängnis tödlicher Zufallswirkungen und einer meuchel-
mörderischen Technik zum Ersatz für Menschenrechte und zur Sicherung merkantiler Interessen gefangen hält. Der Staat schien plötzlich
der Menschheit recht zu geben in ihrem bis dahin strafbaren Verlangen
nach Selbstbefreiung aus der schmachvollsten Knechtschaft, in die ihr
Erwerbsgeist die schuldige und unschuldige Kreatur gejagt hat, als ein
organisiertes Schicksal über allem Lebendigen, Männern und Müttern,
Säuglingen und Tieren, immer die würgende Faust zwischen die Sonne
und dieses kurze Menschendasein gereckt. Dass diese Teufelsmacht es
verstanden hatte, die Träger des staatlichen Machtideals herumzukrie-
gen, sich gar die alte Glorie für ihre schmutzige Neuerung auszuleihen
und schließlich durch den Tod der Menschheit zum hohnlachenden
Triumph des Wuchers über den wehrlosen Schlachtensieg zu führen

– dies ungeheuerste Erlebnis behält durch alle Wirklichkeit hindurch die närrische Gestaltung eines Fiebertraums, und die unter uns nicht stehlen, sondern nur fühlen, müssen in einem narkotischen Zustand die Zeit durchschreiten, um dieses Unmaß von Fantastik außerhalb des Tollhauses durchzuhalten. Wie könnte uns Vernunft und Ehre sonst erlauben, Raumgenossen dieser Zeitgenossen zu sein? Wie könnten wir seit vier Jahren in dieser Hyänenluft den Lebensmut aufbringen, uns um das tägliche Brot zu quälen? Nun war's ein Augenblick, zu glauben, die Menschheit hätte die Prüfung bestanden und sei reif zur Reue. Nicht mehr werde es künftig die ingeniöse Fantasiearmut vermögen, uns in diese Delirien zu treiben. Der menschheitswidrige Gedanke, der den Lebenszweck dem Lebensmittel und also dem Todesmittel unterstellt hat, liege in den letzten Zügen. Nicht fortsetzbar sei der Zustand, dass nicht nur einer Klasse von Buntgekleideten Gewalt über die Farblosen gegeben ist, sondern dass alle auf einmal durch ein Zauberwort bunt werden können, alle über alle Macht gewinnen, alle vor allen Ehre gewinnen, alle gezwungen sind, einander zu grüßen und allerhand Hochachtung voreinander zu haben. Ich, der ich vor der Gesellschaft umso weniger Hochachtung habe, je mehr sie in ihrem eigenen Ansehen steigt, der sie im Gegenteil erst dann auf das Tiefste missachtet, sobald sie ihre abgelebten Machtvorstellungen mit ihrer frischen Raubgier verbündet, sich selbst zu wechselseitiger Bewucherung mobilisiert und einen Jargon aus Fibel und Börse nachbetet, wenn's die gute Sache der allgemeinen Peinigung gilt – ich muss bekennen, dass ich an den Entschluss zur Einkehr, an den Ernst der Erkenntnis, dass die Zukunft des Geschlechts bei Kant besser als bei Krupp aufgehoben sei, ernsthaft geglaubt habe. Die Einfalt kann eine Wahrheit nicht schnell genug erleben, und sie fühlt sich nicht beschämt, wenn sich herausstellt, dass ein Staatsmann zwar einmal die Wahrheit gesagt, aber an sie nicht geglaubt hat. Wenn's noch zu früh ist, warte nur balde wird die Weltanschauung, die diesen Krieg bewirkt hat und die sich mit Gott durch jeden Tag des Siegs widerlegt, sich, sagen wir bis zum letzten Hauch von Mann und Ross erledigt haben. Möge es dann noch Zeugen geben! Und hätte sie's freiwillig rechtzeitig getan, wie schön wäre es gewesen und hätte dem Krieg fast die Weihe eines Plans verliehn. Nun aber haben wir von Kant zu Krupp heimg'funden und in Tat und Wort neuerdings erfahren, dass wir bei jenem uns nur so pro forma aufgehalten haben und dass wir auch weiterhin damit vorlieb nehmen wollen, Feldherrn zu Ehrendoktoren der Philosophie zu machen. Und aus dem Munde des schlechtesten und deshalb wichtigsten Menschen, der heute in Österreich zur Öffentlichkeit spricht, haben wir Schwärmer die Aufklärung empfangen, dass die Botschaft der letzten sittlichen Errettung der Menschheit ein „Handgriff" war. Man höre:

> Es liegt in der Persönlichkeit des Grafen Czernin, dass er das Verschleppen und Gehenlassen nicht leicht erträgt. Er hatte sofort das Bedürfnis, das Evangelium des Präsidenten Wilson, das jedoch nicht den Frieden, sondern den Krieg bringen sollte, in unsere diplomatische Sprache zu übersetzen. Die Menschen, die vom Schwunge seiner Rede in Budapest gefesselt waren, haben zuweilen übersehen, welche praktische Veranlagung sich darin zeigte und wie groß die Verlegenheit der Entente über den Handgriff war, mit der ihr eine Waffe entwunden worden ist. Nicht etwa, dass Graf Czernin die Gesinnung, zu der er sich bekannte, nicht vollständig in sich aufgenommen hätte. Der Diplomat braucht solche Meinungen als Zielpunkte, aber das tägliche Leben hat auch andere Bedingungen.

Das tägliche Leben, das tägliche Sterben. Halten wir's durch! Warten wir ab, wie lange diese Bedingungen ihre Tragfähigkeit und Geltung bewahren. Es kommt die Zeit, wo stärker als der siegreichste Staat die Erkenntnis sein wird, dass kein Machtzuwachs, aber selbst nicht die Machterhaltung den Verlust an Lebenswerten, den sie bedingen, lohnen kann. Ich spreche gegen die Hochverräter an der Menschheit! Ich spreche im Namen einer Irredenta des sittlichen Ideals! Die in der deutschen Ideologie befangene Welt weiß es nicht – aber ich habe schon im Jahre 1914 nicht gezweifelt, dass dies ein Religionskrieg ist, geführt von der nüchternsten Welt gegen eine, die die eigene Nüchternheit mit abgelegten Machtfetzen „aufmachen" und gar exportieren wollte. Ich erlebe die Genugtuung, dass diese schmerzlichste Intuition nun von Männern, die im praktischen Leben das Lügen nicht erlernt haben, bestätigt wird. Weder den, der nur geahnt, noch die, welche wissen, darf es bekümmern, dass die wahren Hochverräter an der Menschheit, und am Vaterland selbst, für diese Erkenntnis den Vorwurf des mangelnden Patriotismus bereithalten. Wie es die Staaten anstellen werden, das Glück ihrer Bürger mit jenen Interessen zu vermählen, die ihnen bisher die wichtigeren waren, darüber mögen sich Politiker den Kopf zerbrechen, wenn er ihnen nur erst einmal mit Ehrfurcht vor dem Sinn des Lebens angefüllt ist. Ich habe nur zu wissen, dass jener Staat

214

der Sieger sein wird, der die größte moralische Macht aufbietet, dem, was er bisher als Übel empfunden hat, nicht zu wehren, und der im plötzlich ausbrechenden Wettabrüsten den andern voran sein wird. Es ist unmöglich, dass der Fortschritt in der Verbreitung giftiger Gase die Entwicklung eines Gedankens aufhalten kann; es sei denn, dass es ihm inzwischen gelingen könnte, die Menschheit in einen lorbeerumhüllten Leichnam zu verwandeln. Da ich Gott sei Dank nur Optimist und nicht Staatsmann bin, also auch keineswegs imstande, meine Überzeugung einer noch vorrätigen Kriegskarte anzupassen und meinen Gottesglauben erforderlichenfalls als Handgriff einzubekennen, so kann ich nicht anders als aussprechen, was ich zugunsten der Menschheit denke. Und selbst wenn das Aussprechen auf technische Schwierigkeiten stieße – ich meine da nicht nur den Überfluss an Paragrafen, sondern auch die Not an Papier, die das Erscheinen meines Wortes in Frage stellt, während sie das Erscheinen der Zeitschande ermöglicht –, nun, auch dann wäre das Denken stark genug, schon ganz von selbst durch die Dünste eines Zeitalters zu dringen. Denn das Ärgste, was dem Menschen bekanntlich passieren kann, ist, dass er einrückend gemacht wird; nie aber könnte er nicht denkend gemacht werden und selbst der tödliche Zufall, dem er ausgesetzt wird, kann an der eingebornen Disposition nichts ändern, weil ein einmal gedachter Gedanke stärker ist als eine millionenmal vollbrachte Tat. Die Kloake in einem Schützengraben reinigen ist überdies eine belebende Separation von der Wirkungssphäre jener, die sich dort Schatzgräber halten, und wo immer ich innerhalb dieser Zeit stünde, mein stummer Blick träfe sie vernichtender, als sie mir leiblich nahe kommen könnte, und darüber hinaus! Mir, das mögen sich alle Rädelsführer dieser Gegenwart gesagt sein lassen, kann nichts mehr geschehn, seitdem ich eine Mannheit, die sich auf den Wink ihrer Habsucht der Maschine ergeben hat, für entehrt halte und eine Weibschaft nicht minder, welche ihr Instinkt nicht davor bewahrt hat, hierin eine Befriedigung ihres mütterlichen oder erotischen Stolzes zu erblicken. Die Hoffnung also, dass die Menschheit um ein paar Jahre früher als sie dazu gezwungen sein wird, an Gott glaube – ist vorüber. Mir bleibt keine als die, dass die Zeit, von der jeder einzelne Staat glaubt, dass sie für ihn wirke, gegen sie alle wirkt. Die Menschheit aber, wenigstens die hiesige, scheint sich noch mit einer andern Hoffnung fretten zu wollen. Es ist die Hoffnung – man lache nicht vor dem Tragischesten, das uns dieser Karneval beschert hat – es ist die Hoffnung auf Hebung des Fremdenverkehrs. Wie das? Ich will es beweisen.

Ein englischer Journalist hatte den törichten Einfall, den Deutschen aufzubringen, dass sie „aus Kadavern", er meinte aus Soldatenleichen, Fett gewinnen. Die Deutschen, nicht faul, fassten gleich den Plan zu einer wissenschaftlichen Arbeit, die nun im Auftrag des Berliner Auswärtigen Amtes flott von statten geht – der Beweis ist in meinen Händen –, also den Plan zu einer wissenschaftlichen Arbeit zu internationalen Propagandazwecken, wie es ausdrücklich heißt; sie sammeln wirklich und wahrhaftig Material, aus dem hervorgehen soll, dass die Engländer und Franzosen schon seit jeher aus Menschenleichen Fett und Öl produziert haben. Diese Kulturpropaganda hat in den Tagen unserer Postulate nach einem Verständigungsfrieden praktisch eingesetzt. Der Unglücksmensch, ein gewisser Schultze, den das Amt mit dieser Arbeit betraut hat, ist von einem Spaßvogel in Hamburg dazu verführt worden, mich um fachmännische Unterstützung, „aus dem Schatze meiner Kenntnisse" wie er sagt, anzugehen, wobei das Wort „ausgerechnet" zum ersten Mal seit dessen Entstehung am Platze sein dürfte. Wollte ich das Dokument vorlesen, man würde an die Geistesverfassung in Alldeutschland mit gesträubten Haaren glauben lernen. Das Werk wird den Titel führen: „Grab- und Leichenschändungen durch Engländer und Franzosen", die deutsche Wissenschaft ist am Werke. Und Österreich? Österreich hat dafür den Fremdenverkehr. Das heißt, es hat ihn nicht und das war sein Verderben. Man lache nicht! Was es mit der Fettgewinnung aus Soldatenleichen zu schaffen hat? Es ist das nämliche; man höre:

DER FREMDENVERKEHR NACH DEM KRIEG.

Äußerungen des Leiters des niederösterreichischen Landesverbandes für Fremdenverkehr Generalsekretär Hauptmann Gerenyi.

Bekanntlich fand dieser Tage im Anschluss an die Tagung der ärztlichen Abteilungen der waffenbrüderlichen Vereinigungen ein Gedankenaustausch unter Vertretern der Fachgruppen für Fremdenverkehr der waffenbrüderlichen Vereinigung Deutschlands, Ungarns und Österreichs statt. Nun werden selbstverständlich die französischen und belgischen Fremdenverkehrsplätze aller Voraussicht nach von den Reichsdeutschen nicht aufgesucht werden. Für die Nordseebäder bietet ja die deutsche Küste ausreichenden Ersatz. Die französische Riviera mit ihren klimatischen Vorzügen als Frühlings-

und Herbstaufenthalt zu ersetzen, dazu ist sicherlich die österreichische Küste der Adria vorzüglich geeignet, die demnach auch einen großen Fremdenzufluss zu erwarten haben wird. Außerdem werden die Alpenländer mit ihren hervorragenden Kriegserinnerungen einen Anziehungspunkt des mitteleuropäischen Reisepublikums bilden, wie schließlich auch der pietätsvolle Besuch der Heldengräber und Soldatenfriedhöfe eine lebhafte Verkehrsbewegung zur Folge haben wird. Es handelt sich ja, unser Haus wiederum zu bestellen …

Bestelle dein Haus, denn du wirst sterben! sagt Jesaja. Und nichts, was wir seit dem 1. August 1914 mit starren Augen gelesen haben, vermöchte an dieses hinanzureichen. Gefallen zur Hebung des Fremdenverkehrs! Keine Heiterkeit, die sonst mit den Hanswurstiaden unserer Fremdenverkehrssehnsucht verbunden bleibt, dämpfe das Grauen dieser Idee. Als die Reste des Regiments von Uszieczko vor einem Theaterparkett defilieren mussten, wähnte ich, die Entmenschung sei nicht mehr zu überbieten. Nun aber sollen die Toten des Regiments zur Parade vor den zahlenden Besuchern! Gefallen zur Hebung des Fremdenverkehrs! Nein, aller Abscheu vor allem, was diese Zeit uns angetan hat, trete scheu zur Seite vor diesem Plan. Meine Metapher ist wahr geworden: Wir lugen, schrieb ich, noch auf Leichenfeldern nach einem Fremdenverkehr und wir können es uns nicht versagen, schrieb ich, die endlich herankommenden Hyänen zu wurzen. Nun wird es mir buchstäblich erfüllt! Die Gesellschaft, die nach Heringsdorf ging, ehe sie der Menschheit den Krieg ansagte, soll unsere Soldatengräber besichtigen kommen, so hoffen wir Waffenbrüder. Wenn sich der noch lebendige seelische Rest in uns gegen diese Erfüllung, gegen diese Erwartung nicht aufbäumt, so werden es die irdischen Reste unserer Toten tun! Und wenn sie's nicht tun, weil selbst der Tod von dieser Diebszeit um sein Wunder geprellt wurde, wenn sich unter uns kein Rächer dieses Frevels erhebt – ich werde fern von der Landesgrenze sein, innerhalb deren es sich begeben soll, in Gegenden, in denen die Sprache, die ich schreibe, nicht gesprochen und darum besser verstanden wird. Die Fremden mögen kommen – um einen Einheimischen, der diese Blütenträume reifen sieht, wird es weniger geben. Ich bestelle mein Haus! Ich gehe zu den Fremden! Keine Macht wird stark genug sein, mich bei lebendigem Leib zu zwingen, der Mitbürger jener Menschen zu bleiben, die es erdacht haben und die es geschehen ließen. Denn nie, solange ich Atem habe, werde ich zugeben, dass mir meine Freunde getötet wurden, damit einer aus Berlin, der daran verdient hat, ihre Gräber besichtigen könne und Geld unter die Leute komme.

Solange es unwidersprochen bleibt, solange nicht feierlich kundgemacht wird, dass es nie gesprochen wurde, erkläre ich den Staat und jeden seiner Bürger, die es gelesen oder durch meinen Bericht empfangen haben und es dennoch geschehen ließen, alle Amtlichkeit und Sozietät an dem Gottesfrevel für mitschuldig! Unwürdig des tragischen Inhalts dieser durchlittenen Jahre! Unwert der Ehre, dass ein toter Soldat in den Alpen begraben liegt! Und wehe der Gewalt, die die Wirksamkeit dieses Fluches anzutasten wagt!

DIE KRIEGSSCHREIBER NACH DEM KRIEG

Februar 1918

Jerome K. Jerome in den „Daily News":

… Dieser Vorwurf gilt jedoch nicht nur den Zentralmächten. Ich sehe keinen Grund, an der Aufrichtigkeit eines Bekehrten zu zweifeln, der von seiner Verrücktheit bekehrt wurde, weil er während vier Jahren deren verheerende Resultate gesehen hat. Es gibt sogar welche unter ihnen, die von Anfang an ihr Knie nie vor Baal gebeugt haben!

Ich möchte die denkenden Männer und Frauen der alliierten Länder bewegen, sich mit ihnen zu verbinden; sie sollen helfen, in der ganzen Welt eine Lebensauffassung zu bilden, die den Krieg unmöglich macht. Ich glaube, dass wir nach diesem schrecklichen Blutopfer nicht mehr durch eine Flut von dummen Gedichten und Geschichten, die den Krieg verherrlichen, zu leiden haben werden: dass unsere Knaben und Mädchen nicht mehr wie früher mit Büchern und Gedichten aufgezogen werden, die dazu dienen, die natürliche Anlage des Menschen zum Töten noch zu erhöhen. Ich glaube nicht, meinem eigenen Berufe eine erhabene Wichtigkeit beizumessen, wenn

ich die Überzeugung ausspreche, dass seit dem Entstehen
der Presse die Lust der Welt zur Kriegführung durch die
Schriftsteller noch sehr erhöht wurde. Wenn das so fortgehen
würde, könnten wir jeden Traum für einen dauernden Frieden aufgeben. Wenn sich die Schriftsteller aller Länder, durch Maler und Musiker
unterstützt, nach dem Kriege nicht Selbstverleugnung auferlegen, wird
die nächste Generation sicher mit einem Hunger nach Krieg aufwachsen.

(Davor bleibe sie durch einen andern Hunger, mit dem sie aufwachsen
wird, bewahrt.)

Man kann die Teufelsmusik nicht immer spielen, ohne zu bewirken,
dass die jungen Leute auch nach ihrer Melodie tanzen ... Eine schwere Verantwortung wird auf diejenigen fallen, die aus Gewinnsucht fortfahren, mit ihren tierischen Instinkten zu
spielen.

Von einer Fortsetzung des Gewerbes kann keine Rede sein. Eine
allseitige Friedensbedingung wird den Tag festsetzen
müssen, an welchem gleichzeitig in sämtlichen Staaten
auf offenem Markt vor den auf Tribünen sitzenden Invaliden die Kriegslyriker und alle, die mit dem Wort zur Tat
geholfen haben, dadurch von ihr befreit waren und ihre
schmähliche Rettung nicht allein mit dem Ruin anderer
erkauft, sondern noch mit Gewinn belohnt sahen, zusammengetrieben und ausgepeitscht werden. Ich werde, wenn
Wilson das nicht verlangt und erreicht, nach Friedensschluss nicht ruhen, für unser eigenes Schuldgebiet diese
Proz edur zu befürworten und dahin zu wirken, dass eine
Poskriptionsliste angelegt werde, damit, wenn schon die
Rücksicht auf unhaltbare Staatsgesetze, welche die leib-
liche Sicherheit und Ehre von Menschheitsverbrechern
schützen, die Initia tive lähmen sollte, das immer erneute
Gedächtnis dessen, was jene nicht erleben mussten, die es
propagiert haben, ihr Gewissen bis zur Selbstvernichtung
foltere. Ich denke dabei nicht nur an solche, die sich freiwillig an der
Glorifizierung von Minenvolltreffern betätigt haben, sondern vor allem

an jene, die sich hinterher auf einen angeblichen Zwang berufen und eben das, was sie am schwersten belastet, als Entschuldigung geltend machen, kurzum an jene, die den Weltsturm unter eigenen Obdächern mitmachen durften, wo sie allerdings zum Dank hiefür seine Schönheit zu rekommandieren genötigt waren. Da aber hier der Zwang nur eine Konsequenz der Wahl ist, indem man wohl von Staats wegen gezwungen werden kann, zu sterben, aber nicht zu schreiben, und nur dann auch zum Schreiben gezwungen werden kann, wenn man dieses dem Sterben vorgezogen und also Protektion die Alternative ermöglicht hat; da es sich ferner in solchen Fällen beileibe nicht um diese Alternative, sondern höchstens um die Vermeidung von Spitalauskehren, Brotschupfen, Kanzleidienst und sonstige gefahrlose Notwendigkeiten handelt und selbst diesen noch die lyrische oder feuilletonistische Verklärung von Gasangriffen vorgezogen wurde; da sie mir gegenüber die Beteuerung parat haben, sie hätten „nicht töten wollen", wo sie durch ihre Literatur doch weit mehr Tod verbreitet haben als sie je durch ihre Taten vermocht hätten, geschweige denn durch ihren Etappendienst – so werde ich gerade in diesen Fällen auf die unerbittlichen Repressalien des wieder erwachenden Schamgefühles dringen. Umso entschiedener dort, wo vor den Instanzen der Presse und der Glorie die vorgeschriebene Gesinnung und die völlig unverbindliche Uniform, beide mit mehr Anspruch auf Ehre als Gefahr, stolz getragen und gleichzeitig mir gegenüber, vor der weit unerbittlicheren Front meines Gewissens, die Entschuldigung des Zwanges versucht wurde. Die Nichterwiderung des Grußes, welchen Rang sie dann immer treffen mag, wird mir bei Weitem nicht Genüge tun. Ich werde dahin wirken, dass jene, die dadurch oder davon gelebt haben, dass andere gestorben sind; die mit ihrer Feder andern zu Unternehmungen Mut machten, vor denen sie sich mit Recht gescheut haben; die durch Begeisterung für Angelegenheiten, von denen sie mit Recht entfernt sein wollten, an vielfacher Blutschuld teilhatten und im sicheren Rückhalt lyrischer Auditoriate dieses Weltgericht überleben durften – kenntlich gemacht werden, damit nicht mehr „die Lust der Welt zur Kriegführung durch die Schriftsteller erhöht" werde, sondern die Unlust der Welt an den Schriftstellern aufwachse zur Rache für unsere erschlagenen Freunde!

Franz Janowitz

November 1917; gesprochen am 18. November 1917

Ich könnte diese Vorlesung nicht abhalten und nicht beginnen, ohne eines jungen Freundes zu gedenken, der heute in diesem Saal zu sitzen so sehr gewünscht hat. Er ist daran verhindert worden. Denn er ist als eins der Millionen Opfer, aber als eines der teuersten, dieses feigen Meuchelmords, zu dem sich die Menschheit verurteilt hat, am 4. November seinen Wunden erlegen. Nach meinem edlen Franz Grüner, der, glücklicher, durch die Entscheidung einer Sekunde hingerafft wurde, hat nun auch dieses seltene Herz zu schlagen aufgehört und das schmale Feld meines menschlichen Umgangs, so furchtbar in das weite Feld der Unmenschlichkeit einbezogen, ist nun recht verödet, seit mir auch dieser Lichtpunkt erloschen ist. Versuchte ich die geistige Luftlinie zu ziehen zwischen den Bestrebungen jener Vampire, die noch mehr Blut, heute noch, wollen, und dem allerstillsten, allerehrlichsten Leben dieses jungen Dichters, der, nicht zum Landsknecht geboren, durch vier durchgerackerte Jahre sein mildes Herz trug und in Schützengräben das Geheimnis der Jahreszeiten und die Unbegreiflichkeit dieser Menschenzeiten gefühlt hat – versuchte ich diesen Kontrast durchzudenken, ich würde, selbst ich, unter dem Unmaß der Empfindungen zusammenbrechen! Hätte die Staatsweisheit dieser Welt nur so viel Vorstellungsvermögen gehabt, zu erkennen, dass die Erhaltung des wertvollsten Menschengutes wichtiger sei als die Bereithaltung des Menschenmaterials, sie wäre andere Wege gewandelt. Da aber dieser wahrhaft Unschuldige ein reiner Dichter war, so war er zwar zum Landsknecht verurteilt – aber ein Literat zu werden, dazu hat ihn selbst ein Leben der Not und der Blick auf den Tod nicht vermocht! Je mehr solcher wenigen unbefleckbaren Seelen mir entrückt werden, die das Sterben im Krieg dem Schreiben für den Krieg vorgezogen haben, umso inbrünstiger wird meine Verachtung für jene, welche sich der Glorie verschrieben haben, um ihren Begleiterscheinungen zu entgehen; welche die ihnen vergönnte Selbstrettung durch die Propaganda für den Tod der Wertvollem erkaufen müssen: Und keiner von ihnen möge auf den Frieden hoffen, weil ihm der vielleicht die Chance bringt, dass ich dann seinen Gruß auf der Straße erwidere. Nie wird für mich alles vorbei sein! Franz Janowitz war einer von den andern, deren Verbannung in das Grauen mir keinen Augenblick dieser bangen Zeit unvorstellbar

221

gewesen ist; deren Wehrlosigkeit wie ein Gebot zur Rache vor meiner Seele stand und mich verpflichtet hat, unter dem Druck der herzlähmenden Kontraste eben noch nach dem Ausdruck für Schmerz und Schmach dieser Gegenwart zu ringen. Ich hasse diese, und ihn habe ich geliebt. Sein Andenken sei geheiligt! Es werde in einem Band Gedichte bewahrt, den der mühselige Rest seines jungen Lebens als Ruf der Sehnsucht hinterlassen hat. Ihn mit irgendwelchem Miss- und Neugetöne einer sogenannten jungen Generation konfrontieren zu wollen, wäre sündhaft. Wenn ein Mensch so echter Art auch sterben musste, es genügt, dass er gelebt hat, um es mit einer ganzen Richtung von Betrügern und Naturverrätern aufzunehmen. Nach jener Zeit, da ich um mich noch Raum zur Förderung, zur Förderung des Verrats an mir hatte, trat er zu mir, und war mehr wert als alle. Ich wartete auf sein Buch und musste mich mit der Feldpost begnügen. Aus einem bescheidenen Heftchen, das er im Jahre 1913 nur widerwillig einer fragwürdigen Anthologie einverleiben ließ, ertöne nun seine Stimme, so leise, so tief. Mögen jene unter meinen Hörern, die in der Sprache ein Menschenantlitz zu erkennen vermögen, den Verlust ermessen, den sie durch den Tod eines Unbekannten erlitten haben.

* * *

Es gäbe eine Sühne für alle Kriegsdichtung von vier Jahren. Wenn sie sich in ihr Nichts auflösen wollte angesichts dieses erhabenen Heldengedichts, das in Form einer Feldpostkarte an die Familie des Verstorbenen gelangt ist:

K. u. k. Feldspital 1301 am 6./11. 1917.
Hochgeehrter Herr!
Erlaube mir mit zitternder Hand mitzuteilen, dass mein Herr Leutnant Janowitz den 4. November seinen Wunden erlag.

Mir wurde trotz meines Bittens nicht erlaubt, mit seinen Sachen zu Euch zu kommen.

Hab wohl viele Thränen vergossen für den H. Ehre seinem Andenken. Mein innigstes Beileid. Gott hat es gewollt. Ich komm wieder zur Kompagnie.

Sein tr. Diener
Josef Greunz.

Und angesichts dieses Dokuments: Eine Karte, die ich dem Verwundeten geschrieben hatte – zur Beantwortung eines Telegramms brauchte das Feldspital sechs Wochen – und die nach seinem Tod einlangte, ist später mit dem folgenden Vermerk zurückgekommen:

Abgeschoben. Aufenthalt unbekannt.

***

„Wie sehr ich wieder Liebe zu der Klasse von Menschen gekriegt habe, die man die niedre nennt, die aber gewiss vor Gott die höchste ist! Da sind doch alle Tugenden beisammen, Beschränktheit, Genügsamkeit, gerader Sinn, Treue, Freude über das leidlichste Gute, Harmlosigkeit, Dulden – Dulden – Ausharren – –“

Goethe an Frau v. Stein 1777.

TAGEBUCH

*Oktober 1916; nach Konfiszierung
erschienen im Oktober 1917*

Ein Kind sah in einer illustrierten Zeitung ein Bild, das hieß „Gebet während der Schlacht“ und stellte dar, wie Soldaten mit traurigem Gesicht, den Blick zur Erde gesenkt, in Reih und Glied stehen. Das Kind, welches noch nicht lesen, aber noch sehen konnte, fragte nicht, was das sei, sondern, weil es sah, dass es etwas Trauriges sei, begann es zu weinen und weinte und war gar nicht zu beruhigen. Man redete ihm zu, brav zu sein und nicht zu weinen. Doch es weinte und um den Grund befragt, gab es schluchzend die Antwort: „Wenn man – so etwas – schon tun muss, so soll – man es – doch nicht – auch noch – aufzeichnen –“ …

Es gab solche, die anderen die Gurgel durchbissen. Man nannte sie brav …

Da lag einer, dem das Gehirn herausquoll. Er atmete noch und sein Kopf beugte sich zum Sterben. Es war ein Genrebild. Einer, der es sah, nahm schnell seinen Apparat und knipste. Jener aber schlug den letzten

Blick auf ihn, und es war, als ob er für diesen Moment bewusst würde und nun aus der versinkenden Welt solche Zeugenschaft hinübernehmen sollte. Von dort aber nahm er die ewige Verdammnis und brannte sie in diesen Rest von Leben unter ihm, der vor ihm stand und ein Apparat war. Der Blick schien endlos in Verachtung. Der Apparat aber, als er es getan, ging seines Weges, und jene, welche die Genreszene gesehen hatten, stumm mit ihm, und es schauderte sie. Er trug das Andenken fort; sie aber sahen nur den Blick und tragen ihn fort ihr ganzes Leben lang.

SOLCHE KONTRASTE GIBT'S NUR AN DER FRONT

Juli 1916

Das Feuilleton:

Nachdruck verboten.

Bei der Isonzoarmee.
Von Alice Schalek.
(Vom Kriegspressequartier genehmigt.)

Trommelfeuer auf dem Monte San Michele.

Nach langem Bitten bekomme ich die Erlaubnis mitzugehen. Natürlich auf eigene Gefahr und Verantwortung ... Ich fühle, wie die Freiwilligkeit die Last erschwert. Dass ich nicht mitgehen muss, verursacht den innern Hader ... Zur angegebenen Stunde, um 5 Uhr nachmittags, melde ich mich beim General als abmarschbereit ... Ich aber bitte darum, mit einem Herrn gehen zu dürfen, der ohnedies heute in Stellung muss. Durch mich soll keiner gefährdet werden, von dem es der Dienst nicht verlangt ... Ein blutjunger Leutnant, der über die sich eröffnende Abwechslung seelenvergnügt ist, biegt mit mir am Fuße des Berges ab, den wir umgehen, um ihn dann von der Flanke anzufassen. Vorher bekomme ich den Befehl, Punkt 9 Uhr wieder an der Ausgangsstelle zu sein ... Tiu, tiu, tiuuu – geht es uns von der Seite an ... Und plaudernd bummelten wir durch die Mondnacht wiederum heim ... Beim Artilleriebeobachter der Podgora bin ich gesessen, atemlos harrend, was sich in seinem Abschnitt begeben würde ... Eine Bejahung der Instinkte, eine Betonung der Persönlichkeit hat Platz gegriffen, wie sie nie vordem hätte gezeigt werden dürfen ... Oberhalb der Parkmauer des Schlosses bin ich neulich beschossen worden ... Nur die Unsern halten es aus ... Wir stehen da, ohne Regung. Mag der Feind uns sehen! ... Kein Wort haben wir noch gesprochen. Jetzt sehe ich ihn an. Dünn ist er und blass. Nicht viel über Zwanzig ... Etwas Sonderbares geht in mir vor. Ich sehe den Leutnant an; Volksschullehrer ist er in einem ungarischen Dorf ... Und wie ein blendendes Licht steigt in mir eine Erkenntnis auf ... Während des Trommelfeuers auf dem San Michele erleuchtet ein neues Verstehen jede Windung meines Gehirns ... Der Leutnant ahnt nicht, wie seine Haltung auf meine Erkenntnis wirkt ... Er sieht mich an und lächelt. Er fühlt, dass ich mit ihm denke, unsere Nerven schwingen während des Trommelfeuers im Takt ... Es klingt wie eine Solonummer im Orchester ... Tk, tk, tk – geht es los ... Der erste Ton ist's des Morgens, wenn ich um halb vier aufstehe, um in die Stellung zu gehen ... Tiu, tiu, tiu – tk, tk, tk – kings! ... Aber auch nicht der Gedanke daran, dass man ungehorsam sein, den Befehl missachten könnte, kommt einem von uns beiden in den Sinn. Die ungeheure Triebkraft eines Befehls verspüre ich jetzt am eigenen Leib ... Der Leutnant bleibt stehen ... Eine Nachtigall lockt und die Akazien duften betäubend ... Jetzt freilich kommt es von der anderen Seite; nicht mehr so peitschend und eilig, sondern langsam brüllend, fast hohnvoll singend. Der Leutnant zerrt mich an die Wand. Wu – wu – wu – – ... Ein Blindgänger war's ... Kein Gedanke daran, stehenzubleiben oder Deckung zu suchen. Befehl: Um neun Uhr stellig zu sein. Zum ersten Mal kann ich ganz mit der Mannschaft fühlen. Was für eine Erleichterung ist ein Befehl! ... Wunderbar leicht kommt man durchs Feuer, wenn der Befehl es heischt ... Wohl jenem Volk, das im Befehl leben dürfte ... vertrauend, gläubig, dass der Befehl auch der richtige sei, von den Besten der Besten ersonnen; so wie es hier der vorwärtsdrängende und jeden Rückfall abschneidende, das Eigentum schützende Befehl vom Isonzo ist. Verwundete holen uns ein ... Einer ist taubstumm geworden. Er winkt und deutet, was ihm geschah ... Die Autos warten und bald sind wir im Quartier. Der Tisch ist gedeckt und in dampfenden Schüsseln wird das Mahl aufgetragen. In jedem Auge steht noch der Abglanz des Erlebnisses. Alles schweigt. Aber wir essen ganz tüchtig und schlafen prächtig und nächsten Mittag spielt die Militärmusik bei der Offiziersmesse auf. Wir haben ja den benötigten Graben. Im Freien wird gespeist, die Spargel schmecken gar köstlich und süße Walzermelodien wetteifern mit dem Kuckuck und mit dem Specht ... In Rom erfährt Salandra wohl nichts, als dass er heute einen Graben verlor.

Die Honveds auf dem Monte San Michele.

Wenn man des Morgens um vier zur Front hinausfährt, muss man unterwegs jedes Mal ein wenig halten, um die Verwundetenzüge vorbeizulassen .. Die Leichtverletzten nehmen noch Haltung an und salutieren, andere heben matt den Blick und versuchen mit der Hand nach der Mütze zu fahren, viele aber liegen unbeweglich, haben den Mantel übers Gesicht gezogen und sehen und hören nichts... Das Gefecht ist zu Ende. Wir können also gehen ...

Nach San Martino del Carso.

Den Monte San Michel lasse ich heute rechts liegen ... Auf den frontseitigen Mauern stehen mit Erde gefüllte Papierkörbe zum Schutz gegen die Gewehrkugeln ... Heute führt mich mein Weg zur Nachbardivision, zu den ungarischen Truppen des Heeres ... Leichengeruch weht über die Straße weg ... Kein Korso einer Großstadt ist so menschenbelebt wie diese granatenbestrichene Straße... Hier liegen seit acht bis zehn Monaten zwischen den Stellungen ganz mumifizierte, durchlöcherte Leichen ... Die Gräben sind eng, fast nur mannsbreit und die Leute schlafen langausgestreckt auf ihrem Grunde. Man steigt über sie weg, aber sie wachen nicht auf ... Sechs Einschläge zählen wir und eine rasche Aufnahme gelingt ... Ich darf durch einen Panzerschild hinausschauen und den Trichter bestaunen ... Ich stehe inmitten der Arbeiterabteilung, die eben dabei ist, die Zertrümmerungen unseres Grabens auszubessern. Ihr Kitt hinterlässt lehmartige Flecke auf meiner Jacke, denn um den Trichter zu sehen, muss ich mich dicht an die frisch gestrichene Mauer schmiegen. Das amüsiert sie und sie lachen, und freiwillig schildern sie tausendundeine Einzelheit dieser Nacht ... Ein Mann legt sich eben eine Schnurrbartbinde an ... Beim Bataillonskommandanten bekomme ich ein Glas Eierschnaps. Das tut wohl. Die Nerven vibrieren doch von dem ewigen Krachen ringsum. „Decken Sie frisches Zeitungspapier auf", ruft der gastfreie Offizier ... Sechs Schüsse – sechs Volltreffer ... Und während ich Platte auf Platte mit Bildern für die Zukunft fülle, eilt die Mannschaft von allen Ecken herbei. Sie möchten mit auf das Bild. Beim Brigadier wartet ein Frühstück auf uns; dankbar nehme ich's an ... Weil mich Cadorna heute wiederum verschonte, weil die Granate wiederum gerade um ein Viertel stündchen zu spät kam, gibt's eine Flasche echten Champagners und als besonderen Lohn eine Dose wirklichen Kaviars. Knusprige Kipfel und bunte Blumen, Radieschen und ein Damastgedeck – solche Kontraste gibt's nur an der Front ...

————

Der Leitartikel:

Wien, 13. Juli

... An solchen Ausartungen der weiblichen Natur können wir nicht schweigend vorübergehen, weil sie manches erklären, was zu den Erlebnissen dieses Krieges gehört, und weil uns in solcher Denkweise und in solchen Handlungen etwas Fremdartiges entgegentritt, zu dessen Verständnis die bisherigen Erfahrungen wenig zu sagen haben ... diese abstoßende Unweiblichkeit, diese auf der Gasse zur Schau getragene Gemütlosigkeit sind Merkmale ernster Verwilderung.

... Eine Frau, die den Beruf, zu dem sie geschaffen ist, nicht erfüllt, muss durch Anlage und Erziehung gütig sein, damit sich nicht Besonderheiten herausbilden, die aus den Störungen im körperlichen Gleichgewicht entstehen mögen ... Wie das immer zu sein pflegt, dass die Frau, wenn sie aus der Eigenart des Geschlechtes heraustritt, ihre Zartheit abstreift und sich zum Mannweib verunstaltet, zu einer seltsamen Grausamkeit neigt, hat sich diese Erfahrung auch in England wiederholt …

Ach so!

Da werden Weiber zu Hyänen. Die Spinster … darf nicht mit ihrer festländischen Schwester verglichen werden. Diese ist gewöhnlich ein liebes, gutmütiges und bescheidenes Wesen … Die Spinster in England … will durch Erfolg und Macht im öffentlichen Leben entschädigt sein.
… Sie kann die Kriegsleidenschaften schüren und auch fanatische Frauen mit sich fortreißen, da sie den Schmerz einer Mutter nicht spürt. Wenn es nur wirklich Leidenschaft und Fanatismus wäre. Es kann auch sein, dass die Suffragetten sich in ein nüchternes Geschäft mit der Kriegspartei eingelassen haben … und vielleicht wurden sie gemietet, um die erlöschende Glut wieder anzufachen … Dem Himmel sei Dank, dass eine österreichische Frau im Kriege dort ihren Platz gewählt hat, wo Kranke zu pflegen, Müde zu erfrischen und Bedrückte zu trösten sind …

Schonet die Kinder!

September 1917

ist auf allen Schweizer Straßen zu lesen. Hingegen lauten die Titel der deutschen Aufsätze, die in der Kaiser-Karls-Realschule, Wien III – zur Wahl – aufgegeben werden, wie folgt:

V. b Klasse
    Eine Ferienwanderung
    oder
    Kriegsmittel neuester Zeit.

V. a Klasse
    Warum ist Lessings „Minna von Barnhelm" ein echt deutsches Lustspiel?
    oder

Durchhalten!
Gedanken nach der achten Isonzoschlacht
oder
Herbstwanderung.

Inwiefern vermag das Klima die geistige Entwicklung der Menschheit
zu beeinflussen?
oder
Unser Kampf gegen Rumänien.

Die Hauptgestalten in Goethes Egmont
oder
Der verschärfte U-Bootkrieg.

Schicksal des Menschen, wie gleichst du dem Wind! (Goethe)
oder
Wir und die Türken – einst und jetzt.

Meine Gedanken vor Radetzkys Standbild
oder
Seine Handelsflotten streckt der Brite gierig wie Polypenarme aus und
das Reich der freien Amphitrite will er schließen, wie sein eignes Haus.
(Schiller)

VI. b Klasse

Welcher von unseren Feinden scheint mir der hassenswerteste?

Dementsprechend verzeichnet der Jahresbericht:

An die Schülerbibliothek wurden 2 Exemplare S c h a l e k, „Tirol in Waffen" geschenkt von Gräfin Bienerth-Schmerling,
1 Exemplar von der Verfasserin an die Lehrerbibliothek.

Ich bin noch heute nicht imstande, eine Ferienwanderung oder eine
Herbstwanderung zu beschreiben, tröste mich mit dem Bewusstsein,
dass Goethe selbst nicht in der Lage gewesen wäre, aus seinem Zitat

„Schicksal des Menschen, wie gleichst du dem Wind" einen Aufsatz zu machen und wüsste auf die Frage, inwiefern das Klima die geistige Entwicklung der Menschheit zu beeinflussen vermag, höchstens die Antwort zu geben, dass es ein miserables Klima sein muss, wenn es die Menschheit auf die Idee gebracht hat, sich gegenseitig abzuschlachten, um mehr zu essen, und die Überlebenden, sich gegenseitig auszurauben, um zu verhungern, den Staat aber, statt der Wucherer die Bewucherten aufzuhängen. Speziell aber könnte ich nur darauf hinweisen, dass unser spezielles Klima ein speziell elendiges ist, wenn die geistige Entwicklung nicht nur nach dem kriegerischen Zustand, sondern speziell nach dem hirnverbrannten, hirnverbrennenden System der deutschen Schulaufsätze beurteilt werden soll, das sich, wie ich aus diesen Beispielen ersehe, in dreißig Jahren um kein Jota geändert hat. Höchstens um die besondere Stupidität, zu der die größte aller Zeiten auch die Pädagogik zwingt. Es gibt also Alternativen, und das Kind wird, je nachdem es mehr pazifistisch oder mehr annexionistisch veranlagt ist, zwischen einer Ferienwanderung und den Kriegsmitteln der neuesten Zeit zu wählen haben. Warum Lessings Minna von Barnhelm ein echt deutsches Lustspiel ist, eine Frage, die wie ein Alp seit Kindheitsträumen auf mir lastet, und von der ich das unbestimmte Gefühl habe, dass sie bis heute nicht endgültig beantwortet ist, weder von dummen Jungen noch von älteren Literarhistorikern – ich würde sie rabiat von mir stoßen und mich für „Durchhalten!" entscheiden, wiewohl Durchfallen nach wie vor die größere Sorge eines Knabenherzens bilden dürfte. Säße ich in der VI. a, ich wählte ohne Weiters statt der Herbstwanderung, zu deren Beschreibung schon ein ganzer Dichter gehört, die „Gedanken nach der achten Isonzoschlacht" und wäre vor allen Kameraden mit dem Aufsatz fertig, indem ich, diese Gedanken zusammenfassend, einfach unter den Titel schriebe: „Genug!" Bei „Unser Kampf gegen Rumänien", auf den ich mich, aus dem Klima fliehend, mit Feuereifer würfe, machte ich mir die Sache auch nicht schwer. Ich zöge mich mit der Wendung „Fragen Sie die Schalek!" aus der Affäre. Wenn ich nun die Wahl zwischen Egmont und dem verschärften U-Boot-Krieg habe, so versichere ich – ganz unter uns und wenn es das selige Kriegsüberwachungsamt nicht erfährt –, dass mir Egmont lieber ist und dass ich glaube, wir Deutsche möchten schließlich doch der Welt mit dem Egmont noch mehr imponieren als mit dem verschärften U-Boot-Krieg. Aber das ist schließlich Ansichtssache, man kann eine heroische Angelegenheit trotz ihrem tragischen

Charakter kaum mit einem Drama vergleichen und gewiss ist mir – wieder ganz unter uns – der U-Boot-Krieg lieber als Hans Müllers „Könige", die vielleicht nicht dem Uhland, aber ganz sicher mir gestohlen werden können. Vor die Wahl gestellt, das Schicksal des Menschen wie gleichst du dem Wind zu betrachten und uns und die Türken einst und jetzt: Da wählte ich beides, denn mir schiene, als ob mir just aus der Verknüpfung ein artiges Stück von einem Aufsatz gelingen sollte. Was die nächste Alternative betrifft, so würde ich die Verarbeitung des Schiller- Zitats über die Beziehungen des Briten zu Amphitriten ablehnen mit der Begründung, dass es, so aus dem Zusammenhang des Gedichtes gerissen, das Schiller dem Völkermord seines beginnenden Jahrhunderts gewidmet hat, mehr ein Wolff-Zitat sei, und würde dem Deutschprofessor beweisen, dass ich außer dem brauchbaren Mittelstück auch die Anfangsstrophen des Gedichtes kenne:

> Edler Freund! Wo öffnet sich dem Frieden,
> Wo der Freiheit sich ein Zufluchtsort?
> Das Jahrhundert ist im Sturm geschieden,
> Und das neue öffnet sich mit Mord.
> Und das Band der Länder ist gehoben,
> Und die alten Formen stürzen ein;
> Nicht das Weltmeer hemmt des Krieges Toben,
> Nicht der Nilgott und der alte Rhein.

und auch noch die Schlussstrophen:

> Ach, umsonst auf allen Länderkarten
> Spähst du nach dem seligen Gebiet,
> Wo der Freiheit ewig grüner Garten,
> Wo der Menschheit schöne Jugend blüht.
> Endlos liegt die Welt vor deinen Blicken,
> Und die Schifffahrt selbst ermisst sie kaum;
> Doch auf ihrem unermessnen Rücken
> Ist für zehen Glückliche nicht Raum.
> In des Herzens heilig stille Räume
> Musst du fliehen aus des Lebens Drang!
> Freiheit ist nur in dem Reich der Träume,
> Und das Schöne blüht nur im Gesang.

Ich würde den Lehrer bitten, uns lieber dieses Thema aufzugeben, als durch den Missbrauch einer Schiller'schen Strophe uns Kindern eine Betrachtung aufzunötigen, über der ehrlicherweise der bekannte Aufsatztitel „Gott strafe England" zu stehen hätte. Ich würde aber auch das Thema „Meine Gedanken vor Radetzkys Standbild" nicht verschmähen, denn ich habe vor Radetzkys Standbild meine eigenen Gedanken, zum Beispiel gleich den, dass dort Eisig Rubel und andere Alt-Österreicher öfter vorbeigegangen sind, als für die Reputation Radetzkys unbedingt notwendig war, wiewohl bekanntlich einer ihrer Verteidiger, jener echten Vaterlandsverteidiger, in diesem Punkte anderer Ansicht ist, indem er für Eisig Rubel den Freispruch und für Dr. Josef Kranz ein Denkmal beantragt hat, das aber eben infolge Besetzung des Platzes durch Radetzky nicht zur Ausführung gelangen konnte. Wenn mir der Deutschprofessor auf diese Behandlung des Themas nicht „vorzüglich" gibt, freut mich der ganze Krieg nicht mehr. Dann bliebe nur noch ein Thema, das zwar der VI. b-Klasse Vorbehalten ist, das ich aber als Fleißaufgabe übernehme: „Welcher von unseren Feinden scheint mir der hassenswerteste?" Ich wüsste mir auf die einfachste Art zu helfen, indem ich einfach von Lissauer abschriebe, der ganz sicher Bescheid weiß und den Aufsatz vermutlich fertig hat. Würde ich mündlich befragt, so könnte ich mich der vielen Einsager gar nicht erwehren, ich höre Strobl, neben dem ich leider sitzen muss und der von Patriotismus schwitzt, mir zuflüstern: „Der Treubrüchige am Po!" Der Kernstock, ein Vorzugsschüler, ruft: „Die Welschlandfrüchtchen!", rings um mich zischt es: „Die Katzelmacher!" und nur eine Stimme – es ist die der Schalek, die man in die Knabenklasse zugelassen hat – ruft beherzt: „Ob ich weiß! Der Fackelkraus!" Dann aber zeigt sie auf, denn sie möchte hinausgehn, wo der einfache Mann an der Front ist, der namenlos ist, um ihm beim Nahkampf nah zu sein. Ich bin eingeschlafen, träume, dass ich nicht mehr in der Schule sitze, sondern wieder in einer Kinderstube, wo Weltkrieg gespielt wird und die Beteiligten dem Tod die Zunge herausstrecken. Ich will die Kinderrettungsgesellschaft verständigen, die anerkannt hat, dass sie mir für wiederholte Zuwendungen vom Erträgnis meiner Leseabende verpflichtet ist. Sie soll die Kinder vor Bomben und Schulaufsätzen behüten. Und wie da plötzlich eine Kanone als Schulglocke läutet und ich erwache, springe ich den Deutschprofessor an, will mit ihm eine Sprache sprechen, die er nicht versteht, nämlich Deutsch, und frage ihn, ob er im Geschäft unentbehrlich sei oder ob er Lust habe, die Minen, die er in

Kinderherzen legt, durch ein Erlebnis zu verantworten, die Frage, die er
an die Wehrlosesten stellt, welcher von den Feinden der hassenswerteste
sei, persönlich im Schützengraben zu entscheiden, und in dem Augenblick, wo zu seinem Ohr das Geräusch von einer Sappe heraufdringt!

Die einzelne Frauengestalt

September 1917

In einem „Wo er recht hat, hat er recht"-Feuilleton schreibt Herr Salten:

> Wie abscheulich diese Geschichte eigentlich ist, war einem zuerst gar
> nicht so recht ins Bewusstsein gelangt … Ich wende mich nicht gegen
> die kämpfenden Weiber, weil sie einer feindlichen Macht dienen und
> weil da harte Worte etwa erlaubt sind … Wäre dergleichen bei uns
> überhaupt möglich, man müsste es ebenso sagen …, dass diese Toll-
> heit von all den vielen Tollheiten, die der Krieg hervorgerufen hat, die
> schlimmste ist.
>
> Da und dort, in ferneren wie in jüngeren Vergangenheiten,
> sehen wir einzelne Frauengestalten, gewaffnet und kämpfend, das
> Gewühl der männermordenden Schlacht durchschreiten.
> Wohlgemerkt, einzelne Frauengestalten. Und immer ist es, wo
> solcher Anblick sich bietet, eine Stunde der höchsten, der
> letzten Not. Immer ist da die Heimatflur vom sieghaft eindringenden
> Feind niedergestampft, das Vaterland unterjocht, gedemütigt, am Rand
> des Abgrunds. Wenn dann den Männern jegliches Hoffen entsinken
> wollte, stand solch ein Mädchen auf, erweckt und begeistert, von der
> Gewalt des allgemeinen Unglücks aus seiner eingebornen Natur
> gerissen, und trat hervor, um die Männer anzufeuern, zu be-
> geistern und zu führen.

Die Jungfrau von Orleans oder – – – ?

> An diese einzelnen Gestalten geben wir unser Bewundern
> gern hin; sie sind vom Strahl des Ruhmes umleuchtet, sind vom

Reiz großer Tapferkeit und poetischer Abenteuer umwittert, und gerade weil sie als seltene Ausnahmen gelten dürfen, fühlen wir uns so sehr bereit, sie durchaus zu idealisieren, dass der nüchterne Verstand gar nicht dazu gelangt, sich all der vielen furchtbaren, hässlichen und rohen Dinge zu besinnen, die sie doch zweifellos entweder selbst getan oder mit angesehen haben müssen.

Einige Tage zuvor waren an derselben Stelle die folgenden Sätze zu lesen:

Aus 70 Batterien wird in vier Gruppen geschossen, eine beledert die Infanterie, die zweite die Artillerie, die dritte die Reservestellungen und die vierte sperrt die Anmarschwege.

Die Hauptfrage ist also: Wie und wo und wann kann abgeriegelt werden? Beinahe wie ein eingelerntes Theaterstück rollt sich das ab.

Kerenski selbst ist anwesend und sieht der Wirkung der Flammenwerfer zu.

(Was ihm viel weniger zusteht als zum Beispiel der Schalek.)

Ein ganzer Zug ist tot. Leutnant Weis liegt mit dem Gesicht nach hinten, ein Beweis, dass der Feind von der dritten Linie nach vorne kam.

Bis zum Bataillonskommandanten dringen die Russen vor. Dort rauben sie die Unterstände aus, zerschlagen die unbeweglichen Dinge und saufen den Wein aus den Fässern.

Ein toter Russe bleibt in der Tür eingeklemmt liegen, den Raub hat er noch in der Hand.

Waldkämpfe sind das Schauerlichste im Schauerlichen.

Man hält sich für umzingelt und inzwischen hat anderswo die eingetroffene Verstärkung bereits „ausgeputzt".

Im Hochwalde der Lysonia ist der Kampf in diesem Stadium des Katz- und Mausspieles.

Der Tote ist tot. Nur der lebend Gebliebene gewinnt den Ruhm.

In einen sechsspännigen Munitionswagen geht ein Volltreffer. Viele von den Leuten fliegen in Stücken in die Wipfel hinauf.

Der Wald ist voll von Flammen, Feuer, Rauch, Splittern und Schrecken, der Boden ist überdeckt mit weißen und bläulichen Gaswolken.

Die Feinde werfen Handgranaten und es entspinnt sich ein rasendes Handgemenge; mit Dolchen, Kolben, Messern, Zähnen wird gerauft.

Fliegen die Granaten zu weit, so werden die Kappen geschwenkt und den Geschossen Verbeugungen gemacht. „Habe die Ehre", rufen sie ihnen nach. Und zwischendurch wird darüber geschimpft, dass die Russen ausgerechnet am Gagetag losgegangen sind. „Wollen die unserem Aerar die Löhnungen ersparen? Gerade hätte die Auszahlung beginnen sollen!"

Der Oberleutnant Radoschewitz ist jetzt ganz ruhig. Seine innere Krisis ist vorbei.

Welche Freude! Eine Kiste deutscher Eiergranaten ist dort, das sind kleine Wurfgeschosse, die man wie Steine schleudern kann.

Einer hat einen Armschuss bekommen, einem ist das Trommelfell geplatzt. Der Oberleutnant ist wie taub. Er taumelt. Einer neben ihm hat einen Nervenschock.

Feldwebel Janoszi brüllt eine Rede.

Singend gehen sie los. „Stochere ihn aus dem Graben –" so beginnt das muntere Lied, das so wehmütig endet.

Seine Leute stürzen sich nun über die dritte Linie her und jetzt gehen die Sturmtruppen nach beiden Seiten vor und sie wird „ausgeputzt".

Die Methoden wechseln beständig, und die neueste unter den neuen ist die der „Sturmtruppen" und der „Grabenputzerei".

Wer je eine Sturmtruppe nachts beim Ausmarsch gesehen hat, wird nie wieder ein Erlebnis romantisch, abenteuerlich, verwegen finden. Und wer je zu ihnen gehört hat, möchte um keinen Preis der Welt wieder fort. Lauter ganz junge, unverheiratete Leute unter vierundzwanzig müssen sie sein. Schlank, beweglich, kühn und zu tollen Streichen geneigt.

(Noch schwerer soll, wer je zum Kriegspressequartier gehört hat, sich von diesem trennen können. Aber wahrhaftig, jener Satz war gedruckt. Wie andere Begriffe vom Vaterland hat doch dieses Mädchen als das lettische Mädchen Kürnbergers!)

Genau nach dem Muster der wirklichen Front wird hinten ein Übungsplatz angelegt und das „Ausputzen" im wirklichen Feuer gelernt.

Ist eine besondere Aufgabe im Feindesgebiet zu leisten, so wird sie mit allen Einzelheiten wie ein Theaterstück geprobt. Das Leich-

teste ist natürlich das gewöhnliche „Putzen". Zwei Handgra-
natenwerfer gehen voran.

Ist die Handgranate geworfen, so rennt die Gruppe um die Traverse
herum … Die Infanterie, die folgt, besetzt dann die „geputzten", das
heißt die eroberten Gräben.

Die Sturmtruppen auf der Lysonia unter Führung des Oberleutnants
Tanka, des Leutnants Kovacs und des Fähnrichs Sipos arbeiten wie
in der Schule. Sie führen ihre Lektion zum ersten Mal einem
wirklichen Feinde vor, aber das tritt für sie kaum in die Erscheinung.
Sie glühen vor Eifer und Wichtigkeitsgefühl.

Die Exaktheit ihrer Bewegungen, das Ineinandergreifen ihrer Wirkungen ist erstaunlich, erschütternd, gewaltig.

Bis zehn Uhr abends wird „geputzt".

Da sind es insbesondere der Leutnant Pinter und die Gefreiten Ju-
hasz und Baranyi, die ihre Sache so ganz besonders bedächtig
und vorschriftsmäßig durchführen.

Die erste Linie aber wird noch drei Tage lang „geputzt". Dort findet
man am dritten Tage einen Verwundeten, dessen Heil es bedeutet, dass
die „Putzerei" so lange gedauert hat. Er bekam einen Bauchschuss
und ist nur durch das fürchterliche dreitägige Liegen und Fasten gerettet.

Nun da die Sturmtruppen mit Handgranaten ihre Fuchslö-
cher ausräuchern, schreien sie um Gnade.

Während der drei Tage, in denen vorne geputzt wird, säubert der
Kommandant Oberst Söld von Dreihundertundacht mit seinen übriggebliebenen Truppen den Wald. So viel Leichen hat er noch nie
gesehen. Tag und Nacht arbeitet man, alle zu verscharren.

– – ein paar Gänse retten sich aus dem zertrümmerten Käfig und
spazieren nun wohlgemut im Trommelfeuer umher.

Wie verlautet, hat sich das Kriegspressequartier entschlossen, acht
Kriegsberichterstatterinnen, vier österreichische und vier ungarische,
zuzulassen. Vermutlich, weil sich die Einrichtung bewährt hat. Jene
einzelne Frauengestalt jedoch, die für den Durchbruch der Geschlechts-
schranken ein Beispiel gegeben und als erste das Gewühl der männer-
mordenden Schlacht durchschritten hat, vom Reiz großer Tapferkeit
und poetischer Abenteuer umwittert, sie ist verstimmt; sie geht und
niemals kehrt sie wieder. So bleibt nichts übrig als ein wehemütiger
Rückblick, der diesen Unterschied umfasst:

In Russland bilden die Putzerinnen ein Bataillon. Wir aber haben das hier zu uns genommen, und die offizielle Welt, die es zugelassen, genehmigt und begünstigt, gelesen und im Konzertsaal gehört, in Wort und Bild schön gefunden hat, ist nicht erstarrt im Schrecken der Verantwortung, den Herold unserer Handgemenge in solcher Gestalt, in solcher einzelnen Gestalt der Nachwelt vorzustellen und uns selbst in der Verfassung, es ertragen und als pikantes Dessert beim Hyänenmahl goutiert zu haben! Sollte es aber den Teufel, der vielleicht noch Scham und ein menschliches Rühren fühlt, sollte es ihn, wenn er das Todesbataillon der Russinnen vorbeidefilieren lässt und dann zur Abwechslung die Feuilletons unserer Kriegskorrespondentin über die Schlacht von Brzezany liest, vor dieser weiblichen Handarbeit nicht dennoch grauser schütteln?

NACHSCHRIFT

Den Teufel wohl. Doch nicht den Sozialdemokraten, wie ich mit Staunen und Kümmernis bemerke. Die Arbeiter-Zeitung nämlich ist nicht der Ansicht, dass solche Betrachtung und Beschreibung des Unmenschlichsten eine Frau als ein „emanzipiertes Unweib" oder als ein „an seinen primitivsten Instinkten irregewordenes Weib" qualifiziere. Denn sie findet, dass der Gebrauch dieser Bezeichnungen, der christlichsozialen Bauernabgeordneten in einer Interpellation an den Landesverteidigungsminister beliebt hat, „eine Rohheit" sei, und da sie eine solche der Initiative von Bauernabgeordneten offenbar nicht zutraut, wohl aber „andere Sorgen als die seelische Verfassung" einer Kriegskorrespondentin, so nimmt sie als „selbstverständlich" an, dass „die Anfrage nicht von ihnen herstammt". Sie sagt zwar nicht, wen sie eines solchen Mangels an Galanterie für einen weiblichen Kriegsberichterstatter für fähig hält, und begnügt sich damit, aus der „Immunität" der Interpellanten, „durchaus bewährter Hinterländler", auf die Gesinnung jener Persönlichkeit schließen zu lassen, von der die Anfrage herstammt, nicht ohne zuzugeben, dass auch sie die Figur des weiblichen Kriegsberichterstatters für einen „Unfug" halte, wenngleich nicht für einen so groben, dass er Grobheit herausfordert und gar den „Ruf nach der Polizei", als den sie die Interpellation bezeichnet. Es ist dabei ganz nebensächlich, dass die Arbeiter-Zeitung diesen Ruf nach der Polizei, der eigentlich nur ein Ruf gegen die Patronanz eines Unfugs durch eine Behörde ist, verkürzt wiedergibt und nicht weiß, dass er vielmehr sogar ein Ruf gegen die Polizei ist, indem nämlich die Abgeordneten an einen konfiszierten Artikel des „Allgemeinen Tiroler Anzeigers" angeknüpft haben, der den Glanzpunkt dieses tragischen Karnevals in meinem Sinne und fast mit meinen Worten gewürdigt hatte. Es ist auch nebensächlich, dass die Arbeiter-Zeitung die Antwort des Landesverteidigungsministers, der die Kompetenz, dem Unfug zu steuern, vom Kriegspressequartier auf die Presse abwälzt, als eine Abschüttlung der Interpellanten und nicht des weiblichen Kriegsberichterstatters darstellen möchte, was ihr einigermaßen dadurch erleichtert wird, dass sie das Alibi für das Kriegspressequartier – das schwer genug zu erbringen war – und nicht die Beschuldigung der Presse in Sperrdruck setzt. Es ist weiters nebensächlich, dass der Verfasser der Notiz in Ausübung der Advokatur für den weiblichen Kriegsberichterstatter die Ausübung einer Immunität beklagt, die bekanntlich noch nie von sozialdemokratischen Abgeordneten unter Beseitigung übler Privatrücksichten für eine gute öffentliche Sache in Anspruch genommen wurde, wenn ihnen etwa eine Soldatenmisshandlung berücksichtigenswerter erschienen wäre als eine Offiziersehre. Selbst die Frage, ob die Vertretung eines sozialen oder kulturellen Anspruchs im Parlament anders als durch „Hinterländler" bewerkstelligt werden könnte und ob etwa auch nur die Notiz der Arbeiter-Zeitung im Schützengraben entstanden ist, bleibe von mir unbeantwortet, der doch selbst zugeben muss, dass sämtliche Kriegshefte der Fackel im Hinterland geschrieben worden sind und in all der Zeit, in der zu seiner Beschämung ein Weib vor Drahtverhauen Feuilletons über Leichen geschrieben und sie sogar fotografiert hat. Da es aber der Arbeiter-Zeitung mit dem Gebot, solchen Frauen zart entgegenzukommen, so ernst zu sein scheint, wie mir mit dem Aufschrei über die Schändung der weiblichen Natur und über den monströsesten Anblick, den diese Zeit bewusstloser Entartung uns gegönnt hat; da weiters ein gedanklicher Zusammenhang jener Interpellation mit meiner Anschauung dieses Phänomens, der sich schon aus der Übereinstimmung des konfiszierten Innsbrucker Aufsatzes mit meiner Anschauung ergibt, nicht geleugnet werden kann – so will ich der Arbeiter-Zeitung, selbst auf die Gefahr hin, dass sie mich gar nicht „gemeint" hätte, ein paar Worte sagen, so viele, als der vorgeschrittene Druck dieses Heftes, die Fessel nur dieser Zeit- und Raumverhältnisse, noch zulässt, und nicht ohne das Versprechen, ihr erforderlichenfalls mehr zu sagen, in einer Sache, in der ich, zum Beweis der Kongruenz einer kleinen Wiener Erscheinung und eines großen Nachtbildes der Kultur, wahrlich keine Grenzen kenne, nicht vor den Instanzen der irdischen Gerechtigkeit, der staatlichen Gewalt oder der publizistischen Missgunst. Um es dieser leichter zu machen, gestehe ich ihr, dass ich mich zu der Interpellation, deren Textierung ihr weniger „auffallend" erschienen wäre, wenn sie den konfiszierten Artikel beachtet hätte, zwar nicht als Verfasser – sie wäre roher geraten –, aber als herzhaft zustimmender Leser bekenne und sogar als einer, der um die Möglichkeit ihres Zustandekommens gewusst hat. Nicht mehr und nicht weniger. Wieso, warum und woher, ist ein uninteressantes Geheimnis, das ich jedem Interessenten einzelweis zu verraten bereit bin. Die Tatsache der von den christlichsozialen Bauernabgeordneten überreichten Interpellation war mir eine ebenso erfreuliche Überraschung wie es mir eine angenehme Gewissheit war, dass sozialdemokratische Abgeordnete über konfiszierte Aufsätze der Fackel interpellieren würden. Es besteht kein Zweifel, dass diese wie jene in bewusster Erfüllung ihrer parlamentarischen Pflicht gehandelt haben, und ein Unterschied nur darin, dass ich die Fackel betreffende Tatsache im Protokoll gefunden habe und nicht in der Zeitung. Wäre ich aber auch selbst der Urheber der anderen Interpellation, so könnte ich mich gegen den Verdacht eines anonymen Angriffs mit der Beteuerung wehren, dass ich von ganzem Herzen bedaure, einen solchen nicht unterzeichnen zu können, weil ich nämlich nicht Abgeordneter bin. Da nun jener Verdacht eben durch die Übereinstimmung mit einer Ansicht, die ich öffentlich geäußert habe, entstehen konnte, so bin ich wieder gegen den Vorwurf gefeit, für mich eine Immunität in Anspruch zu nehmen. Was ich an der Interpellation, zu der ich mich über alle polemische Nötigung hinaus bekenne, einzig missbillige, ist, dass sie nicht von sozialdemokratischen Abgeordneten eingebracht wurde, was sich aber vielleicht daraus erklärt, dass bisher kein Protest der Arbeiter-Zeitung gegen die Vorführung von Leichenfotografien durch eine Frau und im Konzertsaal ein hinreichendes Substrat für eine Interpellation geliefert hat. Das werfe ich ihr vor, bei aller Achtung, die ich sonst für ihr Bemühen habe, die Ehrenrettung der Menschheit durch diesen Krieg hindurch zu betätigen, eine Achtung, die keineswegs von jener abhängig ist, die sie mir zu zollen glaubt, wenn sie mich den „berühmtesten Schriftsteller Wiens" nennt, anstatt mich dafür zu achten, dass ich auf die Zuweisung eines so bedenklichen Ruhms nicht er-

picht bin. Wenn aber der Eindruck, den ihre in meine Vorlesungen verirrten Kritiker hin und wieder empfangen haben, sie noch befähigt, mir
eine gewisse Zuständigkeit in sittlichen Dingen einzuräumen und nebenbei ein Gefühl für Ritterlichkeit, wo es um die Wahrung der an oder
von der Frau verletzten Rechte der Natur geht – dann gebe ich ihr den
Rat, ihre polemischen Mitarbeiter zu überwachen, damit nicht zwischen
die Beweise einer lauteren Gesinnung, die sie gegen die Schande der
Zeit durchsetzt, sich Äußerungen mischen, die diese bestärken könnten,
und damit nicht unter die Typen verfolgten, gequälten, ausgebeuteten
Weibtums jene Individualität gerate, die der blutigen Erniedrigung des
Mannes zugeschaut hat. Diese Zeitung, die in Gefahr ist, außer einer
moralischen Kraft auch eine Zeitung zu sein, lasse es sich sagen, dass sie
das Problem bei Weitem nicht überblickt, wenn sie die Sorge um die
seelische Verfassung einer Kriegsberichterstatterin als eine geringe Sache belächelt, und dass sie, die über die Verrohung des Kindes im Krieg
mit Recht Rubrik führt, eine arge Unterlassung begeht, wenn sie die ihr
nahestehenden Abgeordneten nicht zu einer Interpellation über die
Schaustellung von „ausgeputzten Gräben" vor den Schülern Wiens und
über die Einreihung der darauf bezüglichen Feuilletons in Schülerbibli-
otheken veranlasst. Sie bewahre sich vor Anwandlungen einer Galanterie, deren Verletzung mir ebenso sehr am Herzen liegt wie ihr das Bestreben, mit den Idolen dieser Lügenzeit tabula rasa zu machen. Ich, der
ich es mehr mit der Kultur als mit den Frauenrechten halte und weder
die Zulassung von Frauen zum noch vor das Geschwornenamt herbei-
wünsche, werde erst wieder zum Ritter, wenn ich eine in ihre Schranken
zurücktreten sehe, und verbeuge mich tief vor der Ehre der Natur, die
eine Feder aus dem Blut zieht und eine Persönlichkeit aus der Schaustellung eines Hochgerichts, vor dem ich, selbst gestützt auf alle Zustimmung einer sich besinnenden Gesellschaft, doch der erschüttertste
Zeuge solcher Möglichkeit wäre. Wenn die gepanzerte Bresthaftigkeit,
an deren Zukunft wir mit Begeisterung glauben müssten, dereinst ent-
blößt, durch mein und vielfach auch der Arbeiter-Zeitung Wirken ent-
blößt, vor der Nachwelt steht, dann werde ich auch für das Gelächter
gesorgt haben über die Dupierung dieses armseligen Männerernstes
durch die Verwirrung weiblicher Triebe. Dass mir ferner als irgendeinem eine Kränkung dieser, ernster als irgendeinem die Verhöhnung jenes war, wird man wissen! Und wenn ich als Abgeordneter der Menschheit bereit bin, jede auf so unseliges Wirrsal weisende Interpellation zu

unterschreiben, so überhebt mich eine bessere Immunität zwar nicht der Pflicht, es vor einem gegenwärtigen Forum zu verantworten, gewährt mir aber die höhere, nie ein Wort zu bereuen und jedes, verstärkt, bis zum letzten Atemzug und darüber hinaus aufrechtzuerhalten.

KLÄRUNGEN

Oktober 1916

An der neudeutschen Verbindung von Hochschulprofessur und Unterseeboot sind die „Süddeutschen Monatshefte" hervorragend tätig und ihr Herausgeber, der Herr Professor Cossmann, benützt seine freie Zeit zur Abfassung von Protokollen mit anders gesinnten Kollegen.

Sie bilden den Inhalt eines Briefwechsels zwischen dem Reichskanzler und dem Großadmiral, welchen Herr Cossmann zum Schutze eben jener „persönlichen Ehre" veröffentlicht, die sowohl durch das Protokoll wie durch die Publikation in Mitleidenschaft gezogen wird. Die ziemlich düstere Angelegenheit, die durch keinen Heiligenschein zu erhellen ist und doch den Typus des Nationalliberalprofessoralradikalen deutlich hervortreten lässt, wird noch durch die Anwandlungen einer kulturellen Reue, zu denen sich die „Süddeutschen Monatshefte" zuweilen hinreißen lassen, ein wenig verwirrt. Dass diese Zeitschrift seit Kriegsausbruch nichts ist als eine Monatsausgabe des groben Unfugs, der sich an Zerrbildern von sämtlichen außergermanischen Kulturen berauscht, und dass sie es für die „Neuorientierung" des deutschen Lebens in der Regel mit jenen hält, die von „Kismet-Knöppen" sprechen, wenn sie sich statt in einem Warenhaus ausnahmsweise in einer Moschee befinden, ist hier gelegentlich einer wohltuenden Ausnahme besprochen worden. Die Unterseeprofessoren haben aber doch auch einen gewissen Ehrgeiz, vor der Kulturkritik bestehen zu können, und daraus mag sich die folgende Zuschrift der „Süddeutschen Monatshefte" erklären lassen:

Verehrter Herr Kraus!
Aus Ihrer Bemerkung auf Seite 79 der neuen Fackel hatte ich den Eindruck, dass Sie einen Beitrag unserer Kriegshefte übersehen haben, näm-

lich die stenografischen Aufzeichnungen aus dem Münchner Schlachthaus im Aprilheft 1916; ich schicke Ihnen daher gleichzeitig dieses Heft.

Mit vorzüglicher Hochachtung

Cossmann.

München, 11. August 1916.

Meine Verpflichtung, einen Beitrag der „Süddeutschen Monatshefte"
nicht zu übersehen, schien mir nicht einleuchtend. Immerhin war mir
so viel klar, dass Herr Cossmann, dem ich nachrühmte, dass er einmal
einen Beitrag gebracht habe, der „Mut zum Schamgefühl vor Gott und
der bewohnten Erde" hat, dessen Inhalt „wert- und gewichtvoll" sei und
für den ich den „Süddeutschen Monatsheften" „ihre sonstige Existenz
im Kriege vergeben wolle", bei seinem Ehrgeiz gepackt war. Er legt – so
viel entnahm ich aus seinem Schreiben, ehe ich das eingesandte Heft
noch angesehen hatte – einigen Wert auf die Feststellung, dass er noch
ein zweites Mal einen anständigen Beitrag gebracht habe. Ein nicht so
deutsch gesinnter Mann würde vielleicht, wenn er sich mit dem Tadler
überhaupt in eine Diskussion einlässt, sein ganzes übriges Inventar verteidigt und geantwortet haben: Oho, alle meine Kriegshefte enthalten
nur anständige Beiträge! Herr Cossmann aber fühlt entweder, dass ich
recht habe, oder er legt Wert darauf, von einem anerkannt zu werden,
der sein Wesentliches verwirft. Er gibt seine Richtung preis, um das
Lob seiner Fehltritte zu ernten. Der Artikel, den er meiner Beachtung
empfiehlt, hätte keineswegs diesen Erfolg; er ist Material, aus dessen
Drucklegung kaum mehr als die Tendenz ersichtlich ist, Rohheiten, die
im Münchner Schlachthaus geschehen, zu missbilligen. Wie solches den
„Süddeutschen Monatsheften" Verzeihung für ihre Tendenz erwirken
sollte, die Welt in ein Münchner Schlachthaus zu verwandeln, ist unerfindlich. Das Vorzeigen dieser Leistung kann den günstigen Eindruck,
den die Kontrastierung deutscher und türkischer Sitten erweckt hat, nur
abschwächen, und der Herausgeber der „Süddeutschen Monatshefte"
sollte nicht so freigebig in der Darbietung von Gegenbeweisen gegen
sich selbst sein. Nicht der Artikel, den er so brav war aufzunehmen,
höchstens die Bravheit, ihn vorzuzeigen, könnte ihm bei mir nützen.
Dagegen bin ich gern bereit, ihm beizustehen und aus dem Septem-
ber-Heft der „Süddeutschen Monatshefte" eine höchst anständige, gegen die „Süddeutschen Monatshefte" geradezu aggressive Notiz, auf die
er mich bisher nicht aufmerksam gemacht hat, zu zitieren:

Wir möchten jedem Deutschen die Gabe wünschen, dass er seine Zeitungen einmal eine halbe Stunde lang mit den Augen eines Ausländers lesen könnte. Er würde erröten, wie jämmerlich und albern die moralischen Klage- und Anklagefluten aussehen, die sich alltäglich über die Schurkerei und die Treulosigkeit unserer einst verbündeten Feinde und ihrer Staatsmänner ergießen. Wir wollen uns einmal ganz ruhig die Frage vorlegen, welcher Staatsmann seinen Zweck besser erfüllt: ein sogenannter schuftiger, der die Ziele erreicht, die er für seinen Staat erstrebt, oder ein sogenannter ehrlicher, der sich und seinen Staat jedes Mal daneben setzt.

Die oberste Pflicht jedes Staates, er sei groß oder klein, ist die Selbsterhaltung: Das ist bei jedem Bündnisvertrag stillschweigend mit einverstanden, und hierin hat alle Treue im bürgerlichen Sinne ihre Grenze. Die Aufgabe der Staatsmänner ist es, die eigenen Bündnisse so zu wählen und zu erhalten, dass sie sich im Gebrauchsfall wirklich mit dem Vorteil aller Beteiligten decken und dass die Beteiligten hievon auch immer überzeugt bleiben. Wer sich aber seiner selbst nicht sicher zeigt, der beleidigt lediglich die anderen, wenn er von ihnen erwartet, dass sie so töricht sind, auf seine Karte zu setzen. Da bleibt dann nur mehr übrig, dass die Waffen noch einmal alle Rechnungen von Grund aus überprüfen. Und dabei kommt gottlob oft wieder etwas ganz anderes heraus, als die listigsten Rechenkünstler sich ausgetüftelt haben.

Wenngleich hierin wohl ein Unterseeboot verborgen ist und ein realpolitischer Vorbehalt für jenes professorale Expansionsbedürfnis steckt, das keine Grenzen kennt und anerkennt, so muss doch die Ablehnung des idiotischen Treubruch-Motivs und die Abweichung von der Melodie der „Süddeutschen Monatshefte" anerkannt werden.

Solcher Vorurteilslosigkeit sollte aber noch eine andere Aufklärung gelingen. Noch ein zweites Motiv aus der Ideologie des politischen Gemütslebens, also einer nicht durch den Krieg und nicht durch ihr eigenes Dasein alterierten Sittlichkeit, also der Dummheit, belebt andauernd die polemische Debatte jener, die dem Blutbad einen heilsamen Zusatz von Tinte vergönnen: die Aushungerung. In Kürze gesagt: Hier klagt die Dummheit die einzige Raison an, die in diesem Chaos von Gefühlsverrottung bisher merkbar wurde. Raison im Umkreis der Handlungen, die das sichtbare Leben bestimmen, kann nie anderes bedeuten als die Übereinstimmung von Mittel und Zweck. Zweck des kriegführenden

Menschentums ist essen, mehr essen, handeln, mehr handeln, um mehr zu essen, um mehr zu handeln. Der Kriegszweck ist, was der Lebenszweck ist: das Lebensmittel. Was sollte das Kriegsmittel sein? Ist es sittlicher, für das Lebensmittel zu sterben als dafür zu hungern? Die Parteien sind geschieden nach der größeren Begehrlichkeit und dem größeren Widerstreben, ihr nachzugeben. Hier könnte der „Neid" einen Rest von Menschenwürde decken. So oder so, und wenn der Zweck auch hier nichts anderes wäre als mehr essen und mehr handeln, so entscheidet doch nur die Macht auf dem Lebensmittelmarkt. Nun gibt es zweierlei Mittel, sich hierselbst zur Geltung zu bringen: die Hacke oder den Hunger. Organischer ist dieser, von der Materie des Streits bezogen, die im wahren Sinne des Wortes Materie ist. Aushungern war ein Kriegsmittel in Religionskriegen und selbst da sittlich, weil der Zweck das Mittel, mit dem er sich nicht deckte, doch geheiligt hat, weil der Kampf um eine Idee ging, in deren Idee es ist, über den Körper zu siegen. Um die Kirche zu schützen, war der Hunger ein probateres Mittel, als es die Hacke ist, um die Küche zu schützen. Wie könnte ein Zweifel bestehen, dass der Esser, der die Küche absperrt, geistiger handelt als der, der Blausäure und Flammenwerfer zu Hilfe ruft? Es kann der Moment eintreten, wo er gegen solche Mittel, die einer anwendet, um in die Küche zu gelangen, sie selbst anwenden muss. Wenn sie mit den Küchenmörsern beide aufeinander losgehen, scheidet die Frage nach Mittel und Zweck aus der Debatte. Solange es aber genügt, den Schlüssel umzudrehen, versündigt nicht der, der's tut, sich an der dürftigen Idee des Kampfes, sondern der andere, der in Ritterrüstung und mit Theodor Körner'schem Augenaufschlag eine höhere Idee vorgibt und die Welt vergessen machen möchte, dass nicht die ewige Seligkeit erhungert werden soll, sondern das Essen, und dass er nicht am Leibe gestraft wird für den Geist, sondern für den Leib. Auch er versucht es, dem andern die Küche zu sperren, verleugnet aber diese moralische Handlung, um sie dem andern vorzuwerfen. Denn Moral ist ihm immer das, wogegen der andere verstößt, wenn er's selber tut. Darum liegt ihm die blutige Vergeltung, die allen Widerspruch ausgleicht. Er vermisst diese Methode, wenn dort, wo einzig der Proviant den Erfolg und der Mangel den Misserfolg bedeutet, seine Ideologie ihm die Genugtuung bietet, er sei „nicht durch Gewalt, sondern durch Hunger" unterlegen. Er wird immer dort ein Turnier aufführen, wo eigentlich ein Vergleich der Hauptbücher den Streit beenden oder überflüssig machen könnte. Er nur schiebt die Ideale vor, um irdische Dinge zu erreichen, und verficht Vorwand und Zweck mit dem Blut, das weder dem Zweck angemessen ist noch dem Vorwand. Die Reduzierung des Vorwands auf den Zweck nun besorgt das Mittel, das diesem angemessen ist. Die Aushungerung ist hier nicht bloß ein Kriegsmittel wie ein anderes, sondern eine Bereinigung der Sachlage und eine Aufklärung der Lebensdinge gegen eine Moral, die nicht Aug um Auge, sondern die Faust aufs Auge haben möchte. Der Buchhalter als solcher, der gegen den gepanzerten Buchhalter mit der seiner Sphäre erreichbaren Macht aufkommen will, solange es geht, handelt nicht unnatürlich, da er dort handelt, wo eine unselige Verirrung des Menschengeistes das Schießen zugelassen hat. Es ist eine völlig völkerrechtsverdrehte Ansicht, grausam wie nur eine Grausamkeit, die von populären Gefühlen bedient wird: Flammenwerfer gegen „Kombattanten" bei der Austragung von Exportangelegenheiten für sittlicher zu halten als Einfuhrsperre gegen „Nichtkombattanten", die in der Epoche der allgemeinen Wehrpflicht von jenen kaum durch das Alter, vorläufig noch durch das Geschlecht unterscheidbar sind. Als ob die Kombattanten nicht ebenso unschuldig oder schuldig wären wie die Nichtkombattanten, nicht ebenso wehrhaft oder wehrlos gegen den trostlosen Hunger wie jene gegen die trostlose Maschine; als ob das allgemeine Grauen, das in der Einstellung des demokratischen Prinzips unter den Machtbegriff beschlossen ist, Abstufungen zuließe. Die Mobilisierung der Moral in einem Krieg, dessen Möglichkeit die Moral negiert, ist das Kriterium eines Geisteszustandes, der die Welt durch sein heilloses Talent, die neuen Ideale mit den alten Emblemen zu garnieren, vor den Kopf gestoßen hat, ihr nun noch diesen zerschlagen möchte, und der es ja möglich gemacht hat, dass sich jetzt jeder Warenknecht nicht nur Gott und die Kunst, sondern auch die Glorie auf sein Schild schmiert. Wie die Entrüstung über Treubruch in einem Lebensgebiet, dessen Wesen nicht die Treue, sondern der Export ist, so ist die Sentimentalität der Magenfrage ein Symptom jener furchtbaren Gefühlsverschlingung, die die heutige Situation besser erklärt als jeder politische und strategische Aufschluss. Wenn die „Süddeutschen Monatshefte" die bei einwandfreier nationaler Gesinnung den Ethikern der Presse den Treubruch ausgeredet haben, sie nun noch über die Aushungerung beruhigen wollten, würden sie sich dauernd mein Wohlgefallen erwerben.

Der soziale Standpunkt vor Tieren

Oktober 1916

Die sozialdemokratische Presse findet ihr tragisches Durchkommen zwischen jener größeren Organisation, die das Menschentum tief unterhalb allen freiheitlichen Bestandes, also aller politischen Daseinsberechtigung verschüttet hat, und jenem allein bewahrten Rest von Menschlichkeit, der sie auf die Pflicht der Zeugenschaft nicht verzichten lassen will. Diesem Widerspruch, zu bestehen, wo sie nicht mehr bestehen kann, wird sie durch ein Nebeneinander von Strategie und Dokumentensammlung gerecht, sodass vorn entweder die Zufriedenheit der Kölnischen Zeitung oder gar, wenn's die Leistungen eines Unterseebootes gilt, die Einbildungskraft der Neuen Freien Presse erreicht wird, und gleich daneben Tatsachen hinausgestellt werden, deren himmelschreiender Inhalt von jener Sphäre bezogen ist, deren Ereignisse eben noch aus einer denkbar unrevolutionären, sachlich beruhigten oder weltzufriedenen Gemütslage gewürdigt wurden. Ob nicht ein besserer Ausgleich zwischen dem Zustand der Welt und dem durch ihn erledigten Standpunkt der Entschluss gewesen wäre, sich auf eine Sammlung von Tatsachen zu beschränken und auf jede Meinung zu verzichten, die vorweg im Verdacht ist, eine erlaubte Meinung, eine mit dem größten Exzess der Gesellschaftsordnung zufriedene zu sein, bleibe unerörtert. Jedenfalls ist die gewissenhafte Aufreihung jener Fakten, die der Menschheit den Krieg als ein abschreckendes Beispiel vorführen sollen, der einzige Fall von publizistischer Sauberkeit, den die schmutzigste Epoche aufzuweisen hat, anerkannt auch von deren einsichtigeren Akteuren als ein Beweis, dass die weltflüchtige Menschenwürde sich immerhin in zwei bis drei Wiener Zeitungsspalten niederlassen darf; als eine Ausnahme von jener furchtbaren Regel, nach der diese schwer verwundete Menschheit sich noch eine Blutvergiftung durch Druckerschwärze zuziehen musste. Und auch diesem Unglück sucht die heilsame Arbeit der sozialdemokratischen Chronik nach Kräften entgegenzuwirken, aus der ehrlichen Erkenntnis, dass die bürgerliche Journalistik die niedrigste Gattung unter jenen Lebewesen vorstellt, die der Krieg übrig gelassen hat. Umso betrüblicher erscheint die daneben beobachtete Neigung, den eigentlichen Tieren gegenüber auf einem vorrevolutionären Standpunkt zu beharren, ihnen nicht nur die von Schopenhauer zuerkannten Rechte, sondern sogar das Erbarmen zu versagen, das der Gerechte aufzubringen hat – ja geradezu dort, wo der Sammler von Menschengräueln auf werktätige Sympathie für Tiere stößt, solche Regungen als Kontraste zum Welttreiben höhnisch abzutun. Er hat nicht genug ironische Punkte und Gedankenstriche, einen englischen Aufruf „zugunsten … unserer stummen Freunde", nämlich der Pferde, zu verspotten, der ihm umso lächerlicher erscheint, als der Schutz auf die Pferde aller kriegführenden Länder ausgedehnt werden soll. Aber ganz abgesehen davon, dass dieser internationale Standpunkt eine Kostbarkeit in einer Zeit ist, in der von den drei großen Internationalen nur die journalistische sich ausleben konnte, und dass solcher Gedanke sittlich hoch über der Kriegslyrik eines Richard Dehmel steht, der den deutschen Pferden eine besondere Offensivkraft zugetraut hat – ist es ein Denkfehler, hier bitter zu werden und einen frivolen Gegensatz zu den in den Krieg oder in die Munitionsfabrik gestellten Menschen zu behaupten. Der Unterschied ist ein ganz anderer, nämlich der, dass die Menschen, so unschuldig jeder einzelne von ihnen an seinem Schicksal sein mag, alle zusammen es verschuldet haben, indem sie den Willen hatten, die Maschine zu erfinden, die ihnen den Willen nahm, während doch den Pferden an einer technischen Entwicklung, die ihre Sklaverei verschärft hat, keinerlei Anteil nachzuweisen wäre. Den Pferden ist nicht der Hunger versagt, wohl aber eine Organisation, durch die sie es ihren Vorgesetzten wenigstens kundmachen könnten, dass auch sie im Krieg mehr hungern als im Frieden. So ganz verschlossen sollte sich das Sozialgewissen nicht vor dem Umstand zeigen, dass in dieser Welt, die sich zu helfen weiß, ein Surrogat für Futter auch mehr Peitschenhiebe sein können. Man muss schon die Scheuklappen des Pferdes haben, um nicht täglich auf der Wiener Straße zu sehen, wie sich die Bestialität am Tier für die schlechten Zeiten schadlos hält. Es ist ferner auch vollkommen blicklos, sich über eine deutsche Gräfin, die ihrem magenkranken Hund Suppe gegeben hat und wegen Verfütterung von Brotgetreide gerichtlich verurteilt wurde, über die Krankheit des Hundes also und über dessen Pflege in Sperrdruck lustig zu machen. Wenn wir uns selbst die Verfütterung von Getreide für einen bestimmten Hund als eine Grausamkeit gegen einen unbestimmten Menschen konsequent zu Ende denken könnten, so müssten wir uns doch wieder fragen, ob nicht die Gesamtheit der unschuldigen Menschen, die durch solches Verhalten zu Schaden kommt, mehr Schuld hat an der Misere als die Gesamtheit der unschuldigen Tiere. Zwischen dem mir bekannten Menschen und dem mir bekannten Hund kann ich, wenn's sein muss, entscheiden, welches von beiden Individuen mir „näher steht" – zwischen den beiden Gattungen bleibt mir im Anblick des Benehmens der einen gar nicht die Wahl. Und wie erst, wenn ich zwischen dem mir befreundeten Hund und der menschlichen Gesamtheit zu wählen habe? Dies eine Tier, nicht jener Mensch, dem ich die Nahrung verkürze, steht vor meinen Augen, leidet, und ich mache gar kein Hehl aus dem Zynismus, mit dem ich, jeder sozialpolitischen Fantasie ermangelnd, das Bequemere tue und meine Nächstenliebe dem bedürftigen Nächsten zuwende. Eine weit bessere Fantasie belehrt uns, dass die Menschlichkeit, die dem kranken Hund hilft – und wäre es nur der eigene Hund –, mehr einer Menschheit hilft als alle Organisation der Nächstenliebe, die doch zu schwach war, jene des Nächstenhasses zu verhindern. Solange die Charitas, die eine Pflegerin am Tier betätigt, nicht nachweislich dem Zweck unterstellt ist, es wieder kriegstauglich zu machen, ist gegen ihre Sittlichkeit nichts einzuwenden, und die deutsche Aristokratin, von der die Gerichtssaalrubrik erzählt, hebt sich recht vorteilhaft von jenen Standesgenossinnen ab, die in der Theaterrubrik erwähnt werden, weil sie an einer Vorstellung des „Hias" mitgewirkt haben. Wenn die deutsche Gräfin, die in der Zeit der Not ihre Hunde nährt, verhöhnt wird, so müsste die deutsche Artistin, die sich in der Zeit der Not von ihren Hunden nährt, Anerkennung finden. Solche Konsequenz würde aber allzu grausam dem Bestreben der Arbeiterzeitung, Spuren von Menschenwürde im Schutt der großen Zeit zu entdecken und zu erhalten, widersprechen. Wenn ich Notizen sehe, die den Titel führen „Pferde und Menschen" oder „Die magenleidenden Hunde der Gräfin", so fände ich es schön, wenn darin beklagt würde, dass die Pferde jetzt durch die Menschen ins Unglück gekommen sind und dass magenleidende Hunde jetzt nichts zu essen haben. Denn durch die Hilfe, die sie den Tieren entzieht, wird sich die Menschheit nicht auf ihre Beine helfen und nicht von ihren Prothesen.

DIE FUNDVERHEIMLICHUNG

Mai 1916

Wien, 26. April. (Das Ende eines zugelaufenen Hundes.) Der 19-jährige Straßenbahnschaffner Josef Schüch hatte sich heute vor dem Bezirksrichter Dr. Fialla (Josefstadt) gegen eine durch ihre Begleitumstände merkwürdige Anklage wegen Fundverheimlichung zu verantworten. Nach einer vom Volksschullehrer Franz Wltschek erstatteten polizeilichen Anzeige soll der Beschuldigte am 6. März einen ihm auf der Straße zugelaufenen Hund, der sehr groß war, in seine Wohnung mitgenommen, daselbst am nächsten Tage mit einem Stocke erschlagen, kunstgerecht zerlegt und dann das Fleisch gekocht und gemeinsam mit seinem Onkel, dem Offizial Franz Schüch, verzehrt haben.

Der Angeklagte erklärte in der heute durchgeführten Verhandlung, dass er während seiner Dienstfahrt auf der Elektrischen von mehreren Fahrgästen auf den Hund aufmerksam gemacht wurde, der während der Fahrt auf die Elektrische aufgesprungen war. Er habe den Hund, der ohne Beißkorb und Marke war und ganz verwahrlost aussah, vom Wagen weggejagt. Der Hund sei jedoch der Elektrischen stets nachgelaufen und sei schließlich, als er am Abend den Dienst verlassen hatte, bis in seine Wohnung nachgefolgt. – Richter: Was haben Sie dann mit dem Hund gemacht? – Angeklagter: Aus Mitleid habe ich den Hund, der ganz abgemagert war, in meine Wohnung genommen und ihn zunächst ordentlich gefüttert. Am nächsten Tage habe ich dann den Hund, weil er meine Wohnung verunreinigte und auf mich losgehen wollte, aus Angst mit einem Beil erschlagen, habe dann den Hund kunstgerecht zerlegt und die einzelnen Stücke nach und nach in dem Zimmerofen verbrannt. Richter: Sie sollen den Hund verzehrt haben? – Angeklagter: Ich werde doch das Fleisch von einem solchen Hunde, der ein gewöhnlicher Köter war und Zeichen von Räude hatte, nicht essen.

Auf den Vorhalt des Richters, warum er den Hund nicht einfach auf die nächste Wachstube gebracht hatte, erwiderte der Angeklagte: Daran habe ich nicht gedacht.

Der Zeuge Franz Schüch, der Onkel des Angeklagten, gab an, dass Letzterer in seiner Gegenwart den Hund erst durch Schläge mit einem

Pracker betäubt und dann, da er gestöhnt habe, vollends mit einem Beil erschlagen habe. Als der Hund tot war, habe der Neffe gleichfalls in seiner Anwesenheit den Kadaver tranchiert und die einzelnen Stücke im Ofen verbrannt. – Richter: Es wird behauptet, dass Sie und Ihr Neffe den Hund gegessen haben sollen? – Zeuge: Ich werde doch als Mann von sozialer Stellung kein Hundefleisch essen. – Richter: Das ist Geschmackssache. – Zeuge: Der Hund hatte überhaupt keine Rasse gehabt. Er war ganz abgemagert und schäbig.

In drastischer Weise schilderte die Zeugin Theresia Reinisch, eine Nachbarin des Angeklagten, das traurige Ende des Hundes. Sie erklärt, dass der Hund erst fürchterlich gequietscht, dann leise gestöhnt habe. Sie habe in die Wohnung des Angeklagten durch ein Gangfenster sehen können und beobachtet, wie der Angeklagte dem Hund die Haut abgezogen und ihn dann in kleine Stücke zerlegt habe. – Richter (zur Zeugin): Wissen Sie auch, ob der Angeklagte und sein Onkel den Hund gegessen haben? – Zeugin: Das habe ich nicht gesehen, aber die Frau Schüch hat mir auf meine Frage, was mit dem Hund eigentlich geschehen sei, gesagt: „Der Seppl" – das ist der Angeklagte – „hat ihn gekocht und gegessen." Ich habe darauf erwidert: „Das ist gemein, und es wundert mich, dass so was gebildeten Menschen erlaubt ist."

Die als Zeugin vorgerufene Frau Marie Schüch, die Tante des Angeklagten, erklärte, sich der Zeugenaussage gegen ihren Neffen entschlagen zu wollen.

Der als Zeuge vernommene Volksschullehrer Franz Wltschek gab an, dass ihm die Nachbarn der Familie Schüch sehr aufgeregt die Geschichte vom Hund erzählt und unter anderm angegeben hätten, dass der Angeklagte das Fleisch bei der Wasserleitung gewaschen und dann im gekochten Zustande mit seinem Onkel gegessen habe. Auf die Frage des Richters an den Zeugen, wie der Hund lebend ausgesehen habe, erwiderte der Zeuge: Ich habe den Hund nicht gesehen, aber eine Trafikantin, bei der Herr Schüch mit dem Hund war, bemerkte: „Das ist ein schöner Hund".

Der Richter konstatierte aus dem Akt, dass sich bisher der Eigentümer des Hundes nicht gemeldet habe.

Der staatsanwaltschaftliche Funktionär Auskultant Dr. Herzl beantragte die Bestrafung des Angeklagten wegen Fundverheimlichung, da er nach dem Gesetze verpflichtet gewesen wäre, von dem ihm zugelaufenen Hunde bei der Polizei die Fundanzeige zu machen.

Der Richter sprach den Angeklagten frei mit der Begründung, dass der ohne Beißkorb und Marke dem Angeklagten zugelaufene Hund als eine herrenlose, von dem früheren Eigentümer jedenfalls preisgegebene Sache anzusehen sei.

Wenn dieses hier, wie es ist, aus dem Blatt, das die deutsch-österreichische Kultur vertritt, in Times, Figaro, Nowoje Wremja oder Corriere della Sera übergeht, so ist es die größte Gräuellüge, die je über uns erfunden wurde. Wenn es als Bericht über eine Gerichtsverhandlung in London, Paris, Petersburg oder Rom erschiene, wär's der unwiderleglichste Beweis für den kulturellen Zusammenbruch der dort hausenden Nationen. Es ist ein Fall, in welchem die noch auf den Trümmern des Menschentums quälende Auseinandersetzung zwischen Mensch und Tier mit der Stummheit des Tiers zum Himmel schreit, Rache, Pest und Sintflut herabfordernd auf eine entartete Abart von Tier, die nur zwei Beine hat, doch zwei Arme zum Morden. Nicht dass Fleischnot den Menschen, unter dessen Messer ja auch Kalb und Huhn nicht mit dankbarem Blick verscheiden, zwänge, vom Hund zu essen, ist das Entsetzliche, und der Witz des Richters, es sei Geschmackssache, mag der logische Ruhepunkt sein, von dem man schaudernd dieses Wirrsal des Gefühls überblickt. Dass ein Offizial und ein Tramwaykondukteur es als gebildete Menschen ablehnen oder es mit ihrer sozialen Stellung unvereinbar finden, das Fleisch eines rasselosen Hundes zu essen – das ist wohl eine Möglichkeit innerhalb der Ordnung dieses Planeten, verständlich dem, der sich dort zur Not eingerichtet hat. Das Grauen beginnt bei der Unschuld. Bei der Glaubhaftigkeit der Versicherung, der Hund sei nicht für den Appetit geschlachtet worden, und bei dem Zugeständnis, dass es mit den Standesvorurteilen vereinbar sei, einen Hund zu tranchieren, den man nicht essen möchte. Wäre das kunstgerechte Zerlegen nicht l'art pour l'art gewesen, sondern die Tat des Hungers, der Mensch hätte tierisch gehandelt, und das wäre in der Zeit der schweren Not entschuldbar, wo Menschen nichts zu essen haben, weil Menschen geschlachtet werden, damit Menschen mehr zu essen haben.

Da es nicht der Fall ist, so hat der Mensch nur menschlich gehandelt. „‚Das wildste Tier kennt doch des Mitleids Regung.' ‚Ich kenne keins, und bin daher kein Tier.'" Menschlich ist die Anklage auf Fundverheimlichung; menschlich Laune und Fragestellung des Richters, der den Wert des Funds nach der Eignung zum Lebensmittel, diese nach der Angabe schätzen will, „wie der Hund lebend ausgesehen habe"; menschlich der Freispruch mit der Begründung, der herrenlose Hund sei eine preisgegebene Sache gewesen; menschlich der Bericht, der die Sachlichkeit der Beschreibung durch die Objektivität der Meinung ergänzt, es sei „eine durch ihre Begleitumstände merkwürdige Anklage wegen Fundverheimlichung". Menschlich alles an dieser Tragödie, in der – über alle noch so tieftraurige Begebenheit hinaus, die heute den Menschen im ohnmächtigen Kampf gegen die von ihm verschuldete Maschine den Tod sterben lässt, welchen man Heldentod nennt – das Tier den wahren Opfertod der Treue erleidet, der Treue als der zum Tier geflohenen Eigenschaft, die wieder Schutz sucht beim Menschen, unbehütet vom menschlichen Verstand und darum ohne Wissen um die Gefahr, ohne Arg, ohne Witterung, dass eben er sein Mörder sei. Um der Treue als Idee willen, ihr bis zum letzten Atemzug treu, fällt das Tier in dem einzig tragischen Konflikt zwischen der Lust, zu leben, und der Pflicht, das letzte Pfand des Schöpfers aus der vom Menschen verratenen Schöpfung zu retten. „Kreatur", im Mund des Menschen zum Schimpf geworden, läuft ihm, wie die bewusstlose Natur des Weibs dem Lustmörder, zu, und er tötet sie – wie der nicht aus Raubsucht – aus Hunger nicht, sondern für die Lust, die ihm die Überlegenheit gewährt. Schwein, Esel, Ochs und Hund – Schimpfworte, um seinesgleichen, die tief unter jenen Gattungen stehen, zu bezeichnen, hat der Mensch daraus gemacht. Aber Schopenhauer hätte seinen Hund nicht „Mensch" rufen sollen, wenn er den Hund doch erhöhen und den Menschen herabsetzen wollte. Armeen brauchen Hunde und rufen sie als ihre „treuen, braven und unentbehrlichen Helfer" an. Sie der Maschine aussetzen heißt Unwissenheit über die Idee zum größeren Opfer verpflichten. Nur das Tier, das dem Menschen erliegt, ist der Held.

O dass doch die Menschheit in einen Traum verfiele, in dem sie vor Lastwagen gespannt und von klugen Pferden, die schon Hü und Hott erlernt haben, mit der Peitsche vorwärts getrieben würde! In dem der räudige, schlechtrassige Mensch einem Hund zuläuft, weil sein verkommener Instinkt in ihm den letzten Retter ersehnt, und von ihm dafür kunstgerecht tranchiert wird! Wann tötete je der Hund den Menschen? In einen Schacht gestürzt, von Hunger zur Tollwut getrieben, wenn ihm dorthin ein Verunglückter nachkam, biss er ihn und ließ dann von dem Fund. Der hier springt, den verlornen Herrn in jeder Gestalt suchend, auf eine Maschine und muss am Biss des tollen Menschen sterben. Er

glaubte sich nahe am Ziel, er sprang, wie Hunde selten tun, auf die Straßenbahn; er wird verjagt, springt wieder auf, verlässt den Mann nicht
mehr und folgt ihm in die Wohnung. Weil er ihm die verunreinigt und
weil er auf ihn losgehen will, der Ordnung halb und halb aus Angst,
erschlägt ihn jener mit dem Beil. Aus Mitleid habe er ihn aufgenommen,
dazu kam Furcht, das gibt ein Trauerspiel. Nachdem er ihn erlegt, zerlegt
er ihn und Stück für Stück bestattet er im Ofen. Der Ordnung halb und
halb aus Lust. Ich sah ihn oft. Solch einer, der keiner Fliege ein Haar
krümmen kann, sitzt einem vis-à-vis im Zug und schlägt, damit die
Fahrt schneller vergeht, mit seiner Schlächterpratze eine tot. Totschlag
der Zeit, die nicht vorüberfliegt, nur kriecht und justament am Fenster
sitzt, bloß für ein Weilchen, das den Tod ihr bringt. Patsch – und lacht.
Trifft ihn der Schlag, so jammern die Verwandten. Ich saß ihm gegenüber, er fragte, ob er die Zeitung nehmen dürfe, aber er fragte nicht, ob
es erlaubt sei, die Fliege zu töten. „Seitdem erfuhr ich mehr; was Fliegen
sind den müß'gen Knaben, das sind wir den Göttern; sie töten uns zum
Spaß." Hätte ich die Wahl gehabt, über ihm oder der Fliege Schicksal
zu sein, ich hätte gewählt! Wie es da auf dem Fenster lief, war's ein Me-
chanismus, den er nicht erfinden konnte. Sein Stolz verträgt es nicht, es
kränkt ihn, wenn er's gleich nicht weiß. Fliegen kann er auch, aber das
Unnütze stört ihn, und überlegen ist er den Tieren, weil er vor all seiner
Stummheit ihre Sprache nicht hört. Hätte ich die Wahl gehabt, einen
Hund oder dessen Schlächter zu tranchieren, ich hätte gewählt! Aber
in dem großen Schlachthaus, in das wir geboren werden, ist der Hund,
der seinen Herrn sucht, nur der Fund des andern, und ein Recht, das die
Folterung von Kindern gewährt, erlaubt die Massakrierung von Hunden. Er war sehr groß, doch dunkler Herkunft und schlecht genährt.
Er war eine preisgegebene Sache. Nun, die ihr richtet über Menschen
und Hunde, hört: Solch eine Sache kann vieles, was ein Mensch nicht
kann. Solch eine Sache kann ihm all das sagen, was niemals er zur Sache
sprechen könnte. Unsäglich leidet sie um ihn, sucht ihn ihr Auge, durch
das allein sie es ihm sagen kann, der es versagt ist, es ihm anzusagen, der
Gott, zu schweigen, was sie leidet, gab; unwissend, ob sie preisgegeben
ist, stets preisgegeben ihrem Menschenglauben, traut sie uns auf ihr
ehrliches Gesicht! Solch eine Sache trägt jede Bürde des Gefühls, die
das Bewusstsein uns erleichtern hilft. Man sieht sie sitzen, aber niemand
ahnt, dass in der Sache eine Seele sitzt, dass ein Gefühl jetzt schmerzt,
dass eine Hoffnung in ihr jetzt treibt, ihr aufgetragen hat, just an der

Stelle hier zu warten. So sitzt sie wartend hier vor einem Bahnhof, wo ihre Herrin – denn die Sache war ein Hund – davongefahren ist vor ein paar Stunden … Als man Abschied nahm, schritt die Sache, der Hund, groß, traurig und ergeben, hinter dem Begleiter den Berghang hinauf, blieb immer wieder stehn und sah zurück. Noch sieht man sie; nicht anders geht ein schweres Herz. Bald ist die Sache verschwunden dem Blick … Bald ist sie entschwunden dem Hüter. Sie wird gesucht, gefunden: an der Bahn – denn jetzt ist ungefähr die Stunde, dass einst die Herrin angekommen war. Nun kommt sie nicht. Enttäuscht verschmäht die Sache jede Nahrung, selbst sonst geliebte Leckerbissen. Wendet sich ab von allem, was sie tierisch je begehrt, gibt sich dem Hunger preis; verzehrt sich selbst. Nach ein paar Tagen führt man den Hund zur Bahn, denn eine Freundin, die mit der Herrin fortgereist war, kommt. Sie selbst kommt nicht. Er aber rührt sich nicht vom Fleck, blickt auf den Wagen nur und sucht und sucht. Er isst noch immer nichts, nimmt etwas Milch nur an, soviel gerade nötig, um nicht am Leid zu sterben. Das geht so eine Woche lang. „Er war ganz abgemagert", sagt der Zeuge. Arsen, Einsicht ins Unabänderliche, Gewöhnung an die stellvertretende Güte bringen ihn wieder hinauf. Man hört es wie ein Märchen, Schulkindern erzählt, die ihr beginnendes Menschentum nicht im Schützengrabenspiel verschütten und noch aufhorchen können, wenn Beispiele sittlicher Haltung ihnen dicht ans Herz gerückt werden. Seht doch nur hin! O du erhabnes Vorbild in dieser Zeit profaner Hungersnot! Von deinem Hunger trenn' ich mich nicht mehr. Es risse einen von der Menschheit weg, wär' man nicht längst schon über alle Berge. Dort lebt ein Hund. Gott hör's: Der Menschenehre ersten Preis, der Ehre, die sich preisgegeben hat, sich selber preisgegebner Menschheit Preis geb' ich dem Hund! Und die Andacht möchte nicht mehr fort von der Stelle, wo das wartende Tier, für eine halbe Stunde herrenlos, länger verlassen, dasitzt, und will die Hand über der Sache, dem Fund, dem Hund halten, damit ihn nicht der Mensch, der Schinder finde, verheimliche, der noch nie aus Sehnsucht gehungert hat, der das Fleisch dieses Hundes nur verschmäht, weil es gramverzehrt ist, widrig dem Geschmack und Stand des Mörders, und der dieses Gottesgeschöpf dennoch töten würde, weil es ein Tier ist, und er, er, ein Mensch!

FEIERTAGE

Juli 1916

„… Bereits am Himmelfahrtstage seien in Bar-le-Duc Bomben mitten in die Volksmenge gefallen, die sich mittags bei der Ankunft des Pariser Zuges immer zu versammeln pflegt. 50 Personen seien getötet und 80 verwundet worden … Die Aufregung über den Angriff auf die unbefestigte Stadt sei furchtbar und habe mehrere Tage gedauert."

„… Am 22. d. war Fronleichnamstag … Das schwerste Unheil richteten die Bomben am Festplatz von Karlsruhe an, wo die Menagerie Hagenbeck einen Anziehungspunkt bildete … Getötet wurden 110 Personen; verletzt wurden 147 Personen … Die Erbitterung über den zwecklosen Angriff auf die offene Stadt ist allgemein und tief."

*

„… Aber die nutzlose Bosheit, die an Frauen und Kindern von französischen Fliegern verübt wurde, das Morden als Selbstzweck, die Rohheit im Gewande einer Kriegshandlung ist ein besonderes Ereignis, gegen das niemand abgestumpft sein kann … Wir möchten die nicht Offiziere nennen, welche die Bomben in Karlsruhe auf harmlose Frauen und Kinder, auf die Zuschauer vor einer Menagerie geworfen haben … Wenn die Zeppeline über Paris s c h w e b e n und Bomben herunterschleudern, so ist das Ziel eine militärische Anlage, so ist der Wille darauf gerichtet, den Feind in seinen Vorkehrungen zum Kriege zu treffen, Bahnhöfe, Geleise und militärische Gebäude zu zerstören … Die Zeppeline haben wiederholt Fahrten nach London unternommen. Niemals hat jedoch einer ihrer Befehlshaber auch nur daran gedacht, Bomben auf Schauspielhäuser oder ähnliche Erholungsstätten, wo friedliche Menschen sich zu harmlosen Vergnügungen zusammenfinden, zu schleudern … S c h o n d i e E r z i e h u n g schließt bei ihm jede Versuchung aus, Wehrlose durch eine Waffe zu treffen. Es macht gar keinen Unterschied, ob ein Soldat ruhige Spaziergänger in der Straße mit der Pistole in der Hand niederstreckt oder aus dem Lufttraume durch Bomben absichtlich schwer verwundet, dass sie qualvoll zugrunde gehen oder in Stücke gerissen werden und das Pflaster mit ihrem Blute röten. Für das Außerordentliche des Krieges braucht jeder Offizier, den die Pflicht anweist, Leben nicht zu schonen, die innere sittliche Überzeugung, dass er militärischen Notwendigkeiten gehorcht und nicht etwa die ihm anvertraute Macht dazu gebraucht, den Hang zur Grausamkeit zu befriedigen oder unter dem Vorwande des Krieges seinen nationalen Hass auszutoben ... Ein österreichisch-ungarischer oder ein deutscher Flieger schleudert keine Bomben gegen Frauen, mögen sie Fürstinnen sein oder nicht. Es ist gar nicht auszudenken, wie ein Mensch beschaffen sein und bis zu welchem Grade er den Rechtssinn verloren haben muss, bis er sich entschließt, auf eine Festversammlung zu lauern und die dichten Reihen durch seine Bomben auseinanderzusprengen ..."

Die Predigt

..."Es ist deshalb auch nicht nur das Recht", sagte Pastor Philipps, "sondern unter Umständen sogar die Pflicht gegen die Nation, mit Kriegsbeginn Verträge und was es sonst auch sein mag, als ‚Fetzen Papier' zu betrachten, die man zerreißt und ins Feuer wirft, wenn man die Nation dadurch retten kann ... Krieg ist eben die ‚Ultima ratio', das letzte Mittel Gottes, die Völker durch Gewalt zur Raison zu bringen, wenn sie sich anders nicht mehr leiten und auf den gottgewollten Weg führen lassen wollen. Kriege sind Gottesgerichte und Gottesurteile in der Weltgeschichte... Darum ist es aber auch der Wille Gottes, dass die Völker im Kriege alle ihre Kräfte und Waffen, die er ihnen in die Hand gegeben hat, Gericht zu halten unter den Völkern, zur vollen Anwendung bringen sollen ... Darum mehr Stahl ins Blut! Auch deutsche Frauen und Mütter gefallener Helden können eine sentimentale Betrachtungsweise des Krieges nicht mehr ertragen. Wo ihre Liebsten im Felde stehen oder gefallen sind, wollen auch sie keine jammerseligen Klagen hören. Gott will uns jetzt erziehen zu eiserner Willensenergie und äußerster Kraftentfaltung. Darum noch einmal: Mehr Stahl ins Blut!"

Welche ultima ratio! Der Mensch am Feiertag, der Erbauung durch das höhere Wesen gewärtig, blickt hinauf: Zerstörung kommt! Was zur Entscheidung reift, ist die Frage, ob Jaguare und Leoparden, wenn sie aus irgendeinem Grund einander zerfleischen wollten, auf die Idee verfielen, auch die Mütter und Jungen mitzunehmen, und ob ihre Triebe durch die Erwägung entfesselt würden, dass die Gegend befestigt sei. Feiertage haben sie nicht. Welch eine Stunde der Menschheit!

Warum Pferde wiehern

September 1917

[Verbrüderung zwischen französischen und amerikanischen Pferden.] In dem Blatte Arthur Meyers, dem „Gaulois", schildert Marcel Hutin die Ankunft des ersten amerikanischen Truppendampfers und erwähnt unter anderen Dingen die Tatsache, dass unter den neuen Kampfgenossen sich auch Artilleristen befanden. Wie Marcel Hutin mit Genugtuung feststellen konnte, haben nun die Pferde der amerikanischen Kanoniere ihre begreifliche Freude, den französischen Boden zu betreten, durch lautes und wiederholtes Wiehern zum Ausdruck gebracht. Die auf dem Hafenkai stehenden französischen Pferde haben die patriotische Kundgebung der amerikanischen Brüder sofort durch ein gleiches Wiehern erwidert. Hutin fügt wörtlich hinzu: „Dies ist das schönste und vollkommenste Zeugnis für die amerikanisch-französische Einigkeit, da das tiefe Gefühl der Verbrüderung von den Menschen auf die Tiere übergegangen ist."

Ganz nach der Kriegsfibel gedacht, ohne Zweifel. Der Herr Hutin ist ein Journalist, der vom Tod lebt – warum sollte er weniger auf die Abnehmer bedacht sein, als die Interessenten diesseits der Rheingrenze? Wenn nach dem selbstmörderischen Witz des sterbenden Heine „Gottes Geschäft" es ist, zu verzeihen, so wird doch einem Kriegsschreiber das geschäftliche Interesse, das ihn zur Schändung der Kreatur bewegt, als das ausschließlich berechtigte zugebilligt werden. Der vaterländische Hohn sollte bedenken, dass an derselben Stelle, an der er den feindlichen Wahn bloßstellt, im Laufe der letzten drei Jahre während der Verpulverung der Leiber zur Aufpulverung der Seelen schon Trostloseres geboten ward. Herr Marcel Hutin ist ein französischer Journalist. Aber Herr Richard Dehmel ist ein deutscher Dichter.

Im April 1916 war in der Fackel zu lesen:

Wo ist der Dichter, den jetzt noch der rasende Lauf der Menschenmaschine, dies unerschütterliche Walten der entfesselten Quantität zu einer segnenden Gebärde verleiten möchte und der nicht ein Spekulant wäre, sondern ein Dichter? Als es begann, gab es hingerissene Schwachköpfe.

Was sagt man heute zu den Ausbrüchen eines Richard Dehmel, aus der Zeit, da

> aus Schleswig und Elsass, Tirol, Mähren, Krain –
> nur Deutscher wollt' endlich jeder sein –

die Bruderscharen kamen „gegen russischen, welschen, britischen Neid" gefahren.

> Und was kommt hinterdrein noch getönt,
> was stampft so eisern die Erde,
> dass uns die Wand des Herzens dröhnt?
> Das waren die deutschen Pferde.
> Mit wiehernden Nüstern auf der Wacht
> trugen auch sie ihr Blut zur Schlacht
> für Deutschlands Ehre und Recht und Macht –
> in den Dörfern tobten die Hunde;
> auch unsere Tiere spürten den Ernst
> der großen Gottesstunde.

Die große Gottesstunde war damals nicht darnach angetan, einem Dichterherzen die Erleuchtung zu bringen, dass Tiere wohl die tragischesten Opfer des Willens zur Macht sind, da ihnen auch nicht die entfernteste Schuld an dem Zustandekommen der allgemeinen Wehrpflicht beigemessen werden kann und dass ihre Unterwerfung unter den Begriff des nationalen Ehrgefühls sicherlich von allen Kriegsgräueln das tollste ist. Damals hat einen deutschen Dichter noch die Vorstellung inspiriert, dass ein französisches Pferd aus Revanchelust, das eines Kosaken aus Raubgier, das des „Söldners" offenbar aus Konkurrenzneid mitmache und nur dann kein Schuft sei, wenn es zu den eigenen Pferden, den braven, desertiere, und dass auch alle Pferde, die aus Mähren oder Krain requiriert wurden, nichts anderes im Sinne hätten als den Wunsch, endlich deutsche Pferde zu sein.

Und in einer Vorlesung dieser Stelle, im Dezember 1916, setzte ich hinzu:

> Aber den Wunsch, deutsche Dichter zu sein, haben sie Gott sei Dank noch immer nicht!

258

Denn wenn sie auch „einrückend gemacht" werden, bis zu dem Stadium der Begeisterung gingen sie doch nicht mit, auf dem dieser Dehmel – man muss es der Nachwelt, falls es deren Geschäft wäre, Dichtern zu verzeihen, in Erinnerung bringen – das Geräusch der Maschinengewehre ausdrücklich „Sphärenmusik" genannt hat und die Zeile geschrieben:

Marsch marsch, ruft Gott, schützt euer Land!

Dichter, die sich so hinreißen ließen (hier hat der hingerissene Setzer anfänglich „hirnreißen" gesetzt), hats 1916 tatsächlich nicht mehr gegeben. Kernstöcke, die andere zum Dreschen ermuntern, gibts noch immer, oder Spekulanten, die ihren Dörmann stellen und weil die hektischen schlanken Narzissen nicht mehr blühen, die Russen und die Serben in Scherben hauen wollen. Was aber bedeuten die Hutins aller Hinterländer gegen die eine unauslöschliche Tatsache, dass dieser Krieg nicht nur das Publikum wie zur leiblichen Beute der Wucherer zur geistigen Beute der Journalisten, also aller derer, die vom Tode leben, sondern auch aus den paar Dichtern dieselben rasenden Rolande der Dummheit gemacht hat, die ihre Leser seit der ersten Extraausgabe waren! Seit dem Tage, da durch jenes Machtwort, das Leiber entfesselt und Geister bindet, das verurteilte Leben in eine Kinderstube verwandelt ist, wo Viehknechte spielen. Weiß Gott, die nationalistisch verbohrtesten Pferde hatten doch einen Vorzug vor den gesinnungsverwandten Dichtern: dass die Pferde zwar keine Dichter, aber die Dichter durchaus Pferde sein wollten, was durch ein von den Dichtern missdeutetes Hohngewieher an allen Fronten zum Ausdruck kam.

Ein deutsches Buch

September 1917

„Der rote Kampfflieger" von Rittmeister Manfred Freiherrn v. Richthofen ist 1917 im Verlag Ullstein & Co., Berlin-Wien erschienen. Die folgenden Stellen seien daraus zitiert:

… Mein erster Gedanke war, den Popen hinter Schloss und Riegel zu setzen. So holten wir den vollkommen überraschten und höchst verdutzten Mann aus seinem Hause. Ich sperrte ihn zunächst mal auf dem Kirchturm ins Glockenhaus ein, nahm die Leiter weg und ließ ihn oben sitzen. Ich versicherte ihm, dass, wenn auch nur das geringste feindselige Verhalten der Bevölkerung sich bemerkbar machen sollte, er sofort ein Kind des Todes sein würde. Ein Posten hielt Ausschau vom Turm und beobachtete die Gegend.

*

Auf jeder Station, auch da, wo wir nicht hielten, stand ein Meer von Menschen, die uns mit Hurra und Blumen überschütteten. Eine wilde Kriegsbegeisterung lag im deutschen Volk, das merkte man.

… Ich fühlte mich mit meiner Pistole in der Hand ganz kolossal sicher.

Die Einwohner hatten sich, wie ich später erfahren habe, sowohl einige Tage vorher gegen unsere Kavallerie als auch später gegen unsere Lazarette sehr aufrührerisch benommen, und man hatte eine ganze Menge dieser Herren an die Wand stellen müssen.

Den Kriegsanfang möchte ich wieder mal mitmachen.

*

… Eigentlich hätte ich den Franktireur wie ein Stück Vieh 'runterknallen müssen.

… Es liegt wohl im Blute eines Germanen, den Gegner, wo man ihn auch trifft, über den Haufen zu rennen, besonders natürlich feindliche Kavallerie. Schon sah ich mich an der Spitze meines Häufleins eine feindliche Schwadron zusammenhauen und war ganz trunken vor freudiger Erwartung. Meinen Ulanen blitzten die Augen.

… Alles das spielte sich auf einem schmalen Waldweg ab, sodass man sich wohl die Schweinerei vorstellen kann, die sich nun ereignete.

… Er hatte uns wohl von Anfang an beobachtet und, wie es den Franzosen nun mal liegt, aus dem Hinterhalt seinen Feind zu überfallen, so hatte er es auch in diesem Fall wieder versucht.

*

… Die Mönche waren überaus liebenswürdig. Sie gaben uns zu essen und zu trinken, soviel wir haben wollten, und wir ließen es uns gut schmecken. Die Pferde wurden abgesattelt und waren ganz froh, wie sie nach drei Tagen und drei Nächten zum ersten Mal ihre achtzig Kilo totes Gewicht von ihren Rücken loswurden. Mit anderen Worten, wir richteten uns so ein, als ob wir im Manöver bei einem lieben Gastfreund zu Abend wären. N e b e n b e i   b e m e r k t, hingen drei Tage darauf mehrere von den Gastgebern an dem Laternenpfahl, da sie es sich nicht hatten verkneifen können, sich an dem Krieg zu beteiligen. Aber an dem Abend waren sie wirklich überaus liebenswürdig. Wir krochen in Nachthemden in unsere Betten, stellten einen Posten auf und ließen den lieben Herrgott einen guten Mann sein.

*

Aus dem Kapitel „Langeweile vor Verdun":

Für einen so unruhigen Geist, wie ich einer bin, war meine Tätigkeit vor Verdun durchaus mit „langweilig" zu bezeichnen. Anfangs lag ich selbst im Schützengraben an einer Stelle, wo nichts los war; dann wurde ich Ordonnanzoffizier und glaubte, nun mehr zu erleben. Da hatte ich mich aber arg in die Finger geschnitten. Ich wurde vom Kämpfenden zum besseren E t a p p e n s c h w e i n degradiert.

… Es war ganz spaßig, die Franzosen an manchen Stellen nur auf fünf Schritt vor sich zu haben. Man hörte den Kerl sprechen, man sah ihn Zigaretten rauchen, ab und zu warf er ein Stück Papier herüber. Man unterhielt sich mit ihnen, und trotzdem suchte man sich auf alle erdenklichen Arten a n z u ä r g e r n (Handgranaten).

... Besonders eine Sau war interessant, sie kam jede Nacht durch den See geschwommen, brach an einer bestimmten Stelle in einen Kartoffelacker und schwamm dann wieder zurück. Es reizte mich natürlich besonders, dieses Tier näher kennenzulernen. So setzte ich mich denn an dem Ufer dieses Sees an. Wie verabredet, erschien die alte Tante um Mitternacht, um sich ihr Nachtmahl zu holen. Ich schoss, während sie noch im See schwamm, traf, und das Tier wäre beinahe versoffen, wenn ich nicht noch im letzten Moment hätte zugreifen können, um sie an einem Lauf festzuhalten.

... So hatte ich es schon einige Monate ausgehalten, da kam eines schönen Tages etwas Bewegung in unseren Laden. Wir beabsichtigten eine kleine Offensive an unserer Front. Ich freute mich mächtig ...

*

Nachdem in Russland unsere Unternehmungen so sachte zum Stehen kamen, wurde ich plötzlich zu einem Großkampfflugzeug, zur B. A. O. nach Ostende versetzt (21. August 1915). Ich traf da einen alten Bekannten, Zeumer, und außerdem verlockte mich der Name „Großkampfflugzeug".

*

Aus dem Kapitel: „Ein Tropfen Blut fürs Vaterland":

Mein Großkampfflugzeug, das sich für das Bombenschleppen ganz gut eignete, hatte aber die dumme Eigenschaft, dass man von der abgeworfenen Bombe den Einschlag schlecht sehen konnte, denn das Flugzeug schob sich nach dem Abwurf über das Ziel weg und verdeckte es mit seinen Flächen vollkommen. Dieses ärgerte mich immer, denn man hatte so wenig Spaß davon. Wenn's unten knallt und man die lieblich grau-weiße Wolke der Explosion sieht und sie auch in der Nähe des Zieles liegt, macht einem viel Freude.

*

... Ich verfolgte ihn mit den Augen und klopfte Osteroth auf den Kopf. Er fällt, er fällt, und tatsächlich fiel er in einen großen Sprengtrichter;

man sah ihn darin auf den Kopf stehen, Schwanz nach oben. Auf der Karte stellte ich fest: fünf Kilometer hinter der jetzigen Front lag er. Wir hatten ihn also jenseits abgeschossen. In damaliger Zeit wurden aber Abschüsse jenseits der Front nicht bewertet, sonst hätte ich heute einen mehr auf meiner Liste. Ich aber war sehr stolz auf meinen Erfolg, und im Übrigen ist es ja die Hauptsache, wenn der Kerl unten liegt, also nicht, dass er einem als Abschuss angerechnet wird.

*

… Ich nahm mir einen zweiten Piloten als Beobachter mit und schickte diesen abends zurück. Nachts setzte ich mich auf Sauen an und wurde am nächsten Morgen von diesem Piloten wieder abgeholt.

… Es ist aber nicht jedermanns Sache, auf Wetter gar keine Rücksicht zu nehmen, doch es gelang mir, einen Gesinnungstüchtigen zu finden.

*

Aus dem Kapitel „Bombenflüge in Russland":

… Man konnte das von oben sehr schön sehen; an jeder Ausweichstelle stand ein Transportzug. Also ein wirklich lohnendes Ziel für einen Bombenflug. Man kann sich für alles begeistern. So hatte ich mich mal für eine Weile für dieses Bombenfliegen begeistert. Es machte mir einen unheimlichen Spaß, die Brüder da unten zu bepflastern. Oft zog ich an einem Tage zweimal los.

… Ich schleppte manchmal einhundertfünfzig Kilogramm Bomben mit einem ganz normalen C-Flugzeug. Außerdem hatte ich noch einen schweren Beobachter mit, dem man die Fleischnot gar nicht ansah, ferner „für den Fall dass" noch zwei Maschinengewehre. Ich habe sie nie in Russland ausprobieren können. Es ist sehr schade, dass in meiner Sammlung kein Russe vorhanden ist. An der Wand würde sich seine Kokarde gewiss ganz malerisch machen. So ein Flug mit einer dicken, schwerbeladenen Maschine, besonders in der russischen Mittagsglut, ist nicht von Pappe.

… Endlich ist man in einer ruhigeren Luftschicht und kommt allmählich zu dem Genuss des Bombenfluges. Es ist schön, geradeaus zu fliegen, ein bestimmtes Ziel zu haben und einen festen Auftrag. Man hat nach einem Bombenwurf das Gefühl: Du hast etwas geleistet, während man manchmal bei einem Jagdflug, wo man keinen abgeschossen hat, sich sagen muss: Du hättest es besser machen können. Ich habe sehr gern Bomben geworfen.

... Und so konnten wir noch manches erreichen. Mein Beobachter schoss feste mit dem Maschinengewehr unter die Brüder, und wir hatten einen wilden Spaß daran.

*

Aus dem Kapitel „Endlich":

... Wir unterhielten uns mit den Kameraden, da erzählte einer: „Heute kommt der große Boelcke und will uns, oder vielmehr seinen Bruder, in Kowel besuchen." ... Ich wagte nicht, ihn zu bitten, dass er mich mitnähme. Nicht aus dem Grunde heraus, dass es mir bei unserem Geschwader zu langweilig gewesen wäre – im Gegenteil, wir machten große und interessante Flüge, haben den R u s s k i s so manchen Bahnhof e i n g e t ö p p e r t – aber der Gedanke, wieder an der Westfront zu kämpfen, reizte mich. Es gibt eben nichts Schöneres für einen jungen Kavallerieoffizier, als auf Jagd zu fliegen.

*

Aus dem Kapitel „Mein erster Engländer":

... Was B o e l c k e u n s s a g t e, war uns daher ein E v a n g e l i u m. In den letzten Tagen hatte er, wie er sich ausdrückte, zum Frühstück schon mindestens einen, manchmal auch zwei Engländer abgeschossen.

... Er schien aber kein Anfänger zu sein, denn er wusste genau, dass in dem Moment sein letztes Stündlein geschlagen hatte, wo ich es erreichte, hinter ihn zu gelangen. Ich hatte damals noch nicht die Ü b e r z e u g u n g, „der muss fallen", wie ich sie jetzt voll habe, sondern ich war vielmehr gespannt, ob er wohl fallen würde, und das ist ein wesentlicher Unterschied. Liegt mal der Erste oder gar der Zweite oder Dritte, dann geht einem ein Licht auf: „So musst du's machen."

... Stolz meldete ich zum ersten Male: „Einen Engländer abgeschossen." Sofort jubelte alles, denn ich war nicht der einzige; außer Boelcke, der, wie üblich, seinen Frühstückssieg hatte, war jeder von uns Anfängern zum ersten Male Sieger im Luftkampf geblieben.

*

Ich habe in meinem ganzen Leben kein schöneres Jagdgefilde kennengelernt als in den Tagen der Somme-Schlacht. Morgens, wenn man aufgestanden, kamen schon die ersten Engländer, und die letzten verschwanden, nachdem schon lange die Sonne untergegangen war. „Ein Dorado für die Jagdflieger", hat Boelcke einmal gesagt. Es ist damals die Zeit gewesen, wo Boelcke in zwei Monaten mit seinen Abschüssen von zwanzig auf vierzig gestiegen war. Wir Anfänger hatten damals noch nicht die Erfahrung wie unser Meister und waren ganz zufrieden, wenn wir nicht selbst Senge bezogen. Aber schön war es!

… Der Geist Boelckes lebt fort unter seinen tüchtigen Nachfolgern.

*

… Es war wieder das übliche Lied. Boelcke schießt einen ab, und ich kann zusehen.

*

Aus dem Kapitel „Der Achte":

Acht war zu Boelckes Zeiten eine ganz anständige Zahl.

… Als Immelmann seinen Ersten abschoss, hatte er sogar das Glück, einen Gegner zu finden, der gar kein Maschinengewehr bei sich hatte. Solche Häschen findet man jetzt höchstens noch über Johannisthal.

*

… Ich flog quietschvergnügt eines schönen Tages wieder mal auf Jagd und beobachtete drei Engländer, die scheinbar auch nichts anderes vorhatten als zu jagen. Ich merkte, wie sie mit mir liebäugelten, und da ich gerade viel Lust zum Kampfe hatte, ließ ich mich darauf ein. Ich war tiefer als der Engländer, folglich musste ich warten, bis der Bruder auf mich 'runterstieß. Es dauerte auch nicht lange, schon kam er angesegelt und wollte mich von hinten fassen. Nach den ersten fünf Schüssen musste der Kunde schon wieder aufhören, denn ich lag bereits in einer scharfen Linkskurve.

... Dabei flogen meine ersten blauen Bohnen ihm um die Ohren, denn bis jetzt war keiner zu Schuss gekommen ... Sein Maschinengewehr rannte in die Erde und ziert jetzt den Eingang über meiner Haustür.

*

Aus dem Kapitel „Englische und französische Fliegerei":

Zurzeit bin ich bemüht, der Jagdstaffel Boelcke Konkurrenz zu machen ... Dem Engländer dagegen merkt man eben doch ab und zu noch etwas von seinem Germanenblut an. Auch liegt dem Sportsmann das Fliegen sehr, aber sie verlieren sich zu sehr in dem Sportlichen ... Dies macht wohl bei der Johannisthaler Sportswoche Eindruck, aber der Schützengraben ist nicht so dankbar wie dieses Publikum. Er verlangt mehr. Es soll immer englisches Pilotenblut regnen.

*

Aus dem Kapitel „Selbst abgeschossen":

... So habe ich mal einen Engländer abgeschossen, dem ich den Todesschuss jenseits der feindlichen Linien gegeben habe, und 'runtergeplumpst ist er bei unseren Fesselballons, so weit hat ihn der Sturm noch 'rübergetrieben.

*

Aus dem Kapitel „Erste Dublette":

... Das Wetter ist eigentlich sehr schlecht geworden, sodass wir nicht annehmen konnten, noch Weidmannsheil zu haben.

... Nach seiner Landung flog ich nochmals über ihn hinweg in zehn Metern Höhe, um festzustellen, ob ich ihn totgeschossen hatte oder nicht. Was macht der Kerl? Er nimmt sein Maschinengewehr und zerschießt mir die ganze Maschine.

Voß sagte nachher zu mir, wenn ihm das passiert wäre, hätte er ihn nachträglich noch auf dem Boden totgeschossen. Eigentlich hätte ich es auch machen müssen, denn er hatte sich eben noch nicht ergeben. Er war übrigens einer von den wenigen Glücklichen, die am Leben geblieben sind.

Sehr vergnügt flog ich nach Hause und konnte meinen Dreiunddreißigsten feiern.

*

… Ich kriegte meinen Gegner vor und konnte noch schnell sehen, wie mein Bruder und Wolff sich jeder einen dieser Burschen vorbanden.

*

Aus dem Kapitel „Der ‚alte Herr' kommt uns besuchen":

… Um halb Zehn ist er auf unserem Platz. Wir kommen gerade von einem Jagdflug nach Hause, und mein Bruder steigt zuerst aus seiner Kiste, begrüßt den alten Herrn: „Guten Tag, Papa, ich habe eben einen Engländer abgeschossen." Darauf steige ich aus meiner Maschine: „Guten Tag, Papa, ich habe eben einen Engländer abgeschossen." Der alte Herr war glücklich, es machte ihm viel Spaß, das sah man ihm an. Er ist nicht einer von den Vätern, die sich um ihre Söhne bangen, sondern am liebsten möchte er selbst sich in eine Maschine setzen und auch abschießen – glaube ich wenigstens. Wir frühstückten erst mit ihm, dann flogen wir wieder.

… Das deutsche Flugzeug ist scheinbar angeschossen … Wir stürzen hin und müssen mit Bedauern feststellen, dass der eine der Insassen, der Maschinengewehrschütze, gefallen ist. Dieser Anblick war meinem Vater etwas Neues und stimmte ihn offenbar sehr ernst.

… Diesmal hatte ich wieder Glück und hatte meinen zweiten Engländer an dem Tage abgeschossen. Die Stimmung des alten Herrn war wieder da.

… Wolff war mit seiner Gruppe während der Zeit am Feinde gewesen und hatte selbst einen erledigt. Auch Schäfer hatte sich einen zu Gemüte geführt.

… Da plötzlich bäumt sich das feindliche Flugzeug auf – ein sicheres Zeichen des Getroffenseins, gewiss hatte der Führer Kopfschuss oder so etwas – das Flugzeug stürzt, und die Flächen des feindlichen Apparates klappen auseinander. Die Trümmer fallen ganz in der Nähe meines Opfers. Ich fliege an meinen Bruder heran und gratuliere ihm, das heißt wir winkten uns gegenseitig zu. Wir waren befriedigt und flogen weiter. Es ist schön, wenn man mit seinem Bruder so zusammen fliegen kann.

... Wir schlossen uns eng zusammen, denn jeder wusste, dass man es mit Brüdern zu tun hatte, die dasselbe Metier verfolgen wie wir selbst ... aber es kommt eben nicht auf die Kiste an, sondern auf den, der drinnen sitzt; die Brüder waren laurig und hatten keinen Mumm.

... Aber wenn einem die Kundschaft nicht mehr gibt, muss man sie halt nehmen, wie sie kommt.

... Was unter mir ist, womöglich noch allein und auf unserem Gebiet, kann wohl als verloren gelten, besonders, wenn es ein Einsitzer ist, also ein Jagdflieger, der nicht nach hinten 'rausschießen kann.

... Jedes Mal fiel mein Freund darauf 'rein. So hatte ich mich sachte an ihn herangeschossen. Nun bin ich ganz nahebei. Jetzt wird sauber gezielt, noch einen Augenblick gewartet, höchstens noch fünfzig Meter von ihm entfernt, drücke ich auf beide Maschinengewehrknöpfe. Erst ein leises Rauschen, das sichere Zeichen des getroffenen Benzintanks, dann eine helle Flamme, und mein Lord verschwindet in der Tiefe.

Dieser war der Vierte an diesem Tage. Mein Bruder hatte zwei. Dazu hatten wir den alten Herrn scheinbar eingeladen. Die Freude war ganz ungeheuer.

... Sechs Engländer hatten die beiden Brüder also an einem Tage abgeschossen, das ist zusammen eine ganze Fliegerabteilung. Ich glaube, wir waren den Engländern unsympathisch.

*

Aus dem Kapitel „Mein Bruder":

... Das täte uns leid, denn dadurch würde uns manche schöne Gelegenheit genommen, bei der wir die Engländer gut belapsen könnten.

*

Aus dem Kapitel „Lothar ein ‚Schießer' und nicht ein Weidmann":

Mein Vater macht einen Unterschied zwischen einem Jäger (Weidmann) und einem Schießer, dem es nur Spaß macht zu schießen. Wenn ich einen Engländer abgeschossen habe, so ist meine Jagdpassion für die nächste Viertelstunde beruhigt. Ich bringe es also nicht fertig, zwei Engländer unmittelbar hintereinander abzuschießen. Fällt der eine herunter, so habe ich das unbedingte Gefühl der Befriedigung. Erst sehr, sehr viel später habe ich mich dazu überwunden und mich zum Schießer ausgebildet. Bei meinem Bruder war es anders.

… Zu Hause fragte er mich stolz: „Wie viel hast du abgeschossen?" Ich sagte ganz bescheiden: „Einen." Er dreht mir den Rücken und sagt: „Ich habe zwei", worauf ich ihn zur Nachsuche nach vorn schickte. Er musste feststellen, wie seine Kerle hießen u.s.w. Am späten Nachmittag kommt er zurück und hat nur einen gefunden. Die Nachsuche war also schlecht, wie überhaupt bei solchen Schießern. Erst am Tage darauf meldete die Truppe, wo der andere lag. Dass er 'runtergefallen war, hatten wir ja alle gesehen.

*

Aus dem Kapitel „Der Auerochs":

Der Fürst Pleß hatte mir gelegentlich eines Besuches im Hauptquartier erlaubt, bei ihm auf seiner Jagd ein Wisent abzuschießen. Der Wisent ist das, was im Volksmund mit Auerochse bezeichnet wird. Auerochsen sind ausgestorben. Der Wisent ist auf dem besten Wege, das Gleiche zu tun. Auf der ganzen Erde gibt es nur noch zwei Stellen, und das ist in Pleß und beim Revier des ehemaligen Zaren im Bialowiczer Forst. Der Bialowiczer Forst hat natürlich durch den Krieg kolossal gelitten. So manchen braven Wisent, den sonst nur hohe Fürstlichkeiten und der Zar abgeschossen hätten, hat sich ein Musketier zu Gemüte geführt. Mir war also durch die Güte seiner Durchlaucht der Abschuss eines so seltenen Tieres erlaubt worden. In etwa einem Menschenalter gibt es diese Tiere nicht mehr, da sind sie ausgerottet.

… Ich stand auf der Kanzel, auf der, wie mir der Oberwildmeister berichtete, bereits mehrmals Majestät gestanden hat, um so manchen Wisent von da aus zur Strecke zu bringen.

… Auf zweihundertfünfzig Schritt verhoffte er noch einen Augenblick. Es war mir zu weit, um zu schießen. Getroffen hätte man ja vielleicht das Ungetüm, weil man eben an so einem Riesending überhaupt nicht vorbeischießen kann.

… Schlecht zum Schießen. Da verschwand er hinter einer Gruppe von dichten Fichten. Ich hörte ihn noch schnaufen und stampfen. Sehen konnte ich ihn nicht mehr. Ob er Wind von mir bekommen hatte oder nicht, weiß ich nicht. … War es der ungewohnte Anblick eines solchen Tieres oder wer weiß was – jedenfalls hatte ich in dem Augenblick, wo der Stier herankam, dasselbe Gefühl, dasselbe Jagdfieber, das mich ergreift, wenn ich im Flugzeug sitze, einen Engländer sehe und ihn noch etwa fünf Minuten lang anfliegen muss, um an ihn heranzukommen. Nur mit dem einen Unterschied, dass sich der Engländer wehrt. Hätte ich nicht auf einer so hohen Kanzel gestanden, wer weiß, ob da nicht noch andere moralische Gefühle mitgespielt hätten?

… Hindenburg hatte mir einen Monat vorher gesagt: „Nehmen Sie sich recht viel Patronen mit. Ich habe auf meinen ein halbes Dutzend verbraucht, denn so ein Kerl stirbt ja nicht. Das Herz sitzt ihm so tief, dass man meistenteils vorbeischießt." Und es stimmte. Das Herz, trotzdem ich ja genau wusste, wo es saß, hatte ich nicht getroffen. Ich repetierte. Der zweite Schuss, der dritte, da bleibt er stehen, schwerkrank. Vielleicht auf fünfzig Schritt vor mir. Fünf Minuten später war das Ungetüm verendet. Die Jagd wurde abgebrochen und „Hirsch tot" geblasen. Alle drei Kugeln saßen ihm dicht überm Herzen, sehr gut Blatt.

*

… Man ist noch lange nicht am Ende der Erfindungen. Wer weiß, was wir in einem Jahr verwenden werden, um uns in den blauen Äther zu bohren!

*

Aus einer faksimilierten Beilage:

Rittm. Freih. von Richthofen.

Jagdstaffel Richthofen …

Gott sei ferner mit Ihnen.

Zum ewigen Gedächtnis

Oktber 1917

Zum ewigen Gedächtnis

Central-Kino

Eingänge: II. Tahorstraße 8. — II. Praterstraße 13.

Heute Eröffnung! Vorstellungen um 6 und 8 Uhr abends. **Heute Eröffnung!**

☞ **Erstaufführung von** ☜

Bogdan Stimoff

Von Alfred Deutsch-German.

Der König . . . . . **Zar Ferdinand von Bulgarien**
Bogdan . . . . Herr **Georg Reimers** (Burgtheater)
Anja . . . . Frau **Lotte Medelsky** *(*Burgtheater)
Max Falk . . . . . . Herr **Eugen Frank** (Burgtheater)
Die Fee der Treue . Frau **Marietta Piccaver**
Giovanni . . . . . . Herr **Lackner** (Volkstheater)
Anna . . . . Fräulein **Kutschera** (Burgtheater)
usw. usw. usw.

Ort der Handlung: Im Vorspiel Bulgarien, im 1. Akt
Amerika, im 2. Akt auf dem Ozean, im 3. und 4. Akt auf
dem Schlachtfelde Bulgariens und am Königshof zu Sofia.

Der billigste Platz ist 6 Meter von der Bildfläche entfernt. Preis von 60 Heller an.

Dialog der Geschlechter

Novemebr 1915

Ein Quodlibet

> Aus Hannover wird telegrafiert, dass die dortige Zensur die Aufführung von Strindbergs „Vater" am Residenztheater verbot. Das Stück p a s s e a u s e t h i s c h e n u n d ä s t h e t i s c h e n G r ü n d e n n i c h t i n d e n E r n s t d e r Z e i t.

Wenn man sich die Tonnen Unflats, die, den Dimensionen der Zeit entsprechend, allabendlich von Deutschlands Bühnen herab über Deutschlands Volk entleert werden, als Schiffsladung vorstellen wollte, so dürfte der Dampfer „Vaterland" als ein Schinakel[44] erscheinen. Aber eben darum erweist sich das Verbot des Strindberg'schen Werkes als eine aus ethischen und ästhetischen Gründen erflossene Schutzmaßregel gegen den Bürger, der sich vom Ernst der Zeit bei Kraatz und Stobitzer erholen muss, indem man bekanntlich nach des Tages Müh' und Wucher „sich amüsieren will", welches Wort längst kein Fremdwort mehr ist, sondern ein auch von der Berliner Polizeidirektion anerkanntes und von dem Eigenschaftswort „amusisch" abgeleitetes Zeitwort. Sollte aber aus dem Hannover'schen Verbot etwa zu schließen sein, dass uns wieder einmal die janze Richtung nich passt, so würde sich das Bedürfnis nach einer endgültigen Norm für eine zulässige Behandlung des Problems der Geschlechter auf der deutschen Bühne herausstellen. Wie, in welchen Tönen, bis zu welchem Grad der Aufrichtigkeit dürfen sie zueinander sprechen? Eine Balkonszene wie die zwischen Romeo und Julia hat trotz der „Reinhardt'schen Aufmachung" wenig Verlockendes und an und für sich mehr die Faßóng dessen, was der Aufgeklärte einen Klimbim nennt. Wie Strindberg die Geschlechter sieht, ist aus ethischen und ästhetischen Gründen nicht vorführbar. Aber es gibt einen goldenen Mittelweg. Es gibt einen Dialog, der alles enthält, was die neuzeitliche Seele eines Volkes zu offenbaren hat, wenn Er und Sie sich gegenüberstehen und die letzte schuldvolle Wahrheit einander Vorhalten. Gewiss glaubt

---

44   Wienerisch für kleines Boot.

man jetzt, ich würde die umfassendste Liebeserklärung zitieren, die je ein Dichter geformt hat und die da lautet:

> Ach Irma, ach Irma,
> dich liebt die ganze Firma!

Nicht doch. Es war zwar das Hohelied der protokollierten Liebe, aber die Geliebte bleibt darin stumm, und nur die Sehnsucht des Mannes, die nach Kontorschluss plötzlich hervorbricht, hat Flügel und Worte. Haste Worte? müsste man auch sie fragen, die sich so von einer G.m.b.H. angeschwärmt fühlt, und sie dürfte antworten: „Nee, nich zu machen, schließt von selbst!" Er aber lässt sich nicht abschrecken, und die sachliche Lebensanschauung des deutschen Mannes, die auch in der Liebe ohne Ansehen der Person urteilt, spricht sich allsogleich in dem Bekenntnis eines Entschlossenen aus, der geschäftlich reüssiert hat und dem zum vollen Glück nur eines fehlt:

> Kinder, ich brauch' ein Verhältnis,
> das möglichst pompös gestellt is.
> Ob sie stark oder schlank wie die Birken,
> ejal – dekorativ soll se wirken!

Aber ein Verhältnis ist schließlich noch nichts, was uns über die Beziehung der Geschlechter orientiert. Wohl wäre er in einer schwachen Stunde fähig, sich loszureißen und ihr den starken Entschluss zu eröffnen:

> Rosa, wir fahren nach Lodz!

und er wäre wohl auch der Mann, diesen Entschluss auszuführen. Es würde aber selbst diese Regung weniger die erotische Seite des Lebens betreffen als die Tüchtigkeit, die den ersten zwischen Himmel und Erde verkehrenden D-Zug benutzen wird. „Ja, die wahre Liebe ist das nicht", sagte man einst, sondern es ist, wie immer in dieser Kulturzone, mehr die Verbindung des Angenehmen mit dem Nützlichen, des Praktischen mit dem Dekorativen. Wo bleiben die Troubadoure? Jetzt aber wird auftreten Willy Wenzke, genannt der süße Willy, der Liebling der Damenwelt. Er fragt unvermittelt:

Ist denn kein Stuhl da, Stuhl da, Stuhl da
für meine Hulda, Hulda, Hulda –

nee, is nich. Das ist bloß Galanterieware, nicht Leidenschaft. Sofort treten vier uniformierte Chordamen in die Bresche, die mit vorgeworfenen Schenkeln und die Oberlippe streichend, behaupten:

Ja, wir sind eine eigene Rasse,
tralala lala lala.
Zivil ist ganz 'ne faule Klasse,
tralala lala lala.

Nachdem sich dies unter lebhafter Zustimmung des Zivils begeben hat, tritt eine Dame in Zivil auf, die, die Hände abwechselnd vom Busen in die Richtung zum Publikum führend und zwischendurch gleichfalls die Oberlippe streichend, die Versicherung abgibt:

Ja, so ein Leudenant
so schick und sauber
wirkt auf ein Mädchenherz
als wie ein Zauber.
Zum Beispiel ein Husar, ein Kavallrist –
besonders, wenn er schick und sauber ist!

Das ist sicherlich schneidig, hat aber heute doch wegen der stofflichen Verallgemeinerung eher an Verständnis verloren als gewonnen und bringt wieder nur die Ekstase des Weibes zum Ausdruck, ohne dass das andere Geschlecht einen Ton dazu sagt. Dieses, einer ganzen Welt die Stirn bietend und nur noch im Joch der Prügelmasseusen schmachtend – es wird weiter gedroschen –, erlebt eine starke Genugtuung, da endlich das Lied wie Donnerhall erklingt:

Pauline, au au au, au au, au au,
wie haben sie dir vahaun!

Der gebildete Sally Katzenelbogen, Export, Frankfurt a./O., tippt hiebei seinem Nachbarn, dem Rechtsanwalt Krotoschiner II an die Schulter: „Wie sagt doch Nietzsche? Jehst du zum Weibe, verjiss de Peitsche nich!"

Worauf Krotoschiner II versetzt: „Na hörn Se mal, lassen Se mich man bloß mit dem Mann zufrieden, d e r Mann is mir n i c h kompetent, d e r hat doch bekanntlich 'n böses Ende jenommen. Oberfauler Kunde, sag ich Ihnen. Kenn' Se Dolorosa?" „Nee, sitzt dort nich Hertha Lücke vom Palais de danx, Kantstraße fünfzehn, Belletahsche, Rufnummer Kurfürst achthundertvierundfunfzigtausendsiebenhundertsiebenundfunfzig?" „Ach Unsinn, Gegenteil, das ist Gerda Mücke vom Lindenkasino, Leibnizstraße neunundfunfzig, zwei Treppen, Lützow neunhundert-siebenundfunfzigtausendachthundertdreiundfunfzig, Teelefonn mit Warmwasser, Luftschiff im Hause, zu jedem Appertemang 'n Kulturbatt, pickfein! mit die schickste Person die wir im Reich haben." „Jewiss doch – un wissen Se, wer neben sitzt? Motte Mannheimer, Kunststück, der wickelt se alle in blaue Lappen!" Die Musik ist inzwischen von sadistischen Motiven zum Ausdruck reinster Adoration übergegangen.

> Puppchen, du mein Augenstern –

Das ist innig, auch, wie wir erfahren haben, als Marschlied und bei Stürmen geeignet, aber über die Beziehung der Geschlechter gibt es keinen Aufschluss. Und ist wieder ein Monolog. Aus den Neunzigerjahren kommt eine Dame auf die Szene, Fräulein Frieda Fleuron, vulgo Käsebier, genannt die totschicke Nachtigall, gefolgt von drei andern Damen, und stellt sich vor:

> Fesch, schick, wirklich indresant –
> stell'n wir uns jetzt vor Sie hin.
> Wir sind, das weiß ein jeder, anerkannt
> als Nachtigall'n von Berlin.

Für Wien wird die letzte Zeile geändert, für Dresden ist das Lied verloren. Dagegen gibt es eines, das zeitgemäß ist, weil es den Genien beider Hauptstädte mit einem Schlag huldigt. Ich habe einmal die zwei ersten Zeilen gehört, bin aber imstande, es fortzusetzen:

> Ja, mein Herz gehört nur Wien.
> Doch sehr schön ist auch Berlin.
> Denn sehn Sie, so ein Leudenant,
> so indresant und auch scharmant,

ich geb' ihm gern ein Rangdewu –
doch noch lieber hab' ich Ruh.
Denn ach, denn ach, denn ach,
man wird ja so leicht schwach.
Darum sag' ich, mein Herz gehört Wien.
Doch sehr schön ist auch Berlin.

Die Städtenamen werden umgestellt, je nachdem ob Frieda Käsebier, ehedem unter dem Namen Fleuron bekannt, in einer Reichshalle oder bei der Waldschnepfe ihre Künste spielen lässt. Wir sind während dieser Vorgänge sichtlich um zehn Jahre älter geworden, und in einem „Bierkabarett", wo es nicht ausgeschlossen ist, auch Sekt zu erhalten, treten abwechselnd Herren und Damen vor die Rampe, die, sei es mit der trotzigen Herausforderung: „Ich bin ein Prolet, was kann ich dafür!", sei es mit der zynischen Anklage: „Ich bin eine Dirne, was liegt daran!" in brüsker Weise zur Hebung des Konsums beitragen, und man hat dennoch wieder nur den Eindruck, dass die beiden Typen aneinander vorbeileben. Um das verwirrte Publikum, das plötzlich nach „Schneider-Duncker" verlangt und aus dem gellende Hilferufe: „Schneider-Duncker soll komm'n!" hörbar werden, zu beruhigen, tritt Schneider-Duncker auf und muss sich zu Zugaben entschließen. Nachdem hierauf eine Dame ein Lied über eine Hinrichtung gesungen hat, fordert unvermittelt ein Konferenzier oder sonst ein vifer Bursche das Publikum auf, ihm Zitate aus Klassikern zuzuschmeißen, aus denen er sofort bereit ist ein Gedicht zu machen; er übernimmt jede Garantie. Einer ruft infolgedessen immer wieder: „Durch diese hohle Gasse muss er kommen!" Er besteht darauf. Eine innige Mädchenstimme wünscht: „*O schmölze doch dies allzu feste Fleisch!*" Der Dichter ist ratlos, der Fall ist ihm noch nicht vorgekommen. Er scheint aber immerhin, wenn alle Stricke reißen, entschlossen, sich so aus der Affäre zu ziehen:

Durch diese hohle Gasse muss er kommen –
der Kellner nämlich, schon hört man das Geräusch –
aber das Essen ist nicht zu genießen –
o schmölze doch dies allzu feste Fleisch –

da bringt ihn ein besoffener Budiker in Verwirrung, indem er spontan hinaufbrüllt: „Popologie!" Mit diesem klassischen Zitat weiß jener vollends nichts anzufangen. Als aktuelle Anspielung ist es verständlich. Man lebt in der Zeit der Prozesse gegen die bekannte „Normwidrigkeit", die so lange grassierte, bis Harden sich das Verdienst erwarb. Auch aus diesem Milieu ist also wieder nichts für die Erkenntnis zu profitieren, wie die Geschlechter Zwiesprache halten. Wir treten deshalb in die Friedrichstraße hinaus und hören zwischen Aschinger, Autos, Schutzmännern, Kaffffes, Kintopps und Koofmichs, zwischen Fußwohl und Salamander, zwischen Feentempeln aus Zigarren und Walhallen für Bier, zwischen Brillanten, die Glas, und Kometen, die Lichtreklamen sind, zwischen Rowdies, Maklern, Gesundbetern, Wiener Operettensängern und Bohemiengs, zwischen „Luden", „Puppen", „Nutten", „Neppern", „Schleppern", „Schiebern" und „Schneppen", die aber alle ein und dasselbe Gesicht haben, zwischen Benzin und Moschus, zwischen Tuten und Rufen wie: „B.Z. am Mittag!" „Neieste Nummer des Semplecissimus!" „Der Heiratsonkel!" „Maxemilian Harden gegen Willem den Zweiten!" „B.Z. am Mittag!" „Die jroße Glocke! Sensationelle Enthüllungen, Schweinerei bei Wertheim!" „Pikantes aus Moabit!" „Wachsstreichhölzer, Wachsstreichhölzer!" –die furchtbare Proklamation: „Die Welt am Montag! Der Männervenustempel in der Kochstraße polezeilich jesperrt!" Wir besinnen uns vor dieser Wortbildung, die einen Wirbel im Betriebsstrom zu bewirken scheint, wir erkennen, was es alles gibt und nicht mehr gibt je nachdem, wir haben die Empfindung, dass man sich hier sehr ins Unrecht setzen würde, ließe man sich plötzlich das Wort „Asphodeloswiese" einfallen, dass es öffentliches Ärjernis erregen könnte und dass, wenn hier Aphrodite aus dem Asphalt emporstiege, sie aufgefordert würde, „dem Schönheitssinne Rechnung zu tragen", und wenn sie sich weigerte, unter dem Beifall der Passanten, wenn auch unter Sträuben, wegen Unjebühr nach der „Sitte" gebracht würde. Dann, wenn alles vorbei ist, ziehen die Geschlechter weiter ihres Wegs. Wir folgen einer Empfehlung in das Lokal „Rosenkavalier, lauschigstes Eckchen der Welt", also in eine Kaschemme, wo die Volksseele mehr angtrnu ist, um sie zu belauschen, wie sie singt und sagt:

> Emil du bist eene Pflanze,
> ja so jefällst du mir!
> Du jehst immer uff's Janze,
> ik bin varrückt nach dir!

Unter solchen Umständen geschieht selbst in dieser Atmosphäre ein Wunder. Nämlich, dass ein Lied, welches in ihr lag, seit zwanzig Jahren nicht erfunden wurde, sodass Text und Musik von mir sind. Das Publikum singt mit.

> Komm mal ran da,
> Süße Wanda,
> Komm mit mir auf die Veranda!

Ihre Antwort aber könnte mir nicht einfallen. Vielleicht ist sie das bekannte Bekenntnis:

> Ach Ernst, ach Ernst, ach Ernst!
> Was du mir alles lernst!

Na wenn schon. Dass man sich in der Liebe auskennen muss, ist ja Grundbedingung. Wie sagt doch der Dichter?

> Ja ja die Liebe, ach die Liebe ist so schön –
> Nur muss man den Zauber auch verstehn!
> Wer die Liebe zu genießen nicht versteht,
> der lass' es lieber gehn, der ist ganz einfach blöd!

Dass man den Zauber verstehen muss, vaschtehste, ehe man sich darauf einlässt, ihn zu erleben, ist klar und für jeden, der helle ist und sich von Mysterien nicht an die Wimpern klimpern lässt, mehr minder selbstverständlich, zumal in einer Epoche, wo in sämtlichen Lokalen ein kolossaler Betrieb ist. Aber wenn man einmal so weit ist – was dann? Und wenn der Mann gewitzigt ist, wie schützt sich die Frau? Ein Malheur ist bald geschehn. Denn:

> Mutter – der Mann, der Mann, der Mann
> rückt immer näher an mir heran.
> Mutter pass auf, Mutter komm her,
> sonst passiert noch een Malheur!

Jeder Teil wäre nun mal gründlich vorbereitet und könnte sich das Leben danach einrichten. Aber beide zusammen? Nein, keines dieser

Dokumente einer Ursprünglichkeit, die hinter der Ordnung lebt, gibt
über die Beziehung der Geschlechter Aufschluss. Wo erfährt man etwas? Vielleicht vom Leben selbst, also von den Schaufenstern. Da die
Menschen hauptsächlich Träger und Vermittler von Gebrauchsartikeln
sind, so dürfte die Beziehung am lebendigsten aus der Begegnung jener
beiden Wachspuppen hervorgehen, auf deren Postament etwa geschrieben steht:

> Erst spritzt er sie — dann spritzt sie ihn
> Mit dem Wundermittel „Perolin".

Aber ist es eigentlich ein Dialog? Es ist eine Erkenntnis, wie die des Fe-
jetongredakteurs vom „Tageblatt", der zu Weihnachten das Problem der
Geschlechter mit der beherzten Rundfrage anging:

> „Muss er hübsch sein? Muss sie klug sein?"

Ejal – hübsch verdienen muss er und dekorativ soll se wirken. Wann
aber sprechen sie sich endlich aus? Immer schmachtet entweder sie nach
Geld und Liebe oder er nach Liebe und Geld – aber das entscheidende
Wort, das sie einander zuführt, fällt nicht. Halt, einmal fiel es doch! Und
wirklich, was sie einander zu sagen haben, heute wie in der Zeit, die alles,
was jetzt geschieht, vorbereitet hat, ist in diesem einen schlichten Dialog
enthalten:

> „Liebes Fräulein, ach, ich wet-te –
> Sie sind eine Erzkoket-te!"
> „Sie sind doch bekannt, mein Lieber –
> als Schieber, als Schieber!"

Was zu großen Beifallskundgebungen der Koketten und der Schieber
Anlass gibt. Beide Gruppen drohen einander scherzhaft mit dem rechten
Zeigefinger. Es dürfte vorläufig die letzte zulässige Wahrheit über das
Strindberg-Problem sein. Es ist tipptopp, passt aus ästhetischen und
ethischen Gründen in den Ernst der Zeit und hat für die Geschlechter,
die zur Gründung der nächsten Generation in Kompagnie treten, nichts
Verletzendes. Das „Metropol" ist allabendlich ausverkauft, Bender und
die Gutzke muss man gesehn haben, die Orchestrions spielen es, und

die Luft der „Passage", wo die Koketten wandeln, die Schieber schieben und im Ernst der Zeit gereifte Strichjungen streichen, enthält statt Ozon nur diesen einen Klang. Automaten singen ihn und er summt in den traumlosen Schlaf der Automaten.

DAS TECHNOROMANTISCHE ABENTEUER

März 1918

Ich für meinen Teil war von Beginn dieser Aktion der Ansicht, dass der Kopfsturz der Menschenwürde von einem Gehirnbazillus verursacht ist, dem nur die ihm selbst verfallene Wissenschaft bislang nicht auf die Spur kommen konnte. Der Eindruck, dass die ganze aktiv und passiv am Opfer beteiligte Gemeinschaft aus spezifischen Tollhäuslern besteht, wird nicht so sehr durch die täglich gesteigerte Rapidität des Entschlusses, sich in Schmach und Schuld zu stürzen, bewirkt als durch die totale Fühllosigkeit im Angesicht der geistigen und ethischen Kontraste, zwischen denen sich dieses Schauerdrama abspielt. Man würde glauben, dass vor der Systematik der Fügung, dass allstündlich Gerechte den Tod in Feuer, Wasser, Erde oder Luft erleiden und in der gleichen Stunde ein Mann von der Engadiner Sonne beschienen wird, der als Zeichen seiner Zugehörigkeit zu einem „Bob" auf seinem Hanswurstkostüm die Aufschrift „The Tank" trägt; dass vor allen ständig geschauten oder gehörten Gegensätzen die Erkenntnis von der Schnödigkeit des ganzen Unternehmens zu einem Weltschrei aufbrechen müsste. Aber mehr noch als durch die Selbstverständlichkeit einer ungerechten Einteilung, vermöge deren es eine Protektion vor dem Tod und einen Loskauf vom Martyrium gibt und vermöge welcher selbst die Erinnyen, die diese Menschheit an ihre Fersen geheftet hat, prostituiert wurden, mehr noch wird durch ein anderes Moment das Bild des hirnzerfressenen Zeitalters vollständig. Das ist jener Zustand einer Epoche, in dem sie die Konkurrenz der heterogensten Zeitcharaktere, die sich in ihr begegnen, erleidet, aber nicht mehr spürt. Das Phänomen, das ich in der Richtung des siegreichen Untergangs wirken sehe, ist das der „Gleichzeitigkeit". Die Unmittelbarkeit des Anschlusses einer neuzeitlichen Erfindung,

wonach mit einem Griff die Vergiftung einer Front und weiter Land-
striche hinter ihr möglich ist, an ein Spiel mittelalterlicher Formen; die
Verwendung einer verblichenen Heraldik im Ausgang von Aktionen, in
denen Chemie und Physiologie Schulter an Schulter gekämpft haben –
das ist es, was die Lebewesen rapider noch hinraffen wird als das Gift
selbst. Wenn der Aufruf des Genfer Roten Kreuzes fragt:

> Soll der Sieg sich in Schimpf und Schande wandeln, weil er nicht mehr
> der Tapferkeit, dem ehrlichen Kampf der Landeskinder zu danken sein
> wird? Soll der Gruß an den heimkehrenden Krieger nicht mehr dem
> Helden gelten, der ohne Zögern sein Leben für sein Vaterland in die
> S c h a n z e schlug, sondern lediglich dem Mann, der sich ohne persön-
> liche Gefahr seiner Feinde mittelst Gift entledigt hat unter fürchterlichs-
> ten Leiden seiner Opfer?

so ist zunächst zu sagen, dass speziell der deutsche Gott nicht nur in einer Gaswolke daherkommt, sondern auch aus der Maschine; dass auch
an dem Zufall eines Minentreffers, einer Luftbombe oder eines Torpe-
dos, überhaupt an allen gegen die Quantität oder den unsichtbaren
Feind gerichteten Aktionen Tapferkeit und ehrlicher Kampf keinen
Anteil haben, an der Bewirkung nicht und nicht an der Erwartung; dass
dem Mangel an Tapferkeit bei dem bewirkenden Teil eine Fülle von
Martyrium beim erwartenden Teil entspricht; dass die eben hier berufene Schanze, in die man sein Leben für das Vaterland schlägt, zu jenen
Kriegsbehelfen gehört, die heute am seltensten zur Verwendung gelangen, und dass vollends das Schwert seit jener historischen Reichstagsit-
zung vom 4. August 1914 in diesem Krieg überhaupt nicht mehr gezogen
wurde. Ferner wäre beiläufig zu erwähnen, dass die unsterbliche Ideologie, die sich auf den heroischen Begriff stützt, gelegentlich einmal, selbst
wenn sie nicht im Anblick der neuzeitlichen Methoden sich problema-
tisch vorkommen müsste, darüber nachdenklich werden könnte, ob
denn auch der alte Krieg schön genug war, um die Herzensbildung von
Generationen darauf einzurichten; ob denn die auf die Fortschritte der
Technik kühn verzichtende Auseinandersetzung der Muskelkräfte just
die edelste menschliche Betätigung vorstellt, und ob der selbst heute
noch hin und wieder geübte ehrliche Kampf der Landeskinder, der darauf beruht, dass ein Landeskind dem andern in die Rippen sticht oder
pollice verso behutsam die Augen zudrückt, die würdigste Grundlage

der jahrhundertealten Erziehung zu vaterländischen Idealen geboten hat. Immerhin wäre es noch immer eine sittliche Aufgabe, den Kindern beizubringen, dass das Handgemenge vor dem Meuchelmord einen Ehrengrad voraus hat, und gar erst vor jenem, dessen anonymer Urheber sein Opfer in der anonymen Quantität findet. Was aber die Gase anbelangt, so ist freilich die begriffliche Distanz zwischen dem Instrument und der von ihm bezogenen Glorie die größte und schauerlichste, und was das Rote Kreuz hier, ach so vergebens, fühlt, ist von mir wiederholt und zuletzt durch die Erwägung der Möglichkeit ausgesprochen worden, jede Armee, die giftige Gase anwendet, wegen eines Verhaltens vor dem Feind, welches doch nach altmilitärischem Ehrbegriff das Gegenteil von Tapferkeit ist, aus dem Armeeverband zu entlassen. Im Wortspiel von einer chlorreichen Offensive ist schließlich dieser ganze abominable Kontrast endgültig abgebunden. Ein Kalauer könnte dieses Chaos bändigen, aber alles fernere Grauen durch die Vorstellung beschwichtigt werden, dass man die Wirksamkeit der beiderseitigen Chemie, anstatt sie an den Körpern der hunderttausende unschuldigen Laien zu erproben, durch eine wissenschaftliche Auseinandersetzung der Laboratorien erweisen möchte. Seitdem sich die Tapferkeit mit der Technik eingelassen hat, hat sie vergessen, dass die Quantität immerhin die Grenze des Irrsinns hat und dass einmal der Punkt erreicht sein muss, wo das Vorwalten unmilitärischer Kräfte so deutlich wird, dass ihnen die Austragung des Wettstreites schicklicherweise überlassen werden müsste, auf eine Art nämlich, die die gleichzeitige Förderung staatlicher Machtinteressen, also die Vernichtung von Menschenleben, ausschließt. Denn wenn man die menschliche Stimme, also auch das Kommando, auf Entfernungen wie Berlin-Wien übertragen kann, warum sollte es der Technik, die das Wunder von heute zur Kommodität von morgen macht, nicht möglich sein, einen Apparat zu erfinden, durch den es mittelst einer Druck-, Umschalte- oder Kurbelvorrichtung einem Militäruntauglichen gelingen könnte, von einem Berliner Schreibtisch aus London in die Luft zu sprengen und vice versa? Wenn Patriotismus die Hoffnung auf das Gelingen eines Gasangriffes ist und Hochverrat das Grauen davor – wobei ich zum Beispiel einer der größten Hochverräter aller Schlachten und Zeiten bin –, so kann der tödliche Humbug, ohne dass die Menschheit zugleich an Lächerlichkeit zugrunde geht, unmöglich anders als durch den Vorschlag beigelegt werden, die gegenseitigen Erfindungen auf theoretischem Wege abzuschätzen und statt der Feldherrn wieder die Techniker zu Ehrendoktoren zu machen, meinetwegen zu solchen der Philosophie. Das Missverhältnis zwischen der Tat und der mitgeschleppten Ideologie: Davon allein kommt diese entsetzliche Gasluft, in der wir glorios ersticken. Eine bunte Tracht und die Pflicht, angesichts des Vorgesetzten die Hand an die Stirn zu führen, und alles, was sonst damit zusammenhängt und vor dem Tod noch alles verlangt wird – es mögen vortreffliche Gewohnheiten und Einrichtungen sein: Nur, was sie gerade mit der neuzeitlichen Art des Sterbens zu schaffen haben, inwieweit sie sie fördern oder verhindern könnten – das eben ist unerfindlich! ... Diesem ganzen Chaos von Begriffen, Pflichten, Leiden, Anforderungen, in das sich ein auch vordem nicht lastenfreies Leben kopfüber gestürzt hat, wächst hier eine Realität als Symbol zu. Wer, der einen Beiwagen der Wiener Straßenbahn auch nur von fern betrachtet, hätte noch Hoffnung? Dieser Haufen von Schmutz und Elend, in dem das Menschenmaterial in einer Art zusammengeknäult ist, bei der es auf die individuelle Zuteilung der Gliedmaßen kaum mehr ankommt – man halte dies Bild fest und frage sich nun, ob da für „Disziplin" noch Raum ist und gar für einen „Kontrolldienst", der feststellen soll, ob sie verletzt ward, indem Landstürmer, alte Landstürmer „vor mitfahrenden Offizieren nicht aufstehen oder ihnen nicht Platz machen". Denn „die mitfahrenden Zivilpersonen nehmen dies selbstredend wahr und äußern sich auch über dieses disziplinlose und herausfordernde Benehmen der Mannschaft". Dies aber hat kein Höllenbreughel erfunden. Der Teufel selbst, wenn er es sähe und hörte und schon eingequetscht drin stünde, allen Folgen der Seifenknappheit ausgesetzt, er hörte doch nichts als den selbstredenden Jammer der Menschheit und dazu eine arme Frauenstimme, die ihm beständig zuruft: „Bitte vorgehn! Jemand noch ohne Fahrschein? Vorgehn, bitte vorgehn!" Und der Regen regnet jeglichen Tag, und wieder drängt ein Tross aus Wallensteins Lager an, und jetzt pressen sie Tornister und Rucksäcke hinein, und – dennoch hat der Gedanke noch Platz, der uns alle beherrscht, weil wir im unerforschlichen menschlichen Ratschluss gefunden haben, dass das Leben mit Not, Tod, Kot viel schöner ist. Aber halt, wenn noch Platz für Disziplin ist, so reichts auch noch für den Ehrbegriff. Die arme Stimme hat einem, der nicht vorgehen wollte, wiewohl er ein Hauptmann war, zugerufen, dass er keine Bildung nicht habe, denn sie wusste nicht, dass er ein Hauptmann war, weil er als solcher nicht bezeichnet war, sondern Zivilkleidung trug. Trotzdem erhielt er von der vorgesetzten Behörde den Auftrag, die Klage einzubringen. Sie hatte „Vorgehen!" gerufen, er aber rief, er wolle „den Platz nicht verlassen". So hätte sie merken müssen, dass die Zivilkleidung nur ein Schein war. In der Verhandlung sagte sie, so etwas sei ihr, die „im Kriege in der Elektrischen an vieles gewöhnt sei" – sie meinte aber den Weltkrieg –, noch nicht vorgekommen. Der Hauptmann fragte sie erregt, ob sie ihn, da er in Zivil war, wohl für einen Drückeberger gehalten hätte. Sie erwiderte, solche Gedanken lägen ihr fern, denn „was hat der Krieg mit der Elektrischen zu tun?" Der Richter verurteilte sie, denn der Zivilist war ein Militär. All das gibt e s, während es all das gibt! Auf einer Flucht rief einer, der zu befehlen hatte, einem, der zu gehorchen hatte und dem ein Knopfloch offen stand, aus dem Automobil zu: „Sie dort! Equipieren Sie sich!" Und viele, die nicht mehr fliehen konnten, lagen in der Drina. In einem Krakauer Spital werden mit solchen, die an einer Gasvergiftung darniederliegen oder von einem Bauchschuss soweit hergestellt sind, Salutierübungen gemacht. Wunder über Wunder! Es sind die alten Ornamente zum neuen Wesen des Todes. Aber da dieser, frisch aus der Retorte entsprungen, noch keine neuen erfinden konnte, so kann die Macht der alten Ornamente nicht entbehren. Denn nicht allein dulce, auch decorum muss es sein! Nur dass die Macht den neuen Tod zu ihrer Erhaltung braucht, nur dass die alte Herrschaft nicht lieber abdankt, als ihre Stellung der Chemie zu verdanken, dass die Insignien auf die Chemikalien angewiesen sind – das ist es, was unsere siegende Kultur unrettbar dem Gifttod geweiht hat. Die Menschheit, die ihre Fantasie an die Erfindungen verausgabt hat, kann sich deren Wirksamkeit nicht mehr vorstellen – sonst würde sie aus Reue eben damit Selbstmord verüben! Aber da sie auch ihre Menschenwürde an die Erfindungen verausgabt hat, so lebt und stirbt sie für alle Macht, die sich solches Fortschritts gegen sie bedient. Die Unvorstellbarkeit der täglich erlebten Dinge, d i e Unvereinbarkeit der Macht und der Mittel, sie durchzusetzen, das ist der Zustand, und das technoromantische Abenteuer, in das wir uns eingelassen haben, wird, wie immer es ausgeht, dem Zustand ein Ende machen.

Ein Kantianer und Kant

Februar 1918

„… Es hat das Jahr 1917 mit seinen großen Schlachten gezeigt, dass das deutsche Volk einen unbedingt sicheren Verbündeten in dem Herrn der Heerscharen dort oben hat. Auf den kann es sich bombenfest verlassen, ohne ihn wäre es nicht gegangen … Schon gestern habe ich in der Umgebung von Verdun eure Kameraden gesprochen und gesehen, und da war es wie eine Witterung von Morgenluft, die durch die Gemüter ging … Was noch vor uns steht, wissen wir nicht. Wie aber in diesen letzten vier Jahren Gottes Hand sichtbar regiert hat, Verrat bestraft und tapferes Ausharren belohnt, das habt ihr alle gesehen, und daraus können wir die feste Zuversicht schöpfen, dass auch fernerhin der Herr der Heerscharen mit uns ist. Will der Feind den Frieden nicht, dann müssen wir der Welt den Frieden bringen dadurch, dass wir mit eiserner Faust und mit blitzendem Schwerte die Pforten einschlagen bei denen, die den Frieden nicht wollen."

„Der völlige Sieg im Osten erfüllt mich mit tiefer Dankbarkeit. Er lässt uns wieder einen der großen Momente erleben, in denen wir ehrfürchtig Gottes Walten in der Geschichte bewundern können. Welch eine Wendung durch Gottes Fügung! Die Heldentaten unserer Truppen, die Erfolge unserer großen Feldherren, die bewunderungswürdigen Leistungen der Heimat wurzeln letzten Endes in den sittlichen Kräften, im kategorischen Imperativ, die unserm Volk in harter Schule anerzogen sind …"

„Nach einem beendigten Kriege, beim Friedensschlusse, möchte es wohl für ein Volk nicht unschicklich sein, dass nach dem Dankfeste ein Bußtag ausgeschrieben würde, den Himmel im Namen des Staats um Gnade für die große Versündigung anzurufen, die das menschliche Geschlecht sich noch immer zu schulden kommen lässt, sich keiner gesetzlichen Verfassung im Verhältnis auf andere Völker fügen zu wollen, sondern stolz auf seine Unabhängigkeit lieber das barbarische Mittel des Krieges (wodurch doch das, was gesucht wird, nämlich das Recht eines jeden Staats, nicht ausgemacht wird) zu gebrauchen. – Die Dankfeste während dem Kriege über einen erfochtenen Sieg, die Hymnen, die (auf gut israelitisch) dem Herrn der Heerschaaren gesungen werden, stehen mit der moralischen Idee des Vaters der Menschen in nicht minder starkem Kontrast; weil sie außer der Gleichgültigkeit we-

„Umso dankbarer wird gerade in Ost-
preußen das Gottesgericht im Osten
empfunden werden. Unseren Sieg verdanken wir nicht zum Mindesten
den sittlichen und geistigen Gütern,
die der große Weise von Königsberg
unserem Volke geschenkt hat ... Gott
helfe weiter bis zum endgültigen Siege."

gen der Art, wie Völker
ihr gegenseitiges Recht
suchen (die traurig ge-
nug ist), noch eine Freu-
de hineinbringen, recht
viel Menschen oder ihr
Glück zernichtet zu ha-
ben."

Für Lammasch

März 1918

Die politisch-geistige Gaswelle, der wir uns überlassen haben und die
uns heillos in die verkehrte Richtung treibt, kann nicht verhindern, dass
reinere und im tieferen Sinn patriotische Herzen unverändert und mit
jeder Stunde nur noch inbrünstiger das fühlen, was zu sagen manchmal verpönt ist. Allzu viele in diesem Lande, das so gern sein Wesen
zum Opfer bringt, sind es nicht. Wenige sind es, die den Inbegriff eines
gutgearteten Österreichertums bilden und den einzigen Schatz, der uns
der Welt als dem Absatzmarkt innerer Werte – die Pofelware scheint
auf ihn definitiv verzichten zu wollen – fürder empfehlen könnte. Aber
zu diesen, deren Bild im Gasdunst so getrübt wird, dass Verdienst als
Schuld und Treue als Verrat erscheint, gehört der Hofrat Heinrich
Lammasch, den Weisheit und Leidenschaft mehr als die Pairswürde
zieren, dessen Vorzug es ist, sich im Verkehr mit Historikern, Zeitungs-
reportern, Berufspolitikern und ähnlichen Parasiten am Geiste und am
Blute jene Blöße zu geben, die seine Menschlichkeit ist, und der, wie die
Neue Freie Presse meint, das Unglück gehabt hat, „in Widerspruch zu
den Ansichten des Blattes gekommen zu sein". Man wird mich, der
in den unvergessenen Tagen, da die echten Belgrader Bomben noch mit
falschen Wiener Dokumenten gefüllt waren, ohne politischen Befähi-
gungsnachweis, bloß aus dem Anschauen und Anhören der einander
gegenüberstehenden Parteien, die kommenden Dinge so klar vorausge-
wusst hat, dass sich heute mein damaliger Aufsatz als das Ultimatum der
Menschenwürde an eine kriegstolle Politik liest – man wird mich der
Pein überheben, die vorbildliche geistige Bescheidenheit dieses Herrn

Friedjung auch noch für die neueste Rettung des Kapitols darzutun. Dieser wandelnde Tonfall der Plattheit, dieses als Rest der Bundestreue noch vorrätige Öl der Beredsamkeit – nein, nur die äußerste Kriegsnot des Geistes hat es möglich gemacht, dass so etwas wieder in unsere Hörweite zu treten wagte. Und dennoch – wie kann dieses Land selbst in der trübsten Stunde seiner Selbstvergessenheit es dulden, es ertragen, dass solch ein etwas mit einem lebendigen Menschen wie Lammasch konfrontiert wird? Dass ein rückwärts gekehrter Reporter, der sich deshalb Historiker nennt und dessen Brauchbarkeit es überschätzen hieße, wenn man ihn in allen Sätteln ungerecht nennte, da sein Offizium immer nur der Kampf um die Vorherrschaft der Langeweile gewesen ist – dass ein schlechter Offiziosus ernsthaft als sittlicher Widerpart eines Mannes in Betracht kommt, dessen Herz und Kopf in diesem Krieg nicht umgesattelt haben und in dem die Welt einst den einzigen Völkerrechtslehrer erkennen wird, dem Wissenschaft und Gewissen vom Einmarsch in Belgien nicht überrannt worden sind! Und dieser sollte jetzt die Beute der Aushorcher und inspirierten Nachrichter, der Gebärdenspäher und Geschichtenträger sein? Mit den jungen Temperamenten, die im Herrenhaus sitzen, möchte ich nicht zu streng ins Gericht gehen: Sie hätten vermutlich auch den Kant niedergebrüllt, wenn er ihnen was aus seiner Schrift „Zum ewigen Frieden" zitiert hätte, den Bismarck, weil er sich mit Elsass begnügen wollte, und der Herr Pattai hätte diesem zugerufen: „Wir sind die Sieger und wir verlangen auch die Palme!", ohne zu wissen, wie sie aussieht und dass man schließlich doch nicht ungestraft unter ihr wandelt. Jenem aber, Immanuel Kant, hätte der Herr v. Plener vorgehalten, dass seine „Mentalität" „eigentlich mehr Verwandtschaft mit der Denkweise des Auslandes als mit der österreichischen habe", ohne zu ahnen, dass das gar kein so übles Kompliment sei, und dass es eine Zeit gegeben hat, in der die österreichische Denkweise noch eine Verwandtschaft mit der der Welt gehabt hat, und dass wir nichts flehentlicher vom deutschen Gott zu erbitten haben als: dass diese Tage noch einmal für uns anbrechen mögen! Aber wie ist doch diese Denkweise herabgekommen, dass sie in die Lage kam, zwischen Lammasch und Friedjung zu wählen und sich in Diskussionen über dieses Thema überhaupt einlassen zu können! Gegen einen Mutigen, der seine Vaterlandsliebe mit seiner Popularität bezahlt, und für einen Gefälligen, der nach Berlin geht, ihn dafür zu denunzieren. Welche Kriegsnot des Herzens, hier die Entscheidung zu verfehlen! Ich bin vielleicht nicht der schlechteste, nicht der unwürdigste Österreicher – aber das muss ich sagen: dass ich bei der Wahl zwischen der Nibelungentreue des Herrn Friedjung und einem „Anschlag" des Professors Lammasch im Schlaf das Vaterland ins Verderben zu treiben bereit bin! Und wie kann dieses Vaterland sich Witzblätter halten, die einen Mann bespeien, der nicht nur in Ehren grau geworden ist, was man bekanntlich nicht von jedem Herrenhausmitglied behaupten kann, sondern dessen Altersweisheit zum Ehrenbesitz eben dieses Vaterlandes gehört? Dessen Konservatismus Leben genug hat, um gegen die Verödung der alten Güter im Dienste des Antichrist Opposition zu machen? Und wie kann dieses Vaterland, das diesen Weltuntergang nicht in seinen alten Knochen spürt, sondern im Gegenteil die Welt frisch „aufgemacht" sieht, so vom Wege irren, dass es seine journalistischen Söldner den Mann als einen Ideologen geringfügig machen lässt, der doch das rechte Gegenteil davon ist, nämlich jener Realpolitiker der idealen Forderung, der heute durch Auflösung des alten politischen Inventars die Welt rettet! Denn während deutsche Ideologie die Menschheit aus der Politik erbaut, bezweckt dieser Idealismus nichts anderes, als endlich einmal die Politik auf der Idee der Menschheit einzurichten. Wahrlich, dass es noch Menschen gibt, denen das Bewusstsein, in dieser Zeit zu leben, Schamgefühl verursacht, ist nicht hoch genug anzuschlagen! Begeistert trete ich an ihre Seite und bin entschlossen, sie im Angesicht jeder Macht des Übelwollens und der Verblendung zu schützen gegen die völlige Schamlosigkeit, die solchen Wert dem Zeitgeist preisgab. Der Hofrat Lammasch bleibe der Menschheit und dem Vaterland erhalten, damit sie wieder zueinander kommen! So niedrig die Zeit ist, in der er lebt – er lebe hoch!

Am Sarg Alexander Girardis

April 1918

trete die Trauer zurück und lasse den Wunsch die Wache halten: Der
erbarmende Genius der Vergangenheit möge die unbefugten Leidtragenden verjagen, dorthin, wo sie in Blut und Schmutz Freudenfeste
feiern, dorthin, wo der unerbittliche Zeitgeist sie treffen will und sie
ihn. Die unbefugten Leidtragenden, die nur der letzte Verzicht auf ein
Schamgefühl ermutigen kann, um Girardi[45] zu klagen, sind die Hen-
kersknechte eines Lebens, das sie gezwungen haben, sein eigenes Grab
zu schaufeln. Die unbefugten Leidtragenden, die tieftrauernd von aller
Scham Verlassenen, sind aber auch die Bewohner einer Theaterstadt, die
ihrem Ruin als Zuschauerin bis zum Schluss beiwohnt, sind die Verräter
eines Volkstums, die ihr Gewand verkauft haben, um in die Hölle zu
fahren; ihre Heiligtümer in Aktiengesellschaften verwandelt sahen, ihre
Wahrzeichen umgelogen, und nun in den Weltuntergang als Tanzope-
rette mit Berliner Text und Budapester Melodie hineinrennen. Nicht
der Hingang, sondern das Dasein dieses einzigen Girardi war bewei-
nenswert. Denn wenn alles Menschentum der Kulisse nur ein Wertmaß
der Zeit ist und einem unholden Gegenwärtigen nur ein Widerwärtiges
gemäß sein kann, das die noch lebendigen Sinne fliehen mögen, so
waren sie vor Girardis Ton rettungslos einer unerfüllbaren Sehnsucht
preisgegeben; denn dieses Bühnenleben war das Maß des Unermess-
lichen, das uns verloren ist. Da stand durch drei Jahrzehnte ein Gast
der Zeit in ihrem unsäglichen Ensemble, und es war von tragischer
Wirkung, wie die Natur zur letzten Aussprache mit einer Entmenscht-
heit kam, die eben noch Nerven hat, sich kinematografisch zu erleben.
Doch ihrer Schmach unbewusst, treibt diese Zeitgenossenschaft auch
Firlefanz mit den Reliquien, stellt sie in einem Etablissement aus, das
außen von Marmor ist und innen ohne Geist, und geriet also auf den
kindischen Einfall, einem Girardi das Burgtheater zu eröffnen, anstatt
es ihm zu Ehren zuzusperren. Aber er wusste nicht, wie ihm geschah,
und er ging dahin, ohne zu merken, dass sie ihm ein Bein abgenommen
hatten. Wir aber sollen es merken. Nichts bleibt zu tun, als es zu wissen.

---

45   Österreichischer Burgschauspieler (1850–1918).

Und da Girardi hinging, ist erst wahr geworden, was ich damals, gerade vor zehn Jahren, gewusst habe, als er aus Ekel an einem berlinisierten Wien nach Berlin ging. Ich hab's ihm nachgerufen – und uns, dem Volk, das seine Selbstbestimmung in der Hingabe an sein Verhängnis betätigt. Ich fragte, ob es denn der Donau nicht nahegehe, dass sie jetzt über Passau nach Berlin fließt und in die Nordsee mündet; und meinte, dass die Wiener Kultur tot sein müsse, wenn ihr das Herz herausgeschnitten wurde und sie dennoch weiterleben kann. Die Weltausstellungsreife der Wiener Eigenart, schrieb ich, das ethnologische Interesse, das man jetzt an uns nimmt, die Zärtlichkeit der Berliner für uns – dies alles ist fast so tragisch wie unsere Unempfindlichkeit gegen solches Schicksal. „Wir freuen uns, wie sie Stück für Stück von uns ausprobieren und immer mehr Geschmack an unsern Spezialitäten haben und so lange an allem, was wir haben, teilnehmen, bis sie uns eines Tages ganz haben werden. Sie setzen den Wiener auf ihren Schoß, schaukeln ihn und versichern ihm, dass er nicht untergeht; das macht beiden Teilen Spaß und ist ein Zeitvertreib, der über den langweiligen Ernst eines Fäulnisprozesses hinüberhilft. Wir sind auf unsere Tradition stolz gewesen, aber wir waren nicht imstande, die Spesen ihrer Erhaltung aufzubringen. Unsere Gegenwart war tot, unsere Zukunft ungewiss, aber unsere Vergangenheit war uns geblieben. Sollten wir auch die verkommen lassen? Da war es doch klüger, sie einem Volke in Kommission zu geben, das eine hinreichend starke Gegenwart hat, um sich auch noch den Luxus einer fremden Vergangenheit leisten zu können ... Bis die Hypertrophie der technischen Entwicklung, der die Gehirne nicht gewachsen sind, zum allgemeinen Krach führt, ist es das Schicksal der von Müttern gebornen, rindfleischessenden Völker, von den maschinengebornen und maschinell genährten Völkern verschlungen zu werden." 1908 war's, als ich es schrieb. Der Zeitenschauer, der uns anpackt, wenn wir jetzt mit einem Fuß noch auf dem Franziskanerplatz stehen und mit dem andern schon vor dem Haus, in dem das Kaiser-Wilhelm-Kaffee etabliert ist, erstarrt zu der ohnmächtigen Erkenntnis, dass der Fortschritt dieses Haus bejaht und die Bombe jenen Platz zerstören würde. Und fern bleiben wir der Trauer, wenn die Zeit nicht nur die Macht hat, den Wert zu morden, sondern auch den Mut, ihn zu beklagen!

Der begabte Czernin

Mai 1918

Dieser Aufsatz, in der Schweiz entstanden, ist, da er in der Fackel erscheint, von der Zeit überholt. Älteren Aufsätzen der Fackel haftet dieser Fehler nicht mehr in demselben Maße an, und je weiter sie zurückliegen, umso weniger. So besteht denn die Hoffnung, dass auch er die Zeit überholen wird. Bis dahin sollten ihm die Leser erspart bleiben, deren Aufmerksamkeit vom Zeitpunkt abgelenkt ist. Sie mögen sich mit der Versicherung begnügen, dass der um die Aktualität unbesorgte Verfasser einen vom Krieg handelnden Aufsatz lieber nach dem Friedensschluss als vorher erscheinen lassen wollte. Immerhin ist es schon ein Fortschritt, dass ein von einem Minister handelnder Aufsatz nach dessen Demission erscheint, wenngleich auch nach der Verleihung des Ehrenbürgerrechtes von Wien, dessen die dankbare Gemeinde einen Mann für würdig erachtet, dem sie das Wort vom Brotfrieden und das Versprechen von Getreide aus der Ukraine, also unter allen Umständen die Befriedigung unserer Nahrungsfantasie verdankt. Wer für den übrigen Reichtum an Ehren, der sich dem Grafen Czernin jetzt darbietet, um eine Erklärung verlegen ist, sollte nicht übersehen, dass dieses Land auch unbegrenzte Möglichkeiten hat, geniale Staatsmänner hervorzubringen. Es bedarf zu einem solchen bloß der Erkenntnis, dass die hier zusammenwohnenden Nationen, vor allem Tschechen und Deutsche, einander mit grimmigerem Hasse verfolgen als jede der Gruppen jeden der Feinde, und des Mutes, von der amtlichen Norm, die ein verbindliches Lächeln zwischen den Gegensätzen vorschreibt, einmal abzuweichen. Hat sich ein österreichischer Staatsmann zu dem Entschluss durchgerungen, die eine der beiden Parteien des Hochverrats zu beschuldigen, so kann er sicher sein, solange er sichs nicht überlegt, von der andern mit Kundgebungen gefeiert zu werden, vor denen die Popularität des entlassenen Bismarck sich ins Kleingedruckte der Weltgeschichte zurückzieht, wiewohl doch weder die Gedanken noch die Erinnerungen des Grafen Czernin darnach angetan sind, die Klio zu einer Umgruppierung zu veranlassen. In Wahrheit hat die Gewöhnung an die Erlebnisse der Quantität seit dem Jahre 1914 uns vergessen lassen, dass vordem schon der zehnte Teil einer heutigen Weltblamage

ausgereicht hätte, um einen Minister des Äußern zu Falle zu bringen.
Die meisten Betrachter sehen an dem Grafen Czernin nur den Vorzug,
sich zu seinem Nachteil von den Standes- und Amtsgenossen durch den
Mangel an Formen zu unterscheiden, und da in dieser beispiellosen
Zeit die schillernde Mittelmäßigkeit für Persönlichkeit gehalten wird, so
glaubt man allgemein, es sei schon das höchste Glück der Erdenkinder,
kein Burian zu sein. Man vergisst, dass das zwar viel, aber bei Weitem
noch nicht alles ist. Immerhin wäre doch auch ein Maßstab denkbar,
nach dem der Graf Czernin in der Weltgeschichte etwa als der Mann
fortleben würde, der dem Präsidenten Wilson die Antwort schuldig
geblieben ist und der sich später nur sehr unzulänglich damit entschuldigt hat, dass sie ihm der deutsche Reichskanzler aus dem Munde
genommen habe. Ob ihn freilich sein Schweigen mehr als sein Reden
dem Dank der Nachlebenden empfehlen möchte, müsste dahingestellt
bleiben; denn als der Mann der zweiteiligen Rede, der Kant und Krupp
zur Einheit verbunden hat, wird der Graf Czernin so bald nicht aus dem
Gedächtnis verschwinden. Nach diesem Höhepunkt musste es rapid
abwärts gehen. Später, als er vor erstaunten Gemeinderäten den Grund-
stein zum Wiener Ehrenbürgerrecht legte, hat er nur die Konsequenz
aus seiner Budapester Haltung gezogen. Nichts blieb ihm übrig, als den
Konflikt zwischen den zwei Seelen in seiner Brust auszutragen und die
Bekenner des ersten Teils seiner Rede als Defätisten, die Anhänger des
zweiten Teils als Annexionisten zu tadeln. Freilich, die schöne Angelegenheit Clemenceau, in der die ehrliche Verlogenheit unserer Presse es
Schritt für Schritt ermöglicht hat, die Wahrheit zu erkennen, die auszusprechen der Wahrhaftigkeit noch lange nicht möglich sein wird, wäre
uns und der Welt erspart geblieben, wenn statt eines Genies ein Fadian[46]
regiert hätte. Die Frage, ob der Graf Armand sich dem Grafen Revertera
verwandter gefühlt hat als der Graf Revertera dem Grafen Armand, ist
nicht zu erörtern und auch sonst hat sich viel zugetragen, woran nicht
zu drehn noch zu deuten ist. Immerhin kann man sagen und von Glück
sagen, dass die Persönlichkeit des Grafen Czernin dessen Amtsführung
überlebt hat, da doch leicht der umgekehrte Fall hätte eintreten können. Er hat von sich selbst erklärt, er gehöre dorthin, wo die Frieden
geschlossen werden. Wünschen wir ihm und uns, dass die Frieden, die
er geschlossen hat – inklusive den Brotfrieden –, sein Gewissen dereinst

---

46 Wienerisch für Langweiler.

nicht schwerer belasten mögen, als der Krieg das Gewissen jener, die ihn beschlossen haben, und dass der Anlass zu der hier veröffentlichten Betrachtung, so überholt er im Augenblick ist, nicht dereinst wieder aktuell werde.

*

Während unser Seidler mitten im Weltkrieg als Dramatiker durchgefallen ist und dadurch vor weiterm Allotria bewahrt bleibt, hat unser Czernin sich leider als vorzüglicher Feuilletonist bewährt, und so peinlich es ist, einen Ministerpräsidenten zu haben, der im Deutschen Volkstheater gespielt wurde, so ist es doch noch viel betrüblicher, dass ein Minister des Äußern den Zeitpunkt der europäischen Heilsbotschaft mit einer Gewandtheit verspielt, die ihn in der Art, vor dem jüngsten Gericht die scherzhafte Zeugenmiene aufzusetzen, Talenten wie Hirschfeld überlegen erscheinen lässt und an sonnigem Naturburschentum Hans Müllern an die Seite rückt. Schon der echt feuilletonistische Einfall, die Renaissance der christlichen Idee an eine Frist zu binden, nach deren Ablauf die weltzerstörenden Gewalten sich nicht mehr gebunden erachten, hat ja Chefredakteuren die Bewunderung des geschickten „Handgriffs" abgerungen. Nach dem Canossagang zum Antichrist und nachdem die Presskanaille aller offiziösen Schattierungen auf Wilsons Vorschlag losgelassen wurde, folgte die zweite evangelische Causerie, die diesmal schon in der gleichzeitigen Hertling'schen Absage befristet war, sodass sich – man sollte keine der beiden Reden aus dem Zusammenhang beider reißen – das Ganze als eine in der diplomatischen Belletristik neue und reizvolle Etüde, so zwischen Janus und doppelter Buchhaltung, herausstellte. Während im allgemein menschlichen Teil Hertling, Biograf des heiligen Augustinus, mehr Gewicht auf die bekannte Frage, wer angefangen hat, legte, war Czernin durchaus zum Aufhören bereit und dem ausgesprochenen Verzicht auf den Verzichtfrieden, der jenem gelang, entsprach dieser durch einen deutlich unausgesprochenen Nichtverzicht auf Annexionen. Im neutralen Ausland, übermittelt durch das Wiener Korrespondenzbüro, las man's so:

> … der Minister nahm keinen Anstand zu erklären, dass er in den letzten Vorschlägen Wilsons eine bedeutende Annäherung an den österrei-

chisch-deutschen Standpunkt finde, und dass darunter sich einzelne befinden, denen wir sogar mit großer Freude zustimmen können. Der Minister müsse aber vorausschicken: 1. dass er, soweit diese Vorschläge sich auf unsere Verbündeten beziehen, bezüglich des deutschen Besitzes von Belgien und bezüglich der Türkei, getreu den übernommenen Bundespflichten, für die Verteidigung der Bundesgenossen bis zum Äußersten zu gehen fest entschlossen sei. Den vorkriegerischen Bestand unserer Bundesgenossen werden wir verteidigen wie den eigenen.

Das war nun freilich noch deutlicher als man es erwartet hätte, und nur wer wie ich weiß, dass ein fehlendes Komma den Sinn der Schöpfung umdrehen kann, erkannte zur Not, dass hier so etwas passiert sein müsse. In einem auch sonst durch die Geschicklichkeit unseres Korrespondenzbüros verstümmelten Satz musste an der entscheidenden Stelle die Trennung, die das Schwert der Interpunktion zwischen dem deutschen Besitz und Belgien immerhin bewirken möchte, aufgehoben sein. Aber wer denn außer mir wäre Pedant genug, derlei für wesentlich zu halten? Worte entscheiden zwar jetzt über die Eventualität, ob hunderttausend Menschen auf einen Gashieb umkommen sollen und ob noch etliche Millionen sterben müssen, ehe das entscheidende Wort gesprochen wird – aber auf einen Beistrich wird's doch nicht ankommen? Als ich's in der Neuen Zürcher Zeitung las, dachte ich an die Aufgabe, die sich hier dem Übersetzer bot, der's soeben der französischen Presse telegrafierte. Wie das wirkte, war am übernächsten Tage zu lesen:

Paris – – Bedenklich sei, dass Graf Czernin sich hinsichtlich Belgiens so undeutlich äußere.

Nun, der Schreibfehler war nur Trabant und Helfer der Undeutlichkeit und da schließlich selbst das Wiener Korrespondenzbüro einsieht, dass, wenn auf ein richtig geschriebenes Wort ein Regiment Toter komme, ein falsch geschriebenes eine Division kosten kann – nach diesem Kriege wird auch die übrig gebliebene Menschheit mit mir die Gefahren des Drucks überschätzen –, so erschien in der Neuen Zürcher Zeitung die folgende von mir annähernd antizipierte

Berichtigung zur Rede des Grafen Czernin.

Das Wiener Korr.-Büro ersucht uns, in der Rede Czernins bei der Erwähnung der Wilson'schen Vorschläge Folgendes richtigzustellen: Der
Minister müsse aber vorausschicken 1. soweit sich die Vorschläge auf
unsere Verbündeten beziehen – es ist von dem deutschen Besitz,
von Belgien und vom türkischen Reich darin die Rede –, erkläre ich,
dass ich getreu den übernommenen Bundespflichten …

Ich glaube nicht, dass viele Leser die winzig gedruckte Notiz bemerkt,
auch nur wenige die Rede nachgelesen haben und dass der Fall einem
unserer für Bridgespielen bezahlten Berner Diplomaten Kopfzerbrechen
verursacht hat. Nur der Prinz Alexander zu Hohenlohe – einer jener
spärlichen Deutschen, die durch menschenmögliches Denken um eine
Berichtigung der internationalen Ansichten über Deutschland bemüht
sind – stellte in eben jener Zeitung fest:

In der ersten Übermittlung seiner Worte war durch Weglassung eines
Kommas der Satz arg entstellt worden, und es war von einem „deut-
schen Besitz von Belgien" die Rede, was zu den verschiedensten
Auslegungen Anlass geben konnte.

Nun kann man nicht oft genug sagen, dass nicht nur der Stil, sondern
auch der Druckfehler der Mensch ist und dass dergleichen nebst den
„verschiedensten Auslegungen", die die Folge sind, den Staatsmännern
der Zentralmächte keineswegs passieren könnte, wenn sie sich hinsichtlich Belgiens einmal deutlich äußern wollten. Der Graf Czernin sagt
in dem, was er sagen wollte, auch nicht gerade etwas, was nicht zu den
verschiedensten Auslegungen Anlass geben könnte. Er koordiniert den
deutschen Besitz und Belgien, indem er sie als Inhalt der Wilson'schen
Vorschläge zitiert, und gibt, indem er hinterdrein von der Verteidigung
des „vorkriegerischen Bestandes" spricht, zu verstehen, dass Österreich
für die deutschen Ansprüche auf Belgien, das ja selbst nach Ansicht des
Wolffbüros nicht zum vorkriegerischen Bestand des Bundesgenossen
gehört, eigentlich, nun ja, allerdings, vermutlich nicht eintreten werde.
Es ist für den delphischen Charakter dieser Auffassung bezeichnend,
dass selbst die Berichtigung nicht nur als solche wertlos, sondern geradezu eine Handhabe für weitere Auslegungen war; denn bei Weglassung

des Schlusses vom vorkriegerischen Bestand – und welcher Leser nimmt sich wie gesagt die Mühe, auf den berichtigten Druck zurückzugreifen –, wird trotz dem eingesetzten Komma noch viel weniger als in der fehlerhaften Fassung gesagt, was Österreich von Belgien eigentlich halte; im Gegenteil erweckt nun der pathetische Ausklang in die übernommenen Bundespflichten erst recht den Eindruck, dass eben diese sich auf Belgien beziehen sollen, welches ganz so wie der deutsche Besitz und wie das türkische Reich verteidigt werden sollen, und dass die Berichtigung eben den Zweck habe, gegen alle Missdeutungen der Bündnistreue jene Absicht zu unterstreichen, gegen allen Glauben an unsere Besinnungsfähigkeit, der nach der ersten Fassung immerhin noch Platz greifen konnte – denn damals konnte ein aufmerksamer Leser vielleicht doch auf den Sinn kommen, nämlich den unseres Wunsches, nur den vorkriegerischen Besitzstand zu verteidigen, und schließlich merken, dass hier ein Druck- oder Schreibfehler passiert war. Die kluge Berichtigung unseres Korrespondenzbüros, die erst der Prinz Hohenlohe erläutert hat, musste wie eine Korrektur der richtigen und nicht der falschen Auffassung wirken, wie eine feierliche Betonung der Absicht, die übernommenen Bundespflichten getreu auch auf Belgien zu erstrecken. Und wenn der Graf Czernin selbst das Glück hat, in England eine Presse zu finden, die sich bemüht, seine Gedanken über Belgien zu erraten, wer schützt ihn und seine Völker gegen eine missdeutende feindliche Regierung, der die Pressagenturen einen Text zutragen, welcher das vom Wiener Korrespondenzbüro gelieferte Monstrum in getreuer Übersetzung wiedergibt – und darum für gefälscht gilt? Dass von der kleinlichen Korrektur, wie sie mir beliebt, bis zur blutigen Lesart von Versailles ein Schritt sein kann, dürfte die folgende Meldung mit erschreckender Deutlichkeit dartun:

> Amsterdam, 11. Februar. Die „Daily News" bezeichnen die amtliche Erklärung über die Ergebnisse der Versailler Konferenz ... als beunruhigend, insbesondere die bemerkenswerte Entscheidung, dass die Rede des Grafen Czernin keiner Erwiderung wert sei. Ein wichtiger Teil dieser Rede sei von den Pressagenturen ganz anders wiedergegeben worden, als er in dem von den deutschen Blättern mitgeteilten Original lautet. Die, wie die „Daily News" andeuten, vielleicht nicht bloß versehentlich unterlaufene Entstellung eines wichtigen Teiles der Rede des Grafen Czernin bei der Übermittlung an die englische Presse wird von dem Blatte durch Gegenüberstellung der vom Reuter'schen

Büro verbreiteten Fassung und der Übersetzung des Originaltextes dargetan. Das Blatt wolle es unerörtert lassen, wen die Verantwortung für die Entstellung bei der Wiedergabe der Rede des Grafen Czernin treffe; es halte es aber für außerordentlich wichtig, festzustellen, ob der Versailler Konferenz bei der fraglichen Entscheidung die falsche Fassung der Rede des Grafen Czernin vorgelegen war oder aber der amtliche Text, der in Verbindung mit der warmen Zustimmung zu der Botschaft des Präsidenten Wilson an den Kongress ein sehr bezeichnendes Abgehen von einer Eroberungspolitik erkennen lasse. Wir vermögen, schließt das Blatt, die in Versailles eingenommene Haltung mit dem amtlichen Text der Rede des Grafen Czernin nicht zu vereinen. Das Parlament muss daher auf einer Aufklärung bestehen …

Auch der „Manchester Guardian" widmet dieser Angelegenheit einen Leitartikel, in dem er sagt: Der Unterschied ist sehr bedeutend, und es ist nicht leicht verständlich, wie die telegrafische Fassung so schlimm missraten konnte. Da die Richtigkeit der Meldungen von förmlichen Erklärungen der feindlichen Staaten von der größten Bedeutung ist, so ersuchen wir die Behörden, Ermittlungen darüber anzustellen, wie die Irrtümer in diesem Falle entstanden sind.

Das wäre nicht schwer zu ermitteln. Die Lügen des Auslands sind oft unsere Wahrheiten und zur eigenen Lücke bedarfs nicht der feindlichen Tücke. Wenn die diplomatische Sprache die ihr gewachsene Reportage findet, so darf man sich über Schwerhörigkeit in weit entfernten Gegenden nicht wundern, sondern muss eben in Geduld zuwarten, bis die Technik, die das Hindernis der Entfernung bei Gasangriffen aus dem Wege geräumt hat, auch für die ungestörte Gedankenübertragung Vorsorge trifft. Wir haben es erlebt, dass ein nicht unwichtiger Funkspruch der russischen Regierung, jener Aufruf „An alle!", der den Waffenstillstand angeboten hat, vom Grafen Czernin zwar allen, aber nicht in allen Teilen übermittelt werden konnte. Der Unvollkommenheit der Technik oder dem störenden Eingriff der revolutionären Natur wurde es zugeschrieben, dass er „verstümmelt" eingelangt war, bis zur Ehre jener Gewalten festgestellt und vom Minister ehrlich, aber nicht ohne Selbstbehauptung zugegeben wurde, dass die Verstümmelung erst nach dem Eintreffen durch eine andere Gewalt erfolgt war, die lediglich in dem Bestreben gehandelt hat, wieder eine andere Gewalt, nämlich die russische Revolution, in Österreich nicht aufkommen zu lassen. Wenn

solche Dinge passieren können, ist Vorsicht bei Übermittlung von Depe-
schen, deren Inhalt eine nicht minder wichtige, wenn auch keineswegs
revolutionäre Regierungserklärung bildet, gewiss empfehlenswert. Wäre
es den Feinden sonst zu verübeln, wenn sie das Datum einer Verstümm-
lung auch hier zurückverlegen wollten? Wird ihnen zum Beispiel eine
Replik des Grafen Czernin gegen Trotzky in der folgenden Fassung, die
das Züricher Blatt vom Wiener Korrespondenzbüro bezieht, dargeboten:

> In Erwiderung hierauf führte der Minister des Äußern, Graf Czernin,
> aus, es sei notwendig, darauf hinzuweisen, dass die Delegationen der
> verhandelnden Mächte nicht hieher gekommen seien, um einen geisti-
> gen Ringkampf auszuführen, o d e r um zu versuchen, ob und inwieweit
> es möglich sei, zu einer Verständigung zu gelangen

– ist es dann ein Wunder, wenn der böse Wille die Version verbreitet, die
Zentralmächte machten aus ihren Annexionswünschen schon gar kein
Hehl mehr, denn sie hätten in Brest-Litowsk selbst zugegeben, dass sie gar
nicht den Wunsch haben, zu einer Verständigung zu gelangen! Zwischen
einem „oder" und einem „sondern" kann eine Welt von Feindschaft liegen,
die berichtigend aus den Angeln zu heben sich das Korrespondenzbüro
diesmal nicht mehr die Mühe nimmt.[47] Wozu denn auch? Ist denn nicht
selbst das österreichische Strafgesetz fehlbar? Wurde nicht nach dem § 490
jahrelang falsch judiziert, weil sich dort „hinreichende Gründe e r g e b e n",
statt „ergaben", während zum Glück die in dem gleichen Strafgesetzbuch
geahndeten „Vergehen gegen die Postanstalten" unbestraft blieben, weil
man denn doch eingesehen haben mag, dass sie nicht so bedenklich
verlaufen wie die Vergehen gegen die „Pestanstalten". Das Wiener Korrespondenzbüro aber berichtigt wohl jene Fehler nicht gern, die im Ausland
zu seiner Verwechslung mit dem Wolffbüro beitragen können.

Es lässt sich, annexionistischer als die deutsche Presse veranlagt, von
dieser in einem andern Fall die Berichtigung besorgen. Für Zürich enthielt der offizielle Wiener Bericht die Stelle:

> „Deutschland und Österreich-Ungarn haben nicht die Absicht, sich jetzt
> diese besetzten Gebiete (Kurland, Litauen und Polen) einzuverleiben."

---

47   * Der Verlauf der Begebenheiten hat gezeigt, dass das „oder" richtig war. Sie waren tatsächlich nicht nach Brest-Litowsk gekommen, um zu versuchen, ob und inwieweit es möglich sei,
zu einer Verständigung zu gelangen.

Das Züricher Blatt stellt fest, dass „dieser Text nie berichtigt wurde", und teilt mit, dass deutsche Blätter nachträglich auf die Variante aufmerksam machen, die sie selbst veröffentlicht haben:

> „Deutschland und Österreich-Ungarn haben nicht die Absicht, sich die jetzt von ihnen besetzten Gebiete einzuverleiben."

„Ist dem so, wie man bis auf Weiteres annehmen darf", meint das Züricher Blatt (nämlich dass die deutsche Fassung die richtige ist, nämlich dass Deutschland und Österreich nicht diese Absicht haben), „so entfallen natürlich auch alle Folgerungen, die aus dem Wortlaut des Wiener Berichtes in der ‚Neuen Zürcher Zeitung' gezogen wurden." Die der feindlichen Presse freilich haben sich inzwischen festgesetzt. Der Graf Czernin aber, der als begabter Feuilletonist doch Wert darauf legen müsste, dass ihm seine Pointen nicht verdorben werden, und der darum das Korrespondenzbüro an Haupt und Gliedern reformieren sollte, begnügt sich damit, vor Delegierten seine stilistische Begabung gegen den Vorwurf der Unklarheit zu verteidigen, die doch gerade ihr Wesen und ihren aparten Reiz ausmacht. Er weiß wohl selbst nicht, dass sein Talent, nicht nur missverstanden, sondern auch entstellt zu werden, die Kriegsliteratur um eines ihrer spannendsten Kapitel bereichert hat. Aber gewiss wird man auch einmal sagen können, dass ein gut Teil der großen Zeit uns durch seine witzigen Auseinandersetzungen mit jenen vertrieben wurde, die von ihm sachliche Aufklärung verlangt hatten.

> … Dann hat mir der Herr Abgeordnete Dr. Ellenbogen wieder eine meiner Illusionen genommen. Ich hatte immer geglaubt, dass ich die deutsche Sprache ziemlich beherrsche. Der Herr Delegierte aber hat mir vorgeworfen, dass ich wieder u n k l a r und v e r w o r r e n s p r e c h e.

Im Gegensatz zum Grafen Czernin beherrsche ich, wie ich wiederholt eingestanden habe, die deutsche Sprache ganz und gar nicht, sondern lasse mich von ihr und weit lieber als vom Grafen Czernin beherrschen, dem es ja auch viel besser gelingt, die Sprache zu beherrschen als jene, die sie sprechen. Trotzdem oder vielleicht eben deshalb weiß ich, dass gerade jene vom Grafen Czernin gemeinte Fähigkeit, die Sprache zu annektieren, die Möglichkeit nicht ausschließt, sich unklar und verworren in wichtigen Dingen, zum Beispiel über Annexionsabsichten, auszudrücken, ja dass sie sie nicht nur nicht ausschließt, sondern manchmal sogar einschließt, sodass diese Möglichkeit geradezu zur Fähigkeit wird. Darum hat auch der Delegierte sehr richtig dem Grafen Czernin zugerufen:

> Gestern haben Sie gezeigt, dass Sie die deutsche Sprache wirklich meisterhaft beherrschen!

Der Graf Czernin jedoch fasste diese Bekräftigung nicht nur als Kompliment, sondern auch als Revokation auf, als einen Versuch des Delegierten, seine Äußerung abzuleugnen, und fuhr entschieden deprezierend fort:

> Ich bitte, im Zusammenhang mit meiner gestrigen Rede wurde unter Hinweis auf die Stelle über Italien, Rumänien und Serbien meine Redeweise unklar genannt, in der „Arbeiter-Zeitung" steht dasselbe. Ich gehe auf das Thema nicht weiter ein, wer mich verstehen wollte, konnte mich verstehen ...

Der Graf Czernin, der eine witzige Ader hat, versteht dennoch den Witz nicht, der ihm ernstlich die Unklarheit in gewissen Europa betreffenden Angelegenheiten als Sprachbeherrschung auslegt. Ihm ist im Gegensatz zu vielen andern Redensarten die oft zitierte Erkenntnis nicht geläufig, dass sich der Meister des Stils in dem, was er weise verschweigt, zeige. Er versteht nicht, dass die, die „ihn verstehen wollen", zwar seine Unklarheit verstehen, auch deren Absicht verstehen, aber keinesfalls deren Grund. Er versteht aber auch nicht, dass es viel mehr auf jene ankommt, die ihn nicht verstehen wollen, nämlich auf die Feinde, die zwar gleichfalls seine Unklarheit verstehen, aber die er einmal zwingen müsste, seine Klarheit zu verstehen, wozu allerdings nicht Sprachkunst, sondern nur Staatskunst notwendig wäre. Kann denn der Graf Czernin, selbst wenn man ihm im Gegensatz zu seinem Sprachkritiker zubilligen wollte, dass er sich in der „Stelle über Italien, Rumänien und Serbien" einer klaren Redeweise beflissen habe, kann er im Ernst behaupten, dass sein Wort über Belgien, das selbst die Aufklärung des Korrespondenzbüros nicht klarer machen konnte, die Ansprüche erfüllt hat, die die fremdsprachigen Völker an einen deutschen Redner heutzutage nun einmal stellen? Wird er gegenüber der französischen Presse sich mit Recht beklagen können, dass sie ihm seine Illusion, ein deutscher Sprachbeherrscher zu sein, genommen habe? Er würde Unrecht tun, die

Deutlichkeit, die sie in diesem Punkte vermisst, für einen literarischen und nicht für einen politischen Vorzug zu halten, auf dessen Zuerkennung aus künstlerischem Ehrgeiz zu bestehen und zu glauben, der ganze Jammer, in dem die Welt lebt, sei der, dass die Feinde den Grafen Czernin für einen unzulänglichen Stilisten halten. Sie tun aber das Gegenteil, sie halten ihn für einen Meister des Stils, für einen Sprachbeherrscher, ja für einen Sprachimperialisten, und sehnen sich mit den Freunden danach, dass er einmal, einmal nur, im allerschlechtesten Deutsch ein klares und deutliches Wort spreche, und zwar so klar, dass es sogar die deutschen Bundesgenossen verstehen. Tief gekränkt und wie jenem Abgeordneten gegenüber auf dem irrigen Standpunkt, dass Deutlichkeit und Sprachkunst identisch seien und weil er ein Sprachkünstler ist, er deshalb auch deutlich gesprochen haben müsse, lässt er durch sein „Fremdenblatt" dem Versailler Kriegsrat versichern, er habe „in deutlichster und klarster Weise" einen Frieden ohne Annexionen proklamiert, und die Retourkutsche auffahren, die Feinde hätten wohlweislich vermieden, „mit deutlichen Worten das Ziel zu bezeichnen", das sie durch Fortsetzung des Krieges erreichen wollen, vielmehr „ihrer Gewohnheit gemäß ihre Bestrebungen in einer Hülle allgemeiner Phrasen gehalten". Der Graf Czernin weiß aber natürlich nicht, dass er hier nichts anderes zurückgegeben hat als das Kompliment, dass auch die feindlichen Staatsmänner ihre Sprache beherrschen. Vielleicht ist der Unterschied der zwischen der Tüchtigkeit, das, was man nicht sagen will, wirksam auszusprechen, und der Gewandtheit, das, was man sagen soll, weise zu verschweigen. Die Entscheidung, auf welcher Seite die virtuosere Fähigkeit geglänzt hat, interessiert indes die wartenden Völker nicht so sehr wie die Frage, wie lange sie – ob für Leitartikel oder Feuilleton – dem Talent, durch Worte Taten zu prolongieren, Opfer bringen sollen. Was immer die andern für große Leitartikler sein mögen, wir haben mit uns selbst zu schaffen, und der Graf Czernin tut unrecht, die Dinge, auf die es für Leben und Sterben ankommt, gleich mir, einem politisch uninteressierten Wortfetischisten, auf das Sprachgebiet hinüberzuspielen. Kurzum, wäre er kein Sprachbeherrscher, so würde er sich klar aussprechen und die Zentralmächte hätten zwar um einen Feuilletonisten weniger, aber um einen Staatsmann mehr, was umso notwendiger wäre, als sonst keiner da ist. Das ist ja eben der Fehler, dass in diesen Reichen, in denen nicht zuletzt auch die Sprache nach Selbstbestimmung ringt, diese just in dem Augenblick so absolut beherrscht wird, wo es sich um die Freiheit ihrer

Sprecher handelt, und dass unser diplomatisches Vorgehen nur dort „eine deutliche Sprache spricht", wo es sie vermissen lässt.

Wenn ich aber bezüglich der Überschätzung der Sprache den Grafen Czernin mit mir verglichen habe, so möchte ich ihn bezüglich deren Gebrauchs, der ja immer eine Folge der Beherrschung ist, lieber mit jenen vergleichen, denen ich ihn schon durch die Bezeichnung „Feuilletonist" an die Seite stellen wollte. Was ist er denn anderes, wenn er die russische Revolution für den „einzigen Exportartikel" erklärt, der von dort zu beziehen sei und den er ablehne? Es ist ein Aperçu, das von der falschen Voraussetzung lebt, dass bei uns die russische Revolution ausbrechen könnte, die sich ja allerdings nicht exportieren lässt; die witzige Ausflucht einer Politik, die von der Vernachlässigung der Frage lebt, ob solch ein „Artikel" – es ist von dem Verhältnis einer Regierung und nicht einer Handelskammer zum Problem der Freiheit die Rede – nicht am Ende im Lande selbst erzeugt werden könnte. Die Fähigkeit, mit einer leicht fasslichen Anwendung aus einer trivialen Sphäre um die schwierigsten Dinge herumzukommen, verlässt den Grafen Czernin keinen Augenblick. Da er seine Antwort an die Delegierten mit der zierlichen Bemerkung einleitet, er möchte „nur aus dem großen Bukett von Anregungen und Angriffen einige Blumen herausnehmen und sich an denselben erfreuen", so beweist er, ehe es ihm misslingt dieses Bukett zu zerpflücken, dass er immerhin die Fähigkeit besitzt, eine Schmucknotiz mit falschen Bildern zu besetzen. Auch die Versicherung, dass die Rede des Generals Hoffmann „einen Sturm im Glase Wasser entfesselt" habe, lässt ihn nach dieser Richtung orientiert erscheinen. Echt feuilletonistisch, eine Pointe, wie geschaffen, die Heiterkeit der Delegierten in ernster Zeit zu wecken, ist auch der Einfall, mit dem der Graf Czernin die Zumutung, dass zwischen ihm und Trotzky eine Ähnlichkeit bestehe, abweist. Ein Minister hatte es zur Beruhigung der Opposition behauptet und ein tschechischer Abgeordneter den Volkskommissär gegen den Vergleich in Schutz genommen. Beides reizt die Schlagfertigkeit des Grafen Czernin wie folgt:

> … Ich gestehe jedoch, dass es auch nicht meine Ambition ist, dem Herrn Trotzky zu gleichen, und in einem Punkt besteht zwischen mir und Herrn Trotzky jedenfalls ein Unterschied: Wir sind beide – und das ist ein merkwürdiges Zusammentreffen – in unsere respektiven Heimaten gefahren, um das Vertrauensvotum der respektiven verfassungsmäßigen Korporationen zu erlangen; Herrn Trotzky ist das misslungen und er hat

als Antwort Maschinengewehre auffahren lassen und die Konstituante auseinandergetrieben. Wenn Sie mir dasselbe machen, lasse ich keine Matrosen kommen, sondern demissioniere. (Heiterkeit.) Was freiheitlicher und demokratischer ist, überlasse ich Ihrer Beurteilung. (Lebhafter Beifall.)

Der Graf Czernin scherzt und es ist die Eigentümlichkeit der Feuilletonisten, lachend die Unwahrheit zu sagen und mit einer scheinbaren Schlüssigkeit Trümpfe auszuspielen. Nur schade, dass in einer ganzen Delegation sich kein einziger Witzkopf findet, der keinen Spaß versteht und den Causeur auf den größeren Unterschied zwischen ihm und Trotzky aufmerksam macht: dass dieser in seiner respektiven Heimat ein System repräsentiert, das sich eben, wie es die Gewalt und selbst die Gewalt der Freiheit immer zu tun pflegt, mit Gewalt erhalten will, während der Graf Czernin nur das zufällige Organ eines andern Systems vorstellt, welches nach dem konstitutionellen Opfer eines jeweiligen Angestellten in seiner wesentlichen Macht erhalten bliebe, aber den Widerstand, der sich gegen diese selbst erhöbe, sehr wohl mit den Mitteln der russischen Demokratie aus dem Wege zu räumen wüsste. Der Graf Czernin und auch der Herr von Bilinski, der sich mit ihm in den königlich polnischen Spaß teilte, hätten unschwer darauf aufmerksam gemacht werden können, dass zwischen der bedrohten Revolution, die Trotzky heißt, und dem Minister einer keineswegs bedrohten Monarchie allerdings ein Unterschied besteht – was aber nur eine nüchterne Feststellung gewesen wäre, mit der in einer heiteren Debatte über den Weltkrieg kein Staat zu machen ist und nicht einmal der des Herrn von Bilinski. Die brillante Laune des Grafen Czernin jedoch, die die Anfechtungen der Logik so wenig wie die des Geschmacks fürchtet, findet ihren glücklichsten Ausdruck in der Verteidigung des Generals Hoffmann:

Als ich in Brest von der Aufregung gehört habe, die diese Rede hervorgerufen hat, habe ich darüber, aufrichtig gesagt, herzlich gelacht. Dort hat sich kein Mensch darüber aufgeregt. Auch nicht Herr Trotzky, der gestern von Dr. Ellenbogen mit Nachsicht der Taxe in den Adelstand erhoben worden ist (Heiterkeit). Also Herr von Trotzky hat dem General geantwortet, wenn er ihm sage, dass Russland von den Deutschen besetzt sei, so gebe er ihm darauf die Antwort, dass der Kaukasus und die Türkei von Russen besetzt seien, das eine sei das andere wert. An dieser Rede, man mag sie mehr oder weniger schön finden,

sterben wird niemand daran, weder Herr Trotzky noch General
Hoffmann, noch der Friede ... Ich glaube, das Wiener Parlament bietet
ein Beispiel, dass kräftige Worte möglich sind, ohne dass man
daran stirbt, denn wenn man daran sterben würde, dann
gäbe es schon viele Leichen im Parlament. (Heiterkeit.)

Die berühmte Erkenntnis vom Wesen der Staatskunst wird sich künftig
als ein vermehrtes Staunen äußern: mit wie wenig Weisheit die Völker
regiert werden, aber mit wie viel Mangel an Würde. Die Schalheit des Mo-
tivs „mit Nachsicht der Taxe" und der Wendung „Also Herr von Trotzky"
könnte schon einen, dem diese Jammerzeit einen Funken Hoffnung
übrig gelassen hätte, lebensüberdrüssig machen. Der unleugbar adelige
Czernin reproduziert einen Scherz, den nicht nur jeder Wiener Kaffee-
hausbesucher seit der Türkenbelagerung, sondern vor dem frozzelnden
Minister der gefrozzelte Delegierte selbst gemacht hat, dieser aber mit
einer berechtigten Wendung gegen das Korrespondenzbüro, dem wie
so manches andere die Nobilitierung des Herrn Trotzky geglückt war.
Es wäre wahrlich besser, wenn die Standesgenossen des Grafen Czernin
vermeiden wollten, sich von Familien, die nicht durchs eigene Blut, sondern durch das der andern emporgekommen sind und im Krieg zufällig
nicht getötet oder wenigstens eingesperrt, sondern geadelt wurden, zum
Essen einladen zu lassen, als dass sie von der überwältigenden Komik
jener Antithese zehren. Viel weniger lustig ist jedenfalls die zwischen
der Munterkeit des Grafen Czernin, der „herzlich gelacht" hat, und der
Erbitterung jener vielen, denen die Reiterattacke auf den Verhandlungstisch von Brest- Litowsk nicht eben als das Resultat erschien, auf das
sie gewartet hatten. Wäre selbst der Vergleich einer Parlamentssitzung
mit einer Friedenskonferenz, also die Gleichstellung von berufsmäßig
zankenden Parteivertretern, zwischen denen nicht das Wort, sondern
die Abstimmung entscheidet, mit Staatsvertretern, die zum Frieden
zusammenkommen, nicht so durchbohrend scharfsinnig, man müsste
doch über die Feinfühligkeit staunen, die die aus der landesüblichen
Gemütsschlamperei bezogene Redensart „sterben wird niemand dran"
unermüdlich abwandelt und nicht einmal dessen inne wird, dass dieses
zur mundfaulen Phrase erstarrte Achselzucken hier ausnahmsweise
wirklich in einer Sphäre betätigt wird, in der man an Worten stirbt. Als
ob es das größte Unglück wäre, dass die, die sie sprechen oder unmittelbar hören, daran sterben könnten! Die schöne Vorstellung, dass es „dann

schon viele Leichen im Parlament gäbe", die doch nur witzige Schlagkraft hätte, wenn die Prämisse (dass man an einem kräftigen Wort stirbt) vom Redner nicht konstruiert, sondern nur beantwortet wäre – nicht einmal diese anschauliche Konsequenz bringt ihn zu der Besinnung, dass es die vielen Leichen auf anderen Plätzen derzeit schon gibt, und zu dem Gedanken, dass zu deren Vermehrung der Ton auf einer Friedenskonferenz sehr wohl beitragen könnte. Denn wenngleich der Zusatz, dass auch der Friede nicht daran sterben werde, den Redner scheinbar einer ernsteren Möglichkeit bewusst zeigt, so ist doch eben in dieser Personifikation des sterbenden oder nicht sterbenden Friedens, die salopp wie ein wurstiges „Malheur!" oder „Tun S' Ihnen nix an" angereiht wird, das Bewusstsein, dass der Inhalt des Krieges das reale Sterben ist, völlig ausgeschaltet. Die Gedankenlosigkeit eines, der über die Materie zu bestimmen hat, sollte wahrlich nicht so weit gehen wie die aller fühllosen Zeugen, die von ihr die Worte beziehen, ohne sich an sie erinnert zu fühlen, und ein Staatsmann, der im Weltkrieg das Wort „sterben" bildlich oder in einem andern Zusammenhang als dem mit der großen Realität aussprechen wollte, dürfte höchstens bekennen, dass ihm das Wort auf der Zunge sterbe. Was aber soll man zu einem Staatsmann und Aristokraten sagen, dem die Materie des Welttods so wenig gegenwärtig ist, dass ihm ein Spaßettl vom Sterben über die Lippe kommt, und den der Zeitpunkt weder davon abhält, es zu wiederholen, noch solcher Eifer zum Bewusstsein des Zeitpunkts bringt; der völlig beziehungslos Redensarten wählt, die eine empfindende Hörerschaft in traurige Erinnerung und eine taktvolle in Verlegenheit für den unbefangenen Sprecher versetzen müssen. Und was soll man zu einer Delegation sagen, deren Gemütsverfassung das Protokoll an dieser Stelle mit der kürzesten Charakteristik „(Heiterkeit)" gerecht wird? Das ist die Auslese jener Menschheit, der der Fortschritt so sehr alle Fantasie ausgehungert hat, dass ihr heute der Vorstellungsersatz von ein paar schmierigen Phrasen das geistige Durchhalten durch die größte Quantität an Erlebnissen ermöglicht. Das rechnet mit Offensiven ohne Gesicht und Gehör für die Ungezählten, die daran blind und taub werden, und würde staunen, dass hinter der Generalstabsmeldung „Nichts Neues" immerhin die Begebenheit von ein paar Lungenschüssen sich abgespielt hat. Und sie ahnen weder, dass die Bedingungen des Ereignisses auch die ihrer Unbewegtheit sind, noch dass sich der Schall an ihrer Atonie steigert. Oder wie Büchner sagt: „Sie hören nicht, dass jedes dieser Worte das Röcheln eines Opfers ist. Geht einmal euern Phrasen nach, bis zu dem Punkte, wo sie verkörpert werden. Blickt um euch, das alles habt ihr gesprochen, es ist eine mimische Übersetzung eurer Worte … Man arbeitet heutzutag alles in Menschenfleisch. Das ist der Fluch unserer Zeit."

Ein wahrer Staatsmann aber wäre nicht der, der den Handel abschließt, sondern der die Geister zur Besinnung dieses Handels bringt, zum Entsetzen vor sich selbst, und niemals dürfte er, anstatt sie aus dieser Niederung heraufzuführen, mit ihnen bei der Spaßigkeit, die es dort gibt und die die Armut der Vorstellung entschädigt, einverständlich verweilen. Indes, der Graf Czernin gilt nicht nur jenen Zufriedenen, deren politischer Humor sich mit der Scherzfrage: „Was ist das Gegenteil von Apponyi? A Pferd!" abfindet, nicht nur jenen Relativisten, die die staatsmännischen Fähigkeiten nach dem geringen Maß dessen, was man von einem Mitglied des Jockeyklubs verlangen kann, abschätzen, für einen großen Staatsmann, ja Bürgen eines neuen Zeitalters, und dies, wiewohl man schnell genug erkannt haben müsste, dass ein Minister der menschheitlichen Ideen, die er äußert, nur dann würdig ist und durch sie, die ja die Ideen anderer sind, wächst, wenn er sie zur Tat werden lässt. Obzwar nun der Graf Czernin die Frist, die er an ihre Erfüllung geknüpft hat, verstreichen ließ, wird er von den einen, und weil er es tat, von den andern hoch eingeschätzt, und von den Dritten just wegen der Gabe, zwei Ideale gleichzeitig nicht zu enttäuschen, zwischen Humanität und Schwertbereitschaft geistig durchzuhalten und trotz einem Studium bei Lammasch und Förster nach Tische, da man's anders las, zwischen Hindenburg und Ludendorff sitzen zu bleiben und sich gleich dem Kollegen Paul Goldmann ins Ohr flüstern zu lassen, dass Macht vor jenes Recht geht, welches eben noch vor die Macht gegangen war. Nehmt alles nur in allem, der Graf Czernin erscheint allen zusammen als eine Erfüllung des Wiener Friseurgesprächs, im Verlauf dessen unterm Einseifen die Worte hervorgesprudelt werden: „Einen Bismarck brauchten mr halt!", und nicht bloß darum, weil Tun wie Reden an die Gewohnheiten des Metiers erinnert. Nein, die frappante Ähnlichkeit, größer als die mit Trotzky, hält alle in Banden. Der Bismarck, den mr halt brauchten, ist niemand anderer als der Graf Czernin. Ein Vergleich mit der Emser Depesche ist an dieser Realisierung eines alten Lieblingswunsches der Wiener Friseure und der über den Löffel Barbierten keineswegs schuld, da ja die letzten halbwegs zweckdienlichen deutsch-französischen oder deutsch-russischen Analoga, die berühmten „Bomben auf Nürnberg" oder die Extraausgabe des „Lokalanzeigers" nicht in Österreich hergestellt wurden und der verstümmelt eingelangte

Funkspruch der Petersburger Regierung weniger einen diplomatischen als einen literarischen Treffer bedeutet. Was bewirkt also, dass man in der Identität dieses Perückenbismarck kein Haar findet? Ganz gewiss die gleiche Mischung von Talent und Genie. Nur werden selbst die größten Czernin-Verehrer nicht übersehen können, dass die Verteilung der beiden Qualitäten bei beiden Persönlichkeiten eine verschiedene ist. Denn während Bismarck als Mensch ein Genie war und als Staatsdiener, wie es ja auch nicht anders sein kann, nur ein Talent – Politiker, Bankdirektoren, Bauhandwerker sind auf der höchsten Stufe ihrer Vollkommenheit Talente –, gilt für Czernin die Umkehrung. Der allgemeinen Vermutung, dass er ein Genie von einem Staatsmann ist, gesellt sich meine Überzeugung von seinen allgemeinen Talenten. Bismarck wie Czernin haben außerhalb der Verpflichtung ihres Berufs Worte geprägt, die Flügel bekommen haben, und der Unterschied dürfte, den Kraftmaßen von künstlerischer Schöpfung und gefälliger Unterhaltung entsprechend, in aviatischer Hinsicht etwa der zwischen der Naturgewalt des Adlerfluges sein und der Tüchtigkeit, die einen Motordefekt erleidet. Doch muss man es wohl für ausgeschlossen halten, dass Bismarck, wenn er es je für nötig erachtet hätte, sich undeutlich auszudrücken, dies unter Hinweis auf seine Sprachkünstlerschaft, die ein höheres Lebensgut als alle Staatspraktiken deckte, abgeleugnet hätte. Dass seine dialektische Leidenschaft nie mit der Czernin'schen Methode, „aus dem großen Bukett von Anregungen und Angriffen einige Blumen herauszunehmen", ausgekommen wäre, daran kann auch nicht der geringste Zweifel bestehen und der Schlager, dass an kräftigen Worten bei einer Friedensverhandlung nicht einmal die Menschheit, geschweige denn die anwesenden Unterhändler sterben, weil es sonst schon viele Leichen im Parlament gäbe, wäre ihm bei der größten Selbstüberwindung nicht eingefallen. Wie er mit annexionsgierigen Generalen fertig wurde und um wie viel mächtiger sein Wort war als die Faust, die auf den Verhandlungstisch zu schlagen eben dadurch verhindert war, ist geschichtsbekannt. Was er getan hat, war nicht immer für die Menschheit nützlich, aber was er gesprochen hat, nie das Stichwort der schlimmeren Tat. Seine Sprache, nicht Dienerin seiner Pläne, war die Selbstherrscherin seiner Gedanken, seine Aussprüche, Frucht und nicht Schale, Geschöpfe und nicht Redensarten, wachsen durch die Zeit, und sein Wort von den Leuten, die ihren Beruf verfehlt haben, das ursprünglich auf die Journalisten gemünzt war, lässt sich noch heute auf die Vertreter eines anderen Berufes anwenden, die nicht Journalisten geworden sind.

DER DARBENDE BÜRGER

Mai 1918

Vor acht Jahren, in einem nicht mehr erhältlichen Hefte der Fackel, ist ein Aufsatz über den „Prozess Friedjung" erschienen, in welchem ich lediglich aus Hören und Sehen der einander gegenüberstehenden Parteien, also aus einer Abschätzung von Persönlichkeitswerten zu politischen Folgerungen gelangte, die sich heute wie ein Motivenbericht zum Weltkrieg lesen. Es wird sich empfehlen, die erste Raumgelegenheit zum Wiederabdruck dieses (wie ich jetzt erst erfahre, in dem Werke des Scotus viator über die südslawische Frage zitierten) Aufsatzes zu benützen. Der Grundgedanke, dass Österreich das Land ist, in dem keine Konsequenzen gezogen werden, ist unangetastet geblieben: Sonst hätte man nicht die des Weltkriegs gezogen. Die unsägliche deutsch-österreichische Banalität, die ich damals in der Stimme des Historikers Friedjung ihren Biedermannstonfall gegen Recht und Kultur mobil machen hörte, ist seither mit den Mitteln einer entwickelteren Mechanik über das Leben hinweggeschritten und die Ansicht, dass ein Volk, dessen Lieder Goethe, Wilhelm Humboldt und Jakob Grimm, Puschkin, Scott und Merimee begeistert haben, eine „Murdsbande" sei, hat triumphiert. Herr Friedjung aber, der Historiker der mit falschen Dokumenten gefüllten Belgrader Bomben, wirkt in unverminderter geistiger Frische fort und hat sich, wie ich aus einem Zitat der „Arbeiter-Zeitung" ersehe, von seiner serbischen Vergangenheit nicht abschrecken lassen, sich für die „Vossische Zeitung" Gedanken über Serbiens Zukunft zu machen. Nur völlige Humorlosigkeit vermag ihn davor zu bewahren, vor dem Einfall, dass das serbische Volk „zu den Kriegsgewinnern gehört", nicht zu erbleichen; sein Kriegsgewinn bestehe darin, dass es „in Zukunft durch mehr politische und wirtschaftliche Bande mit dem Reich der Habsburger verknüpft sein wird". Ist nach meiner Definition der Historiker nur ein rückwärts gekehrter Schmock, so ist der Prophet nur ein vorwärts schauender Historiker. Bekäme Herr Friedjung, dem es nur deshalb nicht gelingen wird, das Öl seiner Beredsamkeit in den Weltbrand zu gießen, weil die Flammen an tödlicher Langeweile ersticken könnten, nur ein Quäntchen Vorstellungskraft geschenkt, könnte er nur ein Millionstel der tragischen Gegenwart des serbischen Volkes mit seinem Gefühl erfassen – der Witz, dieses den Kriegsgewinnern zuzuzählen, weil ihm das Los, dem zu entgehen es leidet, als Erlösung winke, dieser Witz würde ihn so kalt anstarren wie das Grab, das eine arme Seele sich selbst schaufeln muss. Herr Friedjung stellt „ein Minimum" von Forderungen auf Auslöschung des serbischen Staates, an deren tollhäuslerischem Plan, wie er behauptet, „sich nichts mehr ändern lässt", ein Entwurf, den durch Druck weiterzuverbreiten man sich versagen darf, weil seine Authentizität nicht einmal so feststeht wie die serbischen Dokumente von anno dazumal und weil die Regierung vermutlich doch die Konsequenz gezogen hat, in diesem Fach auf die Mitwirkung des Herrn Friedjung zu verzichten und ihn seinen eigenen Forschungen zu überlassen. Nur so viel muss erwähnt werden, dass Herr Friedjung von den serbischen Bauern und deren Söhnen spricht, als ob viele von der Gattung noch vorhanden wären, und ferner, dass er es als „eine Sünde gegen den heiligen Geist einer gesunden Politik" bezeichnet, eine Vereinigung von Serbien und Montenegro zu dulden. Es ist zwar eine größere Sünde gegen den heiligen Geist, diesen für eine Berufsangelegenheit des Herrn Friedjung zu halten, aber man kann ja von solchen Leuten nicht verlangen, dass sie sich von dem Inhalt dessen, was ihnen von der Zunge geht, erdrücken lassen. Wären sie sich der Tragweite ihrer Phrasen so sehr bewusst wie der Tragweite ihrer Kanonen, so wären ja diese nicht losgegangen. Dass das neue Österreich wirklich Lust haben sollte, mit den Geistern dieses Kalibers fortzuwursteln, muss nicht unbedingt daraus geschlossen werden, dass Herr Friedjung auch jetzt noch bei wichtigen Gelegenheiten als patriotischer Sachverständiger zugezogen wird. Zum Abschluss von „Kaiser Karls erstem Regierungsjahr" hat er sich mit einem Feuilleton im Fremdenblatt eingestellt, von dem einige Sätze genügen dürften, um ihm bei den Volksschülern, die da kommen werden, zu schaden oder mindestens ein heiteres Andenken zu sichern:

> … Es lässt sich aber nicht sondern, wie viel zu diesem größten Erfolg des Weltkriegs das Pflichtgefühl und die Vaterlandsliebe der Kämpfer beitrug, wie viel die Begeisterung für den unermüdlich tätigen jungen Herrscher, der die Herzen seiner Soldaten im Sturme zu erobern verstand und dessen Bild sie bis nahe den Toren des einst meerbeherrschenden und noch immer gleich märchenhaft schönen Venedig geführt hat.

Kein Volksschüler wird sich hier durch das Ineinandergreifen zweier Offensiven in dem Genuss der Beschreibung Venedigs irremachen lassen. Alles andere lässt sich schon durch bloße Andeutung genießen:

> Im Sonnenglanz des Sieges – – das treulose Rumänien – – durch die Klammer des Herrscherhauses zusammengehalten – – treue Hingabe an die schweren Pflichten seines Amtes – – die Liebe seiner Völker erwarb – – ein Füllhorn von Gaben über das Reich der Habsburger ausgeschüttet – – das innige Verhältnis des Herrschers zur Gattin und den Kindern – – Wohlfahrt des Reiches – – zu verwalten und zu mehren – – allgemeine B e s t ü r z u n g über die Lebensgefahr, in der der Kaiser in den S t u r z w e l l e n schwebte – – durch eigene Kaltblütigkeit wie durch den Opfermut seiner Umgebung   in die Bresche zu treten – – tapferen Bundesgenossen – – Proben seiner unerschütterlichen Bundestreue ablegte – – ehrenvollen, das Reich gegen künftige Angriffe sichernden Frieden – –

Soweit das Schöngeistige. Die Gesinnung des Herrn Friedjung dokumentiert sich in Sätzen wie diesen:

> Metall im Blute ist für die Paladine des Herrschers ebenso notwendig wie das Eisen in der Faust.

(Paladin bedeutet ursprünglich nicht nur „Hofritter", sondern auch „irrender Ritter, Abenteurer".)

> ... seine (Deutschlands) ans W u n d e r b a r e grenzende militärische Tüchtigkeit.
> Unerschütterlich musste darauf beharrt werden, dass n u r v o n S i e - g e n a u f d e n S c h l a c h t f e l d e r n d i e E n t s c h e i d u n g k o m m e n k ö n n e.
> Nie riss der Gedankenaustausch zwischen Wien und Berlin ab ...
> Gerade in den g e f ä h r l i c h e n Sommertagen dieses Jahres – –

(Herr Friedjung meint die Zeit, da man auf die Welterlösung hoffen durfte.)

formte sich der herrliche Plan zur Niederwerfung Italiens im Geiste der verbündeten Herrscher, bei den Beratungen der Generalstäbe.

Nun aber wieder zum Schöngeistigen, weil es doch echter ist als die Gesinnung eines Menschen, der den Krieg nur aus dem eigenen Geschichtswerk kennt, serbische Bomben nur aus seinen Dokumenten und der seine Begeisterung für Ekrasit und Zyankali gewiss nicht teilt. Der ganze Schönbart, der sich sträuben würde, wenn er die Wirkungen eines Bauchschusses auch nur zu Gesicht bekäme, steckt doch ehrlich in dem folgenden Satz:

> Mit heller Freude nahmen die Völker Österreichs und Ungarns die Berichte auf über die Fürsorge des Kaisers für den Soldaten und den darbenden Bürger, über seinen gewinnenden Umgang mit den Kriegern an der Front, mit den Verwundeten und Leidenden in den Spitälern.

Ei siehe da, fürwahr, ich höre den Friedjung von 1909: „Als unser erhabener Monarch Tausende und Abertausende unserer Brüder und Söhne zu den Waffen rief …" Spürt man, was in jenem Satz geleistet ist? Wie hier die durch alle Fibel- und Zeitungsbravheit durchgebrachte Einteilung der Staatsbürgerpflichten in einem Punkte renoviert wurde? „Der Soldat" hat zu kämpfen, die Verwundeten – sie lassen sich schon eher als Plural gebrauchen – haben zu leiden – und der Bürger? Der hat – ei, siehe da – durchzuhalten, also müsste wohl von dem ausdauernden Bürger oder von dem hoffenden Bürger die Rede sein? Aber da wäre doch wieder die Fürsorge nicht am Platze. Also wird der darbende Bürger wie ein längst vorrätiger Typus, als eine Selbstverständlichkeit, eingeführt und er wirkt auch im Munde des Friedjung sofort als abgetackelte Phrase. Denn wie der Dichter die Kraft hat, ein altes Wort zum ersten Mal zu sagen, so hat der Schönredner, ei, siehe da, die Kraft, einen neuen Begriff – da ja das Darben des Bürgers doch nur eine vorübergehende Erscheinung sein kann – wie eine abgegriffene Floskel hinauszustellen. Ich glaube, wenn der Friedjung am ersten Schöpfungstag dazugetreten wäre, so wäre die Welt als Phrase zur Welt gekommen und Gott hätte gesagt: Ei siehe da, es ist gut. Der darbende

Bürger erweist sich als eine außerordentlich
wichtige Bereicherung unseres heimischen
Vorstellungsschatzes, er hat eine Lebenskraft,
als ob er schon immer gedarbt hätte, als ob
er weiter darben müsste und auch dazu
entschlossen wäre, weil sich das so gehört.
„Es ist doch merkwürdig" – klingt es vom
sonoren Friedjung'schen Organ –, wie sich
der darbende Bürger in dem Moment seiner
Erschaffung bereits eingebürgert hat. Ich höre
Herrn Friedjung sprechen und ich sehe den
Bürger darben. Der darbende Bürger sieht so
aus:

EIN STAATSSTREICH

Mai 1918

In dem Staat, in dem für Papiergeld die Bedeckung des Goldes fehlt und für
Zeitungspapier die der Wahrheit (aber nicht die der Valuta), kann es sogar
geschehen, dass eine Revolution coram publico einen Meinungswechsel
nicht allein vornimmt, sondern ankündigt, also die Absicht einbekennt,
statt der ihr bisher honorierten Meinung fortan eine neue, von einem andern Geldgeber bestellte, zu vertreten. Es versteht sich in Anbetracht des
Umstandes, dass die Gehirnerweichung der Leser mit der Charakterlosigkeit der Schreiber gleichen Schritt gehalten hat, von selbst, dass dem unveränderten redaktionellen Ensemble auch eine kaum alterierte Abonnentenliste entsprechen wird. Die österreichische Spezialität dieser Erscheinung
wäre aber nicht apart genug, wenn sich der Gesinnungswechsel auf alle
Fragen des öffentlichen Lebens gleichmäßig erstrecken müsste. Der neue
Geldgeber hat vielmehr beschlossen, die Weltanschauung seines Personals,
die in eine Stellung zur inneren Politik und eine Stellung zum Ministerium des Äußeren zerfällt, nur bezüglich des Herrn Seidler zu verändern,
bezüglich des Grafen Czernin aber auf sich beruhen zu lassen, sodass die
Leser, die ja doch hauptsächlich erfahren wollen, wer wo abgestiegen ist
und welche was angehabt hat, in den politischen Begleiterscheinungen
unseres Kulturlebens nur einen geringen Unterschied merken werden, den

sie vielleicht überhaupt nicht merken würden, wenn man sie nicht darauf aufmerksam gemacht hätte. Wie man sieht, handelt es sich um das „Fremdenblatt" und es ist vielleicht wirklich ungerecht, bei einem solchen Blatt von Gesinnungswechsel zu sprechen. Aber unser Ministerium des Äußern, das die Ehrlichkeit hat, sich einer journalistischen Beziehung, die es unterhält, nicht zu schämen, hat es sich nicht nehmen lassen, den Umschwung der Dinge in einer feierlichen Note zu proklamieren. Und zwar so:

> Das „Fremdenblatt", das bis vor Kurzem als offiziöses Organ der österreichischen Regierung galt,

(vermutlich der österreichischen Regierung, die das nicht genau wusste)

> wird nunmehr zu den Fragen der inneren Politik selbstständig

(es dürfte dies das einzige Selbstbestimmungsrecht sein, das in unzweideutiger Weise zugestanden wird)

> und nach einem von ihm heute veröffentlichten Programm Stellung nehmen und kann daher jetzt in diesen Angelegenheiten nicht mehr als offiziös angesehen werden. Die Stellung dieses Blattes zu Fragen der auswärtigen Politik, in welchen es wiederholt die Ansichten des Ministeriums des Äußern zum Ausdruck bringt, bleibt unberührt. Ohne hiemit für alle die Außenpolitik betreffenden Äußerungen des „Fremdenblattes" eine Haftung zu übernehmen, erklärt das Ministerium des Äußern, dass es jede Verantwortung für die Ausführungen der genannten Zeitung ablehnt, welche die innere Politik und die Verwaltung betreffen.

Aber wer ist denn dann für die in dieses Ressort fallenden Überzeugungen verantwortlich? Doch nicht am Ende die Redaktion, die schreibt, oder gar der verantwortliche Redakteur, der nicht liest? Jedenfalls nicht mehr das Ministerratspräsidium, denn das „Fremdenblatt" hat sich gegen die innere Regierung freie Hand vorbehalten, soweit das einer Hand möglich ist, die gegenüber der äußern Regierung offen bleibt. Das „Fremdenblatt" hat aber die neue Ära wirklich mit einer schwungvollen Attacke gegen den Herrn Seidler eingeleitet und ließ dieser geradezu ein Programm folgen, aus dem hervorging, dass es die Ordnung der innern Dinge nunmehr selbst in die Hand nehmen wolle. Wenn man sich gerade im Ausland aufhält, da solch ein Staatsstreich sich begibt, so erfährt man es natürlich als eine hochoffizielle Meldung:

Wien, i. Febr. (W. K.-B.) Das „Fremdenblatt" kennzeichnet in seinem heutigen Leitartikel seine künftige Stellung zur inneren Politik. Die Ereignisse der letzten Jahre hätten bewiesen, dass das deutsche Volk in Österreich der Eckpfeiler dieses Staates ist. Dem Heldenmut in der Feldschlacht kam die Opferwilligkeit im Hinterland gleich. Es liegt uns ferrn – –aber niemand kann leugnen – – Durchhalten – – Was wir dazu beitragen können, damit dem deutschen Volke werde, was ihm zukommt … werden wir tun. Das Blatt erklärt sodann, mit aller Kraft und Entschiedenheit die höchsten staatlichen Interessen gegen die umstürzlerischen, auf die Zerreißung Österreichs hinzielenden Bestrebungen verteidigen, auf die Förderung der erwerbenden Klassen durch den Staat hinwirken und den modernen Geist des Wirtschaftslebens auf das Kräftigste unterstützen zu wollen.

Und natürlich auch vom modernen Geist des Wirtschaftslebens auf das kräftigste unterstützt werden zu wollen. Dass ein solches Papier, das von einer Aktiengesellschaft redigiert wird und dessen nationalökonomischer Fachmann von Partezetteln Tantiemen nimmt, an der Wiedergeburt dieses Staates beteiligt sein will, ist wahrhaft tröstlich.

Es schließt: Ein Österreich, das in der Welt geachtet wird, das in der Monarchie den ihm zustehenden Einfluss besitzt, in welchem die Deutschen die ihnen gebührende Stellung, in dem alle Völker die Gewähr für ihre wirtschaftliche und kulturelle Entwicklung finden, in dem allen zerstörenden Kräften entschlossen entgegengetreten wird, ein solches Österreich, denken wir, dass aus dem Kriege entstehe. An der Erreichung dieses Zieles erklärt das Blatt, mit voller Objektivität, aber auch mit der nötigen Entschiedenheit mithelfen zu wollen.

Dass ich in einem Österreich, an dessen Sicherung das „Fremdenblatt" mitgewirkt hat, nicht lange durchhalten werde, das kann man sich schon denken. Das sympathische Wiener Korrespondenzbüro hat nichts Eiligeres zu tun, als dem ungeduldigen Ausland zu versichern, dass nunmehr das „Fremdenblatt" die Konsolidierung unserer Verhältnisse in die Hand genommen hat, es also mit den bekannten Aufteilungsplänen unserer Feinde wieder einmal Essig ist (den wir aber leider noch immer nicht hereinkriegen können). Jedoch schon um der Eventualität, dass das „Fremdenblatt" Ordnung machen könnte, vorzubeugen, sollten sich die Nationen so schnell als möglich versöhnen, denen ohnedies reichlich übel davon sein dürfte, fortwährend von der ihnen gebührenden Stellung und von der Gewähr für ihre wirtschaftliche und kulturelle Entwicklung lesen zu müssen, wobei selbstverständlich immer den Deutschen, deren kulturelle Entwicklung ja bereits abgeschlossen ist, die Stellung gebührt. Aber den Scherz solcher Programmatik beiseite: Sollte denn das Blutopfer nicht wenigstens die eine Entschädigung bringen, dass jene Profession, die es bewirkt hat, mundtot gemacht wird? Sollte es möglich sein, dass wir über Leichenberge geschritten sind, um von einer Papier-, Zucker- oder Waffenfabrik gemietete Talente sich als Geburtshelfer der Zukunft uns vorstellen zu lassen? Ich für meine Person lege gar keinen Wert darauf, dass das Gerücht von einem Besitzwechsel des „Fremdenblatts" auf Wahrheit beruhe. Ich räume gern ein, dass die Redakteure einer Wiener Zeitung nicht so gesinnungslos sind, sich vom Morgenblatt zum Abendblatt einem neuen Geldgeber anzupassen, und dass der Überzeugungswechsel also vielmehr im Auftrag des alten Geldgebers erfolgt sein kann, der nur eine neue Gesinnung hat, weil er nämlich einen schwerindustriellen Zuschuss bekommt. Fern sei es von mir, selbst einer Aktiengesellschaft zuzutrauen, dass sie ihr geistiges Inventar so ohne Weiters an eine andere verkaufe, da ja auch in ihrem eigenen Schoße das Bedürfnis nach einer politischen Neuorientierung rege werden mag. Wie dem immer sei und wenn selbst die Redakteure den Abschied nahmen, weil sie zu charaktervoll sind, um einen politischen Standpunkt, der ihnen durch Jahrzehnte „stagelgrün auflag", mit einem ganz ungewohnten zu vertauschen, der Hauptspaß bleibt doch, dass die Abonnenten bleiben und dass die Wiener Idiotie das Vertrauen jener norddeutschen Konsortien, die jetzt hierzulande umgehen, nicht enttäuscht. Wenn dieses Gesindel von Meinungsaufkäufern die Wahl hat, zur Durchsetzung ihrer schuftigen Wünsche, zur Propagierung des Gedankens, dass der Krieg bis zur völligen Auspoverung Österreichs fortgesetzt werden muss, neue Blätter in Wien zu gründen oder einen Stock von Abonnenten schon vorzufinden, so wären sie noch dümmer als dieser Stock, wenn sie sich nicht fürs Zweite entschieden. Die unsägliche Schmach, dass die Empfänglichkeit des Zeitungslesers gekauft werden kann, ohne dass sie gefragt wird, dürfte kaum ein Abonnent des „Fremdenblatts" fühlen – der frisst, wenn nur der Druck der gleiche

bleibt, die Weltanschauung des Siegers von Königgrätz so gern wie die des
Besiegten, und der Regierung fällt es nicht ein, die geistige Wehrlosigkeit
gegen diese neuestens so smart betriebene Ausbeutung zu schützen, im
Gegenteil, das Ministerium des Äußern bleibt mit dem „Fremdenblatt"
auf Gedeih und Verderb verbunden. Was aber das Innere anlangt, so will
ja der neue Kurs unter Umständen gar oppositionell sein, und das „Fremdenblatt" wird lieber gratis in allen Hotelzimmern als gegen Bezahlung in
einem Kabinett aufliegen, in dem keine Ordnung herrscht, und an Kraft
und Entschiedenheit mit den strengsten Masseusen, deren Annoncen es
bringt, wetteifern. Es gibt nun leider kein Pressgesetz, das eine Redaktion,
wem immer sie gehöre, auf wessen Wink immer sie Meinungen apportieren mag, zwingen könnte, mit einem feierlichen politischen Programm
auch die Fotografien der Leute, die es verfasst haben, zu veröffentlichen.
Die Kirche hat längst auf die Initiative verzichtet, am Glück des Staates
mitzuwirken, aber dass die Leute, die den Krummstab im Gesicht tragen,
dazu kapabel sind, das scheint einem offiziellen Nachrichtenbüro keinen
Augenblick zweifelhaft. So habe ich es im Ausland gelesen und infolgedessen den Entschluss gefasst, zurückzukehren. Im Ausland schämt man
sich hin und wieder, ein Österreicher zu sein, und da geht der Patriot
lieber gleich dorthin, wo man sich nicht mehr schämt.

AUSGEBAUT UND VERTIEFT

September 1918

Der geistige Tiefstand, der diese Katastrophe ermöglicht hat und dessen
Vertiefung durch eben diese Katastrophe ausgebaut wurde, enthüllt sich
am greifbarsten in der völligen Ausgesetztheit, in der sich die Gehirne
vor dem Schlagwort befinden. Wehrloser und gebannter ist kein Schaf
vor der Boa constrictor als der durchhaltende Verstand vor der Phrase.
Sein Opfer ist aber umso tragischer, als er zugleich das Subjekt und das
Objekt der Fütterung ist. Gelingt es einem jener Menschen, die in Ämtern
sitzen und deren Aufgabe es ist, die Knappheit an Fantasie oder Lebensmitteln in ein dürftiges Deutsch zu übersetzen, ein solches Merkwort zu
finden, so kann man sicher sein, dass der darbende Bürger durch Mo-

nate daran zu zehren haben wird, bis von ihm nichts übrig bleibt. Der Effekt wäre freilich ein auch nicht annähernd so ausgiebiger, wenn die Sprache der Ämter nicht ein Sprachrohr hätte, durch das jede Botschaft erst schmackhaft wird, oder vielmehr, wenn es nicht hierzulande einen so hervorragenden Wiederkäuer gäbe, dessen täglich zweimal zwanzigmal produzierte Tätigkeit ein Schlagwort erst appetitlich macht. Die bürokratische Kost, die einem vielleicht widerstehen möchte, wenn sie nicht vom Speichelfluss dieser Beredsamkeit aufgeweicht würde, ist nach solcher Prozedur nicht wiederzuerkennen, und es ist am Ende ganz sonderbar, wie die abgelegenste Kanzleiphrase als frische Jargonwendung wirkt, nachdem sie jener in den Mund genommen hat. Als vor dem Krieg einmal der Betmann Hohlweg, der doch weit eher ein Pastor als ein Rabbiner ist, die Bereitwilligkeit Deutschlands, für den Bundesgenossen zu „fechten", ausgesprochen hatte, war durch Tage der Schrei eines Echos hörbar, dessen Unaufhörlichkeit die Klangfarbe hatte: Er hat gesagt, er wird für uns fechten, fechten wird er für uns hat er gesagt. Ebenso unerbittlich hat dieser Vorbeter aller Blutandachten in der Gelegenheit gehaust, die durch das Schlagwort „Entspannung" bezeichnet war. Ein solches Schlagwort versetzt ihn in eine derartige Aufregung, dass man glaubt, der unaufhörliche Schlag, mit dem er das Gehirn des Lesers trifft, werde schließlich ihn treffen. Wenn man dereinst versuchen sollte, die geistige Akustik dieser Zeit nach ihrem durchdringendsten Geräusch darzustellen, so wird man über die Tragfähigkeit ihres Gehörs noch mehr staunen als über die ihrer Scham. Denn es kann heute kein noch so armseliger Lebenslaut der Staatsdummheit – erfunden, um die Menschheit über den Mangel ihrer Selbstverständlichkeiten zu betrügen – ausgestoßen werden, ohne dass er in diesem Schalltrichter zum Losungswort einer Weltentscheidung würde. Die Speiwürdigkeit dieses Zeitalters ist aber wohl noch nie so plastisch an uns herangetreten wie in der Orgie dieses Merkworts vom Ausbau und von der Vertiefung. Entseelter und so um den Sinn des Dings gebracht war die Papiersprache, die wir in diesem Krieg ausatmen, noch nie, und die Gewure, die imstande war, durch Wochen an dem ausgespucktesten Surrogat zu schlingen, verdient schon allen Respekt. Es war rein so, als ob die Borniertheit, die dergleichen erfindet, die Absicht gehabt hätte, durch Hinwerfen eines Brockens das furchtbare Haustier, das wir uns halten, rabiat zu machen, wissend, dass es sich auf so etwas werfen und dass es dann ein Schauspiel geben werde und eine Ablenkung für die vielen, denen etwas Gebackenes oder Gebratenes lieber ist als etwas Ausgebautes und Vertieftes. Schon etliche Monate vorher rollte der erste Donner, und ich habe eine Probe davon gegeben, die ausgereicht hat, um den Überdruss an der Sache im Ekel am Wort fühlen zu lassen. Damals war es der Graf Czernin, dem nicht oft genug nachgesagt werden konnte, dass er ausgebaut und vertieft habe, und ich überschrieb es: „Das kann man nicht oft genug hören." Dennoch war's nur ein lächerliches Vorspiel im Vergleich zu dem, was kommen sollte; „ein Tändeln" mit der Idee, wie das Großmaul in stillern Stunden zu sagen pflegt. Das Trommelfeuer, das nun anhub, sollte alles Erlebte übertreffen. So ausgebaut und vertieft ward nie zuvor. Wären die Menschen, denen das angetan wird, noch imstande, die völlige Erstarrtheit des vorgeschriebenen Denkens, die solche Gassenhauer des politischen Optimismus entstehen lässt, zu spüren, sie hätten sich dagegen aufgebäumt; sie hätten den Erfindern, den Ingenieuren des Ausbaues und der Vertiefung begreiflich gemacht, dass es zur Not angeht, eine öde Sache durch ein ödes Bild anschaulich zu machen, dass es aber unmöglich ist, sie durch zwei öde Bilder anschaulich zu machen, weil hiedurch nicht die Realität, die verglichen werden soll, die politische, sondern wieder nur die Realität, mit der verglichen werden soll, die technische, anschaulich gemacht wird, indem ja der technische Ausbau von der technischen Vertiefung im Sinne verschieden ist, der bildliche jedoch mit der bildlichen so sehr zusammenfällt, dass er eben zusammenfällt. Wer zum ersten Mal vom Ausbau eines Bündnisses gesprochen hat, der hat nicht gerade die Sprache bereichert, wenn er schon das Heil der Menschheit vermehrt hat; wer aber vom Ausbau und von der Vertiefung eines Bündnisses gesprochen hat, der hat der Sprache einen heillosen Verlust beigebracht. Wie nun ein Korybant in dieser dürftigen Gelegenheit gerast hat; welch einem Rausch der Nüchternheit wir standhalten mussten; wie dieser Exzess rapid auf alle benachbarten Lebensgebiete übergriff, sodass rechts und links nun auf einmal auch alles andere ausgebaut und vertieft war, alle anderen Bündnisse, bei Freund und Feind, und beinahe sogar das, was wirklich den Sinn dieses Verfahrens vertrug, als etwa eine Eisenbahn oder ein Kanal; vor allem aber, wie der Wahnsinn dieser Kuppelung offenbar war, wenn die beiden Methoden getrennt wurden, so als ob wirklich der Ausbau des Bündnisses etwas anderes zu bedeuten hätte als dessen Vertiefung – das zeigt der folgende Strudel, der nur ein Zitat aus dem Katarakt vorstellt, welcher verheerend, von keiner beschwörenden Vernunft aufgehalten, aller Papiernot trotzend, epidemischer als alle spanische Krankheit über unser politisches Terrain dahingegangen ist:

13. Mai:

Ausbau und Vertiefung des Bündnisses.

– – hierbei ergab sich volles Einvernehmen in allen diesen Fragen und der Entschluss, das bestehende Bündnisverhältnis auszubauen und zu vertiefen.

Wichtige Ergebnisse der Kaiserzusammenkunft.

Ausbau und Vertiefung des bestehenden Bündnisverhältnisses.

– – wurde in vollem Einvernehmen der Entschluss gefasst, das bestehende Bündnisverhältnis auszubauen und zu vertiefen. In welcher Form der Ausbau und die Vertiefung geschehen sollen, wird heute noch nicht mitgeteilt. – – Der Krieg hat den Ausbau und die Vertiefung des Bündnisses zur Notwendigkeit gemacht. In welcher Richtung dieser Ausbau und die Vertiefung sich vollziehen sollen, wird in der amtlichen Mitteilung nicht angedeutet. – – Gewiss wird es der Wunsch der beiderseitigen Generalstäbe sein, den Vorteil, den die Monarchie und Deutschland durch den Grundsatz hatten, der im Kriege Schulter an Schulter genannt wurde, auch künftig zu behalten, auszubauen und zu vertiefen.

Mitteilungen von unterrichteter Seite.

Wir müssen also an dem Defensivbündnis festhalten und für einen Ausbau und eine Vertiefung dieses Bündnisses nur andere Vorbedingungen schaffen.

14. Mai:

Ausbau und Vertiefung des Bündnisses mit Deutschland

Volles Einvernehmen über das künftige Verhältnis.
– – und die von ihnen geschaffenen Tatsachen sollen durch Ausbau und Vertiefung zur Regel für die Zukunft erhoben werden. – – Wir brauchen nur den Ereignissen des Krieges zu folgen, um zu verstehen, warum der

Ausbau und die Vertiefung des Bündnisses unvermeidlich
geworden sind. – – Die Einheit der Front für die Mittelmächte ist eine
zureichende Ursache für die militärische Vertiefung des Bündnisses.

Nun und der Ausbau? Geduld:

Der Plan, den Mittelmächten die Rohstoffe auch nach dem Kriege zu
entziehen, wird mit der Nachricht vom wirtschaftlichen Ausbau des
Bündnisses beantwortet.

Der Ausbau des Bündnisses mit Deutschland in wirtschaftlicher Hinsicht.

Das Bündnis mit Deutschland.
Der Ausbau und die Vertiefung des Bündnisses zwischen der
Monarchie und Deutschland haben einen Zusammenhang mit der
polnischen Frage – –

Nachrichten über gefälschte deutsche Friedensangebote.

– – Wahr ist der Ausbau und die Vertiefung des Bündnisses
zwischen der Monarchie und Deutschland – –

Die Erneuerung des Bündnisses mit Deutschland.

Die amtliche Mitteilung, dass bei der Kaiserzusammenkunft im deutschen großen Hauptquartier der Ausbau und die Vertiefung des
zwischen Deutschland und Österreich-Ungarn bestehenden Bündnis-
sen abgeschlossen worden ist, wird von der Berliner Presse erörtert.

15. Mai:

Sie (die Welt) wird damit rechnen müssen, dass England mit seinen vier-
hundert Millionen Einwohnern … die Beziehungen zu den Vereinigten
Staaten ausbaut und vertieft, um seine Überlegenheit in der Versorgung mit Rohstoffen noch zu vermehren. – – Welchen Einfluss könnten die
Nachrichten über den Ausbau und die Vertiefung des Bündnisses
auf die Politik der Entente haben? Die Wirkung dürfte nachhaltig sein.

Der Schluss aus diesen Worten ist gerechtfertigt, dass der wesentliche Zweck des Ausbaues und der Vertiefung in der Öffentlichkeit richtig erkannt worden sei.

16. Mai:

In dieser letzten Stunde der Monarchenbegegnung fühlten aber alle Zeugen dieses historischen Ereignisses, dass der Bund zwischen beiden Mittelmächten ... in des Wortes wahrster Bedeutung vertieft worden ist.
    – – die Grundlagen einer wesentlichen Vertiefung – –

Der Ausbau des Bündnisses und die Entente.

... der Ausbau und die Vertiefung des Bündnisses müssten unter solchen Umständen die Entente überraschen.

Der Ausbau des Bündnisses und die polnische Frage.

Der Ausbau der Technischen Hochschule und der Stadtrat.

Wiener Börse – – und die große Bedeutung des politischen und militärischen Ausbaues des Bündnisses wurde weiter eingehend besprochen. Insbesondere wurde hervorgehoben, dass die Vertiefung – –

23. Mai:

Es ist anzunehmen, dass bei dieser Gelegenheit auch die Besprechungen über die zur Vertiefung und zum Ausbau des Bündnisses zu treffenden Vereinbarungen beginnen werden.

24. Mai:

Der Ausbau des wirtschaftlichen Bündnisses mit Deutschland.

... deshalb ist es von besonderem Interesse, zu hören, was dieses hervorragende Mitglied des Kabinetts Wekerle über die Beschlüsse, betreffend den Ausbau des wirtschaftlichen Bündnisses mit Deutschland sagt ...

„… Ich selbst strebte immer eine Vertiefung des Wirtschaftsverhält-
nisses zum Deutschen Reiche an …“

4. Juni:

… die Welt hörte die Verkündigung, dass der Entschluss gefasst worden
sei, das Bündnis auszubauen und zu vertiefen – – Die Vertiefung
des Bündnisses werden die Monarchie und Deutschland nach dem
Kriege als Bedürfnis empfinden – – Sicherheit kann nur werden durch
Ausbau und Vertiefung des Bündnisses. – – Budget, Anleihen und
Steuern können nicht warten, bis das Bündnis mit Deutschland politisch, militärisch und wirtschaftlich ausgebaut ist.

Konstantinopel, 4. Juni:

… In Besprechung der Vertiefung des Bündnisses der Mittelmächte
erklärte Redner … Dr. Friedjung schloss mit einem dreifachen Hoch
und Eljen auf den Ausbau und die Dauer des Bündnisses der beiden
Mittelmächte mit der Türkei.

5. Juni:

Das Bündnis und seine Vertiefung.

– – die erste Frage galt der Vertiefung des Bündnisses der Mittelmächte – –

Der Ausbau des österreichisch-ungarisch-deutschen Bündnisses in
militärischer Beziehung.

– – Die Vertiefung des Bündnisses auch in militärischer Hinsicht ist
darum eine unbedingte Notwendigkeit.

Dr. Wekerle und Graf Tisza über die Vertiefung des Bündnisses.

– – Äußerungen von einer Seite gefallen sind, die gegen eine Vertiefung des Bündnisses Bedenken hegte.

13. Juni:

Der Ausbau des Sieges bei Noyon.

Graf Burian über die Vertiefung des Bündnisses.

1. Juli:

Die Beratungen in Salzburg über den Ausbau des Bündnisses. – – sind
die leitenden Auffassungen bei der wirtschaftlichen Vertiefung des
Bündnisses – – Wirtschaftsgebiet, dessen Grundmauern in Salzburg
aufgerichtet werden sollen – –

Und noch im September konnte dieser von keiner Materialnot abge-
schreckte Förderer des Baugewerbes die Genugtuung erleben, dass der
deutsche Kaiser dem Hetman nachrühmte, er habe „die Ukraine zu
einem neuen geordneten Staatswesen auszubauen begonnen", worauf
der Hetman der Hoffnung Ausdruck gab, dass „die Beziehungen zwischen dem mächtigen Deutschen Reiche und der Ukraine sich immer
mehr vertiefen werden". Inzwischen hatte sich aber bereits eine Folge
der Vertiefung des ändern Bündnisses gezeigt:

Berlin, 23. Mai. (Privattelegramm des „Neuen Wiener Journals".) Die
„Tägliche Rundschau" meldet aus dem Haag: „Times" melden aus
Turin, dass die italienische Börse seit der deutsch-österreichischen
Zusammenkunft eine bemerkenswert flaue Stimmung zeige. Man
glaubt, dass die Italiener durch die Tiefe des Bündnisses sehr
enttäuscht worden sind.

Der Ausbau hingegen scheint vorläufig noch keinen Eindruck auf sie zu
machen. Immerhin mehrten sich von Tag zu Tag die Symptome, die es
dem publizistischen Wortführer der Zentralmächte rätlich erscheinen
ließen, die Entente darüber zu beruhigen, dass man auch hier einem
Völkerbund nicht mehr abgeneigt sei und dass „die Einrichtung der
Schiedsgerichte nach dem Kriege stark ausgebaut werden müsse".
Was aber, kann man fragen, wäre geschehen, wenn ein sogenannter
Staatsmann, also der Vertreter eines zumeist verfehlten Berufs, der, wie
nicht allein der Fall des Herrn Kühlmann beweist, nicht einmal die Fä-

higkeit zum Privatmann hat, die Parole ausgegeben hätte, die Verhandlungen seien angebahnt und in Fluss gebracht worden?[48]) Das Geringste
wäre gewesen, dass nunmehr – im gespenstischen Gehorsam, mit dem
die Phrase überallhin und noch in ihr eigenes Gebiet folgt – auch die
Schifffahrt zwischen Wien und Budapest in Fluss gebracht und eine neue
Zugsverbindung zwischen Wien und Berlin angebahnt würde. Da aber
in solchem Fall die Gefahr der Koffereinbrüche und der Postdiebstähle
in hohem Grade besteht, so wurde für alle Fälle rechtzeitig verlautbart:

> Die Abwehrmaßregeln gegen die Diebstähle an Postgütern, die bereits
> getroffen wurden, sind im unablässigen Ausbau begriffen.

Was nützt das aber? Da eben in den Zeiten des Ausbaus und auch der
Vertiefung die Eisenbahndiebstähle überhandgenommen haben, so
bleibt nichts übrig, als das Reisegepäck versichern zu lassen. Da müssten
aber die Versicherungsgesellschaften auch nach dem Rechten sehn:

> Ein Ausbau der Bestimmungen über die Versicherung des Reisege-
> päcks ist heute umso dringlicher, als die beraubten Objekte von den
> Eisenbahndieben geradezu kunstgerecht behandelt werden.

Etwa so wie die Seele der Völker von den Diplomaten. Welche Fein-
heiten da möglich sind, welche Komplikationen da eintreten können,
zeigt ein Vorfall, der sich beim Ausbau und bei der Vertiefung zugetragen hat. Nämlich das Bündnis, kaum ausgebaut und vertieft, ist plötzlich
noch „ausgelegt" worden. Die neuerlichen Beratungen im deutschen
Hauptquartier haben amtliche Mitteilungen zur Folge gehabt und diese
einen Veitstanz, der alle bisherige Leidenschaft als den Zustand der To-
tenstarre erscheinen lässt. „Die Fassung in Wien und Berlin" bringt den
Unglücklichen derart aus der Fassung, dass er zuerst nur zu jappen beginnt, bis er in unartikulierten Lauten hervorbringt, was ihn eigentlich
so aufregt. Wir hören, dass es der Ausbau sei, vermissen die Vertiefung
und erfahren:

---

48   * Kaum gedacht, wird es von einer Geisterhand dieser unternehmenden Wirklichkeit
      einverleibt. Ein Anfang wäre gemacht, denn die offizielle Erklärung liegt vor, dass die Ver-
      handlungen, „die von dem Grundgedanken ausgehen, das Bundesverhältnis zu vertiefen,
      zurzeit noch im Flusse sind".

Eine genaue Prüfung des Textes der in Wien und Berlin veröffentlichten Mitteilung zeigt einen Unterschied, der in die Augen springt.

Und nun fängt er an, in die Augen zu springen, er, jener.

Die beiden Communiqués sind in den Sätzen, in den Ausdrücken und in den spärlichen Mitteilungen gleichlautend, mit einer einzigen Ausnahme.

Nein, die erfahren wir noch lange nicht.

In Wien und Berlin wird gesagt – – In Wien und Berlin wird erzählt – – In Wien und Berlin wird mitgeteilt – – da ist volle Gleichheit im Inhalte und in der Form. – – wird mit Genugtuung aufgenommen werden. Denn nichts kann wichtiger sein als der Felsblock – – nichts kann das Gefühl der Sicherheit mehr befestigen – –

Nun also. Und der Unterschied?

Das in Wien veröffentlichte Communiqué sagt, die Zusammenkunft der beiden Kaiser habe auch festgestellt, „dass die erlauchten Monarchen an ihren im Mai gefassten bündnisvertiefenden Beschlüssen festhalten." Das in Berlin veröffentlichte Communiqué sagt, die Zusammenkunft habe „auch die gleiche und treueste Auslegung des Bündnisses festgestellt". Wenn der Satz über das Festhalten an den Maibeschlüssen, betreffend die Vertiefung des Bündnisses, im Wiener Communiqué in ein Verhältnis gebracht wird zu dem Satze über die gleiche und treueste Auslegung des Bündnisses im Berliner Communiqué, so ergibt sich kein Widerspruch, sondern nur die Tatsache, dass in jeder der beiden Mitteilungen von etwas anderem gesprochen wird.

Nun also.

Die gleiche und treueste Auslegung des Bündnisses kann nicht im Gegensatz zu den Maibeschlüssen über die Vertiefung des Bündnisses sein und diese wäre undenkbar ohne die gleiche und die treueste Auslegung des jetzigen Bündnisses.

Gewiss nicht.

Aber dem deutschen Publikum wird etwas mitgeteilt, was das Wiener Communiqué nicht sagt, und umgekehrt. Es handelt sich um Erklärungen, die, nebeneinandergestellt und in einem und demselben Communiqué veröffentlicht, nichts Auffallendes hätten. Sie fallen nur auf, weil in einem Communiqué vom Festhalten an der Bündnisvertiefung nichts zu lesen ist und in dem anderen wieder nichts von der gleichen und treuesten Auslegung des jetzigen Bündnisses. Mitteilungen über die Zusammenkunft der Kaiser pflegen im Einvernehmen verfasst und dem Publikum zugänglich gemacht zu werden. Graf Burian war somit einverstanden mit dem Hinweis auf die gleiche und treueste Auslegung des Bündnisses und Graf Hertling hat der Feststellung zugestimmt, dass die beiden Kaiser an ihren im Mai gefassten bündnisvertiefenden Beschlüssen festhalten. Beide Staatsmänner sprechen aus beiden Communiqués und keiner von ihnen kann über die Zusammenkunft sagen, was der andere nicht billigt.

Gewiss nicht. So weit wären wir also beruhigt, sind es aber noch immer nicht. Denn es ist nicht nur die Auslegung des Bündnisses auszulegen, sondern die gleiche und treueste Auslegung des Bündnisses und nicht nur des Bündnisses, sondern des jetzigen Bündnisses im Gegensatz zum Bündnisse als solchem, und hinter den Gitterstäben dieser Begriffe hin und her gejagt, in der Selbstqual vielfacher Zwangshandlung heillos verzappelt, verröchelt der auslegende Verstand ins Delirium.

Aber die Ungleichheit der Fassung dürfte trotzdem nicht grundlos sein. Die Andeutung ist zu erkennen, dass die Monarchie bei der Vertiefung des Bündnisses nach den im Mai gefassten Beschlüssen die polnische Frage zur Lösung bringen will. Graf Burian hat sie schon im Juni damit in Zusammenhang gebracht. Deshalb wird die Vertiefung des Bündnisses im Wiener Communiqué unterstrichen. Das Berliner Communiqué spricht von der gleichen und treuesten Auslegung des jetzigen Bündnisses. Es will dessen Bestand und Wirkung in keine Abhängigkeit von den schwebenden Fragen des Ausbaues sowie von der austro-polnischen Lösung bringen …

Denn das fehlte noch! Die Vertiefung kann ausgelegt, aber der Ausbau kann doch nicht verlegt werden.

Auch die t r e u e s t e Auslegung des Bündnisses – –

Ist das noch die gleiche? Er ermattet!

ist, wie das Berliner Communiqué sagt, in der Monarchie und in Deutschland gleich. Graf Burian will die V e r t i e f u n g des Bündnisses und Graf Hertling auch. Der deutsche Reichskanzler will aber das j e t z i g e Bündnis, selbst wenn es n i c h t v e r t i e f t werden könnte. Die Monarchie teilt diese Ansicht. Die Grundauffassungen über das Zusammenstehen kommen aus Notwendigkeiten. Die t r e u e s t e Auslegung des Bündnisses ist wechselseitige Unterstützung an den Fronten gegen den Feind. Das tut die Entente; das sollten die Mittelmächte tun.

Sie tun es, weiß Gott, sie tun es, auch wenn ihnen einer nicht so heftig zuredete und selbst wenn's ihnen übel ausgelegt werden sollte. Welch ein Bild vertiefter Nibelungentreue, wenn zwischen den beiden Schultern dieser Kopf steht, immer in siedender Sorge um die gegenseitigen Bündnispflichten, zu deren Wahrung er schließlich noch dieses Opfer auf sich nimmt:

Berlin, 20. August

Gegenüber gewissen Auffassungen in der Presse wird in hiesigen informierten Kreisen betont, dass bis heute eine amtliche Erklärung über Einzelheiten der Besprechungen im Großen Hauptquartier nicht veröffentlicht wurde. Von einem Unterschied zwischen dem deutschen und österreichischen amtlichen Bericht über die Zusammenkunft könne k e i n e R e d e sein.

Welch ein Abschluss der geredeten Unendlichkeit! Nein, ehe das noch geschah, war's toll genug. Ohne alle Auslegung: Das war kein Schlagwort mehr, das war ein Fluch: Ausgebaut und vertieft sollst du werden! Und ein Schlachtbankier, der sich sonst wahrlich mehr aufs Einnehmen als aufs Auslegen versteht, ahndete die Sünden der Väter und es war ein Strafgericht über die lesende Menschheit wie nie zuvor. Denn keinen von allen jenen, die da schreiben, liest man mehr mit den Ohren als diesen da. Nie aber ist so der ganze Inhalt einer Zeit Geräusch geworden, nie so der Bund von Ton und Ding, einer hoffnungslosen Welt und eines verzweifelten Rhythmus, ausgebaut und vertieft gewesen, und schwer lastete es auf Hirn und Herz jener Minderheit, die noch spürt, was ihr getan wird und deren Scham das Wort so viel wie die Tat gilt. Was diese bedeutet, das empfand sie, und dass sie es täglich zu hören bekam, das machte sie mir zum erbarmungswürdigsten Ohrenzeugen eines Verhängnisses. Und als ich ihr darum, den ganzen Explosivstoff erfassend, den hier die dämonische Regie des Zufalls just damals in denselben Kübel trug, das da vorlas:

DIE CHINESISCH-JAPANISCHE MILITÄRKONVENTION
Volle Herrschaft Japans in China.

Bern, 30. Mai
Der „Shanghai Gazette" zufolge haben die geheimen Abmachungen der eben zustande gekommenen Militärkonvention zwischen Japan und China folgenden Inhalt:

Die chinesische Polizei wird von Japan neu organisiert.

Japan übernimmt die Leitung sämtlicher chinesischer Arsenale und Werften. Japan erhält das Recht, in allen Teilen Chinas Eisen und Kohle zu fördern.

Japan erhält alle geforderten Privilegien in der äußeren und in der inneren Mongolei, ferner in der Mandschurei.

Schließlich sind eine Anzahl von Maßnahmen getroffen, die das Finanz- und Ernährungswesen Chinas japanischem Einfluss unterwerfen – –

da war eine Stille atemloser Bejahung, in die ich zu noch nie erlebter Tragödienwirkung und zu einem Beifall, der die überstandene Orgie überdröhnte, mit dem schlichten Nachsatz fuhr:

Mit einem Wort – das Bündnis zwischen Japan und China ist ausgebaut und vertieft.

DIE GERÜCHTE

September 1918

In Wien waren Gerüchte verbreitet, dass in ganz Österreich Gerüchte verbreitet seien, es seien in Wien Gerüchte verbreitet, mehr wurde über das Wesen der Gerüchte nicht gesagt, als dass das Wesen der Gerüchte eben darin bestehe, dass man es nicht sagen könne, man war nur auf Gerüchte angewiesen, um überhaupt herauszubekommen, was es für Gerüchte eigentlich seien, und so gingen denn in ganz Österreich Gerüchte von Mund zu Mund, die nichts Geringeres besagen wollten, als dass in Wien Gerüchte verbreitet seien, es seien in ganz Österreich Gerüchte verbreitet. Dazu kam allerdings noch ein konkreter Umstand, der den Gerüchten die sonst meistens vermisste Nahrung gab, nämlich die Verlautbarung der österreichischen Regierung, welche feststellte, dass Gerüchte verbreitet seien, die ausdrückliche Warnung enthielt, sie zu glauben oder zu verbreiten und die Aufforderung, sich an deren Unterdrückung tunlichst auf das Energischeste zu beteiligen. Hiezu kam noch eine ganz gleichlautende Erklärung der ungarischen Regierung, welche davon ausging, dass die Gerüchte auch in Budapest und in ganz Ungarn verbreitet seien, ohne dass man freilich auch dort mehr wusste, als dass Gerüchte verbreitet seien, was bald ein jeder Mensch in Ungarn wie in Österreich gerüchtweise erfahren hatte. Auch dort ergab sich ganz wie hier für die Bevölkerung die loyale Pflicht, den Gerüchten tunlichst auf das Energischeste entgegenzutreten, was sich auch jedermann zu Herzen nahm und dergestalt ausführte, dass einer den anderen fragte, ob er schon von den Gerüchten gehört habe, und wenn dies verneint wurde, ihn bat, sie nicht zu glauben, sondern ihnen erforderlichenfalls tunlichst auf das Energischeste entgegenzutreten. Diese Prozedur wurde aber namentlich in der diesseitigen Territorialhälfte der Gerüchte mit besonderer Energie durchgeführt. Zuerst erfolgte eine feierliche Eröffnung der Gerüchte, indem nämlich die Abgeordneten Teufel, Pantz und Waldner, von denen jeder Einzelne nur ein Drittel ist und die deshalb nur zusammen ausgehen, beim Ministerpräsidenten Dr. von Seidler erschienen, um ihn auf die seit einigen Tagen in Umlauf befindlichen Gerüchte aufmerksam zu machen. Dr. v. Seidler gab zur Antwort, dass ihm die in Frage stehenden und im Umlauf befindlichen Gerüchte wohl bekannt seien. Bei dieser Gele-

genheit erfuhr man zum ersten Mal, dass die Gerüchte das angestammte
Herrscherhaus betreffen und dass die Verbreiter der Gerüchte den Glauben der Bevölkerung an dasselbe vergiften wollten. Der Ministerpräsident
beteuerte, dass diese Gerüchte unwahr seien, was aber die Abgeordneten
Teufel, Pantz und Waldner schon wussten und was sich nach dem § 63,
bezw. § 64, die ja keinen Wahrheitsbeweis zulassen, von selbst versteht,
sodass eigentlich der Dr. v. Seidler, der sich für die Unwahrheit der Gerüchte „verbürgt" hat, gegen diese Paragrafen, die schon die Möglichkeit
eines solchen Gedankens ahnden, verstoßen hat. Kein vernünftiger
Mensch, meinte der Ministerpräsident, werde an derartigen Unsinn glauben. Trotzdem trat er ihm auf das Energischeste entgegen und vergaß nur
zu erwähnen, dass Unvernunft hier geradezu ein Verbrechensmerkmal
ist, indem das Gesetz vom Staatsbürger nicht so sehr Vernunft als Ehrfurcht verlangt. Interessante Aufschlüsse gab er jedoch, und mit ihm der
ungarische Ministerpräsident, über die Provenienz der Gerüchte. Schon
in der offiziellen Verlautbarung waren die Gerüchte verzeichnet worden,
dass die Gerüchte „im Frieden jeweils von einer einzigen fantasievollen
Persönlichkeit ausgingen und es lange Zeit währte, bis sie breitere Massen
erfassten"; anders jetzt. Dasselbe Gerücht sei „zur Ursprungszeit jedes
Mal an ganz verschiedenen Stellen gleichzeitig zu vernehmen, weshalb
die Annahme gerechtfertigt sei, dass man es mit einer Organisation der
Gerüchte zu tun habe". Das war ungemein spannend und es fehlte nur
noch eine Andeutung darüber, ob die Gleichzeitigkeit der Verbreitung
desselben Gerüchtes durch Lokalaugenschein, Gehörproben oder dergleichen erhoben wurde. Seidler sowohl wie Wekerle zogen aus den gemachten Wahrnehmungen den Schluss, dass die Verbreitung der Gerüchte „ein neues Zeichen der aus den Reihen unserer Feinde kommenden
Versuche" sei, Verwirrung zu stiften; sie gehöre „in das Arsenal unserer
Gegner", die keine Mittel scheuen, um das Gefüge der Monarchie zu erschüttern sowie die Bande der Liebe und Verehrung zu lockern. Diese
Vermutung beruht indes ganz bestimmt auf einem übertriebenen Gerücht, das zur Ursprungszeit gleichzeitig in Wien und in Budapest zu
vernehmen war, weshalb die Annahme gerechtfertigt ist, dass man es mit
einer Organisation zu tun hat. Ich speziell habe schon des Öfteren der
Überzeugung Ausdruck gegeben, dass die Lügen der Entente im Allgemeinen lange nicht so gefährlich sind wie unsere Wahrheiten und dass sie
deshalb bei Weitem nicht so viel Verwirrung anrichten können. Wenn wir
den vierjährigen Lügenfeldzug der Entente überblicken, so müssen wir so

wahrheitsliebend sein, zuzugeben, dass die Lügen der Feindespresse über
unsere Zustände dort, wo sie nicht gerade die Übersetzung unserer Fakten waren, diesen höchstens um ein paar Tage, Wochen, sagen wir Monate
vorausgeeilt sind. Kein Redakteur des „Figaro" wird für seine schadenfro-
hen, sich am fremden Hunger mästenden Leser Schlimmeres über unsere
Ernährungsverhältnisse erfinden können, als der Bürgermeister von
Wien dem Grafen Czernin nach seiner Heimkehr vom abgeschlossenen
Brotfrieden gesagt hat, und wenn in der ganzen feindlichen Welt als die
erste Tat der Northcliffe-Propaganda eine allerdings grauenhafte, auf den
ersten Blick verleumderische Darstellung des deutschen Fliegerwesens
verbreitet wurde, so darf man anderseits nicht übersehen, dass es sich um
eine wörtliche Übersetzung der Schrift des Freiherrn von Richthofen gehandelt hat. Ich habe schon oft gesagt, dass sich statt eines Einfuhrverbots
der feindlichen Literatur ein Ausfuhrverbot der vaterländischen sehr
empfehlen würde, weil dann die Lügen der Feinde, die heute bloß wir
nicht zu lesen kriegen, auch im Auslande nicht verbreitet wären. Was nun
die Gerüchte betrifft, so liegt es mir mindestens so fern wie dem Dr. v.
Seidler, sie in die Kategorie jener Wahrheiten zu stellen, die wir uns selbst
verdient haben, und ich wäre sogar bereit, wenn ich eine Ahnung hätte,
was es für Gerüchte sind, ihnen tunlichst auf das Energischeste entgegenzutreten. Das einzige, was ich von ihnen weiß, ist, dass sie zwar Lügen
enthalten, aber solche, die ganz wie die Wahrheiten, die uns als Lügen
vorkommen, bei uns selbst gewachsen sind und nicht im Arsenal der
Entente, sondern in der alldeutschen Presse hergestellt wurden. Dies ist
denn auch der einzige Anhaltspunkt, den ich habe, um mir vom Wesen
der Gerüchte eine Vorstellung machen zu können. Zum Wesen ihrer Erfinder gehört es sicherlich, sie vorsichtig der Entente zuzuschieben, was
immerhin der bessere Teil der Tapferkeit ist, da ohne die Ablenkung
durch den Ruf „Haltet den Verleumder!" möglicherweise dessen Feststellung erfolgt wäre. Gerüchte haben nun nicht nur die Eigenschaft, dass sie
sich wie ein Lauffeuer verbreiten, sondern dass sogar noch die Löschakti-
on zur Verbreitung beiträgt, und es ist immerhin die Frage möglich, ob
die Verwirrung, die die Feinde bei uns zu allem Überfluss stiften wollten,
nicht eher durch geheimnisvolle Andeutungen über solche Absichten
herbeigeführt wird. Denn es ist eine Erfahrung, dass in einem ohnedies
schon aufgeregten Publikum durch die plötzliche Versicherung, es liege
gar kein Grund zur Beunruhigung vor, diese gern entsteht und dass der
Ausruf „Es brennt – nicht!" eine panikartige Wirkung hat, in deren Rauch

die Negation erstickt. Ferner ist zu bemerken, dass Gerüchte noch mehr als die Katastrophen, auf die sie hinzielen, dem Gesetz der Serie unterworfen sind. Denn kaum hatte der Dr. v. Seidler sich gegen sie gewendet, so wurde alles, was er tat, zum Gerücht. Er hatte das Malheur, eine nächtliche Konferenz der Parteiführer einzuberufen, die gar keinen und darum auch keinen geheimnisvollen Zweck hatte, wohl aber die Folge, dass sofort „die verschiedenartigsten, ganz abenteuerlichen Gerüchte verbreitet" waren, denen er neuerdings auf das Energischeste entgegentreten musste. Man wird dereinst von ihm sagen können, dass er, ohne die Kolportage in Österreich freigegeben zu haben, doch viel zur Förderung jener Literatur beigetragen hat, der sie hauptsächlich zugute gekommen wäre. Kein Tag ohne Gerüchte. Da geschah es zum Beispiel, dass „in Paris und Rom Gerüchte über einen Wechsel in höheren Kommandostellen der österreichisch-ungarischen Armee verbreitet" wurden, gegen die aber, damit sie nicht auch bei uns eindringen, rechtzeitig in einer amtlichen Erklärung auf das Energischeste eingeschritten wurde, in welcher dargelegt war, es handle sich um eine Stimmungsmache der Entente, um ein Manöver unserer Gegner, die, wie schon der Ministerpräsident jüngst betont habe, „kein Mittel scheuen, um das Gefüge der Monarchie zu erschüttern". In diesem Fall gelang es tatsächlich, das Gerücht zum Schweigen zu bringen, ehe es zur Wahrheit wurde, denn schon ein paar Tage später war die feindliche Lüge mit einer vaterländischen Tatsache identisch, das Manöver beruhte auf einem strategischen Rückzug, und die Enthebung des Conrad von Hötzendorf, die Ernennung eines neuen Heeresgruppenkommandanten und eines neuen Armeekommandanten wurde amtlich gemeldet. In diesem Falle also durfte das Publikum erfahren, was der Inhalt der Gerüchte sei, war aber leider nicht mehr in der Lage, ihnen entgegenzutreten. Was die anderen Gerüchte betrifft, so wäre es immerhin trostvoll, wenn das Arsenal unserer Gegner nichts anderes enthielte als sie. Aber vielleicht besteht doch die Hoffnung, dass es seinen Betrieb nicht später als die alldeutsche Presse den ihren einstellt. Geschähe wenigstens das Letztere, so wäre der Fall gewiss seltener zu verzeichnen, dass Gerüchte nicht nur als Kriegsmittel, sondern sogar als Kriegsgrund Verwendung finden. Es besteht kein Zweifel, dass die Bomben, die auf Nürnberg geworfen wurden, ehe Deutschland Frankreich den Krieg erklärte, dem Arsenal der Entente entstammt wären, wenn nicht die Gerüchte, dass sie auf Nürnberg geworfen wurden, dem Arsenal der alldeutschen Kriegspropaganda entstammt wären. Seit dem Tage, an dem diese Gerüchte verbreitet, und noch lange, nachdem sie vom Oberbürgermeisteramt von Nürnberg dementiert waren, sind den Gerüchten Türen und Tore, offene Städte und andere Festungen geöffnet, und gewiss ist, dass durch Gerüchte, die ja imstande sind, einen Krieg zu stiften, wenn's diesen einmal gibt, auch noch Verwirrung gestiftet werden kann. Das ist vornehmlich in Staaten möglich, deren Lebensinhalt die Organisation ist und deren Bürger Maschinen sind, jeder einzelne zum Bollwerk gegen den feindlichen Siegeswillen wie geschaffen. Dass gegen solche Anlagen Versuche, sie zu unterminieren und Verwirrung zu stiften, unternommen werden mögen, ist begreiflich und eine Berufung auf die feindliche Absicht, es durch Gerüchte zu bewerkstelligen, durchaus sinnvoll. Auf Staaten jedoch, deren Lebensinhalt schon in Friedenszeiten der Pallawatsch war und deren Angehörige selbst als Gerüchte umgehen, wären solche Machinationen schwerlich von Einfluss. Der einzige Zustand, der hier, wo sich keine Talente in der Stille und im Strom der Welt keine Charaktere, sondern Gruppen bilden, noch gestiftet werden könnte, wäre nicht der der Verwirrung, sondern der Ordnung. Aber dass der Wunsch, hier Ordnung zu machen, gerade bei den Feinden bestehe, hat noch kein Gerücht und nicht einmal die Beilage der „Leipziger Neuesten Nachrichten" behauptet.

Auf hoher See

September 1918

„Wie wir uns der Welle entgegenstemmen müssen"

rief einst der Kapitän Seidler, als er auf hoher See um die Rettung eines Budgetprovisoriums rang

„welche aus dem Nordosten heranrollend, schon den Boden unserer wirtschaftlichen Kultur bedroht, können wir uns anderseits nicht dem Gedanken verschließen –"

Da ich das Gefühl hatte, dass es schon kein Gedanke sein werde, verschloss ich mich der weiteren Lektüre und dachte darüber nach, wie es denn komme, dass so viele tüchtige Männer unseres öffentlichen Lebens zwar Karriere gemacht, aber den Beruf verfehlt haben. Während unser Czernin heute sicher den Brotfrieden darum gäbe, wenn er, anstatt ihn zu schließen, berufen gewesen wäre, ihn in einer Sonntagsplauderei zu besprechen, trauert unser Seidler einer versunkenen Hoffnung seiner Jugendtage nach, die ihm ein noch weiteres Gebiet eröffnet hätte, nämlich nicht die Freie Presse, sondern das freie Meer. Im Ernst, Seidler, der von außen als eine der drolligsten Gestalten der Weltgeschichte erscheint und im tiefsten Grunde seines Seelenlebens eine tragische Figur ist, muss in seiner Kindheit von dem stürmischen Wunsche durchwogt gewesen sein, Matrose zu werden. Man kann es unschwer daraus schließen, dass ihm von allen Phrasengebieten keines so zugänglich ist wie jenes, auf dem die Vergleiche aus dem Marineleben wachsen. Wenn er nur den Mund aufmacht, so kann man, topp, darauf wetten, dass der in das schwankende Staatsleben verschlagene Seemann zum Vorschein kommen wird. Eine alte Teerjacke, dieser Seidler, hei! Weiß Gott, keine Landratte! In dem Moment, als er ins Kabinett eintrat, wusste er auch schon, dass es eine Kajüte sei. Da er aber nun einmal ans Ruder gelangt war, ging er sofort auf Deck, rief alle Mann an Bord und nun galt es, das Staatsschiff mit fester Hand, eh schon wissen. Im Parlament freilich hatte er nicht so sehr das Gefühl, das Staatsschiff in den sicheren Hafen gebracht zu haben, sondern dünkte ihm vielmehr, dass die Regierungsbank eine Sandbank sei, auf der er aufgefahren war und nun festsaß. Dieses Festsitzen war ihm aber eine solche Passion, dass er geradezu der Meinung war, den Passagieren (sprich: Passascheren) sei es um nichts anderes zu tun und wenn sie sich trotzdem beklagten und ihrerseits der Meinung waren, das Ziel der Fahrt sei denn doch ein anderes und der dauernde Ruhestand wäre eigentlich nicht auf der Sandbank, sondern wo anders zu suchen, damit nämlich nicht die ganze Schifffahrt zu dauerndem Ruhestand verurteilt sei, so war er um eine Antwort nicht verlegen, in der nebst der alten seemännischen Tüchtigkeit auch die Kenntnis der neueren Methoden der maritimen Kriegführung bemerkbar wurde:

> … Geben Sie mir freies Meer, dann werden Sie leicht erkennen, dass ich zu fahren vermag; aber es ist das Schicksal dieser Regierung, dass sie in den Sturm, unter Klippen politischer Natur, ja geradezu zwischen Minenfelder geworfen worden ist …

Sodass also die Sandbank noch die einzige Rettung für Mann und Maus wäre. In Wahrheit jedoch kann der Kapitän noch von Glück sagen, dass auch die Minenfelder gleich den Klippen, von denen es ja ausdrücklich zugegeben ist, politischer Natur sind, nicht so sehr ein Erlebnis als ein Ornament. Man stelle sich, wenn's anders wäre, den Herrn Seidler vor. Natürlich würde ich, wenn ich auf der kommenden Friedenskonferenz mein Selbstbestimmungsrecht durchsetzen könnte, mich nicht von einem Herrn regieren lassen, der, ganz abgesehen davon, dass er zwischen den diesbezüglichen Minenfeldern gefährliche Theaterstücke schreibt und sie nicht verbietet, sondern aufführen lässt, eine Redensart in einem Moment gebraucht, in welchem ihr blutiger Inhalt so vielfach lebendig wurde. Denn gewiss würden die, denen es geschah, nie auch nur annähernd so pathetisch davon zu sprechen wagen wie so ein nach allen Windrichtungen verbindlicher Bürokapitän, der von sich behauptet, er hätte „trotzdem den Kurs eingehalten". Man müsste den Weltkrieg wirklich von vorn anfangen, wenn man ihn überstanden haben sollte, ohne wenigstens von einem geistigen Typus befreit zu sein, der sich nur durch den Rettungsgürtel der schäbigsten Schablone über Wasser halten kann. Es hat mir nie eingehen wollen, dass so etwas eine „Regierung" sein könne und dass einer in der Lage sein soll, mir das Maß von Freiheit und anderen Lebensmitteln zu bestimmen, mit dem ich keine zwei Worte zu sprechen imstande wäre. Man kann es einem intelligenten Abgeordneten schon nachfühlen, dass es ihn eine ziemliche Überwindung kosten muss, vor einer solchen Autorität erst umständlich zu begründen, warum man ihr das Vertrauen verweigere. Als Seidler wieder einmal um die Rettung des Budgetprovisoriums rang, spürte er den Hohn nicht, mit dem ein Sozialdemokrat zur hohen Sandbank hinaufrief:

> Wenn die Regierung das Staatsschiff vor den Klippen retten will, muss sie es hinausführen auf die hohe See großer sozialer und politischer Reformen.

Seidler schwamm in Seligkeit, weil ihm die Sphäre, in der er sich heimisch fühlt, selbst von der Opposition zuerkannt war. Ich lasse mich aber hängen – und wär's vom König oder vom Peutlschmid –, wenn er nicht damals, als er die Deputation der deutschen Mannen vor den Thron führte und dabei stand, als der Herr Ornik aus Pettau die Worte ausrief:

Majestät! Wir bitten inständigst, durch den Steuermann des Staates auch ohne Parlament die Staatsnotwendigkeiten zu prüfen –

– wenn er nicht damals Autorfreuden erlebt hat. Ich habe Wilhelm Engelhardts Dichtung „Durch Feuer und Eisen" nicht gelesen, aber ich möchte wetten, dass das Pathos ihrer kriegstüchtigen Sprache von Seeluft geschwellt ist. Wie aber, frage ich, kommt ein solcher Genius dazu, die erste Rangsklasse im Staat innezuhaben? Muss ich mich schon von einem Volkstheaterautor regieren lassen, dann lieber gleich vom Hermann Bahr! Der schwätzt doch was vom neuen Österreich und der Lebensabend vergeht uns wie geschmiert. Aber so ein Musterknabe, der im Matrosenanzug Karriere gemacht hat und sich im Kabinett wie in der Kajüte und in dieser wie in der Kinderstube bewegt, ist nicht mein Fall. Ich weiß es positiv: Als man ihn einst fragte: Ernstl, was willst du werden?, rief er: Tapitän! Als es dann Ernst wurde und man ihn fragte: Was bist du?, rief er: Tapitän!! Und als es noch ernster wurde und man ihn fragte: Was willst du bleiben?, rief er: Tapitän!!! Des freuten sich die Ratten, ehe sie das sinkende Schiff verließen.

Postscriptum. Es ist ein eigenes Verhängnis, dass die Feuilletonisten unseres Chaos und die Admirale unseres Festlands die Feder schon hingelegt haben, beziehungsweise nicht mehr am Ruder sind, wenn meine Würdigung vor den Leser kommt, sodass es den Anschein hat, sie wäre schon als Nachruf geschrieben. Das ist aber nur insoferne richtig, als alles, was ich schreibe, irgendwie zum Nachruf taugt. Seidler – ein Hintze, der seinen Beruf verfehlt hat und, wenn's noch eine Gerechtigkeit gibt, einmal das Marinekommando erhalten wird, das jener abgelegt hat – Seidler beteuerte noch, dass er „den deutschen Kurs einhalten" wolle, und schon glaubte man, Unterseeboote wären ihm zu Hilfe gekommen oder die Direktion habe die Preisgabe des Schiffes beschlossen, um das kostbare Leben des Kapitäns zu retten. Da kam es im letzten Augenblick doch anders. Ein westlicher Wind brachte die Entschließung. Die ganze Fahrt mit ihren ernsthaften Gefahren war ein Gspaß gewesen, eine Amerikareise des Männergesangvereins. Da aber eben Amerika es war, das uns wegen der seinerzeitigen Landung des Männergesangvereins den Krieg erklärt hat, so wurden wir doch stutzig und entschlossen uns, lieber Mann und Maus zu retten und den Kapitän, der sich ans Ruder klammerte, über Bord zu werfen, auf die Gefahr hin, dass die Haifische seekrank werden und den Delphinen das Singen vergeht.

Ein Mord im Weltkrieg

September 1918

Wenn in einem Ringstraßenhotel ein Mord geschieht, so sind folgende Begleiterscheinungen zu beobachten. Die Straße liegt im strahlenden Sonnenlicht da, vor dem Hotel jedoch brechen sich die Wellen des Menschenstroms. Warum sie das tun, ist rätselhaft, aber es ist so. Plaudernd, lachend, flirtend drängen sich die Korsobesucher aneinander vorüber. Sie ahnen natürlich gar nichts. Denn wenn sie was ahneten, würden sie ja die Polizei verständigen, die arme Kammerfrau Earl dort oben retten und den Emo Davit entlarven. In den bequemen, eleganten Korbstühlen in der Hoteleinfahrt sitzen vornehme Fremde, aus Brünn, vielleicht gar aus Pest, denn die Bagasch aus Paris und London kann jetzt leider nicht kommen. Dass die Korbstühle bequem und elegant sind, versteht sich bei einem erstklassigen Hotel von selbst, muss aber doch in Anbetracht der Missgunst der Entente erwähnt werden. Was tun die vornehmen Fremden? Sie betrachten selbstredend das Straßenbild. Welches Straßenbild? No, das sich ihnen darbietet, nachlaufen wern sie ihm! Wie ist das Straßenbild? Eines der schönsten, der farbenreichsten, der großstädtischesten, das (nicht: die) Wien aufzuweisen vermag. Und zur selben Stunde? Spielt sich oben im Hotel ein furchtbarer Kampf auf Leben und Tod ab, ein Kampf zwischen dem Mörder und seinem Opfer. Also ein Nahkampf, in jeglicher Hinsicht. Was sich sonst noch irgendwo in weiterer Entfernung von den plaudernden, lachenden, flirtenden Wienern und den sie betrachtenden Fremden abspielt, tut nichts zur Sache und steht im Generalstabsbericht, zusammengefasst in den Worten: Nichts Neues. Würde aber auch, selbst wenns am Piave etwas bewegter zuginge, keine Attraktion mehr ausüben. Nicht was dort unten geschieht, sondern was dort oben geschieht, ist ein Fall, der den Korso und sein Spalier eine Woche lang in Atem halten wird. Die Kontraste sind aber auch gar zu krass. Das Leben geht weiter (Zifferer) und oben sinkt blutüberströmt das Opfer zu Boden. Warum hat man es nicht gehört? Sehr einfach: Die schweren Portieren des mit allem Komfort und Luxus ausgestatteten Zimmers – Kleinigkeit, Bristol! – ersticken seinen Todesschrei, lassen das verzweifelte Röcheln ungehört verhallen. Die schweren Portieren sollte man abschaffen. Der Mörder hält den Atem an. Das hat man gehört. Wahrscheinlich, weil sich sofort herausstellen wird, dass das Domestikenzimmer eine einfache Einrichtung hat. Auch bezüglich des Mordinstrumentes gehen die Meinungen einer und derselben Zeitung auseinander. Es war ein Schlegel, wie ihn Böttcher, ein Klopfer, wie ihn Fleischhauer, eine Keule, wie sie Athleten, oder eine Handgranate, wie sie Kinder gebrauchen und wie sie in einem vornehmen Stadtgeschäft erstanden wird, oder werden könnte, wenn das Spielzeug nicht das letzte in seiner Art gewesen wäre, das sich auf Lager befunden hat. Der Absatz dürfte schon zu Weihnachten ein reißender gewesen sein, sodass nach Ostern das letzte Exemplar ein Raubmörder erstehen konnte. Die Sensation einer Stadt ist aber nicht dieses Faktum, sondern der Mord; nicht die Perspektive in die ungezählten Morde, die waren und sein werden, sondern der eine, denn er geschah im Hotel Bristol, das, wenn es auch den veränderten Zeitumständen entsprechend sich mit einem Rostraum statt eines Grillroom bescheiden muss, unter allen Umständen ein fashionables Etablissement bleibt. In dem vornehmen Stadtgeschäft, wo man die Handgranaten für Kinder bekommt, weiß man sich genau an den Käufer zu erinnern, nur schwankt man, ob er die Handgranate für Kinder vor zwei Monaten oder gestern Nachmittag, kurz vor der Bluttat, gekauft hat. Doch hat der Leser, da die beiden Versionen Spalte an Spalte stehen, eine leichte Übersicht und kann selbst entscheiden. Jedenfalls wächst die Sensation erheblich, wenn man erfährt, dass das Instrument zu einer Bluttat, die in einem vornehmen Stadthotel passiert ist, in einem vornehmen Stadtgeschäft gekauft wurde. Was folgt aber daraus? Ein Leitartikel in einem vornehmen Weltblatt mit der Aufschrift „Der Raubmord im Hotel" und mit dem Untertitel, der die Wahrheit deutlich genug ausspricht: „Bedürfnis nach stärkerem Schutz für Sicherheit." Wie soll diese, dieser oder dieses garantiert, durchgeführt oder erfüllt werden? Dazu gehört Psychologie, denn: „Vielleicht" ist dieser Vorfall nur die Wiederholung u.s.w., Lesage hat jedoch in seinem Dienerroman recht und „wir möchten uns nicht" bei Rückblicken aufhalten, aber wir tun es doch, und zwar gelangen wir von Lesage auf dem kürzesten Weg zurück über das Hotel Bristol zum Räuberhauptmann Grasel, der „auf" dem Galgen geendet hat, nachdem er auf dem Holländerdörfl bei der Sophienalpe verhaftet worden war, von wo nur ein Katzensprung über Taine zum Grafen Stadion und zum Freiherrn v. Stein ist, von dem wir über Eipeldau wieder zum Räuberhauptmann Grasel zurückgelangen, nicht ohne die schlichte Erkenntnis: „Lange Kriege sind nicht gut für die sittliche Entwicklung.

Der Abscheu vor Blutschuld stumpft sich ab." Blättern wir jedoch um, so erfahren wir zu unserer Freude, dass der Hofrat Moriz Stukart, in dessen Ressort zwar der Mordfall nicht gehört – er ist Verwaltungsrat der Münchengrätzer Schuhfabrik –, sich gleichwohl für ihn interessiert zeigt. Er tritt eben in seine eigenen Fußstapfen und nennt sich, um darzutun, dass er seinen Anspruch auf Reklame bei einem Raubmord noch nicht verwirkt habe, einfach: „Gewesener Chef des Sicherheitsbüros der Wiener Polizei". Dieser Stukart, der darin ein wenig an den pensionierten Artisten aus der „Prinzessin von Trapezunt" erinnert, der noch im Wohlstand das Heben schwerer Gegenstände nicht lassen kann, oder doch an den Berthold Frischauer, der noch angesichts einer 120-Kilometer-Kanone sich als Unser Pariser Korrespondent betätigt und des zum Zeichen sogar in Paris Steuer zahlt, der Stukart also kann den Gedanken einfach nicht ertragen, dass es schöne Raubmorde geben und er nimmer leben soll. Seine Pensionierung aber verschafft ihm den unleugbaren Vorteil, dass er zur Mitteilung seiner sachverständigen Ansicht nicht mehr auf den Reporter warten muss, sondern die Artikel zum Preise seiner Findigkeit gleich selbst schreiben kann. Er erzählt, dass er bereits heute früh von einer befreundeten Familie, die in einem der vornehmsten Hotels in Wien logiert, telefonisch angerufen und angefragt worden sei, was sie, seiner Meinung nach, „in betreff der Verbesserung der Sicherheit" – das bekannte Bedürfnis nach Vermehrung der Sicherheit für Erhöhung des Schutzes – in ihrer Wohnung vorkehren „oder ob sie nicht ihre Wohnung in dem Hotel aufgeben soll". Stukart antwortete seinen Freunden, „sie sollten nur ruhig in ihrem Hotel verbleiben", was gewiss das Richtigste ist. Sonst aber, nachdem wir bezüglich der Sicherheit einer einzelnen in den Brennpunkt unseres Interesses gerückten Mischpoche beruhigt sind, begnügt sich der Fachmann damit, Misstrauen gegen die Tätigkeit seines Nachfolgers zu erregen, und verlangt nichts weniger, als dass der Kriminalpolizist „sich frei wie der Vogel in der Luft bewegen soll". Durch die „Unzahl von Beamten", die heute am Tatort erscheinen, und unter denen der Name Stukart fehlt, würden nur die Spuren verwischt. Der Wunsch, dass dies im vorliegenden Falle bereits geschehen sei, hat gewiss weder im Herzen eines pensionierten Kriminalpolizisten, das ja keine Mördergrube ist, noch zwischen den Zeilen Raum, wohl aber die Hoffnung, dass „die Zahl der Verbrechen geringer werden" möge, auf dass es dem Nachfolger nicht mehr gelänge, sie zu entdecken. Die Entschädigung, die Herrn Stukart dafür zuteil wird, dass er nicht mehr in der Lage ist, es

nicht zu können, ist reichlich. Es gelingt dem gewesenen Chef des Sicherheitsbüros der Wiener Polizei, die Presse an der Verwischung der Spuren
des vorliegenden Mordfalls tätig zu sehen, und er kann es erleben, wie
dem heutigen Chef des Sicherheitsbüros der Wiener Polizei durch Indis-
kretion, Geschrei und vorzeitigen Tadel die Arbeit erschwert wird. Als es
dann trotzdem dem heutigen Chef des Sicherheitsbüros gelang, hatte
dieselbe Presse allerdings die Stirn, die „zielbewusste, energische und
unermüdliche Arbeit der Polizei", der sie eben noch Planlosigkeit, Un-
tüchtigkeit und Langsamkeit zum Vorwurf gemacht hatte, herauszustrei-
chen und zu schreiben: „Wer der emsigen, klug kombinierenden Tätigkeit der Beamten in diesen Tagen zusah, musste sie bewundern." „Eine
objektive Berichterstattung muss konstatieren", dass der Chef des Sicherheitsbüros „trotz verwirrender Widersprüche", die die Berichterstattung eingeworfen hatte, und „trotz scheinbarer Aufklärung belastender
Momente", die sie wie eine fieberhaft tätige Gegenpolizei zugunsten des
Herrn Emo David – ehe dessen originalitalienische Herkunft feststand
– betrieben hatte, „keinen Augenblick irre wurde." Mit welcher Dreistig-
keit der Versuch des Irremachens unternommen und wie durch die berüchtigte Methode der „Laienfragen" die Absicht betätigt wurde, die Polizei ins Verhör zu nehmen, zeigt die folgende Jargonprobe:

> Die Polizeibehörde scheint eher dem Glauben zuzuneigen, dass
> Emo D. der Mordtat tatsächlich nicht fern steht. Umso merkwürdiger
> berührt es, dass die große Öffentlichkeit über eine Reihe von Fragen
> zur Stunde noch nicht aufgeklärt ist, die sich auch dem Laien in
> Untersuchungsfragen aufdrängen. Wie steht es zunächst mit den Fin-
> gerabdrücken? Heute wird freilich offiziös versichert, dass der Mörder
> nicht unbedingt sich über und über mit Blut besudelt haben müsse, dass
> er auch nicht unter allen Umständen in das Blut seines Opfers hinein-
> getreten sein dürfte. Vor Tische las man anders! ... Sind dem in
> Verwahrungshaft Befindlichen die Fingerabdrücke bereits abgenommen
> worden? Sind diese Abnahmen mit den zahlreichen Abdrücken, die sich
> am Tatort vorgefunden haben müssen, verglichen worden, und welche
> Resultate hat diese Vergleichung gezeitigt? ... Ist diese Untersuchung
> vorgenommen worden, und welches Resultat hat sie gezeitigt? ... Die
> Polizeibehörde muss also die Frage beantworten, ob und wo es ihm in
> der Zwischenzeit möglich gewesen ist, seine Schuhe derart gründlich zu
> reinigen, dass sie auch nicht die geringsten Blutflecken aufwiesen.

Sie hat die Laienfragen bekanntlich damit beantwortet, dass der Emo D. nicht selbst Hand angelegt und nicht persönlich in das Blut seines Opfers getreten ist. Aber sie hat es versäumt, von einem Meinungshändler, der kein Problem unberührt lassen kann und auf jedem Tatort die Spuren seiner Zudringlichkeit zurücklässt, Fingerabdrücke zu machen. Nach Tische las mans anders und der Laie musste sich entschließen, den Fachmann zu bewundern, was freilich einer nicht minder unappetitlichen Regung entsprang, da ja Kriminalpolizisten zwar Tadel verdienen, wenn sie einen Raubmörder entwischen lassen, aber beileibe keine Reklame, wenn sie ihn fangen, indem sie dadurch erst ihre Daseinsberechtigung erweisen und hinter ihrer eigentlichen Verpflichtung, Raubmorde zu verhindern, immer noch zurückbleiben. Aber die Wiener Tradition, vom Schauplatz einer Schandtat journalistische Ehren aufzuheben, muss in dem enthaltsamen Nachfolger fortleben. Stukart, der vergebens gehofft hat, dass sie mit seiner Karriere abgeschlossen und in den Schuhen eines Raubmörders stecken geblieben sei, wird immerhin noch die Entschädigung zuteil, dass ihm eine so objektive Berichterstattung geschwind mit einer Erinnerung an den Fall Hugo Schenk zu Hilfe kommt, wo sich „der junge Stukart" auch nicht irremachen ließ und sich bekanntlich die Sporen verdient hat, also an eine Zeit, wo noch keine Aussicht war, dass er dereinst sogar an Stiefeln verdienen werde. Aber der Glücksfall, dass der entlarvte Davit – „wir werden darauf aufmerksam gemacht, dass dies die richtige Schreibweise des aus alter, rein italienischer Familie stammenden Mannes ist" – in Riedls Cafe de l'Europe verkehrt hat, gibt Gelegenheit, noch andere Wiener Renommeen an dem ausgiebigen Ertrag der Affäre zu beteiligen. „Im Cafe de l'Europe erzählt man, dass Davit wohl nicht als Stammgast bezeichnet werden könne." Das denn doch nicht. Und es ist „selbstverständlich, dass man in diesem Kaffeehausbetrieb, der doch so viele laufende Kundschaft besitzt, sich an einzelne Personen, die keine besonderen Wünsche äußern, nicht genauer erinnert". Bedürfte es noch eines Beweises für die Größe dieses Betriebs, so wäre er hier gegeben. Was aber die bekannte Aufmerksamkeit des Personals betrifft, so kann versichert werden: „Vom letzten Tage selbstverständlich ist bekannt, dass er ruhig und heiter mit seiner Kollegin die illustrierten Blätter durchblätterte. Auch als er das Kaffeehaus verließ, zeigte er keine besondere Erregung." Da geht er hin, dachten die Marqueure, gleich wird er den Raubmord im Hotel Bristol arranschirn und nix lasst er sich anmerken … Eine analoge Wahrnehmung gibt auch die Gesangslehrerin des Mörders zu, nachdem sie der Präsident gefragt hat: „Konnte man ihm damals in der letzten Stunde, die er am Tage des Mordes genommen, ansehen, dass er sich zur Assistenz an einer blutigen Mordtat begibt?" Durchaus nicht, er hat sich verstellt; sie hätte ihn durchschaut, wenn er selbst der Täter gewesen wäre. Ganz ahnungslos dagegen war die Versicherungsgesellschaft, bei der der Täter, der damals noch David hieß und eine Seele von einem Menschen war, angestellt gewesen ist. Sein Vorgesetzter sagte einem unserer Mitarbeiter: „Ich bin starr! Ich verliere den Glauben an die Menschheit, wenn so etwas möglich ist! Ich und die Bürokollegen Davids hätten für seine Unschuld die Hände ins Feuer gelegt." Die Versicherungsgesellschaft, deren Prokurist verhältnismäßig spät den Glauben an die Menschheit verloren hat, erst im vierten Kriegsjahr nach der Überführung des Emo David, ist zum Glück keine Feuerversicherungsgesellschaft. Die Presse aber schwankte keinen Augenblick, Davit preiszugeben, und ging so weit, ihn mit einer Rücksichtslosigkeit nach allen Seiten den „Strategen des Mordes" zu nennen, der „mit der Vorsicht der Feigheit es vermied, mit dem Blut seines Opfers in Berührung zu kommen". Dieser mutige Griff, durch den zwei Vergleichswelten überraschend zur Deckung gelangten, glückte ihr auch mit dem geheimnisvollen Schlüssel, der in der Mordaffäre eine Rolle spielt. Nachdem der Schlüssel gefehlt hatte, der Schlüssel verleugnet worden war, der Schlüssel verschwunden, der Schlüssel gefunden, der Schlüssel im Überzieher vergessen und schon von einem Geheimnis des Schlüssels die Rede gewesen war, hieß es, dass der Schlüssel des Geheimnisses nunmehr vorhanden sei, denn dieser Schlüssel war das Fehlen des Überziehers, in welchem der Schlüssel war, dessen Geheimnis nunmehr tatsächlich aufgeklärt schien. Trotzdem behält die Affäre ihr Rätsel, wie überhaupt jeder Wiener Mordfall einen gewissen Schleier, sein gwisses Quisiquasi auch nach der Entdeckung nicht abzulegen pflegt. Die zahlreichen Nichtbeteiligten, die bei solchen Gelegenheiten in die Aktion verwickelt sind, handeln wie unter dem Banne einer Mitwisserschaft und unter der Verpflichtung, sie erst nach Preisgabe des Opfers zu verraten. Sie benehmen sich wie der Chor, der eine Operettenhandlung mit jener verständnisinnigen Teilnahmslosigkeit begleitet, zu der ihn fünfhundert En-suite-Vorstellungen berechtigen, und was da auftritt, Gäste, Kellner, Hotelbedienstete, Passanten, Gefolge, um ein paar Schwimmtempi des Entsetzens zur Handlung beizusteuern, bewegt sich nicht anders, als ob es an der Todesstarre des Opfers beteiligt wäre. Kein Zweifel, dass die klischierte Art, in der diese Erzählungen und Mitteilungen von Augen-

und Ohrenzeugen mit Glasaugen und Wachsohren gehalten sind, den lebendigen Inhalt einer Wiener Begebenheit ebenso zuverlässig wiedergibt, wie die hinreißend starren Formen unseres Meisters Schönpflug die Fülle einer Welt, die eines Tages von selbst in Einrückendgemachte und Tachinierer zerfiel. Auch die Episodisten, der brave Vater des entarteten Kurt Franke, dessen Verbrechen von der Presse als eine Frucht der von ihr geförderten Kinoerziehung durchschaut wird und der zu ihm die Worte spricht: „Aber Vater, wofür halten Sie mich denn? I' w e r d' doch n i t a s o w a s tun", das freiherrliche Ehepaar Vivante, das pantomimisch im Hintergrund die aufbewahrten Goldstücke zu zählen hat, sie alle spielen nur die Rolle von Geschöpfen, denen der Odem von einem Polizeioffizial eingehaucht ward. Bei allem berechtigten Stolz auf die Mondänität eines Falles, der einmal nicht auf dem Elterleinplatz, sondern auf der Ringstraße spielt, darf man nie vergessen, dass wir doch im Bereich einer Schöpfung leben, in der das Weib eine „Prifate" ist, zumeist eine Hilfsarbeiterin, während der Mann sich schon bei der Verabreichung des Schandlohns der späteren Einwendung des groben Undanks bewusst zeigt, wobei ihm ein „Vertrauter" hilft, welcher den Weg zum Baum des Lebens behütet. Liebes-Leid und Lust, Tod und Leben, alles entspringt und mündet hier in einem Amtszimmer der ungelüfteten Geheimnisse, und man kann von Glück sagen, dass der Mörder oder sein Opfer oder der Unterstandgeber oder Aftermieter, der Vorschubleister, der Kronzeuge in diesem Falle nicht Sikora heißt. Auf welchen Rostraum das Leben im Hotel Bristol heute angewiesen ist, zeigt das Protokoll mit der Emma Freifrau von Vivante:

Ich bin mit der Familie Emo Davits entfernt verwandt … Dieser verkehrte n a t u r g e m ä ß in unserem Hause in Wien, besonders seit Mitte 1917 kam er fast täglich zu uns ins Hotel, war etwa viermal wöchentlich bei uns zum A b e n d b r o t. Er holte sich auch täglich zwischen 4 und 5 Uhr das S c h w a r z b r o t und hatte, wenigstens ä u ß e r l i c h, das B e n e h m e n eines G e n t l e m a n s. Die Earl kannte er schon seit sechzehn Jahren. Diese war unsere Vertraute, der Verkehr zwischen Emo und ihr n a t u r g e m ä ß ein herzlicher und vertraulicher.

Dieses Wort „naturgemäß" ist eine österreichische Zwangsform des amtlichen und volkstümlichen Denkens und bezeichnet das, was nicht auf den ersten Augenschein naturgemäß ist. Der scharfe Blick des Vertrauten dringt durch alle Falten. Eine Bedienstete des Hotels erzählt, die Earl habe

ihr am Vormittag ihres letzten Lebenstages mitgeteilt, sie sei vom Mörder
eingeladen worden, mit ihm den Abend im Kaisergarten zu verbringen.
„Sie freue sich, und wolle ihre besten Kleider anlegen, um möglichst schön
auszusehen." Ob es das ausgesprochene Motiv oder nur Interpretation ist,
man spürt, wie hier das Protokollarische ein Leben bekommt. Das wahre
Leben aber kommt erst in einen Mordfall, wenn die Betrachtung von
einer höheren Warte einsetzt und die Untersuchung auf die Konfession
des Mörders überzugreifen beginnt. Während die liberale Presse sich vor
den Möglichkeiten, die der Name David ihr an die Hand gab, gegründe-
ter Zweifel an seiner Schuld nicht erwehren konnte und bereit schien,
sich der Zeugenaussage zu entschlagen, war für die antisemitische Presse
der entgegengesetzte Weg der einzig gangbare und mit jedem Tage, der
die Indizien häufte, wurde es ihr offenbarer, dass der Mörder ein Jud sei.
Als dann die Neue Freie Presse mit der Überführung Davids auch die
Enthüllung seiner rein italienischen Abstammung melden konnte und
der Mörder somit überführt war, eigentlich Davit zu heißen, da legte die
Reichspost das umfassende Geständnis ab, dass ihr die Religion und der
Stammbaum des Mörders gleichgültig seien. Um aber die letzten Zweifel
in dieser Richtung auszumerzen, war die Sonn- und Montagszeitung in
der Lage, bekanntzugeben, dass Davit ein frommer Katholik sei, der es
nicht unterlassen habe, die jährliche Beichte und sogar noch einen Buch-
staben abzulegen: „Er heißt, wie uns mitgeteilt wird, tatsächlich Davi
(ohne t)", was immerhin viel ist, da er bekanntlich zuerst, als er noch
David hieß, nur kurzweg D. genannt ward. Mit einem Wort, von welcher
Seite immer dieses Wien einen Mordfall antritt, immer bleibt es Wien
und immer hat es der Welt etwas Besonderes zu sagen. Das Besonderste
aber an ihm ist die völlige Schamlosigkeit, mit der es seine Interessen
aus dem Weltgeschehen heraushebt und im Angesicht des Weltmordes
seinen Lokalfall auszuleben begehrt. Die Menschheit, die auf dieser Insel
der Unseligen wohnt, glaubt wirklich, mit der zudringlichen Armut, die
sie wochenlang von einem Raubmord leben lässt, weil er in der „City"
passiert ist, die Aufmerksamkeit der Welt zu erregen. Diese unbeirrbare
Großstadtsucht, die noch aus einem Hotelmord Hoffnungen auf Hebung
des Fremdenverkehrs schöpft, da sie selbst aus der Asche des Weltbrands
einen verjüngten Suckfüll aufsteigen sieht, ahnt nicht, wie verächtlich sie
einem Ausland erscheinen muss, dessen Städte unter Bomben und vor
Kanonen ihren Geschmack an andern Lokalreizen längst geopfert haben
und im Erleben und Gedenken des Ereignisses so vieler Saisons mortes

Trauerwürde tragen. Die plaudernden, lachenden, flirtenden Korsobesucher und die vornehmen Fremden in den bequemen Korbstühlen, diese Untermenschheit, deren Blut- und Wissensdurst das Rinnsal der Lokalberichte ausschlürft, kommt nicht auf die Idee, dass sie, da nur die Begebenheiten des Hinterlands ihr vorstellbar sind, noch eine Spur von Anstand beweisen könnte, wenn sie statt den Zufallsfakten einer zeitlosen Kriminalität lieber den täglichen Hungermorden hingegeben wäre. Des Todeszwangs wie jeder menschlichen Regung enthoben, wird ihr frontentfernter Schlaf von keinem letzten Schrei der Märtyrer, von keinem Gedanken an die schuldlosen Opfer der Maschinenwillkür wie der Militärjudikatur gestört; aber ihr furchtbares Überleben bleibt auch unerschüttert von den Kontrasten, die ihnen die Not vor das freche Gesicht stellt. Wo ist, da d i e ihnen nicht an den Leib kann, der Zuchtmeister, der dieses Gesindel zu Paaren triebe? Der kleine Junge mit dem Rucksack, den ungarische Grenzpolizisten über Waggondächer zu Tode jagen, ist keine Ringstraßensensation, aber wert, dass eine ganze Stadt Trauerfahnen aussteckt! Er hatte keine Zeit mehr zu spielen und seine Eltern hatten ihn um Kartoffeln geschickt, anstatt ihm in einem vornehmen Stadtgeschäft eine Handgranate zu kaufen. Mit solchem Spielzeug hätte er selber töten gelernt. Aber es müsste schon eine echte Handgranate sein, mit der man einen Korso aufscheuchen könnte, der im Krieg noch einen Mord und vor dem Weltuntergang noch eine Sensation braucht!

Das verjüngte Österreich

Oktober 1918

Das Wunder dieser Stunden vor dem Kehraus ist die scheinbare Unveränderlichkeit einer Lebensform, die sich auf dauernden Bestand eingerichtet hat und vorbei an der nur in Druckerschwärze erlebten Kriegshölle, vorbei an Lues und Läusen aus einer Friedenswelt in eine Friedenswelt herüberzuleben hofft. Wäre, wenn's mit rechten Dingen zuginge, die seit jeher fühlbare Erscheinung, dass nur Schwachköpfe und Windbeutel das öffentliche Interesse okkupieren, in solcher Verdickung derzeit möglich? Wäre es denkbar, dass hinter der Realität von Tanks,

Flammenwerfern, Minen und Grünkreuzgranaten solch ein Gekröse im Nebel der Redensarten fortwuchern könnte und die Frechheit hätte, von „geistigen Waffen" zu reden? Dass die zweibeinigen Phrasen es wagen würden, unsern tausendmal erlebten Überdruss so schamlos zu ignorieren und als Entschädigung für allen tragischen Verlust dieser Zeiten, für den organisierten Raub an Gut und Blut, für den gottlosen Eingriff in Glück und Leben und alle Schicksals- und Schöpferrechte sich selbst uns anzubieten, ihr Nichts, ihr Minus, das, an unser Dasein angehängt, es bankerott macht? Die Qual der Sicherheit, im täglichen Zeitungsblatt die Anwesenheit dieser Konkursmasse festzustellen, den täglich überbotenen Exaltationen dieser von Fibelromantik geblähten Saldokontowelt, diesem Gefühlsbarock einer ausgearteten Mechanik beizuwohnen, ist wahrlich ein grausameres Verhängnis als alle Schmach, die die infamste aller Zeiten den Körpern angetan hat. Hunger ist nichts neben dem Erdulden der Vorstellung, dass gleichzeitig an Tafeln so etwas von so etwas gesprochen wurde und dass es Ohren gibt, die es gehört haben. Kam es aus Mündern? Sind diese Menschen wie wir geschaffen? Den Magen haben sie, wo wir das Herz haben. Kein Zwerchfell scheidet ihr Oben und Unten, darum erschüttert sie kein Gelächter über sich selbst. Wer aber, der lachen könnte, wo ein Treubund zum Vorwand für Nachtmähler dient, vermöchte das Erlebnis dieser reichsdeutschen Kollegenwoche, diese Orgie einer Verlogenheit, die die Welt noch immer für ein mit Butzenscheiben verziertes Warenhaus ansieht, nachzuschildern? Die grauenvolle Zuversicht einer Taubheit, die keine Stummheit ist, und einer Blindheit, die den Aschermittwoch des tragischen Karnevals nicht herankommen sieht, das Lallen eines Optimismus, der die Menschheit ringsherum für so verblödet hält wie ihre Wortführer, das unbewegte Anbieten desselben falschen Papiers, das Ehre, Vorsicht und der Ekel an solchen Versuchen hundertmal abgelehnt haben, diese unerschrockene Belästigung einer Menschenwürde, die sich mit den Händen nur die Ohren zuhält, weil sie noch nicht die Kurage hat loszuhaun – wer, der Nerven hatte, es zu überstehn, hätte die Kraft es abzubilden? Nein, es ist das Wunder dieser Stunden, dass die Larven und Lemuren, dass die längst Toten, denen wir den Untergang verdanken, ihm mit zuversichtlichen Mienen assistieren können, ja dass sie, von keiner Hohnfalte des Schicksals oder der Satire in ihr Nichts gescheucht, uns eine verschönte Welt, eine erhebende Zeit, ja ein „verjüngtes Österreich" vorzuspiegeln wagen. Und für den unwahrscheinlichen Fall, dass die Zukunft dieser

Welt und dieses Staates noch einige Aufnahmsfähigkeit für die Möglichkeiten der Gegenwart übrig haben wird, sei ihr der Trinkspruch, den der Führer des geistigen Wien, ein ehemaliger Börsenjournalist, vor den Vertretern des geistigen Berlin gehalten hat, auf bewahrt:

> Betrachte ich die Versammlung, so entrollt sich mir ein erhebendes Bild. Vor meinem geistigen Auge schweben die Genien der Freundschaft und der Treue. Der Bund, der vor mehr als 40 Jahren geschlossen wurde zur Abwehr habgieriger Feinde und zur Verteidigung unseres Seins, der Bund, um den der fürchterliche Weltbrand wütet, hat die Feuerprobe bestanden. Das Herzblut des Volkes hat den Bund besiegelt. Treue und Freundschaft den Bürgen und Zahlern. Rückhaltlos haben die beiden erlauchten Herrscher, die jetzt mit Krone und Zepter beliehen sind, den Bund als heiliges Erbe übernommen, in Treue gehütet und mit dem Volk in Waffen unerschüttert aufrechterhalten. Den beiden Fürsten, die den Willen und die Stärke des Volkes, dessen volles Empfinden und friedfertiges Sehnen verkörpern, den Trägern der staatlichen Machtfülle, bringen die Männer, die den Pulsschlag der öffentlichen Meinung hören, bringen alle, die hier im Saale vereinigt sind, in geziemender Ehrerbietung ihre Huldigung dar.
>
> Um dem Ausdruck zu geben, gestatten Sie, dass ich Sie einlade, ein dreifaches Hoch auf Se. Majestät Kaiser Wilhelm II. und Se. Majestät Kaiser Karl I. auszubringen. Hoch! Hoch! Hoch!
>
> Freundschaft und Treue, wiederhole ich, geben der heutigen Festversammlung das Gepräge. Sendboten unserer treuesten Freunde sitzen an der heutigen Tafel. Ich grüße die Herolde, die mit der geistigen Waffe für den Treubund kämpften, ich grüße die Abgesandten, ich kann sagen, die außerordentlichen Gesandten der reichsdeutschen Presse, wenn Sie wollen, des deutschen Volkes.
>
> Aus der mächtig und prächtig aufgestiegenen Metropole und aus anderen uns trauten, blühenden Städten des deutschen Reiches, aus München, Frankfurt, Hamburg und Königsberg sind Sie nach Wien, in die altehrwürdige Stadt an der Donau, gekommen. „Deutsch ist der Strom, er brauste schon im Lied der Nibelungen", so rief Anastasius Grün den Nord- und Süddeutschen zu, die im Jahre 1868 zum Schützenfeste sich in Wien eingefunden hatten. Auf deutschem Boden, wo das deutsche Lied aus dem deutschen Herzen klingt, heiße

ich Sie, meine lieben Kameraden, von ganzem Herzen willkommen …
Es ist ein bis in die ältesten Zeiten reichender schöner Brauch, dass Gesandte mit allem erdenklichen Prunk und Glanz empfangen werden. Diesen Prunk und Glanz bieten uns die hohen Staatswürdenträger und die vielen anderen illustren Persönlichkeiten, die unserer Einladung Folge zu leisten die Güte hatten.

Aus Freundschaft und Treue quellen Anerkennung und Dankbarkeit. Wenn die mordenden und sengenden Eindringlinge vertrieben sind und wenn kaum ein Stückchen unseres heimatlichen Bodens von Feinden besetzt ist, wenn wir bei aller Entbehrung und Entsagung, die ja auch unsere Widersacher bedrängen, in hoffnungsvoller Stimmung am häuslichen Herd sitzen dürfen, so danken wir dies den tapferen Soldaten, die mit ihren Leibern einen unüberwindlichen Wall um uns bilden, und den ruhmreichen Feldherren, die an der Spitze unserer Armeen stehen …

… Das Bleibende „in der Erscheinungen Flucht" ist die Presse. Ich sage nicht „der ruhende Pol", denn die Presse ist ruhelos, in fortwährender Bewegung, sie ist das Perpetuum mobile …

Wir, meine lieben Kameraden aus dem Deutschen Reiche, sind zu jeder Stunde für den Treubund eingestanden, alle, ohne Unterschied der Parteien …

Lassen Sie mich mit einigen Versen aus dem Bundesliede schließen, das Ernst Moritz Arndt vor mehr als hundert Jahren ertönen ließ:

Es lebe alte deutsche Treue,
Es lebe deutscher Glaube hoch!
Mit diesen wollen wir bestehen,
Sie sind des Bundes Schild und Hort.
Fürwahr, es muss die Welt vergehen,
Vergeht das feste Männerwort.

Ich erhebe mein Glas auf die unerschütterliche, unverbrüchliche Einigkeit der bundestreuen Presse im Deutschen Reiche und in Österreich- Ungarn. Hoch! Hoch! Hoch!

ÖSTERREICHS FÜRSPRECH BEI WILSON

Oktober 1918

Damit man an einem Beispiel sehe, von welcher Individualität sich die
deutsch-österreichische Bürgerschaft die Lust zu diesem Kriege und
hinterdrein die Reue hat beibringen lassen, sei die folgende Konfron-
tierung zweier Dreckseelen, die in einer Brust wohnen, einer schlecht
unterrichteten Mitwelt dargeboten und an eine besser zu unterrichten-
de Nachwelt weitergegeben. Das publizistische Ungeheuer, dessen Feder
die Prokura des Blutschachers geführt hat und dessen Wort, wenn nicht
durch seine Feilheit, so durch die abscheuliche Klangfarbe einer zwischen Frechheit und Feigheit lebenden Gesinnung in die verhärteten
Ohren dieser Zeit dringen müsste, der unsittlichste Vertreter der mitteleuropäischen Öffentlichkeit hat durch Monate die hochherzige und
weise Entschließung des Präsidenten Wilson als die Finte eines Phari-
säers, als den moralheuchlerischen Vorwand eines Kriegsgewinners in
allen Rassetönen beschrien und sein redlich Teil der Schuld an einem
aussichtslosen Blutverlust übernommen. Und zwar so:

> Wenn aus der Botschaft Wilsons nicht hunderttausend
> Leichen herausstarrten, wenn sie nicht für Millionen neues
> Verderben, Krankheit und Hunger bedeutete, würde es ver-
> lockend sein, die Fertigkeit zu schildern ... Er will seinen Krieg
> haben ... Die vierzehn Friedensbedingungen sind auch ein Plan
> der künftigen Landverteilung ... Die Unwahrhaftigkeit von
> Grundsätzen, die nicht für das eigene Land und nur für andere gelten
> sollen, ist vielleicht auch Hochmut, der im Deutschen und Österrei-
> cher untergeordnete Wesen sieht ... Die Botschaft hat natürlich auch
> den Zweck, die Verhandlungen in Brest-Litowsk zu spren-
> gen, eine Arbeit, die Präsident Wilson übernommen hat, wie
> schon früher aus mancherlei Beziehungen zu Petersburg zu merken war.
> Präsident Wilson verdächtigt und hetzt.

Dasselbe Individuum, das jedem veränderten Kurs mit dem Bekenntnis
gerecht wird, dass man sich in einen eben noch begeiferten Gegner „hi-
neindenken" müsse, weiß nun um Wilson wie folgt Bescheid:

Er ist eine Persönlichkeit... Er hat die Fähigkeit, die Einbildungskraft eines großen Landes zu erfüllen, und so ganz ist es seinem Willen Untertan, dass er nirgends Widerspruch zu fürchten braucht.

Das große Land ist natürlich Amerika.

Wir müssen versuchen, in Wilson uns hineinzudenken ... Wir müssen uns vorstellen, dass Wilson aus seinem in nersten Gefühle sich für berufen hält, den demokratischen Gedanken zur Regierungsform der Weltgemeinschaft zu erheben, und dass er für diese Politik, die sich bei ihm bis zum Glaubenssatze steigert, genau so einen Feldzug unternimmt, wie Gustav Adolf über die Ostsee nach Deutschland gekommen ist, um für die protestantische Religion im Dreißigjährigen Kriege zu kämpfen ... Denn jeder Mensch pflegt nach dem Antriebe seiner Natur zu handeln. Präsident Wilson hat puritanische Eigenschaften. Die vierzehn Punkte und deren Ergänzungen sind für ihn die neuen Gesetzestafeln für das kommende demokratische Zeitalter, und der Hügel, auf dem das Weiße Haus steht, ist der neue Berg Sinai ... Das Hochgefühl eines Erfolges wird Präsident Wilson haben. Die Entente mag sagen, was sie will; ohne seine Truppen, seine Lieferungen, sein Geld und seine Nahrungsmittel wäre sie jetzt in starker Bedrängnis ...

Die puritanische Richtung seines innersten Wesens zeigt sich auch in dem fast biblischen Apostolat für ein mit Zwangsgewalt ausgestattetes Völkerrecht. Wenn das Recht eine Macht hätte, die größer wäre als die der Armeen, würde das Reich des beständigen Friedens anbrechen. Dann könnten die Rüstungen aufhören, die Schäden des Krieges rascher heilen, und die Summen, die für die Truppen ausgegeben worden sind, der allgemeinen Wohlfahrt dienen. Das passt so ganz zu seiner Persönlichkeit, dieses Hineinbohren in einen Rechtsgedanken, diese Erhöhung des Rechtsbegriffes und des Rechtsschutzes ... Redlichen Friedenswillen kann er nicht verwerfen.

Helfe Gott, dass er es nicht tue. Aber wenn er es nicht tun wird – einen Fußtritt wird er doch, hoffen wir, übrig haben für solchen Fürsprech! Und für alle jene, die das Stahlbad, das sie gerühmt haben, überleben konnten und sich nun auch aus der kalten Dusche retten möchten!

Franz Josef Huber's Kunstverl.-Anst. - München.

UNSER KAISER IN HARNISCH!

In Treue und ✠ in Waffen fest!

„Wir Deutsche fürchten Gott und sonst absolut nichts und niemanden auf dieser Welt!"

Aus der Rede S. M. Wilhelm II., gehalten an Bord S. M. S. „Viktoria Luise".

Weltgericht

Oktober 1918

Der bis zum letzten Hauch von Mann und Ross beschworene Glaube, dass die Welt Gott behüte am deutschen Wesen genesen werde, ist begraben. Die Hoffnung, dass sie vom deutschen Wesen genesen werde, lebt auf. Und gottlob auch die Hoffnung, dass es von sich selbst genesen werde, zurückfinden von dem seinem Wert und seiner Sprache ungemäßen Wahn zu sich selbst und seinen guten Geistern, vom Export zu dem Platz an der Sonne seiner Naturgaben. Ehre einem verunglückten Volk, das sich bis zur Erkenntnis aufgeopfert hat – Schande seinen Verleitern, mag nun Tücke oder Dummheit das größte aller weltgeschichtlichen Verbrechen begangen, das größte aller weltgeschichtlichen Opfer bewirkt haben! Das Erlebnis aber, dass eine Anschauung, zu der man sich als einer von den wenigen bekannt hat, von den vielen geteilt wird und fast gefahrlos geworden ist, und dass es nicht mehr den Kopf kostet, ihn behalten zu wollen; dieses überraschende Abenteuer eines völligen Kurssturzes der Phrase, des Eintretens in das letzte, bitterste und doch beglückende Stadium der Nibelungenreue; diese rapide Verwandlung des Kühnsten in das Selbstverständliche – enthebt mich nicht der Pflicht, es zu bekennen. Man bleibt doch immer der, der schon bei einem Durchbruch von Gorlice und noch früher, ja am ersten Tag dieses Spießrutenlaufs durch das Spalier der mechanisierten Fantasiearmut, an all diesen kriegverlängernden Siegen vorbei, entlang dieser Tobsucht einer Quantität, die nicht den Mut hatte, sich selbst zu berechnen –geahnt, nein gewusst hat, dass mit einer von keinem Shakespeare zu erreichenden tragischen Folgerichtigkeit die Befreiung aus dem Zwang des Idols erfolgen und dass eines Tages, leider noch vor dem leiblichen Jammer, die größere geistige Not beendet sein werde, die da geboten hat, aus der Verächtlichkeit eine Tugend, aus der Verhasstheit einen Erfolg, aus der Nichtswürdigkeit eine Ehre zu machen. Wollte man in den Gespensterreichen dieser Lebensmittelmächte – gespensterhaft deshalb, weil hier Börseaner die Sprache der Grüfte redeten, und weil darin Macht war, Grüfte zu füllen, die Macht von Technik und Romantik in Einem, die Macht der sich automatisch entzündenden Phrase – wollte man heute hier eine Abstimmung veranstalten, welcher Mitteleuropäer wohl am weitesten von der Möglichkeit entfernt war, ei-

nen Wehrmann zu benageln oder gar einem eisernen Hindenburg etwas
ins Auge zu stoßen oder dem Geschmack jener Tage sonst was zuliebe zu
tun, wo Fibel und Chemie, Ornamentik und Organisation, Schwachsinn
und Bestialität Schulter an Schulter ihre unnennbaren Offensiven gegen
die Menschenwürde unternahmen – wohl wäre ich einer unter den wenigen, die in die engere Wahl kämen und denen nachgesagt werden müsste,
dass sie sich weigernd und wehrend der heiligen Pflicht, diese unheilige
Zeit zu vertreiben, entsprochen haben. Man wird mir, wenn man mir in
diesen zweitausend Seiten der Kriegsfackel – einem Bruchteil von dem,
was technische und staatliche Hindernisse mir begrenzt haben – keine
positivere Leistung zuerkennt, immerhin das Zeugnis ausstellen, dass die
schmutzige Zumutung der Macht an den Geist: Lüge für Wahrheit, Unrecht für Recht, Tollwut für Vernunft zu halten, von mir tagtäglich mühelos abgewiesen wurde. Denn der bessere Mut war der meine, im eigenen
Lager den Feind zu sehen! Und wer die Furcht vor der wirkenden Macht
nicht gekannt hat, dem, nur dem, steht es auch zu, kein Mitleid mit der
gebrochenen Macht zu kennen. War doch die Gemütsverfassung, mit der
ich mich vor das Angesicht dieser höchst subalternen Gewalttäter gestellt
habe, durch alle Trauer hindurch, durch allen Schmerz und alle Scham
hindurch stets die einer unbesiegbaren Heiterkeit. Und solche Zeugenschaft ist opfervoll genug. Denn gäbe es ein schwereres Durchhalten als
lachen zu müssen, wo man aufschluchzend in den letzten Wald rennen
möchte, den dieses organisierte Verhängnis noch nicht vergast hat? als
das Unvermögen, einer Glorie, die in einer verelendeten, verhungerten,
verlausten, verluderten Welt umging und in Rucksäcken ihre Lorbeern
trug, die Glorie zu glauben? als den Fluch, standzuhalten diesem elenden
Komplott von Schindern und Schiebern, das ein Volk mit dem Fusel
des Schlachtruhms besoffen gemacht hat, um es abzuschlachten, und
abgeschlachtet hat, um es auszurauben! Diesen Allerhöchstverrätern,
die keinen Vorwand vaterländischer Ehre gescheut haben, um sich selbst
zuliebe den schuftigen Griff in die fremden Lebensgüter zu begehen; die
mit jedem Atemzug jene abgelebten Vorstellungen geschändet haben,
in deren Namen sie über Leben, Glück, Jugend, Gesundheit, Freiheit,
Ehre, Recht und Besitz der andern verfügten; hinter Fahnen ihr Diebsge-
schäft betrieben und, herzlose Verwalter des feigen Maschinentods, die
Menschheit an das Vaterland verraten haben und das Vaterland an ihre
Niedertracht. Nun aber welche Wendung durch Gottes Fügung! Nun
aber welche Atempause! Welch ein Lauschen auf den großen Hammer

am Tor dieser Zeit; welch ein Spähen nach dem Licht, das in die Nacht dieser geistigen Burgverließe dringt; welch ein Beben in den Basalten, die nicht zu haben Amerika es besser hat! Wenn dies keine Wende ist, hat der Planet noch keine erlebt! Wenn hier kein Fortinbras naht, hat es nieTrümmer einer Herrschaft gegeben, war nie eine aus den Fugen gegangene Zeit einzurichten. Wie Horatio empfange ich ihn:

> Und lasst der Welt, die noch nicht weiß, mich sagen,
> Wie alles dies geschah; so sollt ihr hören
> Von Taten, fleischlich, blutig, unnatürlich,
> Zufälligen Gerichten, blindem Mord;
> Von Toden, durch Gewalt und List bewirkt,
> Und Planen, die verfehlt zurückgefallen
> Auf der Erfinder Haupt: dies alles kann ich
> Mit Wahrheit melden.

Und werde, da sie alle schon, diese Macht- und Unrechthaber, in der Nachbarschaft ihres Schicksals leben, dazu helfen, dass auch ihre Helfer, ihre Verführer, die Handlanger ruchlosesten Tagwerks, die journalistischen Rädelsführer dieses blutigen Betrugs, die Dekorateure des Untergangs, die Rekommandeure der Leichenfelder, die unfassbaren Berichterstatter dieses tragischen Karnevals dingfest gemacht werden. Auch verbürge ich mich dafür, dass es dahin kommen wird, dass alle jene, die, soweit das Gehirnweichbild dieser Stadt sich dehnt und solange die Belange dieses Reiches reichen, eine der Blutpressen noch halten, für ehrlos erklärt werden. Weh dem, der den anonymen Henkern das neue Geschäft fördern wollte, ihnen, die nun, weil der wortgeborne Mord nicht mehr Gewinn, sondern Gefahr bringt, schon daran sind, die Menschlichkeit in eine Phrase zu verwandeln! Der panikartige Übergang ganzer Divisionen von Tellerleckern zu Wilson, die elende Bereitschaft, die Konjunktur des neuen Weltgefühls auszunützen, wird weder die Parasiten des entthronten Ideals noch deren ganzen Anhang davor schützen, erkannt und nach den Verdiensten ihrer doppelt gezählten Kriegsjahre behandelt zu werden – und so wahr mir Gott helfe, ich werde es mir angelegen sein lassen, dass alle jene, denen vierzehn fernhintreffende Punkte heute fast so imponieren wie gestern ein Hundertzwanzig-Kilometer-Geschütz, für eine Auszeichnung bei der nun weltmaßgebenden Stelle „eingegeben" werden. Gewaltiger als die Reue über die Tat fasse uns der Ekel am Wort und nehme so Besitz von den Gemütern, dass wir uns nie wieder Gut und Blut von jenen unverantwortlichen Organen herauslocken lassen, die den Ruf des Vaterlands misstönender Wiedergaben und die sich nun unter den Stimmen des ewigen Friedens verstecken möchten. Wenn die große Zeit, die in unserer Zone die niedrigste war, nun endlich daran ist, eine große Zeit zu werden, so wird sie es uns sein, wenn wir dem unbrauchbaren politischen Hausrat mit einem zweiten Ruck auch allen geistigen Unrat nachwerfen, allen Trödel ausrangierter Vorstellungen und alles Inventar der professionellen Wortverbrecher und sie selbst! Es kommt der Tag, wo die Embleme und Ornamente der überstandenen Glorie uns zu übernächtigem Grauen anstarren werden wie Faschingsmasken und fahle Schminkgesichter bei Sonnenlicht. Aber wenn wir, großmütig wie wir Menschenkinder sind, weil wir um eines Strahles der Freiheit willen gern alle Fieberträume der Nacht vergessen, die staatlichen Träger und Diener jener tödlichen Ideale pardonnieren möchten, und weil wir Mitleid mit ihrer Dummheit haben – Gott schütze uns vor der Gnade, die wir an die publizistischen Zwischenträger und Nutznießer vergeuden würden, an die Schriftgelehrten, die es schwarz auf rot gaben, als die Menschheit gekreuzigt wurde. Feder für Feder, Schuft für Schuft sollen sie uns das Blutbad, das sie uns gerüstet und gepriesen haben, ausgießen!

Die Sintflut

November 1918

die ein Aktenstück heraufbeschworen hat – mag auch ihr strategisches Vorspiel beendet sein –, ist unabwendbar. Alles Märtyrertum dieser heillosen Jahre werde geweiht von dem Heldentum, welches der großen Vergeltung wissend entgegengeht, die als die Idee der blinden Naturgewalt Gerechte wie Ungerechte trifft. Die grauenhafte Offensive des Hungers, der Sturmlauf der durch die unselige Erlaubnis geweckten und abgerichteten, durch ein fluchtwürdiges Kommando zugleich niedergehaltenen und verstärkten, durch den Zusammenbruch der elenden Scheinmacht entfesselten Triebe: dies Chaos mag dunkler sein als einer jener Siege, die, mit Gott und Gas errungen, in geraubten Weinfässern ersoffen sind

– Hand auf die Stelle, wo selbst dem Kriegsausbeuter ein Herz sitzen soll:
Ist das da nicht der Krieg als solcher? Der wieder in seine Naturrechte
eingesetzte Krieg? Der Krieg, in dem nicht mehr die andern sterben,
der Krieg, in dem nicht gelogen wird, der Krieg, den Hunger gewinnt,
nachdem ihn Feldherrn und Diplomaten verloren haben, der Krieg, der
beginnt, wenn die Generalstabsberichte aufhören? Hand auf das Herz,
dessen Habgier vom Welttod Gewinn und Ehre nahm – denn Lügen hilft
nur, wenn das Vaterland die andern ruft – ist es zu Ende, wenn die Glorie
auf dem eigenen Schindanger krepiert ist? Sind nicht nach der Auseinandersetzung mit dem „Feind", der, ein Bundesgenosse der Kriegsleiden,
als Individuum immer nur unschuldigstes Opfer seines Mörders ist, sind
nicht gemäß dem Diktat der unabsetzbaren Naturmächte alle Feindge-
fühle aufgespart für einen Haufen von Landsgenossen, die weitab von
der Gefahr die Bestialisierung der Menschen bejubelt und bedichtet,
die Effekte in Kinogenüssen und Zeitungstiteln erlebt haben und ihren
Appetit von keiner Blutvorstellung verderben, von keinem Gedanken an
fremden Hunger und an fernen Tod verringern ließen?

Nicht der Zusammenbruch von staatlichen Rumpelkammern und
Kriegskartenhäusern, nicht diese Nochnichtdagewesenheit einer Niederlage vor dem Feind, sondern die panikartige Flucht des Vaterlandes vor
seinen Beschützern zeichnen einen Ausgang, den die Urheber einer auf
Quantität eingestellten Handlung selbst bei völligem Minus an Fantasie
hätten berechnen können, wenn dem von Lesebuchidealen erfüllten
Staatsgehirn nicht auch das Einmaleins abhanden gekommen wäre und
somit die Fähigkeit, die Quantitäten an Menschen, Maschinen und Mehl
miteinander zu messen. Überschätzer der Menschheit hätten die Gefahr,
die heute den gelernten Siegern droht, schon acht Tage nach Kriegsbeginn von einem Aufstand der Menschenwürde erhofft, und es stellt der
seelischen Tragfähigkeit dieser Tiergattung ein bedenklich gutes Zeugnis
aus, dass ihre Auftraggeber, die für die Erweiterung von Absatzgebieten
über Leben und Glück von Millionen verfügt haben, erst nach mehr als
vier Jahren und erst von einer Revolution des Hungers die Geschäftsstö-
rung befürchten müssen. Nun aber, da meine Ansage, die Front werde
einmal ins Hinterland verlegt werden, bis zu der Notwendigkeit einer
Front gegen sie erfüllt ist, hat die Ideologie abgedankt, die durch ihre
einzigartige Gewalt, Sachverhalte auszuschalten, dieses Unglück über uns
gebracht hat, und jetzt, da wir sie stimmungshalber erst nötig hätten, da
sich das Grauen nicht mehr irgendwo draußen abspielt, wohin wir zum

Glück keine Reisegelegenheit hatten, von wo wir aber täglich auf dem Laufenden erhalten wurden, jetzt, da Sengen und Brennen zu einer Angelegenheit des Lokalberichts zu entarten droht, jetzt, da man die Einteilung, wonach die andern starben und die einen logen, brauchen würde, sperrt das Kriegspressequartier zu, versagt die Kunst, die das Durchhalten fremder Leiden ermöglicht hat, verlässt uns die letzte persönliche Qualität, die in diesem Krieg zur Entfaltung kam: eine blutige Welt schönzufärben.

Kriege sind von ihren Folgen unterschieden durch Beschließbarkeit und durch Abwendbarkeit. Die Folgen kann nur der Selbstmord abwenden, das freiwillig dargebotene Bußopfer mildern. So erwächst denn den neuen Vaterländern eine heilige Pflicht zu Schutz und Sühne zugleich. Wenn die neuen Vaterländer, deren Lebensfähigkeit schon von dem Ruin des alten gestützt wird, nicht mit Sünde beladen vor die Welt treten wollen, so mögen sie, vor dem Jux der Zertrümmerung alter Fassaden und vor dem Spiel der Erfindung neuer Wappen, unverzüglich daran gehen, der Rache der geschändeten Mannheit die Grenzen zu bestimmen und zum Schutze der Gerechten Anstalten zu treffen, dass die Ungerechten zwar mit ihrem wertlosen Leben, aber nicht mit ihrer wertvollen Beute das große Unglück, das sie angerichtet oder beifällig betrachtet haben, überleben dürfen. So mag man dazu schauen, dass alles vorbereitet sei zum Empfang jener, die sich der Staatskretinismus vor vier Jahren als die unter den Klängen der Burgmusik einziehenden Sieger vorgestellt hat, mit Auszeichnungen beladen und etwa noch mit Kriegsandenken: Russenlebern und Serbenohren, die ein katholisches Blatt den in der Heimat wartenden Lieben von den Braven im Felde versprochen hatte. Sie mögen, und zerbrächen sie mit den alten Adlern sich die neuen Köpfe, dafür sorgen, dass die im Geschmack der Zeitungsfibel heimkehrenden und nun in der Tat bang erwarteten Helden vor allen in Betracht kommenden Bank- und Bauernhäusern Nahrung, Kleider, Schuhe und Barschaft vorfinden. Eine härtere Vergeltung als diese Lieferpflicht an die Überlebenden und als die wochenlange Angst vor jenen „Eigenen", zu deren Abwehr dasselbe ruchlose Gesindel, das einst, long long ago „Gott strafe England" gebrüllt hat, heute den Feind herbeirufen möchte – eine Strafe, die im alttestamentarischen Sinn dieser Kriegshandlung auch dem rächenden Gedächtnis der Millionen Hingemordeten gerecht würde, wird der herzquälende Traum der Mütter und Bräute von einem Tod in Flammen oder Gasen auch den verruchtesten Akteuren und Claqueuren dieses Krieges nicht herabflehen.

Wohl aber bliebe, da alles programmgemäß verlaufen ist, und damit der tragische Karneval noch seinen Mittwoch finde, wo die Häupter mit geweihter Asche bestreut werden, die Veranstaltung eines großen Sühntags zu wünschen, welcher den mit Invaliden besetzten Tribünen die Demütigung der Generale, der besseren Kriegsgewinner, der schlechten Kriegsschreiber vorzuführen hätte, kurzum jenes ganzen Packs von Ferntötern und Parforcejägern der Menschheit, dessen Lebensmut sich an gelungenen Durchbrüchen stärkte, das seiner friedlichen Tätigkeit nachging, die Brust voller Orden trug und aus Bordellen und Hauptquartieren Champagnerflaschen zum Fenster hinauswarf, während Millionen Sklaven dieser Ehrlosigkeit in Unterständen auf den Augenblick der Erlösung warteten, wo sie ihre Leiber vom Eisenhagel zerreißen lassen müssten. Nichts wäre so wirksam, um die Unschuldigen vor den Repressalien des Hungers zu schützen und vor der Elementarkraft einer Wut, die aus dem gestohlenen Glück, aus der überwältigten Menschenehre und aus vier beschmutzten Jahren nach Hause rennt, als das Arrangement der Vorführung jener Elenden, die zur Hinausschiebung des unentrinnbaren Endes und zur Fortfristung ihres verkrachten Geschäftes so viel Prothesen brauchten, als sie Orden haben wollten, und so viel Lügen erfinden müssten, als sie Läuse mobilisiert hatten. Ich, der keinen Augenblick seit dem 1. August 1914 sich einen anderen Endsieg als die Verwandlung der Erde in einen Dreckhaufen, keine andere Sühne als die Brandmarkung der Rädelsführer dieses größten Verbrechens der historischen Zeitrechnung vorgestellt, keinen Gedanken der Sympathie für ein Vaterland rotgestreifter Mörder und Diebe, gewalttätiger Kretins und entgegenkommender Schufte gehabt und nie, vom konservativsten, patriotischesten Standpunkt aus, einen andern Wunsch als dass sich die nüchterne, fibelfreie, demokratische Zivilisation der Welt mit den zur Ausrottung dieser Unzucht, zur Abkürzung dieser Blutschande leider Gottes nötigen Behelfen armiere, auf dass sie dem grauen Elend den bunten Rock abziehe und dieses von einer lausigen Glorie ornamentierte Leben in die tabula rasa verwandle, auf der wieder Gottes Gras wächst – ich stelle keine härtere Friedensbedingung und erachte das Weltgewissen für befriedigt, wenn die Befehlshaber und Parasiten unserer in Tod, Not, Ruhm, Syphilis, Hunger, Dreck und Erzlüge verlorenen Tage, wenn die Schinder und Schieber unserer Schulter an Schulter durchgehaltenen, gemusterten, einrückend gemachten, ausgebauten und vertieften Dummheit mit dem Leben und ein paar Ohrfeigen davonkommen. Den Tirpitz zu torpedieren, statt dass

ihn das Bild der zwei Kinderleichen von der „Lusitania" durchs Leben
begleite; unsere kühnen Luftsieger ihre Wirkungen auf der Erde auskos-
ten zu lassen; die Ritter Krupp, Skoda und den romantischen Manfred
Weiß zum Kirchenbesuch zu zwingen, wenn eine 120-Kilometer-Kanone
zu arbeiten beginnt – wäre verfehlt, weil erfahrungsgemäß in solchen Fällen nicht die militärischen Objekte, sondern die anständigen Menschen
getroffen werden. Wenn aber etwa den Munitionsfabrikanten feierlich
eröffnet würde, dass sie den Gesamtertrag ihrer Tätigkeit zugunsten der
Invaliden erworben haben und nur noch den Kriegsblinden die Füße zu
küssen hätten, so würde ich selbst auf die Erfüllung meines Lieblingswunsches verzichten, Wilhelm II. und seine gesamten Söhne in der von
den preußischen Hotelzimmerbildern bekannten Stech- schritttübung in
einen Käfig abrücken zu sehen. Die befohlene Linie ist erreicht.

Es ist erreicht! Ich, der an die von jenen Siegern geschändete deutsche
Sprache glaubt, habe nie verschwiegen, dass ich für das einzige wahre
Wort, das in diesen von einem Wolffbüro befriedigten Zeitläuften gesprochen wurde, jenes hielt, das ein russischer Minister am Kriegsbeginn
gesprochen hat: dass dieser Krieg Österreichs eine Keckheit ist – und es
nur durch die Feststellung ergänzt, dass dieser Krieg Deutschlands eine
Frechheit ist, damit das bundesbrüderliche Verhältnis zwischen Räuber
und Dieb, Gehasstem und Verachtetem auch im Punkt der Kriegsschuld
zur vollen Anschauung komme. Und ich verschweige nicht, dass ich noch
ein wahres Wort aus österreichischen Blättern, am Kriegsende, empfangen
habe, das des Czechenführers, der mit jener Schmucklosigkeit, die allein
schon deutsche Hirne in Harnisch bringen kann, den klarsten Sachverhalt
formuliert hat: dass für einen Krieg, der als eine Aktion der germanischen
gegen die slawische Rasse ausgebrüllt wurde, seine Landsleute „keinen
Blutstropfen freiwillig geopfert haben". Die Frage, wie viel Blutstropfen
die Deutschen geopfert hätten, wenn ihr Rassekrieg nicht zugleich ein
Krieg der allgemeinen Wehrpflicht gewesen wäre, muss in einer Welt, die
mit solcher Schmach auch die Pflicht zur Lüge auf sich nimmt, unbeantwortet bleiben. In einer österreichischen Welt, die Bomben in Belgrad,
und in einer deutschen Welt, die Bomben auf Nürnberg herstellt, wenn
sie sie braucht, und die beiderseits auf Gedeih und Verderb das Blaue
vom Himmel heruntergelogen hat, um die Erde rot zu machen, und dabei
die Keckheit und die Frechheit hatte, den Ehrenmann unter Staatsmännern, dessen Gestalt abwehrend vor dieser Kriegsschande stand, zum
„Lügen-Grey" zu verunstalten. Nie habe ich mich in dieser patriotischen

Pestluft anders als mit offenen Augen und zugehaltener Nase bewegt! Hätte dieses Vaterland, dem ich über alle Maße geistiger Kriegserlaubnis hinaus meine Überzeugung in sein Doppelgesicht gesagt habe, es gewagt, meinen Körper anzutasten, ich hätte vor Gott und beim Feldwebel keine Erleichterung dieser Schmach gegen eine Belastung meines Gewissens eingetauscht und der hieramts durch Feigheit gemilderten Tücke bewiesen, welche Gedanken auch der Zwang noch erlaubt und welche man der eigenen Menschheit gegen ein fremdes Vaterland schuldig ist! Ich habe in all den Jahren, da Fibelverbrecher schalteten und Advokaturskandidaten sich ihnen für Enthebung vom Heldentod durch Henkersdienste gefällig zeigten, alle Märtyrer beweint, den Toten auf Feindesseite zuerkannt, dass sie, wenn nicht begeistert, wenn nicht freiwillig, doch im Joch einer Idee und nicht bloß eines schuftigen Willens und eines schlechten Geschäfts gefallen sind, und die belgischen Franktireure für Kämpfer gehalten. Nicht Grenzschwierigkeiten, sondern die Pflicht, vor dem eigenen Feind zu bestehen, das Bewusstsein, im Ertragen des gigantischen Ekels den teuern Opfern auf dieser Seite nahe zu sein, den vielfach tragischen, weil sie gegen dieselbe Erkenntnis, gegen die eigene Erkenntnis gestorben sind – nur dies hat mich, den Untertan der deutschen Sprache, verhindert, die Konsequenz einer Gesinnung zu ziehen, für deren Gefühl und Ausdruck ich von Unrechtswegen tausendfachen Tod durch die Hand eines Peutlschmid verdient habe. Nicht vor dem höchsten Auditor, der einst über die Anstifter und Helfer einer Aktion richten wird, durch welche die Edelsten hingeschlachtet und wie ein Stück Aas irgendwo verscharrt wurden, wo der Tränenblick der Sehnsucht von Müttern, Bräuten, Freunden ein Heldengrab sucht – nicht vor Gott werde ich in Abrede stellen, dass der Kaiser als der Erste verpflichtet war, den Fahneneid eines Kriegs zu brechen, dessen Ruhm von einem Schurkenstück der Technik geborgt, dessen Tapferkeit von der Feigheit anonymer Waffen und unsichtbarer Quantitäten ersetzt, dessen Ehre von der Kompagnie der Selbstsucht und der Wissenschaft erstritten wurde, und dessen Verrat ich, immer bereit, der Menschheit gegen das Vaterland, dem Freund gegen den Feind beizustehn, mit vollem Bewusstsein auf mein ethisches Gewissen genommen hätte! Und heute, da ich sagen kann und muss, dass nur die Erbärmlichkeit, deren eine schnöde Gewalt fähig ist, vor den Dokumenten ihrer Schmach und meines Zornes haltgemacht hat; heute, wo ich aussprechen kann, was in vier Jahrgängen der Fackel geschrieben steht, und was ich mit aller Pein der Kenntnis des Auslands entzogen habe, erkläre ich, dass ich, solange ich lebe, dafür besorgt sein werde, das Andenken wachzurufen jener Ungezählten, die für eine Regung kulturellen Abscheus vor dem Blutgeschäft glorreicher Diebe, und der Myriaden, die zur Erhaltung solcher Bestrebungen aus dem Leben gerissen wurden!

Und erkläre: dass ich den wildesten Aufzug befreiter Sklaven für ein geordneteres und Gott gefälligeres Schauspiel halte als den reglementierten Auftrieb von Menschenvieh zum Tod für die fremde Idiotie, für das fremde Verbrechen! Was immer die Zeit, die wohl größer ist als ihr Vorspiel, das im August 1914 begonnen hat, an Enttäuschungen und Leiden noch bringen mag; welche Fieberträume die Ablösung der Macht, die Blut und Hunger schuf, durch Mächte, die den posthumen Kriegsgewinn erwarten, uns noch vorbehält; wie schmählich sich der Tonwechsel jener offenbart, die, im schmutzigen Maul noch den Kriegsgesang, schon den radikalen Inhalt zur Phrase verrufen haben und im nachgemachten Zeremoniell fremder Revolutionen nur mehr Habsbürger gelten lassen; wie überraschend uns die Verwandlung des Kriegspressequartiers in eine Rote Garde kommen mag; wie verächtlich sich die Wagentürlaufmacher von gestern als Barrikadenbauer ausnehmen; wie schäbig die Bereitschaft aller Pöbelinstinkte und die Anschmarotzung der Schadenfreude an die Weltgeschichte anmutet, jene grundsätzliche Niedrigkeit, die nicht die Bedeutung des Sturzes erlebt, sondern sich an der Nichtbedeutung des Gestürzten erhöht; wie scheußlich die Identität solcher, die heute auf Doppeladler Jagd machen, mit jenen sein mag, die einst das Abreißen fremdsprachiger Firmatafeln betrieben haben; welch törichter Unfug es auch sei, Rosetten zu entfernen anstatt gleich Säbel in Verwahrung zu nehmen; wie unerquicklich die Freiheit durch eingeschlagene Fensterscheiben einzieht; wie lästig ihr die Freibeuter aller Gesinnungen zulaufen und wie eifrig die Siegfriede von der vorigen Woche die Republik annektieren; wie peinlich die Hysterie mit der Flamme, wie schrill der nationale Ton mit dem Weckruf der Welt vermengt sein mag – ich beuge mich ehrfürchtig vor dem Wunder dieser Erweckung, und erwachte die Welt erst durch den Tod! Und vor jedem persönlichen Schicksal, das mir noch im letzten Atemzug die Genugtuung gönnte, die schlotterichte Majestät einer gefallenen Kriegsgewalt zu schauen, die im Zusammenwirken von Glorie und Schurkerei gelebt und gegen ihren Plan durch Millionen Qualentode, durch die Labyrinthe des Irrsinns, der Lüge, der Verseuchung, des sittlichen und leiblichen Schmutzes die Menschheit zur Besinnung auf ein gottgemäßeres Leben zurückgeführt hat!

NACHRUF

Januar 1919

„Vater, es wird nicht gut ablaufen,
Bleiben wir von dem Soldatenhaufen."

Schiller

… Nicht dies, sondern, dass die Kerle uns
nicht totschießen, ist das Merkwürdigste.

Friedrich der Große bei einem Parademanöver

Man sollte glauben, dieses alles, mit Kunst, Wissenschaft, Tapferkeit und
Ehrenpunkt, Leben und Habe, könnte einmal durch ein unberechen-
bares Versehen in die Luft fliegen. Zu solchen Ereignissen in großar-
tigstem Stile dürfte, nachdem unser Friedenswohlstand dort verpufft
wäre, nur noch die langsam, aber mit blinder Unfehlbarkeit vorbereitete
allgemeine Hungersnot ausbrechen … Während jeder Zeitungsschreiber in der Regel nichts andres repräsentiert als das verkommene Litera-
tentum oder verunglückte reine Geschäftswesen, bilden viele, oder gar
alle Zeitungsschreiber zusammen, die ehrfurchtgebietende Macht der
„Presse" …

Wie der Patriotismus den Bürger für die Interessen des Staates
hellsehend macht, lässt er ihn noch in Blindheit für das Interesse der
Menschheit überhaupt, ja, seine wirksamste Kraft übt er darin aus, dass
er diese Blindheit, die im gemeinen Lebensverkehre von Mensch zu
Mensch oft schon sich bricht, auf das Eifrigste verstärkt.

Richard Wagner

Ich möchte was drum geben, genau zu wissen, für wen eigentlich die
Taten getan worden sind, von denen man öffentlich sagt, sie wären für
das Vaterland getan worden.

Es soll in einem gewissen Lande Sitte sein, dass bei einem Kriege
der Regent sowohl als seine Räte über einer Pulvertonne schlafen müssen, solange der Krieg dauert, und zwar in besondern Zimmern des
Schlosses, wo jedermann frei hinsehen kann, um zu beurteilen, ob das
Nachtlicht jedes Mal brennt. Die Tonne ist nicht allein mit dem Siegel

der Volksdeputierten versiegelt, sondern auch mit Riemen an den Fuß-
boden befestigt, die wieder gehörig versiegelt sind. Alle Abend und alle
Morgen werden die Siegel untersucht. Man sagt, dass seit geraumer Zeit
die Kriege in jener Gegend ganz aufgehört hätten.

Es macht den Deutschen nicht viel Ehre, dass a n f ü h r e n so viel
heißt, als einen b e t r ü g e n. Sollte das nicht ein Hebraismus sein?

Ich kann freilich nicht sagen, ob es besser werden wird, wenn es anders wird; aber so viel kann ich sagen, es muss anders werden, wenn es
gut werden soll.

Lichtenberg

ORAKEL

„Sag an,
wer wird in diesen Kriegen
unterliegen?“
„Der tapfere Mann.“
„Der kann nur siegen!“
„Wohlan!
Weil er nur siegen kann.“

Worte in Versen

„O meine Bürger, welch ein Fall war das!“

Shakespeare

Durch die Nacht der Nächte, in der wir, hungernd und frierend, vom
Schicksal als Deutsch-Österreicher gezeichnet, gebeugt von dem Fluch,
Wiener zu sein, also nicht staub-, nur kotgeborne Wesen, uns forttappen
müssen zum Frieden und an den Tag hin, wo die Notwendigkeiten des
Lebens nicht mehr Denkproblem und Daseinsinhalt sein werden –
leuchtet ein trost- und hoffnungspendender Stern: nicht mehr Österreicher zu sein! Die Glückesfülle dieses Bewusstseins, die den Jammer mit
Freudentränen überwältigt, von gestern auf heute errafft, in der überra-
schenden Antwort auf ein „Wie gehts?“ zwischen Bekannten, die sich
neulich noch als Österreicher begegnen mussten, dies Erlebnis, seltener
als eine Jahrtausendwende, kann durch nichts getrübt werden als durch
den Namen des neugebornen Staates, der der Welt nach dem ganzen

zentralmächtlichen Odium klingen wird, durch die mitgeschleppte Erinnerung an die Hölle der Jahrhunderte, durch solche Zeremonie pietätvoller Selbstbefleckung, womit er sich dem Verdacht preisgibt, nur eine Neubildung jenes welthistorischen Krebses zu sein, an dessen Überwindung der Erdkreis den Todeskampf dieser vier Jahre gewendet hat. Das Hochgefühl, zwar nichts auf der Welt zu sein, mit Sünden und Schulden vor ihr zu stehen, weniger als nichts, aber doch nicht mehr Österreicher zu sein, wird ferner beeinträchtigt durch die Enttäuschung aller, die dem befreiten Menschentum gern ein Fest gegönnt hätten: dass dieser aufgelöste Verein jovialer Scharfrichter, diese Gevatterschaft weltbetrügerischer Kräfte, deren Einheit in der Schändung des Heimatgefühls sämtlicher Nationen gewährleistet war, dieser bürokratische Alpdruck landschaftlicher Schönheit, diese k. k. und zum Überdruss noch k. u. k. Verunreinigung der Anlagen, die von Gott dem Schutze des Publikums empfohlen und vom Teufel als Privatbesitz einer allerhöchst bedenklichen Familie zugeschanzt waren, dass also dieser elende Staat, den man doch am treffendsten mit dem Schimpfwort Österreich bezeichnet, seine Auflösung nicht mehr erlebt hat! Er ist, eingedenk der Lorbeerreiser, die das Heer so oft sich wand, an der Glorie gestorben, ehe er in die Lage versetzt war, seine Niederlage in vollen Zügen, in jenen, von welchen noch die heimkehrenden Soldaten fallen, zu erleben, und die Verantwortung für diese letzte, größte Schurkerei eines Zwangs zum Tod für ein Vaterland, das nicht mehr existierte, hatte er füglich nicht mehr zu tragen. Wie dieses unwahrscheinliche Vaterland, nach dem Geständnis des unwahrscheinlichen Czernin, seine Märtyrer in einen Krieg schickte, von dem es wusste, dass er verloren sei, so zwang es sie noch zu sterben, nachdem er beendet und mit ihm das Vaterland selbst verloren war. So wäre der Perversität eines Verbrechens, welches bis zum Schlusspunkt das realste Leben dem nichtigsten Schein geopfert hat, eine Sühne fantastischer Art angepasst gewesen. Wohl lässt sich über die Selbstausrottung eines sündigen Staates und über die Auflösung in seine Lumpenmoleküle hinaus ein welthistorischer Strafprozess nicht führen und die Erhaltung eines Reiches zwecks persönlicher Teilnahme an seiner Vernichtung nicht denken. Dennoch ist es in diesem speziellen Fall, wo es sich um ein an Ausnahmszustände gewöhntes Staatswesen handelt, dessen Kriegsjustiz so häufig unschuldigen Greisen die Todesstrafe durch die Nötigung, das eigene Grab zu schaufeln, sohin durch die befohlene Zeugenschaft bei der eigenen Hinrichtung verschärft hat – es ist also ein schmerzlich empfundener Mangel des Verfahrens, dass eine Exekution nicht möglich war, der dieser greise Gewohnheitsverbrecher der Weltgeschichte zugleich mit sehenden Augen beiwohnen konnte, sodass er, wenn auch nur einen Tag lang vor dem sichern Ende, noch einmal die umfassende Schmach seiner Existenz, die volle Beschämung ihres Ausgangs, das ganze Maß seiner Züchtigung gekostet hätte. Für die Satansidee eines Staates, dessen Dasein allen Anforderungen physischer und sittlicher Reinheit widersprach, der, weit über die Zumutung europäischer Rücksicht für einen kranken Mann im Osten, das Ärgernis eines unbegrabenen Leichnams im Hause bot, nein, durch sieben Dezennien der Welt das Schauspiel eines als Thron kaschierten Leibstuhls gewährte, worauf sich die legendäre Dauerhaftigkeit eines nicht mehr Vorhandenen breitmachte; für das frevle Unterfangen einer Autorität, die in unablässigem Regierungswechsel nur die Beständigkeit der europäischen Missachtung gesichert hat und von der einen Reisepass zu besitzen eine durch Schamröte vor dem Ausland teuer erkaufte Wohltat war; also für diesen Schlager einer Blutoperette: dass ein solcher von der Großmut zivilisierter Anrainer geduldeter Übelstand der gesamten Umwelt Krieg angesagt hat, weil sein Prestige nicht vierundzwanzig Stunden länger den Zustand, dass sie sich die Nase zuhielt, ertragen konnte, und dass ein Dreckhaufe ein Ultimatum an den Mistbauer gestellt hat, um seiner Wegräumung um ein paar Jahre zuvorzukommen – für diesen tragikomischesten aller Präventivkriege war das Kaputtwerden eine zu geringe Sühne! Man denke nur, wenn man sich in der Enttäuschung an einem Sieger nicht genugtun kann, der nach Millionen unsühnbarer Morde den vollen Ersatz für den durch einen räuberischen Misswachs bewirkten materiellen Schaden begehrt – man denke nur einmal, was da durch die Eingebung herz- und fantasieverlassener Staatsbankrotteure über die atmende Welt verhängt worden ist. Ein Staat, der in seinen vielen Kirchen Gelegenheit hatte, jeden Tag auf den Knieen Gott zu danken, dass er noch auf der Welt sei, und ihrer Aufmerksamkeit seine innere Schande keineswegs aufdrängen durfte; ein Staat, dessen Regierungsmaxime „Mir san ja eh die reinen Lamperln" wirksam nur durch den Vorsatz „Schön stad sein!" zu stützen war; dieser Schalanter einer Völkerfamilie; dieser alte Staatsfallot, dem zwar nie etwas erspart blieb, der aber doch stets mehr Kaiserwetter als Verstand gehabt hat; ein Hundsgemeinwesen, dessen Anspruch, die Welt mit seiner nationalen Mordshetz zu belästigen, ausgerechnet in der Gottgewolltheit des Pallawatsch unter Habsburgs Szepter begründet war, unter einem Szepter, dessen Mission es schien, als Damoklesschwert über dem Weltfrieden zu hängen; ein budgetprovisorisches Gebilde, dessen ewiges Völkerproblem nur durch die innere Amtssprache des Rotwelsch tunlichst zu lösen war und dessen Verständigung durch ein Kauderwelsch versucht werden musste, wie es die hohnlachende Epoche noch nicht gehört hatte; dessen ethnisches Kunterbunt die Einheit einer undefinierbaren Kultur ergab, die dem europäischen Geschmack als die Spezialität einer gräulichen Melange mit Doppelschlag aufgenötigt und im Abort der Welt zur Anlockung der Fremden ausgelegt war; dieser Wiener Gemeindeschlauchtrommelwagenspritzenbegleiter, wenn's eh geregnet hat, und Staubaufwirbler, wenn's trocken ist; dieses hochlöbliche Chaos und wienerische Telefongespräch zwischen den Nationen; dieser gestutzte Doppeladler als Wahrzeichen von einer Mode, wenn halt die Völker Sekzession machen, weil man halt sonst nix machen kann; ein Unwesen, in allem Geistigen und Körperlichen windschief und deformiert, auf den Glanz hergerichtet und rettungslos verhatscht, dessen rebellische Lebensform, aus Manieren, Plakaten und Walzern brüllend, wie der Protest gefangener Rassen war, die so ihre Werte reklamierten, ihre Unwerte zu einem Monstrum aller Dialekte veruneinigt fühlten; dieses Unikum von viribus unitis aus siebzig Jahren, da ein Dämon der Mittelmäßigkeit wie eine Trud auf den Herzen der Völker lag, ihnen allen dafür das goldene Wienerherz einschupfend, da der in der Geschichte der Schöpfung beispiellose Fall sich begab, dass eine Nichtpersönlichkeit ihren Stempel allen Dingen und Formen lieh, sodass wir in allem, was uns den Weg verstellte, in allen Miseren, Verkehrshindernissen, im Querschnitt jedes Pechs diesen Kaiserbart agnoszierten; diese angestammte Schlamperei, die das Justament zum fundamentum regnorum erkoren hatte; dieses graue Verhängnis, das sich durch die Zeiten frettet wie ein chronischer Katarrh und unsere Entwicklung glücklich von Schwind bis Schönpflug, von Lanner bis Lehar geleitet: dieses ganze blutgemütliche Etwas, dem nichts erspart blieb und das eben darum der Welt nichts ersparen wollte, justament, sollen s' sich giften – beschließt eines Tages den Tod der Welt. Mit einem Satz, der wahrhaftig die volle Bürde der Altersweisheit trägt und die ganze Würde des Schwergeprüften – kürzer als jeder Satz, der zur Brandmarkung des Ungeheuers dient –, mit einem Satz, dessen angemaßte Tiefe nur darum echt war, weil der Verfasser ein anderer war, ein Stilkünstler aus dem Ministerium, der

glaubte und darum erlebte (der an die Fackel und dennoch an Österreich glaubte), mit einem Satz, dessen ausgesparte Fülle den Schwall aller Kriegslyrik aufwog: mit einem „Ich habe alles reiflich erwogen"
springt die Vergangenheit, die sich nicht zu helfen weiß, der Welt an die
Gurgel. Und doch war nie etwas weniger reiflich erwogen, und Shakespeares altersberatener Monarch, der aus Hitze und nicht aus Kälte ins
Verderben raste, ist daneben ein Gipfel staatsmännischer Erkenntnis.
Ein Serbien, das keineswegs schuldig einer Tat war, auf der sich eben
dieses greise Österreich bei kaum gehemmten Jubelgefühlen frisch er-
tappen ließ – eine ganze Welt, deren Kondolenz von einem Jahrmarkts-
fest, welches „Begräbnis dritter Klasse" hieß, ausgesperrt wurde: Sie
fanden sich plötzlich im Besitz eines Ultimatums, mit dem ein passio-
nierter Selbstmörder seine Vernichtung angedroht hat, wenn ein anderer nicht binnen vierundzwanzig Stunden in die seinige zu willigen bereit war. Wohl, dieses Ultimatum Österreichs an sich selbst, binnen fünf
Jahren vom Erdboden zu verschwinden, wenn Serbien nicht sofort bereit sei, seine Staatlichkeit auslöschen zu lassen, diese hirnverbrannte
Zumutung, den Mangel an österreichischen Gendarmen in Sarajevo
durch einen Überfluss an österreichischen Gendarmen in Belgrad wettmachen zu lassen, der tragische Scherz, der in jenem Blutrotbuch von
der Unschuld, die die Forderung gestellt hat, zur jüdischen Anekdote
gewendet wird: „Und wegen so einer Lappalie haben sie sich hergestellt
und da ist der Weltkrieg ausgebrochen" – wohl, dieser gröbste Unfug der
Geschichte wäre nicht möglich gewesen, wenn die Weltanschauung des
„Wer' mr scho machen" nicht auf die Nibelungentreue des „Machen
wir" hätte pochen dürfen. Es versteht sich von selbst, dass die Kapuzinergruft bei aller Begehrlichkeit allein nicht zu dem Gelüste fähig gewesen wäre, die ganze lebendige Welt zu verschlucken, wenn sie nicht ihren
Rückhalt in der einzigartigen Verbindung mit jenem Warenhaus gehabt
hätte, das die Zeit gekommen sah, der schon auf die rascheste Verbindung Berlin–Bagdad wartenden Kundschaft seine Pofelware anzuhängen. Die Ursache des Weltkriegs hat so viel Flächen wie er Fronten hatte:
Ob man aber von der österreichischen Hausmacht oder vom made in
Germany her, von dieser oder jener Madie ausgeht, von Prestige oder
Export, serbischen Schweinen oder Hohenzollern, hohen Zöllen oder
gezogenen Schwertern, Habsburg oder Fertigware, Scheißgasse oder
Platz an der Sonne – man wird unfehlbar zu dem Punkte gelangen, wo
in Wahrheit die Kräfte aufgespeichert waren, welche die Explosion be-

wirken mussten, und eben das, was uns durch vier Lügenjahre zum
Treffpunkt von russischer Eroberungsgier, französischer Revanchelust
und britischem Neid gedreht wurde, offenbart sich als ein viel tieferer
Mischmasch, als jene Furcht und Mitleid erweckende Tragödie, in der
sich ein Geist, der nach dem Mittelalter, und ein Gefühl, das nach den
Lebensmitteln orientiert ist, zu dem Gesamtkunstwerk einer mitteleuropäischen Lebensform manifestiert haben: ebenso anziehend in den
Gestalten dieser kriegsgewinnerischen Erzherzoge wie in der Vision jenes schwertzückenden und seine Porzellanmanufaktur rekommandie-
renden Kaisers, der im Königlichen Schauspielhaus lernt, wie man in
den Krieg zieht, bei Kempinski auftritt, um einen Kachelraum zu eröffnen, Bierhäuser im Geschmack der Walhalla träumt, Odin und Siegfried
sich bei „Rheingold" soupierend vorstellt und eines Tags auf die Idee
verfällt, seine Mannen auszusenden, um seinen Commis voyageurs den
Weg in die Welt zu bahnen. Aus dem Chaos der Gleichzeitigkeit, aus
dem Anachronismus eines Schiebertums in schimmernder Wehr, das
dann wieder zur Bereinigung solchen Wirrsals giftige Gase ausströmt,
ist der Weltkrieg entstanden, dessen Beginn nichts war als der letzte
verzweifelte Ausbruch von Todeskandidaten und dessen Verlauf nichts
anderes als die Exekutive des unumgänglichen Endes. Mochten wir,
pochend auf jene „Organisation", die als die feinste Blüte einer auf Krieg
eingerichteten Geistesverfassung die völlig entleerte Seele Deutschlands
seit Sedan vor der Welt beglaubigt hat, mochte, so angefeuert, unsere
Käserinde von einem Staat ihr Milbenmaterial mobilisieren; mochten
wir in einer der hiesigen Gemütslage ungemäßen, in ähnlicher Ekel-
haftigkeit vom Ohr der Neuzeit noch nicht gehörten Tonart zwischen
Berserkerwut und Börseanerlust von Sieg zu Sieg taumeln – das Ende,
bis zu dem wir durchhielten, war unentrinnbar, und statt des Mutes, es
durch Niederlagen zu beschleunigen, hatten wir die Dummheit, es
durch Siege aufzuhalten. Das Ende davon ist ein solches Ende, dass wir
nicht nur bis zum Ende, sondern noch darüber hinaus durchhalten
müssen. Die Schieber hatten es uns so lange als möglich hinausgescho-
ben, und die Führer hatten den Kopf, den man ohnedies nicht bemerkt
hätte, in den Sand gesteckt, in der Hoffnung, ihn so eher behalten zu
dürfen. Aber deren Herz für die gefolterte Menschheit schlug und deren
Patriotismus nicht die Hyänenhoffnung war, dass durch den Martertod
von noch hunderttausend Mitbürgern sich vielleicht doch einmal die
Kriegsanleihe rentieren werde – die bangten vor jedem Sieg der Zentral-

mächte; erbebten und erbleichten, wenn jene verhungerte Proletenstimme die trostlosen Triumphe „beida Berichtee" ausrief; grämten sich durch vier Kriegsjahre, dass Österreich nicht im Herbst 1914 die Konsequenz seiner natürlichen Untreue gezogen hatte, wenn es schon nicht der eben unzulänglich mobilisierten russischen Armee damals gelungen war, uns weiter entgegenzukommen, um uns und der Menschheit unendliches Weh zu ersparen; erschraken bei dem umgekehrten, dem verkehrten Gelingen von Gorlice und bei all dem kriegsverlängernden Zeitvertreib einer zum Niederbruch verurteilten und dennoch die Welt fortschröpfenden Glorie; frohlockten über das erste Heil an der Marne, das, was immer folgen mochte, die Entscheidung zugunsten einer schnöde überfallenen Zivilisation gesetzt hatte, eine Entscheidung, deren Gültigkeit durch diese fluchwürdigen Scheinsiege mit ihrer blutigen Realität und ihrer historischen Nichtigkeit aufgehalten, aber nicht aufgehoben werden konnte. Ich weiß nicht, ob es viele in Österreich und Deutschland gegeben hat, die so empfunden haben. Ich habe so empfunden, nie solche Empfindung verhehlt und soweit es ging, ihr öffentlich, schriftlich und mündlich, Ausdruck gegeben. Dass ich am Leben bin, ist nicht der Ruhm protegierender Henker, sondern das Verdienst des Schicksals, das jene entfesselte Mechanik des Zufalls, die uns vier Jahre durch diesen Höllenspuk gejagt hat, einmal gewendet haben muss. Ich habe so empfunden, und weit entfernt, die Vaterlandsliebe als eine pathetische Gewinstchance aufzufassen, weit entfernt von dem schuftigen Drang, den Kronenkurs, diesen und jenen, durch Heldentode befestigt zu wissen, mein Gut durch das Blut der andern, durch das weitere Leiden auch nur eines einzigen Soldaten, durch die Beschmutzung auch nur eines einzigen Landsmanns, durch die Vergeudung von Glück und Zeit des Nebenmenschen vermehrt oder vor Entwertung bewahrt zu sehen, hätte ich im Gegenteil alles geopfert, Gold für Eisen gegeben, durchgehalten, Wehrmänner benagelt, schwarzgelbe Kreuzeln gekauft, Kriegsanleihe gezeichnet und jedes nur denkbare Scherflein zur Endniederlage beigetragen, wenn ich auf diese Art auch nur einer einzigen Mutter ihren Sohn hätte erhalten können, einem einzigen Mädchen ihren Geliebten, einem einzigen Freund den Freund, und doch war alles, was ich dafür tun konnte, dass ich inbrünstige Gebete während der Schlacht für die schleunige Waffenstreckung dieses absurden Vaterlands verrichtet habe, damit das sichere, durch keinen Sieg abzuwendende Ende nicht durch den Blutverlust jeder fernern, schrecklich vorgestell-

ten Stunde aufgehalten, erschwert, verschärft werde, damit unser Grab
nicht durch weitere Luftbomben und, wenn's denn ein Geschäft sein soll,
durch täglich, endlos, versenkte Bruttoregistertonnen belastet sei. Und
damit der Tag näherkomme, wo diesen nichtswürdigen Generalen,
Monturdepoträubern, uniformierten Schleichhändlern und befeh-
lenden Hurentreibern endlich die Rechnung präsentiert und der vaterländische Vorwand in seiner wahren Beschaffenheit gezeigt wird, unter
dem sie die besseren Menschen zum Sterben und gar zum Töten zwangen. Aber ganz abgesehen davon, dass sich mein werktätiger Patriotismus in der Sorge um die wehrlosen Soldaten betätigt hat, die für
Gott-erhalte zugrunde gehen mussten, für das Lebensgeschäft von
Blutspekulanten in Tod und Jammer gepeitscht wurden, für die Cham-
pagnergelage in Hauptquartieren verhungert, für die Hochzeitsausstat-
tung von Generalstöchtern erfroren sind; ganz abgesehen von meinem
durchhaltenden Staunen über die menschenmögliche Erniedrigung
durch die schäbige Regiegewalt eines Kommandos und über die Tragfähigkeit einer Komparserie des Todes, die nicht schon am ersten Tag
dieses ganze Schinderensemble von Stabskretins, Auditoren, Handelju-
den, Regimentsärzten und allerlei Hoflieferanten von Menschenfleisch
auseinandergejagt hat; ganz abgesehen davon, dass die Menschlichkeit
mit dem Gedenken aller befasst sein musste, die an allen Fronten Europas und Asiens im Joch der Schande oder im Joch der Pflicht, sie zu
bekämpfen, so Unsägliches erleiden mussten – war es mein nie verhehl-
ter Herzenswunsch, den Krieg bald zugunsten der Feinde beendet zu
sehen. Denn nicht allein die Abneigung vor der Möglichkeit, dass die
ungerechte Sache über die gerechte triumphiere, dass die Verbrecher an
Serbien, die Einbrecher in Belgien am Ende statt der Strafe jene Palme
davontragen, die ein delirantes Herrenhausmitglied schon in der Luft
baumeln gesehn hat – nein, ein tiefes Grauen vor den kulturellen Möglichkeiten, die ein Sieg der Zentralmächte, die Erhaltung der Zentralmächte eröffnen musste: Das war der Gemütszustand, in dem ich diese
besoffenen Offensivzeiten, vor körperlicher Gefahr bewahrt, der geistigen preisgegeben, durchgehalten habe, ohnmächtig verzweifelnd an einer Staatlichkeit, die anstatt feierlich und rechtzeitig Selbstmord zu begehen, Glorie nimmt von der Tat eines Chemikers, durch die drei
italienische Brigaden lautlos hinsinken, worauf die Durchbrecher in
geraubten Weinfässern ertrinken, während Seidenwarenhändler im
Nachtrab erscheinen und Filmtrupps die Schande für die nachrü-

ckenden Generationen aufheben, wonach ein christkatholischer Kaiser
mit einem Erzherzog, dem man vergeben muss, weil er nicht weiß, was
er nicht tut, Marschallsstäbe wechselt! Ein Entsetzen davor, dass ein Sieg
solcher Geistesart zur Unterlage des Fühlens einer kommenden Welt
werden könnte, der man mit „Saschafilms", auf Schandblättern und mit
jenen Dokumenten eines schmählichen Ruhmes aufwarten wollte, die
in eigenen Anstalten von den vor dem Verrecken bewahrten Uniform-
trägern präpariert wurden; eine Furcht davor, dass die Erkenntnisse des
Kriegsarchivs und die Wahrheiten des Kriegspressequartiers zur Quelle
einstigen Bildungsdurstes werden könnten, dass ein eiserner Hindenburg noch nach fünfzig gemästeten Friedensjahren von solchen benagelt werde, die unter Umständen auch wieder mit Flammenwerfern zu
hantieren verstehn, dass Conrad v. Hötzendorf ein Fibelheiliger, Manfred Weiß ein dramatisches Vorbild sei, auf der Ringstraße eine Viktoria
erstehe, gegen deren Halbkugeln einer schlechtern Welt die Brüste unsrer Pallas Athene Gspaßlaberln[49] sind; die Todesangst vor einer Elephan-
tiasis jener hypertrophischen Misskultur, die uns schon vor 1914 durch
ihren Drang nach Quantität, durch ihren grundlosen Lärm, durch die
bunte Qual ihrer Operetten und Plakate das Leben zum Krieg gemacht
hatte; ein Schüttelfrost vor der Verdickung jener Couleur, die zuerst
Berlin, dann Deutschland durch Berlin, dann Wien und schließlich Österreich durch Wien geschändet hat, vor der Ausgestaltung des Typus:
Koofmich mit Hellebarde; der Abscheu vor den Explosionen von Siegern, die die denkbar schlechteste kulturelle Verdauung haben und
nichts geistig schwerer vertragen als den Gewinn materieller Güter –
ließ mich das Undenkbare befürchten. Aber auch das Mögliche hoffen:
dass die durch Zucht wie Unzucht des Großstadtwahns verdorbene
Menschenwürdigkeit von Menschen, die in Thüringen oder in den Alpen wohnen, dass ein an der Welt erkranktes deutsches Wesen, welches
im Fortschritt sich selbst verlor, durch Abtreibung der Exportideale,
durch politische Demütigung, durch Verarmung zu jener Tiefe zurückfinden werde, von welcher zur „Es ist erreicht"-Höhe des neudeutschen
Typus etwa der Weg von Claudius zu jenen lyrischen Gestaltungen des
Wolffbüros war, in denen ein selbstgenügsames Gemüt sich nach ge-
taner Versenkung oder ausgiebiger Belegung seiner Bravheit versichert.
Welcher wahrhaft Gerechte empfände nach solch täglicher Scheinhei-

---

49   Vulgärer wienerischer Ausdruck für die weiblichen Brüste.

ligsprechung, die Paris und London in Festungen verwandeln musste, um die dortigen Säuglinge bei Nacht zu ermorden, nicht das innerste Bedürfnis, den Frevel der Lüge und der Tat in Armut zu büßen? Welcher wahrhaft deutsche Mann – und stünde er, wenn's ihn nicht mehr gibt, aus der Weimarer Fürstengruft auf – müsste nicht, und litte er darob Hunger und Kälte, vom Sieg der andern befriedigt sein? Und wer, der die Erde des Wienerwalds liebt, würde nicht, und sehnte er sich durch den finstersten Winter nach einem Frühlingstag in Hainbach, alle Lerchen beim Untergang Österreichs jubeln hören? Wäre all der Jammer, den wir nun durchhalten müssen, weil wir so verblendet waren, schon vier Jahre vorher durchzuhalten, nicht so winzig im Vergleich zu den unvorstellbaren Leiden der Millionen Märtyrer in den Schützengräben, der Zehntausende, die kein Licht haben, weil sie erblinden mussten, und die kein Feuer mehr haben, weil sie erfroren sind, so geringfügig auch im Vergleich zu den nie vorgestellten Leiden der Bevölkerung des von uns gemarterten Serbien und des von unseren Bundesbrüdern gefolterten Belgien; wäre das Los, ein paar Wochen in einer kalten und finsteren Wohnung zu sitzen, nicht so gleichgültig im Vergleich zu den sibirischen Wintern unserer Verwandten und Freunde, zu der jahrelangen Haushaltung in Kellern, die unsere Feinde dem Besuch deutscher Bomben vorzogen; wäre es selbst keine Phrase, den Siegern den Plan der „Brandschatzung" durch einen Gewaltfrieden vorzuwerfen, da sie ja doch nur die zivilrechtliche Sühne für eine reale Brandstiftung bedeutet; wäre es selbst nicht Christenpflicht, getrost allen Mangel an Feuer, Licht und Gas hinzunehmen für die Wirtschaft von vier Jahren, wo wir wahrlich zu viel hatten an Gas, Feuer und Flammen – selbst wenn das Nachspiel unverdient hart jene Unschuldigen träfe, die doch schuldig sind der Duldung der härtern Ungebühr, der größeren Schmach durch die vaterländischen Gewalten: Selbst dann, und wenn die tyrannischen Allüren des Siegers nicht offensichtlich nur das deutsche Vorbild treffen, uns wie der Alpenkönig dem Rappelkopf die Fratze des Menschheitshasses im Spiegel zeigen wollten, selbst dann müsste der Sucher ursprünglicher Werte, der Freund der deutschen Sprache, der den verlorenen Menschenlaut in diesem Gebrause von Donnerhall und Betrieb bejaht, bekennen: So soll es sein, damit zwar die Welt nicht am deutschen Wesen, aber dieses endlich selbst genese! Und damit sein Genius der Welt wieder mehr zu bieten habe als ein Gift, das ihre Gasmasken illusorisch macht! Die Kunst sich zu freuen, die ein Schmock der Nibelungentreue zum Durchhalten in großer Zeit empfohlen hatte, jetzt ist sie brauchbar, wo die große Zeit beginnen könnte, jetzt wo Not auch den Wucherer beten lehrt, und den Pfaffen dazu, der keinen Anlass mehr hat, für das Walten von Minen und Mörsern den Segen des Himmels herabzuflehen.

So elend können wir durch die Niederlage gar nicht werden, dass wir nicht reich entschädigt würden durch die Niederlage! Der Gewinn dieses Umschwungs ist so über alle Vorstellung ungeheuer, dass er mit den kleinen Maßen des Bewusstseins gar nicht zu bestätigen ist und eben darum vor dem Gefühl der unmittelbaren Verluste verschwindet. Welches äußern und innern Zuwachses sind wir nicht versichert durch den Zusammenbruch jener Vampirgewalt, die das Denken und Handeln der Generationen von Kindheit an besessen und den Müttern bei der Geburt des Sohns zum Schmerz die Furcht gefügt hatte! Die Todesangst durch ein Leben im Staatsgehorsam, die Bedingtheit in allem und jedem durch eine Macht, die uns eher als Gott über die Schwelle des Unerforschlichen weisen konnte, sichtbar und riechbar in den Spukgestalten eines Musterungslokals, in diesem Fiebertraum von Brutalität, Schmutz und Zufall, die viehische Möglichkeit einer Fleischbeschau an Menschen, die Musik im Sinn haben, für einen ihnen fremden und verhassten Zweck – ein Menschheitsfaktum, das allein schon hinreichte, die Geschöpfe aller andern Sterne zur kosmischen Ächtung dieser Sklavenerde zu bestimmen –, die Infamie an Gott und Menschheit, die so ein Fahneneid bedeutet, die Pflicht: Ehre, Ansehen und Alter von einem Feldwebel besudeln zu lassen, und die noch grausigere Schmach, dass solche Exekutive des vaterländischen Willens durch die Darbietung eines Guldens paralysiert werden kann, die Bestimmung des Menschen, „abgerichtet" zu werden für irgendeinen dunkeln, seinem Einfluss völlig entrückten Plan, wenn nämlich Staatskretins, die er doch bezahlt, Krieg beschließen sollten, und nicht nur sterben zu müssen für solchen Unfug, nein mehr, habt acht stehn, rechts schaun zu müssen, so und so schreiten zu müssen, salutieren zu müssen, wenn ein durch und durch grußunwürdiger Bube vorbeigeht – nein, wer nicht plötzlich wie ich gewahr wird, dass diese ganze irrsinnsgejagte Gesellschaft die Hand an die Stirn führt, um einander auf den Zustand aufmerksam zu machen, der hat nie wie ich gespürt, was für eine Zeit das war, und der spürt nicht, was ihr Ende bedeutet! Ich war gewiss nicht einer Gesinnung verdächtig, die in einer Friedenswelt den Wert autoritativer Turnübungen für die zuchtlose Mittelmäßigkeit grundsätzlich unterschätzt hätte, wiewohl ich den Staat nur dann als Zuchtmeister anerkannt habe, wenn die tiefe Kniebeuge nicht ihm gilt, sondern den Weg für die erwartete Persönlichkeit frei macht. Ich bekenne mich jedoch fanatisch jedes scheinbaren Widerspruchs schuldig, der aus dem sichtbaren Widerspruch gegen die Natur folgt, in den sich die Autorität am 1. August 1914 begeben hat. An diesem Tage habe ich, wenn man's so verstehen will, weil man die tiefere Konsequenz nicht begreift, umgelernt – doch wahrlich nicht für diesen Tag und niemals seit diesem Tage! In einer Welt, die ich von dunklen Gewalten an den Abgrund geführt sah, konnte, ehe sie hineinstürzte, der Wunsch, dass „der Säbel recht habe vor der Feder, die sich sträubt", Geltung bewahren. Als aber der Säbel der Feder gehorchte, war er verruchter als sie selbst! Der Kopfsturz des konservativen Gedankens in ein Chaos, in dem er nur als der grausige Büttel einer ihm todfeindlichen Weltansicht walten konnte, ist mein beispielloses Erlebnis an dieser Zeit. Zur Rettung des innern Gutes, das sein Wächter nie gehütet und nun so schmählich verraten hat, bleibt nichts übrig, als die völlige Vernichtung aller autoritären Hülle, die längst nichts anderes war und in der Betriebszeit nichts anderes sein kann als der Unterschlupf aller Sünde wider den heiligen Geist. Die Gleichzeitigkeit von Thronen und Telefonen hat zu Gelbkreuzgranaten geführt, um die Throne zu erhalten. Sie müssen weg, um das technische Leben wieder dem Leben dienstbar zu machen. Die Alternative: Republik oder Monarchie wird nicht mehr vom politischen Geschmack, sondern vom unbeirrbaren Zeitwillen zugunsten jener entschieden und hat längst aufgehört, ein Problem zu sein. In Epochen, deren ungeistiger Drang auf die Unterstellung des Lebenszwecks unter das Lebensmittel gerichtet ist, zehrt die Monarchie innen und außen vom Leben, sie streckt alle Symbole einer übermateriellen Welt dem Geschäft vor und wir verarmen eben darum am Notwendigen, noch ehe Kriege als die ultima ratio des zeitverirrten Scheins es zu Rande bringen. Da durch die Monarchie, die den Geist irgendwo bejahen muss und also am falschen Punkte setzt, das Selbstverständliche zum Problem wird, so kann ihre Möglichkeit kein Problem mehr und muss ihre Unmöglichkeit selbstverständlich sein. Ihr Geist war zu Ornamenten abgezogen, die das Geschäft beleben sollten und Blut gekostet haben, mehr Blut, als er selbst in Zeiten wert war, da er einen Inhalt bedeutet hat. Was fange ich mit einem Monarchen an? Er ist mir nur, ich spür's in meinem Schreibzimmer, der höchste Vorgesetzte meines Kohlenmanns, aber er setzt mir ihn nicht in Gang. Präsident der Republik kann meinetwegen dieser selbst sein – wer immer: 's wird eher Kohle geben. In der Republik, die den Staat als den Konsumverein bejaht, wo sich das Essen von selbst versteht und nicht jene Gnade bedeutet, für die man mit Ehrfurcht dankt, also mit einem Gegenwert, den man nur Gott und dem Geist schuldet, in der Republik sind die Menschen so schlecht und so dumm, wie sie sind, aber von keiner Schranke gehindert, den Zustand zu heben. Die monarchische Macht muss, um zu bestehen, die Menschen dümmer und schlechter machen, als sie sind. Sie zehrt den inneren Vorrat auf, um uns den äußern zu geben, nimmt den äußern, und anstatt dass wir durch die Bestellung des Lebens leichter zu uns selbst gelangten, finden wir zuletzt in uns nichts vor und nichts mehr außerhalb. Und dass, wo nichts ist, auch der Kaiser das Recht verloren hat, diese Erkenntnis ist schließlich der wahre Gewinn aus dem Zustand, und der heißt dann Republik. Vor allem Denken stand das hindernde Bewusstsein, dass es Kaiser gibt, aber die leere Seele und der leere Herd zeugten für das angestammte Übel. Mangel ist der Ehrfurcht hinderlich, die den Überfluss nicht zuließ. Wir müssen wieder Gott, wir dürfen nicht mehr dem Staat für die Dinge danken, zu deren Beschaffung er da ist und von uns bezahlt wird. Die Gotteslästerung der Idee, dass der Mensch für den Staat da sei, hat ein Ende mit Schrecken gefunden.

Wehe dem Bäcker, der für unser tägliches Brot, das wohl Gottes Gnade, aber seine Pflicht ist, als Majestät verehrt sein will! An der Überschätzung dieser Dinge sind sie uns ausgegangen. Ein zu großer Teil der Menschheit hat sich als den Vorgesetzten des Rests aufgespielt und davon gelebt, sich zwischen uns und unsere Notdurft zu stellen, anstatt sie uns zu verrichten. Wenn wir in diesem Punkt klar zu sehen beginnen, werden wir uns nach den fleischlosen Töpfen der Monarchie nicht zurücksehnen und uns dadurch allein eine bessere Zukunft sichern, dass wir uns die meisten Beamten und alle Offiziere ersparen. Das unheimliche Symbol des Zauberlehrlings, der den Besen zum Herrn über sich selbst gesetzt hat und einer Sintflut nicht mehr wehren kann, ist als Warnung vor einem Leben gestanden, welchem die Behelfe den Zweck verdorben haben; im Erlebnis büßt es die Sünde einer Zeit, aus der der alte Meister sich doch einmal wegbegeben hat. Dies gilt von dem Fluch, den der Zauberbesen der Technik über uns gebracht hat, es gilt aber auch für das System, das die animalischen Instrumente, die Mittler und Händler, in die Weihe einer Lebensverfügung eingesetzt hat. Herr, die

Not ist groß! Die wir riefen, die Geister, müssen wir radikal und ein für allemal los werden, wenn anders die Katastrophe dieses Kriegs nicht auch die Zukunft uns ersäufen soll. Das Lehrgeld des Zauberlehrlings müssen wir bezahlen. Und das Wesen unseres besondern Chaos ist, dass wir er und der Stock zugleich waren und jeder von uns in beiden Gestalten, als Verwirrer und Verwirrter, das Unheil mehrten. Was die Beamten anlangt, die in diesem glücklich ersoffenen Haus Österreich den Anspruch erhoben, dass die Eigenschaft der Dummheit allein schon gottähnlich mache, und die sich als die unmittelbaren Stellvertreter jener Macht fühlten, durch welche die Welt tatsächlich erst da war, nachdem der Schöpfungsakt erledigt war, was diese perfekten Hüter einer naturwidrigen Ordnung betrifft, so wird es gewiss schwer genug fallen, sie – in die Ecke, Besen! Besen! Seid's gewesen – zu Dienern unserer Notdurft zurückzubilden. Den Offizieren, die der bunte Vorwand waren, um uns diese abzugewöhnen, bleibt nichts übrig, als zu der Verlustliste der Menschheit mit dem Opfer ihres Berufs beizusteuern, dessen eigentliche Tragödie es ist, überflüssig zu werden, anstatt es längst gewesen zu sein. Der Katzenjammer beim Anblick von Farben, die einen so peinlichen Kontrast zur gräulichen Erinnerung und zur düstern Gegenwart bilden, hat keine Tendenz gegen solche, die aus dem redlich mitgetragenen Sklavenelend dieser Jahre heil zurückgekehrt sind. Wenn sie sich jetzt von ihm betroffen fühlen, so mögen sie eine Schwäche büßen, die sie den Konflikt zwischen einem vorzeitlichen Begriff von militärischer Ehre und den Anforderungen eines durch und durch ehrlosen Handwerks neuzeitlicher Kriegführung oder der willenlosen Duldung täglich durchschauter Schmach nicht eher austragen ließ. Niemandem fällt es ein, den Sklaven einer verfluchten Pflicht und Teilhabern einer sinnlosen Gefahr zu grollen, wenn die Zeit, die das nackte Leben retten möchte, gegen die Reize einer Uniform glücklich abgestumpft ist. Die ermüdende Albernheit des Einspruchs, man dürfe „nicht generalisieren", die zudringlichen Proteste von hohen militärischen Seiten, die es nicht mehr gibt, wiewohl sie wahrhaftig keines Heldentods verblichen sind, die tägliche Mobilmachung einer so gründlich abgerüsteten Berufsehre beruht auf dem Anspruch, dem Hinterland noch heute imponieren und es über die Verteilung von Lorbeer und Lasten dieses Kriegs betrügen zu dürfen. Wenn „generalisieren" – dieses einzige Fremdwort, das den Weltkrieg nicht zu überleben verdient hat und das im Munde aller Minister für Landesverteidigung und Landespreisgebung doch nicht zu Tode malträtiert worden ist – etwa so viel wie stehlen heißt, sich auf Staatskosten Villen einrichten, mehr Wäsche beziehen als im Frieden, den Krieg auch im Hinterland als eine Gelegenheit für Beute auffassen, oder für Umsetzung der Macht in sonstige Werte, das Alphabet der Menschheit nach A-, B- und C-Befunden buchstabieren, zwischen denen Spielraum für Gefälligkeit oder Grausamkeit bleibt je nachdem, frontentfernte Blutsverwandte haben, für ein Kilo Filz dann und wann auch einen Fremden vom Heldentod entheben, Nierenkranke verhöhnen und zur Kur ins Stahlbad schicken, mit Sterbenden Salutierübungen vornehmen lassen, Fasane fressen, wenn der gemeine Mann heut Salvator'sches Dörrgemüse mit Würmern hat, Champagner trinken, wenn er Abspülwasser bekommt, Soldaten anbinden und Berichterstattern die Ehrenbezeigung leisten, für den Ganghofer ein Gefecht veranstalten, bei dem sechzehn von den Eigenen durch zurückfliegende Geschützböden getroffen werden, von der Schalek sich über das Ausputzen von Schützengräben informieren lassen, Advokaturskonzipienten mit Todesurteilen beauftragen, angeblich erst Vierzehnjährige durch eine Untersuchung der Zähne galgenreif machen, von allen Menschenrechten nur noch das auf Entlausung anerkennen, die Schöpfung in Menschenmaterial und sonstiges Material einteilen, aus Sibirien heimkehrende Wracks monatelang hinter Stacheldraht beobachten, um sie dann erst einrückend zu machen, beim Bridgespiel Vorstöße anordnen, auf der Flucht einen fehlenden Uniformknopf beanstanden und der Ordnung halber einem Kranken ein Zeltblatt von der Tragbahre wegnehmen, weil's ins eigene Auto regnet, statt der Mannschaft sein Klavier in Sicherheit bringen, und hinterdrein das alles ableugnen – wenn etwa dies und das und noch etwas generalisieren heißt, so bin ich allerdings auch der Ansicht, dass man nicht generalisieren darf. Aber es sind ja nur Einzelfälle und man darf nicht generalisieren. Überdies haben wir von zuständiger Stelle, nämlich vom gewesenen Armeeoberkommando gehört, dass das Generalisieren auch unfehlbar alle jene trifft, „die ihre Pflichterfüllung mit dem Tode besiegelt haben oder als Krüppel weiter durchs Leben wandern müssen", ein Los, das bekanntlich den Angehörigen des gewesenen Armeeoberkommandos und seiner Filialen erspart geblieben ist. Es war aber, da ja die Ressorts eben getrennt und Kompetenzstreitigkeiten tunlichst zu vermeiden sind, immer die Lebensaufgabe jener, die in den letzten Jahren in Baden zur Nachkur geweilt haben – die wohltätigen schwefelhaltigen Quellen sind für Rheumatiker so indiziert wie die Teschener Milchkur –, auf das beispielgebende Verhalten jener hinzuweisen, die in der gleichen Zeit gesund genug waren, sich an Sturmangriffen zu beteiligen. Wenn sie dabei zufällig gestorben sind oder schon bei der Generalprobe von der eigenen Handgranate – die eben nur aus Kriegsmaterial hergestellt war – zerrissen wurden, so darf man nicht vergessen, dass Krieg Krieg ist und dass man nicht generalisieren darf. Oder eben nur, um in Bausch und Bogen auf die vorbildliche Ordenswürdigkeit der in der Stabsmenage Hinterbliebenen hinzuweisen. Auch ist zu bedenken, dass zwar die Lebensmittel, die im Krieg ausgehen, jenen, die ihn führen, nur dort erreichbar sind, wo sie nicht so leicht in Feindeshand geraten können, wo es aber oft strapaziöse Telefongespräche kostet, um die Aufopferung der eigenen Regimenter durchzusetzen. Die Toten, die mit ihren Schadenersatzansprüchen von einem Vaterland, das auch nicht mehr lebt, auf die Fibel verwiesen werden, haben es besser. Fraglich bleibt nur, ob beim Generalisieren sich die Krüppel mit größerer Genugtuung an die Generale erinnern werden oder an jene, die deren Tätigkeit wenigstens zu einer Zeit charakterisiert haben, als der Säbel, aus dem Dienst der schlechten Feder entlassen, der guten nichts mehr zu verbieten hatte. Die Voranschickung der Toten und Krüppel in den Kampf um die Ehre, das einzige, was bekanntlich dem Berufsoffizier geblieben ist, entspricht einer alten militärischen Tradition jener Kreise, bei denen selbst diese Gabe nur in verschwindenden Mengen vorkommen dürfte, sodass eine Requisition, etwa für den Zweck der Wiederaufrichtung des Berufs, nur ein schwaches Ergebnis zeitigen würde. Wenn wir vollends hören, dass die Verteidigung „denselben liebenswürdigen, bescheidenen, dienstesfrohen und anspruchslosen Offizieren" gilt, „auf die wir Österreicher immer so stolz gewesen waren", weil sie „Blut von unserem Blute, Geist von unserem Geiste" sind, so müssen wir geradezu die Bitte aussprechen, nicht zu generalisieren. Besonders, was das Blut, und auch was den Geist anbelangt. Denn in solchen Momenten, wo wir uns vom Geist der Sirk-Ecke umwittert fühlen, stellt sich unfehlbar das tödliche Wort „Mullatschak"[50] ein, welches denn auch der deutsch-österreichische General, dieser von einem neuen Geist berufene Boog, pünktlich zur Entschuldigung jener harmlosen Spielart ins Treffen führt, die halt aus Feschaks besteht, die Fülle der österreichischen Dialekte um den liebenswürdigsten Jargon

---

50   Aus dem Ungarischen: Festgelage; davon abgeleitet das Verb „mulattieren".

bereichert hat, der jeden Satz mit „Weißt" beginnt, und, man kann's ihr
nicht verübeln, Krieg ist Krieg, manchmal über die Stränge geschlagen
hat, die halt in zwölftausend Fällen Galgenstränge waren. Weißt, dass ich
in einer Sphäre, in der diese Klasse zwar nicht mehr über unser Blut
gebietet, aber noch Miene zu machen scheint, unsern Geist von ihrem
sein zu lassen, nicht allzu lange aushalten werde. Aber ich muss, da ich ja
nicht in der Lage bin, auf meinem Rückzug mich durch Preisgebung
meines Menschenmaterials und unter Mitnahme von anderm beweg-
lichen Gut in Sicherheit zu bringen, bis zur Heimkehr in eine lichtere
Heimat auf meinem Posten bleiben und versuchen, einer widerstre-
benden Gegenwart die Grundbegriffe verlorener Menschenwürde beizubringen und nebstbei die Grundregeln verlorenen logischen Denkens.
In dieser Diskussion ist es dann wohl unvermeidlich zu erraten, dass
Generalisieren nicht so sehr Schlechtigkeiten begehen als jene Tätigkeit
bedeuten dürfte, die in der Verallgemeinerung der darauf abzielenden
Vorwürfe besteht. Und da ist denn zu sagen, dass der Protest der Getroffenen, der in seiner eintönigen Schwindelmanier sowohl der Verallgemeinerung wie der Anführung konkreter Tatsachen entgegnet, selbst
jener Methode gegenüber vergebens mit dem Tonfall der Entrüstung
spekuliert. Zur Rechtfertigung derer, die da generalisieren, sage ich geradezu, dass sie die Wirkung ihrer Anklage durch die Beschränkung auf
konkrete Tatsachen eher abschwächen würden, weil just diese es den
unehrlichen Verteidigern möglich macht, darauf hinzuweisen, dass es in
jeder großen Organisation sogenannte Elemente gibt. Zum Glück bleibt
die Vorführung von Tatsachen, wie sie von der sozialdemokratischen
Publizistik geübt wird, nie ohne verallgemeinernde Perspektive, und
eben dieser ist mit der Berufung auf die Elemente, die es überall gibt,
denn Menschen Menschen san mr alle, in diesem Falle nicht beizukom-
men. Denn es kommt gar sehr auf die Lebensbedingungen des Berufs-
kreises an und auf die Atmosphäre, in der sich die Elemente ausleben
können, und es gibt eben Offizien, die es erheischen, ja zur höchsten
Ehre machen, dass wir alle Unmenschen sind. Die Atmosphäre, in der
man für Medaillen „eingegeben" wird, ist ja nicht immer die Luft eines
Büros, sondern manchmal wirklich der Blutdunstkreis und je mecha-
nischer just hier das Verdienst gedeiht, umso besser wächst es der Seele,
die keine Hemmungen kennt. „Verbrechernaturen", räumt jener Boog
ein, können wohl im Felde ihr Unwesen getrieben haben, aber man dürfe nicht generalisieren. Ist dem so, so muss man. Denn es ist wohl für das

Feld charakteristischer als für jeden andern Betätigungskreis, dass es das Feld der Verbrechernaturen ist, und wenn wir lesen, dass ein General vor der Piave-Offensive den Befehl erteilt hat: „Wenn eine Patrone fehlt, kannibalisch strafen!", „Mit kräftigem Hurra! ungestüm auf Gegner stürzen; ihm noch auf kurze Distanz eines unter die Nase brennen, dann sofort mit dem Bajonett in die Rippen!", „Ungetreue rücksichtslos niederbrennen!", „Gewehr bleibt trotz Handgranate und MG. stets bester Freund der Infanterie", „Offiziere müssen da hart sein und letzte Kräfte herausfordern!" – so ist es wohl klar, dass sich hier den Verbrechernaturen eine bessere Aussicht auf Erfolge eröffnet als etwa den Künstlernaturen, und man würde die Intentionen dieses Generals sehr durchkreuzen, wenn man Bedenken tragen wollte, bezüglich ihrer Wirkung zu generalisieren. Wir haben von fachmännischer Seite den Aufschluss erhalten, dass das österreichische Offizierskorps „erstklassig" gewesen sei, ein Lob, das sonst nur dem ihnen anvertrauten Menschenmaterial oder dem ihnen vertrauten Ensemble des „Gartenbau"-Varietés gespendet wird. Andere Berufskreise wählen andere Ornamente ihrer Leistungsfähigkeit. Aber sie unterscheiden sich von dem Offiziersberuf auch darin, dass man ihnen durch ein Generalisieren der Verfehlungen einzelner Angehöriger tatsächlich unrecht täte. Selbst den Bankbeamten, deren Tätigkeit doch gewiss der Versuchung von Requirierungen fremden Eigentums ausgesetzt ist, würde man nahetreten, wollte man ihren Beruf nach den Verbrechernaturen beurteilen, die unter ihnen nicht nur wie überall vorkommen, sondern die auch die Gelegenheit auf ihre Rechnung kommen lässt. Denn der Dieb findet sich zwar zum Geld, aber es besteht zwischen beiden Kräften nicht der kausale Zusammenhang, der zwischen dem Blut und dem Mörder waltet, und die Anziehung, dort nur von der Gelegenheit, wird hier vom Wesen bewirkt. Auch hat man wohl noch von keinem Generaldirektor gehört, der seinen Angestellten knapp vor der Generalversammlung in einem Merkzettel zum Stehlen Mut gemacht hätte, auch wenn er sich selbst in dem Fach gut auskennen sollte. In dem andern Beruf jedoch, dessen Angehörige vor einer Offensive wehrlos auch noch der Ermunterung zum Morden ausgesetzt sind, soll es vorgekommen sein, dass Triebe, deren ausgiebige Befriedigung ja sogar Ehre, Ruhm und Auszeichnung verheißt, vor der Gelegenheit, die die eigene Umgebung bot, nicht haltgemacht und zu Taten geführt haben, die zwar kein Verdienstkreuz, aber doch auch nicht die Unzufriedenheit des Vorgesetzten geerntet haben mögen. Es müssen

nicht einmal Verbrechernaturen, also Elemente gewesen sein, sondern
ganz harmlose Feschaks, die an der Sirk-Ecke keiner Prostituierten ein
Haar krümmen können: welche den Umstand, dass ein alter serbischer
Bauer von der Drina Wasser holte, Krieg ist Krieg, nicht vorübergehen
lassen konnten, ohne die Gefechtspause auszufüllen, oder welche einen
Zugsführer, der zurückging, um Munition zu holen, in der immer ge-
rechtfertigten Vermutung, es handle sich um einen „p. u." oder gar einen
„p. v." – fällt kein Meteor vom angewiderten Himmel, um diese Abkür-
zer der Sprache und des Lebens zu strafen? – alstern kurzerhand „abgeschossen" haben. Zur Ehre der Berufsoffiziere sei aber gesagt, dass einrückend gemachte Spießbürger, deren Harmlosigkeit im Frieden
höchstens die Gräuel einer Faschingsnacht des Wiener Männergesangvereins zuzutrauen waren, sich plötzlich in keiner andern Gemütsverfassung befunden haben. Also: Wenn eine Wirksamkeit jene, die sie von
Grund aus verabscheuen, zum Generalisieren berechtigt, so war es die
der Individuen, die sich aus ihrer subalternen Lage ohne Übergang zu
einer Machtfülle gelangt sahen, vor der ein Dschingis-Chan Lampenfie-
ber gehabt hätte oder irgendein verantwortlicher Gewalthaber vorzeitlicher Kriege doch etwas Herzklopfen. Die völlige Unverantwortlichkeit
des heutigen Kriegsteilnehmers, der vom Gefühl der mobilisierten
Quantität nicht zermalmt, sondern entfesselt ist, erklärt diese anonyme
Grausamkeit, welcher die Hemmung der Fantasie längst von der Mechanik aus dem Weg geräumt war, ehe sie zur Waffe griff, und von der
sich das Gewissen der Heimgekehrten wieder so schnell zu Schlaf und
Tagwerk erholt, wie es sich aus der Banalität ihrer Vergangenheit in den
Weltkrieg gefunden hat. Wäre ich Offizier, ich würde mich, wenn ich
meinen Seelenfrieden heimgerettet hätte, keineswegs auf die Ehre dieser
Abenteuer versteifen, sondern schweigend ihren Opfern an die Seite
treten. Nie würde ich durch einen Vergleich mit anderen Berufen, die
auch ihre Schädlinge haben, die Problematik des Berufs und die Zwei-
deutigkeit einer Denkweise entblößen, die nach den Exzessen dieser
Schandzeit überhaupt noch die Geltung eines Berufs, wenn nicht gar die
unveränderte Vorzugsstellung im Staatsleben beansprucht. Da muss
denn ein für allemal klargestellt werden, dass zwar jeder, der da mitge-
tan hat, ob er nun von Berufs wegen oder durch „Tauglichkeit" dazu
verpflichtet war, zwar das Mitgefühl als Objekt der Gefahr, aber nicht die
Bewunderung als Subjekt der Tat, zwar den mildernden Umstand des
Zwangs, aber keinesfalls eine Erhöhung der Ehre ansprechen kann. Da-

gegen kommt wieder bei jenem, der den Krieg nicht als eine Unterbre-
chung, sondern als eine Probe seines Berufs durchlebt hat (die häufig
genug bloß eine Etappe auf seinem Lebensweg war), das professionelle
Moment als erschwerend in Betracht. Dass selbst bei gleich verteilten
Kriegslasten eher dem Zivilisten als dem Berufsmilitär eine bevorzugte
Stellung im friedlichen Leben gebührt, hätte sich schon vor dem Krieg
von selbst verstehen sollen. Wenn es überhaupt noch Professionskrieger
geben sollte, müsste solches nach dem Krieg noch evidenter sein. Und
nicht etwa deshalb, weil nach übereinstimmenden Aussagen die Männer
der Tat den Löwenanteil an den militärischen Erfolgen in Bahnhofkom-
manden, Maschinenhallen, Hühnerzuchtanstalten und Nudelfabriken
erringen durften, während die Fabrikanten, Ingenieure, Landwirte und
Lehrer sich in aussichtsloseren, wenn auch besser eingesehenen Stellungen bescheiden mussten. Es hat keinen Sinn, über den Verteilungsmodus der Gefahren nachträglich zu richten, weil man sich plötzlich
einer unkontrollierbaren Statistik von überlebender militärischer Seite
gegenüber befindet und weil ja der Selbsterhaltungtrieb vor einem Vaterland, dessen Bestand keinen Schuss Pulver wert war, gewiss nicht zu
verdammen ist. Es wird mehr Drückeberger ohne diese Erkenntnis, patriotische Feiglinge, gegeben haben, die sich und dem Staat ein langes
Leben wünschten; aber gewiss noch mehr solche, die sich für den Glauben an eine schlechte Sache geopfert haben und denen keine geringere
Ehre gebührt als den Blutzeugen der Idee. Auch der Märtyrertod eines
einzigen Menschen – und im ersten Rausch dieser Orgie haben gewiss
auch zahllose Berufsoffiziere daran glauben müssen – ist eine so ehrfurchtgebietende Tatsache, dass jede Kritik dieser Verhältnisse fast zum
Standpunkt jenes hohen Militärs führt, der bei einer Inspizierung recht
zufrieden war und nur bemängeln musste, dass „zu wenig Herren gefallen" seien, oder gar zur idealen Forderung des rigoroseren Pflanzer-Bal-
tin: „Ich werde schon meinen Leuten das Sterben lehren". Also nicht die
schlampige Verteilung von Glorie und Gefahr auf militärische und zivile
Kämpfer ist es, was zu einer Revision sozialer Vorrechte führen müsste.
Vielmehr war schon vor dem Krieg und in Erwartung einer gerechtem
Rationierung der Kriegslast die gesellschaftliche Bevorzugung des Offiziers eine plane Dummheit, gleichsam eine stehengebliebene Schildwa-
che der Ehre aus der Zeit, die noch nicht die Wohltat der allgemeinen
Wehrpflicht gekannt hat und darum den Mann, der einmal fürs Vaterland in den Tod gehen sollte, bei Lebzeiten zu entschädigen bestrebt war.

Nicht weil er jetzt fürs Vaterland in die Kanzlei gegangen ist, sondern
weil doch die Vermutung besteht, dass alle in den Tod gehen müssen,
hätten eher jene einen Anspruch auf Begünstigung, die mit geringerer
handwerklicher Ausbildung und ohne Zweifel auch mit geringerem Interesse an diese Aufgabe herantreten. Die Zeit jedoch, die nur fortschrei-
tet wie eine Paralyse, hat das Überbleibsel aus der Vorzeit der Berufs-
kriege so weit ausgebaut, dass sie auf Kriegsdauer allen um ein Stück
Ehre mehr verlieh, angesichts der allgemeinen Uniformierung alle
Menschen einander zu grüßen zwang und ein Schauspiel aufführte, das
zur Verstärkung des klinischen Bildes wesentlich beitrug. Zur Erholung
ist es dringend angezeigt, dass in Hinkunft überhaupt nicht mehr salutiert wird. Wir wollen diese von einer imbezillen Geistesverfassung und
einer niedrigen Erotik genährte Autorität mit allen Wurzeln ausgerottet
haben; sie mag Köchinnen faszinieren, aber die Staatsmänner seien vor
ihr bewahrt; sie soll uns nicht mehr die Plätze im Leben und auf der
Eisenbahn annektieren und dafür Tod und Plage überlassen. Sie ist
selbst jenen, die sie noch nicht erkannt hatten und in diesen Kriegszeiten nur psychisch erfahren haben, durch ihre überhebliche Unerheb-
lichkeit schwer auf die Nerven gefallen, in den vielen Gelegenheiten, wo
sie diese Qualität nicht in der Kampfleitung zu bewähren hatte. Gibt es
denn einen Wirkungskreis, der nicht schmutziger geworden wäre in
diesen vier Jahren, da der Militarismus seinen Rüssel darin stecken hatte, ein Volksgut, das nicht ärmer geworden wäre seit dem Tag, da er seine
Pranke darauf gelegt hat? Gibt es ein österreichisches Wirrsal, das nicht
bunter wäre durch die unberufene Einmengung der Montur? Und wenn
wir dem Unvermeidlichen nur auf den wahren Passionswegen begegnet
sind, die zur Beschaffung eines Passes führten, um seiner Kompetenz zu
entfliehn, etwa als einem jener grauslichen Kriegsüberwacher, die doch
gar nicht wussten, wie das aussah, was sie zu überwachen hatten, und die
uns mit ihm gestohlen werden konnten, oder dann als einem jener grö-
ßenwahnsinnigen Grenzschutzoffiziere, die die Spione durch die blö-
desten Fragen langweilten und um derentwillen allein diese Grenzen es
verdient hätten preisgegeben zu werden – wir, die so glücklich waren,
nicht dem Krieg ins Gesicht sehen zu müssen, wussten doch genug von
ihm, da wir diesen Oberleutnants ins Gesicht sehen mussten! Die Berufung auf den liebenswürdigen und bescheidenen Standesgenossen,
dessen Eigenschaften auch vom feindlichen Ausland anerkannt worden
seien, „im Gegensatz zu den Offizierskorps anderer Länder" – also mit

deutlicher Abrückung der einen Schulter von der andern – dürfte wenig zur Korrektur der im Krieg gewonnenen Eindrücke, des einzigen, was für uns im Krieg gewonnen wurde, beitragen. Der preußische Offizier mag von der Außenwelt mit Fug als ein Monstrum bestaunt worden sein und von dieser Verblüffung der beweglichere österreichische Kamerad profitiert haben, schon deshalb, weil ihn der Feind nicht so häufig zu Gesicht bekam. Im Lande selbst hat jener nur die Schnauze seiner Volksart, die schon militärtauglich geboren ist, während dieser durch eine dem allgemeinen Charakter ungemäße Löwenhaut Aufsehen und Ärgernis erregt, sodass er in seiner Umgebung weit preußischer wirkt als der Preuße. Darum hat er sich jetzt auch über die Äußerungen einer Antipathie zu beklagen, die dem andern in solchem Maße erspart bleibe, und über einen Mangel an heimatlicher Wärme, die dem nördlichen Kameraden vielleicht zuteil wird. Darum muss er sich gegen das Generalisieren zur Wehr setzen. Mir san ja eh die reinen Lamperln, das ist jetzt die tägliche Tonart der Wölfe, die damit freilich auf die heimische Gemütsverfassung Eindruck machen könnten. Werden sie der anonymen Grausamkeit beschuldigt, so berufen sie sich auf die Gefallenen; werden sie des anonymen Griffs in das vom Vaterland beschlagnahmte Gut beschuldigt, so wollen sie nur Wohltätigkeitsaktionen geleitet und höchstens noch dem „isolierten Gagisten", der sich nicht anders zu helfen wusste, mit etwas Wäsche ausgeholfen haben, da die andern ja eh an der Front bedient wurden. Wie sie an der Front bedient wurden, davon könnte viel Ungeziefer berichten, wenn es nicht Bedenken trüge, mit der Presse in Verbindung zu treten; und der isolierte Gagist ist offenbar der Erzherzog Max, dessen Wäschekammer von unserem Mangel komplettiert wurde. Die Technik dieser Rechtfertigungen besteht im Alibi eines überführten Diebs, der beweisen kann, dass er ein anderes Mal nicht gestohlen hat, und in der Beteuerung, dass man nicht generalisieren darf. Kein anderer Beruf war je in die Zwangslage versetzt, durch solche Argumente und durch solche Fürbitte sich ein Ehrenzeugnis verschaffen zu müssen. Wenn die Berufsoffiziere Postbeamte oder Versicherungsagenten sein werden, so wird man ihrem Stande bitteres Unrecht tun, indem man ihm die Verfehlungen Einzelner anrechnet. Auch fünfzig verbrecherische Postler unter hundert würden nichts gegen die Institution beweisen. Aber zehn Soldatenschinder unter hundert Offizieren beweisen sehr viel gegen die Institution, deren Wesen die unwiderrufliche Macht ist und das Verhängnis des Zufalls, der uns gerade der

Ausnahme untertan macht und also einen Professor zwingt, sich von seinem Schulbuben ohrfeigen zu lassen. Die inappellable Möglichkeit, dass ein Kulturmensch unter einem von jenen zehn dienen muss, macht den Militarismus zur Infamie, selbst wenn er nicht eo ipso eher der Nährboden für die Existenz solcher wäre als der andern; macht einen Beruf verhasst, dem sich die rechtschaffensten Leute verschrieben haben können. Sie leben gewiss in der Sklaverei und nicht in der Position der Sklavenhalter. Welche Tätigkeit zwänge unter den Einwirkungen eines demoralisierenden Ehrbegriffs so den Menschen in die Wahl, Hammer oder Amboss, Knecht oder Kanaille zu sein? Von allen Brandmalen der Zeit wohl das deutlichste ist die Verzerrung der militärischen Ehre, deren fortwirkendes Dekorum in einer veränderten Kriegshandlung, welche statt Söldner Sklaven der Wehrpflicht, statt Helden Märtyrer beschäftigt, selbst das Blutgeschäft korrumpiert hat.

Aber zweifellos auch das intellektuelle Niveau seiner Verteidiger herabgesetzt. Denn die Entrüstung, die diese Debatte täglich fortspinnt und mit grässlicher Monotonie die aus dem Zusammenbruch der Armee gerettete Ehre, den einzigen Besitz des Standes, zum Standesmonopol macht, erkennt nicht einmal, wie sie den verallgemeinernden Tadel mit gewiss geringerem Recht durch ein verallgemeinerndes Lob ersetzt. Hat ein Stabsoffizier zufällig recht, von sich zu behaupten, dass er sich um das Wohl seiner Leute gekümmert habe, so ruft er „die Mannschaft" zum Zeugen dafür auf, dass sich „die Stabsoffiziere" um ihr Wohl, das Wohl der Mannschaft, gekümmert hätten. Die Mannschaft war aber offenbar auch schon während des Krieges Zeuge für den Heldenmut, mit dem „das Offizierskorps einen vierjährigen beispiellosen Kampf gegen die Übermacht einer Welt", also gegen die Mannschaft aller Ententestaaten, „bestanden hat". Und solch ein ehrlich erregter und für seine eigene Schuldlosigkeit glaubwürdiger Verteidiger der Standesehre merkt nicht, dass sie, selbst preisgegeben, besser dastände als unter dem Schutz der verächtlichsten Zeitung Deutsch-Österreichs, jener, deren Wesensart der ursprüngliche Sinn militärischer Tapferkeit ferner liegt als einem Erzengel das Börsenspiel. Ist es ein Zufall, dass heute gerade so etwas hinterher ist, die Offiziersehre zu apportieren? Die armen Kriegshunde, diese gütigsten Opfer des Militarismus, für die kein Kläger auftritt, hätten, weiß Gott, keinen Grund dazu! Da es aber doch eine Zeitung ist, die sich der Pflicht, amtliche Feststellungen über die Militärjustiz zu veröffentlichen, auch durch den kleinsten Druck nicht ganz entziehen kann, so erfahren wir auf der zweiten Seite: dass die Stabsoffiziere sich „für das Wohl und die möglichste Schonung der Mannschaft", für die „Pflege eines innigeren, herzlicheren Kontaktes mit derselben", für die „tunlichste Herabminderung der persönlichen Gefahr" – der Untergebenen – aufgeopfert haben, und auf der siebenten Seite: dass ein Generalstabshauptmann zwölf Unschuldige, davon zehn in zehn Tagen, sechs an einem Tag, hat erschießen oder aufhängen lassen. Dieser mag so wenig ein Typus sein wie jener; aber jener sollte diesen zum Schweigen bringen. Hier entscheidet die Zahl nicht; ein Mörder der Mannschaft wiegt hundert ihrer Freunde auf und zehn machen einen Beruf zuschanden, den die Menschheit nicht vermissen wird, wenn seine anständigen Vertreter auf ihn verzichten, weil sie seine Pflicht und ihre Ehre wenigstens hinterdrein als inkompatibel empfinden müssen. Mein Tadel generalisiert nicht, denn ich lasse Ausnahmen zu, deren ich manche zu genau kenne, um von ihrer unzerstörbaren Vornehmheit nicht den Entschluss zu erwarten, nach den Offenbarungen dieses Kriegs über ihren Beruf den Flammenwerfer als Waffe so sehr zu verabscheuen wie den Säbel als Ornament. Sie wissen, dass die Anklagen nicht sie treffen können und dass erst jene Verteidiger generalisierend wirken, die unter dem Vorwand oder in der naiven Meinung, es gehe gegen alle, sich schützend vor die Schuldigen stellen. Sie wissen aber auch jetzt, dass diese weit mehr geeignet sind, den beruflichen Anforderungen im neuen Krieg, der beruflichen Ehre gerecht zu werden als sie selbst, die Tüchtigen und Ehrenhaften. Sollten sie nicht wissen, dass eine Spezialehre, die solches Geklapper einer Verteidigung nötig hat, nicht für sie, sondern für jene restauriert wird, die da spüren, dass es ihnen an den Goldkragen geht? Man unterlasse den Versuch, einen Offiziersehrenrat als Instanz über dem Weltgericht zu etablieren. Man verzichte auf das Bemühen, einen Korpsgeist, den wir in unserm Jammer auch noch entbehren möchten, gegen den aus keinem Bewusstsein verlierbaren Kontrast aufzuwiegeln: zwischen dem Leben in der Offiziersmenage, wo es als Abendmenu einen „Sautanz" gibt oder ein Festmahl mit achtzehn Gängen, darunter: „Handgranaten", und dem brotlosen Beruf der Mannschaft, die darüber beruhigt wird, dass Insektenmaden „die Bekömmlichkeit von Dörrgemüse nur insoweit beeinträchtigen, als sie ekelerregend sind", und dass man ja an ganz anderen Dingen stirbt. Und zwischen dem Soldaten, der erschossen wird, weil er getrunken hat, und dem Leutnant, der Zimmerarrest bekommt, weil er eine Kellnerin, die keinen Wein bringt, erschossen hat. Wir haben genug von diesen Räuschen und lehnen die Nüchternen ab, die nicht von der Kameradschaft angewidert in einem weniger ehrenträchtigen Beruf Vergessen suchen, sondern uns weiter mit seinen Zieraten ködern, die uns auch ohne solche Mahnung unvergesslich sind. Der Rhythmus dieser Empörung, der, wenn ich ihn auch zehnmal in all seiner Dürftigkeit nachgebildet habe, dem Schreibenden nacheilt und täglich noch, wie alle unbesiegbare Banalität, dem satirischen Echo seine drei Motive versetzt: „generalisieren", „Blut von Eurem Blute, Geist von Eurem Geiste" und „das Einzige, was sie besitzen, die Ehre" – er möchte unsere Wehrlosigkeit verewigen, und so bleibt nichts als die Hoffnung, dass solchen, die sich am fremden Opfer befriedigt und bereichert, sich selbst für die Auszeichnung und uns für die Verelendung eingegeben haben, in einem staatlichen Gerichtsverfahren nachgewiesen wird, dass das Einzige, was sie nach diesem Krieg nicht besitzen, die Ehre ist. Und nicht nur vermöge ihrer persönlich bewährten Defekte, sondern weil dieser unermessliche Blutverlust seinen letzten Sinn verloren hätte, wenn die Menschheit nicht endlich ad notam nähme: Eine Debatte über Ehre kann es überhaupt nicht geben, wo es sich um Erfüllung oder Nichterfüllung der Pflichten innerhalb einer Tätigkeit handelt, welche von Natur, vor Gott und allem Zweck der Menschheit die ehrloseste ist! Jene aber, die es nicht nötig haben, von den Schuldigen verteidigt zu werden, müssen erkennen, dass keine Standesfrage, sondern das Problem des Standes zur Erörterung steht. Sie erkennen die Verwandtschaft mit dem einzigen Beruf, der außer dem militärischen mit Recht generalisierenden Vorwürfen ausgesetzt ist, gleich diesem wesentlich dazu inkliniert, weil er gleich ihm aus den Quellen der Unverantwortlichkeit und der Anonymität seine entsetzliche Befähigung schöpft: mit dem der Journalisten – mit ihm auch in solcher Anlage verknüpft zu dem furchtbaren Bunde, dessen Walten die Welt zwischen Blut und Tinte so verwechseln gelehrt hat, dass beide Kräfte als Ursache und Wirkung zugleich erschienen. Wahrlich, es ist so, als ob die Phrase von beiden Substanzen flüssig wäre und nicht minder das Verbrechen, und als wäre, könnten wir uns da und dort noch entziehen, die Verschlingung doch das Übel, das Macht hat über uns. Das sind so die Lebensbedingungen im Totenreich. Es musste jenem General, der das Armeeoberkommando nach der Auflösung der Armee übernommen hat, jenem gespenstischen Köveß, ein seltsames Abenteuer zustoßen: Er brach durch eine Zeitungsspalte vor und rief: „Indessen" – nämlich bis der Beweis der Unrichtigkeit aller Anklagen erbracht sei, was gewiss sehr viel Zeit erfordert – „wirkt der Giftstoff, den die Ehrabschneider ausspritzen". Er hatte aber trotz dieser Häufung artilleristischer Methoden schon vergessen, dass Krieg Krieg war, bis er in der benachbarten Spalte von der Entdeckung eines Sprengstofflagers in der Leopoldstadt überrascht wurde, in welchem zweihundert intakte Gasbomben gefunden wurden, ein Vorrat, den man in diesen notigen Zeiten in solcher Fülle nicht mehr vermutet hätte. Dort habe sich nämlich eine „Gasschule" – denn so etwas gab's wirklich – befunden, in der Offiziere und Mannschaften im Gasangriff und in der Gasabwehr unterrichtet wurden, also die heranwachsende Generation, die berufen war, dereinst im Zeichen des Grünkreuzes und des Gelbkreuzes zu siegen. Das Bildungsbedürfnis der Jugend habe jedoch nur bis zum Waffenstillstand vorgehalten, dann aber hätten Offiziere und Mannschaften die Gasschule geschwänzt und die dort eingelagerten Lehrmittel sich selbst und der Bevölkerung des Bezirkes überlassen, die nun durch die geringste Berührung, wenn etwa Kettenhändler ein Lebensmitteldepot vermutet hätten, in die Lage versetzt worden wäre, die Vorbedingung einer siegreichen Offensive mitzumachen, und dies ohne jede fachliche Ausbildung. Ja, nach sachverständiger Schätzung wäre sogar auch der Heldentod der angrenzenden Stadtteile verbürgt gewesen. Da kann man wirklich nur sagen, dass indessen, nämlich bis der Beweis der Unrichtigkeit aller Anklagen gegen den Militarismus erbracht ist, der Giftstoff fortwirkt, den die Gekränkten ausspritzen, und fragen, ob es berechtigter sei, nach Abschluss des Waffenstillstandes die bisher verschonte Festung Wien mit Gasbomben zu belegen oder ein Gewerbe zu hassen, dessen Inhaber Wert darauf legen, an der anonymen Mitwirkung bei solcher Glorie und an deren Fortwirkung beteiligt zu sein. Der Oberkommandant dieser Möglichkeit, die eine Stadtbevölkerung mit dem Grauen überfällt, das sie bis dahin nur in Zeitungstiteln zur Not erlebt hatte, der Unterrichtsminister einer im Stich gelassenen Gasschule wagt sich ans Tageslicht und spricht vom Giftstoffe der Ehrenbeleidigung. An den Kontrasten, nicht an den Dingen sollten wir zugrunde gehen. Die Invaliden dieses Kriegs brauchen sich nicht gegen die Anschuldigung zur Wehr zu setzen, dass sie mehr als sechs Kreuzer täglich vom Vaterland genommen haben; aber den Leuten, die dafür, dass sie ihren Namen unter dem Generalstabsbericht lesen konnten, eine Felddienstzulage bezogen hatten, ist nichts geblieben als ein empfindliches Ehrgefühl. Die

Polizei verbietet, dass man im Theaterfoyer eine Zigarette anzünde, und lässt die Stifter der hundertfachen Ringtheaterbrände laufen. Doch zur Ehrenrettung rückt selbst hier das Kriegsministerium aus. Auch wenn alle zweihundert Gasgeschosse explodierten, sei „die Gaswirkung nur lokal", also mit dem Erfolg bei Tolmein nicht zu vergleichen; „unversperrt" seien „nur desadjustierte und unbrauchbare Reizhandgranaten" gelegen, also jene, deren Reiz sich sonst kaum ein lebendes Wesen, mit Ausnahme etwa der Generalstäbler, entziehen kann. Auch hätten die Lehrkräfte die Anstalt nicht verlassen, sondern „den Befehl gehabt", auf ihren Posten zu verbleiben, „was auch tatsächlich durchgeführt erscheint", da sie „bei der von der Gemeinde Wien am 12. d. stattgefundenen Kommission anwesend waren". Ob sie auch bei der Entdeckung und bis dahin anwesend waren, lässt die vom Kriegsministerium stattgefundene Untersuchung dahingestellt. Es war aber immer die Weihe dieser munter fortfließenden Blutarbeit, dass gute Reden in einem Deutsch, das nur sich selbst gefiel, sie begleiteten, und so werden die Angriffe des Gegners noch heute mühelos abgewiesen. Die Kanzlei des Mordes arbeitet weiter und ist jetzt mit Alibis für Täter, Komplizen und Mitwisser überhäuft. Die unbegrabenen Leichen, die auf jedem der vielen Stützpunkte ihrer Ehrsucht liegen, stören ihren Schlaf nicht; die Todesopfer der Heimfahrt, die von der Menschenfracht in den Tunnels abfielen, machen sie nicht verstummen. So komme wenigstens das Blut der Kinder über sie, die in einer Stadt, welche Kinder und Handgranaten unbeaufsichtigt lässt, vom mitgebrachten Spielzeug zerfetzt werden! Wäre ich General und läse diese verspäteten Kriegsberichte, ich ginge an die nachgelassene Front der Soldatenspiele und stürbe den Heldentod von eigener Hand. Wäre ich General, ich wollte den Schafhirten nicht überleben, den aus einem vorüberfahrenden Heimkehrerzug die letzte Kugel dieses Krieges traf. Gibt es nicht mehr genug Fantasie, Strafen zu erfinden, wenn Taten aller Kombinationskraft der Träume gespottet haben? So exzentrisch in allen Einfällen ist dieses gigantische Schicksal, und seine Autoren und Parasiten sollten in die bürgerliche Norm einkehren dürfen, und wenn wir eben eine Speise zum Mund führen mögen, dürfte der Kellner uns zuflüstern: „Wissen S' wer der Herr daneben war? Das war der Teisinger!" Nein, ich will ihnen allen in einem Musterungslokal begegnen, nackt müssten diese Satane ihrem Höllenobersten vorgeführt werden und wenn ein zweifelnder Regimentsarzt einen nierenkranken Heerführer pardonnieren wollte, müsste jener mit einem

Witz, den der Oberteufel nur im Kriegsministerium gehört haben kann, rufen: Tauglich! Und hätten sie selbst nicht Millionen widerstrebender Seelen, hätten sie einen, nur einen hinfälligen Körper in diese Qual verdammt, hätte ihre Jurisprudenz nicht zehntausend, nein nur einen Galgen beschäftigt, hätte ihre Medizin nur einen Verwundeten zurechtgeflickt für neue Wunden, und wäre in diesem Krieg kein anderes Wort gesprochen worden als das jenes Generalarztes, der zuckenden Soldaten das Trommelfeuer empfohlen hat – sie alle, der fürchterliche Wasenmeister frontverdächtiger Menschen, vor dessen Namen alle Leibeigenschaft dieses Hinterlands erbebte, und hinter ihm der ganze Tross von Menschenschlächtern und Markthelfern aller Fächer und Grade müssten antreten, und hätten nichts weiter zu gewärtigen als die Herzensangst der einen Stunde, in der eine nackte Seele oder ein zitternder Leib ihre schäbige Grausamkeit befriedigt hat, und dann einrückend gemacht werden in die Hölle!

Weil aber selbst dort auf Zimmerreinheit gesehen wird und demnach schon die Anwesenheit von Männern der Wissenschaft auf Bedenken stieße, indem eigentlich nur fachlich befugte Massenmörder hingehören und nicht Individuen, die sich aus Selbsterhaltungstrieb zur Mitwirkung gedrängt haben, so könnte vollends den Zeitungsherausgebern, die von der Schlachtbank Pauschalien bezogen, höchstens der Abort der Hölle aufgetan sein. Desgleichen natürlich den Kriegslyrikern, die nach den Flügelschlägen des Doppelaars skandierten und sich vom Motiv eines Minenvolltreffers, eines russischen Sumpftodes oder auch nur eines Gurgelbisses anregen ließen und nun in derselben Anstalt, in der sie eben noch an Habsburgs Herrlichkeit geschafft haben, mit derselben Bereitwilligkeit schon die Dokumente der österreichischen Galgenjustiz bearbeiten. Auch den Jugendbildnern, die durch einen den außerordentlichen Verhältnissen angepassten Unterricht die Kinder auf den Tod durch herumliegende Handgranaten vorbereitet hatten, würde leider keine andere Gelegenheit zum Nachdenken über der Zeiten Wandel offen stehen, und sie ist hoffentlich geräumig genug, um sie alle zu fassen, die dem Gedanken gelebt haben, dass es schön ist, andere fürs Vaterland sterben zu sehen. Dieser allseits rekommandierte Heldentod, der nur manchmal in sonst unverständlichen amtlichen Kundmachungen als die höchst zulässige Strafe für Hinterlandsvergehungen deklariert wurde, während die Kriegsanleihe nie als schlechtes Geschäft eingestanden erschien, hat nach dem Hingang eines Vaterlands, dem wir

nicht nachtrauern, an Tragik gewonnen, und so belebend der Verlust
dieses Staats eintrat, er hat den Schmerz unserer Erinnerung zur Qual
gesteigert. Denn der Heldentod war ein Betrug jener, die ihn gefordert,
vorbereitet, herbeigeführt oder gepriesen haben. In den Tod betrogen
werden – das war das ausgesuchte Schicksal solcher, die an Österreich
geglaubt oder sich gegen Österreich nicht gewehrt hatten. Kann ein
Staat ein grauenvolleres Andenken hinterlassen als das Gefühl derer, die
heute wissen, für welchen Haufen von Unrat sie ihre Liebsten verloren
haben? Kein Mittel gibt es, diese Verzweiflung zu beschwichtigen, und es
hilft weniger, von ihr zu schweigen als von ihr zu sprechen. Sie und nicht
die Not allein wirkt an der Unruhe dieses Übergangs. Ein Massenselbst-
mord der Schuldigen könnte ihn erleichtern. Dass sie mit jenen, die sie
beraubt und beschmutzt haben, über die reine Schwelle wollen, schafft
dies Gedränge, das die neue Macht allein nicht bändigen kann. Nicht die
Autorität der Scham und keine andere weist sie aus dem Leben. Denn
die Charakterluft dieser Bevölkerung, deren vertretende Typen mit
Recht sich gegen Generalisierung wehren, weil hier alles auf Vereinze-
lung hinausläuft und selbst die tragische Quantität nur als die Häufung
einzelner Trauerfälle empfunden wird, lässt keinen Zusammenschluss
zu, nach jenem, den die Befehlsgewalt zum Mord vermocht hatte. Dem
durchdringendsten Wehruf wird es nicht gelingen, das Ensemble der
Sühne aufzustellen. Die Unfähigkeit zur Konsequenz, die völlige Negation auch jener letzten Menschlichkeit, die eine Untat verantworten
könnte, ein Bewusstsein, das höchstens zu dem Geständnis reicht, dass
es ein anderer getan hat – wenn nicht die Zeit ein Wunder vermag, in
dieser Wüste des Empfindens grünt keine Hoffnung! Ist es nicht ein
Sinnbild dieses Exitus, dass in einer Zeitungsspalte – unter dem Titel
„Eine berechtigte Klage" und nicht als Bitte an den Kosmos um ein Erdbeben – mitgeteilt wird, dass hierzulande die Kriegsblinden gefrozzelt
werden, und daneben von der Großmut der Kohlennot berichtet wird,
die gestattet hat, die Operettentheater zu eröffnen, damit die Konsortien
zur Verwertung Schubert'scher Unsterblichkeit nicht im Geschäft be-
hindert seien. Die Schande geht am Tage bloß und drängt sich nach
Kaffeehausschluss an jener Ecke der Kärntnerstraße zu einem sinnlosen
Rudel von Böcken, die nichts hienieden zu tun haben, als sich durch
gegenseitiges Anstarren zu vergewissern, dass sie alle da sind. Das
Schulter an Schulter unseligsten Andenkens hat sich in der Sitte verewigt, Arm in Arm zu sechsen das Trottoir abzusperren und durch eine

Fröhlichkeit, die der siegreichen Welt zur Revanche eine Haxen ausrei-
ßen will, über die wahren Sachverhalte hinwegzutäuschen. Das jubelt,
nicht weil es Österreich nicht mehr gibt, sondern wiewohl es Österreich
nicht mehr gibt, und ist eben darum verächtlich. Das Straßenbild dieser
Menschheit ist nicht der Eindruck, der zur Versöhnung mit der Vergangenheit beitragen könnte: der Reue, in diesem Staat und in dieser
Zeit geboren zu sein. Vielmehr setzt es bloß die Serie der Kriegsbilder
fort und bietet noch immer den Anblick des gruseligen Hinterlands, das
den Tod an der Front vom Hörensagen kennt und nur als die Gelegenheit erlebt, dass sich alle untereinander auswuchern können und alle
zugleich bettelarm und steinreich wären, wenn es nicht doch schließlich
einem Haufen von bessern Schiebern gelänge, stolz und mit dem Zahn-
stocher im Maul durch ein Krückenspalier von Bettlern und Helden
hindurchzuschreiten. Unverändert bleibt sie die Stadt der Individualitäten, die durch nichts als durch die Taten ihres Selbsterhaltungstriebes
den Anspruch auf ihr Dasein, ihr Dabeisein und ihr Bemerktwerden
erbringen. Diese wesenlose Konsistenz ist der Nährboden einer Ge-
rüchthaftigkeit, deren Bazillen mit Händen zu greifen sind und die hier
den eigentlichen Ersatz für die Verantwortung bildet. Die Anonymität
alles Geschehens hat hier die Kraft einer Beglaubigung, die der Persönlichkeit unerreichbar wäre. Die Verbindung mit den Kriegsgräueln, die
den Krieg übertroffen haben, wird durch diese Lebensart leicht hergestellt. Das sonst unfassbare Maß der militärischen Willkür wurde von
einem Triebe aufgefüllt, der die eigene Freiheit nur darin erlebt, dass er
die Freiheit des andern zum Spielball seiner Schadenslust, seiner Ran-
küne, seines Betätigungsdranges macht. Wie die reichsdeutsche Bevölkerung aus Pflicht zum Belogenwerden dem Krieg nachgeholfen hat, so
die unsrige aus Hetz. Was sich einer nur dann vorstellen kann, wenn es
ihm selbst geschieht, und was er nicht will, dass ihm geschehe, das fügte
er dem andern zu. Alle Mächte gefahrloser Anonymität waren in einer
Zeit aufgeboten, deren Element die Gefahr war. Anonym war alles an
dieser vierjährigen Schand- und Standjustiz, deren Deliriumswitz den
Heldentod zugleich als Glorie und Strafe genehmigt, anonym wie die
Waffe, die nichts ist als der maschinelle Ersatz für Mut und die maschinelle Vermehrung der Leiden, war das Mittel, um auch den Untauglichen
in die Gelegenheit zu einem Bauchschuss, zu einer Erblindung, zum Tod
für dieses unnennbare Vaterland zu bringen. Es brauchte bloß einer sich
hinzusetzen und über einen, der seinen Gruß nicht erwidert, seine Bitte

um Geld nicht erfüllt oder tatsächlich seine Ansicht über die sogenannten Katzelmacher oder über den U-BootKrieg nicht geteilt hatte, im Namen des Vaterlands, nicht im eigenen Namen, eine Zuschrift an die Kriegsüberwacher zu richten. Frauen, die die Machtbüberei nicht in die Front verdammen konnte, gab sie gern einen Reisepass, um ihnen den blödsinnigen Tort der „Kontumaz" anzutun, und in der Schweiz unterhielt sie ein Elitekorps von Kellnern und Konsuln, die für die Mitteilung über verdächtige Bewegungen österreichischer Staatsangehöriger, wie etwa Englischsprechen, nach dem Einlauf entlohnt wurden. Jeder, der nicht im Krieg war, war ein Kriegsüberwacher, ob er dazu in einem Amt saß oder bloß eine Meinung hatte, die er anonym zu Papier brachte. Das Schwelgen in der Kriegsmaterie war so echt, dass der heutige Überdruss nicht das Format der reuigen Erkenntnis, sondern nur die Gebärde jenes Abwechslungsbedürfnisses hat, dem es zu fad geworden ist. Was fängt man mit dem angebrochenen Krieg an? Revolution. Auf der Szene dieser tragischen Operette stand ein Reigen, der im Vollbewusstsein seiner Unverantwortlichkeit die Russen und die Serben in Scherben hauend oder schon in Venedig einziehend, „wo die Gipsstatuen und Bilder sein", sich vom höchsten Unwürdenträger zum letzten Extraausgabenrufer schlingt, vom Zeitungsbesitzer zur Soubrette, die dem Publikum mitteilt, dass soeben 40.000 Feinde am Drahtverhau verblutet sind. Es schlingt sich weiter. Larven und Lemuren einstiger Mehlspeisgesichter erkennen sich und markieren ein Leben, dem die Plakate, die keine Spielverderber sind, durch einen Veitstanz aufhelfen. Und dennoch hat er nicht die überredende Macht dieses einen sinnenden Antlitzes, das mit der Frage „Bist du's, lachendes Glück?" alle Pforten einer Welt aufriegelt, in der Hunger, Grippe und Geld keine Rolle spielen; es ist Meister Lehars … Antinikotin siegt noch immer, und es ist gut so, weil es darin hors concours ist. Ganz wie's denn auch eintraf, fliegen in der Luft Russenlebern und Serbenohren herum und sonstige Bestandteile der Entente, während sich einer von den Unsrigen, von den Eigenen, von den Braven, hopsdoderoh, freut, weil ihm so etwas, dös is gscheit, erspart geblieben ist. Was da scheinbar an die Wand gedrückt ist, freut sich seines und unseres Daseins und ist springlebendig wie eh und je. Aber auch die schweigenden Gestalten haben eine Eindringlichkeit, der man sich nicht so leicht entzieht. Jenseits allen merkantilen Zwecks leben sie um ihrer selbst willen und locken den Passanten nicht an die Ware, sondern zu sich selbst. Es behielt sie nicht; wer durchhielt, hat sie

nicht verloren und der Heimkehrer findet sie wieder. In den Alpen sind
Leichenberge entstanden, aber das Ponem jenes Elementargeists, der
sich „Homunculus" nennt, ist noch da und überschattet mit nachdenk-
lichen Wimpern die Melancholie der Zeit. Und zu denken, dass man,
von der Außenwelt abgesperrt, unter dem Blick des Lysoformjüngels
leben und sterben wird! Es entschädigt. Kaiser und Könige haben ihre
Zugkraft eingebüßt, aber jener, gigantischer denn je, schmunzelt heute
im Bewusstsein seiner Unentbehrlichkeit. Konträr, jetzt präsentiert er
sich erst wie das letzte Reichskleinod. Hat das nicht alles, in seiner un-
qualifizierbaren Modernität, irgendwie zu Habsburg gehört? Nichts
derlei ist verschwunden. Nyari Jozsi geigt es einer leibhaftigen Gräfin ins
Ohr und Macho – haben Sie schon Macho gehört? – steht in riesenhafter
Einsamkeit, umgeben von Szegediner Hieroglyphen und neudeutschen
Farbenwundern und sagt nichts als: „Waren Sie schon im K. W. K.?"
Aber das bedeutet nicht mehr das; denn das gibts nicht mehr. Das A. O.
K. gibts auch nicht mehr; es bedeutet aber auch nichts anderes. Die
Schrecken, die unendlich schienen und in den abgekürzten Namen dieser Blut- und Wucherzentralen noch allen Ekel der Zeit draufgaben,
sind nicht mehr. Abgekürzt bis zur Anonymität waren uns das Leben
und der Tod, und der letzte Mann, bis auf den gekämpft wurde, sitzt im
KM. und nennt es jetzt StAFHW. Anonym war alles und selbst die führenden Persönlichkeiten waren anonym. Der Generalstabschef war nur
sein Stellvertreter, der Stellvertreter des Generalstabschefs, der den Bericht signierte, las am Abend in der Zeitung, dass an der Front nix Neues
sei, und unbeteiligt wie nur Gott an diesem Grauen waren die Heerführer, die durch vier Jahre, Mann für Mann, ihr Konterfei in einem Thea-
terrevolverblatt an der Stelle vorführen ließen, wo im Frieden die Frit-
zi-Spritzi anlässlich ihres Sprungs vom Brettl auf die Bretter von
Ödenburg abgebildet war. Anonym ist dieser Höchstkommandierende
durch die Blutzeit gestapft, mit dessen Namen der Schauder einer organisierten Lynchjustiz verknüpft bleibt und die Vorstellung einer Uner-
sättlichkeit der Gewalt, neben welcher der Nero als der erste Missionär
des Christentums erscheint. Und doch blickt uns und bleckt uns ein
Lulatsch an, der bei einem Hoch auf den obersten Kriegsherrn nicht bis
drei zählen konnte und wenn ihm das Malheur geschah, dass das dritte
Hoch auf der nächsten Seite des vorgelesenen Toastes stand, umblättern
musste, um es darzubringen. Wie sollte er bis zu jenen 11.400 Galgen
zählen können, die in seinem Namen errichtet waren? Wie ein zum

Greis gepäppelter Säugling, der zu Taten gekommen ist und weiß nicht wie, lächelt er und weiß nur von Milch, nicht von Blut. Wird die Stille seiner Mordzentrale von vollbusigen Skandalen unterbrochen, die einen in der Weltgeschichte einzigen Zusammenhang zwischen der pragmatischen Sanktion und den Pschüttkarikaturen offenbaren, so stutzt man, führt auch dies auf einen infantilen Gusto zurück und denkt, dass für diese Komplikation zwischen dem Sterben der Menschheit und dem öffentlichen Privatleben ihres Befehlshabers wieder nur eine Umgebung verantwortlich ist, die nicht rechtzeitig die Erinnerung verhinderte, wie viel Grazie die Guillotine beseitigt hat und dass einmal ein König war, der wegen einer Lola Montez unmöglich wurde. In unserer Monarchie war die Weltgeschichte nicht einmal ein Exekutionsgericht, denn ein solches hat sich an die von dicker Freundschaft behüteten, an der strafgesetzlichen Ehrfurcht beteiligten Monstren nicht gewagt, Statthaltereiräte unterhandelten über die Abfindungssummen und erwirkten nur durch den Hinweis auf Polizeischub eine Ermäßigung, und Revolution bedeutet hier, dass im Gerichtssaal unappetitliche Briefe erörtert werden können und deren beneidete Besitzerin das Wertobjekt in journalistischer Obhut gesichert weiß. Und im Hintergrund der Aktion diese kriegerische Erscheinung, vor deren Tatenruhm Napoleon als der erste Defätist erscheint. Darin wahlverwandt und verbündet mit jenem Barbarenkaiser, dem wahren Imperator der geistigen Knödelzeit, der keine Quantität unberührt lassen konnte und dazu seinen eigenen Schenkel klatschend schlug und sein grölendes Wolfslachen ertönen ließ – so lachte der Fenriswolf, als die Welt in Flammen aufging. Zwischen assyrischen Backsteinen und Generalstabskarten, zwischen aller Halbwissenschaft, die das stundenlang stehende Gefolge peinigte, immer wieder mit obszönen Scherzen um Formen kreisend. Sich weidend an der Verlegenheit, wenn er, auf der Jagd oder beim offiziellsten Anlass, durch einen Schlag auf den Rücken, durch einen Tritt ins Bein, durch eine Frage nach seinem Sexualgeschmack den Partner überrascht hatte. Mit Ferdinand von Bulgarien entzweit, dem es in die Nase gestiegen war, dass er ihn einst ganz wo andershin gekneipt hatte. Das waren die Blutgebieter. Der eine im Format dem öden Sinn dieses Weltmords gewachsen, verantwortlich für die Tat; der andere mit ahnungslosem Behagen in der Wanne eines Blutmeers plätschernd. So verschieden beide, dennoch Busenfreunde, sich begegnend in einer Kennerschaft, zum Austausch feinschmeckerischer Wahrnehmungen, wenn's die Formen der Germania und der Austria betraf, in einem Seufzer über den Wandel der Zeiten. Wohl, nie dürfte man an dem lebendigen Leib, und wenn ihn ein Königskleid umschließt, Wünsche und Irrungen der Nerven darstellen. Sie sind Privatmenschlichkeit, solange das beteiligte Bewusstsein nicht erloschen ist, und gehören nur den Memoiren, um den Umfang der Persönlichkeit zu zeigen, wie Napoleons Zeitvertreib, der sie nicht entwertet und nicht die Zeit. Hier aber tritt es, wie es leibt und lebt, aus der Kriegsgarderobe gleich in die kulturhistorische Erscheinung, weist auf die Quantität der Zeit, in Freuden und Leiden; und hier war das Miterlebnis der selbstherrliche Mangel an Hemmung und Würde, der das Übel protokolliert, der das Bewusstsein, von solchem Minus regiert zu sein, zur stündlich empfundenen Qual macht und das Wissen um die niedrigste Lebensart, die an höchster Stelle sich auslebend der leidenden Menschheit spottet, zur Mitschuld. Maitressen und Hausmeisterinnen konnten sich über den intimsten Einfluss unterhalten, wenn die wehrlose Mannheit sich ans Ende aller Lebenslust zerren ließ, geweihte Bündnisse reiner Herzen blutig zerrissen wurden und Unschuldige in der letzten Stunde vor dem Galgen nach einem Gnadenblick bangten. Das alles haben wir gewusst. Es war anonym, der Täter unschuldig wie die Opfer. „Sehn S'", sagt dieser Schlachtenlenker einmal, „jetzt is in Serbien gut gangen. Wissen S', ich hab halt dem Kövesch g'sagt, Sie Kövesch, hab ich ihm g'sagt, des dürfen S' net so machen wie der Potiorek. Schön langsam, schön langsam, nix überstürzen. Sehn S', er hat meine Pläne befolgt – und nacher is' gangen." Einem ist ein Angehöriger im Feld gestorben; jener fletscht die Zähne und fragt: „Ihr Bruder is g'fallen?" „Jawohl, kaiserliche Hoheit." „Das is a Pech." Oh, er hat selbst einmal Soldaten fallen gesehn, einen nach dem andern, im Kino des Hauptquartiers, neben Ferdinand von Bulgarien. Kein Laut im Saal. Nur eine Stimme in der ersten Reihe, nach jedem der zwanzig Bilder, die Mörserwirkungen vorführen: „– Bumsti!" Gleich darauf erschienen Rektor, Dekan und Prodekan aus Wien und machten ihn zum Ehrendoktor der Philosophie. Bumsti! So animalisch empfindet sich der Krieg selten. „Sacrebleu!" aus dem Munde eines romanischen Strategen würde doch der Bravour des Apparats gelten. Menschenleiber fallen: Bumsti! der da spürt das Ergebnis. So nehmen wir andern das kinodramatische Ende Österreichs entgegen. Bumsti! ... Sollte es nicht nach der Quantität dieser Kriegshandlung, im dimensionalen Geschmack ihres führenden Geistes, im Sinne dieser ganzen Gefühlsmechanik unseres Lebens und Sterbens, der Titel des großen tragischen Karnevals sein? Dieser schwarzen Messe, die ein gedunsenes Gespenst zelebriert hat? Bumsti! – das war der einzige Lebenslaut aus einem Munde, welchem Dokumente des Generalstabs den Wunsch zusprechen, dass bald auch das ganze Hinterland in Blut ersaufe. Man hatte ihm erzählt, dass die Tschechen Hochverräter seien, und nun schrieb eine fleischige Geisterhand an den Kaiser. Es floss Blut in Katarakten und es sollte noch mehr Blut fließen, weil diese Menschen gar nicht lebten. „Was sagen S', Österreich is hin?" „Jawohl, kaiserliche Hoheit." „Das is a Pech." Dann zwinkert er freundlich durch den Zwicker und weiß nicht, wie ihm geschieht; erwartet ein Zwickerl, dort wo die Mördergrübchen sind. Zeig ihm die Uhr der Ewigkeit – es hilft nicht, er wird sie in den Mund nehmen. Schöne Gschichte diese Weltgeschichte. Zwischen einem Blutsäugling und einem Lemur bestand eine unterirdische Verbindung und anonym war alles. Es gelang nicht immer, denn es gibt Tage, wo auch die Lemuren a Ruah haben wollen, es war ja auch so sehr schön und hat uns sehr gefreut. Wo ohnedies kein Leben ist, da kann man halt nix machen. Es war doch alles unwirklich, Österreich das Weiland seiner kaiserlichen Hoheit.

Ein Lebenszeichen gibt jener Soldatenvater Erzherzog Josef, der Gatte der lästigen Soldatenmatrone Augusta, welcher „sein Bestes eingesetzt hat", nämlich Maschinengewehre in den Rücken seiner halbtoten Mannschaft, um sie halt zum Halten unhaltbarer Stellungen zu bewegen, seiner Soldaten, denen er selbst das Zeugnis ausstellt, dass viele unter ihnen schließlich „aus vollster Erschöpfung Selbstmord begingen". Der tatenreiche Boroevic, eine Kapazität im Aufopferungsfache, rühmt es ihm nach. „Es mangelt ihm keineswegs an Energie. Wenn er als ein Mitglied der a. h. Dynastie das Odium auf sich nimmt, Truppen durch Maschinengewehrfeuer am Weichen zu verhindern … so glaube ich, dass es nicht an ihm liegt, wenn Teile des Korps versagen." Nicht das Mitglied der aha-Dynastie war also Schuld an dem Rückzug, sondern das Korps, und diese Aussage eines hervorragenden Sachverständigen für Menschenmaterial hat es jenem ermöglicht, bis zum Endsieg Soldatenvater zu bleiben, also auf einem Posten auszuharren, den er nicht durch den Gebrauch, sondern nur durch die Wirkungslosigkeit der Maschinengewehre verloren hätte. In der Aufzählung der mildernden Umstände für das Verhalten der Truppe, deren geringer „Kampfwert" immer offenkundiger wurde, hat der Fachmann einen lapidaren Satz, den die Klio in ihr Gedenkbuch kriegslustiger Staaten eintragen dürfte: „Die vorgekommenen Erfrierungen Schlafender erzeugen Furcht vor dem Einschlafen." Denn ohne Lagerfeuer, ohne Stroh, in kahlen Gräbern sind die Schützlinge des Soldatenvaters gelegen, ehe er sich entschloss, ihnen durch Maschinengewehrfeuer ein wenig einzuheizen, nachdem offenbar auch der Zuspruch der Feldgeistlichkeit seine wärmende Wirkung verfehlt hatte. Doch selbst der Tod, den der geliebte Kommandant in ihre Reihen sandte, hatte keine belebende Kraft mehr, und der Soldatenvater sah sich zum strategischen Rückzug genötigt, da es nun auch den Sachverständigen einleuchten musste, dass das „schwächliche Korps", wie es diese Bestien nannten, ja doch nicht mehr imstande war, seine Stellung und vollends die seines Generals zu halten. Es war der galizische Winter, in dem die Kommanden häufig keine telefonische Antwort aus den vordersten Linien bekamen, wo alles ruhig war und später die stehenden Leichen erfrorener Soldaten, Mann neben Mann, das Gewehr im Anschlag, aufgefunden wurden. Den Übrigen blieb noch die Wahl zwischen anderen Heldentoden übrig. Vor ihnen der Feind, hinter ihnen das Vaterland und über ihnen die ewigen Sterne. Wir schliefen in Betten. Wo mussten diese unglücklichsten aller Märtyrer, die je dem Antichrist geopfert wurden, wo mussten sie, wenn nicht schon Todesangst und Körperqual sie in die Gefangenschaft des Irrsinns trieb, den „Feind" erkennen: in ihm, der keineswegs darauf bestand, sie zum Halten ihrer Stellungen zu bewegen, oder hinterrücks in jenem Vaterland, das sie beim ersten Schritt als Mördergrube empfing? In diesem vielfachen Zwang der Heldentode, dem durch die Natur, dem durch die Munition, dem fürs Vaterland, dem durchs Vaterland, haben sie Selbstmord gewählt. Wir lasen den Bericht und gingen in unsere Betten. Aber die frosterstarrten Leichname in den galizischen Schützengräben, Mann neben Mann, das Gewehr im Anschlag, standen als die Protagonisten Habsburgischen Totlebens. Welch eine Kapuzinergruft! Schließt die Augen vor dem Bild, damit jene auf Lorbeerreisern ruhen können! Diese Gut- und Blutegel haben an uns Menschheit gesogen, und wir glaubten, das müsse so sein. Unser Tod war ihr Lebenszeichen. Aber wenn sie im Hinterland prassten, so war's ein Streich von Lemuren. Alles war unwirklich.

Lebt denn die Gestalt dieses Schwiegersohnes, der, schnurstracks vom Roten Kreuz, am Abend des Tages, an dem die Russen Czernowitz zum dritten Mal genommen haben, sich samt Anhang vom Wolf in Gersthof das Lied ins Ohr singen lässt: „Draußen im Schönbrunner Park sitzt ein

guater alter Herr, hat das Herz von Sorgen schwer"? Der Schwiegersohn!
Und lebt dieser jugendliche Feschak, der in der Kärntnerstraße den
Hofwagen halten lässt, weil er – Serwas Fritzl! – einen Operettentenor
gesehn hat, der wie's Kind im Erzhaus ist? Der Einzige von ihnen allen,
der im Feld eine Wunde empfing, indem er im Siegesrausch sich eine
Beule schlug. Der in den Kriegswintern „mullattierend" – furchtbarstes
Zeitwort von jenem militärischen Hauptwort „Mullatschak" – im Aus-
seer Sommer in Judenfrozzeleien die Frohnatur auslebt. Ist es nicht nur
eine Fortsetzung der Tradition jener doch bessern Tage, da die Vindobo-
na noch beim Ballett und nicht beim Kabarett war, da man mit Fiakern
Bruderschaft trank und über Leichen nicht schritt, nur galoppierte?
Und, Hand aufs Herz, konnte aus dem mit Muskete-Bildern tapezierten
Arbeitszimmer eines Thronfolgers, und wäre er noch so gutartig veranlagt, ein Licht in unser Dunkel dringen? Der Einzige unter ihnen, den
ein Herrenmaß vom Niveau der Grüßer, Drahrer und Walzertraum-
deuter schied, dem die Wartezeit neben der unsterblichen Nullität das
jähe Blut ins Stocken brachte und dessen schwarzgelbe Drohung nur
die der Galle war vor diesem Unwesen von Wurschtigkeit und Hamur,
ist gestorben, nachdem er den Weltkrieg, der um seinetwillen ausbrach,
verhindert hatte. Dem Wilhelm abgeschlagen hatte. Das deutsch-un-
garische Pathos wusste genau, was es an ihm verlor; und der Wiener
Schmerz nicht minder. So stark war diese Ohnmacht im Wünschen, dass
ihr alles glückte, der Krieg und sein Grund; und nie größer im Lügen
als nun, da ein Reich die Stirn des Grames hatte, sich in sie zu falten
und mit einem heitern, einem nassen Auge den Hingang des Mannes
zu beklagen, der wohl darnach geartet schien, uns mit der Lebenslust
auch ihren Aussatz zu nehmen. Da aber die Wartezeit einer verspäteten
Herrschernatur nicht Jahrzehnte, sondern Jahrhunderte zurückreicht, so
gibt die Stärke der Härte nach, der Abstand erlebt sich in Geiz und Grausamkeit und solchen Zügen, die dem leutseligen Klatsch eines dauernd
herabgelassenen Hofes greifbar sind. Er war das verhasste Hindernis des
Stillstands und musste sich einer Gesellschaft, die nur frei war, weil sie
nicht mehr wert war, geführt zu werden, als Unhold alles Rückschritts
offenbaren, dem hinterdrein auch die Brandtat mediokrer Spieler zu Ge-
sichte stand. In Wahrheit hat es der Gemütlichkeit nicht genügt, erlöst
zu sein. Zur Erhaltung der Gemütlichkeit hat's Krieg gegeben. Aber dass
sie auch den leidenden Völkern nicht ausgehen wollte, war das Wunder.
Es überstieg nicht die Maße aller uns zugemuteten Kriegsgeduld, dass

eine dieser unsere Ehrfurcht herausfordernden Individualitäten, die das
Subjekt eines Strafparagrafen waren und nie das Objekt eines solchen
sein konnten, dass der Generalinspektor der Artillerie im Treubund mit
einem Champagneragenten ein Millionen-Liefergeschäft entriert hatte,
welches zur Aushungerung der Front wesentlich beitrug und, solange
die Volkshymne keinen andern Text bekommt, zu einer Verwechslung
von Lorbeerreisern und Dörrgemüse führen wird. Gott erhalte, Gott be-
schütze vor der Sippe unser Land! Nein, eure Liebden waren die unsern
nicht. Wie, es gibt Menschen, deren Herz nichts Schöneres zu tun hat,
als nach ihrer Wiederkehr zu schlagen? Aber wenngleich solche die Monarchie für eine praktische Einrichtung halten und die majestätsbeleidi-
genden Eigenschaften einer regierenden Familie für nebensächlich und
für ein Erbteil aller Dynastien, so werden sie doch nicht leugnen, dass
die Evidenz und Aufdringlichkeit dieser Eigenschaften, die Entartung in
den Erlaubnissen einer gelockerten Zeit, die Skandal-, ja Kriminalrei-
fe höchster Vorbilder, und würde dies alles noch nicht die Absetzung
empfehlen, doch keineswegs die Berufung dringlich macht. Man kann
ein Preistreiber in Konserven sein, wie dieser Artillerieinspektor, man
kann an Holz dick verdienen wie jener Marschall Bumsti, aber man
muss bei Abwicklung der Geschäfte nicht gerade dem Wucherparagra-
fen entzogen und vom Ehrfurchtsparagrafen unterstützt sein, und wenn
solche Privilegien, die zum Neid der Branchen bestanden hatten, einmal
abgeschafft sind, so ist es ganz gewiss nicht nötig, sie wiederherzustellen.
Nein, die Hoffnung auf diese Revenants wollen wir in das Reich des
Aberglaubens verweisen. Eine „Restauration" der Monarchie – die Vorstellungen, die sich für den Wiener an dieses Fremdwort knüpfen, würde
sie keineswegs erfüllen, wiewohl die Monarchie hierzulande, in allen ihren kulturellen Auslagen und Niederlagen, nie etwas anderes war als das
größte Etablissement der Monarchie, und die Identität der Kaiser und
Kaffeesieder bis auf die Manifeste eines Jubiläums, einer Erweiterung
und einer Ab-dankung zu den Herzen sprach. Aber die offenbar zeitge-
botene Verbindung von Kapuzinergruft und Nachtkaffee, die Melange
von spanischem Zeremoniell und Budapester Orpheum müsste gerade
den grundsätzlichen Monarchisten unerwünscht sein, und so wird ihnen
nichts übrig bleiben, als einem Ideal, den Royalisten der Bars und Salon-
kapellen jedoch, einem Andenken nachzutrauern. Wer hätte sich nicht
ein Ekelgefühl vor der spezifischen Kaisertreue bewahrt, die unlösbar
mit der dunstigen Vorstellung eines Animierlokals verknüpft bleibt, wo

es plötzlich allerhöchst hergeht, zwischen den Gassenhauern der Liebe
das Vaterland in seine Rechte tritt und die nur hier denkbare Schmach
ehrfürchtig gestimmter Defraudanten, Büfettdamen, Lebemänner und
Wurzen aller Grade sich von den Sitzen erheben unter Assistenz flaschen-
fertiger Kellner, des Garderobepersonals und last not least der Toilette-
frau. Diese tiefen Zusammenhänge mögen unausrottbar sein und der
nervenstarken Republik zum Trotz noch über eine Silvesterstimmung
hinaus demonstriert werden. Sie können nur den Rückschluss fördern,
dass es im Erzhaus wie im „Tabarin" zugegangen sei, und die Hoffnung,
dass auch diesem Nachtleben die Sperrstunde geschlagen habe.

Sie alle wussten es, von den Dächern pfiffen es die Praterspatzen,
d'Geigerbuam im siebenten Himmel tönten es: dass ein Kretin der Marschall unseres Verhängnisses war; Minister trugen es in Anekdoten von
der Tafel ins Kaffeehaus und der Hof- und Staatswitz übte sich an der
Erkenntnis, wie es denn überhaupt die Note dieses Österreich war – das
einzige nebst der angestammten Dynastie einigende Band des Staatsbe-
wusstseins –, die allerhöchsten geistigen und sittlichen Defekte spaßhaft
zu finden, den Staat für zerfallsreif zu erklären, alle Beamten vom Ne-
benzimmer angefangen für Trottel und Schurken, und in der jeweiligen
Camera caritatis eben das auszusprechen, wofür sie die andern aufgehängt haben. Die entgegenkommenden Funktionäre Österreichs kamen
mit dieser Ansicht uns und der historischen Entwicklung entgegen. Ein
Würdenträger des deutschen Zentralstaates fragte mich einmal: „No
was glauben S', wern uns die Tschechen herausreißen?" Es war an dem
Tag, an dem im Generalstabsbericht die Meldung, dass die in itali-
nischen Gräben vorgefundenen tschechoslowakischen Legionäre „ihrem verdienten Schicksal zugeführt wurden", mit dem schuftigen Ruf-
zeichen versehen war, das wie ein Galgen der deutschen Ehre aus diesem
Blut- und Pressquartier aufragte. Jene Frage und dieser Ruf und die
Gleichzeitigkeit beider Gemütslagen: in all dem war das österreichische
Antlitz, das wie geschaffen war, Sonntagsfeuilletonisten freundlich an-
zumuten. Denn das österreichische Antlitz ist kein anderes als das des
Wiener Henkers, der auf einer Ansichtskarte, die den toten Battisti zeigt,
seine Tatzen über dem Haupt des Hingerichteten hält, ein triumphie-
render Ölgötze der befriedigten Gemütlichkeit, während sich grinsende
Gesichter von Zivilisten und solchen, deren einziger Besitz die Ehre ist,
dicht um den Leichnam drängen, damit sie nur ja alle auf die Ansichtskarte kommen. Sie wurde wirklich und wahrhaftig, von Amts wegen,

hergestellt, am Tatort wurde sie verbreitet, im Hinterland zeigten sie „Vertraute" Intimen, und jetzt ist sie als ein Gruppenbild des k. k. Menschentums in den Schaufenstern aller feindlichen Städte, umgewertet zum Skalp der Wiener Kultur, ein Denkmal des Galgenhumors unserer Henker. Es war vielleicht seit Erschaffung der Welt zum ersten Mal der Fall, dass der Teufel Pfui Teufel! rief. Es bildeten sich Gruppen, um nicht nur bei einer der viehischesten Hinrichtungen dabei zu sein, sondern auch zu bleiben, und alle machten ein freundliches Gesicht. Dieses, das österreichische, ist auch auf einer andern Ansichtskarte, der unter vielen ähnlichen eine nicht geringere kulturhistorische Bedeutung zukommt, vertreten, in zahlreichen Soldatentypen, die zwischen einer hängenden polnischen Gräfin und ihrer hängenden Kammerzofe Schulter an Schulter die Hälse recken, um nur ja ins Dokument aufgenommen zu werden. Gott weiß, für welche satanische Blähung eines Generals, den vielleicht ein Zwischenfall beim Sautanz zu einer furiosen Aufarbeitung von „Wird vollzogen" gestimmt hatte, die beiden unglücklichen Frauen gestorben sein mögen. Das österreichische Antlitz lächelte und greinte je nach Wetter; aber Medusa bedeutet sowohl eine mythologische Schönheit wie eine Qualle, und dieser Gorgonenblick hatte wohl nicht die Kraft, was er ansah, in Stein zu verwandeln, wohl aber in Blut oder in Dreck. Das österreichische Antlitz, mit dem zugekniffenen linken Auge, hat man in den letzten Jahren Schulter an Schulter neben einem mehr martialischen Gesicht so oft in den Schaufenstern gesehen, dass es wohl vierzig Friedensjahre brauchen wird, um die Erinnerung loszuwerden. Was mich anlangt, ich konnte den Fotografen umso leichter entbehren, als ich die fatale Fähigkeit besaß, das österreichische Antlitz auf Schritt und Tritt, in jeder halbschlächtigen Handlung, in jeder missratenen Lebensäußerung, in jeder luschen Andeutung zu erkennen, und wenn ich Gesichter brauchte, so waren sie mir zum Hineingreifen nah. Einmal, auf einem Bahnhofe bei Wien, habe ich das österreichische Antlitz an einem Kassenschalter gesehen. Der war vorher zwei Stunden lang herabgelassen, eine fünfhundertköpfige Schafsherde von Wienern stand geduldig, es waren nur noch zehn Minuten bis zum Eintreffen des Zuges, der die einstündige Verspätung wahrscheinlich hoffentlich hereingebracht haben dürfte. Nichts rührte sich, bis ich mit meinem Stock eine Anregung gab. Da ging der Schalter in die Höhe und ein Gesicht von außerordentlicher Unterernährtheit zeigte sich, wie ich es in der Sättigung eines teuflischen Behagens noch nie geschaut habe, und ein dürrer

Finger, der hin- und herfahrend dem Leben alle Hoffnung vor diesem Höllentor nahm, ward sichtbar, und ich weiß nicht mehr, war es Finger oder Blick oder wirklich eine Stimme, die da rief – ich hörte die Worte: „Wird kane Koaten ausgeben! Wird kane Koaten ausgeben!" Es war der Auftakt zur österreichischen Revolution: Die Wiener begannen zu toben, es bildeten sich Gruppen, ein Eingeweihter gab seine Bereitwilligkeit kund, alle durch ein Hintertürl auf den Perron zu führen. Das geschah, der Zug kam, war so übervoll, dass es auf die Fünfhundert auch nicht mehr ankam, sie fuhren ohne Koaten, und aus dem Gemenge ächzender Menschenleiber unterschied ich nur die Stimmen zweier Revolutionäre: „Vurn is leer, und mir hat der Kondukteur befohlen, hinten einizusteigen" und: „Mir hat er befohlen, vurn einizusteigen, so hab ich halt denkt, hinten wirds leer sein." Ich sah kein Antlitz, aber es war das österreichische. Und immer werde ich den Finger sehn vor allem was im Leben unerreichbar ist und dann schließlich doch geht. Das österreichische Antlitz aber wirkt gerade in der Unsichtbarkeit. Seh' ich es nicht im Raufhandel eines Wiener Telefongesprächs, wenn sie, die ich nicht sehe, mir sagt: „Ja, mir haben Sie die Nummer nicht gesagt"? Ist es nicht in den Automaten, deren Funktion damit erschöpft ist, ganz von selbst Geldstücke einzunehmen? In diesen Taxametern, denen schon alles wurscht ist, weil der Kutscher, wenn er, nämlich der Taxameter, einmal funktioniert, ihn eh zudeckt? War es nicht in der ganzen Gangart, dem physischen und seelischen Trott und Getorkel eines von solchem Staat erzogenen Volkes, in dem Anspruch, durch die eigene Wegfreiheit sie dem nächsten zu nehmen, in der Habeascorpus-Akte der leiblichen Selbstbehauptung und Belästigung des Nachbarn, in der Verabredung, sich selbst das Leben so leicht als möglich, und dem andern so schwer als nur denkbar zu machen? In einem Verkehr, der nichts anderes war als sein Hindernis. In einem Verhältnis zum Recht, das in der Erwartung der Ausnahme, in einer Beziehung zur Amtlichkeit, die in der Furcht vor „Scherereien" bekundet war. In einer Geschäftsmoral zwischen Handeln und Wurzen. In den vereinfachten Formen einer durch artilleristische Überlegenheit geschwächten Nationalökonomie: einem Notenumlauf, bewirkt durch den Hochdruck einer Staatsraison, der für jede Maßnahme die ethische Bedeckung fehlte, und einem Warenaustausch, der immer mehr durch Diebstahl bewerkstelligt wurde und schließlich dem Aufgeben eines Pakets am Postschalter den Charakter eines Verzichts gab. Nur der wachsenden Not war es zu danken,

dass es am Ende nicht mehr so viele Dinge gab, als gestohlen wurden;
gleichwohl wäre auch die raffinierteste Fantasie nicht imstande gewesen,
sich alles das vorzustellen, was einem in diesem Reich, von ihm selbst
abgesehen, gestohlen werden konnte. Gesandten wurden die Pässe nach
der Kriegserklärung nicht zurückgegeben, sondern gestohlen, und dann
erst nicht zurückgegeben. Im Kriege wurden den Invaliden die Prothesen gestohlen. Einer Sängerin wurde im enthusiastischen Gewühle nach
Schluss der Oper – der Ruf „Hoch Elizza!" durchdrang Kriegsgeschrei
und Revolutionslärm – die Pelzboa gestohlen. Und als die Not am höchsten war, wurde der Kadaver eines wutkranken Hundes gestohlen. Das
Einzige, was nicht gestohlen wurde, vielleicht eben weil es uns das konnte, war Kriegsanleihe; der Dieb einer Reisetasche – Reisetaschen wurden
mit Vorliebe gestohlen und wenn einer eine Reise tat, so konnte er was
erzählen –, einer Reisetasche mit 300.000 Kronen in ungarischer Kriegsanleihe, der vorsichtige Dieb behielt also die Reisetasche, den Inhalt jedoch fand man auf dem Abort des Bahnhofs, wo sich der Diebstahl ereignet hatte. Und wer hat hierzulande der Behörde mehr zu schaffen
gegeben: der Dieb oder der Bestohlene? Hat das österreichische Antlitz
nicht ein Auge des Gesetzes und eins, das es zudrückt, woraus dieser
merkwürdig schwankende Ausdruck von Wissenschaft und Ehschowis-
sen entsteht? Ist es nicht das des Konfidenten mit dem „schoarfen Blick"
oder das des unbeirrbaren Wachmanns, der sich höchstens des Miss-
griffs schuldig macht, eine Bürgerin geprügelt zu haben, weil er im guten
Glauben war, sie treibe Prostitution? Oder dem eine interessierte Menge
durch die Kärntnerstraße folgt, weil er aus diesem Haufen von Sünde
ein dreijähriges Bettelkind hervorgezerrt hat? Und das seines raueren
Bruders von der „Mülidärpolizei", der eine kranke Frau aus dem Bett auf
die Straße prügelt, weil sie mit der Verhaftung ihres Jungen, der ein
Stück Brot genommen hat, nicht einverstanden war? Ist es nicht in der
Grausamkeit, der die Not nur ein erschwerender Umstand ist, und in
der Scherzhaftigkeit, die sie zum Witzblattthema macht und ihr noch die
Sexualehre zum Fraß hinwirft? Und dann wieder in der Stimme dieses
Hexenhammers: „Wer Schanddirnen beherberget–". Und in dieser
schwärzesten Kriminalität, die eine Mutter straft, die dem von den Fu-
rien des Vaterlands gejagten Sohne „Obdach" gewährt hat statt ihn dem
Galgen auszuliefern. In der Finsternis eines Wiener Abends, wenn das
bekannte Weichbild durch diese nur hier mögliche Abart von Regen, der
von unten kommt, so recht fühlbar wird, kann ich das österreichische

Antlitz nicht wahrnehmen; aber ich höre ein Menschengebell, das in stoßartiger Zurechtweisung, als würden Gewehrgriffe geübt, einem armen Soldaten gilt, der in der Finsternis es auch nicht bemerkt und darum nicht salutiert hat; an einem Abend, da es am Piave noch feuchter und dunkler war. Wie das alles noch funktionierte, wo es nicht mehr weiter konnte! Es war bis zu der Stunde, da der Wiener doch unterging, mir immer das unheimliche Wunder unserer Existenz, dass dieses ganze Zubehör von Menschen und Maschinenbestandteilen nicht plötzlich mit einem „Ah woos" sich hinlegte und seine Selbstauflösung den mühevollen Gesten eines unmöglichen Betriebs einfach vorzog. Denn wer, der Österreich etwa auf einem Wiener Bahnhofperron in der Kriegszeit ins Antlitz geschaut hat, wäre imstande, das Schlachtfeld zu beschreiben – „Ist dies das verheißne Ende? Sinds Bilder jenes Grauns?" – mit umherliegenden Soldaten, zwischen denen ein keuchendes Chaos von Rucksäcken, Menschen, Rollwagen, Koffern und sonstigen Bündeln Elends sich vor Waggons mit reservierten Offizierscoupés und eingeschlagenen Zivilfenstern staut. Wer hätte sich durch diese Qual aller Sinne, durch einen Schauplatz, gegen den Wallensteins Lager eine Londoner Hotelhall ist, nicht mit dem Staunen durchgeschlagen: Und so etwas führt Krieg gegen England! Gott strafe es! Gegen Völker, denen, wenn schon nichts anderes, Seife den Sieg sichert. Und wenn das Antlitz in allem, was Dreck und Pallawatsch verhieß, aufglänzte: Sich selbst zum Sprechen ähnlich war es erst in der Wildnis dieser Heimkehrerzeiten – getäuschte Hoffnung, dass sie dieses Heim kehren werden! – wenn ein Teil der Wiener Bevölkerung, vom ersten Schrecken erholt, selbst zur Bahn drängte, um den Demobilisierten ihre Konservenbüchsen abzuschwindeln. Und gar in der Entscheidungsschlacht einer Fahrt auf der Elektrischen, wo doppelt so viel Menschen jeder einen doppelten Raum beanspruchen, weil doch alle Berechnungen der unterernährenden Obrigkeit durch eine Vertiefung der Körper im Krieg zunichte wurden. Ich hatte einmal gerade die Ansprache des Erzherzogs Friedrich an den Kaiser memoriert, worin der gewiss selbstverfasste Satz stand, dass der Marschallstab „der oberste Traum eines jeden Soldaten" sei, und war zu neugierig, ob er in einem dieser Erdäpfeltornister Platz hätte, an die angebunden solch ein armes, verschmutztes, verquältes Stück Mensch die große Zeit durchkeucht. Und war es nicht, Österreichs Antlitz mit dem offenen Mund und den ins Leere starrenden Pupillen, in der rührenden Ausdauer, wie diese Jammergestalt von Staat, dieser Lebensmittelkar-

tenabmeldeschein von einem Nichts, den lachenden Nachbarn und den
dumpf verzweifelten Angehörigen von der Erfüllung seiner Blütenträume sprach, von der bereits erfolgten oder im Zuge befindlichen „Erneuerung Österreichs", darin bestärkt von einer alten Wahrsagerin, einer
gewissen Hermann Bahr, die ihm gesagt hatte: Sie werden ein großes
Glück machen und ein karolingisches Zeitalter ist im Anzug. Nämlich
mit besonderer Berücksichtigung des Umstands, dass der betreffende
Kaiser also Karl hieß, was auf viele Durchhalter ungemein suggestiv
wirkte. Jene Wahrsagerin, die in Salzburg ihr Unwesen trieb und die
katholischen Bauern durch einen „Kriegssegen" fing, die Wiener Juden
aber durch ein freimütiges Tagebuch, musste sich jetzt, vom Lauf der
Ereignisse um ihren Kredit geprellt, angesichts der nicht mehr abzu-
leugnenden Tatsache, dass das karolingische Zeitalter infolge Auflassung
des Geschäfts nicht durchführbar ist und selbst eine Erneuerung Österreichs nicht mehr stattfinden könnte, zu dem Geständnisse bequemen,
es sei eigentlich das Österreich Masaryks gemeint gewesen; dann aber
wurde sie frech: „… Und ich glaube noch heute an mein Österreich, ja
heute mehr als je … Mein Irrtum war nur, dass ich mir dieses Österreich
von unseren Deutschen versprach … Aber im Grunde kommt es, welt-
geschichtlich betrachtet, auch gar nicht so sehr darauf an, durch wen
und wie mein Österreich geschieht, wenn es nur geschieht." Angesichts
der Verwandlung eines Lebensmittelkartenabmeldescheins in einen
Totenschein scheint hier etwas wie ein Glaube an Seelenwanderung die
Konjunktur benützen zu wollen und die Erneuerung Österreichs in
Prag anzustreben sowie die Errichtung eines karolingischen Zeitalters
durch Masaryk, zu dem bereits tatsächlich eine Verbindung des Cola di
Rienzo mit Karl IV. besteht. Aber schließlich, wenn wir schon im Um-
gruppieren sind, wird es sich herausstellen, dass wir auch nicht das Österreich Masaryks wünschen, sondern dass uns mehr das Österreich
Marischkas am Herzen liegt. Nun, auch die Fähigkeit, am eigenen Grab
noch eine Hoffnung aufzupflanzen, diese Zudringlichkeit dem Schicksal
gegenüber, wenn hienieden noch ein Geschäft zu machen ist, diese ewige Wiederkehr des Hausierers, der eigentlich Böhmen gemeint, wenn er
Österreich angeboten hat, diese Beharrlichkeit eines Phönix-Agenten,
der die Auferstehung in jeder Form garantiert – auch dies ist einer der
letzten Züge des österreichischen Antlitzes. Aber es weiß, wozu es auf
der Welt ist. Es gehört ja dem Wiener, und darum zweifelt es nicht an
seinem Davonkommen. Es bewährt sich todsicher in dieser Fähigkeit,

sich, in guten und schlimmen Zeiten, als Protektionskind der Schöpfung
zu erleben und den Wiener als den Wiener zu reklamieren, worunter
eben ein Wesen zu verstehen ist, das sich mit Recht um seine Eigenart
beneidet, indem es nämlich ein besonderes Blut hat, das sogenannte
Wiener Blut, sich durch Schick, aber auch durch „Schan" von der Umwelt erfolgreich abhebt und, wie es anders zu essen gewohnt war, nun
auch apart durchzuhalten versteht. Die Besonderheit seiner Sprache
sind die vielfachen Spuren eines Gedankenlebens, das ausschließlich, in
den Tagen der Erfüllung wie der Enttäuschung, vom Problem der Viktualien beherrscht ist, und es ist gewiss ein ethnologisches Wahrzeichen,
dass der Wiener durch drei Gemütslagen mit der Erinnerung an eine
und dieselbe Speise hindurchkommt: aus jenem Gleichmut, dem alles
Wurst ist, durch die Zuversicht, dass es für ihn eine Extrawurst geben
wird, in die Resignation, dass jetzt Krieg ist und dass es da keine Würschtel gibt. Und war denn das österreichische Antlitz nicht eigentlich die
Hoteliervisage, deren Optimismus selbst dem Untergang noch einen
Gusto gab, das Chaos beliebt machte und vom jüngsten Gericht überzeugt war, dass sich die Herren das loben? Deren Blick durch alle Finsternis mit jener letzten Hoffnung geleuchtet hat, die einem Trümmerfeld
den Reiz der Spezialität abgewinnt, der Hoffnung auf Hebung des Fremdenverkehrs, und wäre es selbst, um ihnen Heldengräber als Sehenswür-
digkeiten vorzuführen und die Konkurrenz der Hyänen zu schlagen.
Wo suche ich das österreichische Antlitz noch? Wo kommt es uns nicht
schöngefärbt entgegen und wo hat es nicht wieder den Mut, sich zu
seiner Hässlichkeit mit dem letzten Gruß aus großer Zeit zu bekennen:
„Gut schaun mr aus!" So oder so, immer wusste sich die lustige Person
zu behaupten, indem sie die Gebärde jenes kühnen Luftspringers Schulter an Schulter parodierte oder das eigene heroische Misslingen mit
einem Purzelbaum abschloss. Der Knockabout ist der humoristische
Träger jenes Lebensprinzips, das Mittel und Zweck zu ewiger Verwechslung verwendet und beide aneinander verliert. Welch ein Symbol österreichischen Daseins: In Feldkirch war es die letzte Pein derer, die entfliehen wollten, ihre Namen ausgebrüllt und den Mitreisenden preisgegeben
zu hören, so peinlich wie der Zwang, die Nomenklatur dieser fantastischen Einkäufergestalten zu erfahren. Die deutsche Sitte des Nummern-
aufrufs – ist der Mensch schon eine Nummer, so sei er es auch – wäre
der Pikanterie unseres Grenzverfahrens abträglich gewesen. Endlich
wird sie eingeführt. Vor Feldkirch erfolgt die Verteilung der Nummern.

Jeder hält die seine in der Hand und wartet auf den Ruf. Damit ist dem organisatorischen Vorbild Deutschlands Genüge geschehn; denn es wird nun jeder, der die Nummer in der Hand hält, mit Namen auf gerufen. Auf die Frage, wozu denn die Nummer sei, weiß kein Funktionär eine Antwort. Meiner Ansicht, es sei wohl nach deutschem Muster eingeführt, wird beigepflichtet. Vermutlich ist später, da der Missgriff bemerkt wurde, mit dem Namen die Nummer ausgerufen worden. Die deutsche Organisation war das Irrlicht, das einen Unzurechnungsfähigen vollends ins Elend geführt hat. Der Treubund konnte nicht anders ausgehn, als dass Wien von der Mechanik die Rohheit annahm und Berlin dafür die Schlamperei lernte. Wir aber hätten das österreichische Antlitz vor Seelenlosigkeit nicht wiedererkannt, wenn nicht auch mehr Schmutz sie verdeckt hätte. Wo stand es nicht vor dem, der hilfesuchend in ein Amt kam und Unrat fand? Muss ich es in den Aborten der Kriminalität suchen, in den Wanzen- und Bazillenräumen der Wiener Garnisonsarreste, an den verwahrlosten Spitalsbetten, wo dafür graduierte Profosen und Assistenten von Scharfrichtern nervenkranke Soldaten mit Starkstrom elektrisierten, um den Verdacht, sich von der Front zu drücken, auf sie abzuwälzen? War es denn nicht in jeder Schmach und Unappetitlichkeit jeder Amtshandlung und vor allem in der Gerechtsame jener Feldgerichte, deren eines die noch über den Justizmord unsittliche Forderung aufgestellt hat, dass der österreichische Staatsbürger seinen Behörden, diesen Behörden, „mit Ehrfurcht und Liebe zu begegnen habe"? Allen, selbst in den Gestalten der Zagorski, Preminger, König und Peutlschmid! Und solche Härte, verschärft durch die Sicherheit, dass hier nicht Naivität, sondern ein Vollbewusstsein der eigenen Schurkerei am Werke war und die diabolische Lust einer letzten Belastungsprobe auf unsere Geduld. Das von einer feindlichen Regierung längst verbotene Experiment der Hundsgrotte ist von der österreichischen tagtäglich den vierzig Millionen Menschen zugemutet worden, und das Antlitz zwinkerte bei dem gelungenen Gspaß, um nach eingetretener Erstickung in voller Heiligkeit zu erglänzen.

Da kann es denn, wenn hunderttausend serbische Leichen am Kriegsbeginn von einem Walten österreichischer Degenerale und progressiver Eroberer zeugen, denen das Anführen der dritten reitenden Artilleriebrigade geringere Schwierigkeiten gemacht hat als das Aussprechen derselben und die nachgewiesenermaßen eine bloßfüßige Infanterie in den Tod gejagt haben – da kann es denn passieren, dass sich ein Jockeyklubpräsident findet, der das Andenken Österreichs gegen den gelinden Vorwurf „Austrian Brutalities" verteidigt. Ein aus jener Zeit jetzt in London produzierter Armeebefehl sei „höchst wahrscheinlich apokryph", aber selbst, wenn er authentisch wäre, „ein unerlässliches Gebot einer rationellen Kriegführung". Diese rationelle Kriegführung, deren strategisches Ziel jenes Geburtstagsgeschenk für Franz Josef war, dessen Freude kaum den Geburtstag überlebt hat, war unter anderm durch den Gebrauch ausgezeichnet, Greisen, die im Verdacht standen, ein Gefühl für ihre Nation zu haben, eine Todestagsfreude zu bereiten, indem man sie, nach deutschem Vorbild, einlud, ihr eigenes Grab zu schaufeln – also eben das zu tun, was damals Österreich getan hat, ohne leider mit sehenden Augen dazu verurteilt zu sein. Diese Sitte und die Einteilung, dass in den ungarischen Serbenlagern täglich etliche Hundert an Epidemien, Hunger und Nachhilfe durch Kolbenschläge starben – man kann sie aus der Gruft der Reichsratsprotokolle die rationelle Kriegführung der Honveds berufen hören –, lässt ein anderes Faktum geringfügig erscheinen, das jetzt eben in London beklagt wurde, einen gemütlichen Brauch, durch den die österreichische Autorität ihren Familiensinn bekundet hat, indem sie nämlich die Angehörigen der Verurteilten einlud, bei deren Hinrichtung anwesend zu sein. Der Jockeyklubpräsident – es ist jener Botschafter a. D. Heinrich Graf Lützow, dem die Verwechslung mit dem verstorbenen böhmischen Historiker gleichen Namens fast so unangenehm war wie diesem – nennt die Erwähnung jenes Brauchs eine „alte Legende", von deren Unwahrheit er aus dem einfachen Grunde tief durchdrungen ist, weil sie „ungezählte Male von der kompetentesten Stelle dementiert" wurde. Was ganz richtig und ebenso bekannt ist wie die Dementia der kompetentesten Stelle. Zum Glück stellt sich dem Mann, der die Aufgabe übernommen hat, das Letzte, was uns geblieben ist, nämlich die Ehre des Generals Potiorek zu verteidigen, ein treffendes Zitat ein, durch das der Sachverhalt einfach klargestellt wird. Ausdrücklich sei also jene Legende dementiert worden, „aber der alte Spruch ist ewig wahr: Calumniare audacter, semper aliquid haeret!" Wie wahr der alte Spruch ist, zeigt sich überhaupt erst im Falle Österreichs: Die Feinde haben es tapfer verleumdet, es ließ sich aber in seiner rationellen Kriegführung nicht stören und, siehe da, immer blieb etwas hängen. Ob aliquid oder aliquis, war ihm ganz wurst, da bekanntlich ein alter Spruch lautet: Caesar supra grammaticam. Noch ein anderes Zitat fällt dem Grafen Lützow zum Glück ein, nämlich: „Tout est perdu hors l'honneur", was ich aber nicht etwa übersetzen würde: „Das einzige, was wir besitzen, ist die Ehre", sondern schlicht: „Wir haben alles verloren". Dagegen haben wir zweifellos die Eigenschaft der Gerechtigkeit uns erhalten können, denn der Graf Lützow stellt die Frage: „Können denn im heutigen England die eigenen und die fremden Handlungen niemals mit dem gleichen Maße gemessen werden?" Das ist aber gar keine Frage, sondern einfach eine Antwort, die unter der Aufschrift gedruckt werden müsste: „Ungerechtigkeit in England", was noch heute so erfreulich wäre wie „Hungersnot in Frankreich". Denn: „Wir" – der Graf Lützow setzt das Wort in Sperrdruck – „stehen auf dem Standpunkte, dass der wehrlose Feind aufhört ein Feind zu sein". Wir ja, die andern natürlich nicht; noch heute stehn wir auf dem Standpunkt, wo wir keinen wehrlosen Feind mehr haben, wohl aber die Möglichkeit, von dem Millionengeschenk der italienischen Gefangenen an uns weiter kein Aufhebens zu machen. „Den Schimpf einer unmenschlichen Haltung während des Krieges weisen wir mit Verachtung zurück", ruft Lützow und ahnt gar nicht, wie recht er hat, und umso mehr, als ja die Verprügelung italienischer Soldaten auf den Bahnhöfen von Wörgl und Linz erst nach Abschluss des Waffenstillstandes erfolgt ist.

Wir haben aber während des ganzen Krieges englische Trainer und Jockeys ungestört ihren Beruf ausüben lassen und last not least bei Stone & Blythe eingekauft. „Wo bleibt da die ‚Austrian Brutality'?" fragt der Graf Lützow, der nun einmal aus dem Weltteil zwischen Jockeyklub und Hotel Bristol nicht nur eine Weltanschauung, sondern auch die Vorstellung der Ereignisse schöpft, die sich in den umgebenden Partien Europas gleichzeitig abspielen mögen. Von der Hinrichtung Battistis scheint er zu wissen; nimmt aber allen Einwänden sogleich die Spitze: „Ob die Hinrichtung Battistis, der eidbrüchig u n t e r den Reihen unserer Gegner kämpfte, eine staatskluge Handlung war, mag dahingestellt bleiben …, aber schließlich erhielt er für die vollzogene Handlung die gleiche Strafe, die Sir Roger Casement für die bloße Absicht zuerkannt wurde. Können denn im heutigen England die eigenen und die fremden Handlungen niemals mit dem gleichen Maße gemessen werden?" Dann allerdings nicht, wenn die Handlungen verschieden sind. Denn abgesehen davon, dass Casement von einem Gerichtshof zum Tode verurteilt und hierauf erschossen worden ist, während mit Battisti der kürzere Prozess gemacht wurde, indem man ihn gefangen und aufgehängt hat, nachdem man ihn allerdings noch zur Verschärfung der Todesstrafe gezwungen hatte, die

österreichische Volkshymne stehend anzuhören, dürften bei der Hinrichtung Casements, die England wohl als eine furchtbare Kriegsnot-
wendigkeit betrachtet, aber nicht als Kirmes gefeiert hat, kaum amtliche
Fotografien hergestellt worden sein. Bilder, die nicht nur eine Galgenpro-
zedur, sondern auch die bestialische Assistenz als Triumph verewigen,
Bilder, die einen strahlenden Henker im Kreise animierter oder verklärt
blickender Offiziere zeigen, dürften selbst in der Heimat der farbigen
Engländer schwerlich aufgetrieben werden. Ich aber möchte einen Preis
aussetzen auf die Agnoszierung des schäbigen Klotzes von einem k. u. k.
Oberleutnant, der sich direkt vor den hängenden Leichnam gestellt und
seine aussichtslose Visage dem Fotografen dargeboten hat, und auch jener dreckigen Feschaks, die heiter wie an der Sirk-Ecke versammelt sind
oder mit Kodaks herbeieilen, um nicht nur in betrachtender, nein in fo-
tografierender Stellung auf das Bild zu kommen, in dem der sogenannte
Seelsorger in der Runde von hundert erwartungsvollen Teilnehmern
nicht fehlen darf. Es wurde nicht nur gehängt, es wurde auch gestellt;
es wurden nicht bloß die Hinrichtungen fotografiert, sondern auch die
Betrachter, ja sogar noch die Fotografen. Und der besondere Effekt unserer Scheußlichkeit ist nun, dass jene feindliche Propaganda, die statt
zu lügen einfach unsere Wahrheiten reproduziert hat, unsere Taten gar
nicht erst fotografieren musste, weil sie zu ihrer Überraschung unsere
eigenen Fotografien von unseren Taten am Tatort vorgefunden hat und
uns „als Ganze" all in unserer Ahnungslosigkeit, die nicht spürte, dass
kein Verbrechen uns so vor der Umwelt entblößen könnte wie unser tri-
umphierendes Geständnis, wie der Stolz des Verbrechers, der sich dabei
noch aufnehmen lässt und ein freundliches Gesicht macht, weil er ja eine
Mordsfreud hat, sich selbst auf frischer Tat erwischen zu können. Denn
nicht dass er getötet, auch nicht dass er's fotografiert hat, sondern dass
er sich mitfotografiert hat, ja dass er sich fotografierend mitfotografiert
hat – das macht seinen Typus zum unvergänglichen Lichtbild unserer
Kultur. Wenn den Grafen Lützow die Zeit- und Landsgenossenschaft
der Kujone, die den Hinrichtungen der Italiener Battisti und Filzi bis
zum Schluss beigewohnt haben, sympathisch berührt und wenn er nicht
im Gegenteil findet, dass diese für ein k. und k. Kriegsarchiv gestellten
Gruppen das Andenken Österreichs mit einem Schandfleck behaften,
der in Äonen nicht untergehn wird, dann wiegt die Ehre, nicht Mitglied
des Jockeyklubs zu sein, ein goldenes Vließ auf! Unsere Stellung vor dem
Standgericht der Weltgeschichte macht ihm keine Skrupel.

Aber er hofft, dass die „Times" – er hat, wiewohl er ein Botschafter a. D. ist, „kein Mittel, um mit der Redaktion direkt zu korrespondieren" – seine Richtigstellung veröffentlichen werden, sobald sie davon Kenntnis erhalten. „Skeptiker", setzt er hinzu, „werden über meine Naivität lächeln." Aber er kennt sein England und hat die Überzeugung, „dass die alte englische Tradition des Fair play auch jetzt nicht ausgestorben ist". Ob er das als Jockeyklubpräsident oder nur als Diplomat hofft, lässt er unerwähnt. Ich nun bin so sehr Skeptiker, dass ich die Erwartung des Grafen Lützow nicht einmal für seine stärkste Naivität halte. Der Gesinnung, die sich in dem vornehmen Bekenntnis des Chefs der englischen Militärmission in Wien ausgesprochen hat, „dass wir jetzt alle wünschen, die Gräuel des Krieges zu vergessen und nicht an sie erinnert zu werden", wäre auch zuzutrauen, dass sie dem humanen Zweck zuliebe noch die Wahrheit berichtigt. Und selbst dies ist wünschenswert, da der Menschheit augenblicklich nicht anders zu helfen ist als dass die Völker so schnell als möglich vergessen, was sie einander angetan haben. Aber sie würde den Fortschritt, den sie durch die Gnade erzielt, reichlich wettmachen, wenn sie es an Reue fehlen ließe, indem die Völker so schnell als möglich vergessen, was sie dem andern, und ganz besonders, was sie sich selbst angetan haben. Wehe uns, wenn wir Gnade üben wollten an uns selbst! Der Feind mag gegenüber einer Wiener Lügenzeitung, die ihm eine Anklage deutscher Grausamkeiten in den Mund gelegt hat, sich zum Wunsch bekennen, sie aus dem Gedächtnis zu tilgen. Aber wir dürfen es von ihm nicht verlangen, selbst wenn wir so naiv wären, sie zu bestreiten. Denn auf keiner Seite dürfte sich die Überschreitung der legitimen Ungebühr des Kriegslebens, die Verletzung völkerrechtlicher Normen, die selbst dem menschheitswidrigen Handel gesetzt sind, leichter nachweisen lassen, als auf der deutschen, weil hier ein ganzes Heer von journalistischen, literarischen und akademischen Tröpfen und Spitzbuben auf- geboten war, Söldner fremden Blutes, die mit derselben Feder, mit der sie den Vorwurf unmenschlicher Kriegführung auf die Feinde abzuwälzen hatten, ja auf demselben Papier, die Bombardierung von Krankenhäusern, Kirchen und Schulzimmern, die Torpedierung von Spitalschiffen, die Ehrung und Verklärung von Menschenjägern nicht nur beschrieben, sondern auch bejubelt haben. Die ständige Berufung auf das unschuldige Volk eines kriegsschuldigen Staates mag den Untertanen staatsmännischer Willkür, den Leibeigenen eines ruchlosen Generalstabs, ja selbst jenen helfen, die im Bann einer elenden Machtideologie Aufträge oder Fleißaufgaben des Mordes ausgeführt haben. Keineswegs hat die deutsche Intelligenz, welche wie die keines andern Landes, vom ersten Dichter bis zum letzten Reporter, vom ersten Völkerrechtsprofessor bis zum letzten Pastor, in der feldgrauen Materie gesielt, im fremden Bluterlebnis geschwelgt, ja vielfach von dieser Haltung ihre Existenz gefristet und durch den Claqueurdienst für Haudegen die eigene Unversehrtheit errungen hat, keineswegs hat die Barbarei der Bildung auch nur den geringsten Anspruch auf Mitleid, wenn sie die Strafe mitzuzahlen hat, und käme selbst ein Säkulum solchen Geisteslebens in wirtschaftliche Bedrängnis. Der Graf Lützow würde aber kein Glück haben, wenn er hier etwa die beiden Schultern voneinander trennen und die Anerkennung speziell unserer Menschlichkeit auf die Dokumente der österreichischen Kriegsbelletristik stützen wollte. Der Beweis würde auch da eher durch eine Verbrennung ganzer Zeitungsbibliotheken und Buchverlage zu erbringen sein. Der Schimpf, den seinesgleichen mit Verachtung zurückweist, ist nicht der unserer unmenschlichen Haltung während des Kriegs, sondern der des Vorwurfs, den man uns daraus macht. Wie sollten wir ihn verdient haben, da wir während des Kriegs doch eine Haltung angenommen haben, von der man die Gesetze der Menschlichkeit in künftigen Jahrhunderten erst ableiten wird. Dass wir dem Feind, der in unsere Gewalt geriet, in jeder nur möglichen Weise entgegengekommen sind, versteht sich schon aus dem Wesen des österreichischen Funktionärs. Wenn zum Beispiel die Okkupationsbehörde, in Betätigung ihres oft bewiesenen Familiensinnes, einmal in Montenegro Vater und Bruder eines obstinaten Menschen, der die Waffen nicht abliefern wollte und auf und davongegangen war, mit der Hinrichtung bedrohte, falls sich der Angehörige nicht binnen vierundzwanzig Stunden stelle, und den Bruder tatsächlich kaltgemacht hat, so ist dies durch eine rationelle Kriegführung, gegen deren Exekutoren der Geßler eben ein blutiger Dilettant war, hinreichend erklärt. Die Milde gegen den Vater ist ohnedies für eine Gemütsart, die mit sich reden lässt, bezeichnend. Die Rücksicht dem Feind gegenüber war aber auch immer gepaart mit einer Sorge für das Wohl und auch das Wehe der eigenen Mannschaft, die ja ein Ehrenkapitel im goldenen Buch unserer Kommanden bildet. Es ist außerordentlich lehrreich zu betrachten, wie nur in den äußersten Notfällen eine etwas strengere Tonart eingehalten wurde, wofür man gleich am Tag nach dem Auftreten des Grafen Lüt-

zow ein Beispiel erfahren hat. In Kragujevac – bekannt in der Weltgeschichte durch den Ruf „Krakujefaz eropaat!" – hatten 44 nach vierjäh-
riger Kriegsgefangenschaft einrückend gemachte Heimkehrer am
Abend ihrer Ankunft eine elende Menage – vermutlich aus der Küche
des Leopold Salvator – vorgefunden und sich aus Wut darüber einen
Rausch angetrunken, der sich zu einem wüsten Exzess, ja sogar zu Be-
schimpfungen der Offiziere steigerte. Die Justifizierung beschreibt nun
der folgende Bericht, der auf der Aussage des dazu kommandierten
Arztes beruht: „… In zwei parallelen Reihen waren je 22 Gräber aufge-
worfen, die Erschießung wurde in zwei Partien vorgenommen. Zur
Durchführung dieser Exekution waren Bosniaken kommandiert, die
auf zwei Schritt Entfernung zu schießen hatten. Den Bosniaken jedoch
zitterten die Hände, als sie ihren Kameraden ins Gesicht schießen
mussten, und sie schossen schlecht. Die erste Partie wälzte sich auf dem
Boden, es war beinahe kein einziger tot. Da wurde der Befehl gegeben,
den Opfern die Gewehrläufe an den Kopf zu setzen. Als alle Gehirne zu
Brei zerschossen waren, kam die zweite Partie daran, und die gleiche
Szene wiederholte sich noch einmal. Der Stellvertreter des Generalstabschefs, ein Oberstleutnant, der sich auch sonst damit brüstete, dass
er vielen Serben die Lampe ausgelöscht habe, sagte nach der Hinrichtung beim Abendessen, als manche schüchterne Bedenken gegen den
Prozess geäußert wurden: Er hätte auch 300, nicht nur 44 hinrichten
lassen. Die Opfer waren beinahe alle Familienväter, und alle waren vielfach mit allen Graden von Tapferkeitsmedaillen ausgezeichnet. Sie sahen auch diesem letzten Tode ohne Scheu in die Augen, lautlos, ohne
eine Miene zu verziehen, ohne eine Abwehrbewegung." Selbst dem
Armeeoberkommando, das bei Verfehlungen von Soldaten wohl Stock-
hiebe, aber nicht Verminderung des Menschenmaterials guthieß, soll
dieses Beispiel einer Pflege innigeren Kontaktes mit der Mannschaft –
zwei Schritte Distanz und noch weniger – zu stark vorgekommen sein
und es soll sich zu der Auffassung entschlossen haben, dass jene Offiziere, die sich so weit einließen, offenbar zu den sogenannten Elementen
gehörten, gegen die eine Untersuchung, wenngleich nicht abgeschlossen, so doch eingeleitet wurde. Allein den Schimpf einer unmenschlichen Haltung während des Kriegs weisen wir mit jener Verachtung
zurück, die nicht den Mördern, sondern den Anklägern gebührt. Denn
wir sind nun einmal die Sorte von Österreichertum, die, wenn im Hause des Gehenkten vom Strick geredet wird, jede andere Version, als dass

es ein Perlenkollier war, schon mit Rücksicht auf den guten Ton und auf die erwiesene Tatsache, dass sie keinem Huhn den Hals umdrehn könnten, in Abrede stellt. Wenn man uns sagt, dass wir uns wenigstens eine Zeitlang und nicht einmal aus Grausamkeit, sondern nur aus Feigheit, aus Fantasiearmut, aus Unverantwortlichkeit, aus der Abhängigkeit von Phrase und Mechanik, aus Reklamesucht und Wichtigmacherei, kurz aus allen möglichen Mittellagen des Charakters, nicht wie Menschen aufgeführt haben, so geben wir die Möglichkeit bloß „im Hinblick" auf den Umstand zu, dass wir ja eben die reinen Lamperln sind, oder mit dem resoluten Geständnis des Grafen Czernin: „Es hat sich gezeigt, dass vieles bei uns nicht so war, wie es hätte sein sollen", womit er aber gewiss nicht auf unsere auswärtige Politik anspielen wollte. Und dass so etwas noch immer oder schon wieder laut werden kann, zeigt, wie unverbunden die neue Staatsform neben der alten Lebensform zu bestehen sich anschickt. Der Stolz auf das kurze Gedächtnis pflanzt sich gleichmütig vor der Vergangenheit auf, mit demselben Achselzucken, mit dem man den Krieg hindurch über die drohende Realität hinwegsah, geht man jetzt an der mahnenden Schuld vorbei, und ist die angenommene Unwissenheit ein guter Vorspann für ein leichtes Gewissen, so wird kein distinguierter Fremder mehr der Einladung „Fahr' mr Euer Gnaden" widerstehn können, und es versteht sich ganz von selbst, dass wir keinen Richter nicht brauchen werden. Der Verständigungsfriede – alstern, san mr wieder gut – wird von der besiegten Frechheit, die ihn bis zum letzten Hauch von Mann und Ross verschmäht hatte, als ein Minimum dessen beansprucht, was ihrer Vorzugsstellung, nämlich ihrer Zuständigkeit nach dem ehemaligen Österreich gebührt. Bis zum letzten Augenblick hat sie sich an der größten Schlechtigkeit in der Liste dieser Kapitalverbrechen mitschuldig gemacht und parasitär mitschuldig gezeigt, indem sie noch geschwind ihre versenkte Tonne neben den vierzigtausend des großen Bruders unter dem Titel „Unsere und deutsche U-Booterfolge" ausschrie – vielleicht, wie es dem halbschlächtigen Sieger ziemte, zugleich auf den Anteil von Ruhm und auf die Geringfügigkeit der Untat verweisend. Kein Schuft, nur ein Schufterle, nehmt alles nur in allem. Frech bis zur Harmlosigkeit, immer wieder das andere Antlitz, eh sie geschehn, das andere nach der vollbrachten Tat, und beides zugleich – das war das österreichische.

Und das muss man ja sagen: Wenn je in der Tragödie missleiteter Völker ein weltgeschichtlicher Humor mitgespielt hat, so wurde er von

dem Anblick dieses in die Kriegsmaschine geratenen Charakterbreis bestritten, der, angekettet an eine Kapazität der Dressur die fremde Tonlage
durchhalten musste, in seiner angeborenen Stimmung zwischen „Wer'
mr scho machen" und „Kann man halt nix machen" an der Seite eines
machenden und schaffenden Ungeheuers kläglich verzappelt ist und
wirklich eher den feindlichen Angriffen in die Front als den fortwährenden Freundesstößen in die Weichteile gewachsen war. Shakespeares
ungleiches Gespann eines Junker Tobias von Rülp und eines Junker
Christoph von Bleichenwang ist wohl ein Sinnbild dieser Liaison von
Adelsmächten, die zusammen diesen Trunkenheitsexzess genannt Mitteleuropa ergaben. „O Junker, du hast ein Fläschchen Sekt nötig! Hab' ich
dich jemals schon so herunter gesehn?" „In eurem Leben nicht, Junker,
glaub' ich, außer wenn mich der Sekt heruntergebracht hat ... Aber ich
bin ein großer Rindfleischesser, und ich glaube, das tut meinem Witz
Schaden ... Ich bin ein Kerl von der wunderlichsten Gemütsart in der
Welt; manchmal weiß ich mir gar keinen bessern Spaß als Maskeraden
und Fastnachtspiele." „Taugst du zu dergleichen Fratzen, Junker? ... Weswegen verbergen sich diese Künste? Weswegen hängt ein Vorhang vor
diesen Gaben? Bist du bange, sie möchten staubig werden? Warum gehst
du nicht in einer Gaillarde zur Kirche, und kommst in einer Courante
nach Hause? ..." „... Wollen wir nicht ein Gelag anstellen?" „Was sollen
wir sonst tun? Sind wir nicht unter dem Steinbock geboren?" „Unter
dem Steinbock? Das bedeutet Stoßen und Schlagen." „Nein, Freund, es
bedeutet Springen und Tanzen. Lass mich deine Kapriolen sehn. Hopsa!
Höher! Sa! Sa! – Prächtig!" – – „Besteht unser Leben nicht aus den vier
Elementen?" „Ja wahrhaftig, so sagen sie; aber ich glaube eher, dass es aus
Essen und Trinken besteht." – – Tobias: „... ich will dir eine Ausforderung schreiben, oder ich will ihm deine Entrüstung mündlich kundtun."
... Christoph: „O, wenn ich das wüsste, so wollte ich ihn hundemäßig
prügeln." Tobias: „... Deine wohlerwognen Gründe, Herzensjunker?"
Christoph: „W ohl e r wo ge n s i nd me i ne Gr ü nde e be n n icht ,
aber s ie s i nd doch gut ge nu g... O, es wird prächtig sein!" Maria:
„Ein königlicher Spaß, verlasst euch drauf ..." – – Tobias: „O der Schuft!"
Christoph: „Schießt ihn tot! Schießt ihn tot!" Tobias: „Still, still ... Bis zu
den Pforten der Hölle ...!" Christoph: „Ich bin auch dabei." – – Fabio:
„... Da hättet ihr euch herbeimachen sollen ... Dies wurde von eurer
Seite erwartet und dies wurde vereitelt. Ihr habt die doppelte Vergoldung
dieser Gelegenheit von der Zeit abwaschen lassen ..." Christoph: „Solls

auf irgendeine Art sein, so muss es durch Tapferkeit geschehn; denn
Politik hasse ich …" Tobias: „Wohlan denn, baun wir dein Glück auf den
Grund der Tapferkeit. Fordre mir den Burschen auf den Degen heraus;
verwunde ihn an elf Stellen …" Fabio: „Es ist kein andres Mittel übrig,
Junker Christoph." Christoph: „Will einer von euch eine Ausforderung
zu ihm tragen?" Tobias: „Geh, schreib mit einer martialischen Hand;
sei verwegen und kurz … und so viel Lügen als auf dem Papier Platz
haben, schreib sie auf! Geh, mach dich dran! …" Tobias über Christoph:
„… Was den Junker betrifft, wenn der geöffnet würde, und ihr fändet so
viel Blut in seiner Leber, als eine Mücke auf dem Schwanze davontragen
kann, so wollt' ich das übrige Gerippe aufzehren." – – Fabio: „Hier ist
wieder etwas für einen Fastnachtsabend." Christoph: „Da habt ihr die
Ausforderung; lest sie; ich steh' dafür, es ist Salz und Pfeffer darin." „Ist
sie so verwegen?" „Ei ja doch! Ich stehe ihm dafür. Lest nur." … Tobias:
„Geh, Junker, laure ihm an der Gartenpforte auf wie ein Häscher; sobald
du ihn erblickst, zieh und fluche fürchterlich dabei: denn es geschieht
oft, dass ein entsetzlicher Fluch, in einem rechten Bramarbaston heraus-
gewettert, einen mehr in den Ruf der Tapferkeit setzt, als eine wirkliche
Probe davon jemals getan hätte. Fort!" Christoph: „Nun, wenns Fluchen
gilt, so lasst mich nur machen." Tobias über Christoph: „… also wird
dieser Brief wegen seiner außerordentlichen Abgeschmacktheit ihm
keinen Schrecken erregen; er wird merken, dass er von einem Pinsel
herrührt …" Derselbe: „… und sein Grimm in diesem Augenblick ist
so unversöhnlich, dass er keine andre Genugtuung kennt als Todesangst
und Begräbnis. Drauf und dran! ist sein Wort; mir nichts, dir nichts!"
Der Feind: „… Ich bin kein Raufer. Ich habe wohl von einer Art Leute
gehört, die mit Fleiß Händel mit andern anzetteln, um ihren Mut zu
zeigen; vielleicht ist er einer von diesem Schlage." „Nein, Herr, seine
Entrüstung rührt von einer sehr wesentlichen Beleidigung her; also vorwärts, und tut ihm seinen Willen …" „… Ich für mein Teil habe lieber
mit dem Lehrstande als dem Wehrstande zu tun; ich frage nicht darnach,
ob man mir viel Herz zutraut." – – Christoph: „Hol's der Kuckuck! Hätte
ich gewusst, dass er herzhaft und ein so großer Fechter wäre, so hätte ihn
der Teufel holen mögen, eh' ich ihn herausgefordert hätte. Macht nur,
dass er die Sache beruhn lässt, und ich will ihm meinen Hans, den Ap-
felschimmel, geben." Tobias: „Ich will ihm den Vorschlag tun; bleibt hier
stehn, und stellt euch nur herzhaft an … er hat mir auf sein ritterliches
Wort versprochen, er will euch kein Leid zufügen. Nun frisch daran!"

Christoph: „Gott gebe, dass er sein Wort hält." – – Tobias: „… und wegen seiner Feigheit, fragt nur den Fabio." Fabio: „Eine Memme, eine fromme Memme, recht gewissenhaft in der Feigheit." Christoph: „Wetter! Ich will ihm nach und ihn prügeln." Tobias: „Tu's, puff ihn tüchtig …" – – (Junker Christoph kommt mit einem blutigen Kopfe.) „Um Gottes Barmherzigkeit willen, einen Feldscherer! Und schickt gleich einen zum Junker Tobias!" „Was gibts?" Christoph: „Er hat mir ein Loch in den Kopf geschlagen, und Junker Tobias hat auch eine blutige Krone weg. Um Gottes Barmherzigkeit willen, helft! Ich wollte hundert Taler drum geben, dass ich zu Hause wäre … Wir glaubten, er wäre 'ne Memme, aber er ist der eingefleischte Teufel selbst … Ihr habt mir um nichts und wieder nichts ein Loch in den Kopf geschlagen, und was ich getan habe, dazu hat mich Junker Tobias angestiftet." Der Feind: „Was wollt ihr von mir? Ich tat euch nichts zuleid. Ihr zogt ohn' Ursach gegen mich den Degen. Ich gab euch gute Wort' und tat euch nichts." „Wenn eine blutige Krone was Leides ist, so habt ihr mir was zu Leide getan. Ich denke, es kommt nichts einer blutigen Krone bei. Da kommt Junker Tobias angehinkt, ihr sollt noch mehr zu hören kriegen. Wenn er nicht was im Kopfe gehabt hätte, so sollte er euch wohl auf 'ne andere Manier haben tanzen lassen." „Nun, Junker, wie stehts mit euch?" Tobias: „Es ist all' eins. Er hat mich verwundet und damit gut …" …„Fort mit ihm! Wer hat sie so übel zugerichtet?" Christoph: „Ich will euch helfen, Junker Tobias, wir wollen uns zusammen verbinden lassen." Tobias: „Wollt ihr helfen? – Ein Eselskopf, ein Hasenfuß und ein Schuft! ein lederner Schuft! ein Pinsel!" „Bringt ihn zu Bett und sorgt für seine Wunde!" – Ist dieses nicht der Treubund vom Ultimatum bis zum Ultimo? Und je bleicher Christophs Wange ward, umso lauter rülpste Tobias und das Verhältnis ward ausgebaut und vertieft. Durch alle Trübsal unseres Daseins hopsen müssen, von dieser unerbittlichen Melodie der Treue gequält, spürten wir den Druck einer führenden Hand, die es allerdings, im Gegensatz zum Shakespeare'schen Spaßmacher furchtbar ernst mit sich und uns meinte. Der verspätete Wadenbiss, als zwei auf der Erde lagen, war nur die natürliche Rettung aus einer falschen in eine schiefe Position.

Was hatte sich ein Staat zugemutet, dessen Entschluss zum Krieg, von jenem russischen Außenminister eine Keckheit genannt, doch nur die Vermessenheit anschaulich machen konnte, die sein Dasein selbst bedeutet hatte! Man mag darüber verschiedener Meinung sein, ob das Vaterland und selbst eines, das nicht gerade den Kotter seiner Nationen

vorstellt, der Güter höchstes ist; der Übel größtes aber ist die Schuld am
Weltkrieg, nebst dem Plan, die Mehrzahl seiner Nationen durch Maschinengewehre für die ihnen verhassteste Sache zu begeistern. Die Hölle
ward hell von dem Genieblitz der Idee, für ein von der Welt angezwei-
feltes Staatswesen, für die durch Großmachtwahn, falsche Politik und
unfähige Verwaltung verschütteten menschlichen und landschaftlichen
Werte eines Landes durch einen Weltkrieg Propaganda zu machen. Anstatt dass die Leute, die hier den Ton der Kultur angaben, einmal aus der
Erkenntnis, dass sie der Auswurf der Menschheit seien, den Mut zu
einem Verzicht geschöpft hätten, entschlossen sie sich lieber, da es so
nicht mehr weiterging, andere in den Krieg zu treiben, zu dem sie ja mit
den Machtmitteln der Lüge hinlänglich gerüstet waren. Unter der Führung jener unfassbarsten Machthaber, deren einen Herr Maximilian
Harden, ehe er sich zu einer Gesinnung gegen den Krieg entschloss, den
„Generalstabschef des Geistes" genannt hat, damals, als die Schlacht bei
Lemberg im Hintergrund des fünfzigjährigen Jubiläums der Neuen Frei-
en Presse gefeiert wurde. Was wir seit damals im Maultrommelfeuer von
vier Jahren erleiden mussten, das und nur das sollte auf der Friedenskonferenz uns die Barmherzigkeit der Feinde gewinnen und was noch heißer
ersehnt werden muss, die Unerbittlichkeit gegen eine Autokratie des
Worts, die, solange sie lebt, uns nie des Verlustes der andern wert sein
lassen wird. Sollten wirklich Königreiche zerstoben sein und über dem
größten Umsatz des blutigen Schicksals, den je die Welt erlebt hat, ein
Schlachtbankier unerschüttert in seiner erhabenen Niedertracht thronen, bleibendes Hindernis aller Erhöhung und Befreiung, wirkender
Vorschub allem Faulen in Welt und Staat? Als der schmutzigste Triumph
der Materie über den Geist: Denn wahrlich, was sind die Vernichter
sichtbaren Menschheitsgutes, deren Unumschränktheit doch an der vorhandenen Quantität sich ersättigen musste, gegen eine Pest, die fortwirkt
in die Generationen! Es wäre wenig an der Welt geändert, wenn die Dä-
monen geblieben und nur die Prokura gewechselt wäre; sie würden die
Tyrannei der Formen, durch die unser Inhalt so ins Verderben kam und
deren Zertrümmerung all unsern Kriegsgewinn bedeutet, immer aus
sich selbst erzeugen, und die Kolumnen, die ein Benedikt aus der Erde
stampft, sind irgendeinmal Formationen, um für die schwärzeste Hausmacht die Atempause der Welt zu kürzen. Man müsste an der Macht des
Geistes verzweifeln, wenn er wohl stark genug war, die Materie der Waffe
zu bezwingen, aber an der des schlechten Worts versagte und was er über

das Blut vermocht hat, gegen die Druckerschwärze nicht behaupten
könnte. Ach, wenn der Neuen Freien Presse und allem Gelichter unserer
Nacht nichts anderes widerfährt, als dass es das Opfer des Putsches von
Feuilletonisten wird, die selbst diesen Beruf verfehlt haben, und auf dem
Umweg über die Rote Garde in eine Redaktion kommen möchten; wenn
Zeitungsleute die Märtyrer eines Vorstoßes werden, der weniger Über-
zeugungskraft hat als ein landläufiger Grubenhund; wenn es den Zerstö-
rern aller Friedenswelten gelingt, sich in den Schutz der republikanischen
Ordnung zu flüchten, anstatt dass es dem neuen Weltwillen gelänge, die
Bestie mit einem Axthieb niederzustrecken – dann wäre mindestens der
Beweis geliefert, dass er unserem Umschwung misstraut, dass er uns
nicht für reif hält, ohne Aufsicht unserer Vampire fortzuleben. Es scheint
ja alles dafür zu sprechen, dass wir dem Gesetz der Trägheit, dem einzigen, welches keine österreichische Regierung je gebrochen hat, noch
über das Grab der Monarchie Treue bewahren und, weil es sehr schön
war und uns sehr gefreut hat, den ganzen Geistesdreck und Gemütströ-
del ihres Hausrats übernehmen wollen. Es scheint, dass die Revolutionie-
rung der Herzen, die hier allzu kühn mit einer Entfernung der Hofliefe-
rantenwappen eingesetzt hat, es bei dieser bewenden lassen will und dass
wir dazu verdammt sind, das österreichische Antlitz, welches so lange
das Gegenteil der Welt war, auch fernerhin und auf der sich selbst über-
lassenen Schulter zu tragen. Der Portier des Auswärtigen Amtes, heißt es
bereits, sei mit der Republik nicht einverstanden, und das will, zumal
wenn sich die der andern Staatsämter anschließen, mehr bedeuten, als es
auf den ersten Blick den Anschein hat. Man kann das nicht genug überschätzen; die Welt hat Krieg führen müssen, weil sie unsere lokalen Verhältnisse zu wenig gekannt hat. Aber die Hausmeister allein könnten's
nicht richten, wenn sie nicht der Unterstützung der Parteien gewiss wären und wenn sich nicht diese ganze unausrottbare Art von Menschen,
die einander alle hinter sich haben, schon verständigt und in einer passiven Resistenz, die viel mehr als alle Aktivität anderer Volkstempera-
mente Entwicklungen beeinflusst, sich zu Gruppenbildungen und Verkehrshindernissen gefunden hätte. Die falsche Besorgnis der einen, dass
hier republikanische Zustände Platz greifen, und der andern, dass hier
monarchistische Überraschungen eintreten könnten, beruht auf einer
Überschätzung der Wiener Möglichkeiten, nein, es bleibt alles beim
Neuen, nur dass ein konstanter Widerstand aus den Niederungen, in
denen die Hof- und Personalnachrichten um ihr Dasein ringen, auf

Schritt und Tritt die Anwendung neuer Normen verhindern wird. Gewiss, sie schreien nach Habsburg wie der Hirsch in der Jagdausstellung nach der Quelle, und sie würden das Wiederauftreten Karls so begeistert wie nur eines Marischka begrüßen, aber aus keinem andern Grund, als weil es ein Wiederauftreten ist. Nicht wer beim Bühnentürl herauskommt, sondern dass einer herauskommt, erzeugt die Wärme, und die Beliebtheit kommt hier ebenso von der Popularität wie die Armut von der Powerteh. Sie denken sich ja nichts dabei, höchstens dass nichts dabei ist und dass man dabei sein kann, was eben in der Republik, wo jeder dabei sein kann, viel schwieriger ist. Weil dieselben Leute, die eine Zeitlang „p. u." waren, es nicht mehr erwarten können, wieder u.a. registriert zu werden und weil die Klio hier in der Kärntnerstraße spazieren geht, kann es passieren, dass zweitausend Republikaner in einem Konzertsaal einer Brettlsängerin zujauchzen, die durch die Erinnerung an den guaten alten Herrn in Schönbrunn, dessen Auge auf seinen Wiener Edelknaben wohlgefällig ruht, justament der Weltgeschichte beweisen wollte, dass mir mir san. Dabei übersehe man ja nicht die tiefe Unechtheit dieser Nostalgie, die, ohne Verbindung mit den Kulturreizen einer bessern Wiener Zeit, sich bloß von einem Farbendruck der Gemütlichkeit nicht trennen will. Es ist bei Weitem nicht jene Nobelfäulnis, die bis um 1890 der lokalen Kultur einen gewissen Weltwert verliehen hat und deren letzte Spuren im blutigen Chaos genau so vertilgt wurden wie die norddeutsche Spezialität der Ordnung. Es ist vielmehr eine Geschmackigkeit, die durch die Barbarei des Kriegs nur gewonnen hat: das neuwienerisch-jüdische Element, ein eben angelangter und sofort rabiater Provinzcharakter, jenes fast naive Widerspiel von Scham und Schönheit, jene picksüße Lebensfrische, die nicht überwintern kann ohne die Aussicht auf ein fettes Ischl mit seiner vollkommenen Pervertierung der Kaiserpracht zu einer Orgie der unwahrscheinlichsten Missformen, seiner fantastischen Nachbarschaft von Kabinettskanzlei und Theatercafé und den betäubenden Tonfällen einer Esplanade, die als ein sommerlicher Franz- Josefs-Kai die Huldigung komplett macht. Es ist jenes Österreich, das sich wirklich mit Recht nach sich zurücksehnt, weil es, wenngleich abgeschlossen von der Welt, nie mehr so unter sich sein wird. Es ist das Österreich der kaiserlichen Räte. Sie waren nur das Spalier, durch das am 18. August die Majestät fuhr; aber die Staatsweisheit kam ans Ziel, als hätte sie wirklich von all dem Rat mitgenommen. Dieser echt österreichische Einfall war vielleicht mit ein Grund allen Missverständnisses über uns: dass die letzte Menschenkategorie anstatt eines gelben Flecks einen Titel bekam, welcher der schlecht informierten Umwelt nach der höchsten Würde klingen musste, jenen maßlos erstaunten Europäern, die solche Exemplare von Conseiller imperial die Sauce mit dem Messer essen sahen und sich nun vom Niveau der niedriger gestellten Bevölkerung eine Vorstellung machten. Und wie soll die durch solche Vertreter der Monarchie verwirkte Achtung einer Republik zurückgewonnen werden, die sich durch die Pflicht politischer Toleranz von der tiefem Pflicht entbunden glaubt, den Parasiten der alten Macht den Übertritt zur neuen zu verwehren, und die es erträgt, dass dem Wechsel der Systeme das feierliche Sinnbild eines im gekauften Hofwagen sich dehnenden Eskompteimperators entsteht. Die Möglichkeit solch apokalyptischer Vision und die Sehnsucht derselben Grabenpassanten, die den Scheuel nicht mit Pflastersteinen erlegen, nach dem frühern Insassen der Equipage, sie gehören in ein und dasselbe Bild einer spezifischen Kultur, die auf dem Erdkreis Ihresgleichen nicht hat. Denn ihre wesentliche Einheit ist der Schlamm, der die Verschiedenheit aller möglichen Empfindungswelten undeutlich macht und schon einen Tiefseeforscher braucht, um die Geheimnisse einer am Tag ihrer Gründung versunkenen Stadt zu offenbaren. Für einen Marsbewohner wäre es jedenfalls unfassbar, dass hier eine Republik etabliert wurde und die ganze Mischung von Ghetto und Bierstüberl, nicht nur als Naturfarbe, nein auch als der unmittelbare politische Ausdruck unserer Neigungen uns erhalten blieb; dass jene undefinierbare Spezies, die sich „deutschnational" nennt und die wohl unter allen lebendigen Formen die rätselhafteste ist, nicht nur nicht am ersten Tag weggeblasen war, sondern obenauf ist, nachdem sie bis zum letzten Generalstabsbericht den ganzen Bieratem ihrer Leidenschaft an einen Siegfrieden gewendet hat. Jene Sorte, neben der das feindliche Ausland, wenn es sich noch einen Funken Gerechtigkeitsgefühl bewahrt hat, den Preußen als einen Kulturträger hinnehmen müsste und für die mir auf der Suche nach einem Personennamen in meinem tragischen Karneval der Zufall einer Lokalnotiz ein Zauberwort, das alles Wirrsal bändigt, in den Schoß geworfen hat: Kasmader! In welchem Namen könnte sich diese Partie von Deutschösterreich, und eigentlich das ganze, glücklicher darstellen? Man spürt sofort, dass alles Eau de Lubin, über das die Entente verfügt und das sie allein schon befähigt hat, dem alldeutschen Gedanken die Spitze zu bieten, nicht ausreichen würde, um Kasmader der Welt unbedenklich zu machen, und es wäre wahr-

lich nicht unbillig, wenn sie sich zur dauernden Einrichtung eines Kon-
zentrationslagers entschließen wollte, worin das Wesen, von
Nahrungssorgen natürlich befreit, seine Tage hinzubringen hätte, mit der
Erlaubnis, über die Lage der Deutschen in Österreich weiterhin nachzudenken, auch seinen sonstigen Belangen hingegeben, aber des Anspruchs
verlustig, die bare Unmöglichkeit, an die Welt Kultur abzugeben, und die
Unfähigkeit, sie von ihr zu nehmen, in gefährlichen Experimenten auszuleben. Das Wunder der Befreiung von der alten Macht, dessen wir uns
bei jedem neuen Erwachen versichern müssen, berührt umso wunderbarer, als uns ihre Stützen vollzählig erhalten geblieben sind, sodass wir
eigentlich nur dem Divertissement von Verwandlungskünstlern beiwohnen, die uns noch dazu die Methode verraten, indem sie uns zuzwinkern,
sie wären eigentlich die Alten. Die Komik der Shakespeare'schen Gele-
genheitskomödianten, die dem Herzog und seiner Familie eine „höchst
klägliche Komödie" vorführen, ist erst in der Zumutung, sich die Herren
Wolf, Hummer und Teufel als Republikaner vorzustellen, übertrieben.
„Ist unsre ganze Kompagnie beisammen?" …„… Wenn ich's mache, lasst
die Zuhörer nach ihren Augen sehn! Ich will Sturm erregen, ich will einigermaßen lamentieren … eigentlich habe ich doch das beste Genie zu
einem Tyrannen; ich könnte einen Herakles kostbarlich spielen, oder
eine Rolle, wo man alles kurz und klein schlagen muss." …„Habt ihr des
Löwen Rolle aufgeschrieben? Bitt' euch, wenn ihr sie habt, so gebt sie mir;
denn ich habe einen schwachen Kopf zum Lernen." …„Lasst mich den
Löwen auch spielen! Ich will brüllen, dass es einem Menschen im Leibe
wohl tun soll, mich zu hören. Ich will brüllen, dass der Herzog sagen soll:
Noch 'mal brüllen! Noch 'mal brüllen!" „Wenn ihr es gar zu fürchterlich
machtet, so würdet ihr die Herzogin und die Damen erschrecken, dass
sie schrien, und das brächte euch alle an den Galgen." „Ja, das brächte
uns an den Galgen, wie wir da sind." „Zugegeben, Freunde! Wenn ihr die
Damen erst so erschreckt, dass sie um ihre fünf Sinne kommen, so werden sie unvernünftig genug sein, uns aufzuhängen. Aber ich will meine
Stimme forcieren, ich will euch so sanft brüllen wie ein saugendes Täub-
chen: – Ich will euch brüllen, als wär' es 'ne Nachtigall." „Es kommen
Dinge vor in dieser Komödie von Pyramus und Thisbe, die nimmermehr
gefallen werden. Erstens: Pyramus muss ein Schwert ziehen, um sich
selbst umzubringen, und das können die Damen nicht vertragen …" „Ich
denke, wir müssen das Totmachen auslassen, bis alles vorüber ist." „Nicht
ein Tüttelchen; ich habe einen Einfall, der alles gut macht. Schreibt mir

einen Prolog, und lasst den Prolog verblümt zu verstehn geben, dass wir mit unsern Schwertern keinen Schaden tun wollen; und dass Pyramus nicht wirklich totgemacht wird; und zu mehr besserer Sicherheit sagt ihnen, dass ich Pyramus nicht Pyramus bin, sondern Zettel der Weber. Das wird ihnen schon die Furcht benehmen." … „Werden die Damen nicht auch vor dem Löwen erschrecken?" „Ich fürcht' es, dafür steh' ich euch." „Meisters, ihr solltet dies bei euch selbst überlegen. Einen Löwen – Gott behüt' uns! – unter Damen zu bringen, ist eine gräuliche Geschichte; es gibt kein grausameres Wildpret als so 'n Löwe, wenn er lebendig ist; und wir sollten uns vorsehn." „Deshalb muss ein anderer Prologus sagen, dass es kein Löwe ist." „Ja, ihr müsst seinen Namen nennen, und sein Gesicht muss durch des Löwen Hals gesehen werden; und er selbst muss durchsprechen, und sich so, oder ungefähr so applizieren: Gnädige Frauen, oder schöne gnädige Frauen, ich wollte wünschen, oder ich wollte ersuchen, oder ich wollte gebeten haben, fürchten Sie nichts, zittern Sie nicht so; mein Leben für das Ihrige! Wenn Sie dächten, ich käme hieher als Löwe, so dauerte mich nur meine Haut. Nein, ich bin nichts dergleichen; ich bin ein Mensch wie andre auch: – Und dann lasst ihn nur seinen Namen nennen, und ihnen rund heraus sagen, dass er Schnock der Schreiner ist." – – Der Hof: „Gut gebrüllt, Löwe!" – Doch hätte wohl keine Fantasie, die je dem Humor menschlicher Maskeraden nachging, an die Wirkung der Jammergestalten herangereicht, die die Rollen unserer Revolution verteilen und denen es zwar zeitgemäß erscheint, in die Verkleidung zu schliefen, aber auch ratsam, sie nicht ganz auszufüllen. Nur dass unser Galeriepublikum dickfelliger ist als selbst ein Löwe und die Produktion sich gefallen lässt, und wenn ihm rund heraus gesagt wird, dass es der Teufel ist, nicht im Gefühl der Beruhigung in helles Gelächter ausbricht. Und wäre denn sonst auch das Wiederauftreten dieses Czernin auf einer Szene denkbar, wo sein erstes Engagement mit einem Theaterskandal geendet hatte, dem gewiss nur die Not an faulen Äpfeln den sichtbaren Ausdruck erspart hat? Eine politische Karriere jedoch, die sich nach Abschluss einer politischen Karriere geradezu auf die Erfahrung gründen will, dass in Wien alles möglich ist und nichts unmöglich macht, dürfte selbst in Wien eine Kuriosität sein und eben darum auf den Zuspruch des hiesigen Bürgertums rechnen können. Oder wie der grässliche Vorbeter unserer Teufelsdienste es ausdrückt: „Wenn Graf Czernin das Wort ergreift, horcht die europäische Öffentlichkeit auf." Die europäische Öffentlichkeit, das ist jene von Revolutionsstürmen unversehrte Gesellschaft, die im Saal des Gewerbevereins Platz hat, die irgendetwas „vertritt", sei es die Industrie, die Politik oder die Wissenschaft, und deren Zwielicht auch ohne Übertretung der Beleuchtungsvorschriften das Bemerktwerden ermöglicht. Kurzum, „eine gleichsam politisch und geistig geschlossene Gesellschaft, ein Auditorium von besonnenen und ernsten Menschen, denen es ein Bedürfnis ist, mitten in der überreizten und überlauten Wirrnis dieser Tage, einen Rückblick über Vergangenes zu hören". Redner befriedigt dieses Bedürfnis restlos, wobei sich „an markanten Stellen die Hand zur Faust ballt", nämlich die Hand des Redners. „Aus dem herzlichen Beifall, der ihn begrüßt, sind die lebhaften Sympathien herauszuhören." Die Sympathien schlechtweg, die Sympathien in ihrer Reinkultur, da sie aus solchen Herzen stammen. „Wann immer er das Wort ergreift und worüber immer er spricht" – ob über die Notwendigkeit eines Völkerbunds oder über die Unzerreißbarkeit der Nibelungentreue, über Abrüsten oder Durchhalten, über den ewigen Frieden auf dem Dach oder ein belgisches Pfand in der Faust des Redners, über die Getreideschätze in der Ukraine oder über den elenden, erbärmlichen Masaryk – „immer hat der Zuhörer das Gefühl: Hier spricht eine starke Persönlichkeit", eine, deren Engagement bei der Neuen Freien Presse nur eine Frage der großen Zeit ist und nach Aberkennung des innern Adels perfekt sein dürfte. Er spricht „in zwangloser Haltung, die eine Hand in der Hosentasche", wo sich wahrscheinlich derzeit das Faustpfand befindet, alles blickt gespannt in die Richtung, „den vorgestreckten Köpfen, den aufhorchenden Mienen merkt man es an, dass alle begierig sind, einen Kronzeugen aus dem großen Prozess des Weltkriegs zu hören", der, wie das bei Monstreprozessen zu geschehen pflegt, sich plötzlich in einen Angeklagten verwandeln könnte. Man kann alle diese Vorgänge zum Glück genau sehen, wiewohl der Saal des Gewerbevereins „nur schwach neleuchtet ist". Aber den Redner ficht das nicht an, er lässt auch „seine Gedanken klar und deutlich erkennen", wozu ihm allerdings seine Sprache hilft, die er nämlich meisterhaft beherrscht und die ihm kein Mittel ist, jene zu verbergen. Was in meinen Augen ein Nachteil ist, den er vor den Diplomaten der alten Schule entschieden voraus hat. Aber was will man machen, der Kontakt ist sofort da, die Zuhörer sind im Banne, und „als Graf Czernin von dem Blutsbündnis mit Deutschland spricht, wird zum ersten Mal laute beifällige Zustimmung vernehmlich", wobei es unklar bleibt, ob zum Bündnis, das Blut gekostet hat, oder zum Lob eines solchen Bündnisses oder zum Bedauern über ein solches Bündnis. Immerhin, er hat heute „zum ersten Mal als einfacher Privatmann, als Bürger des deutsch-österreichischen Staates das Wort ergriffen" – die Zuständigkeit dürfte geklärt sein, da kein Hund in Böhmen vom Czernin einen Bissen aus der Ukraine nimmt – und die Zuhörer „verlassen den Saal mit einem starken Eindruck und mit dem Wunsche, den Grafen Czernin noch oft zu hören". Gesagt, getan; schon reift der Wunsch zur Erfüllung, da der schlichte Republikaner von einer dankbaren Bevölkerung, der er den Brotfrieden gebracht hat, in die Nationalversammlung gewählt werden dürfte. Und was hat er ihr, was hatte er jenem Auditorium, das in der theaterlosen Zeit dem Gewerbevereinssaal zuströmte, zu sagen? Was könnte uns ein Mann zu sagen haben, der den Weltkrieg nicht begonnen, nein, verlängert hat? Was gibt ihm das Recht, die europäische Öffentlichkeit, die sich vor den Alibiträgern der Kriegsschuld die Ohren zuhält, aufhorchen zu machen, anstatt sich vor ihr in jenes Mauseloch zu verkriechen, das eine starke Persönlichkeit unstreitig noch besser zur Geltung bringen würde als ein nur schwach beleuchteter Saal? Tritt er uns als ein Reuiger an, der auf den mildernden Umstand rechnen könnte, dass er nicht gleich jenem Berchtold durch eine Flucht in die Schweiz, sondern an Ort und Stelle seine Schuld bekennt? Will er, indem er sich als ein Opfer der allgemeinen Dummheit vorstellt, die Schuld auf jene schieben, die ihn in solcher Zeit zum Staatsmann gemacht haben? Das könnte, wenn er zur Stelle wäre, jener Schwachkopf, der den Krieg eröffnet hat und der am Tag des Ultimatums mit leuchtenden Augen zu einem andern Würdenträger sagte: „Jetzt hat die Armee ihren Willen!" Das könnte der einfältige Berchtold; der vielfältige Czernin kann das nicht. Der kann anders. Wie kann er? Was kann er einer gleichsam geistig und politisch geschlossenen Gesellschaft, einem Auditorium von besonnenen und ernsten Menschen sagen, das diesen das Auftreten eines Mannes erträglich machte, der den Krieg verlängert hat? Er habe es getan, um gleichsam im Geiste Berchtolds der Armee ihren Willen zu lassen? Nein, im Gegenteil! Er hat den Krieg nur verlängert, weil das so sein musste und weil er das eben gewusst hat. Aber es ist so originell, so verblüffend, so niederwerfend, dass man es nur durch das Medium des Leitartiklers auf sich wirken lassen kann, also durch eine Vermittlung, deren man sich sonst nicht ohne Abscheu bedient. Da gelingt es denn, über den Grafen Czernin, also über einen von den Staatsmännern, die in leitender Stellung „an den blutwarmen Ereignissen mitwirkten" – was schon eine kräftige Charakterisierung ist –, unter dem packenden Titel „Die Kämpfe des Grafen Czernin mit dem General Ludendorff über den Frieden" das Folgende zu erfahren: „E r hat gewusst, dass jeder Sieg eine Tragödie sei, weil er den Krieg verlängere, ohne das Ergebnis ändern zu können." Er, nämlich der Sieg, nicht der Czernin hat den Krieg verlängert. Er, nämlich der Czernin, hat es gewusst! Er, nicht ich. Wenn ich nicht sicher wäre, dass diese Anerkennung an dieser Stelle nicht mir gelten kann, weil solche Umstürze im Kosmos eben undenkbar sind, ich hätte es einen Augenblick lang geglaubt. Dass es der Nachfolger Berchtolds sei, der solche Erkenntnis, der so wenig Neigung hatte, der Armee ihren Willen zu lassen, jener Mann, der's doch so ausgiebig getan hat, der Graf Czernin, merkte ich, als ich mit wachsendem Staunen über die unbegrenzten Möglichkeiten der Natur weiterlas. Er war also kaum drei Monate im Amt, da erkannte er schon die Gefahren für die Mittelmächte, sah die schwere Niederlage voraus, die Erschütterung der Habsburger und der Hohenzollern, die Revolution, und alles, was er fürchtete, sei „buchstäblich eingetroffen". Er hat gewusst, dass Österreich nach jeder Rettung durch den deutschen Generalstab „erst recht verloren sei". „Graf Czernin hatte den Kummer", den Frieden anzustreben und ihn nicht erreichen zu können, weil der Ludendorff ihn nicht wollte. Er hatte „die Fähigkeit, die Zeit, worin er lebt, zu erkennen". Er warnte vor optimistischen Täuschungen; er „hörte ein dumpfes Grollen", es rieselte im Gemäuer, aber nicht etwa in dem der Entente, sondern im unsrigen; die Siege der Feldherren waren „die Irrlichter des Ruhms, die in den Sumpf lockten", also ganz nach jenem Beispiel, wo sie immer geschrien haben nach der amerikanischen Unterstützung, „nach diesem Irrlicht der Entente, dem sie nacheilt und das sie immer tiefer hineinführt in den Sumpf, in Niederlage und Verderbnis". Der Graf Czernin hat das alles, nämlich das andere, gewusst. Er war ein Talent. Wir haben gar nicht geahnt, was wir an ihm haben. Wir haben immer geglaubt, die Siege werden es machen. Wir haben immer den Versicherungen des Grafen Czernin geglaubt, und dass wir nur weiter siegen müssen, um zu siegen, und dass es jetzt durchzuhalten gelte. Wir sind dem Grafen Czernin, wie er sprach, hereingefallen, anstatt den Grafen Czernin, wie er war, zu erkennen. Mit einem Wort: „Wir sind Tür an Tür mit einem Manne gewesen, der in der Witterung eines Diplomaten gefühlt hat, dass der Krieg, wenn er immer wieder verlängert werden sollte, nach dem Hinterlande umschlagen und dort in Revolution sich entladen würde." Und darum hat er ihn verlängert. Und das haben wir nicht gewusst; weder dass es so ist, noch dass es einen Mann gegeben hat, der es wusste. Denn wir haben immer nur auf die Erklärung des Grafen Czernin gehört, dass es nicht so sei, und auf die Anerkennung, die ihm die Neue Freie Presse dafür gespendet hat, und unser Vertrauen zu beiden ward in dem Maß ausgebaut und vertieft, als sie selbst es mit einem Blutsbündnis taten. Wenn sich jedoch noch nach tausend Jahren ein Bedarf herausstellen sollte, der heranwachsenden Jugend, wie es Personifikationen der unzertrennlichen Treue gibt (Österreich-Ungarn und Deutschland, Kastor und Pollux, Hindenburg und Ludendorff), auch ein Beispiel für unzertrennliche Falschheit darzubieten oder für einen Seelenbund der Unehrlichkeit, die so dumm ist, sich von der Verlogenheit entlarven zu lassen, und der Verlogenheit, die so frech ist, die Unehrlichkeit zu übertölpeln, so wird man die Namen Czernin und Benedikt, jenem zur verdienten Ehre, zusammenstellen. Und wenn es darüber hinaus noch nötig sein wird, das Vorbild einer Schafsgeduld zu finden, die sich solches Spiel der bis zur Ehrlichkeit verlogenen Gestalten gefallen ließ und noch immer nicht wusste, mit wem sie Tür an Tür war, sondern dem Paar noch Beifall spendete, und nicht mit nassen Zeitungsfetzen den witternden Diplomaten hinausjagte, sondern ihn kandidieren ließ und sich gegen den Heilsboten der Siegestragödien nicht in einer Revolution entlud, sondern im Abonnement – wenn's dafür eines Vorbilds bedürfen sollte, so wird man unfehlbar auf das Wiener Auditorium von besonnenen und ernsten Menschen zurückgreifen, auf die gleichsam geistig und politisch geschlossene Gesellschaft der deutsch-österreichischen Republik. Die nicht nur einen Menschen täglich liest, der der deutschen Sprache, der Wahrheit, dem Takt, dem Gehör, dem Geschmack, dem Geruch, jedem Nerv, dem Magen, dem Sack und überhaupt allem was schutzbedürftig ist, Schmach und Gewalt antut, sondern die auch einen Menschen anhört, der ihr zum Beweis seiner Kriegsunschuld erzählt, er habe gewusst, dass der Krieg das infamste Verbrechen sei und der Sieg das größte Unglück, und welche mit keinem Zwischenruf die von jenem andern so geschätzte „Laienfrage" stellt, warum er denn nicht aus seinem Wissen die Konsequenz gezogen und nicht lieber den dunkelsten Abtritt dem Verbleiben im Licht der verantwortlichsten Stellung vorgezogen habe, warum er Wilson gemeint und Ludendorff getan, Kant gesagt und Krupp gemeint, den Weltfrieden gesagt und Brest-Litowsk getan, zum Zwiespalt von Wort und Tat sich auch des Widerspruchs zwischen Wort und Wort schuldig gemacht habe, nie aber der Verleugnung seiner Tat. Warum er, anders als Fiesko, nur malte, was andere taten, und anders als Czernin, nur meinte, was andere malten, und jene beschimpfte, diese konfiszieren ließ, sodass sein Mund jenen die Tat absprach und seine Hand diesen sein eigenes Wort aus dem Mund nahm; wenn er aber selbst nicht zu sprechen wagte, weil Ludendorff in der Nähe war, sich auf Hertling berief, der ihm „das Wort aus dem Munde nahm". Aber dies hätte er seinerseits dem Frager besorgt; denn die ganze Haltung der schwankenden Gestalt, die sich uns wieder naht und zudrängt, nachdem sie sich einst dem trüben Blick gezeigt, erklärt er einfach damit, dass er nicht nur von der Katastrophe des Blutsbündnisses überzeugt war, sondern – und das „kann er ohne Überhebung sagen" – „dieses Bündnis verteidigt habe, wie sein eigenes Kind". Bis zum letzten Blutstropfen, nämlich der seiner Tatkraft sowie Beredsamkeit anvertrauten Völker. Und das kann er wirklich ohne Überhebung sagen; aber dass er es auch ohne Reue sagen kann, ist erschreckend. Und warum tat er so? Warum hat er uns den Glauben an die deutschen Siege, den er als Irrwahn erkannt hatte, ausgebaut und vertieft und solches durch seinen Kumpan als das Leitmotiv einer unendlichen Melodie uns bis zur Verzweiflung eingeben lassen? Einfach aus dem zweifachen Grunde: weil „Deutschland, wenn wir austraten, den Krieg nicht weiterführen konnte" – scheinbar ein Ziel aufs innigste zu wünschen, zumal für einen Staatsmann, der den Frieden herbeiführen will; aber mit dem Wesen eines Blutsbündnisses offenbar nicht zu vereinen – und dann, weil „bei dieser Situation", also wenn Deutschland keinen Krieg mehr führen konnte, „es gar kein Zweifel ist, dass die deutsche Heeresleitung einige Divisionen nach Böhmen und nach Tirol geworfen hätte, um uns dasselbe Schicksal zu bereiten, wie seinerzeit Rumänien". Und keiner der besonnenen und ernsten, geistig und politisch doch geschlossenen Menschen, die in einem und demselben Satz Deutschlands Waffenstreckung und Deutschlands Offensive gegen Österreich verknüpft finden, fragt den Plauderer, ob er, wenn er vielleicht sagen wolle, dass das besiegte und darum unbeschäftigte Deutschland zu einer Unternehmung gegen Österreich fähig gewesen wäre, nicht auch der Meinung sei, dass die siegreiche und darum unbeschäftigte Entente noch fähiger gewesen wäre, Österreich vor dem provisorischen Schicksal zu behüten (ja es vielleicht gar abzuwenden), das ein siegreiches Deutschland Rumänien bereitet hat, nach dessen Eintritt in den Weltkrieg – nicht Austritt aus dem Weltkrieg – es ja nicht nur gegen Rumänien, sondern auch gegen die Entente gekämpft hat, während es jetzt „den Krieg nicht weiterführen könnte" und wenn doch gegen Österreich, so doch nicht gegen eines, dem die Entente zu Hilfe kommt. Und in der Hand des Mannes, dessen seichte Bravour nur eine gegen den Tonfall wehrlose Intelligenz von Wiener Zeitungslesern über den Mangel jeder sittlichen und geistigen Haltbarkeit, jeder Führung und Hemmung, jeder Stütze von Wahrhaftigkeit oder Logik betrügen kann, war das Schicksal dieser Millionen, das Schicksal der Menschheit verwahrt. Kein hohnvolles Echo wirft ihm den Appell an eine „bessere Welt" ins Gesicht zurück, die er aus dem Blutmeer aufsteigen sieht und deren Ankunft er um genau so viel Zeit verzögert hat als er Minister war. Kein Zornruf eines der zuhörenden Hinterbliebenen verschmäht die Kondolenz des Blutschuldners, dass „dann jene nicht umsonst gestorben sind, alle unsere Lieben, die da draußen liegen in der fremden kalten Erde", jene, die sterben mussten, weil wir Tür an Tür mit einem Manne gewesen sind, der gewusst hat, dass jeder Sieg eine Tragödie sei, da er den Krieg verlängere, ohne das Ergebnis ändern zu können, und der nicht die Fähigkeit hatte, diese Erkenntnis in die Tat umzusetzen, aber auch nicht den Anstand, die Tür zu öffnen und die Stätte einer so aussichtslosen Untätigkeit zu verlassen. Der gewusst hat, dass der Sieg den Krieg verlängere, und der desgleichen tat! Wir aber, die vielleicht gewusst haben, was er wusste, aber nicht, dass er es wusste und seine und unsere Zeit mit schwermütigen Gedanken hinbrachte, hatten darum keinen Grund, ihm jene Tür zu weisen, wohl aber heute Grund genug, die „männlich freimütigen und prophetischen Worte seiner Denkschrift an den Kaiser Karl" zu bewundern, die auf die politisch und geistig Geschlossenen einen nicht minder tiefen Eindruck machten wie das Wort vom Blutsbündnis. Und eine Erkenntnis, die die anständigen Menschen schon vor diesem elenden und erbärmlichen Czernin im Herzen getragen und nur mit scheuem Seitenblick nach irgendeinem seiner Spitzel einander zu versichern wagten; eine Erkenntnis, für die er hochgestellte und dabei reinliche Gegner seines Wirkens überwachen ließ, und vor der er den Kaiser absperrte, wenn die Gefahr bestand, dass sie zur Ehre eines Entschlusses reifen könnte; eine Erkenntnis, für die noch in der Ära Czernin der Generalstab manchen gehängt hat, ich aber, der sie hinausrief, unbehelligt blieb und erst als sie mir auch in einem anonymen Brief nachgerühmt wurde, der Kriegsminister die Staatspolizei zu mobilisieren suchte und ein Geheimakt entstand, worin ich, der nie eine Ehrenstellung angestrebt hat, zum „Haupt des Defaitismus in Österreich" ernannt wurde – eine solche Erkenntnis kann heute als der Beweis staatsmännischer Erleuchtung berufen werden und eines Staatsmannes, der von ihr nicht nur keinen Gebrauch gemacht, sondern die gegenteilige Überzeugung ausgebaut und vertieft hat. Gewiss, ich war ein Hochverräter; und konnte den Hochverrat, den ich dachte und lauter als andere, lauter als der Graf Czernin aussprach, leider nicht begehen. Aber welch ein Hochverräter war dieser Mann, der des Hochverrats fähig war, ihn nicht zu begehen! Wien, diese vollständige Schatzkammer aller menschlichen Fühllosigkeit und politischen Ehrlosigkeit, wird ihn dafür nicht zum Schandbürger ernennen, sondern in die Nationalversammlung berufen.

So, indem sie den papierdünnen Charakter, der so leicht wiegt, dass er nicht fallen, nur steigen kann, zum Mann ihres Vertrauens machen; indem sie den umsichtigen Lenker ihres Missgeschicks, den Eitelkeit verhindert hat, rechtzeitig als einfacher Privatmann statt als vielfacher Staatsmann über die Unabänderlichkeit des Ausgangs nachzudenken, als Propheten des von ihm zerstörten Vaterlands anerkennen; indem sie den Schützer des deutschen Blutsbündnisses, der die deutschen Siege gefürchtet hat, den Minister, der es für seine und für unsere Pflicht hielt, bis zur deutschen Niederlage auf dem Posten auszuharren und bis unser Abfall schäbig war, den Politiker, der heute, wo die deutschen Siege nicht mehr zu fürchten sind, die Überzeugung ausbaut und vertieft, dass unser Anschluss an Deutschland vom Übel wäre – indem sie diesen Doppelgänger seiner politischen Karriere in die neue Welt geleiten: tritt am sinnfälligsten unser Verhältnis zu ihr hervor, das kein anderes ist als das der gaffenden Neugierde, welche gestern der Hoheit und heute der Freiheit das Wagentürl öffnet. Und wenn es wahr ist, dass jene dort, denen wir den Anblick verdanken, nun den Sieg des Rechts als Sieg genießen, weil – das eben ist der Fluch der deutschen Tat – die Waffe stärker ist als der Mann und als die Sache, für die er sie verwandt hat; und wenn diese hier, von der sittlichen Macht der Niederlage nicht aufzurichten, verurteilt sind, zu bleiben, was sie sind: Dann wäre wohl die Menschheit besiegt und der Sieg nur die Entscheidung, dass ihr nicht zu helfen ist. Jene entarten im Gewinn; unser ist der Verlust und vergeblich. Setzten die dort, wie uns, auch sich selbst das Maß, sie würden die Giftquelle erkennen, aus der unsere Welt vergast wurde, bevor wir es der Welt getan. Ihr Sieg hat uns geholfen; nun sollte er sie nicht um die Kraft bringen, nachzuhelfen. Sie haben uns von den Tyrannen befreit; sie sollten uns auch von dem Fluch befreien, Untertanen zu sein. Die Beseitigung des heimlichen Vorgesetzten, den jeder hier zwischen sich und dem Leben hat und den jeder hier jedem vorstellt, und die Erledigung der Gefahr, die solcher Botmäßigkeit von einer gebietenden Geistesfeindschaft droht – welche bessere Hilfe, welch edleren Sinn der Selbstbestimmung, könnten wir uns nach dem Ausgang eines Kriegs, in den diese Macht uns verstrickt hat, von der siegreichen Weltanschauung erhoffen?

Freilich würde die Machtlosigkeit derer, die uns besiegt haben, gegen jene, die uns vorher besiegt hatten, den Status quo des allgemeinen Geisteselends wiederherstellen. Denn das gehört ja zum Verbrechen dieser mitteleuropäischen Wahnmächte, die sich den äußern Feind erschufen anstatt den innern zu erkennen: dass sie den extremsten Zweifler an der weißen Kulturmenschheit – jener christlichen Couleur, die nicht weiß ist von Unschuld, sondern vor Lebensfurcht – in einen Optimisten verwandelt haben. In einen, der durch all ihre Weltvernichtung hindurch bejahen, trotz allem Verhängnis deutscher Siege an eine Entwicklung glauben und die Zurückstellung jeglicher Rassenfeindschaft, die aller diplomatischen Grundregeln spottende Einigung der Menschheit im Hass gegen das Zentrum der Hölle achten musste als die letzte Regung eines christlichen Bewusstseins, als die letzte elementare Tatsache, deren dieses Europa fähig war, als den Verzweiflungsakt einer Zivilisation, die sich noch auf dem Abweg zeitlicher Richtung spüren konnte und in Todesangst verging, deutsch zu werden wie ein Deutschland, dessen Leben seit seiner Missgeburt am Sedanstag eine fünfzigjährige Sünde war und das seinen guten Geistern Krieg erklärt hat mit dem Entschluss, die ungünstige geografische Lage zu einer Einkreisung der Welt durch die materialistische Ideologie zu benützen. Der einzig mögliche Optimismus dieser Trübnis würde selbst von der Verzerrung einer Rechtsidee nicht beschämt, die, nicht durch Predigt, sondern nur durch Anwendung analoger Machtmittel an ihr Ziel gebracht, nicht sofort auch der eigenen Rüstung entsagt. Wenn die abendländische Geistigkeit nach der Beseitigung eines Übels, das selbst ein technisch entehrtes Jahrhundert noch geschändet hätte, in ihre zeitgemäße Niederung hinabsinkt und diese Partie der Menschheit eben das ist, was sie ist, aber nur nicht das, was sie geworden wäre, so hat sie trotz allem genug getan, und ihr bliebe selbst in der imperialistischen Ausartung ihrer Lebensform noch eine Sicherheit, jene, die allüberall außerhalb Neudeutschlands, von den Feuerländern bis zu den Samojeden, Kultur bewirkt und die eben das Gemeinsame ist, das sie zur Abwehr geeint und befähigt hat: die Sicherheit, die die Geistesdinge und die Lebensdinge nicht zur Mixtur bringt und wie wenig auch für jene übrigbleibe, doch die Kraft des Auseinanderhaltens und schon dadurch die geistige Möglichkeit behauptet. Es war ein Sieg der einfachen Buchhaltung über die doppelte, und es war ein Sieg des Geistes: dass er sich durch die vollkommenste Investierung in das Lebensgeschäft auch des Kampfes, durch die Beschlagnahme aller Seelengüter bis zu Gott, nicht erringen ließ. Das Wunder am deutschen Sinn, ihn die Trennung der Realitäten von den Idealen erleben zu lassen, vermag nur die Niederlage. Berührt es nicht in dieser Zeit, die jedem Begebnis die Deutlichkeit eines Zeichens gibt, als ein Moment tragischer Läuterung, dass die deutsche Waffenstillstandskommission sich gezwungen sieht, das Herz des Feindes durch die Mahnung an das bevorstehende Weihnachten zu erweichen, uneingedenk einer Vergangenheit, in der ihm Bomben als „deutsche Weihnachtsgrüße" übersandt wurden! Es war das stärkste Beispiel von Verbindung seelischer und materieller Betätigung, und das stärkste Beispiel ihrer Trennung hat das Schicksal bewirkt. Man soll in Ehrerbietung vor solcher Macht nicht forschen, wie sie als Sieger gehandelt hätten, umso weniger als man ja weiß, wie sie als Sieger – nicht als Befreier ihres Landes, sondern als Eroberer – gehandelt haben und dass alle feindlichen Verfügungen nur Kopien sind, mit Ausnahme jener von höchster Würde diktierten Mahnung an die amerikanischen Besatzungstruppen, die kein Vorbild in den deutschen Tagen Belgiens hat, und die man wohl nicht, wie ehedem die Drohung einer von der höchsten Sittlichkeit mobilisierten Macht, als „Bluff" verlachen wird. Wären wir die Sieger, es würde den andern schlechter gehen als uns, die die Niederlage in einem Krieg erleiden, den wir begonnen haben. Der Menschenfreund auf besiegter Seite findet sich mit dem glimpflicheren Ausgang ab und begrenzt die Nächstenliebe nicht auf ein Vaterland, das in Wahrheit nur der eigene Magen oder die eigene Börse ist. Denn der Selbsterhaltungtrieb, der sich lange genug von den Nöten des Gegners genährt hat, befähigt kaum zu einer gerechten Betrachtung der Welt. Der will nicht Buße tun in Armut; er ruft das sittliche Gewissen an, um die Selbstbestimmung des Zinsfußes zu retten. Die Entente verlangt die Unterbringung des Goldbestandes der Reichsbank außerhalb des gefährdeten Berlin; ob Vorwand oder Vorsicht: „Diese Bosheit konnte nur in der Hölle ausgesonnen werden." Welcher Region aber mag „Gelbkreuz" entstammt sein, die deutsche „Handgasbombe B, deren Giftmasse sich verspritzt und starke eiternde

Wunden erzeugt, die eine ähnliche Flüssigkeit wie bei Tripper abson-
dern und noch innerhalb eines Tages unter qualvollen Schmerzen den
Tod des Betroffenen herbeiführen"? Wie bitter der feindliche „Sieg" in
einem Kriege, den Deutschland bis zur Niederlage nur militärisch entschieden haben wollte, auf unserm äußern Leben lasten, wie hart er jene
Unschuldigen treffen wird, die doch nie so unschuldig hätten sein dürfen, die Ruchlosigkeiten der Kriegführung und jene des Friedens von
Brest-Litowsk ihren Verderbern und sich selbst als Triumph anzurech-
nen – der Gegenfaust, und wäre ihr Druck durch keinen Handschuh
gelindert, gebührt der Dank aller, die sie von den härtern Bedrückern
befreit hat, und vor dem härtesten, sich selbst, befreien möge! Wenn
der Sieg den Siegern Unheil bringt – den Besiegten hat er geholfen. Der
besorgte Republikaner, der schon vom Konkurs eines Staates, der ihm
die Lebensgüter schuldig geblieben ist, ihre Rückerstattung erwartet,
ist kein anderer als der unsaubere Patriot, der noch für sein späteres
Wohlergehen fremde Leiden ertragen hat. Aber es ist ein Glück, dass die
Jahrtausenddinge trotz der Enttäuschung jener geschehen, die sie aus
der Perspektive ihrer Kaisersemmel betrachten, aus jener Perspektive,
aus der der Krieg vor seinem Beginn zu betrachten und zu vermeiden
war. Notwendiger als das Notwendige ist, dass wir ein Leben zu führen
lernen, in dem wir geschützt sind vor der Möglichkeit, das Notwendige
dadurch zu verlieren, dass wir uns daran verlieren.

Könnten sie uns den Lebenszweck wieder ins Land bringen, um den
alle Regenten unserer Armseligkeit uns betrogen haben, wir lernten an
einen Gott glauben, der die Niederlagen spendet. Denn mit den Lebensmitteln, deren Knappheit zwar auch der Misserfolg jener ist, die durch
eine Fülle an Todesmitteln der Welt zu imponieren glaubten – aber leider
nicht ihre, sondern ihrer Sklaven Strafe –, ist es bei Weitem nicht getan.
Das primum vivere deinde philosophari ist eine plane physikalische Erkenntnis. Aber wenn primum philosophari wäre, käme es nie so weit, sie
beherzigen zu müssen. Jetzt ist sie der Notausgang eines falschen Lebens,
das gerade anstatt alles Leben auf das Denken, alles Denken auf das Leben eingestellt hatte und darum an diesem und jenem verarmen musste.
Wenn philosophari primum ist, ergibt sich alles vivere „deinde" und viel
reicher, es wird wieder zur selbstverständlichen Voraussetzung alles
Denkens, sodass dann der Satz als die Anleitung zu einem geordneten
Lebenshaushalt erst zu Ehren kommt. Wir brauchen das Leben als Zweck,
damit uns künftig das Leben als Mittel nicht fehle. Die Zubuße ist Wohl-

tat für Bettler, aber solange nicht jene zu büßen haben, deren Wille es war, dass wir zu Bettlern wurden, ist uns schon gar nicht geholfen. Eben an dem Schauspiel, wie eine am Krieg unbeteiligte, nur ihn führende Gesellschaft noch immer die Waggons zählt, die ihren Schleichhandel besorgen, und schon die Waggons, die sie von feindlicher Großmut und neutraler Barmherzigkeit erwartet, sollten Engländer und Franzosen, aber nicht die, die sie als „weiße" von den „farbigen" unterschied, sondern eben diese erkennen, welche Menschenart, keiner Farbe der Scham und der Beschämung fähig, am Fuße des Kahlenbergs haust. Die Schweizer, verkünden sie, sparen sich's vom Mund ab; jede Stadt dort will die erste sein, Hilfe zu bringen; die Leute in Zürich sagen, dass sie „unter den Hiobsnachrichten aus Wien seelisch leiden, als ginge das Gespenst des Hungers durch ihre eigene Stadt". Und nun stelle man, wenn man genug Fantasie hat, Tatsachen zu bemerken, dem mitleidenden Ausland jene Wiener Wirklichkeit gegenüber, die nicht hungert und friert, nicht um ein Deka[51] Fleisch die Nächte im Dreck steht, nicht barfüßig durch finstere Tage schleicht und nicht, eh' der Friede kommt, von der Tuberkulose erwürgt wird. Ja, gibts denn solche Ausnahme? Geschiehts denn nicht allen? Wenn Krieg ist, also wenn der Feind oder die Behörde für Hunger und Kohlenmangel gesorgt haben, so müssen doch alle frieren und hungern? Reich oder Arm kann doch nur in der Unbill des Friedens, wenn just keine Hungersnot herrscht, aber doch die einen es gut und die andern es schlecht haben, ein Unterschied sein; dann hungern, wie sich's gehört, die Armen. Aber wenn Krieg ist und Krieg Krieg ist, wenn also Hungersnot herrscht, so herrscht sie doch über alle? Nein, da wird der veränderten Sachlage höchstens die Konzession gemacht, dass auch der „Mittelstand" arm wird und deshalb hungert. Aber die Reichen hungern noch immer nicht. In keinem Notstandsausweis wird es behauptet. Und wenn sie nicht hungern, so wäre wohl der Beweis erbracht, dass Speise vorhanden ist, woraus sich mit zwingender, nur nicht die Reichen zwingender Notwendigkeit der Schluss ergäbe, dass keine Hungersnot herrscht. Die Erkenntnisse, die sich hier aus Problem und Quantität schöpfen lassen, sind so primitiv, dass man sich ihrer fast so schämt wie des Sachverhalts, und das Staunen des Tolstoi'schen Bauern über die Sünde des Zinsennehmens wird daneben zur nationalökonomischen Finte. Die zum Himmel eines Christenlands stinkende Infamie, dass die

---

51 Zehn Gramm.

von Gott ganz gleichartig erschaffenen Magen nicht einmal nach dem Existenzwert der ganzen Leiber, sondern nach dem Inhalt ihrer Taschen unterschieden werden, sodass nicht nur jene, die sie schon vor dem Krieg gefüllt hatten, sondern auch solche, und zumeist solche, die sie erst durch den Krieg gefüllt haben, auch den Magen gefüllt kriegen, die andern aber auch damit leer ausgehen – raubt den Räubern nicht nur nicht den Schlaf, sondern wird von ihnen selbst, den aus irgendeinem geheimnisvollen kataphysischen Grund Bevorzugten, als der natürlichste Zustand von der Welt vom Morgen bis zum Abend dargeboten, zugegeben und erörtert. Es ist hier möglich, dass in Esswarenhandlungen, die unser Idealismus zu Delikatessenhandlungen verklärt hat, wo also eo ipso Zartgefühl vorrätig sein müsste, Menschen ihre Einkäufe besorgen und während sie bedient werden, zuschauen, wie die von draußen hereinschauen und wie, die Nase an das Auslagefenster gedrückt, Hungergesichter die aufgeschichteten Würste als Schauspiel genießen; und in den Zeitungen, die der Verpackung der Ware dienen, werden die täglichen Chancen der Zufuhr aus dem Ausland erörtert für jene, die draußen stehn. Ich lasse mich zu einem Gelübde hinreißen: Jedem dieser Wiener, die sich an der Kriegswohltätigkeit zu schaffen gemacht haben und den Weckrufen einer großen Zeit gehorsam selbst Gold für Eisen gaben, wenn's ihnen auf dem Wurstpapier bestätigt ward, jedem der einmal dabei betreten wurde, wie er eines der Kinder, deren hungerstarres Auge seinen Einkauf begleitet hat, in den Laden rief und ihm zu essen gab – will ich das eiserne Wiener Herz zurückverwandeln; doch fürcht' ich, dass das Scherflein, das mir da zu Lasten fällt, kaum ein Schwarzgelbes Kreuz wert sein wird. Denn diese Menschen regen sich selbst dann nicht, wenn vor dem Schaufenster der Delikatessen sich schon das Ausland ansammelt und an die Parias die Gabe wendet, welche man besitzt, indem man sie gibt. Unaufmerksam bleiben die drin nicht; mit der dem Schurkengewissen eigentümlichen Großmut wird der Verteilungsmodus erörtert und eingeräumt, dass nicht in erster Linie sie selbst – wie selbstlos –, sondern „zunächst die Ärmsten der Armen" beschenkt werden sollen. Würden sie nicht drinnen schon bedient, so müsste man fragen: Ja warum denn? Schafft Armut denn ein Vorrecht auf Sättigung? Alle Magen sind gleichartig erschaffen und wenn Hungersnot im Land ist, so haben doch die Reichsten der Reichen die Speise ebenso nötig wie alle andern? Aber sie geben ja zu, auch wenn wir's nicht im Vorbeigehn feststellen könnten, dass sie versorgt sind, und darum überlassen sie den Einlauf der Schwei-

zer Wohltätigkeit zunächst den andern. Und sind sie denn nicht auch an
ihr aktiv beteiligt, wie nur an den Gelegenheiten, die die Charitas während des Kriegs gemacht hat? Ihre „Aufmerksamkeit" gilt der Ankunft
des Schweizer Hilfszugs, der seinerseits dem genius loci das Zugeständnis macht, dass er an diesem mit Verspätung ankommt und nicht ohne
eine Entgleisung in St. Pölten erlitten zu haben. Ist er aber einmal zur
Stelle, so sind sie es auch, und ganz wie im Frieden, ganz wie im Krieg,
ganz wie beim Debüt des Grafen Czernin sind sie unter jenen Anwesenden, unter welchen man bemerkte, sie und immer sie, die Spitzen und
die Stützen, die Vertreter, die wenigen, die auserwählt sind, die Frühauf-
steher, die Ersten die die Letzten sein werden, die last not least, die Lü-
ckenbüßer, die Augendiener und die falschen Brüder, die mit unserem
Pfunde wuchern, mit fremdem Kalbe pflügen, die da ernten, wo sie nicht
gesäet haben, Steine statt Brot geben, zahlreiche Offiziere und viele Damen. Ein Rudel von Immerdenselben, stets unter sich und dennoch, wie
einsam in ihrer Scham Verlassenheit! Keiner errötet bei der Vorstellung,
dass der Schweizer Delegierte ihn fragen könnte, wieso er so gut aussehe.
Und sie können von Glück sagen, dass die Frage, ob nicht die Ringstraße,
das Rathausviertel, das Cottage und Hietzing annähernd so viel abgeben
könnten wie ganz Zürich, auch von Zürich unterdrückt wird, nicht weil
sie dann verlegen würden, sondern weil dann Favoriten, Fünfhaus, Bri-
gittenau und Ottakring überhaupt nichts kriegten. Am wünschenswer-
testen freilich wäre jener moralische Ausgleich, durch den die Schweizer
den einen ihr Mitleid bewahrten und für die andern ihre Verachtung
übrig hätten, und beide Gefühle für eine Autorität, die jegliche Macht
gehabt hat, nur die eine nicht, mit den Privilegien der Verdauung aufzuräumen und eine Ordnung der Not herzustellen, bei der die bekannte
Rolle des Geldes, „keine Rolle zu spielen", einmal im redlichen Sinne zur
Geltung kommt. Weil dann erst das Recht einer Hungergemeinde fest-
stünde, an die Mildtätigkeit des Auslands zu appellieren, die weiß Gott
nicht zugänglicher sein sollte als das Gewissen des Inlands. Wer unterzö-
ge sich der Mühe, in den gutsituierten Herzen Nachschau nach dem
Vorrat an Erbarmen zu halten, an einer Nächstenliebe, die doch schon
ein Raumbegriff wäre? Doch nicht einmal die Offiziere der englischen
Mission, die jetzt von den Reichsten der Reichen, den Schamlosesten der
Schamlosen an ihre Tafeln geladen werden und deren Reservestellung
von den Besiegten im Sturm genommen wird. Wer untersuchte denn, ob
die Wiener gleich den Zürchern unter den Hiobsnachrichten aus Wien

seelisch leiden, als ginge das Gespenst des Hungers durch ihre eigene Stadt? Sie ha- ben's ja nicht nötig, weil sie das Gespenst doch eh bei der Hand haben, also auf Erzählungen und Berichte nicht angewiesen sind; weil, wenn sie aus dem „Rostraum", nicht etwa einer vom irdischen Jammer entlegenen Hölle, sondern des Hotel Bristol heraustreten, sie der Spazierweg durch eine Allee von Menschenstummeln aller Art führt, von Fragmenten und Freaks, die einen Barnum faszinieren könnten und wie erst mit diesem ganzen Kontrast lustwandelnder Beleibtheit! Dies alles haben sie doch alle Tage, vor und nach Tisch, und wenn's ihnen aufstößt, so steht es, liegt es, kriecht es vor ihren Füßen. Ein müder Sperling sitzt auf einem Schutthaufen, vor dem Gebäude des Kriegspressequartiers; nein, ein Umhängtuch ist es; nein, ein zaundürres, winziges Stückchen Greisenalter; sie ist vor Erschöpfung gerade dort eingesunken. Vor dem Kriegsministerium sitzt der Radetzky; sie sitzt vor dem Kriegspressequartier. Nie sah ich Ärmeres. Es ist die Glorie.

So habe ich ihr Ende immer geschaut. Vom Mord zum Raub, vom Raub zum Fraß eilen die dort vorbei; das Kriegsglück hat sie über den Mittelstand emporgehoben. Für das Gespenst des Hungers, das da sitzt, wird schon die Schweiz sorgen. Sie machen sogar Propaganda. Wie einst, als es uns schlecht ging, für unsern Wohlstand, so jetzt, da sich nichts verändert hat, für unsere Not. Nichts ist ihnen erwünschter, als dass das neutrale Ausland und hoffentlich der Feind erfährt, dass es uns schlecht geht. Dass die Ärmsten der Armen verhungern und die andern – zur Not – versorgt sind. Sie genieren sich nicht, für die Bettler betteln zu gehen, auch wenn's keine Medaille mehr trägt und selbst wenn's keine Reklame mehr trüge, nur die Wohltat, nichts geben zu müssen; so selbstlos sind sie. Ihnen die Erbärmlichkeit, den andern das Erbarmen. In ihren Zeitungen wird der Hungertod von Studenten – die Fälle sind gesucht – zu Stimmungsbildern verarbeitet: „Wochenlang dauerte dieses stumme Ringen, wochenlang saß der Arme kraftlos zu Hause, sah er unzählige Male auf die Tür ... Niemand kam, niemand half, nur der Tod schlich herein und schlich langsam, langsam auf sein Opfer los", und so starb jener, der durch das Feuilletonhonorar, das dieser an seinem Hungertod verdient, zu retten gewesen wäre.

Es muss das Klima sein; anders ist bei den Menschen, die hier den Kulturton geben und nehmen, dieser unbezähmbare Drang nach seelischer Entblößung nicht zu erklären, und in keiner andern Zone beobachtet man diese völlige, ihrer selbst unbewusste, keiner Fliege ein Haar

krümmen könnende Grausamkeit, die sich noch an den Motiven des
Mitleids und der Nächstenliebe vergreift. Sie fühlen vielleicht mehr,
wenn sie Blinde frozzeln, als wenn sie Tote beklagen. Aber wenn sie beim
Nachtmahl die Statistik der Kinderleichen ihrer Stadt lesen und dass
sich da „die Kette zusammenschließt, die bei der Unterernährung beginnt und beim großen Sterben durch Tuberkulose und Blutarmut endet", so fühlen sie nicht einmal, dass sie selbst die Kette sind mit ihrem
Handel und Wandel, mit ihrer Presse, mit ihrer tödlichen Moral von
Leben und Lebenlassen. Und während ein Schock ihrer Opfer verscharrt
wird, wälzt sich eine Jauche von Frohsinn durch die Straßen, aus der
kein Menschenfischer einer Seele habhaft werden kann. Die hier entarten noch in der Niederlage. Was hier lebt, wüsste keinen Grund hiefür
anzugeben; aber sie sind von einem nie enttäuschten Wunderglauben
berechtigt, der dem Selbsterhaltungtrieb eine Art Weihe gibt. Sie sind
im Krieg nicht von Bomben, sondern von Flugzetteln heimgesucht worden, sie überstehen die Revolution, weil sie überzeugt sind, dass die
Bolschewiken – Plural von „der Bolschewiki" –, deren Problem der
Spießbürger aller Kapitalsverbände doch wenigstens in Angstträumen
erlebt, nichts für Wien sind. Sie haben auf Vulkanen getanzt; sie machen
sich's in Kratern kommod. Wie sollte ihnen die Revolution was anhaben,
da sie die österreichische Ordnung aushielten und vor der Weltgeschichte mit dem Merkmal dastehn, „in diesem Wust von Raserei", im Mittelpunkt der nationalen Hexenküche es „gemütlich" gefunden zu haben!
Wenn ein Cafetier seinen Entschluss, abzudanken, feierlich widerruft, so
nehmen sie's als Pfand für die Restauration der Monarchie, und der Untergang des Wieners vollzieht sich nur wie der des Hans Styx, der endlos
aus der Versenkung auftaucht, um zu versichern, dass er einst Prinz war
von Arkadien. Diese einzigartige, am höchsten Vorbild geschulte Über-
lebensfähigkeit erklärt sich als Gabe, zugleich nach oben und unten,
nach der Vergangenheit und nach der Zukunft den Anschluss nicht zu
versäumen. Er kriecht überall hinein, wo es dem ungelenkern deutschen
Bruder „vorbeigelingt", und wenn dieser noch untendurch ist, ist jener
schon obenauf. Er hat einen „eisernen Vurrat" von monarchistischen
Vorstellungen, an den er nicht rühren lässt, aber kein Schlagwort der
Entwicklung gibt es, auf das er nicht anbeißt. Dieses Charakterbild einer
in Bewegung geratenen Gallerte, deren Farbenspiel das Entzücken aller
Kulturspezialisten bildet, kommt am deutlichsten in der Schamlosigkeit
eines Literatentums zur Erscheinung, das gestern vor dem elastischen

Schritt einer Sekundogenitur im Staube lag und sich heute um einen Freiplatz auf der Barrikade bewirbt, das seinen Männerstolz hinter Königsthronen nun ohne Königsthrone erst zur Geltung bringt. Mangels jeglicher Haltung diese in allen Lebenslagen bewahren; auf alles gefasst sein, weil man von nichts zu fassen ist; aus nichts die Konsequenz ziehen können und nicht einmal aus dem Nichts ihres Seins; nichts ernst nehmen und nicht einmal diese größte Tragödie: sich selbst – das ist die Struktur von Menschen, für die nur das eine charakteristisch ist, dass sich zu ihrer Wesensbestimmung nichts Definitives sagen lässt, es wäre denn das tödliche Urteil, dass sie dazu geboren scheinen, die Wähler des Grafen Czernin zu sein. Wohl entspricht es ihrer Erziehung, mit Fingern auf einen zu zeigen, aber es gilt mehr den markanten Persönlichkeiten als den anrüchigen und solchen nur dann, wenn im Morgenblatt etwas zu lesen war, was aber die Leser wie die Betroffenen bis zum Abendblatt bereits vergessen haben, sodass diese sich getrost noch am selben Tag wieder am Graben zeigen können. Im Gegenteil, bliebe einer aus, so würde man allerlei munkeln und dann erst entstünde ein Gerücht, das bei Weitem bedenklicher und verlässlicher ist als ein Beweis. Als Inbegriff einer Ehrenrettung aber dünkt sie jener Entschluss, der sich in der vollkommensten Negation aller Anfechtung ausdrückt: Gar net ignorieren!, und wenn einer tot ist, so scheint es sich ihnen endlich aufzuklären, warum man ihn jetzt so selten auf der Ringstraße sieht. Sie haben es gar nicht nötig, Katastrophen umzulügen; sie nehmen sie einfach nicht zur Kenntnis. Jene Selbstbekömmlichkeit des neudeutschen Wesens, der bei jedem Verlust ein Nationalschatz herauskommt, jeder Rückzug als strategischer Triumph resultiert, jeder feindliche Vorstoß als des Feindes bitterste Enttäuschung, und die uns diese letzten Geduldproben von Heeresberichten auferlegt hat, in denen noch die pure Wahrheit eine Lüge war, findet hier ihr Pendant in einer Gemütsverfassung, die sich gar nicht erst mit dem Umschalten abstrapaziert, sondern einfach ausschaltet, fertig. Um aber auch der Mitwelt tunlichst entgegenzukommen und damit sie die Missbildung nicht merke, schließt man die Augen und hält sich die Ohren zu, damit sich auch niemand über den Lärm beschweren kann. Indem sich aber keiner die Nase zuhält, ist der Beweis geliefert, dass es nicht stinkt. Was immer ihr Staatsamt aufdecken mag, Leute, deren Element die Neugierde ist, berührt kein sachliches Verschulden, wenn nicht etwa die Wäsche, die aus Monturdepots abhanden kam, Bettwäsche war, und wer nur in der Generalversammlung von Staatsverbrechern unter anderen bemerkt wurde, bleibt ein Mitglied der guten Gesellschaft. Auf Rehabilitierung wird kein Wert gelegt; gelingt sie, so gewahrt niemand, wie viel Schmutz für die andern abfällt. Da ein einziger Würdenträger von dem Vorwurf, Armeegut für sein Bedürfnis erhalten zu haben, losgesprochen war, schien die alte Macht rehabilitiert. Denn ihr war das Glück widerfahren, dass jener die Wäsche für arme italienische Kriegsgefangene gebraucht hat, die das Hemd acht Monate nicht gewechselt hatten und von Ungeziefer starrten. Und niemand empfand die Schmach einer Wirtschaft, der solche Anklage zur Verteidigung frommt. Niemand fühlt den Wunsch, man hätte doch tausend Lagerinspizienten zu Unrecht beschuldigen sollen, Wäsche und Nahrung für sich empfangen zu haben, wenn auf diese Art nur festgestellt wurde, dass es den armen Gefangenen zugute gekommen ist, und das Schauerbild aus der Erinnerung verbannt war von den zwei halbverhungerten Russen in dem seit Tagen nicht geöffneten Raum: Sie waren schon so entkräftet, dass sie sich nicht erheben konnten, um den zwischen ihnen verwesten Leichnam ihres Bettgenossen fortzuschaffen, bis ein Namensvetter jenes Czernin, der damals seinen Frieden mit Russland machte, auf den Übelstand aufmerksam ward und mit der Entfernung des Leichnams die des lebendigen Lagerkommandanten veranlasste. Und die Verweser all unserer Lebensgüter spürten nicht das satirische Grauen jenes „Erlasses", durch welchen militärische Stellen beauftragt wurden, „diesbezüglich das Weitere zu veranlassen", damit durch die „Entfaltung einer der russischen Volksseele angepassten Propaganda" tunlichst auf die Gefühle eingewirkt werde, mit denen die russischen Kriegsgefangenen „an die in unserem Vaterlande verbrachte Zeit zurückdenken". Sie sollten dereinst sagen können: Schön war's doch! Zu diesem Behufe sollten sie aber, soweit sie nämlich mit dem Leben davonkamen und nicht bestimmt waren, noch auf dem Nordbahnhof erschossen zu werden, „erst knapp vor Abfahrt" dieser Propaganda ausgesetzt werden, damit „dieselben mit dem frischen unvermittelten Eindruck, den sie hiebei empfangen, in ihre Heimat zurückgelangen". In einer der beiden urkomischen Fassungen, die mir vorliegen, wird die Hoffnung ausgesprochen, dass durch „eine im richtigen Augenblick zeitgerecht einsetzende Einwirkung unsererseits" es gelingen werde, „von den zahllosen, in der Gefangenschaft gewonnenen Eindrücken und Erfahrungen die ungünstigen abzuschwächen, die erfreulichen und angenehmen jedoch zu beleben und zu befestigen".

Unter den Mitteln, mit denen die Einwirkung auf die russische Volksseele erzielt werden sollte, fehlt nicht der Hinweis darauf, dass wir eh die
reinen Lamperln sind, wie speziell, was nicht zu vergessen ist, auf die
„vielen früheren Kriege, wo Russen und Österreich-Ungarn tapfer zu-
sammengekämpft haben", und so, wenn in den letzten Tagen auch noch
a bissl die Menage aufgebessert wird, werde es denn nicht fehlen können,
dass die in ihre Heimat zurückkehrenden Russen nicht nur „nicht mit
stumpfer Gleichgültigkeit oder gar feindseligem Hass an uns zurückdenken, sondern wissentlich und aus voller Überzeugung als Sendboten
öst.-ung. Kultur in ihrem eigenen Vaterlande tätig sein werden". Sodass
also die Propaganda dann von ihnen selber gemacht wird. Mehr als das.
Der auch den Russen unvergessliche Typus Nowotny von Eichensieg,
der jetzt seine humanen Abschiedskapriolen macht, hofft, dass sie ihn
selbst zum Dank hiefür „stramm und gehorsam salutierend begrüßen"
werden. Ich kann nur sagen, dass die russischen Kriegsgefangenen die
Tränen, die sie hier vergossen haben, nun lachen müssten, wenn sie diesen Erlass, in beiden Gestalten, zu Gesicht bekämen, in welchem noch
speziell auf die „rasche und rückhaltlose Anknüpfung von Handelsbe-
ziehungen" Wert gelegt wird, und dass ihre Geneigtheit, Sendboten der
öst.-ung. Kultur oder sogar deren Agenten zu werden, schier zu einem
unbändigen Verlangen ausarten würde. Eine solche „Umstimmung der
russischen Volksseele", die das Kriegsministerium im vierten Jahr der
Verwahrlosung der russischen Volkskörper angeordnet hat, um den
„Abbau der von unseren Feinden über die ganze Welt verbreiteten Lü-
genpropaganda" endlich herbeizuführen, ist infolge Demolierung des
Hauses Österreich leider nicht mehr erfolgt; sie ließe sich nur durch
Verteilung des Textes nachholen. Die Welt braucht eine Aufheiterung;
ihr sollten die Schritte nicht vorenthalten werden, die Österreich diesbezüglich und tunlichst unternommen hat, „um eine günstige Einwirkung
zu erzielen", und die wie so vieles andere die Bemühung des tragischen
Hanswurstes geblieben sind, um die letzten Zuckungen der Menschheit
zu parodieren. Und ein Da capo würde am Schluss dem Saltomortale
danken: „Mit einer aus tiefster Wahrhaftigkeit entspringenden Überzeugung kann gerade in Österreich-Ungarn" (wo also nicht?) „den heimkehrenden Russen die offenherzige Versicherung mitgegeben werden,
wie wenig unser Vaterland den Krieg gewollt hat." Ja dieser Janus mit
den zwei Gesichtern, von denen das eine vorwärts sieht, das des Falloten,
und das andere rückwärts, das des Idioten, konnte endlich den Tempel

„zuspirrn". Aber die Gläubigen werden nicht alle, und die Priester auch nicht, und da sie allesamt in einer Luft leben, in der sie Ehrlosigkeit einatmen, so ist es ihnen ein sittliches Bedürfnis, den armen, verfolgten Kerkermeistern der Menschheit gegen die grausamen Befreier beizustehn. Krieg ist Krieg der andern, Revolution der eigene Krieg. Der Kriegsgewinn erweist sich dem Säbel erkenntlich, und im Burgfrieden des durchdringendsten Judentums und des stumpfsten Antisemitismus arbeitet die einzig authentische Geldrasse, die gemeinsame, gegen alle Entsündigung. Welt- und wahlverwandt, der unverfälscht utilitarische Schlag geborner Parteigegner, die einander nur nicht riechen konnten, solange sie nicht wussten, dass sie beide stinken. Moabitische Gestalten, die schon im Frieden wie der goldgelbe Götze Mammon aussahen und nun den Bauch des Moloch dazugewonnen haben, sind jene „Individualitäten", für deren Entfaltung Spielraum verlangt und in biografischen Porträts geworben wird, die so ähnlich sind, dass man durch Brechreiz eine optische Täuschung erlebt, und da die Kontakte dieser eiterigen Welt die unumstößliche Norm sind, der auch alle Würde und selbst aller Umschwung erliegt, so hat der Staatskanzler manchmal die Liebenswürdigkeit, einem unserer Mitarbeiter Gelegenheit zu geben. Männer aber, deren Ehre, Mut und Verstand in der hirnlosen Schmach dieser Soldatenjahre heil geblieben sind, wie Heinrich Lammasch, von einem selbstverräterischen Volk so lange vereinsamt, bis er ihm nicht mehr helfen konnte, oder Friedrich Austerlitz, der durch seine Strafakten über die Feldjustiz mehr zur Belehrung der Überlebenden und der Nachlebenden getan hat, als hundert Kriegsschreiber zu ihrer Belügung imstande waren, haben Österreichs Hinterbliebenen weniger zu sagen als die bezahlten Lobredner des verblichenen Phantoms. Und das Andenken eines Viktor Adler, die in jeder Kulturgemeinschaft fortwirkende Macht eines sittlichen Vorbilds, das auch dem abgewandten Leben etwas von bleibender Ehrfurcht hinterlässt, versagt an der vorsätzlichen Niedrigkeit der Wiener Denkform, an dem unseligen Justament, das der letzte Wille einer Empuse ihren Völkern vermacht hat. Nichts ist zu hoffen, denn da kann man halt nichts machen. Gegen die Überraschungen der Wahrheit sind sie durch Frechheit gefeit, gegen den Zugriff der Gewalt durch Höflichkeit, und sie würden nicht zögern, zum Schutz vor Enthüllungen die Pariser Polizei in Anspruch zu nehmen, da ihnen die hiesige nicht mehr helfen kann. Gegen sie selbst aber, gegen ihre Verleumdung, gegen ihre schmutzige Annäherung schützt keine Ehre und kein geistiges Verdienst. An solche Kreaturen habe ich die Nächte von zwanzig Jahren gewendet. Keinen einzigen Beweis ihrer Unheiligkeit, ihrer Ungläubigkeit vor dem Geist, ihrer Abhängigkeit von der Lüge, ihrer jovialen Bosheit, ihrer souveränen Niedrigkeit und der stupiden Qual ihrer Klischees haben sie mir bis zu diesem Tage zum Opfer gebracht.

So sage ich denn: Dass ich dem toten Russen zwischen den Flügelmännern des Hungers mehr nachtrauere als diesem Österreich, dessen Verwesung noch die neue Zeitluft bedrängen möchte. Und dass ich nichts so sehr gehasst habe als mein Vaterland, dessen Lebzeiten mir keinen Augenblick das Gefühl, in der freien Luft der Gotteswelt zu atmen, gegönnt, die Sorge um sterbende Werte genommen haben. Wiewohl sein Ruf in meine glorienreine Abgeschiedenheit kaum je anders als durch die fantastischen Zumutungen des vaterländischen Telefons gedrungen ist, in denen mir das ganze Wirrsal dieses kreuz und queren Staatswesens halluziniert war, mit seiner vielstimmigen Konferenz aller Kobolde und Genien des Lokus, mit seinem ganzen Inbegriff aller Störungsbüros; wiewohl ich mithin nur bestimmt war, diesem irreparablen Altar des Vaterlands mein Nervenleben zu weihen, so kann ich doch den beispiellosen Gewinn ermessen, den sein Verlust bedeutet, nebst der Frivolität jener, die ihn betrauern. Denn wenn zum endlichen Beweise der Menschheit allüberall die Stunde anbricht, wo Vaterland als Zeitverlust und als eine Einbuße an Lebensgütern empfunden wird, so grenzt es an Affenschande, den abgelebten Fabel- und Fibelwert einem Verein reservieren zu wollen, dessen Statuten geradezu darauf abgezielt waren, ihn zum Schaden seiner Mitglieder auszuwirken. Es kann angesichts des Hingangs dieses Toten, der es lange genug war und uns von der Pietät zu leben zwang, keine würdigere Empfindung geben als die der Freude, gemindert durch das schmerzliche Bedauern, dass kein Teilchen von ihm übriggeblieben ist, um sie zur Schadenfreude zu veredeln. Wenn Deutsch-Österreich sich vom Gemüt seiner Inwohner verführen lassen wollte, sich als ein Stück von ihm zu bekennen, so gäb's eine Mordshetz! Es sollte aber nicht. Nur den einen Zusammenhang darf es geben: die dumpfe Erinnerung an einen überstandenen Angsttraum. Wir hatten einmal eine Sage gehört von einem bösen Missstaat, den ein Dämon träumte, nun schliefen wir ein und träumten's auch. Erwachend aber greift Zettel der Weber, der nicht in die Arme einer Feenkönigin, sondern einer Hexe eingerückt war, die ihn immer zu salutieren zwang, sich noch einmal an die Stirn und spricht: „Ich habe ein äußerst rares Gesicht gehabt." Er hat das österreichische Antlitz gesehn. „Ich hatte 'nen Traum – 's geht über Menschenwitz, zu sagen, was es für ein Traum war. Der Mensch ist nur ein Esel, wenn er sich einfallen lässt, diesen Traum aus-zulegen. Mir war, als wär' ich – kein Menschenkind kann sagen, was. Mir war, als wär' ich, und mir war, als hätt' ich – aber der Mensch ist nur ein lumpiger Hanswurst, wenn er sich unterfängt, zu sagen, was mir war, als hätt' ich's; des Menschen Auge hat's nicht gehört, des Menschen Ohr hat's nicht gesehen, des Menschen Hand kann's nicht schmecken, seine Zunge kann's nicht begreifen, und sein Herz nicht wieder sagen, was mein Traum war. Ich will den Peter Squenz dazu kriegen, mir von diesem Traum eine Ballade zu schreiben; sie soll Zettels Traum heißen, weil sie so seltsam angezettelt ist, und ich will sie gegen das Ende des Stücks vor dem Herzoge singen." Es geht über Menschenwitz, zu sagen, was es für ein Traum war. Er hatte geträumt, dass er die Montur eines Esels trug! Was für ein Esel war er, diese Montur zu tragen! Und wie er sich schämt! Er war einrückend gemacht; nun rückt er von sich ab. Und die hier? Die bekennen sich zum Alpdruck dieser feldgrauen Nacht und träumen von ihrem Traum. Zeit- und Landsgenossen dieser Unsäglichkeiten gewesen zu sein, es erniedrigt sie nicht. Sie fühlen keinen Schauder vor dem guten Gewissen, das ihnen ferneren Schlaf, Verdauung und Begattung erlaubt; nein, sie fühlen einen Zuwachs an Ehre: den Anstiftern, Organisatoren und Helfern einer Tat, die eine Zukunftsbibel als das größte Erbrechen der Sünde in das Antlitz der Schöpfung zeichnen wird, auf der Straße zu begegnen und die blutige Hand zu drücken, den Charlatanen am Welt-gericht, Diurnistenseelen, die den jüngsten Tag dazunahmen, und die, wenn sie sonst nichts über uns verhängt hätten als die Posaunen ihrer blechernen Phraseologie, und wenn wir ihres Waltens keinen Hauch verspürt hätten als die Verwandlung eines österreichischen Eisenbahn-klosetts, des Inferno der Friedenszeiten, in einen Protektionsplatz – ihr ganzes emeritiertes Leben dortselbst zu verbringen Anspruch hätten! Diese Eisenfresser, die nicht einmal ahnten, dass sie vom Wucher ge-schoben wurden wie ein Waggon Speck, wenn sie nicht zufällig das Un-ternehmen in eigener Regie führten, sind wie Pfauen und Paradiesvögel durch unsere Hölle stolziert – und dieser Stolz war der unsere und diese Dummheit war die unsere, 's geht über Menschenwitz, zu sagen, wie dumm wir waren! Und wie erbärmlich wir sind, wenn wir noch auf das Naturrecht der Dummheit, sich vor ihren Betrügern zu schämen, ver-zichten wollen, wenn wir diese nicht verleugnen, sondern der schamlosen Dummheit fähig sind, jene zu verleugnen, die uns gerettet haben! Wollen wir aber das Beispiel Zettels des Webers nicht, so sollten wir doch den Schuster Voigt als Lehrmeister anerkennen. Und war's kein Traum, so war's eine gigantische Köpenickiade. Und wenn wir nicht die Uniform trugen, so sind wir ihr aufgesessen. Und sind einfach aus dem Grund, weil eine Horde von Plünderern – man liest dergleichen – in militärischer Verkleidung gegen uns angerückt kam, bereit gewesen, alles, was wir am Leib und an der Seele hatten, und das Leben selbst auszuliefern, denn wir waren im Glauben, es sei für's Vaterland. Aber wahrlich, die falschen Patrouillen, die so oft in die Wohnungen drangen und die Hausbewohner aufs Knie zwangen, waren um kein Jota weniger legitimiert als die echten, und der Menschheitsbetrug, zu dessen Opfern wir seit Generationen erzogen waren, bestand in der frechen Irreführung, dass die echten die echten seien. Die vaterländische Idee war nichts anderes als der Ruhmfusel zur Animierung für ein bei klarem Verstand zweifelhaftes Geschäft und unzweifelhaftes Verbrechen, als die verklärende Ausrede für einen Diebsplan, und darum ein Betrug am Beutel und am Ideal zugleich; ihre Exekutoren nichts als mehr oder minder bewusste Einbrecher, deren Komplizen Seelsorger, Jugendbildner, Ärzte und sonstige Konsorten der Humanität, ihre Opfer beklagenswert, tadelnswert und nur entschuldigt durch eine angeborne, von der vaterländischen Erziehung bestärkte Geistesschwäche. Einen größeren Schaden, um klug zu werden, hat es nie zuvor gegeben, seit dem Tag, da die bewohnte Erde die satanische Lust bekam, sich mutwillig der Vorteile einer Gottesschöpfung zu begeben. Nie ist mehr Licht in der Finsternis aufgegangen, nie war der Zusammenhang zwischen dem Geistproblem und der Wirtschaftsfrage so schonungslos klar bis zu der Erkenntnis, dass gedrosseltes Gas vom gedrosselten Atem kommt. Jener Welt, die es besser hat, Amerika, haben wir mehr zu verdanken, als wir durch den grausamsten Ausgang verlieren könnten, und auch durch alle Verluste, die alle blutberauschte Menschheit sich selbst noch vorbehält. Denn nicht von Feind zu Feind, zwischen Front und Stadt auch müssen diese Unstimmigkeiten beglichen werden; es gibt noch Panzerautomobile, einem Korso zu begegnen, und, zum Ungeheuren gewöhnt, warten wir, bis das Leben der Quantität im Tod ersattet ist. Nur dem Fantasiebankrott, der ihn ermöglicht hat, gedeiht die Vorstellung, dass dieser Krieg mit einem Frieden endet. So sachlich befriedigt sich eine durch Mechanik aufgerissene Natur nicht; und das Wunder der Idee wirkt nicht nach der Uhr.

Wilsons unsterbliche Tat – von dem unsterblichen Gedanken jenes Kant bezogen, dessen kategorischen Imperativ die Deutschen als Reglementsvorschrift erfassten, damit sie Nietzsches Willen zur Macht desto besser verstehen konnten – ist die Befreiung unseres geistigen Schatzes von dem bösen Königsdrachen, der ihn verarmt und verschmutzt hatte, von jenem Basilisken, der in unserer Mythologie durch seinen Blick getötet hat, aber in der Naturgeschichte Amerikas als eine unschädliche Eidechse geführt wird. Nie mehr wird aus den glücklich verhängten Schaufenstern, die noch keine neuen Missgeburten bieten können, uns dieses Gesicht, vor dem sich der eigene Bart sträubte, bedrohen; nie mehr daneben das österreichische Antlitz zu unsern Herzen sprechen, als Edelgreis oder Edelknabe, im Gebet versunken oder vom Arbeitstisch des Hofsalonwagens ins blutige Leere schauend, beiderseits ohne es gewollt zu haben. Nie mehr sehen wir jenen Königsdrachen, den Leibesklumpen emporgereckt zu der ersehnten Höhe, zu der erträumten Geste des Schwertstreichs, die wahrhaftig den Krieg erklärt, unter Volksvertretern, die nicht mehr als Parteien, nur noch als Idioten gekannt sein wollen. Nie mehr die widerliche Szene, wie dem Basiliskenblick, gesenkten Hauptes, Tränen enttropfen; nie mehr die peinigende Berufung des Freiheitskriegers, dem es, noch im vierten Jahr, kein Kampf um die Güter der Erde ist; nie mehr das Schmählichste von allem, wie ein Haufe dieses ärmsten Menschenviehs, ganz mit den verzerrten Mäulern und irren Augen, ganz wie's zwischen Gitterstäben eines Transports zur Schlachtbank sichtbar ist, vor dem Sturmangriff „Wir treten zu beten vor Gott den Gerechten" anstimmt. Nie mehr werden wir's schauen, nie mehr wird es sein. Von der Glorie entlaust, mit dem Menschenrecht, dass wieder Geist wachse, wo Zierat und Untat war, gehn wir in die Welt ein, und das verdanken wir dem nüchternen Prinzip jener Anstalt, die unsere Romantik nicht gescheut hat, um uns den Kopf zurechtzusetzen. Denn es geschah das Wunder, dass der barste Lebenssinn an uns zur Ekstase entbrannte, um uns vom Mischmasch zu erlösen, und dass er sich freiwillig unter den letzten Fluch eines falschen Lebens begab, unter den Heldenzwang, fanatisch entschlossen, uns von ihm zu befreien. Wilson hat den Völkern Europas geholfen, ihre heiligsten Güter zu wahren! Der Gedanke des Völkerbunds ist so stark, dass es seiner Durchführung nicht braucht, um die Welt mores zu lehren, sondern nur der Bereitschaft eines Staates, lieber erobert als gerüstet zu sein. Die schlechte Einteilung, dass Menschen, die mit Lunge, Leber, Milz und anderen Organen ausgestattet sind wie wir, nur deshalb, weil sie kein Gehirn haben, dafür durch Ansehen von uns entschädigt sein sollen, ist beseitigt. Dass solchen Individuen gar die Entscheidung über unser Leben anzuvertrauen wäre und dass es gut so sei, wird kein Fibelstück künftig mehr den Kleinen erzählen, die schon dadurch, dass sie nicht mehr gelehrt werden sollen, Speere zu werfen, wieder anfangen werden die Götter zu ehren. Eine Untersuchung darüber, ob irgendje an einer Feldherrntat der Genius beteiligt war, wird für eine künftige Geistesbildung unerheblich sein, da die Schändung des Handwerks durch die Inspiration jener, die eine Metzgerarbeit um ihrer eigenen Existenz willen befehligt haben, die angeekelte Menschheit zu anderen Interessen bekehren, und an der Erfindung des Schießpulvers für alle Zukunft nichts weiter bemerkenswert sein wird als ihre Gleichzeitigkeit mit der Erfindung der Druckerschwärze. Überhaupt wird der geschichtlichen Wissenschaft das Opfer nicht erspart bleiben, auf einen guten Teil ihrer positiven Ergebnisse für den verneinenden Gebrauch der Kulturgeschichte zu verzichten. Nicht jene, diese wird die Jahreszahlen der Offensiven verzeichnen; diese wird, nebst Konterfei, den Lebenslauf der Generale aufbewahren, die, von der technischen Durchbildung ihres Berufes abgesehen, auch alle Disziplinen des Geistes dem Zwecke der Menschenschlachtung unterzuordnen vermocht haben: die Theologie zur „Aufpulverung" einer Mannschaft, die durch Schlamm und Schnee stürmen und nicht vor dem Heldentod Hungers sterben soll, die Medizin zur Zusammenflickung ihrer Leiber, die Juristerei zu ihrer Hinrichtung, und die Philosophie zur Verleihung des Ehrendoktorats aufgrund dieser Verdienste an die Generalität. Die Kulturgeschichte wird, wenn sie allen strategischen Sinn als die Aufgabe erfasst, den Völkern unter dem Vorwand der Kriegführung das Vaterland zum Feind zu machen, den eigentlichen Kriegsplan nicht übersehen dürfen: eine gerechte Einteilung der Welt in Front und Hinterland, die eben der Gelegenheit zum Mord auch eine Entschädigung durch Raub anschließt. Dabei wird die Kulturgeschichte des Anschauungsunterrichts in den wenigsten Fällen entbehren können, da die meisten des Versuchs, sie durch schriftliche Mitteilung glaubhaft zu machen, schon heute spotten. Wenn sie nicht versäumen wird, aus Weltspiegeln und Interessanten Blättern die Fotografien zu übernehmen, welche die Feldkuraten beim letzten Liebesdienst an sterbenden Helden zeigen und die Scharfrichter post festum beim Fest; wenn sie die Altäre aus Schrapnells, die Kruzifixe aus Granaten, die Kronprinzeninitialen aus Flammen, die Kinder mit

Gasmasken verewigen soll, so wird sie auch bestrebt sein, Genreszenen, die am Tatort nicht fotografiert worden sind, nachzubilden, wie etwa die Frauen, die vor deutschen Offizieren einen Knix machen müssen; die deutschen Verwundeten, die vor dem Oberstabsarzt habtachtliegen; die Austauschinvaliden, die am Ziel unter den Klängen des Radetzkymarsches zusammenbrechen; und den Kaiser, der dem Kriegsschmock die Taschen mit Zwieback vollstopft; und den Blutsverbündeten, der in den Gassen des Hauptquartiers mit dem Marschallstab spaziert; den Strategen, der während der Bluthochzeit auf Freiersfüßen geht, und wie er vom Fotografen abwechselnd beim Kartenstudium sämtlicher Kriegsschauplätze betreten wird; und alle Großen, wie sie entweder vor der Offensive Skizzen für illustrierte Blätter entwerfen oder durch Bildhauerinnen vom Gang der Schlacht abgelenkt werden; und wie das übervolle Haus den Helden begeistert zujubelte, die stramm salutierend dankten; und überhaupt alles, was an Selbstenthüllung von Monumenten der Nichtigkeit, an stolzer Unwürde, frecher Entwürdigung des andern, spaßhaftem Grauen, Regimentsmusik zu Todeszuckungen, und allem Diskant von Phrase und Qual in dieser Dreck- und Feuertaufe einer wehrlosen Waffenwelt zustande gekommen ist, in der Ordnung dieser Jahre, die die Menschheit in Gruppen teilte, um die einen mit Ehrenzeichen, die andern mit Narben, die einen mit Prozenten, die andern mit Läusen zu versehn. Die Kulturgeschichte versäume mir nichts. Die Völker sollen untereinander vergessen: Die Menschheit vergesse und verzeihe nichts, was sie sich angetan hat! Sie erkenne ihr Heldentum in den Exzessen der gepanzerten Ohnmacht, in den Räuschen der Feigheit, der Tücke und der Hysterie. Sie schaue das österreichische Antlitz in allen Formen. Sie fasse die Unermesslichkeit der Tatsache, dass ein Renngigerl die Welt von anno dazumal in den Tod geführt hat, und agnosziere sie in den Zügen dieser feschen Harmlosigkeit, die sich im Leitartikel bestätigen ließ, dass sie in voller Verantwortung der diplomatischen Urheberschaft entschlossen war, persönlich in eine Stabsmenage der italienischen Front abzugehen, um dem Erbfeind Aug in Aug gegenüberzutreten. Die Kulturgeschichte unterlasse nicht, dieses „Schau mir ins Auge" des nun gesicherten Endsiegs in der schamlosen Darbietung für die „Woche", diese beherzte Zugsführerattitüde, der nur statt der Virginier ein goldenes Vließ von einem reinen Lamperl eignet, diese Umgruppierung des Plateaus von Doberdo zur Freudenau, diese Umwertung des Weltgerichts in einen Praterscherz bis zum jüngsten Tag festzuhalten. Und könnte sie doch Bilder hinzunehmen von der Geselligkeit dieser blutigen Orgie, in der zum entehrten Mannestum die erniedrigte Lust in allen Varianten trat, in den Entartungen der Gewalt, in den Verwandlungen der Nächstenliebe, in der venerischen Vergiftung der Menschheit, die wie kein Kriegsplan ihren Befehlshabern gelingen sollte, in allen Totentänzen, durch die eine unerbittliche Natur ihr Menschenmaterial entschädigt und die dank Schwesterschaft und Heranziehung weiblicher Hilfskräfte zu jeglicher Dienstleistung noch ausschlagen wird zur Freude des kommenden Jahrtausends, durch welches ein Landsturm ohne Waffe, aber mit Hysterie und Lues dahinrast. Und wenn es dann ein Menschheitshirn gibt, noch zu fassen fähig, was ihm die Vorzeit angetan hat, so lasse es das österreichische Antlitz in dieser Vision erstehen: Es war einmal ein Oberstleutnant des Generalstabs, der bekam für jeden Waggon mit Schieberware fünftausend Kronen Provision, denn er ließ ihn als Militärfrachtgut laufen. Er trieb auch selbst Kettenhandel, welchen seine Geliebten für ihn besorgten. „Umarme dich im Geiste, mein einziges Lumpchen", schrieb er, „ich kündige dir die Absendung von 600 Kilogramm Dörrgemüse an." „Du, mein Liebchen", schmeichelte er, „bist von uns zweien doch der größere Gauner, denn 100.000 Kronen per Waggon habe ich noch nicht verdient. Auch ich war nicht untätig, habe ein schönes Geschäft mit Speck gemacht." „Ich bin riesig stolz", rief er, „denn ich habe mir ein Sparkassabuch angelegt. Ich kann nur sagen: Ich bin sehr zufrieden mit dem Krieg." Um ein Rendezvous einzuhalten, zu dem er 120 Pfund Schweinernes bringen sollte, gab er telefonisch Befehl, den Schnellzug warten zu lassen; und es geschah. Er hat den Sinn der großen Pflicht erfasst. Er hat, für uns alle, die Konsequenz aus der Erkenntnis gezogen, dass eh alles wurscht ist. Er hat Selbstmord verübt. Es war ein Einzelfall. Die Nachwelt generalisiere ihn! Denn ganz Österreich war darin, wie es leibte, lebte, tötete, starb. Es ist möglich, dass es auch der Oberstleutnant war, der die vierundvierzig Gräber aufwerfen ließ. Kann es nicht auch jener sein, der die Gendarmen anwies, Verdächtige niederzuknallen, und der die Anwendung des Standrechts auf das Leben eine verbohrte juristische Klügelei genannt hat? Und der dort ist es, welcher russische Kriegsgefangene am Ostersonntag nach einstündigem Gebet hat töten lassen, weil sie einen Fluchtversuch unternahmen (den das Völkerrecht erlaubt), und andere, weil sie sich weigerten, sich zu Rettungsarbeiten im feindlichen Feuer verwenden zu lassen (die das Völkerrecht verbietet). Und sie alle sind es, die Grund haben, den Schimpf einer unmenschlichen Haltung während des Krieges mit Verachtung zurückzuweisen. Und auch jener, der sein Regiment durchs Sperrfeuer ins Verderben jagte und die Reste zu wohltätigem Zweck zwischen Operettenlieblingen das überstandene Todesgrauen darstellen ließ. Der spielt, der schießt, der schiebt – der Standort wechselt, nicht das Gesicht. Nur ehrlicher ist es im Raub als im Mord; appetitlicher im Fraß als in der Glorie. Ist es nicht der allem Fleische zugetane Humor, der uns animiert, das Geschlecht als Tauschwert für Viktualien zu begrinsen? Ist es nicht eine der strammen Masken an der Ringstraßenfront jener Sündenburg, nach deren Betreten man gefragt ward: „Von welcher Firma?" Ist es nicht das Antlitz, nicht Österreich, nicht der Krieg? Ist es nicht jenes in Not und Tod und Tanz und Pflanz und Hass und Gspaß anspruchsvolle, gut- und blutgierige Gespenst, das uns in der Nacht der Jahrhunderte aus seinem Grabe besucht hat? Ja, er ist es! Für ihn haben wir Schmach und Entbehrung erduldet, an seiner Kette und an seinem Strang durchgehalten, für ihn sind wir verarmt, erkrankt, verlaust, verludert, verhungert, verendet, gefallen zur Hebung des Fremdenverkehrs! Er war Schinder, Schieber, Drahrer, Henker des Battisti, Hurentreiber, Erzherzog, Jud und Christ in einer Figur, wir haben ihm alles geopfert, und das Letzte, was uns geblieben ist, ist seine Ehre. Denn dieser, jener, einer, viele, alle, sie waren nur Mörder aus Mangel an Fantasie, nicht weil's die Sache wollte. Und Herzen müssten zu schlagen aufhören, weil's ihnen bei der Sorte an Protektion gefehlt hat. Nicht zum Zweck, nicht als Opfer der Natur, nicht in despotischer Verantwortung, die vor der Sünde seelisch sich behauptet, nein, durch vergnügte Spießbürger, die nicht wussten, ob's die Schweinsjagd war oder nur die Menschenjagd, ist alles das vollbracht worden. Durch den grauenhaften Schlag, der von der „Deckung" sein Dasein fristet, um es dem andern zu zerstören: der Deckung durch den Akt, durch die Phrase, durch die Anonymität, durch den Mangel an Beweisen, durch alle Behelfe der Technik und der Lüge, die einer niedrigen Natur Vorstellung und Hemmung ersparen und den Mut zum Verbrechen ersetzen. Harmlose Mordskerle waren es, gemütliche Kanaillen, Folterknechte aus Hetz. Losgelassene Simandln, der Hausfrauzucht entsprungene Sumper, bleiche Kujone, die in Reglement und Fibel Ersatz für die Potenz suchen, haben im Pallawatsch der Quantitäten sich einen Weltmullatschak verstattet und die ungeheure Gelegenheit des Kanonenrausches zur Rache an einer höher gearteten Mannheit benützt. Man reiße ihnen die Orden von der Brust und weihe sie, indem man sie den

Kriegshunden verleiht, den in Armut und Würde beispielgebenden Antipoden des Generalstabs! Von feigen Philistern, die kein Blut sehen können, ist es in Strömen vergossen worden. Es stehe auf gegen sie, es erstarre zum Riesenfanal dieser Nacht und es erschlage sie im Schlaf, so sie wieder an der Speckseite ihrer Hausehre liegen! Wenn Menschen vergessen können, nie vergisst die Natur, was ihr in diesem Sklavenaufstand angetan ward, und bis zum jüngsten Tag töne, dem Gebot des faustischen Generalissimus zur Antwort, der Racheschrei der Kraniche des Ibykus für Reiher und Menschheit über Pygmäen:

> Mordgeschrei und Sterbeklagen!
> Ängstlich Flügelflatterschlagen!
> Welch ein Ächzen, welch Gestöhn
> Dringt herauf zu unsern Höhn!
> Alle sind sie schon ertötet,
> See von ihrem Blut gerötet!
> Missgestaltete Begierde
> Raubt des Reihers edle Zierde.
> Weht sie doch schon auf dem Helme
> Dieser Fettbauch-Krummbein-Schelme.
> Ihr Genossen unsres Heeres,
> Reihenwanderer des Meeres,
> Euch berufen wir zur Rache
> In so nahverwandter Sache.
> Keiner spare Kraft und Blut,
> Ewige Feindschaft dieser Brut!

Es war ein Traum. Wir waren auf Walpurgis zwischen Sautanz und Totentanz. Kinodramatisch mit viel Blut und Walzer ging es zu. Wir saßen in einem ungeheizten Saal. Wir wurden durch das Ende entschädigt. Und wie da, nachdem schon alles verpulvert war, ein gewaltiger Fall geschah, hörte man in atemloser Stille eine Stimme aus der vordersten Reihe nur ein Wort rufen, aber mit einem Ton, in dem alle Quantität der Leere dumpf zu Boden schlug, das große Wort des Nachrufs aller Nachrufe: Bumsti! … Phorkyas aber richtet sich riesenhaft auf, tritt von den Kothurnen herunter, lehnt Maske und Marschallsstab zurück und zeigt sich als Mephistopheles, um, insofern es nötig wäre, im Epilog das Stück zu kommentieren.

Ad acta

April 1919

K. u. k. Armeeoberkommando   1918 Präs.523/1
Feindespropagandaabwehrstelle   Vertraulich
F. A. Nr. 30 Res.
Einspruch gegen Vorlesungen von Karl Kraus
Beteiligung von Militärpersonen
An das k. u. k. Kriegsministerium,   Präsidialbüro
Wien, am 6. April 1918   Wien

Von einem Besucher des am 27. März 1918 im kleinen Wiener Konzerthaussaale stattgefundenen Vortrages des Wiener Schriftstellers und
Herausgebers der Fackel, Karl Kraus, wurde der F. A. Stelle berichtet,
dass sich die Vorlesung dieses Schriftstellers vor einem zum Teile
aus Offizieren und sonstigen Militärpersonen bestehenden
Publikum zu einer aggressiv pazifistischen, in ihrer Kriegs-
und Bündnisfeindseligkeit kaum mehr zu überbietenden
Kundgebung gestaltete, die beim Publikum fast einmütig
begeisterte Zustimmung auslöste.

Die Hetze gegen das verbündete Deutsche Reich, die Verherrlichung
des Pazifisten Hofrates Dr. Lammasch, insbesondere aber die verächtliche und höhnische Kritik des Gaskampfmittelgebrauches
zu einem Zeitpunkte, da die erfolgreiche Offensive an der Westfront im
Gange war – Karl Kraus sprach von der „chlorreichen Offensive" – all
diese defätistischen Auslassungen fanden jubelnden Beifall, ohne
dass die anwesenden Militärpersonen dazu entsprechend Stellung genommen, d.h. den Saal verlassen hätten.

Die Feindespropaganda-Abwehrstelle glaubt pflichtgemäß auf diese
den eigenen Staats- und Bündnisinteressen höchst gefährliche, von den
Behörden scheinbar in keiner Weise behinderte defätistische Vortrags-
tätigkeit des Wiener Schriftstellers Karl Kraus verweisen zu müssen.

Da die Beteiligung von Militärpersonen an derartigen Vorträgen den
Vorschriften des DR. I. § 7 und auch sonst den im Offizierskorps herrschenden Anschauungen zu widersprechen scheint und in diesem
besonderen Falle geeignet wäre, das bundes- und waffenbrüderliche

Verhältnis zum Deutschen Reiche zu berühren, wäre zu erwägen, ob das k. u. k. KM. den Militärpersonen nicht die Teilnahme an solchen Veranstaltungen verbieten sollte.

Waldstätten, Obstlt.[52]

Präs. K. u. k. Kriegsministerium
Wien, am 7. April 1918
Präs. Nr. 11229.

Einige Tage vorher war schon das Kriegsministerium lebendig geworden. Hatte das Armeeoberkommando einen – ob anonym oder nicht, ist mir unbekannt – durchaus zutreffenden Bericht über die Vorlesung erhalten, so war dem Kriegsministerium der Brief eines Fälschers zugegangen, dem der gut durchgehaltene Ton des empörten Patridioten für seine planvolle Verleumdung einen gewissen Anspruch auf Glaubwürdigkeit verlieh. Ich hätte die im Saal anwesenden Offiziere aufgefordert, ihre Säbel zu zerbrechen. Das Kriegsministerium, i.e. die damals schon in die interministerielle Kommission verwandelte Feme des Kriegsüberwachungsamtes – das Konsortium jener, die einen Krieg, den zu führen bereits misslungen war, nur noch zu überwachen hatten –, verständigte in der Stunde des Empfangs jenes Briefes telefonisch die Staatspolizei, deren Zensurabteilung mich sogleich telefonisch für einen der nächsten Tage einlud. Der Brief des Verleumders konnte mir nicht gezeigt werden, da die Polizei nur den telefonisch übermittelten Text in Händen hatte. Ich stand vom ersten Augenblick der Polizei, die schon durch einen Agenten das Nichtvorhandensein des „Franz Becker" festgestellt hatte und demnach vom verleumderischen Charakter des Briefes überzeugt war, nicht als Beschuldigter gegenüber, sondern als Anzeiger, welcher gegen einen unbekannten Täter, der eine Verleumdung begangen hatte, die Unterstützung der Polizei verlangte. Ich zögerte aber durchaus nicht, zu bekennen, dass nicht die Zumutung der Gesinnung, die mir in dem verleumderischen Brief nachgesagt wurde und zu der ich als zu dem Wunsch nach einem Aufhören des Mordens mit ganzem Herzen stünde, meine Abwehr herausfordere, sondern ausschließlich das Ansinnen einer Dummheit, die – noch dazu mit den Worten: „Meine Herren Offiziere, die ich hier erblicke..." – eine so aussichtslose Aufforderung an das Publikum des kleinen Kon-

---

52   * Nicht zu verwechseln mit dem später an dieser Angelegenheit interessierten berüchtigten
        General. Die in Sperrdruck gehaltenen Stellen sind auch im Original unterstrichen.

454

zerthaussaales richtet; jedenfalls aber auch die Tücke einer Erfindung, die
mir im Jahre 1915 ohne polizeiliche Intervention das Kriegsrecht an den
Hals gehetzt hätte, noch heute die Möglichkeit einer Untersuchung wegen
Hochverrats oder wegen Verbrechens gegen die Kriegsmacht des Staates
nicht ausschloss und offenbar von einer Seite herrühre, die die Tendenz
verfolgt, mich, den wegen seines gedruckten Wortes zu fassen jener Kriegsmacht nicht rätlich scheint, wegen einer Rede, deren Wortlaut hinterdrein
schwer zu kontrollieren ist, irgendwelchen Instanzen auszuliefern. Solches sagte ich allen beteiligten Polizeibeamten, die mir versicherten, dass
die einzige Konsequenz des Briefes die sei, dass nun eine etwas straffere
Vortragszensur eintreten müsse, da das Kriegsministerium einmal für die
Vorlesungen interessiert wäre. Ich schied mit der Erklärung, dass meine
Konsequenz die Anzeige gegen den unbekannten Verleumder und das
Ersuchen sei, den Originalbrief zur Stelle zu schaffen.

Die Polizei hatte mir gesagt, dass sie dem Kriegsministerium von
der Nichtexistenz eines Franz Becker und von ihrer Überzeugung, dass
eine Verleumdung vorliege, telefonisch Mitteilung gemacht habe. Der
folgende Polizeibericht über die Vorlesung vom 27. März ist im kriegs-
ministeriellen Akt enthalten:

> Polizeirat Dr. Brandl des Präs. Bur. der k. k. Polizeidirektion in Wien,
> über die Vorgänge bei diesem Vortrage befragt, setzte sich sogleich mit
> dem Polizeirat Dr. Klečka des Polizeikommissariates für den III. Bezirk,
> welcher als Regierungsvertreter diesem Vortrage beigewohnt hatte, in
> telefonische Verbindung und teilte Dr. Kleka mit,[53] dass Kraus
> tatsächlich am 30. März[54] 1918 vor einem Auditorium, dem etwa
> zur Hälfte Offiziere angehörten, einen Vortrag über moderne
> Kampfmittel,[55] deren physische und moralische Wirkung etc. ge-
> halten habe, welcher Vortrag, wie sich der Polizeirat ausdrückte, einen
> „äußerst unangenehmen, ja peinlichen Eindruck" auf ihn gemacht hat-
> te.[56] Grund zu einem Einschreiten habe er nicht gefunden, speziell die
> von dem Anzeiger angeführten Worte des Schlusspassus habe er nicht

---

53   * Nämlich Dr. Klecka teilte dem Dr. Brandl mit.
54   * Eine Verwechslung. Oder richtig: am 27. und am 30. März. Das Kriegsministerium hat es
     unterlassen, nunmehr mit größerem Nachdruck die Frage nach dem 27. zu stellen.
55   * Man würde demnach vermuten können, dass es sich um einen militärwissenschaftlichen
     Vortrag im Offizierskasino oder geradezu in der „Gasschule" gehandelt hat.
56   * Unmöglich kann den Herrn Dr. Klečka, dessen menschenfreundlicher Umgangston vor
     Beginn der Vorlesung vom 30. (als er mich im „Künstlerzimmer" nach dem Programm

gehört.[57] Die anwesenden Offiziere hätten sich an den Beifallskundgebungen gleich dem übrigen Publikum beteiligt.
Pro Domo zu Präs. Nr. 11120/4 Abt. 4 V. 1918
1918 Präs. 53 3/1

Die Darstellung der Polizei scheint aber das Kriegsministerium keineswegs beruhigt zu haben. Sei es, dass der unangenehme, ja peinliche Eindruck, den schon das Kommissariat Landstraße von der Abwehr eines Gasangriffs empfangen hatte, sich an der Ringstraßenfront verstärken mochte, sei es, dass dort ein Anhänger oder gar ein guter Bekannter jenes Franz Becker saß, der den Generalstabsbericht über meine Vorlesung verfasst hatte – es musste etwas g'schehn. So kam das folgende Schriftstück zustande:

K. u. k. Kriegsministerium.   Wien, 10. April 1918.

An Se. Exz. den Herrn k. k. Ministerpräsidenten Dr. R. v. Seidler. Anverwahrt beehre ich mich E. E. ein mir zugekommenes Schreiben, das sich mit einem am 30.[58] März d. J. stattgehabten Vortrage des Schriftstellers Karl Kraus befasst, mit dem dh. Ersuchen um entsprechende Feststellung des Sachverhaltes und weitere Amtshandlung zu übermitteln.

Mit Rücksicht darauf, dass dieser Vortrag die heftigsten Angriffe gegen den Krieg, das Heer und dessen Führer zum Gegenstande hatte und bei den zahlreich anwesenden Offizieren stürmische Zustimmung gefunden haben soll, beehre ich mich E. E. um gefällige Bekanntgabe des näheren Inhaltes dieses Vortrages und des Ergebnisses der Amtshandlung zu bitten. Auch wäre ich E .E. für die Namhaftmachung wenigstens einiger Offiziere, die an diesem Vortrag teilgenommen haben, verbunden.
Genehmigen E. E. etc.   Stöger-Steiner m. p.

---

fragte) eher auf eine pazifistische Denkungsart schließen ließ, meine Abweisung eines österreichischen Gasangriffes so unangenehm und peinlich berührt haben wie dieser seine Opfer.

57   * Wie sollte auch ein Passus, der am 27. nicht gesprochen wurde, noch am 30. hörbar gewesen sein?

58   * Das Schreiben bezieht sich auf den 27. März.

Wien, am 2. IV. 1918

Euere Exzellenz!

Endlich hat sich die Regierung aufgerafft und den „Abend" – wohl einen der größten Schädlinge der Öffentlichkeit – eingestellt. Noch aber gibt es andere Schädlinge, die ungestört von der Obrigkeit ihr vergiftendes Dasein weiterführen. Dass hier die sozialdemokratische Presse an erster Stelle steht, weiß wohl jedes Regierungsorgan. Ich will als loyaler Staatsbürger nicht ausfällig werden, allein das Verhalten der Regierung diesem Pack gegenüber muss mit dem mildesten Worte noch als strafbare Schwäche bezeichnet werden. Wir könnten auch hier von Deutschland lernen, welches den bolschewistischen Velleitäten bei sich zulande raschestens den Garaus zu machen verstanden hat.

Möge sich unsere Schwäche niemals an uns rächen!

Der Zweck dieser Zeilen ist nun, die Regierung, speziell die militärischen Kreise auf einen weiteren Schädling der öffentlichen Meinung aufmerksam zu machen, dem ehestens das Handwerk gelegt werden müsste. Es ist dies der Herausgeber der Wiener Wochenschrift „Die Fackel".

Karl Kraus.

Ein rasches Einschreiten tut hier umso mehr not, als der Genannte in Wien über einen außerordentlich großen Leserkreis verfügt, namentlich sind aber seine Vorlesungen im Konzerthaus stets überfüllt. Seiner letzten Vorlesung habe ich auch beigewohnt. Was habe ich alter Mann da erleben müssen! Der Saal war wie immer zum Bersten voll, gut die Hälfte des Auditoriums bestand aus Offizieren. Der ganze Vortrag bestand aus einer authenden Philippika gegen unsere Politik, gegen den Krieg, das Heer, seine ruhmbedeckten Führer usf. Da hörte man die wütendsten Angriffe auf Deutschland, die entzücktesten Worte für England und Amerika. Zum Schlusse aber rief der Vortragende – ich war in maßloser Erregung, darum habe ich mir seine Worte wohl gemerkt – unter donnerndem Applaus des gesamten Auditoriums: „Meine Herren Offiziere, die ich hier erblicke, ziehen Sie nicht mehr Ihre Säbel in diesem verruchten Krieg, zerbrechen Sie lieber Ihre Waffen und schleudern Sie die Porteepées jenen Schurken vor die Füße, die Sie zu weiterem Blutvergießen zwingen wollen. Machen Sie aus Ihrer Kraft und mit Ihrem Willen dem thierischen Morden ein Ende. Die Menschheit wird Sie dafür segnen."

In diesem Tone ging es fast zwei Stunden, ohne dass einer der vielen Offiziere im Auditorium nur ein Wort des Widerspruchs erhoben hätte. Im Gegenteil. Am Schlusse wurde wie toll applaudiert.

Nun frage ich: Hat die Polizei keine Kenntnis von diesen Vorlesungen? Kennt sie den Inhalt derselben nicht? Traut sie sich nicht gegen diesen Kläffer vorzugehen? Oder aber liegt hier ein ungeheuerlicher Schwindel vor, indem Kraus einen Vortrag zur Zensur vorlegt, während er in Wirklichkeit einen ganz anderen Vortrag hält? Letzteres erscheint mir das Wahrscheinlichere.

In letzterem Falle läge hier natürlich ein strafbarer Verstoß der Polizei vor, die durch Entsendung eines ihrer Organe sich davon zu überzeugen hätte, dass wirklich der Text vorgetragen wird, der ihr zur Zensur vorgelegt wurde.

Ich habe Eurer Exzellenz den Sachverhalt getreu geschildert. Als loyaler Staatsbürger bitte ich, es möge in Hinkunft das verderbliche Wirken dieses Herrn nicht mehr zugelassen, vielmehr kräftigst verhindert werden. Genehmigen Euere Exzellenz den Ausdruck ausgezeichnetster Hochachtung Ihres ergebensten

Franz Becker
V Pilgramgasse 9

Die Antwort des Herrn v. Seidler:

K. k. Ministerpräsident   Wien, am 4. Mai 1918.
4536/M. P.

An Seine Exzellenz
den Herrn k. u. k. Wirklichen Geheimen Rat, General der Infanterie
Rudolf Freiherrn Stöger-Steiner von Steinstätten
k. und k. Kriegsminister etc., etc.

Mit Beziehung auf das geschätzte Schreiben vom 10. April d. J., Präs. Nr. XI. 122/4. Abt., betreffend einen Vortrag antimilitaristischen Inhaltes des Schriftstellers Karl Kraus, beehre ich mich E. E. nach gepflogenem Einvernehmen mit dem Herrn k. k. Minister des Innern aufgrund eines vom Präsidenten der Polizeidirektion in Wien eingeholten Berichtes Nachstehendes mitzuteilen:

Nach den Meldungen der beiden Konzeptsbeamten, die bei den am 27. und 30. März 1918 vom Schriftsteller Karl Kraus im kleinen Saale des Wiener Konzerthauses veranstalteten Vorlesungen den polizeilichen Überwachungsdienst versahen, entspricht die Darstellung des anonymen Anzeigers – ein Karl[59] Becker ist im Hause Pilgramgasse 9 unbekannt – nicht den Tatsachen. Insbesondere hat Karl Kraus die ihm vom Anzeiger in den Mund gelegte Aufforderung an die Offiziere nicht ergehen lassen.

Im Übrigen hatte Karl Kraus zwei seiner schriftstellerischen, bisher jedoch in der „Fackel" noch nicht veröffentlichten Arbeiten „Das technoromantische Abenteuer" und „Für Lammasch", die er bei den beiden Vorträgen vorlas, auch aus Anlass des Ansuchens um Bewilligung dieser Vorträge der Zensur nicht vorgelegt: Er wurde deshalb zur Polizeibehörde vorgeladen und entsprechend verwarnt.[60]

Kraus hat sich erbötig gemacht, Gewährsmänner[61] namhaft zu machen, die seinen Vorträgen beigewohnt haben. Über das Ergebnis der Einvernahme dieser Gewährsmänner wird der Präsident der Polizeidirektion noch berichten.

Für künftige Vorlesungen und insbesondere für die am 22. April im kleinen Konzerthaussaale abgehaltene wurde Kraus der Vortrag der Skizze „Das technoromantische Abenteuer" überhaupt untersagt und der Vortrag des Stückes „Für Lammasch" nur gegen Weglassung einiger Stellen gestattet.[62] Der Herr Minister des Innern hält die vom

---

59 * Franz heißt die Canaille.

60 * Was natürlich unwahr ist. Solche Volksschulnormen mochten wohl in der Fantasie der k. k. Ämter verankert sein, gelangten aber mir gegenüber nicht zur Verwendung. Ich hätte die Polizei ohne Umschweife von dem angemaßten Recht, zu „verwarnen", das eine mehr ethische Funktion ist, auf ihr wirkliches, zu strafen, verwiesen. In Wahrheit verhält sich die Sache so, dass die Polizei, die sich den Krieg hindurch und unter dem schändlichen Druck der Militärs wohl als die einzige halbwegs zurechnungsfähige österreichische Behörde erhielt, mich ersucht hätte, noch nicht erschienene Arbeiten künftig vorzulegen, während die bereits gedruckten ohne Weiteres gelesen werden könnten.

61 * Nicht „Gewährsmänner" zu meiner Exkulpierung vom Verbrechen des Hochverrats, sondern Zeugen zum Nachweis des Verbrechens der Verleumdung.

62 * Das ist beinahe wahr. Dass das „technoromantische Abenteuer", welches den durchaus richtigen Bericht an das Armeeoberkommando veranlasst und ebenso auch den am 30. zuhörenden Polizeirat verdrossen hat, nachträglich für den Vortrag verboten wurde, war begreiflich. Hätte ich es vorher angemeldet, wäre dies kaum zu besorgen gewesen. Der Hinweis auf die Weglassung einiger Stellen in der Rede „Für Lammasch" aber erweckt fälschlich den Eindruck, als ob diese Stellen wegen der den Militärs unbequemen „pazifistischen" Anschauung unterdrückt worden wären. Die Wahrheit ist, dass der damalige Polizeipräsident Geyer, der in dieser Sache sichtlich das Bestreben zeigte, etwas zu tun „ut aliquid fecisse videatur"

Präsidenten der Polizeidirektion getroffenen Verfügungen für ausreichend und glaubt von weiteren Maßnahmen absehen zu können.

Seidler m. p.

Einsichtsvermerke:
Chef der jur. Sektion 17./5.

Feigl, G. Aud. m. p.

Präsidialbüro 15./5.

A. O. K. Feindespropaganda-Abwehrstelle 25V5.

Waldstätten, Obstlt. m. p.

Nach der Versicherung der Staatspolizei war es ihr auch in den folgenden
Wochen nicht gelungen, die Becker'sche Handschrift zu bekommen. Dafür trat eine andere, keineswegs erwünschte und selbst vom abgesotten-
sten Kenner österreichischer Möglichkeiten nicht erwartete Wendung
ein. Die Zeugen, die ich der Staatspolizei zum Beweise der Verleumdung
angegeben hatte, wurden von der Militärpolizei ausgeforscht. Sie wurden
in ihren Wohnungen, Hotels oder Ämtern aufgesucht, aus dem Schlaf
geweckt, nach ihrem militärischen Dienstverhältnis befragt, der Neugierde der Nachbarschaft und Dienerschaft ausgesetzt und der ärgern
Pein der Erwartung, dass zur Strafe für den Besuch meiner Vorlesungen
und für die Geneigtheit, über ein Verbrechen auszusagen, demnächst
ihre „Enthebung" annulliert, ihre „Untauglichkeit" revidiert würde und
die gesetzliche Möglichkeit, aussagend gemacht zu werden, durch die
ungesetzliche, einrückend gemacht zu werden, beseitigt werden könnte.
Härter als sie selbst traf mich diese Erwartung, und das marternde
Gefühl, durch den Gebrauch ihrer Bereitwilligkeit, mir Zeuge zu sein,
ahnungslos und ohne die Vorstellung des Militärmaßes vaterländischer
Willkür an das Schicksal Unschuldiger gerührt zu haben, ergriff mich
mit einer Gewalt, die mir den Entschluss eingab, der Staatspolizei zu

[damit es so aussehe, als sei etwas getan worden; d. Hrsg.], da ihm die Arbeit nun vor Augen
war, sein Veto – gegen eine Kränkung des Herrn Benedikt und eine des Herrn Friedjung
erhob. Die Polizei hat die Befugnis, Zeit- oder Ortsgenossen vor unzarter Befassung auf der
Bühne oder im Vortragssaal zu schützen: Da ihr eine solche nun einmal vorliege, so würde
die Duldung einer Erlaubnis gleichkommen. Diese beiden Worte müssten geändert werden.
So wurden denn die beiden Worte durch zwei stärkere ersetzt, deren eines dann auch für
den Druck beibehalten wurde. Die Feindespropagandaabwehrstelle, die das Vaterland wahrscheinlich auch durch die Unterdrückung der ganzen Rede nicht gerettet hätte, wäre an dem
erzielten Resultat wenig interessiert gewesen.

eröffnen, dass ein Schrei, wie er in Österreich noch nicht gehört wurde – meiner, von parlamentarischen Rufern verstärkten Stimme –, die Antwort sein würde, wenn die Militärgewalt, die diese Belästigung meiner Zeugen verübt hatte, wirklich Miene machen sollte, sie in Angeklagte zu verwandeln, ihnen ein Haar zu krümmen und sie als „p. u." – wie dieses ekelhafte Blutrotwelsch die wahren Ehrenmänner zu nennen pflegte – den Schikanen ihrer Rachsucht zu überantworten. Ich machte nunmehr die förmliche Anzeige an die Staatsanwaltschaft:

| An die | 3. Juni |
| K. k. Staatsanwaltschaft | Wien |

Am 1. April ersuchte mich das Zensurbüro der Polizeidirektion telefonisch, an einem der folgenden Tage vorzusprechen, um eine Mitteilung entgegenzunehmen. Am 2. April ist mir im Zensurbüro der Polizeidirektion eröffnet worden, dass ich laut einer vom Kriegsministerium der Staatspolizei übermittelten Anzeige in meiner am 27. März im kleinen Konzerthaussaal abgehaltenen Vorlesung den zahlreich versammelten Offizieren etwa die Worte zugerufen hätte: „Zerbrecht eure Säbel! Zerreißt eure Portepees!" u. dgl.

Die Polizei zweifle umso weniger, dass ich einen solchen Ausruf nicht getan habe, als ja ein Referat ihres Vertreters über den Vortrag vorliege, in welchem nichts dergleichen vermerkt sei, und er anderenfalls genötigt gewesen wäre, mich auf der Stelle zu verhaften. Da meine Frage, ob der Verfasser der Anzeige diese mit seinem Namen unterfertigt habe, im Zensurbüro nicht beantwortet werden konnte, begab ich mich in das staatspolizeiliche Departement, woselbst ich erfuhr, dass sich der Briefschreiber zwar mit Namen und Adresse unterzeichnet, aber die sofort eingeleitete staatspolizeiliche Nachforschung ergeben habe, dass ein Mann mit dem angegebenen Namen unter der angegebenen Adresse nicht existiert. Die Staatspolizei erklärte mir, dass schon dieser Umstand allein, von dem Referat des Regierungsrates abgesehen, den verleumderischen Charakter der Anzeige dartue und dass sie demnach keinen Anlass habe, eine weitere Untersuchung gegen mich zu führen. Darauf erwiderte ich, dass ich selbst mich mit dieser Erledigung, so günstig sie für mich sei, keineswegs zufrieden geben könne, da ich ein großes und berechtigtes Interesse hätte, den Verfasser der Anzeige (der, wie ich später erfuhr, sich „Becker" genannt hat) zu eruieren.

Ich hätte einen Verdacht in einer ganz bestimmten Richtung und wäre, wenn mir der Brief vorgelegt würde, dank der Erinnerung an viele anonyme Zuschriften, die ich seit zwanzig Jahren erhalten habe und deren Verfasser öfter entlarvt wurden, vielleicht in der Lage, den Verleumder festzustellen. Wenn die Staatspolizei keine Ursache habe, gegen mich wegen des Verbrechens des Hochverrats vorzugehen, so hätte ich doch alle Ursache, gegen das Individuum, das eine solche Möglichkeit herbeizuführen bestrebt war, wegen des Verbrechens der Verleumdung vorzugehen. Ich sei bereit, etliche Hörer jener Vorlesung als Zeugen namhaft zu machen, die zugleich mit der Aussage, dass sie den mir imputierten Ausruf nicht gehört hätten, den verleumderischen Inhalt der Anzeige bestätigen könnten, der ja auch durch das Referat des Regierungsvertreters, durch meine eigene Aussage und schon allein dadurch bewiesen würde, dass es dem Anzeiger nicht gelingen könnte, zu beweisen, dass ich den Ausruf getan habe. Ich entfernte mich mit der Ankündigung, dass ich demnächst eine Reihe von Zeugen namhaft machen würde. Später, knapp vor einer Reise nach Deutschland, tat ich dies auch. Als ich zurückkehrte, erfuhr ich leider, dass die von mir namhaft gemachten Zeugen zwar noch nicht von der Staatspolizei einvernommen, wohl aber von der Militärpolizei ausgeforscht worden waren. Die Gründe dieser Maßregel waren mir ebenso unbekannt wie der Staatspolizei selbst, die sich damit begnügt hatte, dem Kriegsministerium von dem Abschlusse der Angelegenheit wegen Hochverrats und von meiner Bereitwilligkeit, Zeugen zu führen und wegen Verleumdung vorzugehen, Kenntnis zu geben. Ich teilte der Staatspolizei neuerdings mit, dass ich, so quälend der Gedanke sei, dass meinen Zeugen aus ihrer Neigung und Verpflichtung, über Tatsachen auszusagen, Unannehmlichkeiten erwachsen sollten, keineswegs auf die Verfolgung eines an mir begangenen Verbrechens verzichten würde. Die Frage, in welchem Militärverhältnis der Zeuge einer von Staats wegen zu verfolgenden strafbaren Handlung steht, erscheint mir bei der Wahrheitsfindung von sekundärer Bedeutung, für welche ja doch mehr die moralische als die körperliche Tauglichkeit des Zeugen in Betracht kommt. Da ich nun von der Staatspolizei darauf aufmerksam gemacht wurde, dass eine formelle Anzeige wegen Verleumdung von mir noch nicht erstattet worden sei, so hole ich dies hiemit nach. Ich stelle den Antrag, die k. k. Staatsanwaltschaft möge die Untersuchung gegen unbekannte Täter nach § 209 eröffnen. Die Tatbestandserfordernisse dieses Paragrafen sind erfüllt, da der Täter mich „wegen eines angedichteten Verbrechens bei der Obrigkeit angegeben", bezw. „auf solche Art beschuldigt" hat, „dass seine Beschuldigung zum Anlasse obrigkeitlicher Untersuchung oder doch zur Nachforschung gegen den Beschuldigten dienen könnte". Die gegen mich erhobene Beschuldigung konnte nicht nur zur Nachforschung gegen mich dienen, sondern sie hat sie tatsächlich herbeigeführt, indem ja das k. u. k. Kriegsministerium die Anzeige der k. k. Staatspolizei übermittelt, diese mich befragt, den Schreiber festzustellen versucht, die Überwachung der folgenden Vorlesungen angeordnet hat u.s.w. Ich stelle den Antrag, die Staatsanwaltschaft möge den Originalbrief des angeblichen Becker, um dessen Auslieferung die k. k. Staatspolizei bereits, wenngleich vorläufig ohne Erfolg, ersucht hat, vom k. u. k. Kriegsministerium requirieren, bezw. den Herrn Kriegsminister, der der Empfänger dieses Briefes ist, als Tatzeugen befragen. Ferner stelle ich den Antrag, mich in den Originalbrief Einblick nehmen zu lassen, damit ich, etwa mit Hilfe eines Schriftsachverständigen, durch Vergleichung mit anderen Briefen einen bestimmten Verdacht zu erhärten in der Lage sei. Sollte die k. k. Staatsanwaltschaft außer dem Referat des Polizeivertreters über die Vorlesung vom 27. März noch andere Aussagen für relevant halten, so bin ich bereit, zu den der k. k. Staatspolizei schon mitgeteilten Zeugen weitere Besucher der Vorlesung vom 27. März, eventuell durch öffentlichen Aufruf, ausfindig zu machen.

Karl Kraus.

Als ich den Herren von der Staatspolizei die Neuigkeit von der Ausforschung meiner Zeugen durch die Kollegen vom andern Ressort mit allen Zeichen des Entsetzens erzählte und mit der Versicherung, dass das Interesse der Militärpolizei eine Abscheulichkeit sei, dessen weitere Betätigung ich mit einer noch nicht erlebten Vehemenz als einen der äußersten Frevel dieses Systems stigmatisieren würde; als ich ihnen vorstellte, dass es fortan offenbar unmöglich wäre, von Staats wegen ein Verbrechen zu fassen, weil jeder Zeuge sich vor der Gefahr, eine Adresse für Musterungswünsche zu werden oder sonstwie in die Fänge des Militarismus zu geraten, in Acht nehmen würde – da gaben die Herren nicht nur ihrem Erstaunen über das Vorkommnis Ausdruck, sondern sie schienen auch meinen Schrecken vor der Aussicht, die nunmehr meinen Zeugen eröffnet sei, mitzufühlen, freilich nicht ohne die Beruhigung, dass sich „ihr eigenes staatsbürgerliches Empfinden vor dem Gedanken sträube", ferner mit der Versicherung, dass es sich nur um einen Übergriff des Formalismus und nicht der Hinterlist handeln könne, gegen den sich die Staatspolizei als gegen einen Eingriff in ihr Gebiet entsprechend wehren werde, und schließlich mit dem Rat, einen der Zeugen, welcher am entferntesten von der gefürchteten Sphäre lebe, zur Überreichung einer Beschwerde an das Polizeipräsidium zu veranlassen. Überdies – sei ich „ja auch noch auf der Welt"; worauf ich zu entgegnen nicht versäumte, dass dieser Zustand auch nur so lange, als es das Armeeoberkommando gestattet, vorhalten werde. Es wurde unter anderem auch ein Vergleich mit der kurz zuvor gemeldeten Brutalisierung einer kranken Frau durch die Militärpolizei angestellt, und meine Frage, wie diese Behörde zur Kenntnis der Zeugenadressen komme, mit der Mitteilung beantwortet, dass der Akt, „ganz und gar auf die Verleumdung hin bearbeitet", an das Kriegsministerium gegangen sei und dass zum Akt eben auch die Liste der Zeugen gehöre.

K. k. Pol. Dion Wien, Präs. Büro   Präs. 40584/918
Nr. 54979/2
An den Herrn k. u. k. Stadtkommandanten

in Wien

Wien, am 2. Mai 1918

Der dem Schreiben Sr. Exzellenz des Herrn k. u. k. Kriegsministers an Se. Exzellenz den Herrn k. k. Ministerpräsidenten zugrunde liegende Brief war mit „Franz Becker, V, Pilgramgasse 9" unterzeichnet.

Ein Mann namens Franz Becker ist nun in diesem Hause gänzlich unbekannt und dürfte der Name des Anzeigers jedenfalls fingiert sein.

Nach den Berichten der beiden Konzeptsbeamten, die bei den am 27. und 30. März 1918 vom Schriftsteller Karl Kraus im kleinen Saale des Wiener Konzerthauses veranstalteten Vorlesungen den polizeilichen Überwachungsdienst versahen, entspricht die in diesem Bericht gegebene Darstellung vom Inhalt des Vortrages n i c h t den Tatsachen.

Karl Kraus hatte zwei seiner schriftstellerischen, bisher jedoch in der „Fackel" noch nicht veröffentlichten Arbeiten „Das technoromantische Abenteuer" und „Für Lammasch", die er bei den beiden Vorträgen vorlas, auch anlässlich des Ansuchens um Bewilligung dieser Vorträge[63] nicht vorgelegt und wurde deshalb zum Amte vorgeladen und entsprechend verwarnt.[64]

Karl Kraus hat hier nunmehr nachstehende Personen namhaft gemacht, die seiner am 27. März 1918 im kleinen Wiener Konzerthaussaale abgehaltenen Vorlesung angewohnt haben und bezeugen können, dass er die Grenzen des Zulässigen nicht überschritten und insbesondere nicht militär- und deutschfeindlich gesprochen habe. Die Zeugen sind (Folgen fünf Namen und Adressen).

Die Recherchen nach dem angeblichen Becker sind im Zuge.

Der Akt ist an den Stadtkommandanten, der die Militärpolizei dirigiert, offenbar aus dem rein formalen Grunde gegangen, weil die Polizeidirektion mit dem Kriegsministerium auf diesem Umweg verkehren musste. Ich hatte und habe nach der heutigen Kenntnis dieses Aktes, der wenig von meiner Absicht, gegen den Briefschreiber wegen Verleumdung vorzugehen, erraten lässt und meine Zeugen eher als Entlastungszeugen in einer Untersuchung gegen mich denn als Belastungszeugen in einer solchen gegen den angeblichen Becker vorstellt – nicht den geringsten Grund, zu bezweifeln, dass der damalige Chef der Staatspolizei und dermalige Polizeipräsident Schober, der im Krieg einer der wenigen Menschen in Österreich war, die Mut vor dem Armeeoberkommando bewiesen haben, von der Wirkung seiner Zuschrift an den Stadtkommandanten ehrlich überrascht und beunruhigt war. Vielmehr ist ohne Weiters zu glauben, dass er, der in seiner Stellung der Begehrlichkeit der Militärs ebenso ausgesetzt wie durch den Rückhalt einer unbeugsamen Menschlichkeit gewachsen war, bei Abfassung des Aktes vor allem an den Erfolg gedacht hat, durch Anführung der Zeugen, durch meine Exkulpierung, die die Generaille eher beruhigen konnte als der Hinweis auf meine Anzeige, die sie durch den umgekehrten Spieß vielleicht gereizt hätte, wenngleich kein Unheil – das ja ohne die Mitwirkung der Zivilbehörden nicht mehr zu verhängen war –, so doch manche Plage von mir abzuwenden. Er hatte freilich nicht bedacht, dass die eigene Plage erträglicher sei als die fremde, an der man sich die Schuld gibt; verstand es aber nachträglich. Sein Bedauern, als er von dem nicht be-

---

63   * Das Ansuchen um Bewilligung eines Vortrages bestand in der Anmeldung des aus feuerpolizeilichen Gründen wahrzunehmenden Termins und in der Darbietung eines Stempels.
64   * Siehe eine vorangehende Anmerkung.

absichtigten Effekt Kenntnis bekam, war etwa ein: „Man lernt mit diesen Herren nicht aus!"; es zu verschweigen hieße ihm unrecht tun. Dass seine Absicht anständig war, scheint mir gerade aus der Angabe hervorzugehen, ich hätte mich erbötig gemacht, Zeugen dafür namhaft zu machen, dass ich „nicht militär- und deutschfeindlich gesprochen habe". Nie habe ich solche Zeugen angeboten, nie hätte ich solche finden können; und keiner meiner Zeugen hat eine Angabe beglaubigt, die nicht nur in auffallendem Gegensatz zu meiner notorischen Haltung, sondern auch zu der Aussage jenes Polizeirates Dr. K. und zu dem Bericht jenes nicht genannten Hörers an das Armeeoberkommando gestanden wäre. Aber das Armeeoberkommando, das nicht einmal auf die Idee kam, das „technoromantische Abenteuer" in der Fackel nachzulesen, geschweige denn zu dem Entschluss, die Fackel einzustellen, musste nun überzeugt sein, dass einer der größten Verehrer des Erzherzogs Friedrich angeschwärzt worden sei. Mit meinem Wissen hätte natürlich nie ein solches Entlastungsmoment in einem von mir handelnden Akt Aufnahme finden können; aber ich kann dem Beamten, der die psychischen Verhältnisse im Stadtkommando besser überschauen konnte, wenngleich er sie für das Interesse meiner Zeugen übersehen hat, für sein Wohlwollen nur dankbar sein. Dass er mit der Nennung der von mir gestellten Zeugen bloß die Tätigkeit der Staatspolizei in dieser Sache abschließen und nicht etwa den erbärmlichen Wunsch des Kriegsministers nach der „Namhaftmachung wenigstens einiger Offiziere" in diesem reduzierten Grade befriedigen wollte, daran zweifle ich ebenso wenig wie an der Unanständigkeit und Unmenschlichkeit jeder Regung, die im Bereich der k. u. k. Armeeverwaltung in diesen schaudervollen Jahren betätigt worden ist. Und auch an der militärischen Feigheit, die, irgendwie in Kenntnis gesetzt von meinem deutlich bekundeten Entschluss, über die persönliche Sicherheit meiner Zeugen zu wachen, deren Antastung nur aus Furcht vor meinem schließlich nicht unterdrückbaren Wort und vor dessen Unterstützung durch einen parlamentarischen Skandal Gott sei Dank unterlassen hat.

Ich wartete auf den ersten Erfolg meiner Anzeige an die Staatsanwaltschaft, der die Herbeischaffung des Originalbriefes sein musste, und war gespannt auf das Ergebnis der Probe, auf die ich den Rechtsstaat zu stellen unternommen hatte. Hätte er vor der Militärgewalt wie in so vielen Fällen auch hier abdiziert – und es bestand immerhin die Vermutung zu Recht, dass im Kriegsministerium der Franz Becker sich besseren Kredits als ich erfreue –, so wäre das Ende ganz harmonisch gewesen. Das Gericht, das nach dem Verleumdungsparagrafen zu judizieren hätte, wird zu dem Bekenntnis genötigt, es könne nicht, weil ein Feldwebel den Richterstuhl im gegebenen Augenblick wegzieht oder weil die Themis die Binde schon um den Hals trägt. Ich war darauf aus, die Situation des Staats im Krieg ihn bis zur letzten Konsequenz ausleben zu lassen. Ich sah damals auf einer Fahrt einen verkleideten Mann in ein Zivilcoupé eindringen und unter Hinweis auf seine Uniform die Zivilisten hinausweisen; und es war ein Auditor. Hätte er mir die Zumutung gestellt, ich hätte mich in ein lebloses Hindernis verwandelt, das sich nur entfernt, wenn man es fortschafft, weil es keinen Willen hat zu weichen; und Widerstand wäre nicht allein nutzlos, sondern bejahte die Gewalt. Sie, mein Herr, haben nicht nur die Uniform, sondern auch einen Säbel, Sie haben auch die Möglichkeit, gegen mich giftige Gase oder Flammenwerfer oder sonst eins der von der Haager Konvention erlaubten oder nicht erlaubten Mittel anzuwenden, Krieg ist Krieg, aber ich weiß, Sie werden sich damit begnügen, mich hinaustragen zu lassen. Bis zu diesem Punkt wollte ich die Justiz bringen; ich wusste, sie würde nicht freiwillig weichen, aber auch keinen sinnlosen Widerstand versuchen. Sie wäre gezwungen, sich in der gegebenen Situation zu ihrem vollen Unvermögen zu bekennen. Die Militärs würden, wenn sie schon auf mich verzichten müssten, ihren Becker nicht preisgeben; sich im Notfall der Beseitigung eines Beweismittels schuldig machen, den Verdacht der Mitschuld an der Verleumdung auf sich nehmen und die dann ausgedehnte Strafanzeige so verlachen wie den ersten Schritt. Da geschah das Unerwartete, das immerhin schon bedenkliche Schlüsse auf die militärische Lage zuließ. Als ob für ein Reich, dessen Mauern wankten, im letzten Augenblick das Fundamentum der Gerechtigkeit zu Ehren kommen sollte. Der Kriegsminister verschloss sich nicht mehr der Erwägung, dass Justiz Justiz sei, sondern lieferte den Brief aus, die Staatspolizei verständigte mich von diesem Erfolg und übersandte mir ein von ihr hergestelltes Fotogramm, das ich schon zu reproduzieren in der Lage gewesen wäre, ehe mir mit dem ganzen Akt der Originalbrief zur Verfügung stand. Es hätte nicht erst der Revolution bedurft, um dem Franz Becker, hinter dem sich heute einer der tüchtigsten Republikaner verbergen dürfte, die Überraschung zu verschaffen, seinen Brief in der Fackel veröffentlicht zu sehen. Doch wäre es nun wahrhaftig ein verdienter Lohn für die Mühe, die er mir gemacht hat, wenn man des Schurken habhaft werden könnte, dem man ja schließlich die Kerkerstrafe im Wege des außerordentlichen Milderungsrechts in ein paar Ohrfeigen umwandeln könnte. Für die größere Mühe freilich, die sich die österreichischen Militärgewaltigen mit dem Herrn Franz Becker gegeben haben, könnte man sie nicht entschädigen, und auch nicht für ihre Enttäuschung, dass sie durch den Zusammenbruch des Reiches verhindert wurden, die Angelegenheit weiter zu verfolgen.

Eine verkürzte Übersicht zeige, wie viel Arbeitskräfte am Werke waren, um in einer Zeit, in der der Abfall Bulgariens Tatsache wurde und man in Baden ohnehin mit Mullatschaks Hals über Kopf zu tun hatte, das Wichtigste in Ordnung zu bringen:

Der Weg des Aktes:

Präs. Nr. 11 122/4. Abt.

Sehr dringend.

Verfasser Dr. Stoklasa, Hptm. Aud.

von da zum Oberst Aud. Vlach,

dann zum Chef des Präsidialbüros General Borotha.

Eingesehen vom Chef der juridischen Sektion, dann zur Aushebung der internen Nummer 434 Res. v. 17.

Zum Präsidialbüro politische Gruppe und zum A. O. K.-FAST, sprich Armeeoberkommando Feindespropagandaabwehrstelle.

Dort zuerst von General Waldstätten eingesehen und gefertigt, dann vom Baron Arz, Chef des Gstb. eingesehen und gefertigt. Zum Schluss mit Auskunftsbogen, Gutachten etc. ins Kriegsarchiv und zum Skontro mit dem Auftrag, den Akt am 1./6. dem Verfasser Hptm. Aud. Stoklasa wieder vorzulegen.

Man würde jedoch fehlgehen, wenn man glauben wollte, dass damit die arme Seele a Ruh hatte. Österreich wurde liquidiert, aber der Akt, der Akt war noch nicht abgeschlossen. Man wartete im Kriegsministerium, das Staatsamt für Heerwesen pochte schon ans Tor – solange der Akt nicht abgeschlossen ist, gibt's keine Republik und eo ipso keine Würschtel. Ein Ministerpräsident hatte einmal versprochen, über das Ergebnis der Einvernahme der „Gewährsmänner" zu berichten, sein Nachfolger wird das doch nicht vergessen haben! Mit nichten:

K. k. Ministerpräsident   Wien, am 31. Oktober 1918
10. 632/M. P.
An Seine Exzellenz
den Herrn k. u. k. Wirklichen Geheimen Rat Generaloberst
Rudolf Freiherrn Stöger-Steiner von Steinstätten,
k. u. k. Kriegsminister etc.

Im Verfolge der hierortigen Note vom 4. Mai 1918, Zl. 4536/M. P. beehre
ich mich mit Beziehung auf das geschätzte Schreiben vom 10. April l.
J., Nr. 11.122/4 Abt., betreffend einen antimilitaristischen Vortrag des
Schriftstellers Karl Kraus, aufgrund eines mir vom Ministerium des
Innern zur Kenntnis gebrachten Berichtes der Polizeidirektion in Wien,
vom 13. Oktober 1918, Pr.-Z. 56854/K mitzuteilen, dass zufolge der ge-
pflogenen polizeilichen Erhebungen das seinerzeit hieher übermittelte
Schreiben in seinen Angaben über straffällige Äußerungen Kraus' gele-
gentlich seiner Vorlesung am 27. März 1918 im Konzerthaussaale, den
Tatsachen nicht entspricht.

Die Polizeidirektion hat mehrere Privatpersonen, welche der Vorlesung angewohnt haben, einvernommen und von ihnen übereinstim-
mend die Aussage erhalten, dass sich die von Kraus vorgetragenen
Stücke wohl im Rahmen pazifistischer Gedankengänge
bewegten, aber nicht den Inhalt hatten, wie ihn das Schreiben angibt.
Kraus habe lediglich vorgelesen, nicht aus dem Stegreife gesprochen
und die ihm zugeschobene Aufforderung an die Offiziere: „Ziehen Sie
nicht mehr Ihre Säbel in diesem verruchten Kriege, zerbrechen Sie lieber die Waffen und schleudern Sie die Portepees jenen Schurken vor die
Füße, die Sie zu weiterem Blutvergießen zwingen wollen. Machen Sie
aus Ihrer Kraft und mit Ihrem Willen dem tierischen Morden ein Ende!
Die Menschheit wird Sie dafür segnen!" oder auch nur eine ähnliche
Äußerung nicht gemacht.

Das Schreiben beehre ich mich im Anschluss zurückzustellen.

Lammasch m. p.

Am Tage der Nationalversammlung! Und diesen Bericht hat eben der
Mann erlassen, dessen „Verherrlichung" das Armeeoberkommando zur
Mobilisierung der Ämter und zur Bereicherung der allgemeinen Akten-
lage gespornt hatte. Einer, der nicht kriegs- und bündnisfreundlicher
war als ich und der dem Gasmittelgebrauch nicht mehr Geschmack

abzugewinnen wusste. Österreich hat einmal wirklich die Konsequenz gezogen. Usque ad finem und darüber hinaus. Nun blieb nur noch dies und das einzutragen.

Einsichtsbemerkungen.
Dient zur Kenntnis – nichts zu verfügen.
Chef d. jur. Sektion: 16./11. 18. Feigl, G. Aud. m. p.
In der 4. Abt. bearbeitet 9./11. 18.

Dr. Maschka, Oberst Aud. m. p.

Vidi: Dr. Stoklasa, Aud. 9./11.
Ad Acta18./11. 18.

Also an einem Tage, an dem auch Österreich schon ad acta gelegt war.

SATIREN UND GLOSSEN ZUM KRIEG

Die wackre Schalek forcht sich nit

Oktober 1915

ging ihres Weges Schritt vor Schritt, ließ sich den Schild mit Pfeilen spicken und tät nur spöttisch um sich blicken. Die Schalek, oder wie ihr Untertitel lautet, „die erste und bisher einzige vom Kriegpressequartier als Berichterstatterin zugelassene Dame" – denn willst du wissen, was sich ziemt, so frage nur bei edlen Frauen an –, die Schalek also ist jetzt „in der Glut des Erlebens", hat nur Spott und Hohn für das tatenlose Hinterland, verachtet die „Daheimhockenden, die aus der Zeitung den Krieg erleben", aus der Zeitung, für welche die Schalek berichtet, bedauert jeden, „dem es nicht vergönnt ist, Tirol im Kriege zu sehen", und lässt sich von keiner Gefahr anfechten. Was auf den ersten Blick wie ein selbst in dieser großen Zeit auffallender Mangel an Schamgefühl berührt, ist nur jener frische Offensivgeist, mit dem die Schalek bis an die vorderste Front vordringt und worin sie es kecklich mit einem Roda Roda aufnimmt oder mit einem Klein, der auch schon in Schützengräben gefrühstückt hat. Sie fühlt sich zwischen Batterien zu Hause, wie nur eine andere zwischen Dunstobst, stellt ihren Mann, macht sich nichts daraus, einem eben beschäftigten Offizier „die Einzelheiten förmlich aus dem herb verschlossenen Mund zu ziehen", und hat auch schon tirolerisch gelernt, denn sie will gehört haben, wie ein Landesschütze gesagt hat: „Schaugts, jetzt trauen sie s i a c h. " Es ist aber immerhin möglich, dass der diesbezügliche Landesschütze kein Tiroler, sondern eigentlich ein Ischler war, den die Schalek noch aus einem Wiener Wohltätigkeitskomitee, also aus dem verächtlichsten Hinterland persönlich kennt. Aber wenn man von solchen Zufälligkeiten ab- und näher hinsieht, ist natürlich jeder Landesschütze eine Überraschung und gar jeder Standschütze ein echter Defregger oder wenn man will ein Egger-Lienz. Wie gemalt sitzen sie da, noch mehr für die Kunstkritik als für die Kriegsberichterstattung geschaffen. „Erst wenn sie ausspucken und „Grüaß Gott!" sagen und plötzlich ein schlau verstohlenes Zwinkern ins Auge hängen", dann fühlt man, dass sie lebendig sind. Mindestens dürfte ein Beweis für ihre Lebendigkeit sein, dass sie schlau verstohlen zwinkern, wenn sie unter den Rezensenten ihrer Tätigkeit jetzt auch ein weibliches Mitglied des Pressequartiers zu Gesicht bekommen müssen. Denn das Ausspucken und „Grüaß Gott!" Sagen hätte im Verkehr mit den männlichen Angehörigen dieser Institution auch ein Ölgemälde lernen müssen. Es versteht sich aber schon von selbst, dass die Gewehrsmänner im Verkehr mit den Gewährsmännern überaus zuvorkommend sind, nun gar gegenüber einer Frau, die diesen schönen Beruf ergriffen hat, und wenn diese Gäste „auf einer Höhe von mehr als dritthalbtausend Meter" einen Stützpunkt zu inspizieren wünschen, so wird ihnen dort nicht nur etwas vorgeschossen, sondern sie finden auch einen gedeckten Tisch. „Man hat feierliche Vorbereitungen zu unserem Empfange getroffen", und der Tisch ist mit Blumen, sogar mit Trophäen geschmückt, wobei wohl Erstere eine zarte Aufmerksamkeit für die männlichen Schapseln, Letztere einen Willkommgruß für die Schalek bedeuten. Wie kühn die Schalek vorgeht, erfahren wir aus ihrer eigenen Schilderung:

> Einen Stützpunkt darf ich ersteigen, nachdem der Kommandant des Talabschnittes eigens in unser Quartier herübergekommen ist, um unsere Wünsche zu erfahren. Männer auf solchen Posten verfügen niemals über leere Viertelstunden –

Aber um der Presse entgegenzukommen, bringen sie's immer noch zuwege, und dann werden sogar leere Stunden daraus.

> Meinen großen Wunsch, einen exponierten Punkt besuchen zu dürfen, kann er freilich nicht erfüllen, weil jede unnötige Regung, die den Feind veranlassen könnte, einen Punkt, auf den er eingeschossen ist, unter Feuer zu nehmen, unsere Soldaten in Gefahr bringen kann.

Wohlgemerkt, die Soldaten – die Mitglieder des Pressequartiers und zumal die Schalek würde es nicht tuschieren.

> Hingegen bekommen wir die Erlaubnis, bis zu einem Stützpunkt vorzustoßen, und da dies einen starken Fußmarsch bedingt, teilt sich das Kriegspressequartier in zwei Gruppen …

Ein Standschütze, der der Gruppe, welcher sich die Schalek anschloss, ansichtig wurde, hatte noch die Geistesgegenwart, ein schlau verstohlenes Zwinkern ins Auge zu hängen und den Ausruf zu tun: „Schaugts, jetzt traut sie siach!" Ein anderer Standschütze, der der anderen Gruppe ansichtig wurde, spuckte nur aus und sagte Grüaß Gott! Ich schließe mich der Meinung dieses zweiten Standschützen im ersten Punkte an. Ich bitte aber Gott ausdrücklich und inständig, nicht zu grüßen, sondern Blitz und Hagel bereitzuhalten und die Tiroler Landes- und Standschützen davor zu bewahren, dass ihre Leistung zum Schauspiel für Individuen werde, die statt über Operettenpremieren und Blumenkorsos zu referieren, jetzt auf einer Höhe von dritthalbtausend Meter ihr niedriges Metier ausüben. Und die irdischen Gewalten, die jetzt mehr als Gott selbst vermögen, bitte ich, auch in diesem Punkte Ernst zu machen. Den dort nicht Beschäftigten den Eintritt nach Südtirol zu verbieten. Wenn sie vorstoßen wollen, sie zurückzustoßen. Und von der vorgeschriebenen „Marschroute", mit der sich unsere braven Feuilletonisten brüsten, höchstens mit Hintansetzung des Anfangsbuchstaben Gebrauch zu machen!

(Karl Kraus, Widerschein der Fackel, München 1956, 155–157)

KINDER UND VÖGEL SAGEN DIE WAHRHEIT

Dezember 1915

Ein Stuttgarter Kind schrieb:

… Heute haben wir zum ersten Mal Flieger, und die haben Bomben heruntergeworfen und wir in der Schule haben sie gehört. Dann hat unsere Lehrerin gesagt, wir sollen unter die Schulbänke herunterschlupfen und die Lehrerin hat sich in den Kasten, wo sie die Kleider darin hatte, versteckt. Aber die Kinder haben alle geweint. Bloß drei Kinder haben nicht geweint, und ich. Die haben gesagt: O Mamale, O Mamale! Ich habe Kopfweh bekommen, mein Herz hat so arg geklopft und zittern hab' ich auch müssen, aber nicht geweint. Dann haben die Kinder gebetet und die Lehrerin auch. Ich wollte auch, aber ich konnte doch keines. Wir sind alle gesund geblieben, Großmutter und Großvater auch. Als ich zum Essen heimkam, war ich noch weiß vor Angst, dass Großmutter, die sich doch nicht schnell verstecken kann und nicht bücken und unter das Sofa und unter alles zu dick ist, schon tot wäre …

Eine Zeitung in Dunkerque brachte den Bericht eines englischen Soldaten:

> ... Die Gasbomben sind eine fürchterliche Waffe der Deutschen. Merkwürdigerweise künden uns die Vögel den Angriff jener an. Häufig riechen wir die Gasdämpfe noch gar nicht, da verlassen die schlafenden Vögel schon die Zweige, auf denen sie gesessen sind, fliegen unruhig hin und her und piepen ängstlich. Solcherweise werden wir beinahe regelmäßig gewarnt und haben Zeit, Maßregeln zu treffen ....

Und die Menschen, die erwachsenen, wissen noch immer nicht, was sie tun.

(Kraus, Widerschein, aaO., 161)

KRIEGSNAMEN

April 1916

Wie sich der Krieg in Berliner Standesämtern zu erkennen gibt, davon entwirft das Berliner Tageblatt eine, offenbar zufriedene, Schilderung:

> ... Eine Frau hat ihrem neugeborenen Sohn den Vornamen „Belgrad" gegeben. Karl Friedrich Belgrad Schulze heißt nun der junge Erdenbürger. Wenigstens im standesamtlichen Register – der Pastor, der das Kind taufen sollte, weigerte sich, den Namen Belgrad anzunehmen, da es der Name einer heidnischen Gottheit sei. Die Standesbeamten aber weisen alle diese Namen keineswegs zurück – nur „anstößige" Namen sind verboten –, sondern freuen sich im Gegenteil, wenn der Patriotismus sich auf diese Weise Luft macht. „Belgrad" als Vorname ist durchaus nicht vereinzelt geblieben. Ein Beamter des Admiralstabes nannte seinen Sohn „Wilna", ein Postsekretär den seinigen „Longwy", eine westpreußische Flüchtlingsfrau ließ „Tannenberg" eintragen, ein Bauhandwerker „Warschau", ein Name, der überhaupt mehrfach wiederkehrt. Aber wesentlich häufiger als der Gebrauch von Städte- oder Schlachtennamen ist der von Heerführern ... Von den Generälen steht natürlich „Hindenburg" obenan. In allen Standesamtsbezirken, die dafür überhaupt in Betracht kommen, ist Hindenburg als Vorname sehr beliebt ... Nur müssen die Standesbeamten

streng darauf achten, dass „Hindenburg" nicht unmittelbar vor dem Ge-
schlechtsnamen stehen darf – es könnte sonst zu leicht ein adeliger Dop-
pelname daraus werden … Neben „Hindenburg" ist „Zeppelin" am häu-
figsten … Wesentlich seltener sind andere, die eine bestimmte Tendenz zum
Ausdruck bringen sollen. So gab ein Oberlehrer an dem Tage, da der Abfall
Italiens bekannt wurde, seinem neugeborenen Töchterlein den Namen
„Fides" (Treue), womit er jedenfalls gegen die welsche Untreue protestieren
wollte. Ein anderer hatte zu Beginn des Krieges noch großes Vertrauen zu
dem südlichen Bundesgenossen und wollte, dass sein Sohn „Dreibund"
genannt werde, was ihm der Standesbeamte jedoch ausgeredet hat.

In einer patriotischen Berliner Familie, die viele Köpfe hat, dürfte es
dereinst so zugehen. Vater: „Jungens, was habt ihr denn nu wieder? Was
is'n los?" „Belgrad is gefallen!" „Müsst ihr denn immer ‚rumtollen?" „Vater, Hindenburg pisackt Tannenberg, und da kam ik denn zwischen, er
kriegte mich zu fassen und da–" „Nu gebt doch mal Ruhe! Nehmt euch
ein Beispiel an Zeppelin!" „Nee, is nicht, Zeppelin ist der Ärgste, vorhin
hat er gedroht, dass er über Wilna kommt!" „Ihr seid mir aber Jören!" „Sie
hat anjefangen!" „Nu man stille! Longwy, lass deine Nase in Ruh! Ja hört
mal, wo is denn Dreibund?" „Wir haben Einkreisen gespielt und da hat er
sich den Stiefel abgetreten, ‚s war zum Schießen!" „Das will mir gar nicht
gefallen, benehmt euch doch. Nanu, wo is denn aber Warschau?" (Warschau erscheint bleich in der Tür.) „Vater, ik hab mir übergeben müssen."
(Kraus, Widerschein der Fackel, aaO., 176–177)

DIE WELT ALS VORSTELLUNG

Juni 1916

Was die Behauptung Cadornas betrifft, dass die von unseren Truppen bisher
erstürmten Stellungen nur „Vorstellungen" seien, so sei nur neuerdings –

Erschütternd, wie hier der neue Sinn des Worts zum alten zurückfindet,
ohne Vorstellung davon. Denn die von uns genommenen Stellungen sind
keine Vorstellungen, sondern richtige Stellungen, und die Behauptung

Cadornas, dass es bloße Vorstellungen und nur in unserer Vorstellung existierende Stellungen seien, ist eine falsche Vorstellung. Nun war aber auch kürzlich von den Stellungspflichtigen und den „Vorstellungspflichtigen" zu lesen. Hier ist wieder Zuwachs zum Leid der Menschheit, durch das Leid der Sprache. Sind es solche, die verpflichtet sind, eben hievon eine Vorstellung zu haben? Nein; es wäre von übel. Solche, die verpflichtet sind, sich irgendwo vorzustellen? Ja und nein. Etwas vorzustellen? Danach wird nicht gefragt. Einem etwas vorzustellen, wie ihre Jugend, ihr Alter, ihre Krankheit, ihre Unentbehrlichkeit? Das können oder brauchen sie nicht. Einem Vorstellungen zu machen? Keineswegs. Solche, die verpflichtet sind, Vorstellungen zu beziehen oder zu nehmen? Noch nicht. An Vorstellungen mitzuwirken? Auch noch nicht. Sich vor die anderen zu stellen? Das dürfen sie nicht. Also was denn? Sich vor den anderen zu stellen, früher als die andern zu stellen! Das muss es sein, denn eine andere Vorstellung kann man sich darunter nicht vorstellen. Die Sprache hat ohnehin mehr gesagt, als sie von Rechts wegen verpflichtet wäre. Mehr vorstellungspflichtig ist sie nicht. Aber muss man denn in einer Zeit, die so viel Worte hat, gerade mit den besten durchhalten und so, dass man sie zu jeder Verrichtung benützt? Eher sollte man Wortkarten einführen und auf eine solche nicht mehr Vorstellungen beziehen dürfen, also auch auf eine „Vorstellung" nicht mehr Vorstellungen, als Zucker zum Kaffee. Denn eben wo zu viel Begriffe sind, da dankt ein Wort, das auf sich hält und selbst dort, wo nur Taten gelten, noch etwas vorstellen will, zur rechten Zeit ab.

(Kraus, Widerschein der Fackel, aaO., 179–180)

Zur Genealogie der Moral

August 1916

Aufgrund einer vom Wachtmeister Berger erstatteten Anzeige hatte sich die Schneiderin Karoline M. wegen Übertretung gegen die öffentliche Sittlichkeit zu verantworten, weil sie am 4. April, auf dem Heimwege begriffen, gegen Mitternacht in der Mariahilferstraße den Rock bis zu den Hüften hinauf gehoben haben soll. Die Angeklagte hatte sich zur kritischen Zeit in Gesellschaft zweier Herren befunden, während der

Anzeiger, der die Arretierung der Angeklagten veranlasste, in Begleitung seiner Frau und eines anderen Soldaten war. In der heute durchgeführten Verhandlung stellte die Angeklagte entschieden in Abrede, den Rock in einer das Sittlichkeitsgefühl verletzenden Weise gehoben zu haben. Sie erklärte, dass sie damals den Rock höher gehoben habe als sonst, nämlich bis zur halben Höhe der Strümpfe, was umso weniger auffällig war, als sie auch Reformunterkleider trug. Die als Zeugin vernommene Wachtmeistersgattin Anna Berger gab an, dass die Angeklagte den Rock bis zur Hüfte gehoben, dabei sich gebückt und noch gelacht habe. Durch dieses Verhalten sei das Sittlichkeitsgefühl der hinter ihr gehenden Personen arg verletzt worden, zumal die Angeklagte, wie sie sah, keine Unterkleider getragen habe. Gegenüber dieser Aussage erklärte die Angeklagte, sie habe den Rock nicht allzu hoch heben können, weil sie damals in zwei Herren eingehängt war. Der Zeuge Franz Wiedel, der zur kritischen Zeit in Gesellschaft der Angeklagten war, gab an, dass die Angeklagte, als sie vom Trottoir auf die Straße ging, den Rock so hoch gehoben habe, wie die Damen ihn heben, wenn es regnet. – Richter: Hat es damals geregnet? – Zeuge: Nein. – Der Zeuge gab schließlich noch an, dass die Angeklagte und ihre beiden Begleiter zur kritischen Zeit in sehr animierter Stimmung sich befanden und dass, seiner Ansicht nach, durch das Heben des Rockes bis zu den Knöcheln das Sittlichkeitsgefühl irgendeiner Person nicht verletzt werden konnte. Der Richter sprach schließlich die Angeklagte frei, da bei den widersprechenden Zeugenaussagen nicht genau festgestellt werden konnte, wie hoch denn die Angeklagte eigentlich den Rock gehoben habe. Der Richter ermahnte zum Schlusse die Angeklagte, beim Heben des Rockes vorsichtiger zu sein.

Hoch der Rock, die Waffen nieder!

(Kraus, Widerschein der Fackel, aaO., 197)

DIE LETZTE WAHRHEIT
ÜBER DEN WELTKRIEG

Dezember 1915

Die letzte Wahrheit über den Weltkrieg

Den Heldentod fürs Vaterland erlitt unser lieber, jüngerer Chef Herr

Wilhelm Berdux
Landsturmmann in einem Infanterie-Regiment.

Sein weiter kaufmännnnischer Blick ließ ihn früh die großen Kampfesziele erkennen und freudig zog er hinaus pro gloria et patria.

Nun hat ihm die Norn die Wege verlegt, die treue Liebe in rastloser Arbeit für ihn geebnet.

Sein hehres Bild bleibt unvergänglich in unserer Erinnerung.

Berdux & Sohn, G. m. b. H.

(Kraus, Widerschein der Fackel, aaO., 163)

EIN DEUTSCHES KRIEGSGEDICHT

Oktober 1916

„[Rumänenlied.] Im ‚Tag‘ dichtet ‚Gottlieb‘ folgendes Rumänenlied:

In den klainsten Winkelescu
Fiel ein Russen-Trinkgeldescu,
Fraidig ibten wir Verratul –
Politescu schnappen Drahtul.

Alle Velker staunerul,
San me große Gaunerul.

Ungarn, Siebenbürginescu
Mechten wir erwürginescu.

Gebrüllescu voll Triumphul
Mitten im Korruptul-Sumpful
In der Hauptstadt Bukurescht,
Wo sich kaincr Fiße wäscht.

Leider kriegen wir die Paitsche
Vun Bulgaren und vun Daitsche:
Zogen flink-flink in Dobrudschul,
Feste Tutrakan ist futschul!

Aigentlich sind wir, waiß Gottul,
Dann heraingefallne Trottul,
Haite noch auf stolzem Roßcu,
Murgens eins auf dem Poposcu!"

Hinter dem Pseudonym verbirgt sich mit Recht Herr Alfred Kerr. In seiner Prosa zu sprechen: Solche Dinge werden einmal ... in Deutschland
möglich gewesen sein, ecco. Interessant ist bei all dem, dass das Vorleben
eines Feindes sich von seiner schwärzesten Seite, also von den unge-
waschenen Füßen, in dem Moment zeigt, in dem dessen Entscheidung,
aus der Neutralität herauszutreten, zu unseren Ungunsten fällt. Aber
der Übelstand, dass in der Hauptstadt Bukurescht kainer sich die Fiße
wäscht – wie anders Sofia –, muss doch jahrzehntelang bekannt gewesen
sein, und entweder darf auf die Bundesgenossenschaft eines solchen
Volkes nicht der geringste Wert gelegt oder es muss auch in diesem Fall
offen herausgesagt werden. Die Unterlassung des Füßewaschens vollzieht sich ja nicht so überraschend wie eine Kriegserklärung, sondern
ist ein Zustand, zu dessen Beobachtung die Diplomaten jahrzehntelang
Gelegenheit hatten. Aber die deutsche Literatur, die persönlich mit der
Sitte längst vertraut ist, holt die unwiederbringlichsten Versäumnisse
nach und riskiert ihrerseits nur den Verdacht ungewaschener Versfüße.
(Kraus, Widerschein der Fackel, aaO., 210–211)

481

KERNSTOCK DER JUGEND!

Oktober 1916

so heischt die „Reichspost", und schon ist es ja erfüllt. Denn:

> Eine Kunde voll freudvoller, bedeutsamer Wichtigkeit: Ottokar Kern-
> stock ist als Dozent in die Lehrerakademie des Wiener Pädagogiums
> berufen worden, wo er über Poetik, Rhetorik und Stilistik lesen wird.
> Heute noch die Bedeutung Kernstocks als Dichter erörtern zu wollen,
> hieße Eulen nach Athen –

Nicht doch, gebt uns Eulen und sehet ab von der Verzehrungssteuer! Dichter haben wir genug im Krieg. Aber Eulen – nöt immer nur nach Athen,
wo ohnedies die Entente aufpasst. Wir aber müssen uns mit dem Kernstock durchfretten. Er kommt also von der Festenburg, wo er oft „schwär-
merischen Jünglingen und Mädchen eine Erinnerung ins Stammbuch"
geschrieben hat. Aber was denn nur für eine? Jahr um Jahr flogen von dort
„seine Lieder ins Land, Lieder von kraftvoller, dabei doch sinniger und oft
unbeschreiblich zarter Eigenart, Lieder –" Ja welche denn nur? Nun wird
er in mündlichem Vortrag der Jugend „die Schönheiten der Dichtkunst
erschließen". Ja aber, welche denn nur? Und sie alle werden „entflammt
an seiner Flamme, das Empfangene dereinst als Lehrer tausendfältig wei-
tergeben und in die Herzen einer neuen Jugend wird versenkt werden,
was dieser eine Mann auf seiner waldumrauschten, einsamen Burg in
jahrzehntelanger Arbeit ergründete". Ja aber was denn nur? Ein Mann,
„der mit feuriger, begnadeter Zunge alle lebendigen Schönheiten der Gotteswelt zu preisen versteht". No ja aber welche denn nur?

GEBET VOR DER HUNNENSCHLACHT

> Bedrängt und hart geängstigt ist
> Dein Volk von fremden Horden,
> Durch Übermut und Hinterlist,
> Mit Sengen und mit Morden.
> Wir schrei'n zu dir aus tiefster Not

Der deutsche Name ist zum Spott
Der schnöden Heiden worden.
o Herr, der uns am Kreuz erlöst,
Erlös' uns von der Hunnenpest!
Kyrie eleison!

Gerecht, Herr, ist dein Strafgericht!
Die Schuld ist unser Eigen.
Uns schlug der Feind ins Angesicht –
Wir litten es mit Schweigen.
Wir hatten nicht des Windleins Acht,
Und als der Sturmwind dran erwacht,
Ließ mancher Mann sich beugen.
o Herr, der uns am Kreuz erlöst,
Erlös' uns von der Hunnenpest!
Kyrie eleison!

Wir flohn den frischen Kampf; uns war
Ein fauler Frieden werter.
Wir boten Gold und Geiseln dar –
Der Drang ward immer härter …
etc.

Es kann somit „nicht ausbleiben, dass Kernstock, geadelt durch seinen Priesterberuf, auch als Mensch die allertiefste und nachhaltigste Wirkung auf seine jungen Zuhörer ausüben wird". Wie denn auch anders?

Mit uns sind die himmlischen Scharen all,
Sankt Michel ist unser Feldmarschall.

Ja, immerhin, „einen Augenblick lang wird ja der Pfarrherr von der Festenburg gezögert haben, seine verträumte, stille Poetenklause im steirischen Wald mit dem Lärm der Großstadt zu vertauschen. Einen Augenblick lang nur –":

Da winkte Gott – der Rächer kam,
Das Racheschwert zu zücken

Und, was dem Schwert entrann, im Schlamm
Der Sümpfe zu ersticken.

Etsch. „Dann wird wohl die Erkenntnis in ihm gesiegt haben, welch hoher Beruf sich ihm hier erschließt, welch neue Möglichkeiten ethischer,
künstlerischer, kulturfördernder Betätigung sich ihm hier bieten. Und die
Stimme dieser Erkenntnis wird bald die Oberhand gewonnen haben über
das verlockende Rauschen der Tannenforste um die Festenburg–" denn:

> Steirische Holzer, holzt mir gut
> Mit Büchsenkolben die Serbenbrut!
> Steirische Jäger, trefft mir glatt
> Den russischen Zottelbären aufs Blatt!
> Steirische Winzer presst mir fein
> Aus Welschlandfrüchtchen blutroten Wein!

So schön hat das die Reichspost g'schrieben übern Kernstock, ah, des
müssn S' lesen!

(Kraus, Widerschein der Fackel, aaO., 217–219)

DER PRAECEPTOR GERMANIAE

Mai 1918

Berlin, 29. Jan. (Wolff.) In einer Ansprache, die der Chef des Hauses
Krupp, Dr. Krupp von Bohlen und Halbach, zur Feier des Geburtstages
des Kaisers an seine Beamten und Arbeiter hielt, sagte er u.a.: „Nach
der schnöden Abweisung unseres, in der Sicherheit des vollsten Kraft-
gefühles abgegebenen, Friedensangebotes wusste das deutsche Volk zu
Anfang des vorigen Jahres, dass das Schwert doppelt geschliffen
und die Büchse doppelt geladen werden musste. Das ist 1917
geschehen. Allerorten regte es sich in deutschen Landen, wie es noch
nie vorher gesehen worden war. Gewaltige Bauten schossen wie Pilze
aus dem Boden. Sie haben ja hier in Essen unsere gewaltigen Hin-
denburgwerkstätten vor Augen, die an Ausdehnung alle bisherigen

bei Weitem überragen. Die Schätze der Erde wurden gehoben, und wo unserer Gegner schadenfrohes Grinsen Mängel und Fehler zu wittern glaubte, häuften sich Lager und Bestände. So wurde aus millionenfachem Zusammenarbeiten Großes erreicht, das den Größten unseres Volkes als Pflicht und Ziel erschienen war – die Erfüllung des Hindenburgprogramms. Damit ist die Sicherung unserer kämpfenden Brüder durch Schild und Waffe selbst den Erzeugnissen der ganzen Welt gegenüber gewährleistet."

Ganz abgesehen davon, dass der Deutsche beim Wort „Essen" Vorstellungen hat, die ihm der Gedanke an den Herrn Krupp doch nur sehr unvollständig befriedigt, und lieber schon sehen würde, dass aus dem deutschen Boden Pilze wie gewaltige Bauten schießen statt umgekehrt, wobei es aber anerkennenswert ist, dass ein geistiger Führer des Deutschtums, wenn er vergleichsweise sagt, dass etwas aus dem Boden schießt, doch noch an die Pilze denkt statt an die Maschinengewehre, die er erzeugt – ganz abgesehen davon muss man zugeben, dass dieser Chef des Hauses Krupp wirklich das romantische Bedürfnis der deutschen Seele tadellos effektuiert. Dass er selbst der Erzeuger des doppelt geschliffenen Schwertes und der doppelt geladenen Büchse und somit an der schnöden Abweisung von Friedensangeboten einigermaßen interessiert ist, hindert ihn nicht nur nicht daran, den Feind zu verunglimpfen, sondern auch die Konkurrenz schlecht zu machen. Aber es geschieht immerhin in der Sprache, die der Auseinandersetzung moderner Mordindustrien den Charakter des Turniers wenigstens auf deutscher Seite sichert, wo man mit Schwert und Büchse, Schild und Waffe, also rechtschaffenen mittelalterlichen Erzeugnissen, ernst aber zuversichtlich den feindlichen Flammenwerfern, Gasgranaten und so Waren gegenübersteht und dennoch leistungsfähig bleibt.

(Kraus, Widerschein der Fackel, aaO., 253–254)

Ei-Ersatz Dottofix

Mai 1918

wenn er uns nichts gebracht hätte, der Krieg, als das und außerdem „Hausmacher-Eiernudeln" – so war er nicht zu führen! Ja, hätte doch ein Antidämon am 31. Juli 1914 (oder schon etwas früher) dem Grafen Berchtold und dem Bethmann Hollweg zugeflüstert: Ei-Ersatz Dottofix! Sie hätten's nicht getan, bei Gott, sie hätten's nicht getan. Und gar mancher wäre auch durch die rechtzeitige Warnung „Tor, was beginnst du, du wirst zwar Prestige, aber keine Colgate-Rasiercreme haben einst!" dazu gebracht worden, es lieber mit einer Entspannung zu versuchen. Jetzt haben sie nur zwischen Ei-Ersatz Dottofix und Eier-Ersatz aus Schlemmkreide mit Backpulver die Wahl und wenn sie jenem nicht trauen und Zahnpulver-Ersatz nicht essen wollen, so bleiben ihnen nur die Hausmacher-Eiernudeln. Und darum Räuber und Mörder! Das Blut von zehn Millionen Toten – das konnte sich keiner vorstellen. Aber vielleicht hätte es genügt, das Zauberwort auszusprechen: Die Schuhbandeln werden ausgehen! „Ja was hat denn der Schlachtenruhm mit Schuhbandeln zu tun?" Also die Zündhölzchen werden alle sein! „Nicht doch: Was haben denn Zündhölzchen mit unserer artilleristischen Überlegenheit zu schaffen?" So hätte denn gesagt werden müssen, was wir h a b e n werden. Ach, die losgelassene Maschinenbestie wäre still gestanden, wenn einer Fantasie und Mut genug besessen hätte, vom Belt bis Banjaluka einen Ruf wie Donnerhall brausen zu lassen: Ei-Ersatz Dottofix!

(Kraus, Widerschein der Fackel, aaO., 254–255)

Zum ewigen Frieden

1918

„Bei dem traurigen Anblick nicht sowohl der Übel, die das menschliche Geschlecht aus Naturursachen drücken, als vielmehr derjenigen, welche die Menschen sich untereinander selbst antun, erheitert sich doch das Gemüt durch die Aussicht, es könne künftig besser werden; und zwar

mit uneigennützigem Wohlwollen, wenn wir längst im Grabe sein und
die Früchte, die wir zum Teil selbst gesät haben, nicht einernten werden."

Nie las ein Blick, von Tränen übermannt,
ein Wort wie dieses von Immanuel Kant.

Bei Gott, kein Trost des Himmels übertrifft
die heilige Hoffnung dieser Grabesschrift.

Dies Grab ist ein erhabener Verzicht:
„Mir wird es finster, und es werde Licht!"

Für alles Werden, das am Menschsein krankt,
stirbt der Unsterbliche. Er glaubt und dankt.

Ihm hellt den Abschied von dem dunklen Tag,
dass dir noch einst die Sonne scheinen mag.

Durchs Höllentor des Heute und Hienieden
vertrauend träumt er hin zum ewigen Frieden.

Er sagt es, und die Welt ist wieder wahr,
und Gottes Herz erschließt sich mit „und zwar".

Urkundlich wird es; nimmt der Glaube Teil,
so widerfährt euch das verheißne Heil.

o rettet aus dem Unheil euch zum Geist,
der euch aus euch die guten Wege weist!

Welch eine Menschheit! Welch ein hehrer Hirt!
Weh dem, den der Entsager nicht beirrt!

Weh, wenn im deutschen Wahn die Welt verschlief
das letzte deutsche Wunder, das sie rief!

Bis an die Sterne reichte einst ein Zwerg.
Sein irdisch Reich war nur ein Königsberg.

Doch über jedes Königs Burg und Wahn
schritt eines Weltalls treuer Untertan.

Sein Wort gebietet über Schwert und Macht
und seine Bürgschaft löst aus Schuld und Nacht.

Und seines Herzens heiliger Morgenröte
Blutschande weicht: dass Mensch den Menschen töte.

Im Weltbrand bleibt das Wort ihr eingebrannt:
Zum ewigen Frieden von Immanuel Kant!

(Karl-Kraus-Lesebuch. Herausgegeben von Hans Wollschläger,
Frankfurt a.M. 1987, 253–254)

Reklamefahrten zur Hölle

1921

In meiner Hand ist ein Dokument, das, alle Schande dieses Zeitalters überflügelnd und besiegelnd, allein hinreichen würde, dem Valutenbrei, der sich Menschheit nennt, einen Ehrenplatz auf einem kosmischen Schindanger anzuweisen. Hat noch jeder Ausschnitt aus der Zeitung einen Einschnitt in die Schöpfung bedeutet, so steht man diesmal vor der toten Gewissheit, dass einem Geschlecht, dem solches zugemutet werden konnte, kein edleres Gut mehr verletzt werden kann. Nach dem ungeheuren Zusammenbruch ihrer Kulturlüge und nachdem die Völker durch ihre Taten schlagend bewiesen haben, dass ihre Beziehung zu allem, was je des Geistes war, eine der schamlosesten Gaukeleien ist, vielleicht gut genug zur Hebung des Fremdenverkehrs, aber niemals ausreichend zur Hebung des sittlichen Niveaus dieser Menschheit, ist ihr nichts geblieben als die hüllenlose Wahrheit ihres Zustands, sodass sie fast auf dem Punkt angelangt ist, nicht mehr lügen zu können, und in keinem Abbild vermöchte sie sich so geradezu zu erkennen wie in diesem:

Aber was bedeutet wieder jenes Gesamtbild von Grauen und Schrecken, das ein Tag in Verdun offenbart, was bedeutet der schauerlichste Schauplatz des blutigen Deliriums, durch das sich die Völker für nichts und wieder nichts jagen ließen, gegen die Sehenswürdigkeit dieser Annonce! Ist hier die Mission der Presse, zuerst die Menschheit und nachher die Überlebenden auf die Schlachtfelder zu führen, nicht in einer vorbildlichen Art vollendet?

Sie erhalten am Morgen Ihre Zeitung.

Sie lesen, wie bequem Ihnen das Überleben gemacht wird.

Sie erfahren, dass 11/2 Millionen eben dort verbluten mussten, wo Wein und Kaffee und alles andere inbegriffen ist.

Sie haben vor jenen Märtyrern und jenen Toten entschieden den Vorzug einer erstklassigen Verpflegung in der Ville-Martyre und am Ravin de la Mort.

Sie fahren im bequemen Personen-Auto aufs Schlachtfeld, während jene nur im Viehwagen dahin gelangt sind.

Sie hören, was Ihnen da alles zur Entschädigung für die Leiden jener geboten wird und für ein Erlebnis, wovon Sie bis heute Zweck, Sinn und Ursache nicht zu erkennen vermochten.

Sie begreifen, dass es veranstaltet wurde, damit einmal, wenn von der Glorie nichts geblieben ist als die Pleite, wenigstens ein Schlachtfeld par excellence vorhanden sei.

Sie erfahren, dass es doch etwas Neues an der Front gibt und dass es sich heut dort besser leben lässt als ehedem im Hinterland.

Sie erkennen, dass das, was die Konkurrenz bieten kann, die bloß über die Toten der Argonnen- und Somme-Schlachten, über die Beinhäuser von Reims und St. Mihiel verfügt, eine Bagatelle ist neben der erstklassigen Darbietung der Basler Nachrichten, denen es unzweifelhaft gelingen wird, mit den Verlusten von Verdun ihre Abonnentenliste aufzufüllen.

Sie verstehen, dass das Ziel die Reklamefahrt und diese den Weltkrieg gelohnt hat.

Sie erhalten, und wenn Russland verhungert, ein reichliches Frühstück, sobald Sie sich entschließen, dazu auch noch die Schlachtfelder von 1870/71 mitzunehmen, es geht in Einem.

Sie haben nach dem Mittagessen noch Zeit, die Einlieferung der Überreste der nicht agnoszierten Gefallenen mitzumachen, und nach Absolvierung dieser Programmnummer noch Lust zum Nachtessen.

Sie erfahren, dass die Staaten, deren Opfer Sie in Krieg und Frieden sind, Ihnen sogar, und das will viel heißen, die Passformalitäten ersparen, wenn die Reise aufs Schlachtfeld geht und Sie sich nur rechtzeitig bei der Zeitung ein Ticket besorgen.

Sie erkennen, dass diese Staaten Strafparagrafen haben, welche das Leben und sogar die Ehre von Presspiraten ausdrücklich schützen, die aus dem Tod einen Spott und aus der Katastrophe ein Geschäft machen und den Abstecher zur Hölle als Herbstfahrt besonders empfehlen.

Sie werden Mühe haben, diese Paragrafen nicht zu übertreten, aber dann den Basler Nachrichten ein Anerkennungs- und Dankschreiben schicken.

Sie bekommen unvergessliche Eindrücke von einer Welt, in der es keinen Quadratzentimeter Oberfläche gibt, der nicht von Granaten und Inseraten durchwühlt wäre.

Und wenn Sie dann noch nicht erkannt haben, dass Sie durch Ihre Geburt in eine Mördergrube geraten sind und dass eine Menschheit, die noch das Blut schändet, das sie vergossen hat, durch und durch aus Schufterei zusammengesetzt ist und dass es vor ihr kein Entrinnen gibt und gegen sie keine Hilfe – dann hol' Sie der Teufel nach einem Schlachtfeld par excellence!

(Karl-Kraus-Lesebuch, aaO., 287–291)

WIR ZWEI

1924

… Im Verlaufe des Krieges war Franz Joseph, wie sich nun herausstellt, einer der wenigen, die von allem Anfang an das schreckliche Ende voraussahen.

Er und ich. Auch er konnte also von sich sagen:

Ich hab' schon am Anfang das Ende gesehn
und wusste, was nach dem Ende kommt.

Der Unterschied zwischen uns beiden ist bloß, dass ich es nicht reiflich erwogen hatte. Aber als Defätist konnte ich ihm das Wasser reichen.

491

Als England den Krieg erklärt hatte, rief er aus: „Jetzt ist unsere Partie endgültig verloren; wir sind nicht imstande, uns mit England zu messen."

Auch ich rief damals etwas Ähnliches aus, wiewohl ich es schwerer hatte als er, einer Anklage wegen Hochverrats oder Verbrechens gegen die Kriegsgewalt zu entgehen. Aber die andern alle riefen damals, dass Gott England strafen solle und einen Kaiser erhalten, der wissend, dass unsere Partie endgültig verloren sei, sie dennoch nicht aufgab. Ich behauptete sogar, dass wir nicht imstande seien, uns mit Serbien zu messen, und fand es sehr unvorsichtig von Franz Joseph, zu seinem Regierungsjubiläum (das ich nie mitfeierte; schon im Jahre 1898 wurde ich aus diesem Anlass konfisziert) sich Belgrad zu Füßen legen zu lassen.

„Von diesem Augenblick an", fährt Margutti fort, „bildete sich beim Kaiser die fixe Idee, dass die einzige Lösung des gigantischen Dramas der Zusammenbruch der Mittelmächte sei".

Ich hätte ihn nie für so vernünftig gehalten und war im Gegenteil wie alle Welt davon überzeugt, dass er die fixe Idee von dem schließlichen Endsieg der Mittelmächte hatte, die zu haben er ja doch auch von seinen sämtlichen Staatsbürgern bei Strafe von Galgen oder Kerker verlangt hat. Ich hatte die fixe Idee, dass ich damals der Einzige war, der felsenfest an die Endniederlage glaubte, ernst, aber zuversichtlich, wie es vorgeschrieben war, denn der Endsieg der Mittelmächte mit der Befestigung der Militärrmonarchien hätte, wäre er nach Vermehrung der Opfer möglich gewesen, eine noch weit entsetzlichere Kulturpest und eine weit ärgere Bestialisierung des Friedens zur Folge gehabt. Mindestens konnte, wer im Herbst 1914 zur Menschheit hielt statt zur Lüge der Nation, von dem Vordringen der Russen eine Beendigung des Grauens erwarten. Nicht in dieser Hoffnung, aber in der Bewertung der Tatsachen, mit der ich allein zu stehen vermeinte, in der Erkenntnis der Inferiorität des Wahns gegenüber der Technik einer Welt und in dem unerschütterlichen Glauben an einen Ruin, der ihm nicht erspart bleiben würde, scheint Franz Joseph sich meinem Standpunkt genähert zu haben. Nie hätte ich geahnt, dass ausgerechnet er mit mir darin eines Sinnes war. Ich hätte sonst bei Gott nicht verstanden, warum ein allerchristlichster Monarch mit dieser Überzeugung die Menschheit hinschlachten ließ. Dies Unmaß von Blutdurst bei voller Erkenntnis der Aussichtslosigkeit aller Opfer, die er den anderen auferlegte, hätte selbst ich ihm nicht zugetraut. Und er blieb auf seinem Thron sitzen, arbeitete unermüdlich am Schreibtisch und schlief in seinem Bett. Er hatte nicht nur alles erwogen, sondern er sah auch alles voraus: Für die Welttragödie hatte er sein Szenarium. Das voraussichtliche Massensterben in den siebenbürgischen Pässen setzte er in seine Sprache um:

> … Auch bezüglich Rumäniens gab er sich keiner Täuschung hin. Als ihm Margutti zu Weihnachten 1914 die Liste jener Souveräne vorlegte, an die bisher immer Neujahrswünsche gesendet wurden, sagte er bei König Ferdinand und Königin Marie: „Diese beiden Namen werden wir bald streichen müssen."

Er hatte eben eine untrügliche Witterung für alles, was ihm nicht erspart bleiben würde. Doch wenn schon ihn kein Grauen bei dem Gedanken fasste, seine Völker für nichts und wieder nichts verbluten zu lassen, wenn schon er von keinem Hauch zu beseelen war außer dem letzten von Mann und Ross – wird eine Menschheit nicht wenigstens nachträglich wahnsinnig bei der Vorstellung des seelischen Habitus ihrer Monarchen, den ihr ein Informierter enthüllt, ihr, die das Wort der Wissenden verachtet hat? Graut ihr nicht vor der Möglichkeit, das Opfer der Legende zu werden, die ihre Monarchen als vom heiligen Feuer erfüllte Kriegsheroen abbildet, denen zuliebe sich das Durchhalten bis zum Untergang von selbst versteht? So aber sahen sie in Wahrheit aus:

Als Wilhelm II. im November 1915 nach Schönbrunn kam

– damals als er seinem Flügeladjutanten auf den Rist des Fußes trat; und hundertfach bestätigt nun sein Hofmarschall Graf Robert Zedlitz-Trützschler die nie geglaubte Wahrheit des Konterfeis, das ich von diesem irrsinnigen Scheusal gezeichnet habe, und zeigt den Abgrund von Verächtlichkeit, in dem das wilhelminische Deutschland versunken ist, im anbetenden Respekt vor Generälen, die sich von dem obersten Kriegsherrn an den Hintern greifen ließen. Und was geschah, als dieses Monstrum, verabscheut von jedem, der seinen Speichel leckte, gehasst vom Wiener Hof, der ihm zitternd untertan war, nach Schönbrunn kam? Da

> hatten beide Kaiser, nach Marguttis Überzeugung, die Absicht, die Einleitung von Friedensverhandlungen zu besprechen. Aber der eine wartete,

dass der andere die Frage anschneiden werde; aber Franz Joseph wollte nicht feig erscheinen und Wilhelm stand im Bann seiner Generäle. Und so verging die Zeit in Gesprächen über das Wetter …

Und so verging die Menschheit in dem Wetter. Liest es sich nicht wie ein Motivenbericht zu meinem Epigramm von der Nibelungentreue? Der alles reiflich erwogen hatte, was der andere nicht gewollt, wagte nicht, es sich zu überlegen. Wilhelm stand im Bann seiner Generäle, die ihm Kaviarschnitten apportierten, und Franz Joseph, um nicht feig zu erscheinen, hatte nicht den Mut, mit ihm über den Frieden zu sprechen. Und wusste doch unerbittlich klar, dass der Krieg verloren sei. Nach der Wiedereinnahme von Lemberg sagte er:

> „… Noch einige Siege dieser Art und wir sind am Ende; sie verlängern lediglich den Krieg. Ein solcher Krieg endet aber nicht mit einer Niederlage im bisherigen Sinn, sondern mit dem vollständigen Ruin."

Goldenes Wort; aber mit unbewegter Miene für Eisen gegeben. Ungefähr wie ich als Nörgler[65] nach Gorlice sprach. Und die andern alle mussten Optimisten sein und glauben, Franz Joseph wäre vor allem einer, und sie wären eingesperrt und hingerichtet worden, wären sie's nicht gewesen und hätten sie's nicht geglaubt. Ich vermute beinahe, dass Franz Joseph auch das Widerstreben, Kriegsanleihe zu zeichnen, mir nachfühlen konnte. Der Unterschied dürfte nur der sein, dass er sich aus finanzieller Vorsicht geweigert hat und ich aus Abscheu vor jeder Art Verbindung mit der größten Schandtat, die seit Erschaffung der Erde das Antlitz der sie bewohnenden Menschheit entstellt hat. Aber was er sicher nicht getan hat: Ich habe sogar die durch einen widrigen Zufall für mich bereits erfolgte Zeichnung der ersten Kriegsanleihe ausdrücklich zurückgezogen. Ich kann, nehmt alles nur in allem, wohl behaupten, dass ich vom ersten Tag an durchaus wie mein Kaiser über den Krieg gedacht, aber mit ungleich größerer Entschiedenheit es ausgesprochen habe, sodass es heute als ein Wunder erscheint, dass ich nicht wegen Majestätsbeleidigung angeklagt wurde. Heute, da ich zugeben muss, dass ich mir das Denken Franz Josephs über den Krieg ganz anders gedacht hatte, wird meine Vor-

---

65   Der „Nörgler" ist das alter ego von Karl Kraus in seinem Drama *Die letzten Tage der Menschheit*.

stellung von seinem Wesen umso mehr von den Konsequenzen bestätigt, die er aus seinem Denken zog und die so ganz anders als die meinen geartet waren. Er scheint die „Letzten Tage der Menschheit" ganz wie ich erkannt zu haben; aber er tat, was ich nur malte.

Kein neues Problem dürfte nach den Berichten des Generals Margutti die Gestalt des Nachfolgers hinterlassen.

… Der ganze Apparat, der unter Franz Joseph lautlos und auf die Sekunde pünktlich funktioniert hatte, verursachte nun einen ungeheuren Lärm. Befehle und Widerrufungen dieser Befehle jagten einander förmlich. „Nicht nur kostete ihm die Abänderung nicht das geringste Bedenken, sondern es ereignete sich auch der viel ernstere Fall, dass er Verabredungen ohne Grund nicht einhielt, ja dass er manchmal eine gegebene Zusage einfach leugnete. Man hatte ihm für diese Fälle eine kleine Phrase zurechtgezimmert, damit er sich aus der Affäre ziehen könne. Sie lautete: Ich habe mir's überlegt; ich bin jetzt anderer Meinung."

Charakteristisch für die nervöse Systemlosigkeit, die ihm im Blute lag, war die Art, wie er offiziell Reisen unternahm. Zwei Tage vor der für den Juni 1917 anberaumten Reise nach München und Stuttgart ging es in der Kabinettskanzlei drunter und drüber. Abgesehen davon, dass man den fremden Höfen den Besuch viel zu spät angekündigt hatte, kam Kaiser Karl wie gewöhnlich zu spät auf die Bahn. – – Als der Zug in Stuttgart einfuhr, stand der König von Württemberg natürlich bereits am Perron. Aber Kaiser Karl rasierte sich noch. Schließlich kam er, war aber noch einigermaßen mangelhaft angezogen. Beim Toast in Stuttgart vergaß er das „Hoch". Der Kapellmeister stand minutenlang mit dem erhobenen Taktstock, um die deutsche Hymne spielen zu lassen. Schließlich gab man ihm von württembergischer Seite das Zeichen dazu.

Das mit dem vergessenen „Hoch" konnte seinem Vorgänger im Armeeoberkommando, dem Erzherzog Friedrich, nicht passieren; der hat sogar, wenn ihm am Schluss der Seite eines fehlte, umgeblättert. Das war eben noch die ältere Generation, die Zucht und Stil hatte.

Aber bei Weitem schon nicht so pedantisch
war, der als Letzter zu herrschen erkoren.
Seit Menschengedenken ging so dilettantisch
keine Schlacht, keine Macht, keine Ehre verloren.

Indes, solche Zerstörung der monarchischen Legende, die in Fachkreisen
wie der unglückliche Ausgang des Weltkriegs eben auf die Ursache eines
Dolchstoßes von hinten zurückgeführt wird, kann abgehärtete Bekenner
der Monarchie nicht bekehren, und wenn sie selbst Zeugen der Menschlichkeit, ja der Tierheit ihrer Monarchen wären, sie könnten, durch das
Gottesgnadentum irre geworden, an ihm nicht mehr irre werden. Und öff-
neten sie auch der gewesenen Wirklichkeit den Blick, sie verschlössen ihn
doch vor der zukünftigen und würden nach Franz Joseph und Karl es umso
lieber mit dem Otto versuchen, der ja, wie wir von einem ausgewachsenen
Ministerpräsidenten a.D. erfahren haben, ein goldenes Herz mit hoher Intelligenz, also just die Eigenschaften Franz Josephs und Karls vereinigt. Es
wäre unbescheiden von mir, mit dem Letzteren, dem Letzten, mehr als den
Vornamen gemeinsam haben zu wollen. Was aber Franz Joseph anlangt, so
bleiben wir zwei bei vielfacher Verschiedenheit in Temperament und sozialer Stellung – ähnelnd einander in der unermüdlichen Arbeit–, Schulter
an Schulter verbunden in der Ansicht von einem freventlich angestifteten
und ach so nutzlosen Weltmord. Und ich bin wahrlich erschüttert durch
die Enthüllung, dass er, der zwar die Kriegsfackel gehalten, aber bestimmt
nicht gelesen hat, vielleicht der einzige Mensch in der Monarchie war, der
meine Überzeugung von der Unerlässlichkeit ihres Untergangs, von der
Unentrinnbarkeit des sich selbst gestellten Ultimatums von allem Anfang
an geteilt hat. Mir bleibt doch nichts erspart.

(Karl-Kraus-Lesebuch, aaO., 309–314)

KRIEGSSEGEN

Dezember 1925

Neulich, nachts, klopfte der Hausnachbar an die Wand meines Arbeits-
zimmers, ich hörte sein Klopfen, wie er mein Lachen gehört hatte, denn
die Mauern dieser neuen Häuser sind dünn und meine Beschäftigung
hatte jenen aus dem Schlafe geweckt. Ich lache ja Nacht für Nacht seit
sechsundzwanzig Jahren, wenn der Rohstoff der Zeit sich anschickt, in
meine Form einzugehen. Aber so habe ich noch nie gelacht wie neulich, da ich, in einem untätigen Augenblick – also was tan mr jetzt – vor

meiner Bibliothek gestanden, mein Blick auf ein blutrotes Bändchen gefallen war und ich nun am Schreibtisch saß, Hermann Bahrs Büchlein „Kriegssegen" 1915 Delphin- Verlag München, lesend. Die Seiten 9 bis 12 fehlen. Eben, die habe ich schon entnommen, sie enthalten jenen unvergesslichen „Gruß an Hofmannsthal", der mit den Worten beginnt: „Ich weiß nur, dass Sie in Waffen sind, lieber Hugo, doch niemand kann mir sagen, wo", den Gruß, dem der Absender die Hoffnung mit auf den Weg gab: „Vielleicht weht's der liebe Wind an Ihr Wachtfeuer", ferner die Zuversicht: „Nun müsst ihr aber doch bald in Warschau sein!" und die Vorstellung, dass „der Poldi durchs Zimmer stapft", während draußen die Trommeln schlagen – kurz jenen Brief, den ich dem Adressaten in Nr. 423–425, Mai 1916, zugestellt habe. Noch heute wissen sich die Lachtauben und die Spottdrosseln keinen andern Text als Grundlage ihrer beruflichen Wirksamkeit. Aber ich erinnere mich nicht, seither dem Büchlein etwas anderes als dieses bis heute unvergessene Kapitel entnommen zu haben, der sonstige Text ist heil, enthält nicht einmal Randstriche, und obschon es möglich ist, dass ich in den Zeiten jenes grausigen Kriegshumors manches Zitat aus den „Tagebüchern", die wohl den Vorabdruck bildeten, gepflückt habe, so glaube ich doch, dass die ganze Groteske dieser weiteren zehn Kapitel bis nun unerschlossen geblieben ist. Oft habe ich mir gedacht, dass keine größere Tortur für das gesamte Dichter- und Literatenpack der Zentralstaaten ausgesonnen werden könnte, als wenn man heute Satz für Satz abdruckte, was es damals, so zwischen 1914 und 1916 – denn dann setzte doch das Kuschen ein –, zusammengeschmiert hat, teils aus benebelter Dummheit, teils aus der Spekulation, durch die Anpreisung fremden Heldentodes sich den eigenen zu ersparen. Aber um das berühmte Hohngelächter der Hölle zu entfesseln, genügt doch die eine Leistung dieses Hermann Bahr, den das Alter gewiss vor der Notwendigkeit jener Berechnung geschützt hat. Ich kann Feinschmeckern nur dringend raten, sich das Büchlein anzuschaffen, das im Schwall der Kriegsliteratur untergegangen ist, aber dank meinem Hinweis einmal einen hohen Sammlerwert haben wird. Dergleichen haben sie noch nie gelesen und sie werden ihren Augen nicht trauen, dass einem schon damals schneeweißen Haupt, wie es das Titelbild zeigt, diese Gedanken entsprungen sein sollten. Aber der christliche Märtyrer, an dem nur die klugen Äuglein die Welt darüber beruhigen, dass er sich mit ihr einen Heidenspaß macht, hat wirklich diesen „Kriegssegen" geschrieben, dessen Titel er im Vorwort – geschrieben im „Advent 1914" – vor der Missdeutung zu sichern bemüht ist, dass er damit beileibe nicht den Krieg einen Segen nennen, sondern nur sagen möchte, „dass wir uns daraus einen Segen holen wollen". Auch dies wäre zwar ein vergeblicher Vorsatz gewesen, aber was nützt es, im Advent eine Deutung des Wortes „Kriegssegen" zu versuchen – „ich hätte nie gedacht, dies erst noch aussprechen zu müssen" –, wenn man im Oktober deutlich ausgesprochen hat:

> Einen Kriegssegen will ich sprechen, den Segen aussprechen, der auf allen Lippen liegt, denn wir alle, so weit es Deutsche gibt in der weiten Welt, alle segnen, segnen, segnen diesen Krieg!

Er habe nicht vor, lyrisch zu werden. Er habe in diesen ganzen drei Monaten noch kein einziges Kriegsgedicht verfasst.

> Wer kann das von sich sagen? Wer macht mir das nach?

Ich zum Beispiel: wiewohl das Kriegsgedicht, das ich nicht gemacht habe, von mir war. Aber was ich Herrn Hermann Bahr bestimmt nicht nachmachen konnte, was ich ihm bloß nur nachdrucken kann, ist, wie jede Zeile des „Kriegssegen", insbesondere das Kapitel „Das deutsche Wesen ist uns erschienen!" Es beginnt mit den Worten:

> Und wenn ich hundert Jahre würde, diese Tage werd ich nie vergessen! Es ist das Größte, was wir erlebt haben. Wir wussten nicht, dass so Großes erlebt werden kann.

Inzwischen dürfte der Mann erfahren haben, wie recht er gehabt hat. Das Unausdenkbare jener Tage, da ein Geisteskranker nur noch Deutsche und keine Parteien mehr zu kennen wähnte und das Schwert zog, damit die Welt von Dynamit gesprengt werde, hat dem Herrn Hermann Bahr solche Töne entlockt:

> – – Wir haben uns wieder, nun sind wir nichts als deutsch; es genügt uns auch ganz, wir sehen jetzt, dass man damit völlig auskommt, fürs Leben und fürs Sterben ...
> Von Waffen starrt das Land, und jedes deutsche Herz von Zuversicht. Ein einziges Schwert des Glaubens ist das ganze Volk. Uns ist das deutsche Wesen erschienen!

– – In allen deutschen Herzen schlägt jetzt derselbe heilige Zorn. Ein heiliger Zorn, ein heiligender Zorn, ein heilender Zorn. Alle deutschen Wunden schließen sich. Wir sind genesen. Gelobt sei dieser Krieg, der uns am ersten Tag von allen deutschen Erbübeln erlöst hat! Und wenn dann erst wieder Friede sein wird, dann wollen wir es uns aber auch verdienen, diesen heiligen deutschen Krieg erlebt zu haben...
An der Ecke stehen Gruppen vor den letzten Nachrichten. Dann zählt einer laut auf, wie viel Feinde wir haben! Jetzt sind's schon ihrer sechs. Dann wird's eine Zeit still. Aber dann sagt einer: viel Feind, viel Ehr, und siegen werden wir, denn unsere Sache ist gerecht! ... Es ist der Segen dieser großen Zeit, dass wir wieder auf den Geist vertrauen lernen. Wir heutigen Deutschen sind niemals einer so rein geistigen Existenz teilhaft gewesen als jetzt, da uns das deutsche Wesen erschienen ist.

Und was ich dem Frommen, dem damals der heilige Geist in Gestalt des deutschen Wesens erschienen ist, gleichfalls nicht nachmachen kann, ist die Feststellung, in der er aufzählte, was alles nicht stimmte:

– – Denn auch das stimmt ja nicht, dass, wie wir es auf allen Schulen lernten, in allen Büchern lasen, jeder Krieg ein grauenhaftes Unheil sei. Auch dieser Krieg ist grauenhaft, ja, aber uns zum Heil. So empfinden wir ihn! Und so empfanden wir ihn gleich vom ersten Tag an! – – und wir sahen es mit Augen, wir sahen mit unseren seitdem geweihten Augen die deutsche Mobilmachung.

Sie erinnerte den, der nur ein Alzerl Gefühl für der Zeiten Zusammenhänge hat, auf den ersten Blick an Meister Eckhart und Tauler, an die deutsche Mystik, von wo über die Gotik und das deutsche Barock zu Friedrich dem Großen, Kant u.s.w. nur ein Katzensprung war.

– – Und was ist denn die deutsche Musik von Bach über Beethoven bis Wagner, ja Richard Strauß als: Enthusiasmus mit Disziplin? Deutsche Musik ist unsere Mobilmachung gewesen: Es ging in ihr genau wie in einer Partitur Richard Wagners zu: völlige Verzückung bei völliger Präzision!

Nämlich die deutsche, also die richtiggehende Mobilmachung. Die österreichische war wieder mehr der Nechledil-Marsch. Bach und

Beethoven, das gehört, wenn von Mobilmachung, also von Musik die Rede ist, einfach mit dazu, und dass Kants kategorischer Imperativ sich im „Immer feste druff!" ausgewirkt hat, ist doch so klar wie Schuhwichs. Während aber unsereins aufschluchzte, wenn wir zusehen mussten, wie Gottes Menschenmaterial in Viehwagen verpackt und zur Schlachtbank befördert wurde, wissend, dass dereinst die Hyänen im Salonwagen zu deren Besichtigung reisen würden, beseelten bei solchem Anblick den vorbildlichen Christen solche Empfindungen:

Und so, wenn wir das Wunder dieser Mobilmachung sahen –

denn der Fromme erlebt noch Wunder

das ganze waffenfähige Deutschland in Eisenbahnzügen verpackt, durch das Land rollend, Tag für Tag und Nacht um Nacht, niemals um eine Minute zu spät und nirgends eine Frage, auf die nicht schon eine Antwort bereit gestanden hätte, und nirgends eine Sorge, an die nicht schon gedacht gewesen wäre, „es ist keine Rückfrage gestellt worden", hat der Generalquartiermeister in seinem spartanischen, in seinem preußischen Deutsch bekanntgegeben – und so, wenn wir das Wunder der deutschen Mobilmachung sahen, erstaunten wir gar nicht, weil es ja gar kein Wunder war, sondern nichts als ein natürliches Ergebnis, erarbeitet seit tausend Jahren, der Reinertrag der ganzen deutschen Geschichte.

Der Gläubige entpuppt sich also als Rationalist. Aber dass der Reinertrag der ganzen deutschen Geschichte – und zwar in Strömen Bluts – den Hyänen zufließen werde, das hat er doch nicht gewusst. Er ist voller Zuversicht; „lieb Vaterland", versichert er, „konnte wirklich ruhig sein".

Aber inzwischen hatte sich noch etwas ereignet: Es gab auf einmal nur noch Deutsche.

Dieses traurige Ereignis würdigt er also:

Wir hielten alle den Atem an, als der Kaiser dies aussprach. Auch dies kam ja wie aus der Tiefe der deutschen Sehnsucht herauf, es klang wie Adlerschrei der urältesten deutschen Sehnsucht.

500

Ob die deutsche Sehnsucht einen Adlerschrei hat, mag dahingestellt bleiben, wenn man nicht gerade an den Eifer denken will, mit dem sich solcher Annektiervogel auf seine Beute stürzt. Aber Herrn Bahr haben gerade diese Bestrebungen das höchste Wohlgefallen abgerungen. Denn die Genugtuung, dass es „an jenem Tag", dem Tag, da ein gekrönter Komödiant für fotografische Zwecke das Schwert zog, „nur noch Deutsche gab", genügt ihm bei Weitem nicht. „Kein Opfer ist uns zu hoch für diesen Preis, dass es nur Deutsche gibt", ruft er.

> Wenn es wahr wäre, dass es bloß im Krieg nur noch Deutsche gibt, im Frieden aber auch dieses Mal wieder den alten Fluch der ewigen deutschen Zwietracht, dann soll wahrhaftigen Gottes lieber ewig Krieg bleiben und nimmer Frieden werden!

Aber mehr. Ist ihm kein Opfer Deutschlands zu hoch für den Preis, so ist ihm auch kein Preis zu hoch für das Opfer, das Deutschland der Welt auferlegt hat. Seit dem Kaiserwort sind drei Monate vergangen, konstatiert er, „und in diesen drei Monaten hat es unter uns wirklich nur noch Deutsche gegeben". Zu wenig.

> Jetzt haben wir uns kennengelernt, jeder jeden, und auch sich selbst. Und da zeigt es sich, was wir doch eigentlich alle für anständige Menschen sind – wir hatten's gar nie geglaubt!

Aber auch dieses Resultat, das insbesondere mir eine große Überraschung war, da ich eher angenommen hätte, dass die Lobredner des Krieges, die dessen Opfern daheim Mut machen, zu den aller-unanständigsten Menschen gehören, und dass das heile Schreiberpack in toto nicht einen einzigen gefallenen Soldaten aufwiegt – auch dieses Resultat genügt ihm nicht. Der Herr Bahr hofft nämlich, dass es nach dem Kriege nicht nur in Deutschland „nur noch Deutsche" geben wird, sondern auch außerhalb Deutschlands, ja er hofft es nicht nur, er sagt es voraus. Und seine Prophezeiungen hätte ich ihm auch nicht nachmachen können. Zugleich von Besorgnis für die innere und von Zuversicht für die äußere Gestaltung der Dinge erfüllt, fragt er:

> Wird der Deutsche wieder, sobald das Vaterland gesichert ist, aufhören, ein Deutscher zu sein, um sich dafür gleich wieder in irgendeinen Kraten oder Isten oder Aner zu verwandeln? Auch jetzt wieder? Er

wird sicher große Lust dazu haben. Es wird ihm aber viellecht dieses
Mal etwas schwerer werden. Er kehrt aus diesem Kriege kaum mehr in
dasselbe Vaterland zurück. Es wird sich ausgedehnt haben, des
Deutschen Vaterland wird größer geworden sein. Der alte
Arndt wird umgedichtet werden müssen. Nicht mehr bloß: so weit
die deutsche Zunge klingt! Nein, noch weiter. Weiter wird
des Deutschen Vaterland geworden sein, als die deutsche
Zunge klingt. Da wird er zu tun haben .... Es wird wahrscheinlich nach diesem Kriege auf Jahre hinaus keinen unbeschäftigten
deutschen Landsmann mehr geben. Sie werden alle vollauf beschäftigt sein: mit der neuen Einrichtung.

Ein Seher. Er hat, von den Arbeitslosen abgesehen, offenbar die Reparation gemeint und die Beschäftigung der deutschen Arbeiter, die die
Verwüstungen im Feindesland wiedergutzumachen haben.

Wir müssen ja dann, was das Schwert ergriffen hat, uns erst aneignen.

Da ist offenbar eher wieder die Annexion Belgiens gemeint. Er zitiert Bismarck, der von den Hechten im europäischen Karpfenteich gesprochen
hat, welche die Deutschen hindern, Karpfen zu werden. Ein Kinderspiel,
mit diesem Hindernis fertig zu werden. Herr Bahr macht das so:

Da wir unsere innerste Natur nun einmal nicht ändern können, wird
es ihr gut tun, wenn wir eine Anzahl, eine beträchtliche
Anzahl von diesen europäischen Hechten jetzt ganz zu
uns hereinbekommen werden.

Das werde den deutschen Landsmann beschäftigen.

Und dann müssen wir ja doch auch Europa wieder aufbau-
en. Es stand auf faulem Grunde; nun ist es hin.

Er scheint also doch an die Reparationspflicht gedacht zu haben. Freilich anders:

Wir werden es wieder aufrichten, auf deutschem Grund. Da haben
wir Arbeit genug.

502

Der Hermann Bahr hat also am Beginn des Krieges zu jenen gehört, die davon überzeugt waren, dass an jenem deutschen Wesen, welches Verträge als Fetzen Papier behandelte, aber die Realität der giftigen Gase anerkannte, die Welt genesen werde. Er freut sich der deutschen Einigkeit und man weiß nur nicht, ob es eine Anspielung auf das Heine-Zitat sein soll, wenn er sagt:

> Sobald es aber zu handeln galt, verstanden wir uns gleich.

Nein, ein Dreck war ihm, was die Welt davon dachte. Darauf kam es ja nicht an, da die Welt doch im Begriffe war, deutsch zu werden, und es auch ihr wie den Deutschen selbst genügen musste, damit völlig auszukommen. Diese Selbstgerechtigkeit, dieses Selbstbestimmungsrecht, das im eigenen Wirkungskreis auch den anderen die Grenzen bestimmte und das man damals „Mentalität" nannte, hieß „unser Gewissen". Herr Bahr sagt darüber:

> Ich meine nun keineswegs, dass wir zu fragen haben, was andere Völker von uns denken. Uns genügt, was uns unser Gewissen sagt. Spricht das der anderen anders, so wird es eben Deutsch lernen müssen.

Nach diesem Bekenntnis würde man gewiss nicht verstehen, dass Salzburg damals außer Herrn Bahr noch Platz für einen Lammasch gehabt hat, ja dass dieser sich den Umgang jenes gefallen lassen konnte. Aber wenn Herr Bahr wähnt, die Welt werde Deutsch lernen müssen, so hat er es sich gewiss auch selbst vorbehalten, da er vorläufig noch den Satz bildet:

> Wer daheim über sie (die Helden) schreibt, glaubt es ihnen schuldig, einen gewaltigen Ton anschlagen zu müssen …

also wohl meint, etwas sei einem schuldig, und nicht vielmehr: man sei einem etwas schuldig. (Richtig wäre: „glaubt sich ihnen schuldig", schöner „glaubt [es] ihnen schuldig zu sein".) Aber einstweilen gebraucht er auch noch die Wendung: man werde ihm

> nicht zumuten dürfen, von einer Suggestion angesteckt zu sein

verwechselt also „zumuten", welches „verlangen" bedeutet, wie alle Journalisten, mit „zutrauen". (Nur dass einer suggeriere, kann ich ihm sowohl zumuten als auch zutrauen: nämlich zumuten, dass er es tue, und zutrauen, dass er dazu fähig sei.) Und wie alle Österreicher kleidet er seine Genugtuung über den Weltkrieg in die Worte:

es stand doch dafür

was in ganz Deutschland kein Mensch versteht und wenn es Freund Sedlatschek sagt, von Kamerad Wagenknecht[66] erst allmählich als die Behauptung kapiert wird, es habe sich gelohnt – was aber selbst er bestreitet. Doch was die Suggestion betrifft, die Herr Bahr als „Zumutung" ablehnt: Welche Entschuldigung, welchen Strafmilderungsgrund sollte es für seinen Kriegssegen denn geben, wenn nicht den der Suggestion? Für den taumeligen Schwachsinn von Feststellungen wie dieser:

Was wir mit banger Ungeduld erst von einer fernen Zukunft hofften, ist am 1. August erschienen. Seitdem geht Weimar und Bayreuth leibhaft lebendig unter uns herum. Sie werden das nicht glauben.

Wirklich nicht? Wir glauben alles, was damals möglich war, selbst dieses:

Was uns in erhabenen Stunden ein gotischer Dorn ahnen ließ, Beethoven ankündigte, der Faust entwarf, das geht jetzt in Erfüllung, uralte Verheißung trifft ein, deutsche Weissagung wird wahr. Wir erleben unseren tiefsten Traum. Versäumen Sie die größte Stunde nicht, kommen Sie!

Schreibt er an einen „entfremdeten Freund", der nicht nur so klug war, nicht zu kommen, sondern auch infolge seines Aufenthalts im Ausland die Dinge anders zu sehen als Herr Bahr und die deutsche Weissagung für eine Weltweismachung zu halten. Er fand es jedenfalls sympathischer,

---

66 In den *Letzten Tagen der Menschheit* gestaltet Kraus einen Dialog zwischen dem österreichischen Feldwebel Sedlatschek und dem deutschen Wachtmeister Wagenknecht, die sich innerhalb der gemeinsamen deutschen Sprache ständig missverstehen, und nimmt so die viel beschworene Bündnistreue aufs Korn.

Goethes Entwurf zur deutschen Mobilisierung, den Faust, zu lesen, als
an ihr teilzunehmen. Vergebens versuchte es der Patriot, ihn mit einer
Schilderung der heroischen Dinge zu locken, die mit den Worten anhub:

> Das Salzburger Regiment ist eingerückt, unsere braven Rainer.
> Einer davon schrieb aus dem Felde neulich heim, mit der Aufschrift: An
> den Kaiser Karl im Untersberg.

Auf dieser Feldpostkarte, wohl der einzigen, die der Kaiser Karl im Un-
tersberg jemals erhalten hat, standen die Worte:

> „Komm, Kaiser Karl, es ist Zeit!"

Nämlich, dass sich alle hellen Menschen um ihn gegen die dunklen
scharen, damit das dritte Reich anbreche. So erklärt Herr Bahr, der die
Ammenmärchen glaubt, die sonst nur den jüngeren Salzburgern erzählt
werden, und lobt den braven Rainer, indem er seiner Feldpostkarte das
Postskriptum hinzufügt:

> Und sprach damit aus, was wir alle fühlen. Wir fühlen alle,
> dass der Deutsche jetzt für die Menschheit kämpft, für alle lichten
> Menschen!

Denn:

> Am 1. August ist es zum ersten Mal erschienen, das wahre Deutsch-
> land.

Er meint nämlich den Tag, an dem die infernalische Lüge von den
Bomben auf Nürnberg zum Zwecke der Aufmachung des gigantischen
Blutbetrugs in die Welt gesetzt wurde.

> Und kein Tag vergeht mir seitdem, ohne dass ich Gott danke, es noch
> erlebt zu haben. So hat all mein Trachten, all mein Hoffen, all mein Irren
> noch einen Sinn bekommen …

Aber wenn das Trachten, Hoffen und Irren des Herrn Bahr erst durch den
Weltkrieg einen Sinn bekommen hat, dann kenn' ich mich erst recht nicht

aus; nur was des Irrens Sinn sein könnte, wird mir verständlich. Freilich glaubt Herr Bahr an den heiligen Verteidigungskrieg, mit dem man zwar heute keinen Hund vom Ofen, aber damals Millionen vom Herd gelockt hat und mit dem er auch den entfremdeten Freund verführen wollte:

> Wir wurden angegriffen, wir mussten uns unserer Haut wehren.

Das Europa des Geistes sei zerstört?

> Nicht wir haben es zerstört, sondern der Hass. Wir hätten den Krieg ohne Hass geführt. – – Nicht einmal die Engländer, die uns zwingen wollten, sie von Herzen zu verachten, hassen wir.

Gott strafe England, wenn wir das tun, und erhalte Lissauer. Und warum hassen uns die anderen?

> Dies erregt ihren Hass: Der Russe, der Franzose, der Engländer

– also der Russ', der Franzos, der Britt', für die wir je einen Schuss, einen Stoß, einen Tritt in unserm Liedermund parat hatten –

> hasst uns, weil wir mit jedem von den Dreien etwas Entscheidendes gemein haben, selbst aber noch mehr sind.

Für die Reparation, die infolgedessen notwendig sein wird, hat Herr Bahr schon seine bestimmten Pläne:

> Es ist uns darum auch um Europa gar nicht bang. Wir werden es schon wieder aufbauen. Und umfassender, fester und tiefer: mit deutscher Weite, auf deutschem Grund, aus deutscher Tiefe. Dann wird es das nächste Mal besser halten.

Er war damals noch nicht schwarzgelb bis auf die Knochen, auf die er sich bereits blamiert hatte; er war schwarzweißrot:

> Und ihr werdet jammern, Europa sei preußisch geworden! Nun, Preußen ist ja daran nicht schuld. Es hat sich's wahrhaftig gar nicht verlangt ... Preußen wird das neue Europa machen.

m. w. Der Militarismus?

Ich wäre ja, noch vor drei Monaten, auch aufgefahren. Und wer nicht?
Aber seitdem haben wir den Militarismus persönlich kennengelernt. Jetzt bitten wir ihm alles ab. Kommen Sie her
und sehen Sie sich ihn an! Es lohnt sich.

Er meint: Es steht dafür. Aber der entfremdete Freund war anderer Meinung und fühlte nur noch so weit als Deutscher, dass er sich dachte: Nee,
nich zu machen! Die entzückte Schilderung des Herrn Bahr konnte ihn
nicht locken:

Wir leben jetzt unter einer Art Militärdiktatur. In jeder Stadt entscheidet
ein General. Und fragen Sie die Arbeiter, fragen Sie die Sozialdemokraten – –

Aber da mochte er wahrlich recht haben, die deutschen Sozialdemokraten, die deutschen Scheidemänner am Herkulesweg überlegten sich's
nicht länger als der Narr, der es angeschafft, dann nicht gewollt und zum
Schluss davongelaufen ist. Ja selbst ein deutscher Anarchist schwärmte
dem Herrn Bahr davon, dass wir zurzeit „Gott sei Dank eine Militärdiktatur" haben. Da aber den Herrn Bahr sein Alter vor manchem, wenn
schon nicht vor allem geschützt hat, so hatte er daheim auch Gelegenheit, Betrachtungen über das Heldentum anzustellen.

Leonidas tritt massenhaft auf, ein Tag enthält mehr Heldentum als alle
punischen Kriege.

Aber auch die Ursache, die er dafür angibt, begeistert ihn:

– – es ist ein Heldentum auf Kommando, nicht im Anfall, sondern als Zustand … nicht Heldentum als Affekt, sondern Heldentum als Charakter.

Und eben dieser wird durch das Kommando erzeugt.

Jetzt ist der Kampf kein prächtiges Schauspiel mehr; er wird es vielleicht
einst für den Leser des Generalstabswerks sein, nach Jahren, im tiefen
Frieden, aber wo sind dann unsere Helden dahin?

Da hatte er natürlich wieder recht. Das Heldentum als Charakter, also das Heldentum auf Kommando, schien ihm von einer „abstrakten Schönheit" zu sein, „der Schönheit mathematischer Gleichungen", „einer Schönheit des reinen Geistes"; was gewiss dann seine Richtigkeit hatte, wenn das Menschenmaterial „eingesetzt" wurde und insbesondere auf Kommando des Erzherzogs Friedrich. Und wenn er Feldpostbriefe las, woran dachte er? An die unausdenkbare Niedertracht, die die Menschheit auf diese Form der Aufrechterhaltung des Familienverkehrs anwies? Nein, er musste

> unwillkürlich immer an den zweiten Satz der Chromatischen Fuge Bachs oder an das Vorspiel zum dritten Akt der Meistersinger denken.

Denn eben dahin gehe die Kunst, die dieser Krieg uns bringt, „wenn er uns eine bringt". Und mit einem Satz ist er in der Konjunktur:

> Und wenn ich Reinhardt wäre, würde ich jetzt in aller Stille die Natürliche Tochter einüben, denn es könnte sein, dass jetzt endlich der Augenblick für sie kommt, wenn unsere Helden aus dem Felde heimkehren.

„Man soll aber nie prophezeien", setzt er mit Recht gleich hinzu. Denn als unsere Helden aus dem Felde heimkehrten, war das Publikum des Herrn Reinhardt nicht so sehr auf die Natürliche Tochter erpicht als besorgt, dass sie nicht alles in Stücke schlagen. Herr Bahr sagt nun überhaupt dem Prophezeien ab.

> … nichts, was uns die gescheiten Leute seit Jahren prophezeit hatten, trifft ein.

Kaum vierzehn Tage könne der Krieg dauern, hatten sie gesagt? Er ist bereit, noch fünf Monate auszuharren

> und wenn es sein muss, zehn und überhaupt so lange, bis der Feind zu Ende ist.

Noch anderer Prophezeier spottet Herr Bahr:

Sie sagten in allen großen deutschen Städten die Kommune, in Österreich den Slawenaufstand, in Russland die Revolution … voraus, und was
nicht alles noch! Heute lachen wir darüber. Die Kenner Deutschlands
kannten Deutschland nicht, die Kenner Österreichs kannten Österreich
nicht, die Kenner Russlands kannten Russland nicht.

So jeder menschlichen Voraussicht spottend sei die Wirklichkeit.

Sie sei gepriesen!

Nur seiner Voraussicht hat sie nicht gespottet:

Und man bittet im Stillen dem Krieg vieles ab; er ist scheint's verleumdet worden, es ist nicht wahr, dass der Krieg, wie wir ihn
heute führen, den Menschen verroht, nein: Er macht ihn ernst
und still und klar. Wenn uns nur im Frieden bliebe, was der Krieg aus
den Menschen hervorgeholt hat!

Man kann nicht leugnen, dass dieser Wunsch in Erfüllung gegangen
ist. Ehe es Herr Bahr erlebt hat, konstatiert er „die Wiedergeburt des
österreichischen Heeres", worunter er freilich bloß das Wunder der
Einrückendmachung verschiedener Nationen zu einem gemeinsamen
verhassten Zweck versteht, denn den Zusammenbruch des Heeres hatte
er damals noch nicht mitgemacht. So wagt der nicht mehr Waffenfähige,
aber noch zum Federdienst Taugliche den lästerlichen Satz niederzu-
schreiben:

Und darum beneiden wir die neue Jugend, die jetzt mit in diesen
Krieg darf.

Denn sie hole sich dort – nebst dem Heldentod der Gymnasiasten – „das
Recht auf Österreich". Mit dem sie dann später, nachdem die Strafsache
beendet war, auf den Zivilrechtsweg nach Genf verwiesen wurde. Plötz-
lich aber beginnt Herrn Bahr vor der Überzeugung, dass der Krieg den
Menschen nicht verrohe, bange zu werden. Es freut ihn nicht, dass die
Kinder verludern:

es ist genug, dass die Erwachsenen verludern.

Darum sollen die Lehrer „ihre Herzen reden lassen" und den Kindern täglich die neuesten Kriegsnachrichten vorlesen. Diese Pädagogik ist von der Erkenntnis geboten:

> Jetzt ist Krieg.

Auch hat Herr Bahr erkannt, dass wir in einer „großen Zeit" leben. Was ihn freilich nicht abhält, gleich darauf den grauenvollen Dreck zu schildern, in dem die armen polnischen Flüchtlinge vegetieren müssen. Welchem Kapitel wieder ein beherzter „Aufruf zur Verschwendung" folgt, der den Autor im Besitze der tiefsten nationalökonomischen Einsicht und Voraussicht und als wahren Propheten zeigt:

> Der größte Verschwender ist jetzt der beste Patriot. Denkt nicht an morgen! Was morgen sein wird? Morgen wird der Sieg sein. Und damit Gelegenheit, tausendfach wieder zu verdienen, was wir jetzt verschwenden. – –
>
> Wem aber wirklich das Geld zu knapp wird, der mache Schulden, so viel er kann!

Du sollst, auch wenn du nicht zahlen kannst, beim Schneider bestellen,

> weil er ja, sobald er deinen Auftrag, den Auftrag eines vermutlich zahlungsfähigen Bürgers, nachweisen kann, sogleich den notwendigen Vorschuss drauf kriegt, billig und erst nach dem Siege zahlbar. Wo kriegt er den? Bei der Notkreditbank. Wo ist sie? In Berlin und München. Morgen auch bei uns. Die notwendigen Mittel da zu sind ja jetzt überall da, dank dem Kriege. Denn notwendig ist für eine solche Bank nichts als – Vertrauen. Sie beruht auf der Einsicht, dass Geld durch Vertrauen ersetzt werden kann. Und Vertrauen haben wir ja jetzt in Fülle, das ist der große Segen dieses Krieges.

Das nebst der Dummheit erforderliche Kapital dieser Notkreditbank werde außer den Dotationen des Staates bestehen aus Einlagen,

> die erst nach dem Siege gekündigt werden können und, solange wir nicht gesiegt haben, so gesiegt, dass wir daraus alles bezahlen können, verfallen bleiben.

Strafweise, bis wir es uns überlegt haben werden, nicht zu siegen! Das hat also Herr Bahr wörtlich geschrieben und dem Betrug, dessen sich die Vaterländer außer dem Mord an ihren Angehörigen vor dem Weltgericht schuldig gemacht haben, treuherzig wie folgt Vorschub geleistet:

Also nehmt euer bares Geld, das ihr noch habt, und tragt es auf diese Bank, als Geschenk oder als Einlage! Und dann macht tapfer Schulden! Und seid nicht hysterisch, das ist vorbei.

Man wird sagen, diese in Salzburg geschriebenen Lehren und Meinungen, die von Rechts wegen in Hallstatt hätten geschrieben sein müssen, seien im Jahre 1914 entstanden und dieser Termin entschuldige das Höchstmaß von älplerischer Denkungsart. Aber es ist doch heilsam, einer vergesslichen Menschheit vor das Bewusstsein zu bringen, wie ihre Dichter und Denker damals gesagt und gesungen haben, mit welchem Schnack sie sich und ihr die große Zeit vertrieben und auf welche Methode sie alle jene, die nicht das Glück hatten, ihre Geistesverwirrung in Literatur umzusetzen, ins Verderben gejagt haben. Mein Vorschlag, nach Friedensschluss die Kriegsliteraten einzufangen und vor den Invaliden auszupeitschen, ist unerfüllt geblieben wie die aus Dummheit und Feilheit genährten Hoffnungen. Immerhin sollte man jetzt, da sie bereits wissen, dass wir noch nicht gesiegt haben, wenigstens die Einrichtung haben, dass sie gezwungen sind, an jedem Jahrestag des Kriegsbeginns sich von mir vorlesen zu lassen, was sie damals geschrieben haben. Ich glaube, dass sie im Gegensatz zu einer Menschheit, die sie weiter als Kulturfaktoren anerkennt, so viel Schamgefühl aufbringen würden, im Chor den Refrain anzustimmen:

Da glaubt man, man sinkt in die Erd'. Weil doch durch ihr Hinzutun so viele, die eher die Sonne zu schauen verdient hätten, in die Erde gesunken sind!

(Karl Kraus, Unsterblicher Witz, München 1961, 317–329)

Berchtold